Management
Survey Research
Methodology

管理学问卷调查研究方法

罗胜强　姜　嬿　著

重庆大学出版社

图书在版编目(CIP)数据

管理学问卷调查研究方法/罗胜强,姜嬿著.—重

庆:重庆大学出版社,2014.6(2023.10重印)

(万卷方法)

ISBN 978-7-5624-8259-8

Ⅰ.①管… Ⅱ.①罗… ②姜… Ⅲ.①管理学—问卷

调查—研究方法 Ⅳ.①C93

中国版本图书馆 CIP 数据核字(2014)第 113576 号

管理学问卷调查研究方法

罗胜强 姜 嬿 著

策划编辑:林佳木

责任编辑:林佳木 版式设计:林佳木

责任校对:谢 芳 责任印制:张 策

*

重庆大学出版社出版发行

出版人:陈晓阳

社址:重庆市沙坪坝区大学城西路 21 号

邮编:401331

电话:(023) 88617190 88617185(中小学)

传真:(023) 88617186 88617166

网址:http://www.cqup.com.cn

邮箱:fxk@ cqup.com.cn(营销中心)

全国新华书店经销

重庆升光电力印务有限公司印刷

*

开本:787mm×1092mm 1/16 印张:26.75 字数:614千

2014 年 6 月第 1 版 2023 年 10 月第 7 次印刷

印数:21 501—24 500

ISBN 978-7-5624-8259-8 定价:78.00 元

序 言

罗胜强教授(Prof. Kenneth Law)邀请我为他和姜嬿的新书《管理学问卷调查研究方法》作一篇序言,我欣喜地感叹,"这本书对于中国的管理研究学界将是一份多好的礼物啊!"罗胜强教授一直以来都倾其心血帮助国内刚开始接触管理研究的学生和学者学习如何用国际标准进行高质量的研究。在过去的 10 年间,他几乎每年都用自己的假期为国内高校的师生讲授研究方法。他在中人网上开设了一个名为"服事人的"博客圈子,作为分享自己知识经验的平台。在那里,他把自己开放给所有对研究有热情的学生,探讨他们遇到的各种问题。他在中国管理研究国际学会(IACMR)上多次作为 PDW 的主讲嘉宾讲授前沿的研究方法,他从 1999 年起也常常在 IACMR 每两年一次的研究方法发展工作坊(Research Methods Workshop)中做导师,带领年轻的学者和学生体验从提出一个研究问题到严谨地进行研究设计并完成的过程。一直以来,他在提高中国学者管理学研究水平上无私地投入着。这本书是他在其母校,也是目前任教的香港中文大学以及之前任教的香港科技大学为研究生讲授研究方法课,以及在中国内地高校与老师同学讨论研究方法问题的积累和总结。

罗胜强教授在美国爱荷华大学(University of Iowa)获得他的 Ph. D 学位,他的导师 Frank Schmidt 教授以及那里的其他教授都对目前管理学研究中广泛运用的统计方法做出过重要贡献。罗胜强教授到香港科技大学任教前曾在澳大利亚任教 3 年,到香港科技大学工作后,他对人力资源管理和组织行为学领域的现象产生兴趣并完成了许多优秀的研究。然而,他在研究方法上的专长,尤其是在测量学和调研数据分析方面,是领域内公认的他为管理学研究做出的最重要的贡献。通过 Google Scholar 可以查到,他与同事共同在 *Academy of Management Review* (1998)上发表的关于多维构念的文章已经被引用了近千次。他在领导力、情绪智力和人力资源管理等领域所做的研究被视为运用调研方法做研究的优秀样板。这一次,他决定以中文著作的形式为中国内地的学生写一本由浅入深的问卷调研方法书,再一次印证了他对中国学生的投入和奉献。

这本书着重讨论问卷调研方法,但是其中很多章节的内容都可以运用在其他的研究方法中。尤其是本书的前 3 章,对科学研究基本问题进行探讨,相信所有学习做研究的学生——无论你采用的是哪种具体研究方法——都能从中获益。这本问卷调研方法书是《组织与管理研究的实证方法》(2012,第二版,陈晓萍,樊景立,徐淑英主编)的很好的补充。《组织与管理研究的实证方法》讨论了管理研究的多种方法(如实验、调研、案例研究、定性研究和二手数据等），但是着重强调研究设计，以数据分析为次。而这本书则非常全面地讨论了问卷调查研究所需要的几乎所有方面的知识和技能，包括文献回顾、理论发展、假设检验，以及目前被最广泛运用的问卷数据统计分析方法等。学生跟随本书便可以对问卷调研的研究方法进行全面深入的学习。

　　罗胜强教授是一位为中国的管理学研究做出过重要贡献的世界知名管理学者。这本新书是他和姜嬿给中国管理学界的一份美好的礼物。能够向中国管理学界的学生和学者，包括研究组织行为学、人力资源管理、产业与组织心理学，以及其他领域对问卷调研方法感兴趣的研究者推荐这本书，我感到万分荣幸。

徐淑英（Anne S. Tsui）

美国，亚利桑那州，凤凰城

（Phoenix，Arizona，U. S. A.）

前 言

这是一本写给中国有志做好管理研究的学者的书。我在国内教授问卷调查的研究方法，已经有很多年了。我一直觉得没有一本我自己心仪的、用中文写的管理研究方法的书。其实，管理研究方法的书，用中文写的虽然不多，但是以我们所知道的，已经有几本了。我觉得这些书要么太简单，要么太高深。对于刚学管理研究的人来说，确实需要有一本贯彻始终、深入浅出进行介绍的书。这本书具有以下几个特点：

第一，我的知识和时间都有限。这本书只谈到问卷调查的研究方法。

第二，我希望从零开始。书中假设读者没有太多的统计学或者是研究的基本知识。这对于硕士生和刚进博士班的同学是很重要的。

第三，我希望由浅入深。书中从什么是研究开始，一步步地带出管理研究的基础知识。我们从如何开始做研究，到什么是研究的理论，怎样读文献，然后到做基本研究的必要统计知识；从最简单的相关分析，到中介和调节作用；然后是结构方程建模、研究的层阶问题、多层阶的线性模型，到最近比较流行的中介调节和调节中介作用。我希望通过这样方式的介绍，让读者对如何做管理研究有一个全面的理解。

第四，在这本书里，我尽量避免用数学和统计学来介绍研究方法。虽然统计分析在研究方法中是不可或缺的，但是我尽量把这些统计分析工具用概念和图表的方式表现。同时，把一些数学的内容放在各章的附录里面。这样就可让不习惯抽象统计符号的读者，也可以掌握这些工具，而同时也可满足希望更深一点了解这些工具的读者。

第五，这不是一本讲统计学的书，但它却是一本引导读者如何正确地在研究中使用统计学的书。因此，我们介绍每一个统计分析工具时都是从一个研究的问题出发，以便让读者明白这些工具是如何应用在研究之中的。

最后，我在书中尽量把我这十多年来教授管理研究方法的经验，和同学遇到的一般问题，都提供了可能的介绍。希望读者在看这本书时，有一种亲切的感觉。

这本书是我们教学经验的总结。我在其中但求务实地向一些没有研究基础的读者介绍什么是管理研究。我只盼读者读完本书后，可以对管理研究有一个正确和正面的了解。每年在国内毕业的硕士生、博士生数以万计，如果大家都严谨地看待自己的研究，将会为管理学做就一个很大的知识宝库。这也是我写这本书最重要的目的了。

罗胜强

香港中文大学

2013 年 9 月 24 日

目　录

第一部分　管理研究的理论部分

第1章 管理学研究背后的哲学

丢丢读博士以来生活完全不同了,每个星期被要求读大量的论文,还要上各种方法课和研讨课,每天都要到深夜才能休息。常常是早上起来就开始坐在电脑前,转眼一天就过去了,腰酸背疼,却又好像什么都没做。这天晚上,丢丢躺在床上翻来覆去睡不着,不知道自己每天这样生活到底是为什么。学校对博士学位的要求是必须有论文发表,想毕业就要发表论文,想发表论文就不得不学习做研究,何况他也清楚,如果以后想要在高校工作和生存,也不得不继续做研究、发表论文。可是夜深人静时,在他心底却开始怀疑自己做这些事情的意义。那么多学者们费劲地做着枯燥的研究,到底是为什么? 自己真的要选择做研究作为自己的终生职业吗?

第二天,他带着自己的问题去找自己的导师李想教授了。

丢丢:"老师,我最近很困惑,不知道为什么我们需要做管理学的研究。除了在那些所谓的顶级学术杂志(top journal)上发表文章外,做研究到底有什么意义呢?"

老师:"丢丢,祝贺你开始思考这个问题了。"

丢丢:"我以前的确没有思考过这样的问题。我小时候崇拜居里夫人和爱因斯坦这些科学家,虽然没有期待自己要做出那么伟大的成绩,可是至少还觉得科学研究似乎是一个神圣的职业。可是自己开始学习做研究了,发现和想象的完全不同。学校要求我们毕业前发表文章,同学整天讨论的都是如何跟着导师做课题、发篇好文章,以后找个好工作,我也承认必得面对这样的生存压力。"

老师:"那如果没有这些压力呢?"

丢丢:"没有这些压力,我也许会认真做点有意义的研究。可是……可是我有的时候也会怀疑我们做的这些研究,真的可以和自然科学的研究那样帮助我们认识世界吗? 或者像工程制造的研究那样改善人们的生活吗? 或是像苹果(Apple)公司研发部门的研究那样可以创造价值? 我总是怀疑那些复杂的管理学模型到底是我们想出来的,还是事实的确如此。管理者拿着这些模型到底能做什么呢?"

老师:"你提到了两个不同的问题,让我们一个一个来谈。你前面讲的是我们每天到底为了什么而工作的问题,如果要解决,也许需要谈到一个更深的问题,就是你这一生到底为什么而活。让我们先从后一个比较具体的问题谈起吧——管理学研究到底是做什么的。丢丢,你进博士班已经一个学期了,你觉得呢?"

丢丢:"说实话,我真的没有好好想过,不过我看过师兄师姐们做研究。我觉得管理学研究就是画一个模型,收一批数据,讲一个故事,最后写一篇文章。"

老师:"丢丢,我同意你说的,你看到的很多研究者是这样写文章的。我现在不去评判这样做法的对错,但是我希望等我们讨论完这后面所有的问题后,你可以形成自己对于什么是研究的独立看法。希望当你博士毕业以后,你能够清楚自己在做什么,也有能力去探索人类未知领域中至少一小块范围的知识。我相信你的。"

＊＊＊＊＊＊＊＊＊＊＊＊＊＊＊＊＊＊

1.1　管理学研究背后的世界观和方法论

这本书的读者大概都是有志于从事管理学研究的学生或青年学者,你们有和丢丢一样的困惑吗? 做研究的时候,你清楚自己到底在做什么吗? 你对自己正在做的研究工作有信心吗? 或者是否你也问过以下这些问题呢:

①企业的目标是赚钱。能赚钱的就是好企业。绝大部分的所谓管理研究都不能直接帮助企业赚钱,那干嘛要做管理研究?

②为什么要做研究? 管理是经验的累积。我们为什么不多访问不同的企业,总结他们的经验,作为经理们的参考? 西方其实也有《追求卓越》这一类型的书,对企业管理也造成很大的影响。我们干嘛要做这些没人看得懂的所谓学术研究?

③为什么要做量化的研究? 讲出一套能够帮助企业主管把企业管得井井有条的理论,不是更有意思吗?

④当我们中国强大起来,西方要主动来跟我们做生意时,老外就会反过来学我们中国的管理! 因此,目前重要的是搞好经济发展,不是做什么管理研究。中国人有中国人对企业管理的理解和研究,干嘛要学老外,用他们的方法来研究呢?

⑤为什么做研究要讲理论? 反正我们有兴趣的往往是变量之间的关系,以及有没有中介变量、有没有调节变量等,干嘛理它有没有理论?

⑥为什么要有管理的理论? 反正我们大部分的所谓理论都是从心理学、社会学、经济学等借过来的,为什么管理就不可以成为一个纯应用的学科?

⑦为什么研究之前要提假设? 难道不可以先收集数据,然后从数据里找出真理吗?

⑧为什么要相信所谓量化研究的结果。大部分研究都只是研究一个变量与另外一两个变量的关系。为什么西方所谓的研究通通都是这么肤浅简单? 影响这些变量关系的因素有千千万万,我们哪里控制得了。既然控制不了,结果可能由千千万万的原因造成,那做量化的分析干什么?

⑨我们知道很多应答者填问卷都是乱填的。你以为那些所谓量化研究的结果真的可信吗?

⑩我们知道很多研究的结果都是研究人员把数据修剪一下,把问卷中一些表现不好的题目删掉,尝试用不同的分析工具,以求得到统计上显著的结果。你真是天真到相信这些所谓一流杂志的研究结果吗?

这些问题和质疑使得学习做研究的我们越来越没有底气,于是干脆把做研究作为获得学历、讨生活的一个工具,放弃了起初的那一点点对于科学的理想。因此,在讨论研究方法中的各种具体问题之前,我们把最重要的一个内容放在第 1 章,我们想首先就一个基本的问题进行一些讨论——"我们到底在做什么?"也希望借着这个讨论,大家能重拾一点信心。

　　这是一本讲科学化的管理研究的书。那到底什么是"科学"呢?到现在为止,我们都没有一个科学的绝对定义。可有趣的是,虽然我们没有绝对的定义,但是有一些学科我们一般都会自然地把它们归到科学的范畴里,如物理学、化学、生物学等。另外一些我们也明显知道它们不是科学,如文学、哲学、美学、历史学等。中间也有一些学科是比较含糊的,如心理学、社会学、考古学、地理学等。那人们到底在用什么标准区分这些学科是否是科学呢?所谓科学,究竟在做什么事情呢?事实上,关于科学的讨论曾有着漫长的历史,形成了众多的哲学流派,如果真的要追溯,几本书都讲不完。我们在这里只选择性地介绍一些与现代管理科学发展最相关的一些哲学流派供大家参考。

1.1.1　影响科学研究发展的几个主要的哲学流派

　　事实上,研究方法中的每一个哲学流派都可以看作是本体论(ontology)、认识论(epistemology)和方法论(methodology)中的部分观点的讨论或组合。其中,"本体论"就是关于"世界是什么"的讨论或假设,"认识论"是关于"人能否认识世界"的讨论或假设,而"方法论"讨论"人如何认识世界"的方法。我们在讨论下面不同的流派时也可以看看它们在这三方面有什么不同。我们会按时间顺序介绍科学哲学的几个主要流派。

1)方法论的自然主义

　　世间万物,包罗万象,科学研究的对象是否有一个特定的范围呢?方法论自然主义的主要观点就是界定了科学工作的前提和范围,提出了科学研究的对象是有边界的,它只能够用来研究可以观察的自然存在,不能够用来研究超自然的存在,并且也不依赖任何形而上学的终极真理。例如,上帝是否存在的问题。虽然科学研究的结果和它所发现的自然规律,确实能为形而上学的知识提供一些启发,如美国人类基因组研究项目组长在带领团队完成人类基因组图谱后相信了上帝的存在。但科学研究本身关注的范围无法包括形而上学,而只能是关于可观察的自然现象。因此,一方面研究者应该明白终极真理是不能通过科学研究来探知和证明的,也不属于科学讨论的范畴。另一方面,我们虽然明白有其他超自然存在的可能性,在探索自然时只能暂且把自然视为存在的全部来进行研究。

2)逻辑实证主义

　　最早提出逻辑实证论(logical positivism)是在第一次世界大战时期(1907 年左右)。一群学者常常在维也纳聚会讨论,他们被称为维也纳圈子(Vienna circle)。他们相信只有"逻辑"和"实证"两类知识是形而下的知识,其他的都是形而上学的范畴。形而下的知识是我们可以讨论探求真实性的知识;形而上的东西没有关于对事实真相的探求可言。形而上的学科,如美学、伦理学、文学等都只是用来表达个人的感情,用以引起别人的反应的。一个杯子是否"漂亮"是个人的主观感受和喜爱,不存在一个客观的事实,因此就不可以用逻辑或对与错来判断。那什么是"逻辑"呢?逻辑在这里就是指能够用数

理逻辑和形式逻辑推导出来的结论,如能够用数学推导出来的知识就是一个逻辑。比如
1 + 1 = 2,那么 2 + 1 就等于 3。那什么是"实证"呢? 就是可以客观地观察、测量、验证的
知识。例如,在实验室里面可以重复观察研究的现象。因此,很粗略地来说,"逻辑"和
"实证"加起来就是用数学(或逻辑)推导出来的结果,或者是用客观的观察可以验证的
知识。虽然逻辑实证论在哲学上早已经边缘化了,但是它仍在深深地影响我们今天的所
谓科学方法。

3) 结 构 主 义

结构主义者对世界的假设又有所不同,他们认为存在一个客观世界,但是由感官经
验所认识到的世界并不是真实的世界。因此,科学家们只有通过临床实验和结构化的方
法才能描述出表面现象背后的深层结构,而这个深层结构才是真正的知识。结构主义
(constructivism,也译为建构主义)的思想曾被广泛用在对语言、文化、心理学与社会学的
研究中。结构主义的方法有两个基本特征。

首先是对整体性的强调。结构主义认为,在分析一个事物时,整体比部分更加重要。
因为任何事物都是一个复杂的统一整体,其中任何一个组成部分的性质都不可能孤立地
被理解,而只能放在一个整体的关系网络中,把它与其他部分联系起来才能被理解。早
期结构主义最有代表性的人物是语言学家索绪尔,他的讲义经由学生整理在 1916 年出
版,命名为《普遍语言学课程》。结构主义坚持只有通过存在于部分之间的关系才能适当
地解释整体和部分。因此,他们力图研究各个要素之间关系的复杂网络,而不是研究一
个整体的各个要素。

结构主义方法的另一个基本特征是对共时性的强调。强调共时性的研究方法,也是
索绪尔对语言学研究的一个有意义的贡献。索绪尔指出:"共时现象"和"历时现象"是
不一样的:一个是同时要素间的关系,一个是一个要素在时间上代替另一个要素的过程。
索绪尔认为,既然语言是一个符号系统,系统内部各要素之间的关系是相互联系、同时并
存的,因此作为符号系统的语言是共时性的。于是索绪尔提出一种与共时性的语言系统
相适应的共时性研究方法,即对系统内同时存在的各成分之间的关系,特别是它们同整
个系统的关系进行研究的方法。

结构主义在自然科学研究中应用的一个例子是结构主义心理学派。这个学派是心
理学史上最早应用实验方法系统研究心理问题的。在他们的示范和倡导下,当时西方心
理学实验研究得到了迅速传播和发展。他们提倡用纯粹的经验论找到人的心理现象背
后生成的结构,对于心理现象,只讨论它实际存在的规律,而不去讨论它实际的意义和
作用。

4) 后 实 证 主 义

后实证主义的思想基本上奠定了现代科学的基础。它是在对过去的思想进行反思
后发展起来的,推进了这种思想形成的是科学哲学史上一位重要的人物,卡尔·波普尔
(Karl R. Popper,1902—1994)。

在 20 世纪之前,牛顿定律因为得到了千万次检验的支持而被当时的人奉为真理。
大家都以为物理学中的终极规律已经被发现了。但在 1916 年,爱因斯坦(Albert

Einstein，1879—1955)修正了自己提出的广义相对论,对星光行经太阳时所发生的偏转做出了和牛顿万有引力说完全不同的解释。稍后,英国天文学家爱丁顿的观测结果也支持了爱因斯坦提出的理论。欧洲的科学界一石激起千层浪。而爱思考的波普尔那时也在心中产生了很大的疑问:牛顿定律已经经过了那么多次的检验,为什么因为一次失败就产生动摇了呢?

当时爱因斯坦的理论虽然得到了支持,但他对自己的理论始终持着批判的态度,试图找出理论的局限,并且公开宣称,只要未来相应的实际观测结果不符合,就可以否决掉广义相对论。爱因斯坦谦虚的态度给波普尔带来了很大的冲击,让他开始思考究竟什么才是科学的精神。

波普尔把弗洛伊德的心理分析理论(psychoanalysis)与爱因斯坦的相对论作比较,发现它们最大的区别是精神分析理论能够解释一切现象,而且无法提出任何事实或理由对其进行反驳。心理分析是试图用人的过去经验来解释人的现在行为的一门学问,在心理咨询中扮演很重要的角色。心理治疗师会让分析对象在催眠状态中,讲出自己行为的动机和背后的历史原因。波普尔觉得这样的方法不是一个科学的方法。因为受治疗的病人的行为已经出现了,但是真实的原因,是否就是在催眠状态下发现的原因却无从考证。波普尔批评用心理分析所找出来的行为的原因,是不可以证明是"真实"的,但是同时也不可以证明是"假"的。用波普尔的词汇,用心理分析这个方法得出来的解释理论是不可以"证伪"的(falsify,证伪就是证明它是假的)。因此,波普尔认为心理分析不是一门科学的学问。经过很长时间的思考,波普尔在1932年写下了《科学发现的逻辑》一书,探讨了科学与非科学的分界标准,以及科学方法的问题。他认为科学研究应该是针对特定问题提出假设和猜想,再根据事实对假设进行检验,并在检验的过程中不断推翻或修改原有的假设和猜想。他认为单单依靠归纳法总结规律不是真正的科学,区分"科学"与"非科学"的一个重要标准是,理论是否具有"可证伪性(falsifiability)",不存在被证伪可能性的理论,就不是科学的理论。这个标准也被现代的学科广泛用作判断科学理论的标准。

5) 实用主义

实用主义是产生于19世纪70年代的现代哲学派别,在20世纪的美国成为一种主流思潮。对各个领域的研究都产生了很大的影响。实用主义对世界的假设是不可知论,即不相信在现象背后有恒定不变的客观规律,或者即使有,也不是人类的研究可以去发现的。基于这样的假设,研究在做什么事情呢? 他们认为研究也不是完全没有用处的,研究可以创造知识,而知识可以控制现实和改变现实。因此,研究的主要目的就变成了创造最能够带来好的结果的解释。它强调研究过程的原则和推理是次要的,而研究成果的实际效果、人们的实际经验才重要。那么,真理是什么呢? 就是"起作用的东西"。

1.1.2　判断科学的标准——可证伪性

我们上面介绍了几个不同的科学哲学流派,而这些也只是众多流派中的几个。大家可以看到,研究者看待世界的方式的不同会在多么大程度上影响他们去研究世界的方法。在现代科学中,很多学科都基本上采用了后实证主义中波普尔的观点作为判断科学与否的依据。而我们这本书里所介绍的研究方法也是基于后实证主义的观点,因此,我们在讨论中把后实证主义作为重点。关于可证伪性,有几点需要我们注意。

第一,波普尔要求的只是"可证伪性(falsifiability)",不是已经证明为真实的。一个理论只要它有可以被证明为不真实的可能性,它就是一个科学的理论。因此,科学的理论有真的,也有假的。有证据强的科学理论,也有证据弱的科学理论。例如,德国的解剖学家加尔(Franz Joseph Gall,1758—1828)于 1796 年提出了颅相学(phrenology)的理论。该理论说人的头颅的形状与人的心理和特质有固定的关系。结果数据分析发现两者的相关很低。这理论通不过客观验证的标准。但是根据波普尔的证伪说,它不失为一个(没有充分证据的)科学理论。相对来讲,心理分析理论得出来的解释只是个人在有意识或是潜意识中的归因(attribution)而已,根本不可以验证是否真实。因此,波普尔说心理分析是伪科学。因此,读者需要了解用"可证伪性"来作为一个原则,只是为了划清科学的范围,与该理论是否真实无关。不是所有科学的理论都是对的,也不是所有非科学的理论都是错的。

第二,波普尔的"证伪性"原则常常被批评为破而不立。因为大部分的科学理论都不像数学一样,有一个绝对的证明。例如,当牛顿(Issac Newton,1643—1727)提出他的物体运动原理时,很多实验都支持牛顿的理论,以至于我们会以为这三个定律是放置四海皆准的。但是爱因斯坦提出相对论后,我们才知道当物体运动近于光速时,牛顿力学是不适用的。当我们以为相对论就是真理的时候,由德国物理学家普朗克(Max Planck,1858—1947)等所引发的量子力学却告诉我们相对论只适用于质量比较大的物体,对于基本粒子的运动,用相对论来解释是不适合的。这个物理学理论的发展过程很好地表现了波普尔证伪原则的基本观点,就是科学只可以说"到目前为止"我们手上的证据对什么理论最为支持。这些理论仍然一直在等待别人来推翻。只是在它们还没有被别人推翻之前,我们姑且把它们视为对的理论来使用而已。

第三,波普尔的观点也可以用在我们今天的管理研究。如果我们在研究中提出来的一个理论或是解释完全不可能被证明是错的话,它就不是科学的管理理论。举一个例子来说明:假如你现在要提出一个称为"人本管理"的理论,我听了以后,第一个反应就是问什么叫人本管理?你就解释说,当一个企业的经理看见一个员工表现不好,他因为了解这个员工各方面的困难,就算他表现多么不好,也不会随便开除这个员工。这样的主管就称为以人为本的主管了。我听了以后就马上问,那是不是所有以人为本的经理都不会辞退下属?你的反应是,那倒不然。有时候,员工根本不适合这份工作,所以根本就没有能力把它做好,这样就会把员工辞退,让他找一份更适合他的工作。这也是以人为本的表现。这个例子表明,起码以辞退员工作为标准,所谓的"人本管理"根本就不可以验证。从这个角度来看,这就不是一个科学的管理理论了。这就好像是一个人说打雷是因为有一个"雷公"在天上,不过雷公是看不见、摸不到、听不见的。我们根本不能验证"打雷是因为雷公"这个理论。根据波普尔的"可证伪性"原则,这就不是科学的理论。

1.1.3　科学研究中的思维模式变化——理论范式的转移

波普尔对科学的定义是出于他对这个世界的一个特有假设,就是这个世界存在很多掌管它运作的规律。这些规律是不变的。一个科学工作者的工作,就是利用"证伪"这个工具,去找出这些不变的规律。但是与波普尔差不多同时期的美国物理学和哲学家库恩(Thomas Kuhn,1922—1996),却对科学有全然不同的理解。相对于"可证伪性",库恩提出了"理论范式"这个概念。库恩反思了可证伪性和实证论的方法,觉得这两者其实都不可以真实地描述科学发展的过程。库恩举了一个例子来说明波普尔的证伪不是"真正"的科学发展的历史。其中一个最好的例子就是"日心说"与"地心说"的争论。波兰的天文学家哥白尼(Nicolaus Copernicus, 1473—1543)在 1543 年提出日心说。这个学说同时配合开普勒(Johannes Kepler, 1571—1630)的行星运行定律时,当时得到大部分的天文观测数据的支持。自然,就算我们使用托勒密(Ptolemy, 90—168)的地心说,也可以很大程度符合天文观测的数据。但是,当两个理论都可以解释同一个现象时,科学的态度是选取比较简单的(parsimonious),也就是假设比较少的那个理论。因此,在客观的观测数据支持日心说这个比较简单的模型时,我们应该暂时接受这个理论模型。当我们发现这个模型不符合数据时,我们就应该放弃这个模型,另外选一个比较有解释能力的理论了。

但是库恩点出,这样问题就出现了,因为当 1821 年天文学家布瓦(Alexis Bouvard)观察天王星的轨道时,发现不可以用哥白尼的日心说和开普勒的行星运行定律,完全地估计天王星的轨道。也就是说,观测的数据不支持哥白尼的日心说。如果根据波普尔的证伪性原则,科学家应该放弃这个不符合数据观测的理论。但是,天文学家亚当斯(John Couch Adams)不但没有放弃日心说,反而提出了另一种可能性——如果存在一颗我们未发现的太阳系行星,似乎就能够解释观测的数据了。他根据牛顿的力学和开普勒的定律计算,预期有一颗"尚未被发现"的新行星。结果证明他是对的。柏林天文台的天文学家很快在亚当斯预言的位置附近找到了一颗 8 等星,也就是海王星。

这个历史事实告诉我们,纵然天文学家的理论是对的,仍会存在数据不符合理论的情况,真正的原因是因为那时候我们不知道还有一颗行星(即海王星)。这个例子反映了一个科学发展的大问题,就是观察与理论不符,不一定要放弃理论。这与波普尔的观点产生了一个很大的矛盾。到底什么时候要基于与观察不符合而放弃理论,什么时候却需要坚持呢?

库恩的结论是大多数的情形都是后者,而不是前者。

库恩把科学的历史描述为一个"周期性的范式转移(periodic paradigm shift)",而不是一个连续的进步改变的过程。"范式(paradigm)"可理解为一个特定的思考模式。我们也可以把范式看成是一个领域在特定时间的通用信念和普遍习惯。举些例子,如进化论是现代生物学的一个基本范式;相对论是现代宇宙学的一个通用范式;后现代主义是当代哲学的流行范式,等等。库恩反思科学的发展过程,他发现科学的知识不是连续的增加和改变的。不同时期的科学发展有它一定的通用或流行的范式。当科学家遇到与现在通用的范式有冲突的其他范式时,他们第一个反应不是根据波普尔的证伪性原则,完全依赖客观的数据和观察来决定是否应该放弃现存的范式。相反,他们会对现存范式有一个类似"信仰"的依赖,因而放弃那些不利于现存范式的观察。这样对现存范式的信仰式的依附会一直维持下去,直到客观的证据和观察越来越多,以致科学家不得不转移到新的范式。到这个时候,新的范式就取代了旧的范式,成为了现存的流行范式。这个过程就称为"范式转移(paradigm shift)"。

举一个例子说明上面的范式转移过程。在 15 世纪以前,托勒密的"地心说"(egocentrism,即地球是太阳系的中心)是天文学流行的范式。纵然这个模型因为不完全符合天文的观察,以至于常常被作出很多不同的修正,科学家还是不愿意接受地球不是太阳系的中心的看法。其实,地球围绕太阳转的理论在哥白尼出版《天体运行论》的300多年前已经有人提出来。但是天文学界还是一直为地心说这个流行范式所统治着。但是越来越多的观测表明,用太阳作为太阳系的中心的"日心说(helioscentrism)"模型,要比地心说来得精简、准确。经过了长时间争论,直到开普勒提出他的行星三大定律,修正了行星围绕恒星的轨道是椭圆形而非圆形,日心说的数据得到了一边倒的支持。从此,天文学的流行范式,就从地心说转移为日心说。

如我们前面提到的,在牛顿提出了物体运动的三大定律后,牛顿力学一直是解释星际运动的流行范式。但是这个看似牢不可破的范式在爱因斯坦1905年提出他的狭义相对论和其后的广义相对论后,就慢慢转移了。今天的宇宙学是以相对论作为基本范式的。

还有一个例子,拉塞福(Ernest Rutherford,1871—1931)在1911年提出原子是带负电的电子环绕带正电原子核作轨道运动,就像行星围绕太阳旋转一样。这个原子模型马上就成为微观物理学的既定范式。一直到狄拉克(Paul Adrie Maurice Dirac,1902—1984)等发表了《量子力学原理》(*Principles of Quantum Mechanics*),量子力学才正式取代了拉塞福模型,成为今天粒子物理学的既定范式。

关于库恩把科学的发展看成是"范式的转移",有几点我们需要注意。

"范式的转移"本来可以是一个极为理性的过程。一个科学的研究者看见新的研究结果和发现,慢慢发觉现在的流行范式有不足的地方,所以就有人提出新的范式,经过研究结果的验证,新的范式渐渐被接受,进而取代了旧的范式。例如,美国在20世纪30年代流行的管理范式是泰勒(Frederick Taylor,1856—1915)的码表时间研究(Time-and-motion study)。但是经过了霍桑效应(Hawthrone Study)的一连串实验,带出了行为学派(Behavioral School),渐渐取代了泰勒的科学管理学派(Scientific Management)。问题是一个研究者在某一个范式底下研究了几十年,形成了一定的思维定势,要他立刻转到另外一个范式是极为困难的。这就好像一个只懂做中国菜的厨师突然要转去做西餐一样,或者是一个只懂做调查研究的人要去做实验一样。而一代已经很有建树的研究者作为一个圈子所共同形成的思维定势加在一起就更强了,所以可想而知,每一个范式的惰性都很强。大部分的研究者都会尽他的能力去捍卫既有的范式,甚至到了一个近乎迷信的地步,以致科学研究的客观性受到了研究者自己的损害。

上面讲的这个问题在管理学或是社会科学更是明显。主要原因是自然科学研究中的变量与因素比较易于控制。相对来说,社会科学(包括管理学)现象的影响因素太多,以致数据的差异比较大。再加上管理学的研究一般不够规范,因此要大部分人接受一个范式比较难,需要的时间也比较长。而形成范式以后,需要改变它自然就更为艰难了。用库恩的话来说,管理学的研究可能像宗教多于像科学。其实,也因为这个原因,我们在这本书里极力倡导"科学化的管理研究"[注:这与泰勒的科学管理"方法"是两码事],为的就是希望中国未来的管理学研究可以更接近"科学研究"的精神。这个方法是否最好呢? 如前所说,不一定是。这个方法是否是唯一的研究方法呢? 肯定不是。那为什么要单单讲这个方法呢? 因为在中国的管理研究发展的初期,我希望研究方法越规范越好,越严谨越好。是不是严谨就可以找到真理呢? 不一定。数学就是一门极为严谨的学科,但是数学能够解决的问题也是有限的。

上面提过,库恩的范式转移把科学的发展看得更像一门感性的信仰,多于波普尔描述的理性的求问。两者是否对立呢？有没有妥协的余地呢？答案是有的。例如，拉卡托斯（Imre Lakatos，1922—1974）就尝试调和库恩和波普尔的思想。虽然拉卡托斯是波普尔的学生，但是他一直在思考老师的观点是否是完全正确的。采用波普尔的方法有一个问题，就是一旦发现反例就要把原有的理论全部推翻。他发现，证伪论有几个根本的问题：第一，用证伪的方法来建立的科学理论是没有根基的。因为证伪是一种"拆毁性"或"破坏性"，而不是"建设性"的过程。用证伪这个方法，我们只可以说什么理论是错误的（错误就是与观察的现象不符的），但是它不能告诉你什么才是正确的。证伪论的第二个问题是，回顾科学的发展历史，我们会发现，很多重要的科学发现都违背了证伪原则。我们前面所说的第 8 颗行星海王星的发现过程就是一个发现数据与理论不符，但并不是理论出错的例子。因此，严格地按照证伪论来做研究确实是存在问题的。

因此，拉卡托斯提出了自己的观点，当研究者发现数据与已知理论不符时，有时并不是理论本身错了，而只是没有界定理论背后的假设或是边界条件。后来，拉卡托斯（La-Katos，1970，1978）修正了波普尔的理论，提出精致证伪主义，他认为理论有个内核，背后有辅助假设，外部有边界条件。当实证检验发现这个理论错了时，其理论核心不应该被轻易放弃，可以改变辅助假设或增加限制条件。最后实在不行，才会放弃理论核心。

我们上面之所以介绍了那么多种科学研究的不同哲学，只是想提示读者，看待研究工作可以有不同视角，且历史上也曾有过那么多不同的观点。在这里之所以着重介绍了后实证主义的思想，主要是因为这是到目前为止，被比较多的科学研究者所接受的、相对严谨的一套对世界探索的方式，也是目前西方的管理研究中广泛使用的研究范式。但是，请读者注意，它不是唯一的研究方法，更不代表绝对正确的答案，西方管理学者其实也用案例研究（case study）、田野研究（field study）等其他各种研究方式。我们要与西方管理学者沟通，在一个全球的知识体系中去对话，把我们的知识和发现带到这个知识体系中去，就要用大家目前的沟通语言。因此，你可以把这本书所讲的研究方法看成是入门的工具和语言。通过对这些基本方法的学习来训练我们的思维能力和科学严谨的态度。这就好像学剑术一定要从基本功开始，但是炼成以后，一个剑术大师可以拿着木棒作剑而游刃有余。因此，希望读者把这本书所讲的内容当作基础的步骤和规则，等大家有了一点研究经验以后，才推陈出新、自立门派吧。

下一节中，我们就基于后实证主义的主要观点来讨论一下做研究的一个大致的过程。

1.2　科学研究的过程

根据波普尔和拉卡托斯的观点，科学知识的发展过程是开放的。研究问题通常产生于三种情境：理论与观察不一致；理论系统内部发生互相矛盾的现象；两个不同理论之间出现互相冲突。这时，科学家就可以提出试探性的解释和理论，这个新的解释或理论必须具有可证伪性，就是可以被经验的方法加以检验，否则它就不能被称为是科学的。

后实证主义所谓经验的方法也就是关注一个假设的理论有没有"实证"的证据可以支持或推翻它。用管理研究的语言，就是你的数据是否如你所说。至于你的理论从何而来，一般没有很大的兴趣。例如，爱因斯坦观察到光照到金属片上会有电子跳出来，所产生的电子与光的强度和颜色有关。于是他发展了光电效应的理论，就是光是由称为光子的粒子所组成的,当光子与金属表面的电子碰撞后(即光照到金属片上),光子的能量会转移到金属表面的电子。但是,这个能量转移的过程一定要依循一个离散(即不连续)的数值递增。能量与光的颜色(频率)有关。如果能量达不到要求的最低数值,无论有多强的光,电子也不会跳出来。他还把这个关系用数学公式表达了出来。实验结果支持爱因斯坦的理论。他后来也因此得到了诺贝尔奖。可是请大家注意,我们不会问:"爱因斯坦先生,你的光电效应理论与现在流行的光是波的理论完全相反,请你解释一下你的理论是从何而来的。"科学有兴趣知道的是理论的正确性,也就是有没有数据的支持。我们没有兴趣知道你的理论从何而来,更不会要求你解释你的理论的发展过程。居里夫人(Marie Sklodowska-Curie,1867—1934)发现钋(Po)和镭(Ra)这两种新的元素时,我们对它们一点认识都没有,也不知道为何有些元素有放射性的特征。宇宙学中的大爆炸理论的两个最重要的实证支持,其中一个是宇宙微波背景辐射(background radiation,另外一个是红移 red shift)。这个在宇宙学的实证中极为重要的结果,是两位美国贝尔实验室的工程师阿诺·彭齐亚斯(Arno Penzias)和罗伯特·威尔逊(Robert Wilson)在 1964 年在一个天线装置的场合中,极其偶然地发现的。事实上,你可以去回顾很多重要理论和发现被提出的瞬间,科学家自己可能都不能够解释清楚,它很奇妙,就好像是一个突然而来的灵感,没有规律可循。有人把它称为"创造性的直觉(creative intuition)"。当然,大量的积累和思考是必需的基础,但有时那个创造性的飞跃确实是可遇而不可求的。

因此,凡是有数据支持的理论就可以暂时被接受为正确的,直至有数据证明这个理论的不足或错误为止。只要研究设计是严谨的,研究者是诚实的,我们不会用一个存疑的态度去看待支持某理论的数据。因此我们不会说:"虽然你有数据来支持你的理论,但是我觉得对这个数据结果有另外一种更好的解释"。简单来讲,实证主义讲求的是先有理论假设,然后用证据(数据)来检验它。如果你说有可能有其他更好的理论来解释这个现象的话,你也要拿出可以支持它的证据来。"辩证"在实证论中是不可以接受的。在实证主义那里,只有数据才是真理。这就是为什么研究的严谨性,在科学的管理研究这里这么重要的原因。如果研究者的研究设计马马虎虎,验证的过程就会变成亦幻亦真,其他的一切都变成空谈了。更重要的是,如果实证做得不严谨,还常常会把错误的结论当成是真理。

总结了上面关于科学研究的分析,再纵观今天的量化管理研究,我们可以归纳出什么才可以称为"科学的管理研究过程"。以下是我们对量化管理研究的初步理解(图1.1)。

- 首先观察企业内的现象。把现象抽象化,变成构念(概念)。
- 发展理论来解释现象。
- 理论其实就是构念间的关系的解释,构念之间的关系就是模型。
- 当我们解释为什么构念之间有这样的关系的时候,就是在发展理论。
- 为了验证理论,我们会从理论推导假设。理想的假设有"必要性(necessity)"和"充分性(sufficiency)"两个特点。意思是:如果理论是对的,一定会看见假设的结果(充分性);同时,只有该理论才会产生预期的结果,看见结果就知道理论是真的(必要性)。"充分性"不容许"可能"出现结果的说法,不然的话,这就不是验证了;"必要性"不容许其他的理论会得到同样的结果,不然的话,这就不是"好"的验证了。

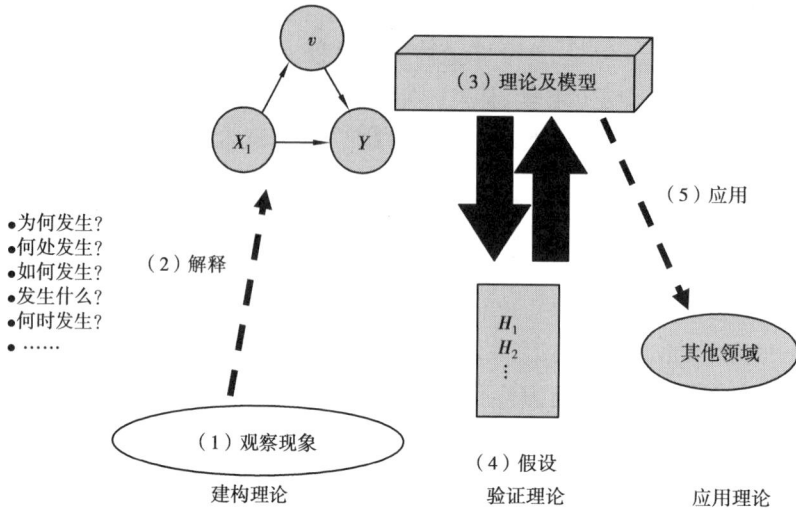

图 1.1

- 理论被验证后,可以试图把建立的理论用到其他的地方,解释其他现象。

现在举个著名的事件来解释这个过程。美国纽约市的一名酒吧老板 Kitty Genovese 在深夜下班回家的路上遭一名持刀男子恶意袭击致死。其间她大声喊叫,可是没人理会。奇怪的是,后来警察发现很多人当时是目睹这件事的,而且整件事历时 30 多分钟,但是竟然一直没有人阻止。最后,在 38 个目击的旁人中只有一人报警。这件事当时引起很大的讨论。难道人真的是这样麻木不仁吗? 这宗事件表明了一个“现象”,就是明明有人恶意公开犯罪,但是目击的证人却不加援手。看见这个观察的现象,我们如何解释呢? 那就要一个“理论”了。那到底应该用什么理论来解释这一现象呢?

①其中一个可能的理论解释就是纽约是大都会,住在纽约的人每天都在不停地努力赚钱、往上爬,所以习惯了竞争,帮助别人的倾向就慢慢低了。这个理论把这件事件看成是地方性的,同样的事件只会在充满竞争的大城市发生。

②第二个可能的理论解释是目睹的人怕参与干预的话,会有自身的危险。第一,说不定凶徒会转向自己攻击。第二,凶徒可能会认得自己,将来会进行报复。这个理论的解释是一般性的,自身的安全是解释这个普遍现象的理论。

③但是纽约大学的社会心理学家 John Darley 和 Bibb Latané 却提出一个不太一样的理论作为解释。他们认为大部分人之所以不阻止或是报警的原因,正是因为大家都知道有很多人在观看这个暴力事件,所以大家都想着会有“别人”出来阻止或是报警。所以“自己”就不需要报警了。这个现象被称为“责任扩散(responsibility diffusion)”。目睹的人多了,每一个目睹者采取行动去帮助的责任就被淡化了。因为大家都在假设,如果我不帮忙,还会有别人去帮忙。

为了验证上面的第三个解释,这两位心理学家就提出了一个基于这种理论的违反常理的“假设”。这个假设就是旁观的人越多,结果有人帮助受害者的机会就越低。他们设计了一个巧妙的实验来“检验”这个理论所引申出来的假设。

他们首先招聘了一些大学生作为参加者,到实验室中进行一个名为内心分享的小组讨论,主要是分享大学生如何面对社会中不同的竞争环境。小组成员有 2～6 位。但其实每一次只有一位受试者,其他的都是扮演参加者的工作人员。首先主持人向每个参加者解释说,因为研究牵涉一些参加者面对自己的难题的分享,为了避免难为情和不悦的气氛,每个参加者都会在独立的房间,透过麦卡风和耳筒来对话。这个当然不是真实的理由,把参加者分开主要是不让他们看见别人的反应,并让实验操作可以更为逼真和稳定。讨论首先以普通的分享开始。为了控制时间,每个麦克风会轮流打开 2 分钟左右。当一个麦克风打开时,其他的麦克风是关闭的。首先扮演其中一个参加者的工作人员就会分享到他因为有癫痫症,所以生活中会有非常尴尬的经历。然后其他的参加者轮流分享。当回到第一位扮演参加者的工作人员时,首先是一阵沉默。然后突然在传声筒里传出下面癫痫发作的声音:

我…嗯啊…我想…我…啊…有人…啊…啊…来帮助…啊…我…啊!…因为…啊…我的啊…啊…癫…痫啊…又…发作啊…了。…啊…啊…有人…啊…可以…啊…帮…助…我啊…啊吗?…啊…啊…啊…啊…(哽咽的声音)啊…啊…我…快要…啊…死…了。…救我…啊…癫…痫啊(几声哽咽的声音,然后寂静无声)。

其实癫痫发作就是这个实验的"操作"变量,整段癫痫发作的声音只是录音带播出来的。研究人员有兴趣的是在不同人数的小组中,受试者跑到实验室外寻求帮助的最短时间(以下简称反应时间)。如果 6 分钟后受试者还是没有离开实验室,去寻求研究负责人的帮助,该组的数据就会作废。

实验的结果发现,当该组只有两个组员时(即其中一个是癫痫者,另外一个是受试者),有 85% 的受试者会在癫痫者寂静无声以前就寻求研究负责人的帮助。平均反应时间为 52 秒。当有 3 位组员时,有 62% 在癫痫者寂静前寻求帮助,平均反应时间为 93 秒。但是当小组有 6 位组员时(1 位是癫痫者,4 位为研究人员,1 位受试者),只有 31% 的情形下,受试者会在癫痫者寂静无声以前就寻求帮助。平均反应时间也延长至 166 秒。研究的结果与假设非常吻合,假设得到了支持,理论也得到了支持。

相信聪明的读者已经可以从上面的例子看出科学研究方法的一个大致过程了。两位心理学家看见了 38 位目击凶案的目击者中只有一位报警的古怪"现象",这个现象用常理很难解释。他们建构了一个"责任扩散"的解释"理论"。为了验证这个理论是否正确,他们根据理论,推导出在场的人数越多,目击者伸出援手的时间就越慢、机会也越低的"假设"。这个假设有两个特点。如果"责任扩散"理论是真的,假设必然成立(必然性)。如果假设得到数据的支持,"责任扩散"理论就是最好的解释(排他性)。研究者巧妙地设计了一个癫痫发作的实验,实验的数据清楚支持了"假设",同时,"责任扩散"理论也得到了支持。

到此为止,我们已经解释了科学研究方法的"建构理论"和"验证理论"两个部分。那什么叫"应用理论"呢?我们想到一个把"责任扩散"应用到管理领域的可能。自从美国印第安纳大学的教授 Dennis Organ 在 1980 年提出"组织公民行为"以后,企业员工的公民行为就一直备受重视。所谓"组织公民行为(organizational citizenship behavior, OCB)",就是员工做出一些企业没有要求,但是对企业有利的个人行为。组织公民行为这个概念定义中的一个重要条件,就是施行这些行为的员工不会获得企业的金钱回报或其他任何形式的正式回报。组织公民行为中最为明显的就是"利他行为(altruistic behaviors)"。例如,同事在工作上有困难时,你会主动帮助他吗? 看了"责任扩散"的理论后,我们可能在想,这个理论是否可以应用到企业中同事的互助行为? 如果"责任扩散"的理论能够用在企业团队中,我们应该看见,团队越大(组员的人数越多),互助的利他行为就越低。因为每一个人都在想,如果我不帮助这个同事,会有别的同事来帮助他。我们甚至可以再往前走一步,把"责任扩散"这个观念扩大一点。例如,如果我们觉得其他同事比较能干,根据"责任扩散"的观念,我帮助同事的机会就会越低。但是到底这些"应用"是否可行,你我都不知道。如果有兴趣的话,就要设计一个研究,收集一点数据来验证一下。如果假设被支持了,责任扩散理论就可以用来解释组织公民行为中的责任扩散现象,这就称为理论的"应用"了。

为了深化读者的理解和记忆,让我再举另外一个研究理论发展、验证和应用的例子。1957 年,一宗病例报告引起了医学界广泛的讨论。事缘一个叫 Henry Molaison(简称 HM)的病人在 1953 年,因为长期癫痫症状,被介绍到哈特福德医院(Hartford Hospital)的神经外科医生 William Beecher Scoville 那里。斯科维尔根据当时的习惯,为 HM 切除了内侧颞叶,其中包括了两个海马体(因为这个组织的形状很像海马,故称海马体)。手术非常成功,HM 的癫痫症状消失了,而且他的大脑似乎运作非常正常。但是,后来医生发现 HM 有点异样了。因为 HM 对手术前的事情的长期记忆极为正常(可以记得很久以前的事情),但是似乎完全失去了短期记忆。几分钟以前发生的事情,他转眼就忘记了。这个现象让医生极为费解。

这么古怪的现象如何解释呢? 其实俄国学者 Vladimir Bekhterev 于 1900 年左右基于对一位有严重记忆紊乱的病患者的长期观察,首先提出海马体与记忆相关。关于海马体与短期记忆有关,科学家提出来的理论是这样的。因为我们每天都面对千千万万的事件,其中有一些是有用的,并应该记下来。但是有一些却是没有用的。鉴于我们大脑皮层的大小有限,对于这些没有用的事件,我们就会忘记,以腾出空间来记忆其他有用的事情。例如,把手放在火上会烧伤,这是个重要信息,我们应该牢牢记着。但是今天早上你在公车上看见的第一个人,到底是男还是女,这大概就没有很大的重要性。但是我们如何知道什么有用,应该记起来;什么没用,应该去忘记呢? 短期记忆的理论是,我们会经常"使用"的信息,就是有用的;如果一些信息长时间没有再用,就是没用的,大概是应该被忘记的。因此,我们的大脑就有两个地方,分别做"暂时短期记忆"和"长期记忆",负责前者的就是海马体,负责后者的就是我们的大脑皮层。打个比方,海马体就像一台计算机的短期记忆(RAM),你关机以后它就会删掉;大脑皮层就好像计算机的硬盘(Hard disk)。就算你关了机,它还是会存留。我们日常生活中的一举一动,所看、触、听、闻到的一切都会暂时记在海马体中。如果我们过了一段时间(如一两星期)都不再用它,我们便会忘记。相反,如果我们经常使用这个记忆,我们就会慢慢把它转记到大脑皮层中。这个就是短期记忆和长期记忆的理论。但是,我们如何知道这个关于海马体的理论是否正确呢?

神经科学家莫里斯(Richard G. Morris)1981 年想出了一个非常匠心独运的设计,称为"水迷宫"。我们知道白老鼠是会游泳的,但是它们不喜欢长期游在水中。莫里斯设计的水迷宫是一个大水缸,与普通水缸不同的是,它有一个小小的平台埋藏在水面下(图 1.2a),只要老鼠游到这个平台上,它就可以双脚站在平台,不用再游泳了(图 1.2b 与 c)。

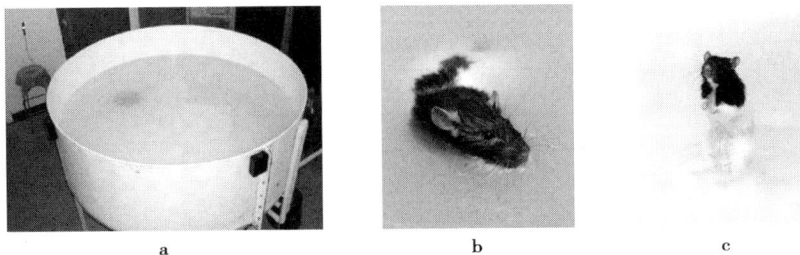

图 1.2

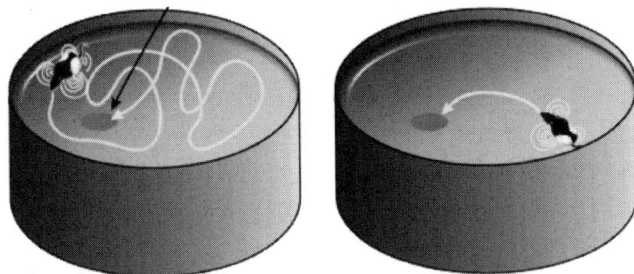

图 1.3

但问题是这个平台在水面下,老鼠是看不见的。因此,老鼠就要靠着研究者贴在水缸旁边的不同记号,找出平台的位置。研究员每一次都把老鼠从不同的地方放入水中,老鼠就要凭着记号,加上自己上次成功找到平台的短期记忆,再一次找到平台。起初老鼠是乱碰乱撞找到平台的,但是经过几十次的练习,它们就渐渐记得平台的位置。之后,无论研究员把它们从什么地方放到水中,它们都很快就找到平台,站在上面了(图 1.3)。

通过水迷宫这个设计,我们就可以训练和测量老鼠的短期记忆。在实验之前,所有老鼠都会经过同样的训练,让它们很快地找到平台。然后研究员把老鼠随机分成两组。第一组为它们动手术,切除海马体。研究员同样会为控制组动手术,割开它们的大脑,只是不会切除它们的海马体。经过一段时间,两组老鼠都慢慢康复(只是控制组还有海马体,实验组的海马体被切除)。研究员再把它们放进水迷宫中。如果海马体真的是老鼠短期记忆的主要组织的话,控制组的老鼠应该记得平台的位置,而实验组的老鼠就应该忘记了平台的位置。实验的结果是,实验组的老鼠真的比控制组的老鼠平均需要长很多的时间才可以找到平台。这证明了海马体是短期记忆的一个重要组织。

谈到这里,我们已经解释了这个研究的现象(HM 和类似海马体受损的病例),研究的假设(海马体和大脑皮层与长短期记忆的理论关系)和理论的验证(水迷宫)。那这个理论有什么应用呢? 理解了海马体对短期记忆的影响后,科学家就开始怀疑老年痴呆症是否与海马体有关系。后来证明了部分痴呆症的患者,是与海马体的退化有关。这就是理论的应用了。

如果把上面讨论的研究过程框架说得更加详细一些,可以总结出下面的一个流程图作为大家初学时的参考(图 1.4)。

＊　资料来源:http://neurowiki2012.wikispaces.com/Down + Syndrome。

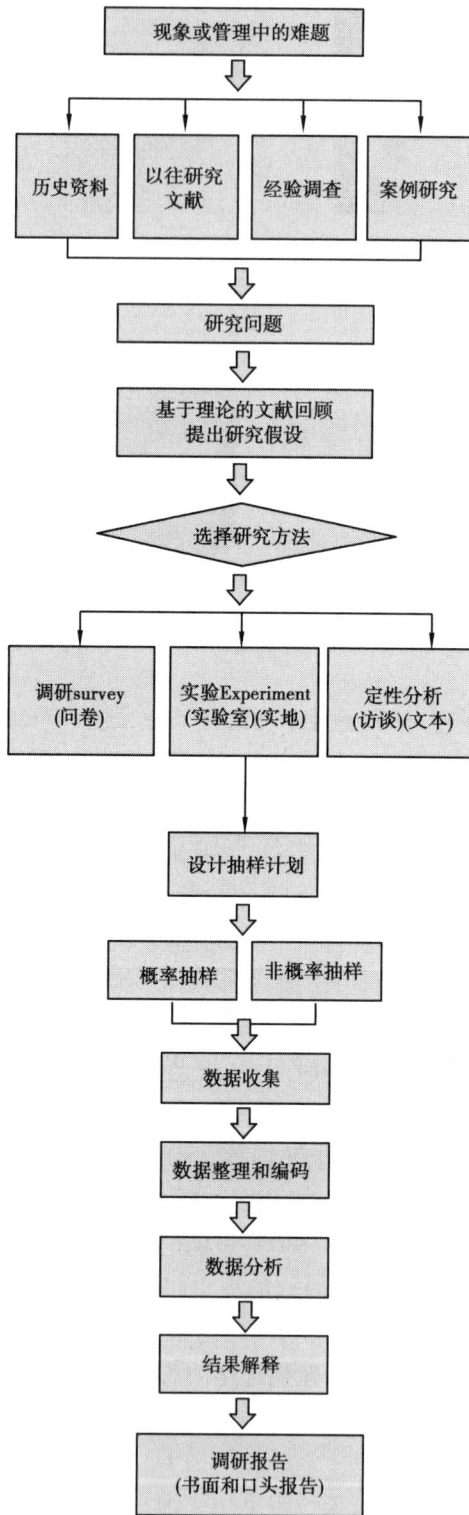

```
┌─────────────────────────┐
│      现象或管理中的难题      │
└─────────────────────────┘
              ⇓
   ┌──────┬──────┬──────┬──────┐
┌──────┐┌──────┐┌──────┐┌──────┐
│历史资料││以往研究││经验调查││案例研究│
│      ││文献  ││      ││      │
└──────┘└──────┘└──────┘└──────┘
              ⇓
     ┌─────────────────┐
     │      研究问题      │
     └─────────────────┘
              ⇓
     ┌─────────────────┐
     │  基于理论的文献回顾  │
     │    提出研究假设    │
     └─────────────────┘
              ⇓
         ◇ 选择研究方法 ◇
              ⇓
 ┌────────┬────────┬────────┐
┌────────┐┌────────┐┌────────┐
│调研survey││实验Experiment││定性分析 │
│(问卷)   ││(实验室)(实地)││(访谈)(文本)│
└────────┘└────────┘└────────┘
              ⇓
     ┌─────────────────┐
     │     设计抽样计划     │
     └─────────────────┘
              ⇓
   ┌────────┬────────┐
┌────────┐┌────────┐
│ 概率抽样 ││非概率抽样 │
└────────┘└────────┘
              ⇓
     ┌─────────────────┐
     │      数据收集      │
     └─────────────────┘
              ⇓
     ┌─────────────────┐
     │    数据整理和编码    │
     └─────────────────┘
              ⇓
     ┌─────────────────┐
     │      数据分析      │
     └─────────────────┘
              ⇓
     ┌─────────────────┐
     │      结果解释      │
     └─────────────────┘
              ⇓
     ┌─────────────────┐
     │      调研报告      │
     │   (书面和口头报告)   │
     └─────────────────┘
```

图 1.4

我们在现象和管理中的难题里发现了我们最感兴趣的问题,这时的问题称为管理问题或管理现象。你希望能够解释这个现象。例如,上面所说的为什么很多人在场的场合却没有人去制止不好的事件。于是我们通过多种途径去寻求对这个现象的解释,包括查阅分析历史资料,以往的相关研究,亲自做一些经验性的调查(如观察、访谈),或者进行一个探索性的案例研究,通过这个步骤,我们看到了一些可能的答案,如果这些答案已经解答了我们所有的困惑,那么就说明这个现象已经能够被解释清楚了,你也找到了满意的答案。但是如果找不到一个满意的解释,这时你就可以提出一个具体的研究问题。例如,提出问题:"是否在人多的场合就会出现责任扩散现象呢?"请注意,提出一个好的研究问题并清楚这个问题将会对这个领域做出什么贡献,是一个好研究最重要的步骤。

有了一个具体的研究问题后,我们就可以基于对理论和文献的回顾提出研究假设了。根据假设的性质,研究者需要选择不同的研究设计来检验假设,如问卷调查或实验的方法。然后根据不同的研究设计来收集数据、分析数据,最后检验假设是否成立。

我们明白了科学研究的原理、步骤和意义后。从下一章开始,我们就会直接转到科学的管理研究的讨论。在下一章中,我们会谈一谈,什么是理论。

参考文献

Darley, J.M., & Latané, B., (1968). Bystander intervention in emergencies: diffusion of responsibility. Journal of Personality and Social Psychology, 8, 377-383.

波普尔. 科学发现的逻辑[M]. 查汝强,邱仁宗,译. 沈阳:沈阳出版社,1999.

索绪尔. 普通语言学教程[M]. 高名凯,译. 北京:商务印书馆,1980.

拉卡托斯. 科学研究纲领方法论[M]. 兰征,译. 上海:上海译文出版社,1986.

第2章 什么是理论——实例解析

上一章我们谈到了科学的管理研究的范式。丢丢看完以后,觉得蛮有道理,也很有系统。但是他却觉得这个范式跟我们在期刊上看见的管理研究好像有点相似,却又很不一样。为了面对这个似懂非懂的问题,丢丢今天跑去找了李老师,看看可否寻到一个答案。

丢丢:"老师,我知道科学研究的意义了,但是却不知道如何把这个工具应用在我自己的研究当中。到底管理的研究是不是真的可以'科学'呢? 毕竟我们研究的是有血有肉的人(员工、管理者、企业决策者等)。他们的行为和决策却不像大自然里面的现象,可以让我们去客观研究的。"

老师:"丢丢,你不用心急。你一下子问我这么多问题,我如何回答呢? 首先,正如你说的,科学是一个方法,只要我们研究时是采用这个方法,我们就是在做科学的研究。这与对象是人或是物没有关系。你唯一可以怀疑的,就是对'物'的研究结果可能比较稳定,对'人'的研究结果可能会飘忽不定。但是,这是一个客观的问题,为何不让客观的数据来回答这个问题呢? 例如,'静者常静,动者常动'(即惯性定律)是一个可以验证的规律。同样的,'让员工参与决策可以增加员工对企业的投入感'也是一个可以验证的规律。我们也可以看看后面这个关于人的规律是否是稳定的呀。"

丢丢:"好,老师。这一点我明白了。但是,就算我相信管理研究可以是科学的,我还是不知道'如何才能把管理研究做得科学'啊!"

老师:"只要我们依从科学研究的范式。首先'观察',然后'构思'建造'理论',并基于理论建构'模型'和'假设',然后'验证'假设,进而基于验证假设的结果接受或是推翻理论。我们把这个科学研究的范式用在管理的研究上,就是在做科学的管理研究了。"

丢丢:"老师,那是不是代表我以后只可以做'量化'的研究,不可以再做'质'的研究呢?"

老师:"丢丢,这是一个一般性的错觉。就是以为科学的研究只有'量'而没有'质',只有'理性'而没有'直觉'。这都是错误的看法。科学研究中的'验证'部分,讲求的是客观、理性和数据。但是研究中的'立论'部分,却是在云云观察之中,主观地、直觉地去把现象抽象化、理论化。这个'理论发展'的过程是抽象的、没有数学分析的,其中讲求的是洞见、眼光和归纳的能力。这个就是科学研究中'质'的部分。很多人都看见苹果从树上掉下来,为什么只有牛顿才建构出背后有一个'万有引力'呢? 他是否收集了很多数据,经过复杂的统计分析,才推断出万有引力这个概念呢? 自然不是! 但我们跑进一家企业做个案研究时,我们做的是'质'的研究。这些研究的目的就是让我们可以发现有趣的管理现象和问题,进而在访谈的过程中,以不同方法来帮助我们建构理论。我觉得做个案研究的学者容易犯的错误,就是基于自己的观察,总结出关系,在没有经过有系统的验证时,就以为自己的理论是对的。殊不知这只是有系统的研究其中一步而已。同样的,定量的数据分析研究也是有系统的研究的其中一步(且可能只是后面的一步)而已。"

丢丢:"老师,明白了。谢谢您。因此,科学研究是质与量、理性和直觉的并用。"

老师:"而且,两者也没有轻与重、大与小、对与错的分别。"

丢丢:"好,老师。那我们回到科学研究的问题。我在看很多管理研究的文章时,发现作者用的方法、数学和统计都很复杂、很深奥。不过,我的感觉是,数学、统计只是一个工具,而且是非常有系统的工具。我现在还年轻,只要愿意用些时间,学会这些工具总是可以的。只是当中建构理论的部分,对我来说却非常抽象。正如你说的,为什么只有牛顿才想到落下的苹果背后的理论呢? 他是如何想到的? 今天的管理学杂志,动不动就说每一个研究总要有'理论上的贡献'。到底什么是管理的理论? 如何才有贡献呢?"

老师:"丢丢,这个问题很不简单。我们坐下来谈一两个月,也不一定有什么结论。因为理论贡献的洞见往往没有一条既定的发展公式,所以我们很难说在什么情形下才可以称为有贡献。我猜我能够在这里做的,就是多举一些理论发展的例子,让你从中领会吧。我会首先从自然科学出发,然后到社会科学,最后到管理科学。希望你可以看见它们背后共同之处,以引领你日后多做一些理论性比较强的研究。"

丢丢:"那就最好不过了!"

※※※※※※※※※※※※※※※※※

2.1　第 1 个例子:相对论(自然科学的例子)

问题提出:除了极少数的例子(如氢气球),大部分物体离开我们的手时,总是会掉到地上。传说科学家牛顿看见了苹果从树上掉下来,就问为什么物体在自由状态时总是往下坠,而绝少会往上升呢?

现象观察:牛顿提出了万有引力理论来解释这个现象。利用万有引力的理论,牛顿也解释了为什么当星体在宇宙中运行时,有时候会偏离它们的正常轨道。其实著名的海王星的发现,就是因为天文学家发现天王星的轨迹与万有引力理论计算出来的轨迹有差异,从而根据理论的推导而找出来的一颗行星。

抽象理论的提出:理论物理学家爱因斯坦(Albert Einstein)在 1905 年提出"相对性原理",也就是人称的狭义相对论。10 年后的 1915 年,爱因斯坦发表了广义相对论,把相对论推广到不是均匀运动的加速系统上。根据爱因斯坦的相对论,在没有其他影响的情形下,所有物体都会保持它原有的运动状态。这就是牛顿的第一定律:静者常静,动者常动(惯性定律)。但是相对论之所以不同于牛顿的第二定律,在于根据相对论,在有质量的物质存在时,牛顿用了"重力"这个概念。但是爱因斯坦觉得没有必要创造一个重力的概念出来。物体之所以改变了方向,不是因为有万有引力,而是当整个时空的区间被"扭曲"时,而物体还在继续地走直线,这时原来直线组成的时空,就变成了由曲线组成的时空了(见图 2.1)。

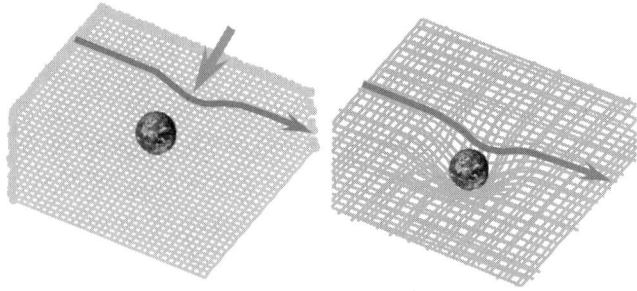

图 2.1

研究结果:1919 年爱丁顿爵士等人,同时在巴西和非洲观察日全食时太阳附近的星星的位置,发现其完全与相对论的预期吻合,从而为相对论提供了完整的实验验证。

2.2   第 2 个例子:手术时的感染(自然科学)

问题提出:如何减少手术后的感染。

现象观察:匈牙利产科医生 Ignaz Semmelweis 在 1846 年进入了维亚纳产科医院。当时,妇女生孩子后死亡率很高,接近 20%。Semmelweis 注意到,1846 年全年,医院的一号妇产病房的死亡人数是 451 人,但是二号妇产病房的死亡人数却只是 90 人。

抽象理论的提出:有了上面的观察,Semmelweis 推翻了妇产死亡是因为产房有"有毒蒸气"的理论。1847 年,在度假回来后,Semmelweis 发现一位在验尸过程中不慎被手术刀划伤的同事感染致死。由于这件事的启发,经过一番研究,他发现二号病房工作的都是助产士,他们不参加已死产妇的验尸工作。于是 Semmelweis 提出了产后妇女致死的主因是因为工作人员验尸时把死人的病菌带给了这些母亲。

研究结果:Semmelweis 马上发布了一条禁令,每个医护人员在处理完尸体后,都必须把手洗干净,并用氯化钙消毒。自此以后,一号病房的产妇死亡率马上由原来的 20% 跌到几乎为零。

(资料来源:Roberto Margotta 著,李城译,医学的历史,154 页。)

2.3   第 3 个例子:颅相学(自然科学)

问题提出:为什么人的性格各有不同?

现象观察:奥地利的医生 F.J. Gall 主要负责验尸和尸体解剖的工作,因此有机会接触很多不同的死人的头骨。他发觉不同人的头骨有很多不同的形状。有些人在头骨中有突出或者嵌入的现象。

抽象理论的提出:经过长时间的总结,Gall 提出了颅相学(phrenology)的学说。就是人的头骨的形状和不同部位的突出和凹入会影响这个人的性格。他甚至写出头骨的 37 个部位分别负责人的不同性格的理论。

研究结果:现代研究的结果几乎完全推翻了 Gall 的颅相学理论。头颅骨形状的凸凹与性格没有明显的关系。现代心理学告诉我们,人的性格主要是受基因和早期家庭以及环境的影响而发展出来的。

(资料来源:http://www.iwant-book.com/book/9571334588/content-12.htm)

2.4　第 4 个例子:光电效应(自然科学)

问题提出:在 20 世纪初期,物理学家都知道只要把强光照射到金属薄片上,会有电子反射出来。到底为什么有这个现象呢?

现象观察:当时一般相信光是一种无线电波。带着能量的光波照在金属片上,会把能量传给金属片上的原子的电子。电子能力增加到一定程度,就会飞脱离开自己所属的电子核。因此,越强的光就会引发越多的电子反射。但是,这个理论却与观察不吻合。第一,光的强度一定要到了一个临界点,才会有电子反射。第二,用不同颜色的光来照射金属片,反射出来的电子的数量会很不一样。如果光是紫色的话,很弱的光就可以引发很多电子反射;如果光是红色的话,很强的光也不会导致电子的反射。

抽象理论的提出:爱因斯坦结合了普朗克(planck)的观点为这个现象提出了一个完全不同的解释,就是光是由一种叫光子的粒子组成的。"光子"还有一个属性,就是它所带的能量是以一个基本的倍数增加的。用数学的公式表达,光的能量 $E = h\nu$ (h 是普朗克常数,Planck's constant $= 4.135\,7 \times 10^{-15}\,eV \cdot s$; ν 是光波的频率)。因为紫色光的波长很短,频率很高,因此紫光所带的能量也高很多。相反,相同强度的红光的波长较长、频率低,所带的能量也低。这就解释了为什么很弱的紫光就可以引发电子反射,很强的红光也可能不能引发电子反射。

研究结果:科学家是知道不同颜色的光的波长与频率的。利用上面的公式,用不同颜色的光(如绿色的光),科学家可准确地预计所反射的电子数目,这支持了爱因斯坦的理论,而爱因斯坦也因此获得了 1921 的诺贝尔物理学奖。

2.5　第 5 个例子:吸毒理论(社会科学)

问题提出:美国在 20 世纪 70 年代时校园吸毒的问题非常严重。美国政府愿意提供庞大的研究经费,找出年轻人吸毒的原因。

现象观察:表面的观察,就是一般学生是不会吸毒的,但是当他们认识了吸毒的朋友或者是校园的毒贩时,他们就有机会开始吸毒了。因此,当时研究的路向就是如何减少年轻人接触毒品。

抽象理论的提出:Simon Fraser 大学的心理学家 Bruce K. Alexander 却提出一个截然不同的吸毒理论。他相信年轻人吸毒不单是因为他们能够接触毒品这么简单。因为:第一,不是每一个接触毒品的年轻人都染上毒瘾。第二,很多染上毒瘾的年轻人在戒除毒瘾后,不久又重新吸毒。因此,他相信是环境的因素让年轻人选择了吸毒。Alexander 假设,当年轻人不喜欢现实生活时,毒品所提供的短暂的傲然遁世、飘飘欲仙的感觉,可以让他们暂时离开他们不愿意留恋的现实世界。因此,真正让年轻人吸毒的原因不是毒品本身,是对现实的不满。

研究结果:Alexander 在 1980 年发表了他的"老鼠乐园"的研究报告。他首先把实验室的所有老鼠喂以有吗啡的水,让所有的老鼠都染上毒瘾。然后他把老鼠分成两组:一组放在一个非常挤迫的笼子内,让它们觉得很不舒服;另一组放在一个非常宽大的笼子内,并且有很多老鼠玩具,让它们活得很开心。两组染上毒瘾的老鼠在笼子内都有两种水可以自由选择:一瓶还是溶于吗啡的水,另一瓶是干净的清水。结果发现,挤迫笼子的老鼠选择吗啡水的几率,远远高于老鼠乐园内的老鼠。实验提供了对该吸毒理论的支持。

2.6 第 6 个例子:智力双因素理论(社会科学)

问题提出:人类的智能有多少是遗传的,有多少是后天培养的呢?

现象观察:不同的人有不同的智能。心理学家 Charles Spearman 早在 19 世纪初已经提出了人类智力的双因素理论,论说人类智能可分为"一般性智能"和"特殊性智能"两种。同时,心理学中也发展了很多不同的智能测验。

抽象理论的提出:但是到底人的智能有多少是天生就有的,又有多少是因为家庭环境和教育培养出来的呢?对于这个问题,专家一直议论纷纷。其实这个问题到现在还没有一致性的定论。不过,Erlenmeyer-Kimling 与 Jarvik 在 1963 年总结了不同智能的人之间的相关关系,为智能遗传论提供了有力的证据。

研究结果:研究智能到底是遗传重要还是环境培养重要,一种很重要的研究方法,就是研究从小分隔的双生子的智能的相关。因为双生子的遗传基因极为相似,但是如果他们是从小就异地分隔的话,他们生长的环境就会很不一样。如果这些从小分隔的双生子的智能相关很大的话,就证明遗传对智能的影响很重要了。

图 2.2 是 Erlenmeyer-Kimling 与 Jarvik 总结的 52 个研究的结果。横轴的数字(从0.0

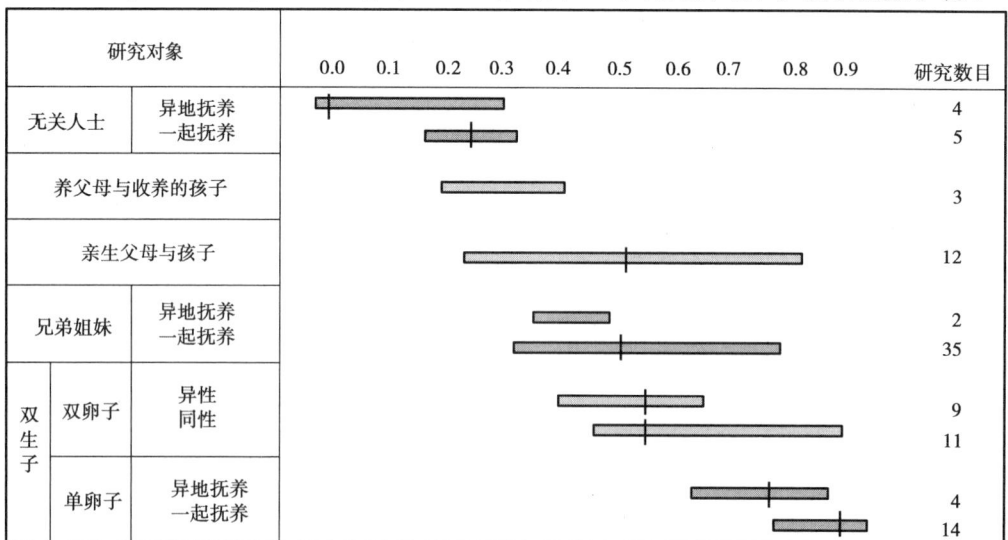

图2.2

到 0.9）是相关系数。如果两组人智能的相关是 0，他们的智能就毫无关系；如果两组人智能的相关是 1，他们的智能就有一一对应的绝对关系。每组人在不同研究的相关系数是用一个横的长方形代表；中间的纵向的直线是研究发现的相关系数的中位数。例如，他们发现两组无关的人士在不同的地方长大（异地抚养）后，他们的智能的相关为 0.00 ~ 0.30；相反，单卵子的双胞胎如果出生以后在不同的地方长大，他们智能的相关为 0.60 ~ 0.85；如果这些双胞胎出生以后在同一个的地方长大，他们智能的相关为 0.80 ~ 0.90。这个研究的结果表明遗传对智能的影响极大。

2.7　第 7 个例子：社会直觉论（社会科学）

问题提出：当我们遇到道德上的难题时，我们是如何做道德判断的呢？

现象观察：当人类遇到不同的道德难题时，不同的人会在不同的环境下作出不同的道德判断。例如，一个人溜进药店里偷一些很贵的药时被抓了。但是我们后来知道他偷药是给他病得很重的妈妈吃。他妈妈病得很严重，他却没有钱买药给妈妈治病，只好到药店里偷药。你觉得这个人的偷盗行为是否可以原谅呢？ 如果是你的话，你会这样做吗？ 如果你知道你的朋友这样做，你会告发他吗？ 以前我们一直以为人类做这样的道德判断时，是运用理性对各种因素作出分析，因而得到不同的结论。例如，最有名的“功利主义”者就认为，只要是为了大部分人的利益所作的行为就是合乎道德的。

抽象理论的提出：纽约大学商学院的 Jonathan Haidt 在 2001 提出了一个有趣的不同理解，称为社会直觉论（Social intuitionism）。该理论极为贬低理性在道德评价过程中的地位。Haidt 认为人类做道德判断时主要凭的是“直觉”，而不是“理性”的分析。理性在道德判断中的角色，只是当我们有了直觉道德决定以后，用来证明或者是支持自己的看法。Haidt 更认为，这些直觉的道德判断，是从我们与身边的人的讨论过程（非理性的）或者是观察获得的。

研究证据：自然，如果我们说这个理论已经完全得到支持，那确实言之尚早。不过这个理论却有一些很有力的研究证据，其中，最主要的应该是“道德惊愕（moral dumbfounding）”的研究。当被试者问及一些一般我们觉得无可接受，却又没有很强的理性论据时（这就是所谓“道德惊愕”的情形），一般都是尽量提出种种理性理由来支持自己。例如，当问及兄妹偶尔一次的乱伦行为时，绝大部分的应答者都会说这是不可接受的。但是，当研究者不停地追问“有何不可”时，应答者会提出种种理由来支持自己的观点。例如，这会有怀孕的风险，近亲生子会有基因的问题，这会影响他们未来的婚姻，等等。但是当研究者一一提出合理的驳斥时，如：女的是不孕的，他们后来的婚姻很快乐，他们后来的关系还是很好，等等，受访者还是不能接受这些“明显不道德”的行为。这一系列的研究指出，至少在“道德惊愕”的问题上，我们的道德判断不是理性的，而是直观的。

（资料来源：http://en. wikipedia. org/wiki/Social_intuitionism）

2.8 第 8 个例子:社会认同理论(社会科学)

问题提出:社会心理学家一般都相信,人类有一种尽量提高自己的"自我形象"的倾向。那人类是用什么方法来提高自己的自我形象的呢?

现象观察:心理学家发现很多人都喜欢把不同的人归类。这自然与人类有限的处理资料的能力有关。除了把别人分类以外,我们还会把自己归到不同的类别。那是什么原因呢?

抽象理论的提出:心理学家 Henri Tajfel 与 John Turner 在 20 世纪七八十年代,提供了好几个相关的理论,都与上面这个现象有密切的关系。首先,自我分组理论(self-categorization theory)指出人都有把其他的人分成不同的组别的倾向。分组的目的不单是说甲是美国人、乙是中国人这么简单。在这个分组的过程中,我们会自动地把一些人视为"圈内人"(与我同组的),另外一些看成是"圈外人"(非我族类的)。在这个分类的过程中,一般圈内人都可以增强自我。举个例子,当我们拿着名牌手袋上街时,我们就会突然觉得自己属于使用这个名牌的一群人,不使用这个名牌的人是没有我们好的。因此,我们的自我概念就会提高。又如,当你看见有人在地上吐痰时,你的反应可能就是嗤之以鼻。为什么呢? 因为你觉得你比他高尚,你与他是不同类别的人,你是一个有教养的人,等等。这样,我们就会对自己有一个比较好的评价。与社会分组理论同时产生的可能是认同理论(identification theory)的现象。我们不单会把身边的人分成圈内人、圈外人,我们也同时对圈内的"自己人"产生很强的认同。所谓的"认同",就是心理上觉得我们是同一类的,在分类的特征上极为相似(如我们都是有教养的人)。回到上面的名牌手袋的例子,当我们在电视上看见某某明星也是用这个手袋时,我们就会把自己与这个明星"认同"起来。本来我们与她一点关系都没有。但是在认同的作用下,我们就与该明星属于同一类人了。

研究结果:分组理论和认同理论在管理学上应用极为广泛。一般毕业生喜欢在大企业里面工作,其中一个原因就是,只要认同于这些有名的大企业(如"作为谷歌公司的员工"),往往能够在亲戚朋友面前增加自我概念。在过去三十年里,无论是心理学、管理学还是市场学的研究,都为认同理论提供了很好的支持。

2.9 第 9 个例子:主管下属交换(管理学)

问题提出:到底有效的主管是如何管理的?

现象观察:主管与每一个下属的关系和交往的方式都不一样。

抽象理论的提出:管理文献中常常会讲述一个主管应该如何与下属相处,才可以让他们有好的表现。其中的假设是只要主管用一个单一的"有效的"管理方法来对待下属,他们就会有好的表现,进而导致主管也会有好的表现。但是,"主管下属交换理论(Leader-Member Exchange,LMX)"却是从完全不同的角度出发。这个观点没有假设有一个通用的、最好的管理方法,而是相信主管会故意地与不同的下属建立深浅不同的关系。

理论假设主管的资源(包括时间、财政预算、工作分派等)是有限的。在有限的情况下,主管会主动在下属中,拣选一些他们喜欢的、能够帮助他们有效地完成任务的下属,作为他们的"圈内人"。至于其他的下属,主管就只会把他们看成是"圈外人"。主管与这些圈外的下属,就只是保持一般的"主属"关系。但是对于圈内的下属,主管就会多给他们资源、机会,与他们保持工作上的亲密关系。同时,这等高"LMX"的下属也会决意尽忠,与主管建立互惠、互利的双赢合伙人关系。

研究的结果:大量的研究数据,都为 LMX 的理论提供了很强的支持。结果证明,与主管的 LMX 很高的下属,他们的分内和分外的工作表现都比较出色。他们的晋升机会也比较大,工作的满意度也很高。不过,笔者觉得 LMX 理论的验证可能受它的测量方法影响很大。但这是后话,不属于这里的讨论范围,我们以后有机会再谈。

从这个例子中读者可以看出,不同的人到企业观察到不同的现象。但是,LMX 理论的创立者却聚焦于这个"主管与下属一对一"的关系上。这就是学者在实际观察中所看见的洞见了。从实际的观察中提炼出抽象的理论,还有一个很重要的好处。笔者记得 LMX 理论的一位重要创立者 George Graen 教授曾经讲过一句很有意思的话。他说:"这些理论和假设,是我们在企业中实际观察而升华出来的假设,在收集数据后,怎么可能结果不显著呢?"自然,这一句话有点夸大。因为观察可能错误,提炼升华变成理论可能错误,测量可能出错,数据也可能有随机的误差。不过,基于实际的观察而提出来的理论和假设,得到数据支持的可能性的确比较高。

2.10　第 10 个例子:资源基础理论(管理学)

问题提出:为什么有些企业可以一直保持竞争的优势,有些却不可以呢?

现象观察:企业独有的资源是关键。

抽象理论的提出:Jay Barley 在 20 世纪 80 年代提出了企业竞争的"资源基础理论(Resource-Based View,RBV)"。他分析了很多不同的企业,发觉成功的企业都有一个特点,就是他们拥有很独特的资源。根据 Barley 的定义,企业的"资源"有 4 个特点:

①珍贵的(valuable)。就是它们能为企业创造利润。

②稀有的(rare)。就是其他企业不可以随便获得,如企业的创新文化、人才等。

③不可模仿的(in-imitable)。就是竞争者不容易在很短的时间内向企业学习。

④不可替代的(non-substitutable)。就算竞争者没有你的资源,如果他们很容易找到替代资源,该资源的稀有性和不可模仿性就没意思了。因此,企业独特的资源一定是不可替代的。

研究结果:资源基础理论是一个很有洞见的理论,因此,有大量的研究都建基于这个理论。尽管如此,直接验证资源基础理论的研究却不是很多。其原因,可能是该理论只是讨论了资源的特点,而没有讨论"什么是资源",因此,研究人员很难知道一个企业是否拥有资源,或者拥有强大资源的企业的表现是否会更好。尽管如此,只要"资源"的定义比较明确且可测量,资源基础理论不失为一个有洞见而实用的理论。

2.11　第 11 个例子：代理理论（管理学）

　　问题提出：股东应该如何监察企业高层的行为？

　　现象观察：自从美国 Enron Corporation 在 2001 年倒闭，进而暴露了该企业高层员工做假账和舞弊的事件后，股东应该如何监察企业高层，在企业管理中就成为了热门的话题。代理理论（agency theory）的学者把股东对企业的监察看成是一把双刃剑。增加监察自然控制会好一点，但是监察也是有成本的。一个成功的管理可能就是要在两者中取得一个好的平衡。

　　抽象理论的提出：代理理论最初是由 Jensen 和 Meckling 于 1976 年提出的。如果我们把股东或者是董事会看成是委托人（principal），而企业高层（如总经理）看成是代理人（agent）的话，公司经营便是委托人把资金交托给代理人去使用赚取利润。这当中有两个很重要的概念，影响了这个代理关系的成功与否。第一个概念是"信息的不对称性（information asymmetry）"。代理人与委托人所掌握的企业的内部运行的信息非常不对称。代理人拥有大部分的信息，委托人相对来说拥有的信息就非常贫乏。第二个概念是"道德风险（moral hazard）"。因为代理人与委托人都是各自为了自己的利益而行动的，代理人就有可能做出道德上不正确的行为，以维护自己的利益。其中，最明显的例子就是隐瞒事实，甚至是做假账。而这个"道德风险"的问题在"信息不对称"的情形下越发明显。代理理论就是利用这样的一个理论视角来解释为什么企业高层会瞒骗股东，甚至做出种种越轨行为。

　　研究结果：代理理论是一个很容易验证的理论。如果理论是正确的话，代理人与委托人的信息越是不对称，企业高层越轨行为的机会就越高。同样，"违背道德"的收益越高，企业高层越轨行为的机会就越高。一般研究的结果都为代理理论提供了很好的支持。

2.12　第 12 个例子：自愿离职的呈现模型

　　问题提出：员工的离职和流失是企业管理人员非常重视的问题。到底是什么原因让一个员工有离开企业的心呢？这个现象在管理学界称为"离职倾向（turnover intention）"。很多企业的老总希望知道"离职倾向"是如何产生的？换句话来说，企业应该做什么，才可以降低效率高的员工的离职倾向？

　　现象观察：过去研究员工自愿离职，一直都是从经济学的推进因素（push factor）和引诱因素（pull factor）的角度建构理论模型。所谓的"推进因素"，就是指在企业内部或者是员工的心里，有一些把员工"推离"企业的动力因素。例如，员工觉得在这个企业难展抱负，或者自己与老板合不来，就是个人的因素把员工推离企业。又如，企业内部已经没有晋升的空间了，那就是企业的因素把员工推离企业。与此同时，企业以外的诱因就是把员工"拉离"企业的动力因素。比如，竞争对手能够付出的工资就是一个外在诱因。其他企业的同事关系也可能是另外一个离职的外在诱因。

　　抽象理论的提出：上面的观点都是把劳工市场看成有一堆连续的变量来影响员工的离职倾向。但是 Lee 和 Mitchell（1994）提出了一个崭新的离职观点，称为自愿离职的"呈现模型（the unfolding model of voluntary turnover）"。根据这个"呈现模型"，无论他们的离职倾向有多低，每一个企业员工都不停地受着不同信息的冲击。根据镜像理论（image theory），两位学者提出这些信息不间断地冲击着员工的价值观（value image）、目标（trajectory image）和战略（strategic image）。举个例子，当一个猎头公司与一个高层员工接触并提出一个招聘建议时，这位员工会想一想猎头公司提出来的建议（或者是新的这家企业）是否符合自己的"价值观"，是否与自己的既定"目标"相符，与自己既定的求职"策略"是否一致等。根据理论，这三个镜像是不可替代的，而且每一个都有一个临界值。临界值的意思是，如果它们还没有达到一定的高度，它们对员工就起不了作用。不可替代的意思是，如果新企业的价值观与员工的价值观很不一样，无论目标与战略多吻合也没用。举个例子，一个员工可能从来都没有想过要离职，可一天晚上他刚好与一个老同学吃饭，听说以前的老同学现在的事业都比自己成功。这个新的信息就可能突然间通过了该员工的价值、目标和战略的临界值，让他开始想自己是否应该留在当前的企业，继而让他产生了离职的念头。

　　研究结果：这个呈现模型确实解释了很多以前我们无法解释的离职行为。就如上面的例子。再如，有些员工突然间患了重病，病好了以后整个人生观就改变了，因而在想是否应该在目前岗位继续做下去。又如，一些职场"中年危机（mid-life crisis）"现象，这个模型也有很好的解释。

　　以上我们一共列出了 12 个理论，其中 4 个是自然科学的，4 个是社会科学的，4 个是管理学的。读者应该看出，不同学科的研究范围很不一样。但是它们用的方法是非常相似的。就是：

　　①观察到的实际现象。
　　②提出抽象的理论来解释现象。
　　③用科学的研究态度去小心求证。

　　这就是我们在这本书里希望介绍的管理研究方法。

参考文献

Erlenmeyer-Kimling, L., & Jarvik, L.F. (1963, December 13). Genetics and intelligence: A review. Science, 142, 1477-1479.

Lee, T.W. & Mitchell, T.R. (1994) An alternative approach: The unfolding model of voluntary employee turnover, Academy of Management Review, 19(1). 51-89.

Spearman, C. (1904). General intelligence. objectively determined and measured. American Journal of Psychology, 15, 201-293.

第3章 如何做文献综述

丢丢了解了研究背后的哲学和理论建构的过程后,立刻觉得自己任重而道远,忽然觉得每天这些枯燥的阅读和学习变得有意义了。丢丢心想:原来我们真的可以去发现真知,并把这些知识传播出去呢。

兴奋的丢丢开始尝试发现管理中的各种问题,迫不及待地想开始自己的研究。可是没两天,他就备受打击了。

昨天和师兄小伟吃饭时,丢丢开心地说:"小伟,我发现李老师对我们的方式很不一样,他好像发自内心地关心我们,又特别善于鼓励我们,还能激发我们的思考,最重要的,他让我看得到未来的希望。和他讨论过几次,我觉得自己境界都不一样了呢。我想研究一下这样一种管理风格放在企业中会如何,你觉得这个想法是不是很棒啊?"

小伟说:"丢丢,你的想法挺好的,不过……"

丢丢问:"你觉得有什么问题吗?"

小伟回答:"这个现象本身作为研究问题当然是有意思的,但是最重要的是你能否有新的知识贡献。我猜你肯定没有看过相关的文章吧。你如果对领导风格感兴趣,我建议你看看组织行为学中的变革型领导的理论,也许你会发现你的问题别人已经回答过啦。"

丢丢有点灰心:"原来都已经有理论了……那我还是不做了。"

小伟说:"不要那么快就放弃呀,看看别人是如何回答这个问题的,如果别人的回答你很满意,那至少你学到了一个好的解释;如果别人的回答你不满意,那也许正是你开始做研究的切入点呢。"

丢丢说:"我平时读的文章都是每门课的老师布置的,我如何才能知道以前的学者关于领导行为都说了什么呢?"

小伟说:"文献综述是一个好研究的基础,一定要学会的。没关系,我这两天正在做关于员工创新的文献综述,不如你一起参与吧,我把我知道的经验告诉你。"

丢丢说:"那太好啦。"

＊＊＊＊＊＊＊＊＊＊＊＊＊＊＊＊＊

文献综述就是对关于某个问题的以往研究所做的描述。这项工作是研究中最重要的部分之一,帮助我们站在巨人的肩膀上来做研究,若是疏忽,那后面的研究只能是坐井观天。但文献综述绝不是一个简单的文献罗列,而是对与研究问题相关的所有现有文献进行选择性分析,然后讨论你的研究问题与现有研究有什么关系,你的研究对现有文献提供了什么新的知识。这不是一个简单的要求。因此,一个好的文献综述往往要在你已经阅读完有关一个研究问题的几乎所有相关文献,经过自己的思考和分析后才能够写成。

现在很多同学写文献综述,误认为是对一个领域的综述或是对一个个构念的综述罗列,这样做不但达不到上述目的,而且自己在写综述时也不知道这么多的文献该从何入手,即使写成,整个文献部分看起来也是冗长无用。

在这一章中我们会分享一些文献搜索、阅读、分析和撰写综述的方法,希望能帮助读者更有效地完成这个重要的研究工作。

3.1　文献综述在研究中的作用

为什么说文献综述是研究中最重要的部分之一呢? 我们在这里介绍两个文献综述的主要角色,你就可以判断了。在几乎所有的研究中,文献综述的第一个作用都是帮助回答一个问题:“我们已经知道了什么,我们还不知道什么”。在实证研究中,还需要第二部分的文献综述,这也是文献综述的第二个作用,回答“我根据什么提出新的视角和研究假设”。下面我们分别讨论一下这两方面的作用。

1) 文献综述的第一个作用是确定研究空白

在科学领域,我们建构知识体系是一个循序渐进的过程,不断地提出新的理论,再不断推翻和完善它们。因此,形象一点说,这也是一个与全世界的学者(包括过去的和现在的)对话的过程,大家用来对话的工具就是逻辑、证据以及我们所用的研究方法。因此,新的研究不是凭空想出来的,它应该是对过去的知识体系不能回答的问题的问答,对过去错误看法的纠正,以及对片面观点的补充。例如,Robert Folger 在《管理学中的伟大思想》(*Great Minds in Management*, *Edited by Ken G. Smith & Michael A. Hitt*)一书中分享他做研究的过程。他在读博士期间,读到亚当斯(Adams)的公平理论时,发现似乎有一个明显的不足。亚当斯强调的是优势非公平(advantageous inequity),也就是一个人觉得自己被给予的报酬多于自己应得的。但 Robert 却发现另一种非公平可能更有意思也更常见,也就是一个人觉得被给予的少于自己应得的,他称之为“劣势非公平(disadvantageous inequity)”,这种非公平让人们产生相对剥夺感,但在研究领域对其的探究却非常少,于是他对公平问题所引起的被剥夺感做了一系列的研究。

2) 文献综述的第二个作用是为新理论视角的提出提供论证

在确定了过去的研究空白之后,研究者需要提出新的解释视角或对原有理论进行发展补充,这个过程是最体现研究者创造性的部分。虽然很多时候新视角的产生来源于灵感和长期的经验积累,但在一个严谨的研究中,我们在提出新视角和理论假设之前,应该提供充分的论证说明其合理性和可能性,有理有据。因此,在这一部分,我们需要回顾与新视角相关的理论基础和研究结果,用以作为理论假设提出的支持。这一部分也是可以区分实证研究质量的部分。最为严谨的一类研究是用系统的视角和理论来进行论述,提出假设;其次一类,是引用过去相关的实证研究结果作为支持;最不理想的一类是完全凭着自己的逻辑和感觉来讲故事。

文献综述的过程一般经过下面 4 个步骤:

①搜索(Search)。查找与研究问题相关的所有文献。

②阅读(Read)。对所有文献进行阅读、筛选、分类和分析。

③评价(Assess)。对现有的研究进展和不足进行评价。

④总结(Summarize)。指出可以如何通过新的研究来发展过去的研究。

下面我们就分别说一下这几个步骤应该如何完成。

3.2　如何"搜集"和"阅读"文献

对与研究问题相关的文献搜索是文献综述的第一步工作。

由于媒介和技术的限制,过去的研究者所能查看的资料受到很大限制。现在网络和数据库的发达大大简化了研究者的文献搜索工作,也使得我们可以最快地阅读到世界各地研究者发表的最新研究成果。

我们做研究所用到的文献资料一般包括下面几类:

第一类是学术期刊,这也是最主要的文献来源。例如,我们熟悉的 *Administrative Science Quarterly*,*Academy of Management Journal*,*Academy of Management Review*,*Journal of Applied Psychology*,*Strategic Management Journal* 等都是管理学领域很好的学术期刊。学术期刊大都发表研究者经过严谨的科学研究后完成的研究报告,并经过了多轮次的同行专家评审和修改,文章中有关于理论背景、研究方法、结论的详细讨论,可信度较高。但学术期刊也有不同的质量和档次。越好的学术期刊上的论文可信度一般也越高。判断期刊质量的一个标准是影响因子,如国际期刊有社科文献检索目录(social science citation index,SSCI)提供的影响因子,中文期刊有中文社科文献检索目录(Chinese social science citation index,CSSCI)提供的影响因子等。一般来说,在同一个领域内,影响因子越高的期刊质量也越好,因为上面发表的文章被引用率高,影响较大。

第二类文献资料来源是商业实践期刊和报纸。这类文献反映了时事和管理实践中的现象,篇幅较短,可以用来参考最近的商业新闻、产业近况、法律法规、新技术发展等。但由于这类文献没有经过严格的评审过程,引用时需仔细辨别。引用一般网站上的文章更需要非常慎重。

第三类文献资料来源是书籍。过去的很多好的经典理论都是以书籍的方式发表的,一本经典的论著包含了作者对其理论观点的详细阐述和研究积累。另外,如果你的研究涉及一个你不熟悉的领域,一本好的基础教科书也是了解该领域的最佳途径。但对于书籍也需要仔细辨别,一般经典的书籍被引用率很高,专业学者的推荐也可以作为参考。最后,还可以根据书本身的章节内容是否合理清晰,文献引用是否规范清楚等来辨别。

那么,一般从哪些途径可以找到上述这些资料呢?

● 图书馆书目。

- 网络资源和搜索引擎(如 http://scholar.google.com.hk/)。
- 专业收集学术资料的数据库(如 ABI/Inform Global/ProQuest,商业信息文摘及全文数据库;Business Source Premier - EBSCO,商业资源文摘及全文数据库等)。
- 用"滚雪球"的方法,利用最新发表的文章后面的文献索引和参考资料,我们就可以知道过去在这个领域常常为人所引用的其他文章。这些经常被引用的文章往往就是这个领域的经典文章。

我们建议同学们在开始读研究生时,就尽快弄清楚如何使用学校的图书馆和电子数据库,这些都是往后做研究的必要工具。这里就不介绍使用数据库的具体技巧了。

比起阅读文献,搜集文献并不难。博士生开始学习做研究第一步遇到的挑战就是阅读英文文献。拿到一篇研究论文,那么长,又有很多抽象的词和复杂的统计分析,不知道如何入手,我们建议初学者用提纲的方式整理阅读的文章,可繁可简。下面这个提纲也许能够帮你整理出一篇研究论文的要点:

- 研究问题。
- 与以往文献的关系(理论贡献)。
- 主要的理论基础和假设。
- 研究设计和分析方法。
- 主要结论。

3.2.1　如何阅读文献?

刚进研究院的同学都有一个共同的问题,就是不知道如何读文章。我们看中文的文献大概还可以,但看英文文献时,就觉得很吃力了。这里可能有两个原因:第一,我们不习惯看英文。看英文文献时,要首先把英文读进去,在脑海里翻译成中文,然后才能够理解意思。第二,我们不习惯、不明白外国人写学术文章的特点,所以无从入手。一个字一个字地读进去,读到结尾的时候,前面的东西大部分都忘记了。因此,有的同学就一面读一面做笔记,那就更费事了。我们听说有些刚进研究院的同学,要 3 天才可以读完一篇文章。后来慢慢习惯了,还是要一天才可以读一篇文章。试问,以一天读一篇文章的速度,要多久才可以掌握文献呢? 因此,很多人取巧,随便读几篇文章,就开始做研究。到后来才知道,原来自己研究的题目,已经很成熟,很多人做过了。

关于第一个问题(首先把读进的英文翻译成为中文,然后才理解),我们建议读者努力戒除这个习惯。因为这个习惯不但影响我们阅读,更影响我们写作。我们习惯了这个"翻译式"的阅读和写作模式后,读文献会很慢,写文章会写出"中国人的英文"。那应该如何呢? 学外语的同学都会知道,英文的语言逻辑、语句编排、表达方法都与中文很不一样。读英文要读得快,就要用英文来思考,用英文来读! 这就好像我们读古文时,不会把文言文翻译成白话,然后才理解。如果我们要把古文在脑海中全都翻译成白话文,然后才理解,会丢失当中很多独特的意义,也会浪费很多时间。那么如何改变这个习惯,学会读英文时直接用英文思考、理解呢? 我们想只有两个锦囊:第一,强迫自己不准翻译。读的时候一直地读下去,然后尝试整体地理解作者的意思;第二,不停地练习。铁棒可以成针,只要有决心,多尝试,多练习,一定可以学会的。

关于第二个问题(我们不习惯外国人写学术文章的特点,所以无从入手),其实并不难,当你熟悉了以后,会发现读英文的学术文章,比看中文的容易得多。主要的原因是西方的学术文章讲求简单的逻辑。相比之下,中文的文章有两个特点:第一,中文讲求修饰,好文章要一气呵成,富有文采,有说服力。而且,中文是把所有的论据都写在前面,层层深入,环环相扣,最后带出结论。因此,中文常常有"因为……,所以/因此……"的句法。可是英文的学术文章却不是这样的。作者往往会首先讲出整个结构,然后才一点一点地论述。在论述每一点时,一般都会首先写出结论,然后才解释为什么他会有这个结论。因此,英文的学术文章很少有"Because…,therefore…"的语法。英文的论文往往会在每一段的头一句,首先写出作者的结论。然后才慢慢解释缘由。大家明白了这一点后,就会发觉很多时候,读每一段的首一两句,就可以知道作者大概要说什么。自然,要明白为什么作者会这样说,就要看完整段文字了。

同时,时下的学术英语是以清楚、简洁为主。所以,作者在写作中能够用现在时态的,不会用复杂的时态;能够用主动表达式的,不会用被动的时态;能够不用短语、从句的,一定会用简单句式。因此,文章少了很多不必要的文字修饰,可以直接读到作者的意思。

学术的英语还有一个特点,就是每一句都会紧凑地跟着上一句,每一段都会紧凑地跟着上一段。而且作者一般都会在转到另外一点前,做一点铺垫和过渡。例如,英文学术文献的表达逻辑往往是这样的:

There are three types of underemployment：overeducation，underpay and underutilization. (作者会首先把架构写出来)Overeducation refers to…。(第一点)Underpay happens when…。(第二点)When…, an employees is said to be in the state of underutilization。(第三点)

我们明白了这个逻辑以后,就可以把文章的段落分割开,知道哪里到哪里是讲第一点的,什么地方开始是讲第二点的,到哪里才开始第三点,等等。一般一个大的段落都可以拆分成几个小点的。

3.2.2　主动阅读

当我们明白了这个特点后,就会明白读英文文献不应该从第一个字读到最后一个字。这样的阅读是"被动阅读(passive reading)"。一个被动的读者会坐在这里,从第一个字开始读,一直"等待"作者给他信息。这样的被动阅读有两个弊端:第一,这样的读者要到读完最后一个字,才知道作者想讲什么。第二,这样一字一字地阅读,速度非常缓慢。那如何才是一个"主动"的读者呢? 就是基于我们上面谈的西方学术文献的一般逻辑,主动地去文章中找寻答案。上述例文一开始,作者已经给了其文章的架构。在这个简短的例子中,就是有 3 种不同的"就业不足(underemployment)"。明白了这个以后,一个主动的读者,会在文章中找出作者会在哪里讲第一种就业不足,哪里到哪里是第二种就业不足……(我们可以用荧光笔把每一点的第一句点出来)。明白了这个架构后,我们对整篇文章已经有一个总体的了解(就是作者其实是希望讲 3 种不同的就业不足)。虽然我们暂时不知道这 3 种就业不足的不同,但是我们已经抓住了衬衣的衣领,整件衣服的轮廓已经出来了。这样做总比你首先看衬衣的领子,然后把眼光移到袖子,再移到胸膛,再移到衫脚,然后再整理一番,才知道自己看到的是一件衬衣这样的方法来得好、来得快。

在一次"速读"后(一般这个过程应该少于 15 分钟),我们已经掌握了整篇文章的脉络。我们就可以来一次"细读",以详细明白文章的内容了。但是,就算这一次是"细读",也不建议读者去一字一字地读。为什么呢? 因为没有这个必要! 主动阅读的特点就是,读者主动地在文章中去找他要的东西,而不是等待作者来慢慢告诉他。例如,我们找到了第一种就业不足是教育水平过高(overeducation)后,主动的读者就会马上问一大堆问题。例如,什么叫"教育水平过高"? 教育水平过高会有什么问题? 有没有理论的根据? 如何解决这个问题? 等等。基于这些问题,我们就在这个段落中找寻答案。但是,我们如何知道问什么问题呢? 答案很简单,一般的作者在解释整个架构时,都会给读者一点提示,到底他想讲什么东西。我们知道后,就按着作者的提示和自己的逻辑,在文章中找寻答案。

用同样的逻辑,当我看一篇文章的文献综述和假设推导时,我会问的第一个问题就是,到底作者做了什么假设? 如果我看到了 3 个假设。我的第二个问题就是这些假设有没有关系? 如何知道呢? 可以看看作者有没有提供一个图来总结他的所有假设。如果没有的话,我甚至会自己画这样的一幅图出来。有了这幅图,我就有了整篇文章的大纲,也就是抓住了衬衣的衣领了。然后,我就去找每一个假设的理论背景、推导过程等。在"找寻"的过程中,我是一个主导者,而不是被动阅读者。例如,我看了 3 行后,已经掌握了第一个假设的逻辑背景了,那我就会很快地跳过其他的部分——当中可能有很多是例子、详尽的解说、引用来支持作者的论据文献等。当我明白了作者的"基本"逻辑推论后,这些信息就马上变成次要的东西了。于是,我很快就可以完成这个假设,进而跳到下一个假设去。总而言之,作为一个读者,我在整个过程中是主动、主导、有选择性地选取我希望知道的知识,这就是所谓的"主动阅读"了。

最后,"主动阅读"还有一个特点,就是批判性强。所谓的"批判性(critical)",不是"批评"的意思,而是"凡事不能未经思考,就盲目接受"的意思。例如,当作者的逻辑出现漏洞或是证据不够有说服力时,你是否能够通过思考提出自己的质疑呢?

为了了解几个假设的关系,我们可以自己画这样一个图(图 3.1)。

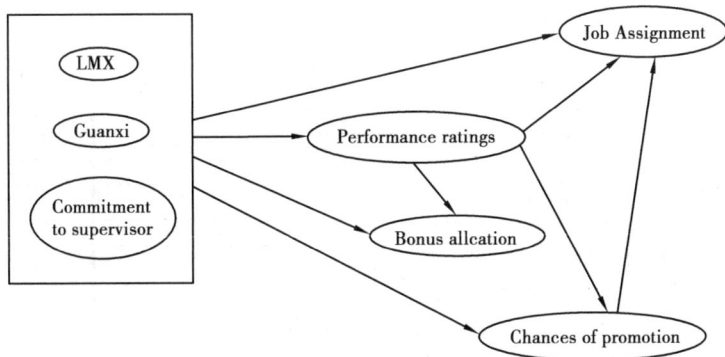

图 3.1

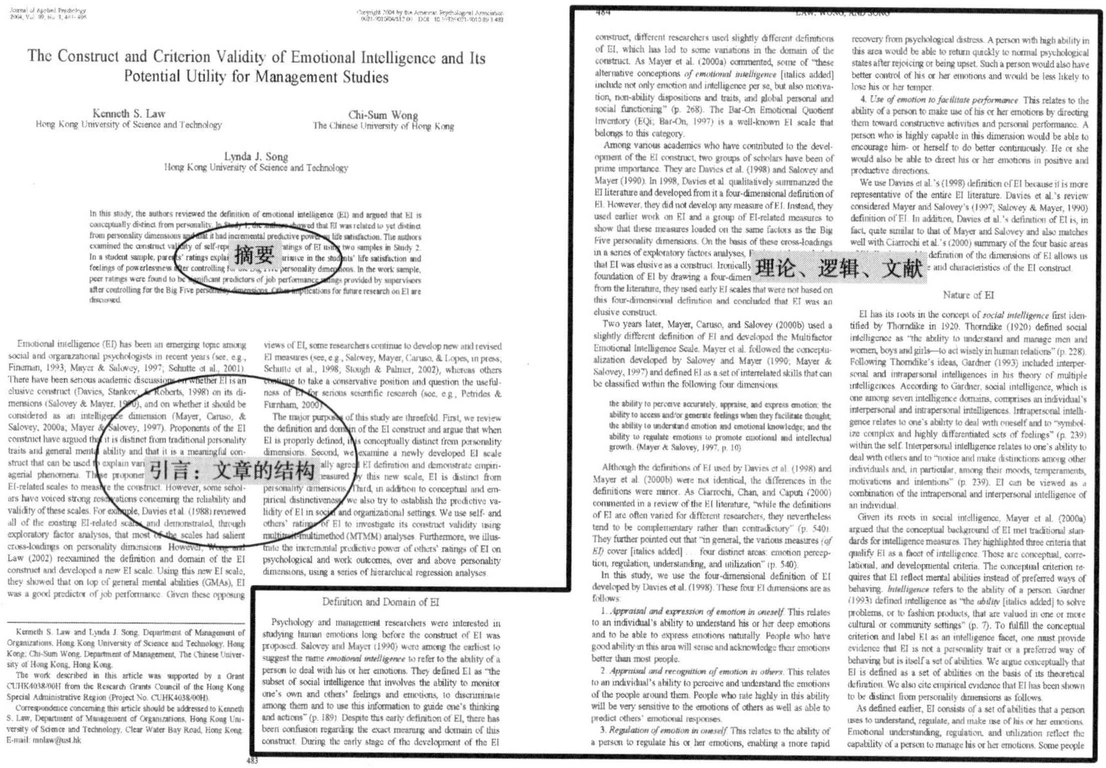

图 3.2

该图为一篇期刊论文的两个版面（标注为 a 和 b），并以中文标签标注文章结构。

论文标题与作者信息：

The Construct and Criterion Validity of Emotional Intelligence and Its Potential Utility for Management Studies

Kenneth S. Law
Hong Kong University of Science and Technology

Chi-Sum Wong
The Chinese University of Hong Kong

Lynda J. Song
Hong Kong University of Science and Technology

中文标注（对应论文各部分）：

- 摘要
- 理论、逻辑、文献
- 引言：文章的结构
- 3个假设
- 方法
- 样本
- 测量
- 分析

版面标记：

a

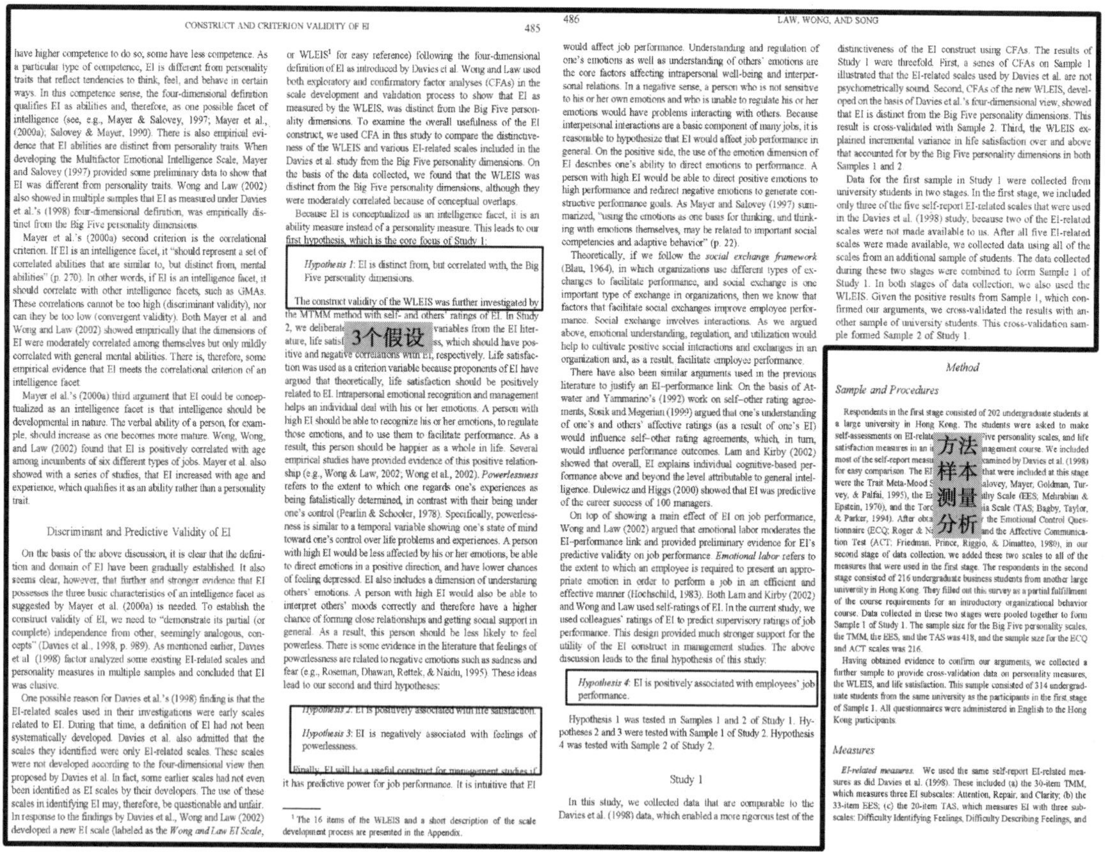

b

图 3.2

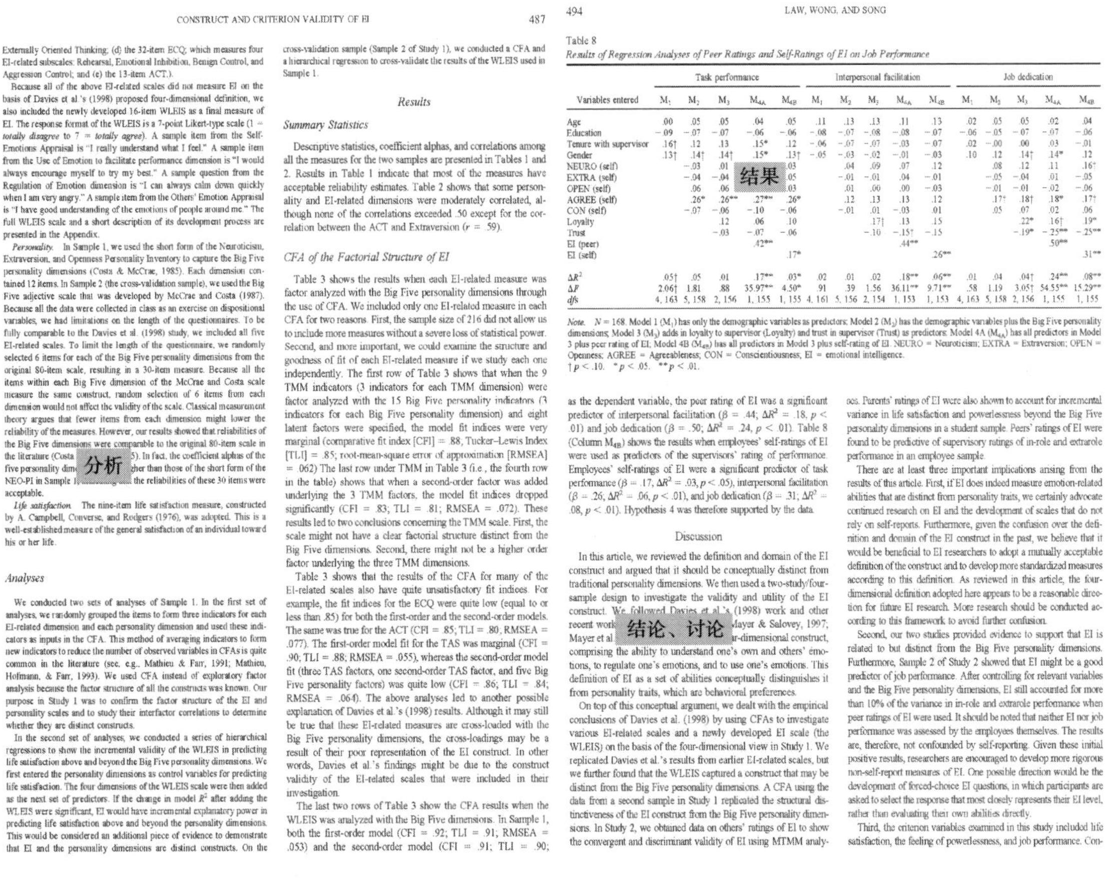

Externally Oriented Thinking; (d) the 32-item ECQ which measures four EI-related subscales: Rehearsal, Emotional Inhibition, Benign Control, and Aggression Control; and (e) the 13-item ACT.)

Because all of the above EI-related scales did not measure EI on the basis of Davies et al.'s (1998) proposed four-dimensional definition, we also included the newly developed 16-item WLEIS as a final measure of EI. The response format of the WLEIS is a 7-point Likert-type scale (1 = *totally disagree* to 7 = *totally agree*). A sample item from the Self-Emotions Appraisal is "I really understand what I feel." A sample item from the Use of Emotion performance dimension is "I would always encourage myself to try my best." A sample question from the Regulation of Emotion dimension is "I can always calm down quickly when I am very angry." A sample item from the Others' Emotion Appraisal is "I have good understanding of the emotions of people around me." The full WLEIS scale and a short description of its development process are presented in the Appendix.

Personality. In Sample 1, we used the short form of the Neuroticism, Extraversion, and Openness Personality Inventory to capture the three EI-related personality dimensions (Costa & McCrae, 1985). Each dimension contained 12 items. In Sample 2 (the cross-validation sample), we used the Big Five adjective scale that was developed by McCrae and Costa (1987). Because all the data were collected in class as an exercise on dispositional variables, we had limitations on the length of the questionnaires. To be fully comparable to the Davies et al. (1998) study, we included all five EI-related scales. To limit the length of the questionnaire, we randomly selected 6 items for each of the Big Five personality dimensions from the original 80-item scale, resulting in a 30-item measure. Because all the items within each Big Five dimension of the McCrae and Costa scale measure the same construct, random selection of 6 items from each dimension would not affect the validity of the scale. Classical measurement theory argues that fewer items from each dimension might lower the reliability of the measures. However, our results showed that reliabilities of the Big Five dimensions were comparable to the original 80-item scale in the literature (Costa ...). In fact, the coefficient alphas of the NEO-PI in Sample ... higher than those of the McCrae and Costa scale ... the reliabilities of these 30 items were acceptable.

Life satisfaction. The nine-item life satisfaction measure, constructed by A. Campbell, Converse, and Rodgers (1976), was adopted. This is a well-established measure of the general satisfaction of an individual toward his or her life.

Analyses

We conducted two sets of analyses of Sample 1. In the first set of analyses, we randomly grouped the items to form three indicators for each EI-related dimension and each personality dimension and used these indicators as inputs in the CFA. We included ... method of averaging indicators to form new indicators to reduce the number of observed variables in CFAs is quite common in the literature (see, e.g., Mathieu & Farr, 1991; Mathieu, Hofmann, & Farr, 1993). We used CFA instead of exploratory factor analysis because the factor structure of all the constructs was known. Our purpose in Study 1 was to confirm the factor structure of the EI and personality scales and to study their interfactor correlations to determine whether they are distinct constructs.

In the second set of analyses, we conducted a series of hierarchical regressions to show the incremental validity of the WLEIS in predicting life satisfaction above and beyond the Big Five personality dimensions. We first entered the personality dimensions as control variables for predicting life satisfaction. If the change in adjusted R^2 after adding the WLEIS were significant, then it had incremental explanatory power in predicting life satisfaction above and beyond the personality dimensions. This would be considered an additional piece of evidence to demonstrate that EI and the personality dimensions are distinct constructs. On the

cross-validation sample (Sample 2 of Study 1), we conducted a CFA and a hierarchical regression to cross-validate the results of the WLEIS used in Sample 1.

Results

Summary Statistics

Descriptive statistics, coefficient alphas, and correlations among all the measures for the two samples are presented in Tables 1 and 2. Results in Table 1 indicate that most of the measures have acceptable reliability estimates. Table 2 shows that some personality and EI-related dimensions were moderately correlated, although none of the correlations exceeded .50 except for the correlation between the ACT and Extraversion ($r = .59$).

CFA of the Factorial Structure of EI

Table 3 shows the results when each EI-related measure was factor analyzed with the Big Five personality dimensions through the use of CFA. We included only one EI-related measure in each CFA for two reasons. First, the sample size of 216 did not allow us to include more measures without a severe loss of statistical power. Second, and more important, we could examine the structure and goodness of fit of each EI-related measure if we study each one independently. The first row of Table 3 shows that when the 9 TMM indicators (3 indicators for each TMM dimension) were factor analyzed with the 15 Big Five personality indicators (3 indicators for each Big Five personality dimension) and eight latent factors were specified, the model fit indices were very marginal (comparative fit index [CFI] = .88, Tucker–Lewis Index [TLI] = .85; root-mean-square error of approximation [RMSEA] = .062) The last row under TMM in Table 3 (i.e., the fourth row in the table) shows that when a second-order factor was added underlying the 3 TMM factors, the model fit indices dropped significantly (CFI = .83; TLI = .81; RMSEA = .072). These results led to two conclusions concerning the TMM scale. First, the scale might not have a clear factorial structure distinct from the Big Five dimensions. Second, there might not be a higher order factor underlying the three TMM dimensions.

Table 3 shows that the results of the CFA for many of the EI-related scales also have quite unsatisfactory fit indices. For example, the fit indices for the ECQ were quite low (equal to or less than .85) for both the first-order and the second-order models. The same was true for the ACT (CFI = .85; TLI = .80, RMSEA = .077). The first-order model fit for the TAS was marginal (CFI = .90; TLI = .88; RMSEA = .055), whereas the second-order model fit (three TAS factors, one second-order TAS factor, and five Big Five personality factors) was quite low (CFI = .86; TLI = .84; RMSEA = .064). The above analyses led to another possible explanation of Davies et al.'s (1998) results. Although it may still be that these EI-related measures are cross-loaded with the Big Five personality dimensions, the cross-loadings may be a result of their poor representation of the EI construct. In other words, Davies et al.'s findings might be due to the construct validity of the EI-related scales that were included in their investigation.

The last two rows of Table 3 show the CFA results when the WLEIS was analyzed with the Big Five dimensions. In Sample 1, both the first-order model (CFI = .92; TLI = .91; RMSEA = .053) and the second-order model (CFI = .91; TLI = .90;

Table 8
Results of Regression Analyses of Peer Ratings and Self-Ratings of EI on Job Performance

Variables entered	Task performance					Interpersonal facilitation					Job dedication				
	M_1	M_2	M_3	M_{4A}	M_{4B}	M_1	M_2	M_3	M_{4A}	M_{4B}	M_1	M_2	M_3	M_{4A}	M_{4B}
Age	.00	.05	.05	.04	.05	.11	.13	.13	.11	.13	.02	.05	.05	.02	.04
Education	–.09	–.07	–.07	–.06	–.06	–.08	–.07	–.08	–.07	–.07	–.06	–.05	–.07	–.07	–.06
Tenure with supervisor	.16†	.12	.13	.15*	.12	–.06	–.07	–.07	–.03	–.07	–.12	–.06	–.06	–.01	–.01
Gender	.15†	.14†	.14†	.15*	.13†	–.05	–.03	–.02	–.01	–.03	.10	.12	.14†	.14*	.12
NEURO (self)		–.03	.01		.15*		–.09	.09	.07	.12		.08	.12	.11	.16†
EXTRA (self)		–.04	–.04	.06	–.01		–.01	–.01	.04	–.01		–.05	–.04	.01	–.05
OPEN (self)		.06	.06		.08		.01	.00	.00	.03		–.01	–.01	–.02	–.06
AGREE (self)		.26**	.26**	.27**	.26*		.12	.13	.13	.12		.17*	.17*	.18*	.17†
CON (self)		–.07	–.06	–.10	–.06		–.01	.01	–.03	.01		.05	.07	.02	.06
Loyalty			.12	.06	.10			.15	.15	.15			.22*	.16†	.17*
Trust			–.03	–.07	–.06			–.10	–.15*	–.15			–.19*	–.25***	–.25***
EI (peer)				.17*					.44**					.59***	
EI (self)					.17*					.26**					.31***
ΔR^2	.05†	.05	.01	.17**	.06**	.02	.01	.02	.18**	.06**	.01	.04	.04†	.24**	.08**
ΔF	2.06†	1.81	.88	35.97**	4.50*	.91	.39	1.56	36.11**	9.71**	.58	1.19	3.05†	54.55***	15.29**
dfs	4, 163	5, 158	2, 156	1, 155	1, 155	4, 161	5, 156	2, 154	1, 153	1, 153	4, 163	5, 158	2, 156	1, 155	1, 155

Note. $N = 168$. Model 1 (M_1) has only the demographic variables as predictors; Model 2 (M_2) has the demographic variables plus the Big Five personality dimensions; Model 3 (M_3) adds in loyalty to supervisor (Loyalty) and trust in supervisor (Trust) as predictors; Model 4A (M_{4A}) has all predictors in Model 3 plus peer rating of EI; Model 4B (M_{4B}) has all predictors in Model 3 plus self-rating of EI. NEURO = Neuroticism; EXTRA = Extraversion; OPEN = Openness; AGREE = Agreeableness; CON = Conscientiousness; EI = emotional intelligence.
† $p < .10$. * $p < .05$. ** $p < .01$.

as the dependent variable, the peer rating of EI was a significant predictor of interpersonal facilitation ($\beta = .44$; $\Delta R^2 = .18$, $p < .01$) and job dedication ($\beta = .50$; $\Delta R^2 = .24$, $p < .01$). Table 8 (Column M_{4B}) shows the results when employees' self-ratings of EI were used as predictors of the supervisors' rating of performance. Employees' self-ratings of EI were a significant predictor of task performance ($\beta = .17$, $\Delta R^2 = .03$, $p < .05$), interpersonal facilitation ($\beta = .26$, $\Delta R^2 = .06$, $p < .01$), and job dedication ($\beta = .31$; $\Delta R^2 = .08$, $p < .01$). Hypothesis 4 was therefore supported by the data.

Discussion

In this article, we reviewed the definition and domain of the EI construct and argued that it should be conceptually distinct from traditional personality dimensions. We then used a two-study/four-sample design to investigate the validity and utility of the EI construct. We followed Davies et al.'s (1998) work and other recent work ... Mayer & Salovey, 1997; Mayer et al. ... -dimensional construct, comprising the ability to understand one's own and others' emotions, to regulate one's emotions, and to use one's emotions. This definition of EI as a set of abilities conceptually distinguishes it from personality traits, which are behavioral preferences.

On top of this conceptual argument, we dealt with the empirical conclusions of Davies et al. (1998) by using CFAs to investigate various EI-related scales and a newly developed EI scale (the WLEIS) on the basis of the four-dimensional view in Study 1. We replicated Davies et al.'s results from earlier EI-related scales, but we further found that the WLEIS captured a construct that may be distinct from the Big Five personality dimensions. A CFA using the data from a second sample in Study 1 replicated the structural distinctiveness of the EI construct from the Big Five personality dimensions. In Study 2, we obtained data on others' ratings of EI to show the convergent and discriminant validity of EI using MTMM analyses. Parents' ratings of EI were also shown to account for incremental variance in life satisfaction and powerlessness beyond the Big Five personality dimensions in a student sample. Peers' ratings of EI were found to be predictive of supervisory ratings of in-role and extrarole performance in an employee sample.

There are at least three important implications arising from the results of this article. First, if EI does indeed measure emotion-related abilities that are distinct from personality traits, we certainly advocate continued research on EI and the development of scales that do not rely on self-reports. Furthermore, given the confusion over the definition and domain of the EI construct in the past, we believe that it would be beneficial for EI researchers to adopt a mutually acceptable definition of the construct and to develop more standardized measures according to this definition. As reviewed in this article, the four-dimensional definition adopted here appears to be a reasonable direction for future EI research. More research should be conducted according to this framework to avoid further confusion.

Second, our two studies provided evidence to support that EI is related to but distinct from the Big Five personality dimensions. Furthermore, Sample 2 of Study 2 showed that EI might be a good predictor of job performance. After controlling for relevant variables and the Big Five personality dimensions, EI still accounted for more than 10% of the variance in in-role and extrarole performance when peer ratings of EI were used. It should be noted that neither EI nor job performance was assessed by the employees themselves. The results are, therefore, not confounded by self-reporting. Given these initial positive results, researchers are encouraged to develop more rigorous non-self-report measures of EI. One possible direction would be the development of forced-choice EI questions, in which participants are asked to select the response that most closely represents their EI level, rather than evaluating their own abilities directly.

Third, the criterion variables examined in this study included life satisfaction, the feeling of powerlessness, and job performance. Con-

图3.3

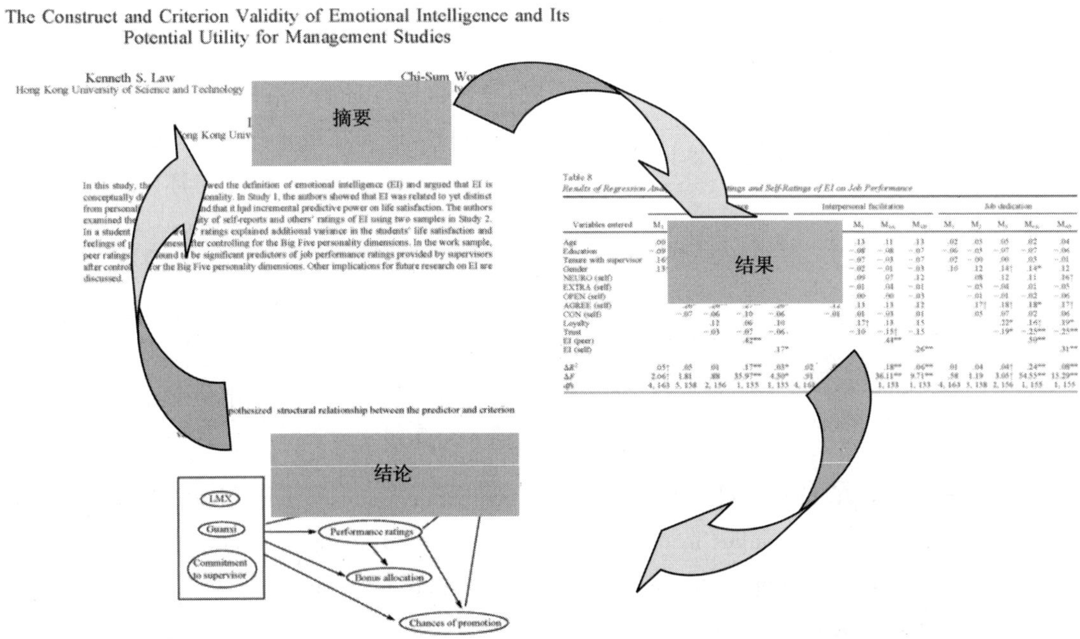

The Construct and Criterion Validity of Emotional Intelligence and Its Potential Utility for Management Studies

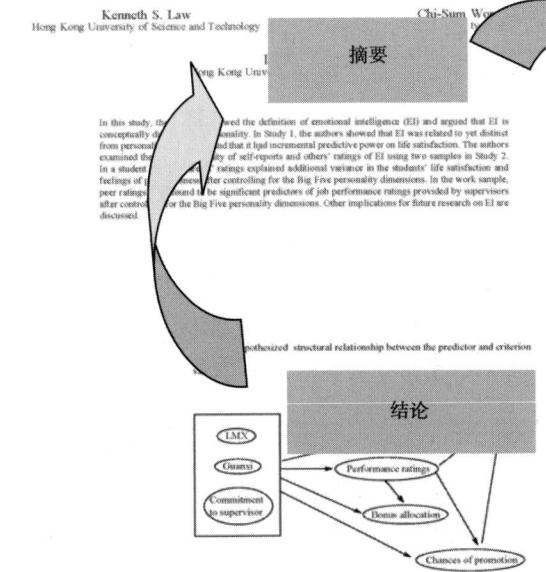

Kenneth S. Law
Hong Kong University of Science and Technology

Chi-Sum Wong
... Hong Kong University ...

In this study, the authors reviewed the definition of emotional intelligence (EI) and argued that EI is conceptually distinct from personality ... In Study 1, the authors showed that EI was related to yet distinct from personality dimensions and that it had incremental predictive power on life satisfaction. The authors examined the ... validity of self-reports and others' ratings of EI using two samples in Study 2. In a student ... EI ratings explained additional variance in the students' life satisfaction and feelings of ... After controlling for the Big Five personality dimensions, in the work sample, peer ratings ... found to be significant predictors of job performance ratings provided by supervisors after control ... for the Big Five personality dimensions. Other implications for future research on EI are discussed.

... hypothesized structural relationship between the predictor and criterion ...

图3.4

3.2.3 一个例子

为了让读者体会如何有效地读文章,我们在这里尝试做一个示范。本书两位作者都是做微观的组织行为与人力资源管理研究的,对于宏观的研究,我们所知极为有限。因此,我们特别在这里选择了一篇宏观的文章,尝试与读者一同走过这一条"读一些完全不熟悉的文章"的路。

我们选择的是一篇来自宏观的一级期刊 *Strategic Management Journal* 的文章。

在读这篇文章之前,我们对这个题目一点都不懂。文章是由 Chan,Isobe 与 Makino 在 2008 年发表的。详细资料如下:

Chan, C. M., Isobe, T., & Makino, S. (2008). Which country matters? Institutional development and foreign affiliate performance. *Strategic Management Journal*, 29, 1179-1205.

我们建议读者把文章找来,与我们一同体验这个阅读的过程。首先,文章的标题和摘要告诉我们,该研究是关于"国家的体制发展(institutional development)"与"外国子公司的表现(foreign affiliate performance)"的关系。虽然我们不知道"国家的体制(institution)"是什么,但是这个研究的中心一定要记着。

我们从导言(introduction)开始看,很快就在文章的第一页看到了下面的一段话:

…Although these studies suggest that country differences do matter, they focus on the relative importance of country effects in relation to industry and firm effects. Little has been revealed about the countries in which the variation in foreign affiliate performance is greater (or lesser), or about the host country-specific factors that influence this variation. (p.1179)

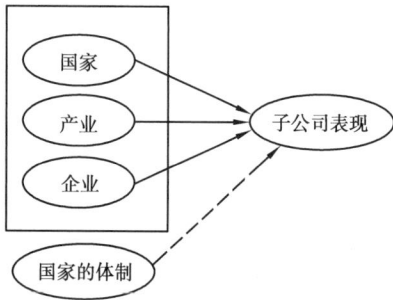

图 3.5

作者评价过去的研究都是看重"国家的效应(country effect)"相对于"产业和企业的效应(industry and firm effects)"如何影响跨国企业的外国子公司(以下简称"子公司")的表现,而没有研究东道国(host country)的独特因素如何影响子公司的表现。于是我就在一张纸上画下图3.5,以帮助我理解文章的内容。

然后,我在"导言"中继续地看下去,又读到下面几段文字:

- One group of these studies focuses on the comparative advantages of host countries…
- Another group of studies focuses on the competitive advantages of home countries…
- Yet another group of studies focuses on the interplay between…
- Other previous studies of MNCs examine the institutional environments,…

显然,作者是在做一个简单的文献综述。他们谈到有4组文献(都是研究的因素),

各从不同的角度来研究"什么因素影响子公司的表现"这个问题。那这个研究有什么不同呢？作者在第 1180 页（文章的第二页）提出：

> In an extension of previous studies, our study aims to examine the influence of the level of institutional development on foreign affiliate performance from the neo-institutional perspective.

这就是文章的重心了。作者试图从"新体制理论（neo-institutional perspective）"的角度，来研究"体制发展的程度"对子公司表现的影响。读到这里，我有点迷茫了。什么叫"新体制理论"？什么叫"体制发展的程度"呢？然后在同一页，也就是导言的总结部分，作者提出了这个研究的三大贡献：第一，他们运用了"体制理论"，这表示前人从来没有从这个理论视角看这个问题。第二，他们研究了"体制发展的程度"对子公司表现的影响。这个构念也是前所未有的。第三，他们发展了一个测量"体制发展的程度"的方法。其实，我们读到这里，整篇文章已经掌握在手了。他们是用"新体制理论"的视角来研究"体制发展的程度"对子公司表现的影响的，而这个视角、这个构念都是很新的。自然，他们要点出这也是一个极为重要的变量。

读者可知道，至此，我们只是读了文章的首两页，用了不到 10 分钟的时间。剩下来我们只要解决两个大问题，就可以基本掌握这篇文章了。这两个问题就是：

①什么是"新体制理论（neo-institutional perspective）"？
②什么是"体制发展的程度（level of institutional development）"？

因此，在继续读下去之前，我会用"主动阅读"的方式，首先去找出这两个问题的答案。我不停地在文章中找答案，一般都是只看每一段的一两句，因为欧美的学术写作，一般都是把结论或者是这一段最重要的东西放在该段落的开头。很快我就找到，原来一个国家的"体制（institution）"，可以分成 3 个部分：经济体制（economic institution）、政治体制（political institution）和社会体制（social institution）。这都是在文章的文献综述的开始已经谈到了。作者也在开始的时候提到说：North defines institutions as "the humanly devised constraints that shape human interaction"。因此，所谓的"新体制理论"的视角，就是从经济体制、政治体制和社会体制的变量来代表一个国家的"体制发展的程度"。作者更在 1202 页把测量这三个体制的变量全列出来。

我还是运用"主动阅读"的方式，下一步就是问作者做了什么假设？我把假设抄下来，以帮助自己记忆。

H_1: The level of institutional development has a positive curvilinear relationship with the level of foreign affiliate performance. （1183 页）

H_2: The level of institutional development has a negative curvilinear relationship with the variation in foreign affiliate performance. （1185 页）

第一个假设是关于"子公司的业绩的大小"的，关系是非线性的。第二个假设是关于"子公司的业绩的差异"的，关系也是非线性的，不过与第一个假设是相反方向的。

接下来是理解的部分。如果有兴趣知道深入一点，我们就要依据作者的逻辑，一步步地分析为什么一个国家的经济、政治和社会体制会影响外资企业子公司的业绩大小与方差？我们也要问为什么不是线性的,而是非线性的？又为什么对业绩大小的影响是正的,对业绩方差(差异)的影响是负的？阅读这个部分,只要我们记得每一段最重要的信息是在这一段的开头,应该不会超过 30 分钟。实质的时间多少取决于大家希望对这个问题了解的深入程度。如果这是一篇重要的文章,可以多花点时间。

明白了理论到假设的推论后,我们可以看方法部分。作者在 1185 页以 Variable 中的 Dependent variable 为抬头的两段,点出了这篇文章有两个因变量,就是 return on sales（ROS）与 the extent to which the ROS of foreign affiliate deviates from the host country mean。前者是投资回报的一种;后者是该子公司在东道国的众多企业中的对比表现。在 1186 页,Independent variable 一段,作者提出了测量国家体制的方法(我们在上面已经提过了)。然后,1191 页的"表二"列出了分析的结果。在 1190 页,作者总结了分析的结果:H_1 得不到支持;H_2 得到了支持。

读者可要留意,我列出上面这些观察时,"不是"因为我从头到尾看完了这篇文章而得到的。这些观察都是我使用"主动阅读"的概念,在文章中用跳跃的方法找出来的。整个过程不会超过 30 分钟。因此,如果我们用"主动阅读"的方法,要抓住整篇文章的要点,大概明白文章的内容,不会超过两个小时的时间。其实,这样的主动阅读还有一个很大的好处,就是完成以后,我们能够记住文章中最重要的信息。大家有没有这个经验,就是从第一个字,每字每句地去看文章,往往完成后有一点惘然的感觉,反而说不出文章的重点来？

3.2.4　从文章到文章——整体的概念

当我们用"滚雪球"的方法读文献时,慢慢会发现有一个困难,就是不知道什么文章应该读,什么不应该读？哪篇文章对自己的研究有用,哪篇没用？要解决这个问题,最直接的方法,自然是先看看文章的摘要,来判断该文章对自己是否有用。但是很多时候,我们会发现有些文章明显是与自己的研究问题相关,但是又好像没有直接的关系。例如,前面的"就业不足(underemployment)"问题,我们研究的是一个员工是否在工作岗位上,有过高的学历、才能,或者是他能够提供的资源,比工作要求的要高。但是一篇研究兼职员工的心理状态的文章是否与我们的研究有关呢？如果这些员工是希望做全职工作,但是却找不到全职,而做兼职的工作。显然,他能够提供的是全时间的工作,但是兼职工作的要求只是半职的。那是不是"就业不足"呢？问题不是要不要多读一篇文章这么简单,而是这篇文章背后可能还有一个很大的文献,都是讨论兼职员工的心理状态的,那如何是好呢？看到这里,我们就会知道,读文献是一个不停"取"与"舍"的过程。我们一方面希望不流失每一篇重要的文章,但是我们也不希望漫无目的地乱碰乱撞,以致最后读得越多越迷茫。那我们应该如何抉择呢？这不是一个简单的问题。因为问题本身就有很大的主观性。哪一篇文章与你的研究问题直接相关,理论上只有你有资格去判断,因为你是最清楚你的研究课题的人。我们有一些建议和大家分享。

开始看文献的时候,可以从一个点出发,然后慢慢扩展。定义了研究范围以后,凡是围绕着研究课题的重要文章都要看。什么是"重要"的文章呢？我们的建议是尽量专注于品质高的期刊文章。因为一般来说,这些期刊的文章在该研究领域的影响比较大,理论基础比较深,也比较严谨,结论更为可信。凡是稍微"离开"研究课题,但是又有可能相关的,暂时不要看。记录下来以备后用。决定了要看的文章,可以按着它与你的研究课题的相近性,决定这些文章要看得多深入。越是相近的,就要读得越深入。有可能的话,尽量先读总结性的综述文章(review papers)。因为这些文章可以很快地就该研究课题给你一个全面了解。等到你对这个研究领域有基础了解后,你就可以决定是否要扩大你的搜索和阅读范围。一般来说,当你开始阅读距离研究课题的中心较远的文章时,阅读速度就可以越来越快。因为很多文章都可以用速读的方式,而非精读了。与此同时,当你越来越熟悉你的研究课题时,你也会发现自己可以越来越快地判断一篇文章是否对你有用,也能越来越快地掌握文章的中心思想了。

3.2.5　抄袭

你在针对一个研究问题进行大量的文献阅读和整理时,最好在阅读的同时就把有关系的文献以笔记的方式记录下来,包括文章标题、出处、作者、主要研究发现,以及属于文献中的哪一派观点等。这样在最后写研究报告时,就可以比较轻松地把原文查找到了。但是,在这个过程中要切记,千万不要一字不漏地从原文抄出来,并在写文章时搬字过纸地搬到文献综述里。因为这就是“学术的抄袭”,是绝对禁止的。过去的文章不是不能参考,但在引用别人的东西时是有一定的规矩的。

①如果是一字不漏地引用别人的东西(如对构念的定义等)时,我们要把内容放在引号中,并注明文章的出处和页数。例如:

Underemployment occurs when "a worker is employed in a job that is inferior by some standards in terms of education, pay, skill, experience, working hours or status" (McKee-Ryan & Harvey, 2011, p. 264).

②如果是引用了别人的观点、研究成果等。但是只是引用了别人的意思,而没有引用他的原文,就要给原作者适当的尊重和功劳。例如:

Underemployment has mainly been approached from an economic point of view, as relative deprivation of one's capacity for contributing to the organization (Feldman, 2007).

在我们的文章中,如果没有引用别人的话,读者就会假设这是作者本人的观点、总结或是观察。如果这个观点不是你的,而是从别人的文章得知的,但你却不引用原作者,让读者以为这是你的看法,那就称为“学术抄袭”了。现在的国际杂志都有特定的程序,去测验投稿的文章中有百分之几可以在现存文献里面找到。如果其中重复的部分很多,就会有抄袭之嫌了。希望读者在学习写规范的学术论文时,就对这个问题非常注意,养成好的写作习惯。

3.3　如何写文献综述

很多同学以为文献综述就是把文献罗列出来,或是针对一个领域或几个构念来做回顾总结,这些都是不对的做法。例如,有同学研究中层管理人员的素质模型,从“素质”这

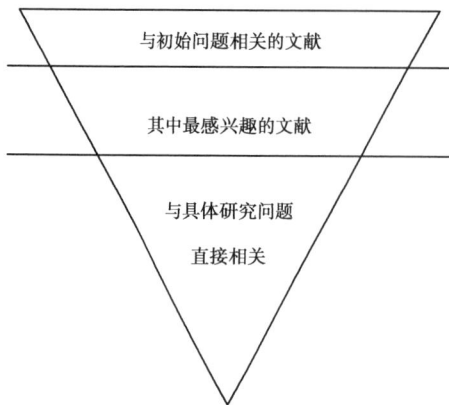

图 3.6

个词的起源开始做综述。在综述里就试图把所有关于"素质"的文章总结一遍,这是错误的。文献综述一定是从研究问题出发的,一个好的文献综述是围绕你所提出的问题对过去的相关解答所做的回顾。因此,不是所有关于"素质"的文献你都要综述,而只是针对你要研究的"素质"问题的过去研究来做一个综述。

一般的研究开始于一个较大的研究问题,然后在阅读文献的过程中逐渐收窄,最后聚焦到一个很具体的研究问题。因此,从篇幅上,你应该用最多的篇幅讨论与你的研究问题有直接关系的研究。这个关系可以用图 3.6 表示。

文献综述,没有固定的格式,你可以根据研究需要自己来组织这些文献。需要注意的是,对文献的组织背后一定要有一个逻辑,而不是简单的罗列。这里举了几种结构供大家参考,但文献综述的写法绝不仅限于这些。

- 简单描述法(Portraying method):描述一幅有关一个研究问题的总体图画,大家有一些什么观点,做过一些什么研究,发现了哪些关系,有什么共同点和不同点。这是比较简单的一种方式,对以往的研究稍作总结和分类即可,可以在讨论到与研究问题相关的其他议题时使用。但因为这种写法不够深入,所以文献综述的主体部分不适合用这样的方式。

- 追溯历史法(History Tracing Method):如果对于一个问题的研究有很明显的时代特色,随时间变化产生过不同流派,可以考虑用这种方式。它可以勾画出研究者们关于一个问题的回答是如何发展和演变的,这种变化背后的历史背景和原因是什么。

- 分门别类法(Categorization Method):这是我们研究中最为常用的一种方式,根据研究者感兴趣的方面,对过去的文献分为几大类,并将相同的放在一起进行归纳。例如,我们可以把过去研究者对于一个现象进行解释的理论视角进行分类,这样可以看出这个现象曾经从哪几个角度研究过;或者,如果你关注的是研究方法的问题,也可以按照研究者过去使用的研究方法的不同进行分类。

组织文献的方式,实际上也反映了你在读文献时的思考。其中包括现有的研究空白在哪里?你的研究贡献是什么?等等。因此,你选择哪种方式组织文献,也决定于你最终想研究什么、强调什么。如果你想说明过去每个流派的观点,实际上是受每个历史阶段当时的管理现象的影响,而你想研究一个新兴现象是具有时代性的,那你可以选择用追溯历史的总结方法;如果你想强调你提出了一个新的视角,是过去的研究在解释这个现象时都未曾关注过的,那你可以从理论视角的角度对过去的研究进行分类。为了引出你的研究问题,对文献总结后的评论尤其重要,这也是文献综述画龙点睛的部分。你可以采用下面的方法对文献进行总结,也可以发挥自己的创造性对文献进行点评:

- 简要总结法(Summarization Method):找出文献中最主要的共同点或最核心的发展趋势,做概括式的总结。
- 挑战削弱法(Undermining Method):揭示过去普遍接受的观点不一定是符合事实的,揭示问题的复杂性和冲突性,挑战过去的假设和常识。
- 整合协同法(Synthesizing Method):把一些相互冲突的观点放在一个更大的框架中,使得它们的冲突消失,反而可以共同解释更多的现象。

因此,一篇文献综述,或者是一篇研究论文中的文献综述部分一般应该包括以下几个部分。

在文献综述的"引言"部分,我们应该首先界定自己将要回顾的主题和初始研究问题,并对后面回顾的主要观点和趋势做一个非常简要的总结,这部分最好也说明自己在回顾文献时是否有明显的立场,以及对文献进行归类标的标准是什么。最后简单地介绍一下这部分的大致结构,这也是研究报告在写作时和一般写作不太一样的地方。我们最好在每部分甚至每段的开始都为读者提供一个概览,让他们对自己后面的阅读有一个预期。

在文献综述的"主体"部分,需要对所有的文献按你选定的标准进行分类,在每一类中,需要把经典和有代表性的文献作简单的介绍和评价,有一些重要的文献则需要详细介绍。

最后一部分是文献综述的"结论",这部分应该与引言部分的初始问题相呼应,讨论对于你提出的问题文献已经回答了什么,还有什么未解决的问题,以及你建议可以从哪些方面进行研究来弥补目前的不足,由此引出你的具体研究问题。

参考文献

Chan, C. M., Isobe, T., & Makino, S. (2008). Which country matters? Institutional development and foreign affiliate performance. *Strategic Management Journal*, 29(11), 1179-1205.

Galvan, J. (2006). *Writing literature reviews*: *a guide for students of the behavioral sciences* (3rd ed). Glendale, CA: Pyrczak Publishing.

Law, K. S., Wong, C. S., & Song, L. J. (2004). The construct and criterion validity of emotional intelligence and its potential utility for management studies. *Journal of Applied Psychology*, 89(3), 483.

第二部分　基本的统计概念

在做管理学研究时,因为要观察的现象太复杂,研究者往往要用一些"构念"来描述商业现象。所谓构念,就是我们构想出来的概念。为什么要构想概念出来呢? 构念是用来建构理论的。因为理论是抽象的。表达理论的变量和观念也是抽象的。例如,人类本来就没有所谓"自我(self)"这个东西。但是为了探究人是如何思考"我是谁"这个问题的,研究人员就建构了"自我"这个概念。有了自我的概念,研究者就可以研究人们如何认识自己了。后来研究者又发现人周围的社会环境对人们自我概念的形成有很大的影响,于是研究者进而发展了认同理论来回答人们在社会情境中是如何回答"我是谁"。同样,本来是没有"能力"这个概念的,但我们希望解释为何有些员工总是学新东西比其他人快,工作表现也比其他人好。我们就假设这些人有较强的"能力"了。

但构念本身只是对现象或特征的抽象概括,并不能反映其程度。只有当我们用适当的测量方法把构念与具体的强弱、大小、高低等数量联系在一起时,构念才能够用来描述不同个体和群体的特征。例如,"团队凝聚力"是一个抽象的概念,如果有一个工具可以帮助我们给一个团队的凝聚力打分,取 1~10 分的任何一点,那么理论上我们就可以得到关于任何一个团队的凝聚力的数值信息了。关于测量的问题,我们在第 8 章及后面的章节中会有详细介绍。现在我们先假设,对于所有我们有兴趣的构念,我们都有绝对准确和客观的测量方法。在这一部分里面,我们有兴趣的是,如果能够得到关于不同个体和不同构念的群体的特征数值,我们如何从这些数值中找出有意义的信息特征和关系呢? "构念的群体特征"是什么意思呢? 让我们举两个例子来解释一下。

例如,我们的理论可能会说,美国的文化跟中国的文化不一样,美国人比较个人主义(individualistic),中国人比较集体主义(collective)。当我们这样讲的时候,我们是用了"个人化(individualism)"这个构念来表现了"文化"的一部分。而我们用的是"个人化"这个构念的平均数来表现中美文化的差异。因此,比较精确说法应该是:"美国人的平均'个人化'指数比中国人高"。"平均值"这个特性,在统计上我们称为一个"统计量(statistic)"。"均值"在这里也就是个人化这个构念的一个"群体特征"。

让我再举一个例子。我们可能观察到一个管理现象,就是在一个新兴的市场中,采用"产品多元化(product differentiation)"战略的企业的表现会更好。相对来说,在一个已经成熟的市场中,采用"成本最低化(cost minimization)"战略的企业的表现会更好。在这里,我们用了"企业的战略"和"市场的成熟度"这两个构念来解释企业的表现。如果用严格些的表述,我们可以说:"在新兴的市场中,越是采用产品多元化的企业的表现会越好,也就是说产品多元化与企业表现有一个正的关系"。在这里我们用了关系,或是"相关系数(correlation coefficient)"作为一个"统计量"来表现企业战略与企业绩效的关系。"相关系数"在这里就是"企业的战略"和"市场的成熟度"这两个构念的一个"群体特征"。因为分析这些群体特征的方法,一般都是用统计学。因此,我们就简单地称这些群体特征为"统计量(statistic)"(有异于统计学这门学科,英文称 statistics)。以下我们就介绍一些在管理研究里常用的"统计量",作为我们以后讨论的基础。

第4章　均值、方差、协方差及相关系数

　　丢丢慢慢开始明白,可靠的知识要有可靠的数据作为支持,科学的研究不是想当然的"我觉得"这么简单。可是,丢丢中学时最害怕数学了,本来以为管理学研究是社会科学,应该主要是和文字打交道,没想到还是有那么多数字,真觉得头疼。

　　丢丢的师姐知道后,把自己过去在企业中调研的数据给丢丢作数据分析练习用,这个数据中有 128 家企业老总(CEO)的"服务型领导风格(servant leadership)"得分和企业的"员工流失率(turnover)"。师姐告诉丢丢:"你想想看,那么多的数据,你如何简单地总结每个变量中的 128 个测量值的特征呢? 又如何简单地把一个变量随另一个变量变化的趋势表示出来呢?"

　　丢丢记得李老师说遇到问题要尝试自己去找答案,于是翻出自己原来的统计书,又借来几本英文的基础统计学,想找找看其中的哪些知识可以解决师姐留给自己的问题。他试着把有用的概念总结了一下。

※※※※※※※※※※※※※※※※※※

4.1　平均值

　　从最熟悉的"平均值(mean)"开始。平均值有时也被简单称为"均值"。平均的定义是所有数据总和除以数据的数目。用前面的例子,如果我们研究了 132 个中国人,测量了他们的"幸福感",这 132 个人的"幸福感均值"就是他们的总"幸福感"分数除以 132。数学上一组数据的加总可以用"$\sum$"(希腊字母 sigma 的大写) 这个符号来代表。如果我们的统计量是 x(幸福感),在数据中有 n 个观察点(在这个例子中就是 n 个人, $n = 132$),每一个观察点的数值是 x_i(x 的下标 i 是代表第几个人,第一个是 x_1,第二个是 x_2,第三个是 x_3,依此类推),则"平均值(mean)"的定义为

$$\bar{x} = \frac{\sum_{i=1}^{n} x_i}{n} = \frac{\sum x_i}{n}$$

　　平均数的概念,在数学上也称"期望值(expected value)"。也就是我们会预期下一个观察到的数值。你可以想象你准备从一组数中抽取一个出来,而你不知道这个数是什

么,如果一定要你猜一个数,那么用平均值来猜是最保险的,因为用平均值来猜的数值与真实的数值的差异,一般是最小的。因此,"均值"也可以看成是从手上的数据中随便抽一个出来时,你用来代表这个未知数字的"一般性误差最小"的代表。其实,这就是英文"expected value"的意思。

4.2　方　差

除了平均数以外,另一个我们常常会用到的统计值是"方差(variance)"(或称变异量)。方差是什么呢? "方差"的作用是描述一组数据的分散或集中程度。方差越大,集中程度越低。例如,我们的观察可能是,一个团队中所有成员对于团队目标的看法越是一致,这个团队的表现就会越好。更精确地讲,即:"团队成员对团队目标的意见越集中(或是分散程度越低),团队的表现就越好。"用统计术语,就是团队目标意见的"方差"越小,团队的表现就越好。当我们说一致或者是集中的时候,我们一定要有一个参考点,就是团队意见对"什么"(哪一点)来讲是一致和集中? 这个参考点一般都会用平均数。因此,如果大多数团队队员的意见都离开"所有队员的平均意见"很远,就代表团队意见的"方差"很大。用数学的概念就是"所有数据离开"总平均"的距离除以数据的数目",就是方差的概念。可是,我们不可以把"方差"定义为

$$\sum \frac{x_i - \bar{x}}{n}$$

为什么呢? 因为这样做比平均数大的数据点$(x_i - \bar{x})$为正,但是比平均数小的数据点$(x_i - \bar{x})$为负。它们会互相抵消,而不能达到计算平均距离的目的。最极端的情形,如果有一半大于均值,一半小于均值,而大小的幅度都一样,这时数据明显不集中,但是上面的公式表现出来就是零了。因为这个原因,统计学家把"方差(variance, σ^2)"定义为

$$\sigma^2 = \sum \frac{(x_i - \bar{x})^2}{n}$$

这样定义的话,无论x_i是比$\bar{x}$大或小都不会互相抵消。上面的公式,就是"方差"这个翻译的由来,方差是"数据与均值的'差'的'平方'"的意思。可是这样做是无缘无故地把数据平方了。因此,如果我们测量长度的话,明明原来的数据是用厘米代表的,现在方差的公式就把单位改成"平方厘米(cm^2)"了。为了解决这个问题,统计学家又发展了一个新的概念,是方差的平方根。我们把它称为"标准差(standard deviation, σ)"。严格来说,这里应该用s而不是σ表示标准差,σ是给总体用的符号,s是给样本用的符号。我们以后谈到抽样时会解释这一点。这里的目的是表达概念,用符号没有那么严谨。"标准差"的定义为

$$\sigma = \sqrt{\sum \frac{(x_i - \bar{x})^2}{n}}$$

4.3　标准化

如果我对甲说我的身高是173厘米,却对乙说我的身高是68英寸。两个情况都是我

的身高,为什么会突然从 173 降到 68 呢? 自然,是因为我用了不同的测量单位。同样的,在管理研究中,不同的研究者可能会用不同的测量单位。例如,A 研究者会用多少"年"来测量工龄,B 研究者却会用多少个"月"来测量工龄。又如,A 研究者会用一个 5 分的量表(1 是最不同意;5 是最同意)来测量员工的投入感。B 研究者却会用一个 7 分的量表(1 是最不同意;7 是最同意)来测量员工的投入感。这两者如何比较呢? 因此,我们就有把不同的测量的"尺"拉到同一个参照系的需要。要达到这个目的,统计上一般都会把一个变量的一组观测值的平均值转化为 0,标准差转化为 1,这样在很多运算推导中会方便很多(在本书以后的讨论你就会看见这一点)。

但是读者会问,数据本来的平均值不是 0,标准差不是 1,你怎么可以随便把它改变呢? 这里最主要的原因是,管理研究很多时候有兴趣的是变量与变量之间的关系,而不是某个变量的绝对大小。两个变量之间的关系是不会因为任何的"线性转换(linear transformation)"改变的。线性转换的意思是把变量 x 转换成变量 y,而转换的公式是 $y = a + bx$(a 与 b 是常数,b 不等于 0)。这里 y 是 x 的函数。y 与 x 的关系只有一个一阶项。如果 y 与 x 的关系牵涉高阶项,如有 x^2 或是 x^3 的话,那就不是线性转换了。当这个转换函数只有一阶项时,我们称为线性转换,因为在代数里,$y = a + bx$ 是一条直线的公式。

让我们用前面的例子来解释一下什么叫线性转换,以及线性转换的影响。如果企业的"成本最低化战略"(x)和"市场的成熟度"(y)的关系用一个 0 到 1 的尺来代表。0 是两者完全没有关系;1 代表两者有完全的关系。假设我们有 100 家企业,分别测量了它们的"成本最低化战略"(x)和所处市场的"市场成熟度"(y),发现这两个变量的关系是 0.39。我们现在把这 100 家企业的"成本最低化战略"(x)值乘 4.1 再加上 3.3(这就是一个线性转换)。然后,又把这 100 家企业的"市场成熟度"(y)的数值除以 2.9 再减 1.25(这就是另外一个线性转换)。然后,我们再计算这个转换了的"成本最低化战略"与"市场成熟度"的关系,我们将发现它们的关系还是 0.39 的。这就是"线性转换不会影响两个变量的关系"这句话的意思。可是,如果我们把"成本最低化战略"平方(做了一个非线性的转换),再找它与"市场成熟度"的关系的话,那它们的关系就不再是 0.39 了。为什么会这样有趣呢? 主要原因是在管理学的研究中,两个变量的"关系"最近常用的代表就是"相关系数"(我们会在后面介绍相关系数)。而"相关系数不受线性转换影响"是一个代数学的必然关系。

为什么我们要花这么多时间来讨论"线性转换"呢? 因为这在管理研究极为重要。在管理的调查问卷研究中,如我们要表示一家企业使用"成本最低化战略"的程度,我们可以用 1 代表"很少使用",用 5 代表"经常使用"(2,3,4 代表有时候使用,数字越大,使用程度越多)。但是,另外一个研究人员可能喜欢用 1 代表"很少使用",7 代表"经常使用"。另外一个学者可能喜欢用 1 到 100 来代表一个企业使用"成本最低化战略"的程度。但是 3 个学者都可能会去找"成本最低化战略"与"市场成熟度"的关系。那读者会问,3 个结果如何比较呢? 答案很简单,直接比较就可以了。因为无论是用"1 到 5","1 到 7"或者是"1 到 100",都只是一个简单的线性转换而已。3 个表达(测量)方法是不会改变变量与其他变量的线性关系的。

把一个变量的平均值变成 0,标准差变成 1 刚巧就是一个线性转换。这个转换在统计上称为"标准化(standardization)",转换后的值称为"标准值(standard scores, or z-score）"。这个转换的公式为

$$z = \frac{x - \bar{x}}{\sigma} = \frac{1}{\sigma}x - \frac{\bar{x}}{\sigma}$$

故　　a 是 $\frac{1}{\sigma}$;b 是　$-\frac{\bar{x}}{\sigma}$

$$z = \frac{x - \bar{x}}{\sigma}$$

上面转换(把 x 转换成 z)的公式是线性转换,符合 $y = ax + b$,因为 a 是 $\frac{1}{\sigma}$;b 是　$-\frac{\bar{x}}{\sigma}$。

举一个例子,如果你有 6 家企业的纯利润的数据,下面的表就解释了"标准化"是怎样做的,或是"标准值"是怎样计算的。

企　业	纯利/%	$z = \dfrac{x_i - \bar{x}}{\sigma}$
1	3.50	-1.45
2	12.30	0.34
3	10.80	0.03
4	9.70	-0.19
5	8.90	-0.35
6	18.60	1.62
平均值	10.63	0.00
标准差	4.92	1.00

用了这个转换以后,所有的数据都是用 x 离开它的均值($\bar{x}$)几个标准差(σ)来表达,测量单位就变成一样了。我们可以这样理解标准值的含义:原来的一组数值是我们观测到的原始值 x_1,x_2,x_3,$\cdots$,x_n,它们的计量单位是我们观测时所用的原始计量单位。例如,我们测量距离可选择用厘米作为计量单位。这些数值直观上就代表了每个观测点与 0 之间的距离。现在我们通过标准化的处理,相当于用一个新的尺子来测量这些观测点的数值。在这个新的尺子上,0 对应的点实际是这组数据的平均值;而这个新尺子的单位也不再是原始单位,而是变成以原始数据的标准差作为单位了。因此大家可以想象,用新尺子测量后,一个点的读数如果是 1.2,那么它代表的意思就是,这个点距离整组数据的平均值的距离是 1.2 个标准差。

最后,我们重申一次,线性转换的一个特点就是经过转换后,这个变量与其他变量的线性关系不会改变。因此,如果研究的问题是和"平均值"有关,我们在把数据标准化时需要小心。而在其他大多数时候,如果研究问题是两个变量的关系,对数据做标准化的转换是没有问题的。

4.4　协方差与相关系数

上面已经谈到在大部分的情形下,管理研究者有兴趣的都是两个变量间的关系。单一变量的均值与方差,一般都不太重要。这其中的原因可能是,我们一般用的测量工具都不是绝对的。例如,我们想知道员工对企业的忠诚度,研究人员可能会问员工:"你会不会对朋友说这个企业的好话?"(1 是绝对会,5 是绝对不会)。用这一道题问了企业的350 个员工,结果的平均数是 4.13。但是,你也可能换一个方法来问员工:"你会不会介绍朋友到这里工作?"(1 是绝对会,5 是绝对不会)。对于 350 个员工来说,这道题的平均值可能是 3.75。两道题都表现了员工对企业的忠诚。但是 4.13 与 3.15 这两个均值如何比较呢? 它们代表了什么呢? 这个均值是高还是低呢? 其实也不好说。相对来说,研究人员可能会对企业忠诚度与员工离职的关系更有兴趣。接下来,我们就谈谈在管理的研究中,如何表现两个变量之间的关系。这其中牵涉两个很重要的统计概念,就是"协方差"与"相关系数"。这两个概念会在本书后面的各章节中重复使用,越往后面的章节用的频率越高,所以读者务必细心掌握。

如果方差是反映了一个变量如何变化,协方差就可以看成是当一个变量变化时,另一个变量如何随之而变化。让我们首先举个例子来说明"协方差"这个概念。我们还是用上面讲过的例子。如果你的假设是企业的产品越是"多元化",企业的利润就越高。那你怎样把"产品多元化"(x)与"企业利润"(y)的关系表现出来呢? 两个变量 x 与 y 怎样才称为"关系密切"呢? 我们对"关系密切"最直观的理解是,当 x 改变时,y 也随之改变;x 改变越多时,y 也随之改变越多。例如,每当"多元化"增加 1 个单位时(什么才称为 1 个单位在这个讨论中不重要),"企业利润"都会增加 2.7%。"多元化"是 5 分时,"企业利润"为 10.3%;"多元化"是 6 分时,"企业利润"为 13.0%;"多元化"是 7 分时,"企业利润"为 15.7%。如果是这样的话,我们说"多元化"与"企业利润"有绝对的线性关系。相反,如果"多元化"是 5 分时,"企业利润"为 10.3%;"多元化"是 6 分时,"企业利润"跌到 1.3%;"多元化"是 7 分时,"企业利润"又升到 19.6%。这样我们说"多元化"与"企业利润"的线性关系就很小了。

关系可以是线性的或非线性的。"线性关系"就是当 x 改变一个单位时,y 会有"同样幅度"的改变。下面是当 x 与 y 没有关系、有线性关系和非线性关系的例子。

产品多元化(x)	企业利润(y)		
	无关系	线性关系	非线性关系
1	12%	12%	12%
2	1%	14%	14%
3	15%	16%	18%
4	2%	18%	19%
5	−3%	20%	23%

　　因此,所谓两个变量 x 与 y 的关系,就是指当 x 改变时,y 会怎样改变。然而任何变化都需要有一个参照点,而平均值往往是比较方便的参照点。因此,如果选平均值作为参照点,那么两个变量 x 与 y 的关系,就可表示为"当 x 离开平均值 $\bar{x}$ 一定距离时,y 会离开平均值 $\bar{y}$ 多少距离"。如果我们把所有数据点的这个关系平均的话,那就是协方差了。故"协方差"是"平均的'x 与 $\bar{x}$ 的距离和 y 与 $\bar{y}$ 的距离的关系'"。数学上的表示,x 与 y 的"协方差"(或称"共同变异量"或"共变",covariance,σ_{xy})为(见图 4.1)

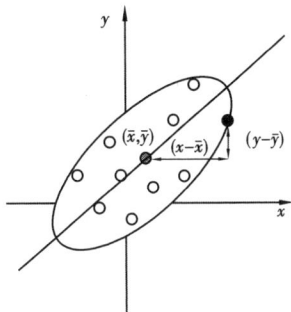

图 4.1

$$\sigma_{xy} = \sum \frac{(x_i - \bar{x})(y_i - \bar{y})}{n}$$

我们稍微留意一下,就可以看得出"协方差"的公式,跟"方差"的公式是很像的,即

$$\sigma_{xy} = \sum \frac{(x_i - \bar{x})(y_i - \bar{y})}{n}$$

$$\sigma_x^2 = \sum \frac{(x_i - \bar{x})^2}{n}$$

"方差"的公式只是把"协方差"的 $(y_i - \bar{y})$ 换成 $(x_i - \bar{x})$ 而已。因此,我们常常会把一个变量的"方差"称为它跟它自己的"协方差"。

　　为什么 $\sum (x_i - \bar{x})(y_i - \bar{y})$ 这个"乘积和"可代表 x 与 y 的关系呢?首先我们要给"关系"下一个定义:

　　　　当我们知道了 x,就会完全地知道 y。这时候 x 与 y 称为有完全的关系。如果知道了 x 后,对我们知道对应的 y 的大小是多少是完全没有帮助的(就是 y 可以是任何数值),这时候我们说 x 与 y 完全没有关系。

　　第一,"乘积和"告诉了我们关于 x 与 y 关系的方向。如果它是正的,我们可以说"总的来说"x 与 y 的关系是正的,"正向关系"的意思就是,如果一个 x 的数值高于 $\bar{x}$,很有可能它对应的 y 也会高于 $\bar{y}$。如果协方差是负数的话,那么当 x 高于 $\bar{x}$ 时,很有可能它对应的 y 就会低于 $\bar{y}$。

　　第二,$\sum (x_i - \bar{x})(y_i - \bar{y})$ 也反映了 x 对 y 的影响(当然,我们也可以说是 y 对 x 的影响)。就是当这个"乘积和"大的时候,"总的来说"x 离开 $\bar{x}$ 越远,y 也离开 $\bar{y}$ 越远。为什么我讲了两次"总的来说"呢?因为 x 与 y 的关系不是完美的关系。在真正的研究数据里,不可能两个变量的观察关系是完全在一条直线上的。因此,就算不同企业的"多元化"系数是一样的(也就是用一个 x 值),它们对应的"企业利润"(y 值)也是不一样的。图 4.2 就表现了这个关系。

　　[注:图中"小的圆圈"是一个观察的数据点,"大的圆形或是椭圆形"是整体数据的大约关系。]

　　很多时候,我们会用一个斜的椭圆形来代表两个变量之间的关系。椭圆形内的点就是一对一对的 x 与 y 的关系。椭圆形的周界以内就代表了 x 与 y 的一般关系值。椭圆形

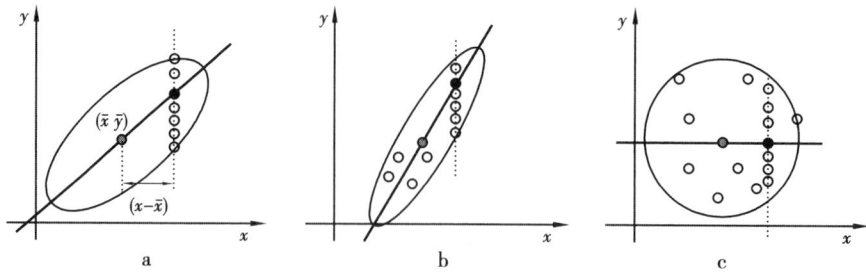

图 4.2

越向 y 轴倾斜,x 对 y 的影响也越大,既使 x 的改变很小,y 也会改变很大。椭圆形越窄,x 与 y 的关系就越精确,等量的 x 的改变,对应的 y 的变化量的精确度就越高。也就是说,如果知道了 x 就可能知道相对的 y 的值。如果 x 与 y 是没有关系的,知道了 x,根本不可能让我们知道 y,那就会像图 4.2c——所有的点都在一个大的圆形里。可是,如果 x 与 y 没有关系,为什么不是一个横的长方形而是一个圆形呢? 这是因为数据的正态分布(我会在下一章讨论什么是正态分布)。大部分的数据都是中间的部分最多,绝对大和绝对小的数据点都很小。所以大部分的 x 都在 $\bar{x}$ 附近。

现在,我们试试从图 4.3 来分析一下。

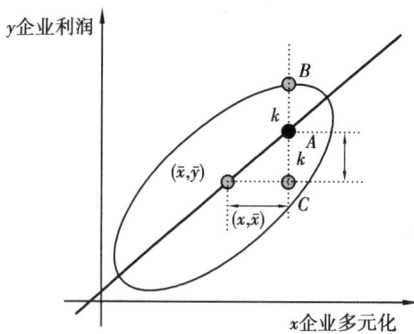

图 4.3

如果每一次 x 离开 x 的平均值是 $(x_i - \bar{x})$ 时,y 离开 y 的平均值 $(y_i - \bar{y})$ 永远不变,是一个常数(如 b),那所有的点都会留在一条直线上面(如 A 点)。这时候 x 与 y 有完全的关系,就是知道了 x,就会肯定地知道 y。但是你会说,这样不对啊。因为"协方差"的定义是"平均的 $\sum(x_i - \bar{x})(y_i - \bar{y})$",我们不需要所有的点都在这条直线上,也可以产生同一个协方差的值。例如,只要当 x 离开它的平均值是 $(x_i - \bar{x})$ 时,y 离开 y 的平均值有时候是 $(y_i - \bar{y} + k)$,k 是随便一个常数,有时候是 $(y_i - \bar{y} - k)$,那结果的 $\sum(x_i - \bar{x})(y_i - \bar{y})$ 是完全一样的。意思就是说,我们数据中只有两个重叠的 A 点,跟我们的数据中用一个 B 点和一个 C 点的协方差是完全相同的。让我们把上面抽象的符号都变成数据来看看(图 4.4)。

这个例子中,左边的数据只有 3 个数据点,就是 $(1,1)$,$(3,3)$ 和 $(3,3)$。你可以想象这个数据在图 4.4 中有 A_1,A_2,A_3。在右边的数据也是 3 个数据点,分别是 $(1,1)$,$(3,2)$ 和 $(3,4)$,图中有 B_1,B_2,B_3。两组数据的 x 平均值和 y 平均值都是 2.33。左边一组数据的 3 个点都是在同一条直线上。因此,这 3 点的 x 和 y 值是完全相关的。但是右边一组数据的 3 个点就不是在同一条直线上。也就是说,就算我们知道 x 值(如 $x = 3$),y 的值可能是 2,也可能是 4。因此,这 3 点的 x 和 y 值不是完全相关的。可是在下表中,左边数据的协方差,与右边数据的协方差是完全相同的(都是 0.89)。这就说明,根据我对两个变

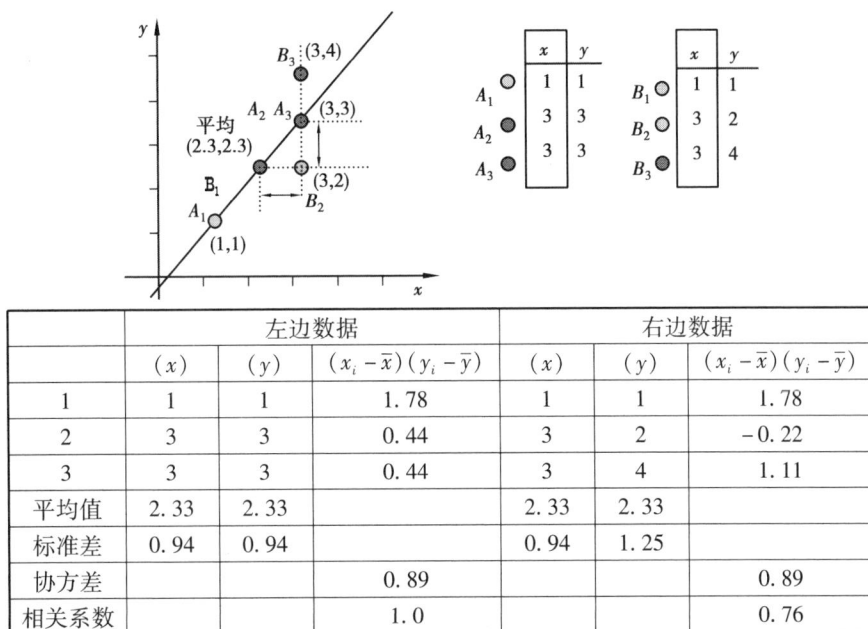

	左边数据			右边数据		
	(x)	(y)	$(x_i - \bar{x})(y_i - \bar{y})$	(x)	(y)	$(x_i - \bar{x})(y_i - \bar{y})$
1	1	1	1.78	1	1	1.78
2	3	3	0.44	3	2	-0.22
3	3	3	0.44	3	4	1.11
平均值	2.33	2.33		2.33	2.33	
标准差	0.94	0.94		0.94	1.25	
协方差			0.89			0.89
相关系数			1.0			0.76

图 4.4

量关系的定义,协方差是不可以完全表现两个变量之间的关系。但是,如果我们细心观察的话,右边数据中的 y 的方差,因为有不确定性(可能是 2 或 4),标准差比左边数据的 y 大(1.25 相对于 0.94)。这就导致一个可能的观念:如果我们把 x 和 y 的协方差除以 x 和 y 的标准差(因为 x 和 y 在协方差的公式是对称的,所以要同时除以 x 和 y 的标准差),得出来的这个"协方差除以标准差"的商,就很可能是一个表示 x 和 y 的关系的指标。结果统计学家发现这是真的。这个"协方差除以标准差"的商就是我们在研究中常常用的所谓"x 与 y 的相关系数"。在上表中,左边数据的协方差是 0.89,但是除以 x 与 y 的标准差后,相关系数是 1.0;右边的数据的协方差也是 0.89,但是除以 x 与 y 的标准差后,相关系数却只有 0.76。

数学上,两个变量 x 与 y 的"相关系数(correlation coefficient)"的定义为

$$r_{xy} = \frac{\sum (x_i - \bar{x})(y_i - \bar{y})}{\sqrt{\sum (x_i - \bar{x})^2} \sqrt{\sum (y_i - \bar{y})^2}}$$

简单来说,相关系数是"标准化后的协方差"。用"协方差除以标准差的商"定义的"相关系数"来表示两个变量的关系还有一个好处:"协方差"原来是所有的 $(x_i - \bar{x})$ 与 $(y_i - \bar{y})$ 的乘积的和,现在把这个"乘积的和"除各自的标准差,这样,除出来的"相关系数"就变成了一个没有测量单位的指标。举例来说,如果我们研究体重与身高的关系。本来协方差是一组人的"体重减平均体重"乘"身高减平均身高"。如果体重是用千克,身高是用米的话,协方差的单位应该是"千克•米"。但如果现在把协方差除千克和米的标准差的话,结果就是一个没有测量单位的指标了(因为千克和米都在计算中消去了)。下面的一组虚拟数据可以帮助我们更了解这个道理。

企业	多元化(x)	纯利(y)	$(x_i-\bar{x})(y_i-\bar{y})$	多元化(x)	纯利(y)	$(x_i-\bar{x})(y_i-\bar{y})$
1	2	3.50	14.27	4	3.50	28.53
2	5	12.30	1.67	10	12.30	3.33
3	4	10.80	0.00	8	10.80	0.00
4	3	9.70	0.93	6	9.70	1.87
5	3	8.90	1.73	6	8.90	3.47
6	7	18.60	23.90	14	18.60	47.80
平均值	4	10.63		8	10.63	
标准差	1.63	4.49		3.27	4.49	
协方差			7.08			14.17
相关系数			0.97			0.97

在上表中左手边的 x 与 y 计算出来的"协方差"是 7.08。右手边的数据与左手边的数据是完全相同的,只是所有的"多元化"指数都是原来的 2 倍。可是新的"协方差"是 14.17,也是原来的协方差的 2 倍。这是说明,"协方差"会因测量的单位的改变而改变。同样是体重与身高的关系,用厘米计算出来的协方差,与用米计算出来的协方差是不一样的。现在我们用了一个没有量度单位的"相关系数"以后,两组数的相关都变成 0.97,不会再因为测量单位不一样而改变了。

相关系数(r_{xy})的绝对值最大是 1,最小是 0。$r_{xy}=1$ 代表两个变量的变化是完全一致的。只要知道 x 的变化,就可以完全知道 y 的变化。相反,当 $r_{xy}=0$ 时,代表两个变量是完全没有线性关系的。知道了 x 的变化,完全不能帮助我们知道 y 的变化。当然相关系数可以是负数。负的相关系数,其实跟正的完全一样,只是 x 与 y 的关系是相反的而已。x 大时 y 就会小,x 小时 y 就会大。

如果相关系数是介乎 0 与 1 之间,什么相关系数才叫大呢? 一般来说,在社会科学的研究中,$r_{xy}=0.1\sim0.2$ 为小;$r_{xy}=0.3\sim0.4$ 是中等;$r_{xy}=0.5\sim0.6$ 是大。如果相关系数是 0.7 到 0.8,要么是两个构念极为相近,以致很难分得开,要么是数据有问题。

在这里我们顺便带出一个在管理研究中使用极为普遍的词,"统计效应(effect size)"(也有人翻译为"效应值""效用值"等)。在研究当中,我们经常会研究一个变量(x)如何对另外一个变量(y)产生作用。用研究的术语,就是 x 对 y 的"效应"是多少? 例如,如果"与主管的关系"对"员工对企业的投入感"影响很大,我们就说关系对投入感有很强的效应。明显的,相关系数就是一个我们经常谈的效应值。当然,除了相关系数以外,我们还会考虑其他类型的效应值。例如,在方差分析中,"效应值"就是 d-值。在回归分析中,"效应值"就是回归系数,R 平方等。这些我们以后会一一介绍。

现小结如下:相关系数在管理研究中扮演了极为重要的角色。因为管理研究的内容很多是什么原因影响了什么结果。例如,企业多照顾员工的利益(x),员工的离职率就会降低(y)。其实"企业照顾员工的利益的多少"(x)和"员工的离职率"(y)的"相关系数"的大小就完全可以解答这个研究问题了。

4.5　偏相关和半偏相关

我们知道影响一个变量变化的因素很多。用前面的例子,当我们研究企业多元化与利润的关系时,我们总希望控制住其他影响利润的因素使其不变,不然,我们就无从知道到底企业利润的变化,是由于企业多元化,还是其他的原因。下表表示了企业的多元化(代号 x,1 代表极少多元化;5 代表极高多元化)、企业的利润(代号 y,百分比)和规模(代号 z,以千为测量单位的员工人数)的关系。

多元化	利润/%	规模/千员工
(x)	(y)	(z)
3	10.2	12
4	9.3	14
2	2.3	3
3	12.4	23
4	4.1	8
5	8.9	3
1	3.5	6
2	2.4	7
4	10.3	18
3	7.8	5

如果我们计算多元化与利润的相关,计算结果是 $r_{xy}=0.57$。可是我们发现企业利润与企业的规模也有关系,$r_{yz}=0.72$。同时,多元化与规模也有一定的相关,$r_{xz}=0.20$。问题是我们如何知道多元化(x)与利润(y)这个 0.57 的相关,有多少是因为多元化(x)与规模(z)有关,而规模(z)又影响了利润(y)呢?如果我们用圆圈代表变量,箭头代表因果影响的关系,弯曲的双箭头代表因果不明的关系,这个问题可以用图 4.5 表示。

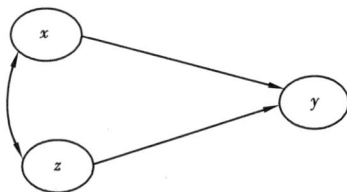

图 4.5

我们现在想知道,在企业规模(z)不变的情形下,多元化(x)对利润(y)的影响是多少? 用统计上的术语来说,我们希望知道在控制住 z 的情形下,x 与 y 的相关是多少? 上表中每一家企业的规模都不同,如何“控制住”企业规模不变呢? 我们要多谢统计学家,在数学上这个问题是可以解决的。

但是在分析“控制住 z 后,x 对 y 的影响”之前,我们还要问一问控制了 z 对什么的影响? 是同时控制了“z 对 x 的影响”和“z 对 y 的影响”,还是单单控制了“z 对 x 的影响”呢? 读者可能会觉得这个问题很无聊,我们自然是同时控制了 z 对 x 和 y 的影响了,为什么单单控制了 z 对 x 的影响呢? 当我们回到原来的问题时,大家就会明白为什么要分开两个不同的控制情形了。我们要研究的是"企业多元化对利润的影响"。也就是说控制了规模对利润的影响后,多元化如何影响利润?如果是这样的话,最好的方法就是先把规模(z)对多元化(x)除掉,然后看看"余下"的多元化变量如何影响利润(y)。意思就是我们只是有兴趣控制住规模(z)对多元化(x)的影响,而没有必要去控制规模(z)对利润(y)的影响。用数学的符号来说,我们要知道"控制住z对x的影响后,x对y的影响有多大"?这个只是对因变量的控制而得到的相关称为"半偏相关系数(semi-partial correlation)"。如果要知道"同时控制住z对x和y的影响后,x对y的影响有多大"的话,这个称为"偏相关系数(partial correlation)"。前者之所以叫做"半"偏相关系数,因为只是控制了z对x的影响,也可以说是控制了一半的意思。明白了这个观念,我们就知道在管理学的研究中,"半偏相关系数"比"偏相关系数"扮演了更重要的角色。其实,我们以后要讲的回归系数,就像一个半偏相关系数,多于一个偏相关系数。

要明白"半偏相关系数"和"偏相关系数",文氏图(Venn diagram)是一个很好的工具。下面这个文氏图(图4.6)中,圆形或是椭圆形代表变量;圆形大小或是面积代表变量的方差大小。圆形越大,该变量的方差就越大。圆形重叠的地方代表相关,两个圆形重叠越多,这两个变量的相关就越大。

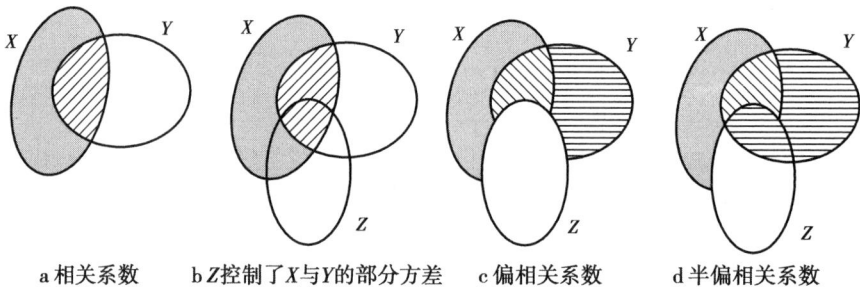

a 相关系数　　b Z控制了X与Y的部分方差　　c 偏相关系数　　d 半偏相关系数

图4.6

图4.6a代表了多元化(x)与利润(y)的相关。严格来说,重叠地方的大小(面积),应该是协方差的平方。因为相关系数是协方差除以两个标准差,把这个重叠地方的面积(斜线部分)除以"Y的椭圆的面积(y的方差)与X的椭圆的面积(x的方差)",就是相关系数的平方。这里所说的面积,其实是协方差的平方(而不是协方差)和两个方差(而不是标准差)。不过,对于明白偏相关系数的概念意义来说,有没有平方一点都不重要。在图4.6b中,我们加进了Z这个变量。有了Z这个变量,X和Y的部分方差被控制住了。到底X与Y的哪些部分的方差被控制住呢?这就决定了是"偏相关系数"还是"半偏相关系数"。

在图4.6c里,企业规模(z)对多元化(x)与利润(y)的影响(它们的相关部分)都拿掉,也就是控制住了。余下的y的方差就只有(横线部分+斜线部分)。余下的x的方差就只有(灰色部分+斜线部分)。对于这个余下的y方差(横线部分+斜线部分),余下的x方差(灰色部分+斜线部分)解释了多少呢?就是解释了斜线的部分。在图4.6c里,"斜线部分的面积",占原来被控制了的"y的面积"(斜线面积+横线面积),就是"偏相关系数"的观念。因此,图4.6c斜线部分的面积(协方差平方)除以[(灰色面积+斜线面积)×(斜线面积+横线面积)],也就是 Z 控制后余下的 x 与 y 方差,就是"偏相关系数"的平方。

在图 4.6d 里,z 对 y 的影响没有予以控制,我们只是控制了 z 对 x 的影响。所以,y 的方差还是原来的"完整无缺的整个椭圆形的面积",但是 x 的方差却因为给 z 控制住而减少了。减少了多少呢? 就是 x 这个椭圆形被 Z 所盖住的部分。在图 4.6d 里,被控制后的 x 方差就是(灰色部分+斜线部分)。这个余下的 x 方差解释了 y 的部分,就是斜线的部分。但是现在 y 的方差却与"偏相关系数"时不同了,Y 的方差还是整个 Y 椭圆的面积。因此,图 4.6d 斜线部分的面积(协方差平方)除以[(灰色面积+斜线面积)×(斜线面积+横线面积)],也就是 Z 控制后余下的 x 与 y 方差,就是"半偏相关系数"的平方。

我们也可用下面这个比喻性的图 4.7 来解释"偏相关系数"与"半偏相关系数"的分别。在图中,a,b,c,d,e,f,g 代表了 x,y,z 三个变量的方差的不同部分。企业多元化(x)的总方差是 $c+d+f$;企业利润(y)的总方差是 $a+b+c+d+e$;企业规模(z)的总方差是 $b+c+g$。

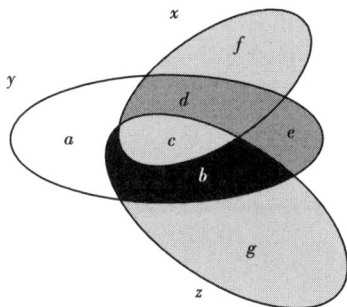

图 4.7

利用这个文氏图,控制住 z 后,x 与 y 的偏相关系数($r_{xy.z}$)可比喻为

$$r_{xy.z} = \frac{d}{a+d+e}, r_{yx.z} = \sqrt{\frac{d}{a+d+e}}$$

当中,($d+f$)是控制住 z 后,x 剩下的方差;($a+d+e$)是控制住 z 后,y 剩下的方差。对于这个剩余的 y 方差,剩余的 x 方差解释了它的 d 的部分。

同一个图,如果我们考虑的是控制住 z 后,x 与 y 的半偏相关系数($r_{x(y.z)}, r_{y(x.z)}$),就有点不一样了。y 的方差没减少,还是 $a+b+c+d+e$。控制住 z 后,x 剩下的方差是($d+f$)。因此,控制住 z 后,x 与 y 的半偏相关系数($r_{x(y.z)}, r_{y(x.z)}$)就可以比喻为

$$r_{y(x.z)} = \sqrt{\frac{d}{a+b+c+d+e}}$$

[注:这只是一个帮助理解的比喻。真正的数学公式不是这样的。]

从上面的分析我们得知,所谓把企业规模(z)"控制"住,有两个可能的理解。

①我们可能是想把规模(z)对多元化(x)和规模(z)对利润(y)的影响同时拿掉。看看剩下的多元化(x)对利润(y)的影响。这个观念称为"偏相关系数(partial correlation)"(表达的符号是 $r_{xy}r_{yx.z}$)。偏相关系数技术上的说法是:控制住 z 对 x 和 y 的影响时,x 与 y 的相关系数。

②因为企业规模(z)影响企业的多元化(x)与相关利润(y)。因此多元化(x)对利润(y)的影响,有部分是由于企业规模(z)影响利润(y),而规模(z)又与多元化(x)相关而造成的。因此,其实我们更有兴趣知道的是把规模(z)对多元化(x)的影响控制后,多元化(x)自己对利润(y)的真实影响是多少? 这与上者最大的不同是,我们只有兴趣控制住 z 对 x 的影响,而没有兴趣控制住 z 对 y 的影响。这个单是把规模(z)对多元化(x)的影响拿掉,看看剩下的多元化(x)对利润(y)的影响的观念,统计学上称为"半偏相关系数

（semi-partial correlation）"（表达的符号是 $r_{y(x.z)}$）。其实从符号上我们已经可以看见半偏相关的意思。$(x.z)$ 是把 z 对 x 的影响控制住,然后研究这个 x 的剩余方差对 y 的影响。半偏相关系数技术上的说法是:控制住 z 对 x 的影响时,x 与 y 的相关系数。

我们看见,偏相关系数与半偏相关系数最大的差别,是被解释的企业利润率(y)方差,到底有没有把企业规模(z)的影响控制住。

数学上,偏相关系数与半偏相关系数公式分别为

$$r_{xy.z} = \frac{\sigma_{(x-z)(y-z)}}{\sigma_{(x-z)}\sigma_{(y-z)}} = \frac{r_{xy} - r_{xz}r_{yz}}{\sqrt{1 - r_{xz}^2}\sqrt{1 - r_{yz}^2}}$$

$$r_{xy.z} = \frac{\sigma_{y(x-z)}}{\sigma_y\sigma_{(x-z)}} = \frac{r_{xy} - r_{xz}r_{yz}}{\sqrt{1 - r_{xz}^2}}$$

式中,$\sigma_{(x-z)(y-z)}$ 是(控制住 z 后的 x)和(控制住 z 后的 y)的协方差;$\sigma_{(x-z)}$ 是控制住 z 后的 x 的标准差;$\sigma_{(y-z)}$ 是控制住 z 后的 y 的标准差。r_{xy} 是 x 与 y 的相关系数,r_{xz} 是 x 与 z 的相关系数,r_{yz} 是 y 与 z 的相关系数,即

$$r_{yx.z} = \frac{r_{xy} - r_{xz}r_{yz}}{\sqrt{1 - r_{xz}^2}\sqrt{1 - r_{yz}^2}}$$

$$r_{y(x.z)} = \frac{r_{xy} - r_{xz}r_{yz}}{\sqrt{1 - r_{xz}^2}}$$

我们在后面讲到回归分析时,将会把这个偏相关系数与半偏相关系数重复一次,让读者参考。

第5章　概率分布

5.1　频率分布

在研究分析中,我们常常会遇到概率(probability)的问题。概率就是可能性。一件事情的概率高,就是它发生或出现的机会很高。例如,我们在调查研究中可能问一个主管,他的下属是否经常有公民行为(citizenship behaviors,简单来说,就是在工作中帮助别人的行为)。问卷中可能是这样问的:

	绝对会	一般会	偶尔会	一般不会	绝对不会
你的下属会不会帮助他们身边的同事	1	2	3	4	5

假设我们访问 120 个主管后,数据收集回来的结果如下表:

答案(x)	描　述	频　数	$p(x)$
1	绝对会	35	0.292
2	一般会	47	0.392
3	偶尔会	20	0.167
4	一般不会	15	0.125
5	绝对不会	3	0.025
		$N = 120$	$\sum = 1.0$

上面的表我们称为一个"概率分布"表。它告诉我们,在访问的 120 个主管中,有 35个认为他们的下属是一定会互相帮助的,有 3 个认为他们的下属是绝对不会互相帮助的。"频数"是 120 个主管中,选择该答案的次数。将频数除以总人数就是几率或是概率$p(x)$了。因为 5 个答案(1,2,3,4,5)有不同的数值,而不同的主管可能会选择任何一个答案,我们把这种变量称为"随机变量(random variables)"。这个例子表明,在主管的眼中,下属有没有公民行为是一个概率的问题,不是"有"或者是"没有"这么简单。在这里,有 35 个主管选了"绝对会"的答案,我们还可以说有 29.2% 的主管选了这个答案,或

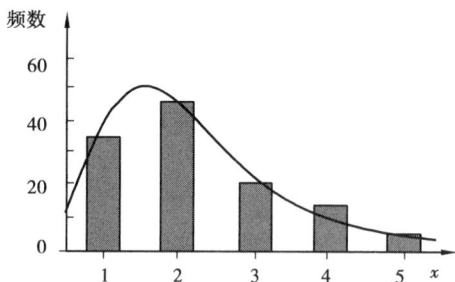

图 5.1

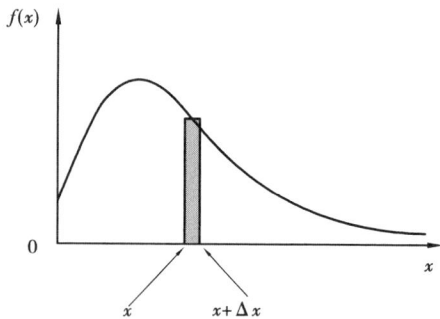

图 5.2

者,主管选择"绝对会"这个答案的几率是 0.292。用图示的方法表达,见"直方图(histogram)"(图 5.1)。

图 5.1 的横轴是 x,是我们所问问题中 5 个不同的可能答案,也就是我们的变量。纵轴是每个可能答案的频数,也就是选择这个答案的人数。这个图是我们的真实观察。但是,在理论上来说,主管认为下属有没有公民行为这个意见,不一定刚好是精确的 5 个点所代表的程度。例如,他们的真实意见很可能介乎"偶尔会"与"一般不会"之间。当观察的 x 越来越精确时,主管的意见可以准确到小数点后一位(如 1.5),两位(如 1.53),或者是三位(如 1.538)等。所以,即使基于我们设计问题的方式(只提供 5 个可能的选择),我们观察到的是一个离散的直方图,在理论的层面,主管的意见应该是一个连续的变量。因此,在这个直方图背后,可假设有一条平滑的曲线图(图 5.2)。

读者可能会发现这个从直方图变成平滑曲线的图,跟上面的直方图有点不同。在前面我们会说,回答"1"(也就是"绝对会")的频率或几率。但是,在这里我们就不说 x 的几率是多少了。而是说从 x 增加到 $(x + \Delta x)$,所增加的几率是多少(Δx 是一个极为微小的数值)? 为什么呢? 因为现在的 x 已经不是离散的 1,2,3,4,5 了,而是一个连续变量,理论上 x 轴上有无限个点(因为可以准确到小数点后无限个位)。为什么不可以说 x 的几率是多少呢? 因为无论 x 是什么,我们都可以要求为 x 多增加一个小数位。例如,你说主管的意见是 3(在前面,3 代表"偶尔会")。但是理论上主管的意见不会是 3 的。我就会问:到底是 3.1,还是 3.2,还是 3.3……还是 3.9? 也许你会说,那我就多精确到一个小数点吧。现在主管的意见是 3.1。但是,同样的逻辑可用在 3.1 上。到底是 3.11,还是 3.12,还是 3.13……呢? 这个逻辑一直推演下去的结论是:所有的 x 值出现的几率都必须为 0,因为无论已如何的精确,我们都可以多精确一个小数点!

这个结论看起来好像是荒谬的,但是所有的概率 $p(x)$ 都等于 0,却不代表从 x 增加到 $(x + \Delta x)$ 时,所增加的几率就是 0(Δx 是一个微小的 x)。其实,从 x 增加到 $(x + \Delta x)$ 时,所增加的几率就是图 5.2 这个长方形的面积(也就是 $\Delta x \cdot p(x)$)。为了这个问题,统计学家设计了一个称为"概率密度(probability density)"($f(x)$)的东西。概念上,我们可以把"概率密度"想象成为一个跟"不连续"的变量的概率 $p(x)$ 相似的东西。因为在连续变量中,所有数值的概率 $p(x)$ 概念上来说都是零,所以概率 $p(x)$ 这个概念不可以用在连续变量。对于连续变量来说,我们只可以谈它的"概率密度"$f(x)$,不可以谈它的"概率"。用数学的符号,即

$$p(a \leqslant x \leqslant b) = \int_a^b f(x)\,\mathrm{d}x$$

读者不要给这些数学符号吓怕了。这条公式的意思是 x 可能介于 a 与 b 之间的几率,就是概率密度曲线底下的面积(a 在图 5.2 中就是 x,b 就是 $x + \Delta x$,概率密度曲线底下的面积就是那长方形的面积,也就是 $\Delta x \cdot p(x)$)。如果这样理解,一条概率密度曲线底下的"总面积"一定是 1,因为它包含了所有可能的 x 的数值。一般来说,对于所有的概率密度曲线,这条曲线底下介于 $-\infty$ 到 $+\infty$ 的面积一定是 1(因为这包含了在 $-\infty$ 到 $+\infty$,也就是所有可能的 x 的出现的可能几率)(图 5.3)。用数学符号来写,即

$$p(-\infty \leqslant x \leqslant +\infty) = \int_{-\infty}^{+\infty} f(x)\,dx = 1$$

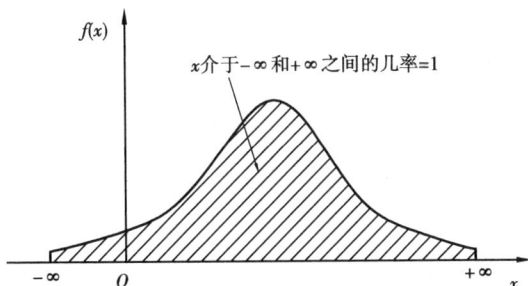

图 5.3

请注意,$p(x)$ 跟 $f(x)$ 的概念是有点相似,但是不完全等同。在我们的例子中,$p(x)$ 是一个"不连续"的相关系数出现的可能性,$f(x)$ 却不可能理解成为一个"连续"的相关系数出现的可能性,因为所有"连续"的相关系数出现的可能性都是 0。但是在概率密度曲线底下,介乎两个 x 值之间的面积却就是 x 可能介乎这两个数值的几率。图 5.4 解释了概率密度曲线底下的面积就代表了 x 可能介于 1.3 与 1.5 之间的概率。细心的读者可能会发现,我们在上面把这个概率形容为一个长方形的面积。但是在这里却把这个概率形容为概率密度曲线底下的面积。后者的形状应该更像一个梯形,而不是长方形啊!其实这里的描述是比上面的描述更准确的。严格来讲,这个概率应该是 a 与 b 之间的概率密度曲线底下的面积。上面的说法只是一个大约的表示。但是上面讲的是 x 到 $(x + \Delta x)$ 的改变。如果 Δx 极其接近零的话,两者几乎是没有分别的。

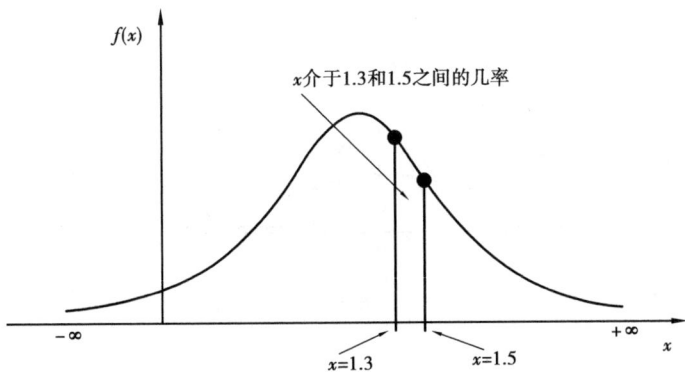

图 5.4

下面我们就谈一谈在管理研究中常常看见的一些"标准"的概率分布:正态分布、卡

方分布、t 分布和 F 分布。其实,在统计学中还有很多不同的分布,但是在管理研究中不常遇到,我们就不谈了。为什么我们称这些概率分布为"标准"概率分布呢? 难道有不标准的概率分布吗? 答案是:"是的。"概率分布只是表现了一个随机变量在不同的数值下的可能几率。因此理论上来说,概率分布可以是任何形状的。在做管理学研究时,如果我们知道一个特别的随机变量会服从一些特别的"标准"概率分布,就可准确计算这个随机变量(x)从某一个数值到另外一个数值的准确几率。这个在下一章讲的统计验证扮演着极其重要的角色。我们以后会详细解释。

5.2　正态分布

我们学统计的时候,第一个学的就是"正态分布(normal distribution)"。一般的变量如果是受很多不同的因素影响,而每个因素的影响也是很小,就很有可能呈正态分布。在管理科学的研究中,恰好就是这个情形。大部分的管理现象都是受着很多不同的因素影响,而每个因素的影响都不会很大的。因此,正态分布在管理研究中扮演着不可或缺的角色。

"正态分布"有两个参数(参数是一个模型中可变的特质,参数改变了,模型的基本形状还在,但是内容的特征就改变了):平均值(mean, μ)与方差(variance, σ^2)。只要知道均值和方差是什么,正态分布就完全被确定了。平均值影响了"正态分布"横向关系。均值越大,整个分布的中心值就会移向右边。方差或是标准差影响了正态分布对于中心值的"靠拢性"。标准差越小,整个分布就会更向中心值靠拢,也就是变得越窄。当 $\mu = 0$,$\sigma = 1$ 时,我们称这样的正态分布为"标准正态分布(Standard Normal Distribution)"。

"正态分布"的概率密度函数(probability density function)为

$$f(x) = \frac{1}{\sigma\sqrt{2\pi}} e^{-\frac{(x-\mu)}{2\sigma^2}}$$

图 5.5 是平均值(μ)和方差(σ^2)在几个不同数值时"正态分布"的概率密度函数图。

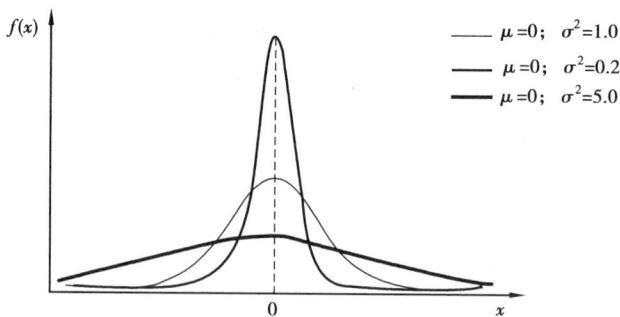

图 5.5

5.3　卡方分布

如果一个随机的变量是很多个"标准正态分布"的变量的平方总和(如我们把几个服

从正态分布的变量加起来,变成一个新的变量),这个加总的新的随机变量的概率分布就是一个"卡方分布(Chi-Square distribution 或 χ^2 distribution)"。加总的正态分布的数目就称为这个卡方分布的"自由度"(用希腊字母 ν 来表示)。用数学的符号表示,即

如果 $Q = \sum_{i=1}^{\nu} Z_i^2$,那么 $Q \sim \chi_\nu^2$(ν 就是自由度)

图 5.6 是自由度(degrees of freedom,ν)在几个不同数值时"卡方分布"的概率密度函数图。

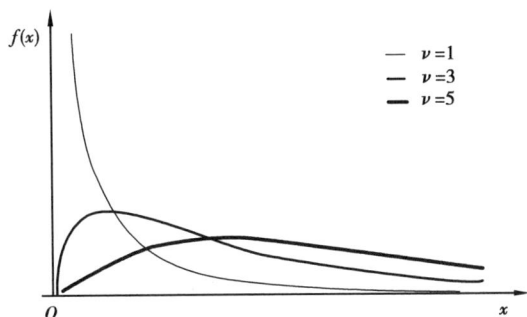

图 5.6

在管理学研究中,很多统计项都服从卡方分布。例如,方差分析的统计项是卡方分布的,结构方程建模中的拟合指数也是卡方分布的。

5.4　t 分布

如果一个随机的变量是由一个服从正态分布的随机变量除以一个服从卡方分布的随机变量而组成的,则这个新的随机的变量就会服从 t 分布(t-distribution)。t 分布看起来很像正态分布,只是尾巴稍微长了一点而已。因为卡方分布有一个相应的自由度,所以 t 分布也是有自由度的分布。

图 5.7 是自由度(degrees of freedom,ν)在几个不同数值时"t 分布"的概率密度函数图。

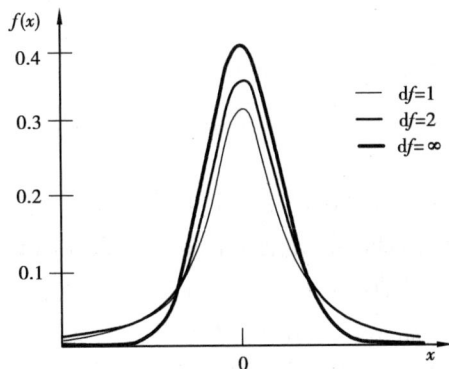

图 5.7

在管理学研究中,最著名的符合 t 分布的统计项就是回归分析中的回归系数。

5.5　F 分布

如果一个随机的变量是由一个服从卡方分布的随机变量(自由度 ν_1)除以另一个服从卡方分布的随机变量(自由度 ν_2)而组成的,则这个新的随机变量就会服从 F 分布(F-distribution)。因为这两个卡方分布都各自有一个相应的自由度,所以 F 分布是有两个自由度(ν_1 和 ν_2)的分布。

图 5.8 是自由度(degrees of freedom,ν)在几个不同数值时"F 分布"的概率密度函数图。

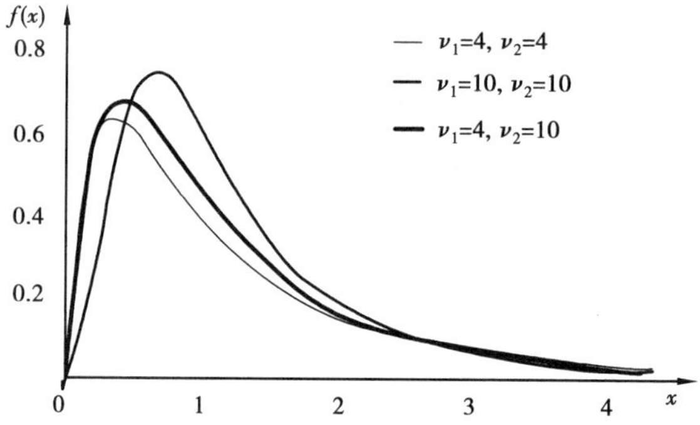

图 5.8

在管理学研究中,最著名的符合 F 分布的统计项就是回归分析中回归模型的 R 平方(R^2)和层阶回归模型的 R 平方改变(ΔR^2)等统计项。

※※※※※※※※※※※※※※※※※※※

我们谈了这么多,知道了什么统计项是什么分布又如何呢?为什么要知道这一大堆的所谓标准分布呢?因为如果分布是"标准"的话,在这个分布以下的面积(也就是随机变量出现的不同几率)就会服从特定的规律。例如,当一个随机变量服从正态分布时,这个变量最可能出现的数值就是它的平均数,而一个随机变量服从卡方分布时就不是了。卡方分布不是对称的分布,随机变量出现概率最大的数值,就不是它的平均数。一个随机变量出现不同的数值的概率,在我们下一章讲的统计假设验证中,扮演了不可或缺的角色。

其实,我们在研究中,真正有兴趣的是统计项的"抽样"分布,不是统计项本身的分布。这些我们在下一章统计验证时会详细解释。为什么我们对统计项的抽样分布这么有兴趣?主要原因是统计项的抽样分布,在"统计检验"上起着举足轻重的作用。一旦我们知道一个统计项的抽样值服从什么分布,就可以完全掌握这个统计项的抽样值的不同。我们也可以用数学的公式去"计算"这些概率。如果是这样,"统计检验"做起来就很方便。相反,如果我们根本不知道一个统计项的抽样分布是什么形状,那就要用其他方法(如 bootstrapping)先估计这个分布,然后才可以做"统计假设检验"了。从研究者的角度来看,到底这些分布的数学公式是什么,它们有什么特征,以及如何计算等都不是我们关注的问题。因为这都是统计学家的工作。我们只是应用他们的分析成果而已。在研究应用时,只要我们知道什么统计项的抽样是什么形状的,计算机就会替我们计算不同抽样结果的概率,作为统计检验之用。

不明白"统计检验"的读者在这里不用愁。我们在下一章将会详细解释什么是统计检验,抽样分布在统计检验中扮演什么角色。我们在这里只是因为谈到了统计的概率分布,所以提早介绍一下不同的分布而已。

在完成这一章之前,我们希望谈一下统计知识在管理研究中所扮演的角色。到底我们期望一个管理研究者,应该知道什么统计知识,同时,他们的知识应该深入到何种程度呢?首先,我们强调管理研究是"应用"统计,不是"研究"统计。所以我们只会问,一个统计项的抽样分布是什么形状的?这个问题一定要问,因为,如果不知道是什么形状,就不知道如何做统计假设验证。但是,为什么是这个形状的?数学的推导是什么?这个我们没有兴趣,那是统计学家的问题。同样的,我们要知道偏相关是什么?它在研究中的应用是什么?但是我们不会问这个偏相关的公式是如何来的?那是统计学家的问题。当然,数学的能力每一个人都不同。知道多一点总是能帮助我们多了解一点。因此,有时候我们也会把公式的推导写出来。数学不强的读者不要因为看不懂推导就郁闷。我们的要求是,读者可以明白"它是什么"和"如何用它"。一个剑术的高手可以做到随心所欲,人剑合一。武侠小说中甚至会有"剑在人在、剑亡人亡"的夸张说法。但是这些剑术的高手自己会铸剑吗?他们大概可能知道一些造剑的道理,如长度、质量的比重,用的是什么材料,等等。但是他们自己是不会铸剑的。因为他们是一个"用剑的人",而不是一个"造剑的人"。同样道理,我们希望大家都是一个"运用统计"的高手,却不会要求大家去做一个"理论统计"的高手。数学推导有兴趣的读者可以看看,看不懂也无所谓,不影响我们研究的。

但是,我们最不想看见的现象,就是同学只知道,跑了一个软件得到结果的哪一行哪一个数字,就可以写报告,而不知道这个数字背后的"意义"。我们可以不明白其中的计算过程(当然最好还是明白),但是我们不可以不明白它是什么意思,代表什么。举一个例子,我们发现同学常常看分析结果时,只是胡乱地跑了一些统计的程式,然后就看结果是否显著(有没有 ∗ 号)。但是,却完全不明白这些"∗"号的意义。结果常常张冠李戴、错漏百出。如果是这样,我们写这本书的心血就白费了。

明白了这一点后,我们就知道,一个武术高手不懂自己打造刀剑。但是他们"用"刀剑时,却把这些工具用到炉火纯青的地步。一个刀术的高手一定知道学习用刀的第一秘诀是"刀不离身",他也会知道刀不离身的原则背后的原理,纵然他不是一个铸刀者。我们在这里试试用几个例子来说明管理研究者要对统计知识认识深入到什么程度。

例如,当我们做回归分析时,我们会问什么是 R 平方?为什么 R 平方可以代表一个变量的方差解释另外一个变量的能力?回归系数是什么意思?它们代表了什么?当我们说一个回归系数"显著"时,那是什么意思?如何知道回归系数是否为零?这些都是我们应该知道的东西。但是我却不会去问,为什么回归系数的抽样分布是 t 分布?因为回答这个问题要数学的推导,这是统计学家的问题。我也不会去问为什么多元回归系数的方程是这样的?这是统计学家的问题。我只会去问,这样的一个方程是什么意思?它背后反映了什么?

又如,当我们做因子分析时,我们会问什么是因子? 因子用来干什么? 因子与变量间有什么关系? 什么是因子载荷? 为什么要旋转因子载荷? 在主成分法中,什么叫特征值? 为什么用特征值大于 1 来作选取因子的标准? 但是我们却不会问为什么特征值就是一个因子的方差? 因为答案是一个数学推导的结果,是统计学家的问题。我们也不会去问为什么因子载荷是特征值的平方根乘以特征向量? 同样的,这是数学推导的结果,是统计学家的问题。

简单一句话总结这一章,管理研究与统计学的关系,就是切忌"不知道自己在做什么",切忌"不明所是而为之"。我可以接受同学"不明所为"(不知道这是如何来的),但是我却不可以接受同学"不明所是"(不知道这是什么)。"知其然,而不知其所以然"是我对同学要求的统计知识的最低限度。如果连这个共识都没有,我写这本书的心血就白费了。要达到"知其然"的境界有一个要求,就是不要惧怕数学的符号、公式。

单单要明白数学符号和公式背后的意义,对于一个研究生来说,不会是一件难事。举个例子,要理解 $\min |x_i - \bar{x}|$ 其实就是一堆数字中,求取每一个数值与它们的平均数的差数,如果这个差数是负数,就把差数的符号变为正,再从这很多个"一定是正值的差数"中找最小的。我猜任何一个读完高中的人都可以完全理解。有人一看见符号或数式就惧怕,只是被过去填鸭式的数学推导吓怕了,产生条件性的抗拒而已。我的建议是,一切能用图表、概念或文字表达的统计知识,我们都应该尽量去掌握。对于一些只能用抽象的数学符号来解释的东西,我们大概可以忽略。因此,我们唯一能够跳过的就是数学的演算和推导的部分。其他的就尽我们的能力去理解。我们在这本书里,也会尽量帮助大家达成这个目标的。

第6章 统计假设的检验

　　学了相关系数和统计分布的知识以后,丢丢很开心,这样就可以从一大堆看似纷繁的数据里找出那些看不见的规律了。丢丢顿觉自己又向科学家靠近了一步。丢丢想自己尝试一下用相关系数去发现关系,但是去找什么变量和什么变量的关系呢? 记得两天前他和李老师喝下午茶聊天时,李老师提到近个世纪以来工业化对人们生活和心理的影响。李老师说,工业化快速地提高了生产效率,使我们的物质生活极大丰富,地区与地区的距离缩小了,我们可以根据自己的需要挑选各种不同的产品,而信息产品和网络也好像让我们知道了越来越多的事情。但是工业化社会中的人们一定快乐吗? 正如《摩登时代》中卓别林演的工人那样,我们每个人都成为了整个生产机器中一个小小的螺丝钉,而在这样一个更大社群中的人们,似乎反而缺少了以往在小社群、小家庭中的归属感和价值感。工作的忙碌也让人不再有时间坐下来安静地聊天和思考。很多人都不开心,即使有了钱和地位以后仍是如此。

　　李老师还说了一些其他的,但丢丢已经记不清了。丢丢想,不如就去检验一下这个观点吧,是不是一个地方经济发展速度越快,人们就越不开心呢? 丢丢立刻开始行动。他从学校数据库中找到了国内20个大中小城市的国民生产总值(Gross National Product, GNP),又从互联网上找到一份去年对于各城市居民幸福感的调查,从中找到这20个城市的得分。根据前面学的知识,丢丢算出"国民生产值"与"居民幸福感"的相关系数是 -0.30。他觉得自己有了新发现,因为这就意味着GNP越高的城市,幸福感反而越低,而且GNP可以解释各个地区人们幸福感差异的9%(相关系数的平方,详细理由我们会在回归分析的一章介绍)。丢丢迫不及待地把自己的这个发现和李老师讨论。

　　丢丢:"李老师,你看,数据的确支持了你那天说的观点。"

　　李老师:"丢丢,很开心你可以把我们讨论的现象变成一个可以操作的研究问题,这是一个很好的开始。但是,这里还有很多的工作要做,我们先仅就数据看一看。这个幸福感的调查数据是如何得到的,你觉得可靠吗?"

　　丢丢:"这个,我没有太注意,他们只是把每个城市的得分列出来了。"

　　李老师:"这就是非常重要的测量的问题了。我们过两天再讨论这个问题。现在我们就假设它是可靠的。那你是只希望知道对这20个城市而言,GNP与幸福感的关系,还是想知道一个对于所有城市都成立的稳定的规律呢?"

　　丢丢:"当然希望是后者,一个对所有城市都成立的稳定的规律。"

　　李老师:"那你不如试试选另外的20个城市,再计算一下相关系数看看呢?"

丢丢:"这个……难道不一样吗?"

丢丢按李老师的建议重新选取了另外的 20 个城市,又计算了一次。这一次相关系数竟然变成了 0.22,两个变量的关系从负数变成正数了。

丢丢很困惑,这结论怎么还会变呢?他想起别人批评社会科学都是主观的学科,看来的确如此呀。这每一次结果都不一样,到底哪个是真的呢?

李老师早就知道丢丢做完第二次数据会困惑,所以准备第二天就和他谈谈抽样和统计假设检验。

※※※※※※※※※※※※※※※※※

我们做研究时需要注意,当找不到证据支持我们的理论时,不一定说明理论是错误的。反之亦然,当我们实现自己假设的结果时,也不一定说明理论是对的。一般研究的结果,都可能存在几种误差。

①理论的误差,就是研究者所采用的理论不适用于当前研究问题。

②测量的误差,其中包括了随机的误差(信度)和系统性的误差(效度)。

③抽样的误差,因为我们研究的样本不能代表总体,所以出现误差。

理论的误差在前几章提过了。测量的误差将在后面谈到。我们在这章讨论的是第三类的误差——统计抽样的误差。

让我先举一个例子来说明什么称为"统计抽样的误差"。假设你想知道一家企业员工的平均年龄。你跑进了这一家企业,随便问了 50 个人,其中有 20 个人没有理你,剩下 30 人的平均年龄是 32 岁。你后来才知道整个企业有 2 000 多人。请问,这样问了 30 个人,得到的平均是否可以反映整个企业的平均年龄呢?这个"代表性"的存疑不单是访问了多少人的问题,还包括如何选择访问对象的问题。问的人数少了,可能带来较大的"随机性"误差,而你选择的访问对象如果比较特别,则可能带来较大的"结构性、系统性"的误差。"随机性误差"只要问的人多一点,就可以解决。"系统性误差"却不是多问几个人可以解决的。例如,如果你只访问一个部门里的人,而选择的又刚好是科研部门,这些部门员工的平均年龄就有可能相对年轻了。这个"系统性误差"的问题,在统计上一般可以用"随机选取对象(random selection)"来解决。一般选择对象时,访问对象如果没有一个很强的共同性,又或者这个共同性与研究的变量没有关系,我们就将这群选择的对象称为"随机的"。显然,选择的对象越是随机,系统误差越小,结果就更有可能代表整体;选择的对象越多,随机误差越小,结果也越有可能代表整体。

一般管理学的研究在收集数据时,都很难知道自己的数据是否是随机的。例如,一家企业的老总答应与我们合作研究,正常的情形下,老总就会跟人力资源部的主管说,请他与我们尽量合作,安排如何收取数据。那最随机的方法就是按员工编号依照随机号码来决定谁来参加研究。可是第一,这家企业不一定有正规的员工编号;第二,人家是做生意赚钱的企业,总不能让研究妨碍正常工作,因此,很多随机选出来的员工就不能参加研究。在这样的情形下,唯有假设所选的员工是有代表性的。上面已经谈过,只要选出来的这一群员工中,没有一些明显的特征影响到我们的研究结果,我们就只有假设他们是随机的。正因为这个原因,问卷研究中常常会在最后收集一些人口统计性数据

(demographic data,如年龄、工龄、性别、职别、部门、行业等),以作为控制变量。在分析的过程中,把这样的变量的影响用统计的方法控制住。自然,这不代表我们收集数据的时候,就可以随随便便地发几份问卷。相反,一个严谨的研究人员会尽可能收集一个接近随机的样本。在以下的讨论中,我们就假设收集回来的数据对整体的研究对象而言有足够的随机性。可是,就算选取对象时是完全随机的,如果你只是"随机地"询问企业里面 5 个员工的年龄,也很难说明这 5 个员工的年龄对于整家企业来说是有代表性的。对于整体而言,随机地选出来的研究对象的代表性,虽然不存在"系统性误差"的问题,但是还存在"随机性误差"的问题。假设你选择研究对象是随机的,只是排除了代表性的"系统性误差"。现在让我们专注于结果代表性的"随机性误差"问题。

6.1 样本与总体

在统计的术语当中,你要研究的所有对象称为"总体(population)"。你选出来研究的对象称为"样本(sample)"。"总体"的特征称为"参数(parameter)";"样本"对应的特征称为"统计量(statistic)"。在上面的例子中,整个企业的 2 000 多个员工就是你的"总体",而你所访问的 30 个员工就是"样本"了。2 000 个员工的平均年龄称为"参数",选出来的 30 个员工的平均年龄就是"统计量"。样本中数据的数目,我们称为"样本数(sample size)"(N)。如果我们问了 30 个员工的年龄,那样本数就是 $N=30$ 了。一般的情形,总体中的参数都用希腊字母代表,如总体的平均称为"μ",总体的方差称为"σ^2",总体的协方差称为"σ_{xy}",总体的相关系数称为"ρ_{xy}"等。对应来说,样本中的特征用英文字母来表示。例如,样本的平均称为"$\bar{x}$",样本的方差称为"s^2",样本的协方差称为"s_{xy}",样本的相关系数称为"r_{xy}",等等。不过,管理的研究人员不像统计学家在符号上这么讲究。除非是必须要明确显出总体与样本的对应特征,这些符号在日常的应用不是这么严谨的。例如,只要不跟总体参数对照,有时我们也会用"σ^2"表示样本方差,用"σ"来代表样本的标准差。又如,因为打印希腊符号很不方便,我们也常常把两个变量在总体中的相关系数称为"R_{xy}"。

在研究(或是作统计分析)时,我们常常问自己:"你的样本是不是能够代表你想研究的总体的特征呢?"在上面的例子中,到底 32 岁是不是这个企业员工的平均年龄呢? 也许你刚好跑进设计时尚产品的部门,员工一般都是大学毕业不久,都很年轻。也许正好不回答你问题的 10 个人都是高级行政人员,一般年纪都很大。失去了这 10 个人,你估计的年龄就比实际平均年龄低了很多。因此,你马上想到抽样的随机性问题。如果我们抽样尽可能随机,那么也就代表每一个个体都有同等的可能性被抽到,于是样本能够代表总体的可能性就更大了。但是,上面已经谈过了,仅仅随机抽样这一个条件并不能保证总体特征不会有问题。下面我们就讨论一下这个问题。

现在让我用一个实际的研究问题来说明样本和总体的关系。假设你有兴趣知道员工加薪多少(x)与他们的满意度(y)是否有相关。假设这两个变量在总体里的相关系数是 ρ_{xy},这个值你是不知道的;在你的样本中 x 与 y 的相关 r_{xy} 是可以计算的。现在你收集了 254 个员工的样本($N=254$),发现去年加薪的幅度(x)与他们现在的满意度(y)的相关是 0.23。我们在研究中最感兴趣的,往往是总体的参数(在这个例子中是 ρ_{xy})是多少,而不是样本的统计项(在这个例子中是 r_{xy})是多少。因此,就算样本的相关 $r_{xy}=0.23$,也不代表总体的加薪幅度与满意度是有关系的。

所以这时的问题是,当我们在样本中计算出 $r_{xy}=0.23$ 时,我们怎么知道总体里的 ρ_{xy} 是不是 0 呢? 意思是说,有多大可能当真实的总体相关系数是 $0(\rho_{xy}=0)$,也就是"所有的"员工加薪幅度和他们的满意度其实是没有关系的,恰巧我收到的 $N=254$ 的样本却观察到 $r_{xy}=0.23$ 呢? 这就是典型的假设验证的统计问题。

可能你马上会问,为什么要知道总体的相关是不是 0 呢? 为什么不问总体的相关是不是 0.2 或 0.3 或是 0.23 呢? 这个问题可以从以下两个方面来看:

第一,这与我们做研究的一般目的很有关系。一般来说,如果你做的是实证研究,提出的假设应该都具体到变量与变量之间的关系。例如,我们想知道加了工资,员工会不会工作表现更好一点? 又如,我们想知道企业花在广告的钱越多,是不是产品的销售量就越多? 又或者是不是在广告上用的明星越有名,产品的销售量就越多? 所以研究的问题是"广告上用的明星的名气"(x)是不是可以预测"产品的销售量"(y)? 大部分这一类型的研究的问题都是"x 是不是对 y 有影响",也就是到底 ρ_{xy} 是不是 0? 这是我们最关心的问题。只要 $\rho_{xy}\neq0$,我们的理论就成立了,也就是 x 是对 y 有影响的。至于影响有多大,那是另外一个问题,也是比较次要的问题。因为一个理论只有能力预测两个变量是否有关,而没有能力预测他们的相关到底是多少。如果有一个理论可以精确地告诉你"员工满意度"与员工的"工作表现"的关系应该是 0.43,那我可以大胆地说这个理论一定是错的。

第二,我们一般做调查的时候用的都是李克特量表(Likert-type scale)。比如我们会问,你认识这个打广告的明星吗? 答案可能是完全不认识、好像认识、有点认识、当然认识等。因为这个量表是没有绝对参照的。你对"好像认识"这个形容词,跟我的理解可能不完全一样。也许我心中定义的"好像认识",跟你的"有点认识"是一样的。另外,不同研究者可能会采用 4 点量表或 100 点量表,两种量表得到的结果是不一样的。例如,用 4 点量表可能找到相关是 $r_{xy}=0.25$;用 100 点量表可能找到的相关是 $r_{xy}=0.13$。这表面上看来好像是个大问题。但是,如果站在验证理论的角度,4 点量表和 100 点量表所带来的结果差异不是我们关心的,我们最关心的是 x 对 y 是否有影响,也就是 ρ_{xy} 是不是 0。

消除了这个疑惑后,我们可以稍微总结一下。研究的问题是员工加薪幅度(x)与他们的满意度(y)是否相关? 现在我们从总体中"随机"抽取一个样本。可以计算样本的统计项 r_{xy},但是我们感兴趣的是总体的参数 ρ_{xy} 是否为 0。我们说样本是"随机"抽取的。什么称为"随机(random)"呢? 完全"随机"的意思是总体里的每一个数据点都有相同的机会被抽中。如果研究者在自己认识的企业中,问了好几个老总,结果找到了一家愿意被调查的,这不叫"随机",这称为"随便"。用研究的术语,这称为"方便抽样(convenient sampling)",不是"随机抽样(random sampling)"。在管理学研究里一般是很难做到完全随机的,故大部分都是"方便抽样"。因此,我们对样本的要求是"没有明显的独特性",也就是没有明显的导致结论偏差的因素,也没有明显的"局部性",如样本中 98% 都是年轻的男性等。方便抽样是没有办法的办法。在一般的情形下,如果样本数够大,学术研究期刊是会接受的。

6.2　统计上的假设

现在回到原来的问题。我们访问了 254 个员工,发现这 254 位员工去年加薪的幅度(x)与他们现在的满意度(y)的相关 $r_{xy} = 0.23$。我的问题是,在总体中,员工去年加薪的幅度(x)与他们现在的满意度(y)的相关 ρ_{xy} 是否为 0? 要回答这个问题有 4 个可能的思路。

第一,如果总体 ρ_{xy} 不是 0,样本的 r_{xy} 应该如何?
第二,如果总体 ρ_{xy} 不是 0,样本的 r_{xy} 不应该如何?
第三,如果总体 ρ_{xy} 为 0,样本的 r_{xy} 应该如何?
第四,如果总体 ρ_{xy} 为 0,样本的 r_{xy} 不应该如何?

自然这 4 个逻辑思路的答案都有助于回答原来我们感兴趣的问题,就是 ρ_{xy} 是否为 0。在这 4 个思路中,统计学家发现回答最后一个问题比较简单。因此,我们就采用了以下的逻辑来处理 x 与 y 在总体中的 ρ_{xy} 是否为 0 的问题。这个逻辑称为"统计假设的验证",就是:如果总体中的 $\rho_{xy} = 0$,样本的 r_{xy} "不应该"有某些特征。如果在样本的相关系数 r_{xy} 观察到这些特征,就支持了总体中的 ρ_{xy} 应该不是 0。相反,如果在样本的相关观察不到这些特征,就代表总体中的 ρ_{xy} 有可能是 0。保险起见,虽然总体中的相关只是"可能"为 0,我们也要说,没有足够的证据支持总体中的相关 $R_{xy} \neq 0$ 的看法。

这个逻辑应用到上面的问题时,就是总体中的加薪幅度(x)与满意度(y)如果没有关系的话($\rho_{xy} = 0$),样本的相关(r_{xy})就不应该有某些特征(我们下面会讲到底是什么特征)。我们没有足够的证据,支持总体中加薪幅度与满意度有关系的说法。

这整个过程在统计上称为"假设检验(hypothesis testing)"。因此,假设检验是一个试图推翻自己原来假设的逻辑程序。请读者把这里的统计假设检验和第一章提到的研究假设区分开。这里所谓"原来假设",就是研究者预先设定的变量间的关系,如这里我们首先假设 x 与 y 没有关系。如果没有证据推翻这个假设,我们就下结论说,暂时接受"没有关系"(也就是 $\rho_{xy} = 0$)的说法。如果有足够的证据,让我们推翻这个"没有关系"的原来假设,我们就放弃这原来假设,暂时接受"有关系"(也就是 $\rho_{xy} \neq 0$)的说法。这个"没有关系"的原假设称为"虚无假设(null hypothesis,H_0)",或者"零假设""无效假设"等。对应于"虚无假设"的"有关系"假设,称为"备择假设(alternative hypothesis,H_1)"或者是"对立假设"。虚无假设(H_0)与备择假设(H_1)一定是相反的。放弃了"虚无假设",就一定要接受"备择假设",没有其他选择。因此,如果虚无假设是"没有关系"($\rho_{xy} = 0$),备择假设就是"有关系"(也就是 $\rho_{xy} \neq 0$)。如果虚无假设是总体平均是零($\mu = 0$),备择假设就是总体平均不是零(也就是 $\mu \neq 0$)。对应 $\mu = 0$ 的虚无假设,备择假设不可以是 $\mu = 1$,它一定要是 $\mu \neq 0$。同时,读者要谨记,假设验证是从样本的统计项根据数据用逻辑推论总体参数的过程。所以虚无假设和备择假设一定是关于总体的参数,不可以是样本的统计项,因为样本的统计项根本不需要做假设验证,单单用数据直接计算出来就可以了。因此,我们不可以说虚无假设是 $H_0 : \bar{x} = 0$;也不可以说虚无假设是 $H_0 : r_{xy} = 0$。两者都是不懂得统计概念的人才会犯的错误。应该是 $H_0 : \mu = 0$ 和 $H_0 : \rho_{xy} = 0$ 才对。

读者可能会怀疑,为什么要先假设"没有关系",订立了"虚无假设"(虚无就是"没有"的意思),然后去看看是否要推翻这个"虚无假设"呢? 为什么不首先假设"有关系",然后来看看我们有没有证据去推翻这个"有关系"的假设呢? 原因很简单,因为"没有关系"的虚无假设只有一个,但是"有关系"的假设有千千万万个。如果我们研究的问题是加薪幅度与满意度的关系,虚无假设就很简单,就是加薪幅度与满意度没有关系。如果我们首先假设有关系的话,那假设的加薪幅度与满意度的关系应该是多大呢? 答案不可得知。因此,为了方便简单,我们首先会假设两者没有关系。

6.3　抽样分布

假如我们从总体中抽取一个 $N=254$ 的随机样本,观察到的 $r_{xy}=0.39$。现在假设我们有机会从总体中再抽另外的一个"独立"的样本,观察到的 $r_{xy}=0.27$。怎样的样本才称为"独立"于前一个样本呢? 也就是第二个样本中的数据完全不受第一个样本影响。例如,在第一个样本中选上了"王亮"这位员工,抽取第二样本时,就不可以因为第一次访问了王亮,第二次就不再问他了。第二次的抽样,应该与第一次完全没有关系。在统计上,这称为"重置抽样(sampling with replacement)"。"重置"的意思是,当一个数据点在一次被抽样选上,并作出观察后,这个数据点会"重新放置"到总体中,作为以后抽样的候选数据。如果抽样不是重置的,那第二个抽样就不是随机的了。利用重置抽样的方法,理论上可以在总体中抽出无限个样本数等于 254 的样本。在这无限个样本中,每一个样本都可以计算它的样本相关系数 r_{xy}。利用这无限个样本的相关系数 r_{xy},就可以画出一个"样本相关系数"的"概率密度"分布图。这个从总体中,利用重置抽样法抽取出来的无限个样本的统计项所组成的概率密度分布,统计上称为该统计项的"抽样分布(sampling distribution of the statistics)"。在这里的例子中,我们感兴趣的统计项是相关系数,故这个分布就称为"相关系数的抽样分布(sampling distribution of the correlation)"。图 6.2 是既定样本容量(如 $N=254$)下相关系数的抽样分布的图示。

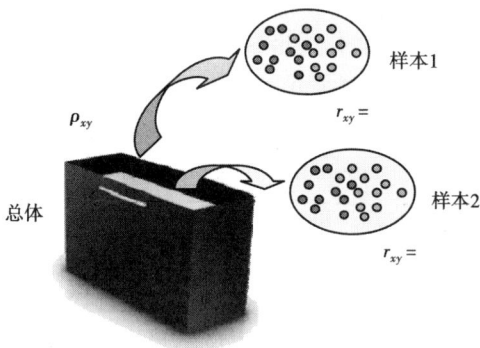

图 6.1

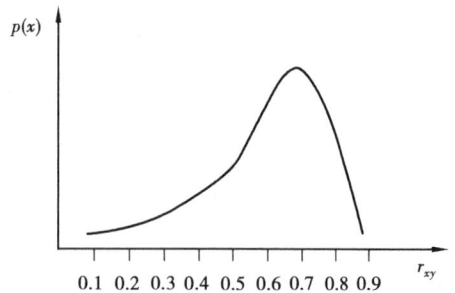

图 6.2

不同的统计量的"抽样分布"是完全不同的。例如,如果我们估计总体的平均年龄,由于感兴趣的统计项是平均值,我们就计算每个抽出来的样本的平均值(用上面的例子,就是平均年龄)。这无限个样本中的不同的平均年龄所组成的分布,就称为"平均值的抽样分布(sampling distribution of the mean)"。如果对每个抽出来的样本计算它的方差,无限个重置样本的不同方差所组成的分布就称为"方差的抽样分布(sampling distribution of the variance)"。因为是一个概率分布,抽样分布也有自己的平均值和方差(或标准差)。如果统计项是平均数,这个抽样分布的平均值就称为"平均值的抽样分布的平均值";这个抽样分布的标准差,就称为"平均值的抽样分布的标准差"。

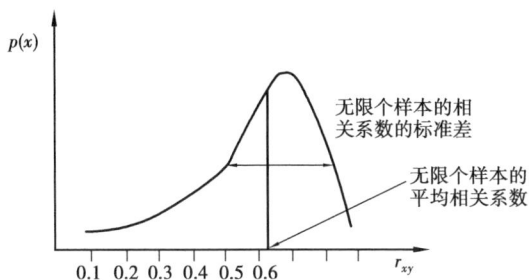

图 6.3

　　正常的情形下,我们自然希望研究统计项的抽样分布的平均数就等于总体的参数值。这样的话,我们多抽几个样本来"平均",就能对总体的参数有个不偏不倚的估计。不然的话,就算我们能从现实中抽取无限个样本,对总体参数的估计还是有偏差和错误的。如果一个统计项的抽样分布的平均值等于总体的参数值,这个统计项就称为一个"无偏的"统计项(unbiased estimate of the parameter)。但是事与愿违,不是所有的统计项都是无偏的。例如,样本的平均是一个无偏的统计项。但是,方差、标准差和协方差都是有偏差的。幸好它们的偏差都不很大,只要我们稍微改变它们的定义,它们就会变成无偏的统计项。改变的方法就是分母不用样本数 N,而是用$(N-1)$。这就是为什么有些统计教科书索性把方差、标准差和协方差都作了如下的"看起来蛮古怪"的定义。

$$s^2 = \frac{\sum (x_i - \bar{x})^2}{N - 1}$$

$$s = \sqrt{\frac{\sum (x_i - \bar{x})^2}{N - 1}}$$

$$s_{xy} = \frac{\sum (x_i - \bar{x})(y_i - \bar{y})}{N - 1}$$

　　除了考虑抽样分布的平均值(也就是中心倾向)以外,我们也谈谈抽样分布的变异程度,就是它的方差和标准差。因为方差的单位与统计项的单位不同,为方便起见,用抽样分布的标准差来谈吧。一个统计项的"抽样分布的标准差"就是无限个重置抽样的样本中,那些样本统计项所组成的概率分布的标准差(standard deviation of the sampling distribution of the statistic)。如果我们感兴趣的参数是总体的相关系数,那么在无限个重置样本中的样本相关系数(r_{xy})所组成的抽样分布的标准差,就是"相关系数的抽样分布的标准差(standard deviation of the sampling distribution of the correlation)"。为了简化这个累赘的名称,我们将抽样分布的标准差称为"标准误(standard error)"。用相关系数为例子,"相关系数的抽样分布的标准差"就称为"相关系数的标准误(standard error of the correlation)"。因为无偏的统计项的平均是总体的参数值,对于无偏的统计项来说,"标准误"就代表了样本的统计项离开总体的参数值的远近。"标准误"越小,样本的统计项就越接近总体的参数值。用相关系数为例,"标准误"越小,一般样本中观察到的相关系数(r_{xy})就越接近总体的相关系数(ρ_{xy})。除了标准误以外,自然抽样分布的形状也扮演很重要的角色。

为了让读者明白,这里举一个最简单的实例。在众多的统计项当中,最简单的应该就是"平均值"这个统计项。现在假设我们的"总体"是非常简单的,它只有 10 个数,就是 $x=1,3,2,4,2,3,1,3,2,5$。这 10 个数的平均就是"总体中的平均数(population mean)",计算结果是 $\mu=2.60$[注:因为这 10 个数就是总体,所以它们的平均就是总体的平均数,统计上用符号 μ 代表]。这十个数的标准差是 $\sigma=1.2$[注:同样的,这 10 个数就是总体,所以它们的标准差就是"总体的标准差(population standard deviation)",统计上用符号 σ 代表]。

现在,我们开始在这个只有 10 个数的"总体"中抽样。假设每个样本的样本数都是 3($N=3$),我们抽了 6 个样本,分别是:

样 本	x_1	x_2	x_3	样本平均数($\bar{x}$)	样本标准差(s)
A	1	3	4	2.67	1.25
B	2	4	5	3.67	1.25
C	4	2	3	3.00	0.82
D	3	2	5	3.33	1.25
E	5	1	1	2.33	1.89
F	2	3	1	2.00	0.82

请读者注意,在抽样过程中,有两个条件:第一,抽样是随机的,就是说 10 个数中每一个数被抽中的机会都是一样的;第二,抽样是重置的,就是说抽出来的数在记录以后,会重新放置在总体中。所以虽然"总体"中只有一个"5",但是在同一个样本中可能有两个"5"出现。明白了这两个道理,我们计算每一个样本的平均数,这 6 个样本的"样本平均数(sample mean)"分别是 2.67,3.67,3.00,3.33,2.33,2.00。计算这 6 个样本的"样本标准差(sample standard deviation)",分别是 1.25,1.25,0.82,1.25,1.89 和 0.82。

大家可以想想,如果我们计算这 6 个"样本的平均数"的总平均,它会是什么呢? 结果发现,6 个"样本的平均数的平均(mean of the sample mean)"是 2.83。6 个"样本的标准差的平均(mean of the sample standard deviation)"是 1.21。我们发现这个把很多的"样本的平均数"来平均,与把很多的"样本的标准差"来平均后,它们跟原来的"总体"平均数和标准差($\mu=2.60;\sigma=1.2$)很接近。如果不是只抽取 6 个样本,而是不停地抽取很多很多样本,有没有可能这"无限个样本"的"样本平均数"的平均就是总体的平均数呢? 数学的推导告诉我们,答案是"是的"。因为"平均数"这个统计项是"不偏(unbiased)"的。那么"无限个样本"的"样本标准差"的平均会不会是总体的标准差呢? 数学的推导告诉我们,答案是"不是的"。因为"标准差"这个统计项是"有偏(biased)"的。只有一个情形下,标准差才是"不偏"的。就是当标准差的定义中分母是($N-1$)而不是 N 的时候。因此:

$$\text{标准差} = \frac{\sum_{k=1}^{n}(x_k - \bar{x})^2}{N} \text{ 时,标准差是"有偏"的;}$$

$$\text{标准差} = \frac{\sum_{k=1}^{n}(x_k - \bar{x})^2}{N-1} \text{ 时,标准差是"无偏"的。}$$

　　因此,统计学家索性把标准差定义为方差除以 $N-1$,而不是除以 N 了。不过,读者大概会问,是否"无偏"又如何? 干嘛一定要无偏呢? 答案很简单,如果一个统计项是无偏的,那么只要我们多抽样几次(有时候得到的"样本平均"大于"总体平均";有时候得到的"样本平均"小于"总体平均"),"平均来说",得到的"样本平均"应该与"总体平均"是一样的。这样,因为每一次只有一个样本,如果是不偏的,用"样本平均"来估计"总体平均"是稳妥的。但如果有偏的,就代表就算我们用样本来估计总体一百万次,得到的平均估计也是错误的。

　　如果不停地抽样,每一个样本都有一个"样本平均数",我们就有很多不同的样本平均数。这些样本平均数就会组成一个概率分布(读者可以把它想象成为一个几率分布,也就是抽样中的"样本平均数"等于不同数值的机会是多少)。这个称为"平均数的样本分布(sampling distribution of the mean)"。上面我们谈过了,平均数是不偏的,因此"平均数的样本分布"的平均值就是"总体平均值"。

　　其实,除了统计项对总体参数的估计是否无偏外,我们还会考虑一个问题,就是如果不停地抽样,不同的样本估计出来的"样本平均数"的标准差有多大。换句话说,我们想知道"平均数的样本分布"的标准差是多少? 这个"平均数的样本分布的标准差"被简化称为"平均数的标准误(standard error of the mean)"。用上面 6 个样本作比,"平均数的标准误"就是 $2.67,3.67,3.00,3.33,2.33,2.00$ 这 6 个数的标准差(等于 0.57)。自然真实的"平均数的标准误"不是这 6 个数的标准差。它应该是在不停地抽样下(每一次 N 都等于 3),"无数个样本的平均数的标准差"才对。

　　我们管这个标准误干什么呢? 它是大是小又如何呢? 这影响非常深远。大家试想,如果"平均数的标准误"很小,就代表我们每一个样本计算出来的"样本平均数",离"总体的平均数"很近。那就代表用样本平均数来估计总体平均数时,误差不会很大。因此,统计项的标准误越小,我们用样本的统计项来估计总体参数的误差就越小。因此,是否"不偏"决定了我们在无数次估计中平均是否有偏差。标准误的大小决定了在每一次估计中(用样本的统计项来估计总体参数)误差是否很大。一个统计项可以是无偏的,但是每一次估计的误差都很大(如,有一半机会估计的误差是 $+1\,000\,000$,有一半机会估计的误差是 $-1\,000\,000$,那统计项还是无偏的)。统计学家告诉我们,如果估计的是平均数,那么

　　①"平均数的样本分布"的平均值 = 总体的平均数。

　　②"平均数的样本分布"的标准差("平均数的标准误") = 总体的标准差 $/\sqrt{N}$(N 是样本数)。

　　用我们上面的 10 个数的总体来做例子,总体的标准差 $\sigma = 1.2$,所以平均数的标准误 =

$1.2/\sqrt{3}=0.69$。读者大概会问,我们只有一个样本,如何能知道"总体的标准差"是什么呢? 是的,我们是不知道总体的标准差的。因此,一般会用样本中的标准差作为对总体标准差的估计。

现在,让我们看看在管理学中使用最多的统计项:相关系数。如果总体有两个变量 x 和 y。我们从一个总体中抽出一个样本,样本数是 N。在样本中,我们计算样本中的 x 和 y 的相关系数。这样,我们的统计项就不是平均数了,而是相关系数。当我们不停地抽样,在无限个样本中,就有无限个"样本的相关系数"。这些样本相关系数就会组成一个"样本相关系数的概率分布",这个分布我们称为相关系数的抽样分布(sampling distribution of the correlation)。相关系数的抽样分布不是对称的,因此,相关系数就不是无偏的。但是,当样本数 N 越来越大的时候,"相关系数的抽样分布"就越来越接近一个正态分布(正态分布是左右对称的)。因此,当样本足够大时,相关系数是无偏的。所有的"样本相关系数"的平均就是总体相关系数。那这个"相关系数的抽样分布"的标准差是什么呢?"相关系数的抽样分布的标准差"简称"相关系数的标准误(standard error of the correlation)",公式(大概)为

$$相关系数的标准误 \approx \frac{1-\rho^2}{\sqrt{N-1}}(\rho \text{ 是总体的相关系数};N \text{ 是样本数})$$

同样,我们根本就不知道总体的相关系数。一般就是用"样本的相关系数"作为"总体的相关系数"的估计。

抽样分布的形状到底是怎样的呢? 抽样分布的形状受很多因素影响。一般来说:

①它受统计项的影响。不同的统计项的抽样分布是不一样的。平均数的抽样分布是正态分布。以后我们会看见很多统计项,它们的抽样分布是上章讲到的 t 分布、F 分布、χ^2 分布等。例如,回归系数的抽样分布是 t 分布;样本的 R 平方的抽样分布是 F 分布;结构方程建模中的拟合指数是 χ^2 分布。

②对某些统计项来说,有时抽样分布也受总体的参数值影响。例如,当总体的相关系数小的时候,"相关系数的抽样分布"大致上是正态的。但是当总体的相关系数(ρ_{xy})越来越大的时候,"相关系数的抽样分布"就越来越不依从正态分布,而是负偏的(negatively skewed)。一个分布是负偏的意思是:它的峰值是靠近右边的,也就是它有一条长尾巴向左边伸出去。

③抽样分布的形状也受样本数的影响。样本数越大,标准误就越小,抽样中的统计项就更接近总体的参数。从形态上看,抽样分布就比较"高瘦"一点。样本数越小,抽样分布就比较"矮肥"一点。图6.4标出了相关系数的大小和样本的大小怎样影响抽样分布的形状[注意:相关系数的抽样分布是负偏的,所以图中左边当 $\rho_{xy}=0$ 时,抽样分布的最高点对应的 r_{xy} 虽然是差不多等于0,但是右图中最高的几率密度对应的 r_{xy} 不会是 ρ_{xy}]。

6.4 假设检验

解释了抽样分布,我们就可以回去谈原来的假设检验的问题了。我们访问了254位员工,发现这254位员工去年加薪的幅度(x)与他们现在的满意度(y)的相关 $r_{xy}=0.23$。

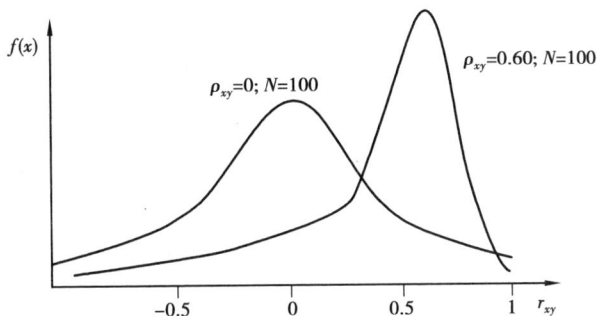

图 6.4

我们的问题是：在总体中，员工去年加薪的幅度(x)与他们现在的满意度(y)的相关 ρ_{xy} 是否为 0？这里我们有兴趣的统计项是相关系数。而且，我们的虚无假设是 $H_0 : \rho_{xy} = 0$，于是我们就要研究总体的相关系数为 0 的抽样分布。上面我们谈过，当总体相关系数很小的时候，相关系数的抽样分布是接近正态分布的。因此，我们在这里就把问题简化，把相关系数看成是无偏统计项；把它的抽样分布看成是一个正态分布。

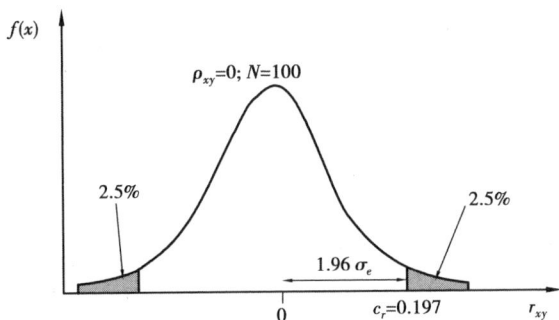

图 6.5

图 6.5 代表了如果我们从一个 x 与 y 相关系数为 0 的总体中，抽出无限个样本数为 100 的样本时，从不同的样本计算到的样本相关系数(r_{xy})的概率分布。统计学家已经替我们推导到，这个抽样分布的标准误(σ_e)大概符合公式

$$\sigma_e = \frac{1 - \rho_{xy}^2}{\sqrt{N-1}}$$

现在 $\rho_{xy} = 0$，$N = 100$，所以 $\sigma_e = 0.100\,5$。

在统计学中，没有百分百的对与错，一切都是用概率来计算的。因此，在我们还没有进一步的推论时，要设定一下允许自己犯错的机会。在假设验证时，一般统计学家的建议，是为自己设两道关卡：一道是允许自己有 5% 的机会犯错；另外一道比较严谨，就是只允许自己有 1% 的机会犯错。在管理的研究中，我们一般都用 5% 这个关口。这类型的错误称为"一型错误(Type Ⅰ error)"，一般用符号 α 来代表。5% 的犯错机会称为 $\alpha = 0.05$；1% 的犯错机会称为 $\alpha = 0.01$。什么叫有 5% 的机会允许自己犯错呢？以下说明当中的逻辑。

如果总体的相关(ρ_{xy})真的是 0，我们知道根据正态分布的理论，有 95% 的数据点会包含在 $\mu \pm 1.96\sigma$ 之内(μ 与 σ 分别是该正态分布的平均值和标准差)。现在的抽样分布是一个平均值为 0，标准差为 0.100 5 的正态分布。因此，95% 的样本相关系数将会介于 -0.197 与 $+0.197$（也就是 $0 \pm 1.96 \times 0.100 5$）之间。也就是说，如果 $\rho_{xy} = 0$，而我们从总体中无穷地进行 $N = 100$ 的抽样，当中只有 5%［注意：是左右都有 2.5%，加起来就是 5%］的 $r_{xy} \geqslant 0.197$。如果我们在某一个样本中观察的相关系数大于 0.197，我们就会说："总体的 ρ_{xy} 应该不是 0 吧！"而我们做这个结论，犯错的机会只有 5%。

因此，$r_{xy} = 0.197$ 就是临界值（critical value），我们称为 r_c。如果我允许自己有 5% 的机会犯错，当我看见样本相关大于 0.197，或是小于 -0.197 时，我就会推翻虚无假设（$H_0 : \rho_{xy} = 0$），接受对立假设（$H_1 : \rho_{xy} \neq 0$），也就是总体中 x 与 y 是相关的。这个临界值 r_c 的意思就是：前提条件是总体中 x 与 y 的相关系数 ρ_{xy} 的确为 0，在总体里进行抽样，只会有 5% 的可能性获得的样本 r_{xy} 是大于 r_c 或小于 $-r_c$ 的。可以说，如果总体里 x 与 y 的相关系数 ρ_{xy} 是 0，我们抽出来的样本的 r_{xy} 应该只有 5% 的可能大于 0.197，或是小于 -0.197。也可以反过来说，如果我们看见一个抽出来的样本的相关系数大于 0.197，如果总体的 ρ_{xy} 是 0 的话，这样的情形应该小于 5%。所以合理的结论是，如果样本相关系数大于临界值 0.197，很有可能总体的相关系数不是 0。这个就是"假设验证（hypothesis testing）"的逻辑。在假设验证时，当发现统计项的几率小于 5% 时，我们的结论是 $\rho_{xy} \neq 0$。凡是虚拟假设被推翻，要接受备择假设时，我们就会说结果是"统计上显著的"或者简单地说结果是"显著的（statistically significant）"。凡是不能推翻而是要接受虚拟假设时，我们会说分析结果是统计上"不显著的"。

一般在研究报告中这样写："$r_{xy} = 0.23$（$p < 0.05$）"。"$r_{xy} = 0.23$"表明在样本中观察到的相关是 0.23。"（$p < 0.05$）"表明了如果 $\rho_{xy} = 0$，在样本中找到这么大的相关的机会是小于 5% 的。背后的一个参考，就是当 $\alpha = 0.05$ 时，r_c 是 0.197。这个参考是没有写出来的。但是如果读这个研究的人，希望用一个更严格的标准，就是 $\alpha = 0.01$。那结果会是如何呢？从报告中无从而知。因此，有些研究人员就换了一种表达的方法，利用计算机的快速计算功能，直接把"当 $\rho_{xy} = 0$ 时，在样本中找到大于或等于 0.23 的相关系数的几率是多少"算出来。例如，这个几率是 0.039 5。他们就会这样写结果："$r_{xy} = 0.23$（$p < 0.039 5$）"。这样表达，我们就知道，如果用 $\alpha = 0.05$ 的标准时，结果是显著的。但如果用 $\alpha = 0.01$ 的标准时，结果是不显著的，我们就会接受 H_0，下结论说在总体中的 x 与 y 是没有相关的。

我们需要注意，上面的结论只有当总体的 ρ_{xy} 是 0 时才适用。当总体的 $\rho_{xy} \neq 0$ 时，整个抽样分布将不会是我们现在假设的 $\rho_{xy} = 0$ 时的抽样分布。故当真实的总体 ρ_{xy} 不是 0 时，以上所有结论和当中的逻辑都是不合适的。图 6.6 表示了当 ρ_{xy} 是 0 时和 ρ_{xy} 是 0.20 时的抽样分布。当真正的总体相关是 0 时，我们找到的样本相关系数的临界值是 c_1。因此，当发现样本的相关大于 c_1 时，我们的结论是总体的相关 ρ_{xy} 就不是 0 了。那如果总体的相关不是 0，到底是多少呢？答案我们无从得知。如果我硬要你猜一个数值，你会猜什么呢？如果相关系数的抽样分布是左右对称的，即不是负偏或正偏的，那一个合理的猜测就是，"总体的相关"就等于"样本的相关"。但是当总体的相关不是 0 时，相关系数的抽样分布是负偏的，如果我们用"样本的相关"来猜"总体的相关"，一般都会高估。同时，图 6.6 也表明了一个事实，因为假设了总体的相关是 0，如果允许 5% 的错误，我们就计算得到 c_1 的临界值。但是如果真实的总体相关是 0.20，真实的 5% 错误的临界值应该

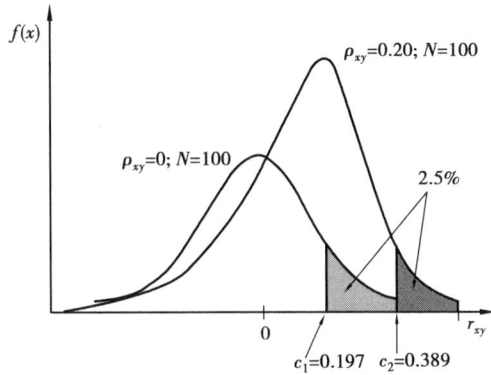

图 6.6

是 c_2 才对($c_2 = 0.389$ 只是一个假设的数值)。从上面的讨论得知,整个抽样验证的过程是假设 $\rho_{xy} = 0$ 才可以成立的。如果 $\rho_{xy} \neq 0$,那就完全是另外一回事了。

现在让我把整个过程总结一下。我们的研究问题是,员工加薪幅度(x)与他们的满意度(y)是否有相关? 我们在总体里抽了一个样本出来,计算员工加薪幅度(x)和员工满意度(y)的相关系数,称为 r_{xy} 。假设 $r_{xy} = 0.23$ 。然后我们就问,如果总体里所有员工的"加薪幅度"与"满意度"是没有关系的(也就是 $H_0 : \rho_{xy} = 0$),我们有多大可能看见一个样本中"加薪幅度"与"满意度"的相关等于 0.23 呢? 要回答这个问题,我们首先要知道"相关系数的抽样分布"是怎么样的。知道了以后,如果我们允许自己有 5% 机会犯错误,就可以找到这条"抽样分布"的右手边以下占整个分布总面积的 2.5% 的"临界值"(r_c)是什么。现在我们知道临界值是 $r_c = 0.197$ 。意思是如果总体的相关系数是 0,只有 5% 的抽样样本相关系数是大于 0.197 或者小于 -0.197 的。现在我找到的样本相关系数是 0.23,因此,我判断"很有可能"(错误机会是 5%)总体中"加薪幅度"与"满意度"不是没有相关的。也就是说,在总体中"加薪幅度"与"满意度"是相关的。我们拒绝 $H_0 : \rho_{xy} = 0$,接受 $H_1 : \rho_{xy} \neq 0$ 。如果 $\rho_{xy} \neq 0$,那么总体中的 ρ_{xy} 应该是多少呢? 严格来讲,我们是不知道的。不过,我们一般都会用样本的统计项作为总体参数的最好估计。因此,一般都会把总体的相关猜成 $\rho_{xy} = 0.23$ 。

用统计的术语来说,你原来的假设($\rho_{xy} = 0$)称为"虚无假设(null hypothesis)"(H_0)。如果推翻了虚无假设,你准备接受的就是"备择假设(alternative hypothesis)"(H_1)。我们用的 5% 这个标准,称为犯 I 型错误(Type I error)的概率,也可称为"显著度(degree of significance)"或是 α-度(α 水平, alpha level)。" I 型错误"就是如果"虚无假设"是真的,你却把它推翻了,反而接受"备择假设"的可能性。相对于" I 型错误",我们也可能犯" II 型错误(Type I error)"。" II 型错误"就是当"虚无假设"是假的时候,你却把它接受了,当成是真的。 I 型错误也称 α-度, II 型错误有时也会称 β-度。" I 型错误"和" II 型错误"是相对的,且紧密联系。当你不允许自己犯" I 型错误"时(如把 α-度定为 1%),你的" II 型错误"自然也相应地提高了。同样,如果你把自己的" I 型错误"定为 10% 来计算统计项的临界值,你的" II 型错误"的机会就会相应降低了。在管理学的研究中,除非是非常特别的问题,不然, $\alpha = 0.05$ 也就是 I 型错误的机会定为 5% ,几乎是所有统计项的 I 型错误的公认标准。

　　明白了上面的统计假设验证的逻辑后,读者大概就会明白为什么我们在上一章要介绍正态分布、卡方分布、t分布、F分布等所谓的"标准"概率分布了。因为这些概率分布的方程是符合数学函数的,所以这些概率分布的5%临界点都可准确地计算出来。换句话说,例如,只要我们知道某某统计项的抽样分布是卡方分布,就可以精确地找到$\alpha =0.05$的临界值。相反,如果一个统计项的抽样分布不是一个标准的统计分布,那进行统计假设验证就极为困难了。

　　当你推翻虚无假设,接受备择假设时,我们会说你的统计检验有"显著的结果(the statistical test is significant)"。用相关系数为例,结果"显著",就是$\rho_{xy} \neq 0$,也就是总体的x与y有关系。以下是用相关系数作为例子,解释"Ⅰ型错误"和"Ⅱ型错误"关系的图表。我们在图6.7的右上角同时介绍了一个新的名词,称为"统计功效"或者是"检验力(statistical power)"。在假设验证的过程中,我们可能有两个正确的决定:就是"当真实的$\rho_{xy} = 0$时接受H_0"和"当真实的$\rho_{xy} \neq 0$时拒绝H_0,接受H_1"。后面这个"当真实的$\rho_{xy} \neq 0$时拒绝H_0"的几率,就称为"统计功效"。如果"Ⅱ型错误"是β的话,"统计功效"就等于$(1-\beta)$。以相关系数为例,统计功效就是当总体中x与y是有关系时,你在假设验证中正确地总结它们是有关系的。这有什么特别?为什么要特别给它一个名字呢?因为验证一个研究的假设,有时候是可以用多于一个统计方法(统计项)的(我们以后会谈到)。"Ⅰ型错误"是研究者自己定的,一般我们都定为$\alpha = 0.05$,这一般不会改变。但是,不同的统计量是有不同的统计功效的,尤其是当总体的参数很小的时候,某些统计量是没有能力发现这么小的总体参数的。我们一般就说,这个统计量的"统计功效很低"。以后我们会谈到,在验证研究的假设时,我们往往要注意选择一些统计功效比较高的统计量或分析方法。

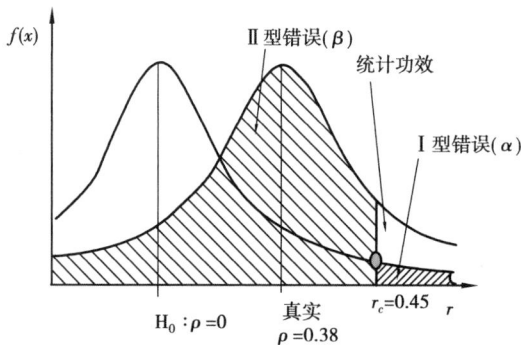

图6.7

　　那么,在什么情形下"统计功效"才会高呢?一般来说,影响"统计功效"最重要的因素有两个,就是样本的大小和"效应值(effect size)"。

　　第一,样本越大,统计功效也越大。这就是为什么我们做研究时,会尽量取大一点的样本。如果样本不够大,明明是与总体有关系的变量,你都会因为"统计功效"不够而错误地接受两者不相关的虚无假设。因此,我们宁可多花点时间和心血,取大一点的样本,以免最后所有的验证关系都错误地变得不显著了。如果要我定一个一般的标准,我会说个人层面的数据一定要达到200~300;企业层面的数据一定要超过100~200。

　　第二,"效应值"越大,"统计功效"也越大。我们在第4章已经谈过"效应值"这个词,在这里我们再复习一下。什么称为"效应值(effect size)"呢？其实很简单。"效应值"就是"效应"的大小。如果你研究的问题是相关性的问题(如 x 是否影响 y),那"效应值"就是相关系数。如果你研究的问题是平均的比较(如美国人是否比中国人更"个人化"),那"效应值"就是中国人与美国人的"个人化"程度的差值。无论你研究什么,你所研究的这个"效应"的大小就称为"效应值"。我们可以形象地想象,"效应值"越大,就越"容易"把这个效应测出来,故"统计功效"也越大。例如,如果总体中 x 与 y 的相关系数(ρ_{xy})是 0.003 的话,我们就可能要很大的样本才可以把它测出来。所谓"测出来",意思就是推翻虚无假设,断定总体的相关不等于 0。我们也可以反过来讲,只要你的样本够大,你的统计验证就有更大的可能是显著的。因为就算 $\rho_{xy} = 0.003$,你都可以把它测出来。正因为这个原因,我们做研究时,才有"统计的显著度(statistical significance)"和"实用的显著度(practical significance)"的区别。正如上面所讲,只要你的样本够大(如 $N = 100\ 000$),就算总体的相关是 0.000 7,你也可以得到"显著"的验证结果。也就是说,在统计上来讲,结果是显著的(显著的结果,就代表总体的相关不是 0)。但是两个变量的相关等于 0.000 7 有什么意义呢？用研究的术语,就是虽然"统计上显著",但是在"实用上"却不显著。那要多大才称为有"实用上"的显著性呢？如果用相关系数来做例子,我们前面说过,在社会科学的研究中,$R_{xy} = 0.1 \sim 0.2$ 还算是小的相关。下表表现了"Ⅰ型错误""Ⅱ型错误"和"统计功效"之间的关系。

$$H_0 : \rho_{xy} = 0 \qquad H_1 : \rho_{xy} \neq 0$$

	真实的总体的 $\rho_{xy} \neq 0$	真实的总体的 $\rho_{xy} = 0$
接受 H_0	"Ⅱ型错误"β	正确决定
推翻 H_0,接受 H_1	正确决定(统计功效)$1 - \beta$	"Ⅰ型错误"α

谈到统计验证的 α 值(也就是Ⅰ型错误)与统计项的临界值的关系时,很多统计学的课本都会介绍"单尾检验(one-tailed test)"与"双尾检验(two-tailed test)"的问题。上面我们谈到,虚无假设(H_0)与备择假设(H_1)是完全对立的。拒绝 H_0 时,一定就是接受 H_1。但是当 H_0 为 $\rho_{xy} = 0$ 时,H_1 有时不一定是 $\rho_{xy} \neq 0$ 的。例如,当我们百分百肯定 ρ_{xy} 不可能是负数的时候,当 H_0 为 $\rho_{xy} = 0$ 时,H_1 就应该是 $\rho_{xy} > 0$ 了。$H_1 : \rho_{xy} \neq 0$ 相对于 $H_1 : \rho_{xy} > 0$,对统计项的临界值有什么影响呢？最重要的影响就是在 $H_1 : \rho_{xy} \neq 0$ 时,如果我们设 $\alpha = 0.05$ 计算临界值时,用的其实是 $\alpha / 2$,因为要预留另外的 2.5% 在几率密度曲线的另一端。因为当观察的样本相关是大于 r_c 或是小于 $- r_c$ 时,我们都会拒绝 H_0。但是,当我们肯定总体的相关不可能是负数时,如果设 $H_1 : \rho_{xy} > 0$ 的话,样本统计项的临界值就是直接用 $\alpha = 0.05$ 来计算了。前者我们称为"双尾检验",后者因为只是测验了几率密度曲线的一端,故称为"单尾检验"。图 6.8 表现了"单尾检验"与"双尾检验"的区别。

我们从图中得知,"单尾检验"的临界值一定比"双尾检验"的临界值小。因此,用单尾检验来验证虚无假设得到显著的结果的机会大很多。但是,在管理的研究中,除非是极为特别的情形,几乎百分之百都是用"双尾检验"的。我们给读者的意见是,上面谈到的单尾测验,就把它看成是一项统计知识好了,在研究上实用的机会是很少的。

读者会发现,我们上面的讨论一直都是用 $H_0 : \rho_{xy} = 0$ 作为例子。这主要的原因是管

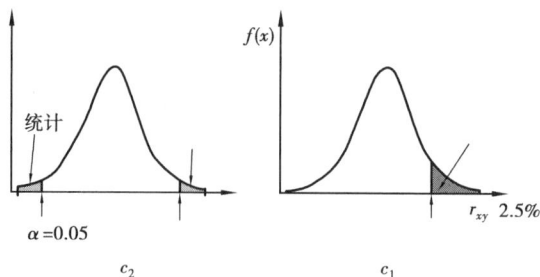

图 6.8

理研究很大部分都与相关分析有关。以后我们所学的其他研究分析工具,都是以相关系数作为基础的。但是,上面讲的只是一个假设验证的思路。其实,无论你的虚无假设是什么,上面谈到的假设验证的逻辑都是可以用得上的。

6.5　统计检验的意义

在上面的讨论中,我们把假设验证看成是一个"是"与"否"的问题。我们首先设计虚无假设,如果我们在样本中发现与虚无假设不吻合的现象,我们就推翻虚无假设,接受备择假设。因此对于研究者而言,要么是接受虚无假设,要么是拒绝虚无假设。如果我们感兴趣的统计项是相关系数,我们要么说总体中 x 与 y 是没有相关的,要么说 x 与 y 是相关的。这个假设检验的过程,在统计上是完全合理的。但是,应用到真实的研究上,就可能有点问题了。

方法论大师,爱荷华大学的施密特教授(Frank Schmidt),在 20 世纪 80 年代末期就开始倡导一个放弃假设检验的运动。他的主要论据是假设检验违背了科学分享和总结的精神。在管理的研究中,有很多时候变量的效用值不是很高。同时,由于在企业收集数据越来越困难,研究的样本数一般也不大。在效用值不太高,样本数又不太大,再加上一般会用的严格的 I 型错误标准,这种种因素加起来后,就算总体参数不是零,研究人员也会经常找到不显著的结果。这点我们上面谈"效用值"时已经谈过了。

问题是学术刊物的编辑们都不喜欢刊登没有结果的研究。如果一个研究假设 x 影响 y,但是假设检验的结果却是不显著的,那么绝大部分的学术刊物的评委和编辑都会退稿。这样就会产生两个严重的后果:第一,很多设计很好,但是因为种种原因结果不显著的研究,就会因为不能发表,如石沉大海般淹没,宝贵的研究数据就此浪费了。第二,这样会导致发表的研究结果有"正向偏差"的现象。所谓正向偏差,就是高估了变量的效用值。从统计的角度来说,就算真正的总体参数的效用值不是零,也应该是有一些研究的结果显著,另一些不显著。理论上来说,应该把显著与不显著的研究结果一并考虑,我们才能够得到总体参数的正确估计。但是假设检验"显著"与"不显著"的两分化精神,加上杂志编辑对正面结果的偏好,就造成很多研究结果没有被刊登出来,违反了科学是累积前人的经验、站在巨人肩膀上的精神。正由于这个原因,就产生了本书后面会讲的"元分析"这个统计工具。

施密特教授除了提出"元分析"的概念外,还一直提倡在研究中用"置信区间

（confidence interval）"来取代假设检验的地位。所谓的"置信区间"，就是在样本的观察统计项旁边，建立一个以概率为基础的可信区间。因此，与其说基于样本的统计项我们有 95% 相信总体参数是否为零，不如提出一个总体的参数可能出现的区间更好（$a \leqslant$ 总体参数 $\leqslant b$）。这样做的话，研究结果就无所谓"显著"与"不显著"，也没有研究会仅仅因为结果不显著而被拒了。从这个角度来看，置信区间的确比假设检验更有建设性。

但是如何建立这么一个"置信区间"呢？其实我们已经学会了。只要把我们上面谈过的东西，重新整理一下就可以达到这个目的。为了方便起见，以下就用我们熟悉的正态分布来说明。如果一个统计项 z（如 $\bar{x}$，或是 r_{xy}）的抽样分布是正态分布，假设这个统计项 z 的标准误为 σ_e。根据正态分布的理论，95% 的 z 值应该包括在 $z \pm 1.96\sigma_e$ 范围内。

我们应该如何理解用这个方法建构出来的置信区间呢？"95% 置信区间"的正确解释是：对于每一个从总体抽取出来的样本，我们都可以计算这样一个 95% 的置信区间。如果用重置抽样的方法抽取无穷个样本，理论上就有 95% 的置信区间，会把真正的总体参数包含在其中。只有 5% 用这个方法建立的置信区间，没有包括总体参数在其中。

读者需要小心，对于置信区间常常有一个不太正确的理解方法。有人以为用某个样本统计量建构出来的"95% 置信区间"，就代表总体参数有 95% 是在这个区间内的。这样的理解其实不太正确。因为对于某一个样本所建构出来的置信区间，我们根本没有依据去说，总体的参数有多大的几率会在这个区间里。

"置信区间"既然相对于"假设检验"有一定的好处，为什么大部分的研究论文还是采用假设检验作为主流的报告形式呢？我们想原因只有两个：第一，这是一个习惯的问题。其实已经有很多学术杂志，在使用假设检验的同时，要求研究者也报告置信区间。要一下子放弃沿用了这么久的报告方式，是绝不容易的。第二，假设检验非常方便、实用。我们试想想，如果放弃了假设检验，研究就没有显著不显著的结果了。那么，评审就要单靠研究的设计、理论的强弱来决定文章的接受与否。这谈何容易！因此，我们相信假设检验还会继续成为研究报告的主流。但是，我们也期盼研究者除了报告结果是否显著以外，也同时把置信区间报告出来，供读者参考。

6.6　未知抽样分布的假设检验方法与工具

我们在讨论假设验证时，一直都用一个很简单的例子，就是统计量的抽样分布是正态分布。我们也谈过，很多管理学中用的统计量，它们的抽样分布都是已知，而且是我们熟悉的分布，如 t 分布、F 分布、χ^2 分布等。对于这些统计量和对应的标准抽样分布，因为分布曲线的数学公式是已知的，可以准确地计算，当 $\alpha = 0.05$ 时它们的临界点是什么。但是，以后我们会谈到，有很多时候我们根本就没法推算某些统计量的抽样分布是什么形状的。就以相关系数为例，如果没有 Fisher-Z 转换把它的抽样分布转为正态分布，当 $\rho_{xy} \neq 0$ 时，精确计算 ρ_{xy} 所对应的抽样分布是不容易的。在不知道该统计项的抽样分布是什么的时候，又或者当一个统计项的抽样分布不是一个简单的标准概率分布时，我们如何做假设验证呢？这可能就要借助 bootstrapping 了。

Bootstrapping 这个统计方法有很多不同的翻译。有人把它直译为"拔靴法"（意为 strapping the boot）；有人把它意译为"重复抽样估计法"；也有称"自举法""自助法"等。

我们觉得这些翻译都不完全。因此,在这里就索性沿用了它的英文名字,就称"bootstrapping"。

Bootstrapping 这个方法其实很简单,说穿了就是把样本看成是总体,然后作重置再抽样。本来我们从总体中随机抽取无限个样本,不同的样本组成的分布就是抽样分布。现在我们手上只有一个样本,我们就把这个样本看成是总体。如果这个样本是一个从总体中随机抽取出来的样本,它对总体应该有一定的代表性。现在我们用重置抽样的方法,从"原来的样本"随机地抽取很多个样本,这些"子样本(sub-sample)"所组成的概率分布就是总体的抽样分布的一个合理的代表了。请读者注意,将这些样本称为"子样本",不代表抽取出来的"样本"比原来的小。"子样本"只是反映了"手上的样本"是"母",从中再抽出来的是由"母"而生的"子"而已。其实,因为用的是重置抽样法,"子样本"的样本数可能比"原来的样本"的样本数更大。例如,原来的样本数 $N = 100$,只要使用重置抽样,我是可以抽取一个样本数 $N = 101$ 的样本的。不过,因为抽样分布的形状会受样本数大小的影响,我们一般在 bootstrapping 中抽取的"子样本"的样本数,与原来"手上的样本"的样本数是一样的。现在就用一个例子来解释真实的 bootstrapping 是如何进行的。

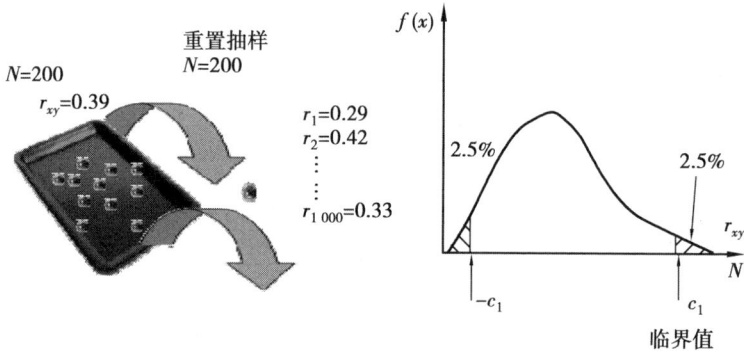

图 6.9

在图 6.9 中,我们要研究的是 x 与 y 的关系。x 是员工投入感,y 是离职倾向。我们从总体中抽取一个 $N = 200$ 的随机样本(就是图左边的黑色盆子)。读者要注意:现在这个盆子代表的是一个 $N = 200$ 的"样本",不是总体。盆子中的每一个珠子就是一个观察点。因为我们研究相关系数,每一个观察点就有一组投入感 x 与离职倾向 y 的数值。假设样本中 x 与 y 的相关是 $r_{xy} = 0.39$。

虽然我们手上只有一个 $N = 200$ 的样本,bootstrapping 的方法就是把这个样本看成是我们的总体。因此现在从这个有 200 个观察点的样本,用重置抽样的方法再抽样,形成"子样本"。例如,首先从手上的这个样本中,随机地抽到第 4 号员工,她的投入感 $x = 3$,离职倾向 $y = 4$。我们把这个观察点记录下来。因为是重置抽样,这个观察点会放回样本中,让它有再抽上的机会。现在我们从手上的样本中,再抽取第二个观察点。例如,随机地抽到第 178 号员工,他的投入感 $x = 1$,离职倾向 $y = 2$。记录后,这个观察点又被放回样本中。现在我们随机地抽第二个观察点。例如,我们真的这么巧,又抽到第 1 号员工,这个员工的投入感 $x = 3$ 和离职倾向 $y = 4$,就会成为我们这个"子样本"的第三个观察点。第 4 号员工再被放回样本。其实,这个员工以后还可能会再被抽上的。我们一直从"现有的样本"中用重置的方法继续地抽取观察点,一直到我们有 $N=200$ 个观察点为止。

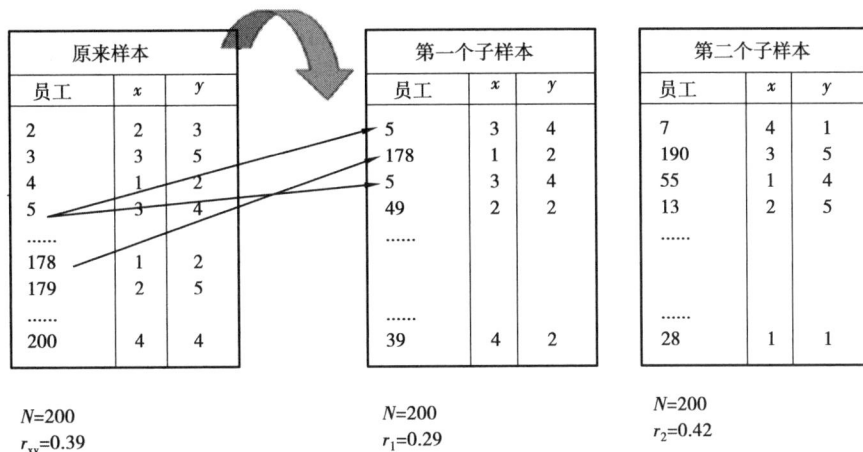

图 6.10

　　到这里,我们就已经从"原来的样本"用 bootstrapping 的方法抽取了第一个与原来样本的样本数一样大小($N=200$)的"子样本"。其实,聪明的读者马上会明白,这个子样本有可能与原来的样本的观察点是一样的,也有可能是由原来的样本的某些数据点重复组成的。得到了第一个"子样本",我们就计算这个子样本中的 x 与 y 的相关。例如,$r_1=0.29$。我们可利用同样的方法抽取第二个"子样本"。因为抽样过程是随机的,第二个"子样本"与第一个"子样本"的观察点自然不同。完成后,我们计算第二个"子样本"中 x 与 y 的相关。例如,$r_2=0.42$。

　　如果不停地重复上面的步骤,比方做 $k=1\,000$ 次,就可以把每一个"子样本"计算出来的相关 r_k 做一个频率图表,就是图 6.9 的右边的概率分布图。这个分布是"不同的随机样本的相关分布",因此,概念上就是相关系数的抽样分布了。因此,用 bootstrapping 的重复抽样法,我们就可以用手上的一个样本,把它的抽样分布画出来。有了抽样分布,统计假设检验就成为一件很简单的事了。只要把 1\,000 个 r_k 从大到小排列起来。选取 1\,000 的 2.5%,也就是第 25 个 r_k。再从最小的算起,选取 1\,000 的 2.5%,也就是第 975 个 r_k。这两个 r_k 就是我们的临界值了。再把我们原来样本的 $r_{xy}=0.39$,与这两个临界值比较。如果 $r_{xy}\geqslant$ 上临界值,或是下临界值 $\geqslant r_{xy}$,我们就推翻虚无假设,相关总体中 x 与 y 的相关就不是 0 了。

　　用 bootstrapping 这个方法时,我们还有一个考虑。因为子样本是随机抽取出来的,有时抽取出来的统计量会大于总体参数,有时却会小于总体参数。就算我们做了 1\,000 次重置抽样,也不可以保证大于总体参数和小于总体参数的统计项有相同的出现几率。所以用 bootstrapping 得到的抽样分布几乎一定是不对称的。但是做双尾测验时,一个不对称的抽样分布可能不太好。所以有些统计学家就建议,把实际找出来的 bootstrap 分布(图 6.12 左边的曲线,该图参考 Sune, R.(1989). An introduction to bootstrap methods examples and ideas. *Sociological Methods & Research*, 18(2-3),243-291.),假设为正态分布,再经过一些转换,变成一个对称的抽样分布(图 6.12 右边的曲线)。经过这样的转换的,称为"误差纠正后的重复抽样估计(bias-corrected bootstrap estimates)"。根据 Stine(1989)的分析,"误差纠正后的重复抽样估计"要比原来的估计稍微准确一点。

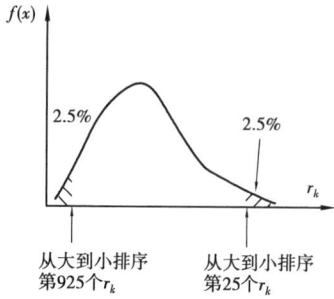

图 6.11

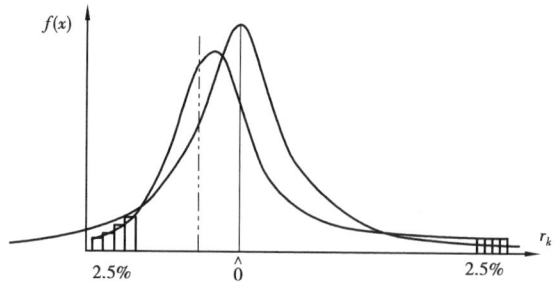

图 6.12

6.7   研究例子总结

最后,我用一个研究的例子来重申上面讲过的所有关于假设验证的术语和逻辑。我们要研究的问题基于"社会认同理论":人会不断地把自己或他人分类,也同时对不同类型的群体产生认同,主要的原因是人对一些自己认为好的东西认同以后,会增强自己的自我概念,觉得自己更有价值。同样的,员工也会对不同的企业产生认同。如果员工以能够在自己的企业工作为荣,就会觉得自己是企业的一分子,他们就会更卖力,离职的倾向就会更低。我们随机地在中国一所高校里找 250 个过去和现在的 MBA 学生,用问卷测量他们对自己企业的"企业认同感"(自变量,x)和他们的"离职倾向"(因变量,y)。如果认同理论可以用在员工的离职现象,"企业认同感"(x)与"离职倾向"(y)在总体(所有的员工)中 ρ_{xy} 应该是负相关的。所以我们有以下的假设

$$H_0:\rho_{xy}=0$$

因为我们没有强的理论论证"企业认同感"与"离职倾向"不可能正相关。也就是说,相关可能是正的,也可能是负的,所以我们选用"双尾验证(two-tailed test)"。

$$H_1:\rho_{xy}\neq 0$$

这里我们用一般的标准,把 I 型错误的几率或"显著度(significance level)"定为 5% 或 $\alpha=0.05$。

在这个 $N=250$ 人的样本里,计算出来的样本相关系数 $r_{xy}=0.14$。这里,我们稍微严格一点,不随便假设相关系数的抽样分布是正态分布。但是真正的相关系数的抽样分布是负偏的(negatively skewed),做统计验证时很不方便。不过我们也同时知道,只要把相关系数做一个 Fisher-Z 转换后,它的抽样分布就很接近正态分布了。Fisher-Z 转换为

$$\text{Fisher-}Z=\frac{1}{2}\ln\left(\frac{1+r}{1-r}\right)\qquad (\ln \text{ 是自然对数})$$

这个做了 Fisher-Z 转换后的统计值的抽样分布的标准误为

$$\sigma_e=\frac{1}{\sqrt{N-3}}$$

因为样本的 r_{xy} 是 0.14,把 r 代入转换公式后,Fisher-$Z=0.140\,9$。我们的基本假设

---

* 读者可能观察到转换前后的 r_{xy} 很相近。主要原因是 r_{xy} 要到很大值时才会偏离正态分布。当 r 很大时,观察的 r_{xy} 与转换后的 Fisher-Z 距离就会越来越大。

是 $H_0: \rho_{xy} = 0$，所以这个正态分布的平均数是 0（因为当 $\rho_{xy} = 0$ 时，这个正态分布是左右对称的）。因为 $N = 250$，这个正态的 Fisher-Z 转换后的 r_{xy} 的抽样分布的标准差 = 0.063 6。把平均数和标准差代进正态分布的公式，故得

$$Z = \frac{x - \mu}{\sigma} = \frac{0.140\ 9 - 0}{0.063\ 6} = 2.214\ 8$$

如果 I 型错误是 5%，一个正态的抽样分布的 Z 临界值，从正态分布表中查得（$p < 0.025$）的数值是 1.96（如果I型错误是 1%，临界值是 $Z = 2.645$）。现在我们得到的 Z 值（$Z = 2.21$），高于临界值 1.96。其实在一个正态分布里，得到 $Z > 2.21$ 的机会是 0.013 53，所以很多研究报告就会写成"样本的相关系数是 0.14（$p < 0.013\ 5$）"，或是写"样本的相关系数是 0.14（$p < 0.05$）"。意思是如果我们用的标准是一般的I型错误等于5%，$r_{xy} = 0.14$ 就是统计上"显著的"。可是，如果我们希望严谨一点，把I型错误定为 1%，那样本的 $r_{xy} = 0.14$ 就"不显著"了。

现在我们用的是一般的 5% 的标准，统计的假设验证是显著的，我们有证据推翻"虚无假设"，所以就接受"备择假设"（$\rho_{xy} \neq 0$）。也就是说，"企业认同感"与"离职倾向"在总体中是相关的。虽然我们不知道在总体中这个相关的大小，但是最理性的估计就是总体相关是 0.14（因为当相关系数小的时候，它的"抽样分布"是接近正态分布的，也就是说我们"高估"或"低估"总体的相关的可能性是一样的，故 0.14 是一个合理的估计）。

如果我们除了验证 ρ_{xy} 是否为零外，也希望建立一个置信区间，我们会首先把观察的 r_{xy} 转化成 Fisher-Z 值（Z_r）。利用上面的转化公式，则

$$Z_r = \frac{1}{2}\ln\left(\frac{1 + 0.14}{1 - 0.14}\right) = 0.140\ 9$$

Fisher-Z 对应的标准误为

$$\sigma_{Z_r} = \frac{1}{\sqrt{N - 3}} = 0.063\ 6$$

既然 Z_r 是正态分布的，这个 Z_r 的 95% 置信区间就应该是 $0.140\ 9 - 1.96 \times 0.063\ 6 \leqslant Z_r \leqslant 0.140\ 9 + 1.96 \times 0.063\ 6$；也就是 $0.016\ 2 \leqslant Z_r \leqslant 0.265\ 6$。但是，这个置信区间是对 Z_r 这个经过 Fisher-Z 转换的变量而言的。我们感兴趣的却是原来的相关系数。因此，我们要把它做一个"反转换"，把 Fisher-Z 转换成为 r_{xy}。这个转换的公式，就是上面的 Fisher-Z 转换公式的反函数，即

$$r_{xy} = \frac{e^{2Z_r} - 1}{e^{2Z_r} + 1} \qquad e^x \text{ 是自然对数的相反，也就是指数函数。}$$

如果我们把 Z_r 的两个界限用这个公式做反转换，就会得到 r_{xy} 的置信区间，即

$$0.016\ 2 \leqslant r_{xy} \leqslant 0.259\ 6$$

参考文献

Stine, R. (1989) An introduction to bootstrap methods: Examples and ideas. Sociological Methods and Research, 18, No. 2&3, 243-291)

第三部分　研究中的统计分析

第7章 回归分析

学过了基本的统计项和统计的假设验证后,丢丢想要开始做一项研究。但是,他发现学术期刊里的文章,没有验证相关分析这么简单的。于是丢丢又跑去请教李教授,了解一下自己是不是还有一些关于研究的很重要的知识还没有学到。他是一个用功上进的学生,总希望自己在研究上对学术界有点贡献。

丢丢:"李老师,我已经学会统计分析和假设检验了。为什么我还是看不明白很多研究的论文呢?"

李教授:"丢丢,管理科学是一门很复杂的学问。你学到的只是起步的知识。还不足以做严谨的科学管理研究。"

丢丢:"那我缺了什么呢? 还要学什么呢?"

李教授:"就以你上次做的'国民生产值'与'居民幸福感'的关系的研究为例,单单计算生产值与幸福感的相关,就算是排除了抽样误差的问题,还是有很多因素没有考虑的。因为影响'居民幸福感'的因素会有很多,如果我们不把这些因素控制住,简单的 r_{xy} 很有可能是误导的。"

丢丢:"老师,例如有什么因素?"

李教授:"应该控制什么因素是一个理论的问题,也与现存文献已有的发现很有关系。例如你假设生产值与幸福感有相关,是基于需要理论(Need Theory)。那除了经济上的物质需要,人类是否还有其他重要的需要呢? 又如在文献中,已经有人发现了'城市工业化'的程度对'居民幸福感'呈负相关的关系。那我们是否要把这个已经知道的重要变量的影响控制住呢?"

丢丢:"啊! 我已经学过了偏相关和半偏相关。要控制这些因素,用这两种相关分析就可以了。"

李教授:"是啊。可是,如果你有一大堆的变量要控制,那如何应用偏相关呢? 还有啊,我们做研究时,常常要比较两个不同的变量对另外一个变量的影响。就以上面的例子来说,如何才可以知道'城市工业化'与'国民生产值'哪一个更能影响'居民幸福感',它们各自的影响力又有多大呢?"

丢丢:"那倒简单,我计算'城市工业化'与'居民幸福感'的相关;再计算'国民生产值'与'居民幸福感'的相关。然后比较两个相关不就可以了吗?"

李教授:"那是可以的,可是如何在计算'国民生产值'与'居民幸福感'的相关时,控制住'城市工业化'的影响,甚至控制住其他的变量,如平均年龄、性别、教育水平、天气等因素的影响呢?"

丢丢:"噢,我好像没有学过这么复杂的分析工具啊!"

李教授:"丢丢,慢慢来吧。今天我就给你介绍一个研究不同的因素如何同时影响一个变量的统计方法,也是管理科学里用得最多的分析方法,回归分析。"

※※※※※※※※※※※※※※※※

7.1　简单回归分析

7.1.1　一个例子

管理学的研究常常是寻找一个变量与另外一个变量之间的关系。例如,我们会问一家企业,首先进入一个新兴国家做生意会有"开发者"的好处吗(开发者就是第一个进入该市场的企业)? 到底新市场中的"开发者"比"跟随者"在利润上有多少优势呢? 或者我们会问,一位员工的工资跟市场上同行业平均工资的差距是否会影响他的离职倾向? 如果会的话,影响有多大呢? 主管与这位员工的冲突会影响这位员工的离职倾向吗? 到底是"工资差"的影响大,还是"主管冲突"对员工的离职倾向影响大? 我们学过的相关分析是没有因果性的。如果 x 与 y 相关,可能是 x 影响 y,也可能是 y 影响 x。也有可能是 x 不影响 y,y 也不影响 x,只是有另外一个变量(z)在同时影响 x 与 y 罢了。但我们要研究一个变量如何影响另外一个变量时,一般用的研究方法都是"回归分析(regression analysis)"。简单回归(Simple Regression)分析与相关分析非常相似,我们甚至可以将相关分析看成是最简单的一种回归分析。

为了简化我们的讨论,我们就用"离职倾向"(y)是否与"主管冲突"(x)有关的问题做例子。假设我们的样本只有 4 位员工,图 7.1 表现了这 4 位员工与他们的主管的冲突和他们的离职倾向。

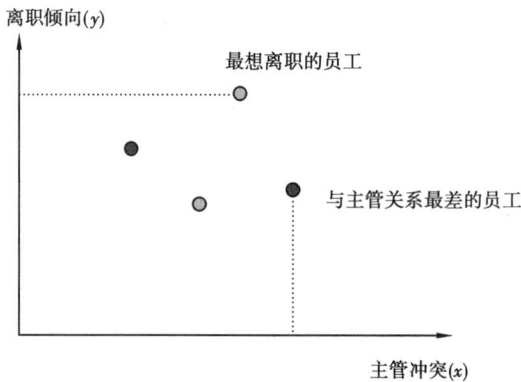

图 7.1

在社会科学的研究中,大部分变量之间的关系都是直线的,而曲线的或是其他函数表示的变量关系则相对比较少。因此,除非有特别的理论根据,一般情况我们都会假设关系是直线的。直线的关系也称为"线性关系"。因此,我们的问题就变成"如何找一条直线来代表这两个变量的关系"了。理论上,最理想的情况是,我们所有的数据点(每个数据点代表一位员工,由两个变量值决定其位置)刚好都在一条直线上(见图7.2左),因为这条直线正是我们想要找的直线。但是实际研究中,这几乎是不可能的。我们收回来的数据有模型误差、抽样误差、测量误差、个人的误差等,以致一定不可能画一条直线通过所有的点(见图7.2右)。现在我们的问题就是怎样找出一条直线,最能够代表这4个点(4位员工)。

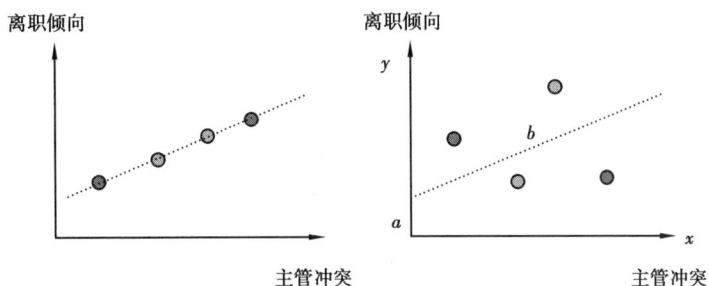

图 7.2

如果两个变量的关系是直线,在线性代数上可以用二元一次方程表示("二元"就是有两个变量,就是 x 与 y 的意思。"一次"是 x 与 y 的关系没有高阶项如 x^2, x^3 等)。因此,如果"离职倾向"(y)跟"主管冲突"(x)是线性关系, $y = a + bx$ 就可以表示这两个变量的关系了。 a 是这一条直线的截距(也就是直线与 y 轴相交的地方); b 是这一条直线的斜率(也就是当 x 转变时, y 随着改变的程度,见图7.2右)。那么在上面提到的种种误差的情况下,如何找出图7.2右边这一条"最能代表 x 与 y 关系的直线"呢? 如果我们用数学语言,就是如何知道 a 与 b 是什么关系呢?

7.1.2　最小平方法

幸好我们不用烦恼,统计学家已经帮我们解决了这个问题。一个最被广泛接受而且好处很多的估计(也就是对 a 与 b 的估计)方法,称为"最小平方法(ordinary least square, OLS 或称最小二乘法)"。"最小平方法"是什么呢? 其实很简单,我们就用第四个员工的主管冲突(x_4)和离职倾向(y_4)来解释。原来这个员工在一个7点的李克特量表(Likert Scale;1 分代表"主管冲突"小,7 分代表"主管冲突"大;1 分代表"离职倾向"低,7 分带表"离职倾向"高)表示的主管冲突和离职倾向分别是 $x = 6$ 和 $y = 2$。

员　工	主管冲突(x)	离职倾向(y)	估计离职倾向 $(\hat{y} = a + bx)$	误差平方 $(y - \hat{y})^2$
1	1	4	$a + b$	$(4 - a - b)^2$
2	3	2	$a + 3b$	$(2 - a - 3b)^2$
3	5	5	$a + 5b$	$(5 - a - 5b)^2$

续表

员　　工	主管冲突(x)	离职倾向(y)	估计离职倾向 ($\hat{y} = a + bx$)	误差平方($y - \hat{y}$)^2
4	6	2	$a + 6b$	$(2 - a - 6b)^2$
				$\sum$ = 总误差平方

在上表中,如果我们找到 a 和 b,当员工主管冲突是 6 时(第四位员工),他的离职倾向(y)应该是 $a + 6b$(这就是我们的直线估计出来的 y 值)。但是该员工真实的离职倾向是 2。$(2 - a - 6b)^2$ 是我们对第四位员工的离职倾向的估计误差。为什么要平方呢? 因为误差可能是正的(点在线上面),也可能是负的(点在线下面)。为了避免不同员工的正误差与负误差相抵消,以致隐藏了真实的误差,我们就取了误差的平方。"总误差平方"就是把所有员工的"误差的平方"加起来。"最小平方法"的目的就是把这个"总误差平方"降到最低。这就是为什么它叫"最小"的"平方"法。因为估计 a 和 b 的条件是,估计的直线与各点的误差是最小的,故中文称为"回归分析"。因为所有离开直线的点都是由于误差,"回归"就是把所有带有估计误差的点,"回归"到它们原有的直线关系上的意思(见图 7.3,$(\hat{x}_1, \hat{y}_1)$ 与 $(\hat{x}_4, \hat{y}_4)$ 是估计,(x_1, y_1) 与 (x_4, y_4) 是真正的观察值)。不过,读者要留意一点,我在上面不停地用"误差(error)"这个词,意思是用一条直线来代表所有的点时,直线不能完全代表这些点的"差数或差额",它没有"错误"的意思。因此,在回归分析中,"估计误差(prediction error)"是回归直线不能完全代表所有的数据点的"不完全代表性"而已。所以有些统计学者喜欢把这个差额称为"残差(residual)",就是残余下来不能被估计的差额,这样就没有"错误"的意思了。

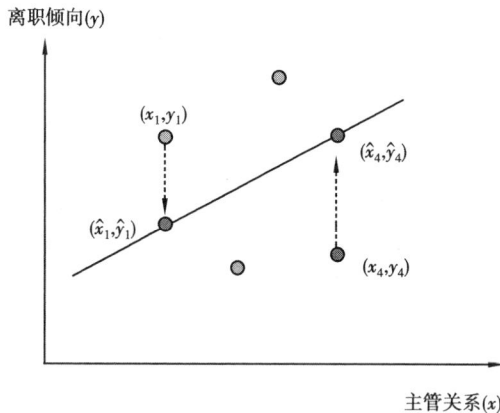

图 7.3

用数学的符号来写,"最小平方法"的公式为

$$\min \sum_i (y_i - \hat{y})^2 \quad (\min 是最小"minimum"的缩写)$$

回归分析中用来解释和预测其他变量的变量称为"自变量(predictors, independent variables)";被解释和预测的变量称为"因变量(criterion, dependent variable)"。图 7.4 表现了"回归分析"最重要的概念。本来数据中对于相同的自变量 x 有很多不同的因变量 y

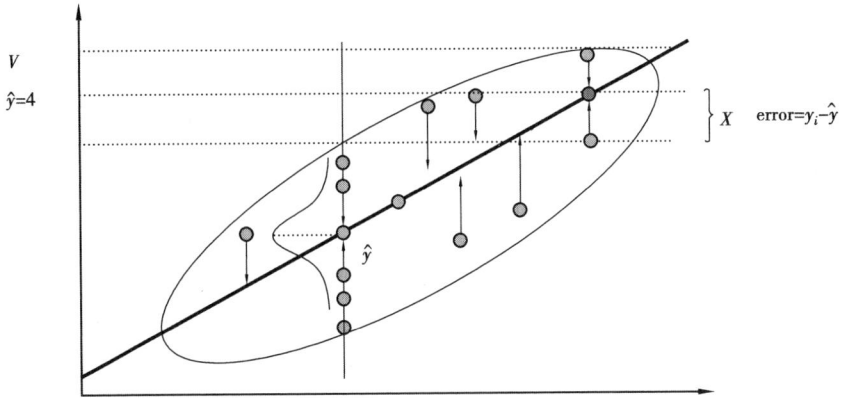

图 7.4

值。如果我们的数据足够多的话，y 应该对于这个 x 值（如 $x=3$）来说是正态分布的（原因是大部分的社会科学的变量都受着很多因素的影响，而每个因素的影响不会很大，所以一般都是正态分布的）。这是回归分析的一个基本假设。"回归"分析的概念就是找出一条直线，对于每一个 x 来说，把所有对应的（分布在一个正态分布的）y 值"回归"到对应这个 x 值在一条直线的 y 值去。而找出这一条直线的方法，就是把总的误差的平方减到最小（也就是"最小平方法"）。找到这一条直线以后，我们就在这条线上用 x 估计 y 值（$\hat{y}$）。原来杂乱无章的 x-y 关系，现在就变成了一个简单的线性关系。

如果研究人员觉得两个变量不是直线关系。例如，你可能问员工的经验与员工的绩效有关系吗？会不会前几年两者的关系很大，过了某一个时间，再多的经验都不会影响绩效，甚至慢慢变成工龄越高绩效越低呢？我们首先可以尝试的（也是最简单的）非线性关系就是"抛物线的二阶关系"。如果 x 与 y 的关系是先增加后减少如图 7.5 左，或是先增加后减少如图 7.5 右，x 与 y 的代数关系就是抛物线。

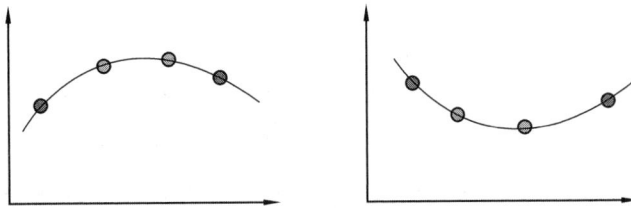

图 7.5

抛物线关系的代数公式是二阶的方程，也就是 $y = a + bx + cx^2$。这个回归分析跟线性的回归是大同小异的，只是多了一个 cx^2 项而已。

7.1.3　分解平方和

如果我们仔细地分析回归里面的所谓"误差"或"残差"（$y-\hat{y}$），其实每一个员工的离职倾向，与总体员工的离职倾向（$\bar{y}$），都可以分解成以下的关系。

$$(y-\bar{y}) = (\hat{y}-\bar{y}) + (y-\hat{y})$$
$$(y-\bar{y})^2 = (\hat{y}-\bar{y})^2 + (y-\hat{y})^2 + 2(\hat{y}-\bar{y})(y-\hat{y})$$

$$\sum (y - \bar{y})^2 = \sum (\hat{y} - \bar{y})^2 + \sum (y - \hat{y})^2 + 2\sum (\hat{y} - \bar{y})(y - \hat{y})$$

$$\sum (y - \bar{y})^2 = \sum (\hat{y} - \bar{y})^2 + \sum (y - \hat{y})^2$$

如果你觉得上面的符号很难理解,图 7.6 就把这个关系画出来了。$(y - \bar{y})$ 就是"每一位员工的离职倾向(y_i)离开平均员工离职倾向($\bar{y}$)的差"(C 点与 A 点的垂直距离)。这个差可以分解成两个部分。

①$(\hat{y} - \bar{y})$ 就是"每一位员工的估计离职倾向(y_i)离开平均员工离职倾向($\bar{y}$)的差"(B 点与 A 点的垂直距离)。

②$(y - \hat{y})$ 就是"每一位员工的离职倾向(y_i)离开估计员工离职倾向($\hat{y}_i$)的差"(B 点与 C 点的垂直距离)。

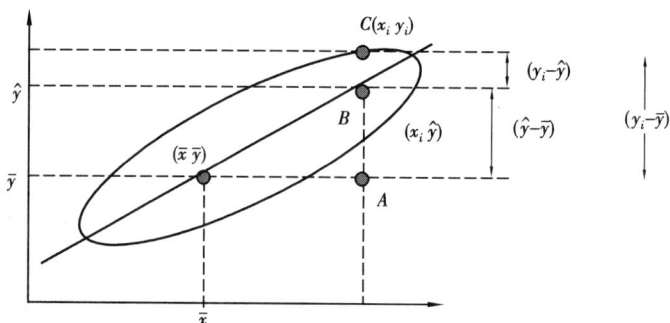

图 7.6

把这 3 个差数求平方(同样是为了避免正负相消以致低估了差额),然后把所有的观察点加起来,就得到所有点(即是所有员工)的 y 值变化的大小(变化除以样本数就是方差),SS_{tot}:

$$\sum (y - \bar{y})^2 = \sum (\hat{y} - \bar{y})^2 + \sum (y - \hat{y})^2$$

$$SS_{\text{tot}} = SS_{\text{reg}} + SS_{\text{res}}$$

为什么我们要把"个别员工的离职倾向"与"总体员工的离职倾向"拆开成为两个部分("估计离职倾向与平均离职倾向的差"和"个别员工的离职倾向与他的估计离职倾向的差")呢?等号左边的"差数的平方和" $\sum (y - \bar{y})^2$ 在回归里面称为"总平方和(total sum of square,SS_{tot})"。它其实就是所有的员工的"离职倾向"离开平均离职倾向的平方和(其实这个平方和,就好比"离职倾向"的方差($\sum (y - \bar{y})^2 / N$),只是没有除以数据量 N 而已)。

这个"总平方和"可以拆成两个部分:第一个部分 $\sum (\hat{y} - \bar{y})^2$ 是"回归直线估计出来的'离职倾向'的平方和"。我们称为"回归的平方和(regression sum of square,SS_{reg})"。它的意思是"如果我们现在不用原来的离职倾向,取而代之的是回归直线的估计离职倾向。那这个新的离职倾向离开原来的平均离职倾向的平方和是多少"。$\sum (y - \bar{y})^2$ 是原来的 y 的方差;$\sum (\hat{y} - \bar{y})^2$ 是把所有的点回归到直线后,这些回归了的 y(也就是估计出来的

y) 的方差。这个"回归的平方和" $\sum (\hat{y} - \bar{y})^2$ 与"总平方和" $\sum (y - \bar{y})^2$ 越接近,代表了什么呢?它们越相近,就反映了我们的"回归直线"越能代表我们的"原来数据"。

"总平方和"拆出来的第二个部分 $\sum (y - \hat{y})^2$ 是"员工的'离职倾向'离开回归直线估计出来的'离职倾向'的平方和"。我们称为"残差的平方和(residual sum of square, SS_{res})"。"残差的平方和"其实就是我们估计的误差。"残差的平方和"越大,回归直线越不能反映数据的关系。

因为

$$SS_{tot} = SS_{reg} + SS_{res}$$

上面指出我们可以把 SS_{tot} 看成是 y 的方差的一个代表(其实它应该是 y 的方差×样本数 N)。y 的方差是什么呢? 就是 y 的离散程度。如果是这样,SS_{res} 就可以看成是利用了这条回归直线来代表 y 的离散程度。这条直线不能代替 y 的离散程度的部分就是 SS_{res} 了。如果我们把整个公式除以 SS_{tot},得

$$1 = \frac{SS_{reg}}{SS_{tot}} + \frac{SS_{res}}{SS_{tot}}$$

式中,SS_{reg}/SS_{tot} 就是这条回归直线能代表 y 的方差的百分比;SS_{res}/SS_{tot} 就是这条回归直线不能代表 y 的方差的百分比。"残差的平方和"越小,表示"回归的平方和"越接近"总平方和",也表示我们的"回归直线"越能代表我们的"原来数据"。其实,细心的读者应该已经知道,所谓的"残差的平方和" SS_{res},就是我们在回归分析里面用"最小平方法"要"最小化"的误差。用一个不太正式的讲法,我们可以说,经过回归分析的最小平方法估计出 $y = a + bx$ 这条回归直线后,"员工离职倾向"的方差(其实应该是"员工离职倾向"的平方和,方差与平方和的关系是:平方和 = 方差 × 数据量 N)可以拆成两个部分:第一个部分是可以被"主管冲突"预测(或解释)的方差(其实是回归的平方和);另一个部分就是不能被"主管冲突"预测的误差方差。因此(SS_{res}/SS_{tot})就可以看成是"员工离职倾向"的方差中能够被"主管冲突"预测(或是解释)的部分。这个方差比就是我们研究中用得最多的统计项——相关系数的平方。在统计上,我们将"相关系数的平方"称为"决定系数(coefficieint of determination)",故

$$r_{xy}^2 = \frac{SS_{reg}}{SS_{tot}}$$

因此,在 $\hat{y} = a + bx$ 这个估计模型中,它的决定系数(coefficieint of determination,r_{xy}^2)或者一般称为"模型的 R^2",其实就代表了"用估计的 $y(\hat{y})$ 取代了原来的 y 以后,这个估计出来的 $\hat{y}$ 代表原来的 y 的能力"。对于所有的 y_i 来讲,$\hat{y}$ 代表 y 的能力就由 SS_{reg}/SS_{tot}(也就是 SS_{res} 的大小)表现出来。而这个"代表的能力",其实就是 r_{xy} 的平方。一般自变量(x)能够预测因变量(y)的能力,也可称为自变量(x)能够解释因变量(y)的能力。用我们的例子,如果 $r_{xy} = 0.60$,就代表"主管冲突"能够解释"员工离职倾向"的方差的 36%(0.6 的平方)。

在附录中,我们把有关的数学推导都写出来了。数学基础比较好的读者可以自行推导一下。推导的结果是,当 x 与 y 都是标准化(平均数是 1,标准差是 0)时,用"最小平方法"OLS 求解公式 $\min \sum (y - \hat{y})^2$ 或 $\min \sum (y - a - bx)^2$ 的结果为

$$a = 0, b = r_{xy}$$

如果 x 与 y 不是标准化的,"最小平方法"OLS 求解的结果为

$$截距 = a = \bar{y} - b\bar{x}; \quad 斜率 = b = \frac{\sum xy}{\sum x^2} = r_{xy}\frac{\sigma_y}{\sigma_x}$$

也就是说,"最小平方法"OLS 求得的回归直线为

$$a = \bar{y} - b\bar{x}; \quad b = \frac{\sum xy}{\sum x^2} = r_{xy}\frac{\sigma_y}{\sigma_x} \qquad (\bar{x} 与 \bar{y} 是 x 与 y 的平均值)$$

a 与 b 是 y 的回归系数(regression coefficient),即

$$\hat{y} = (\bar{y} - b\bar{x}) + \left(r_{xy}\frac{\sigma_y}{\sigma_x}\right)x \qquad 或 \qquad \hat{y} = (\bar{y} - b\bar{x}) + \left(\frac{\sum xy}{\sum x^2}\right)x$$

上面的公式,为我们解答了为什么不是 x 对 y 的影响越大,x 与 y 的相关就越大。因为 x 影响 y 越大,代表了回归直线越斜,也就是斜率越大。而回归直线的斜率,不是相关系数,即

回归直线斜率 = 相关系数 × (y 的标准差 / x 的标准差)

例如,图 7.7a 和 b 都是所有的点在一条直线上,因此相关系数都是 1。但是图 b 直线要比图 a 的直线斜很多,因为图 a 直线的 y 方差很大、x 方差小。影响相关系数的是"所有的点向回归直线的靠拢性"。点越接近回归直线,相关系数越大(见图 c)。因此浅色圆的数据点的相关系数,肯定比深色圆的数据点的相关系数大。

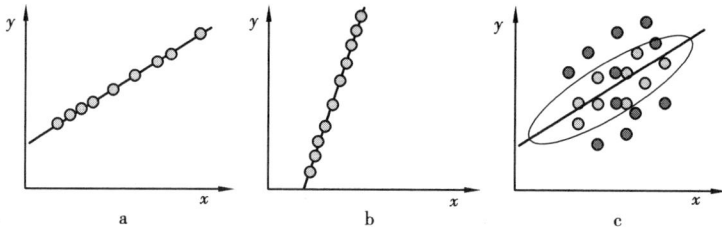

图 7.7

7.2　多元回归分析

7.2.1　多元回归与一元回归对比

以上的讨论是因变量对一个自变量的回归分析。但在现实的研究中,因变量往往受着很多自变量影响。例如,我们原来的问题就有"工资差"与"主管冲突"作为两个影响"离职倾向"的因素,那我们的回归通过的就不是一个平面的椭圆形,而是一个立体的椭圆形了(见图 7.8 左)。当然,无论是平面的还是立体的,椭圆形只是我们的想象。我们想象所有的数据点在三维空间里分布在一个接近椭圆形的空间里。与一元回归(只有一个 x 的回归)一样,如果我们看见的是数据分布在一个类似球体的空间里,就代表 x_1 和 x_2 根本与 y 没有关系。在这种情形下,知道了 x_1 和 x_2 也无法让我们知道 y 的大小。

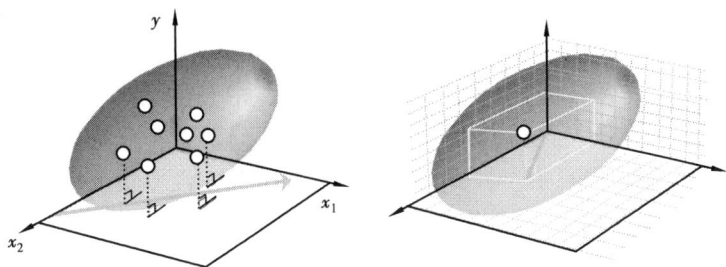

图 7.8

与一元回归一样,如果我们知道了 x_1 和 x_2,就可以完全知道 y,那所有的数据点都会在三维空间里排在一条直线上。而直线在三维空间里的表示是三元一次的方程式,即

$$y = b_0 + b_1 x_1 + b_2 x_2$$

如果一元回归是把不同的因变量(y)值"压缩"到一条直线上,二元回归就是把三维空间的因变量(y)值(每一个 y 值都是三维空间的一点)"压缩"到一条直线(图 7.9 最粗的斜直线)上。三元回归就是把四维空间的点"压缩"到一条直线上……依此类推。

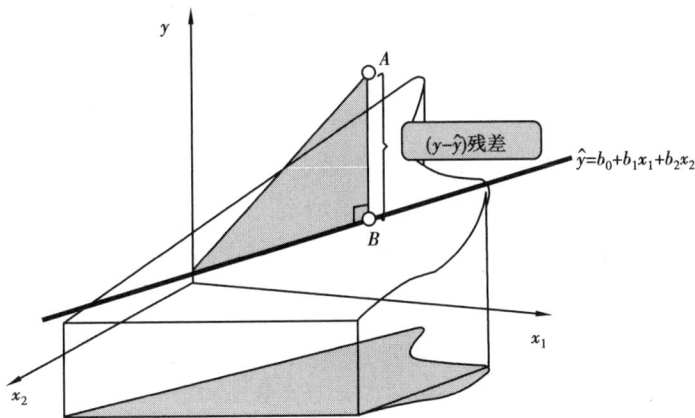

图 7.9

7.2.2　多元回归系数的估计

与一元回归一样,二元回归的数据点不可能都真的排在一条直线上的。真正的 y 与我们估计出来的 $\hat{y}$(也就是 A 点在回归平面的垂直投影,B 点)的差,就是我们的估计误差。同样,我们会用"最小平方法"找出 $\sum (y - \hat{y})^2$ 的最低值。数学推导的结果是,对于 $\hat{y} = b_0 + b_1 x_1 + b_2 x_2$ 的二元回归来说,"最小平方法"的估计就是下面 3 个方程的 b_0, b_1 和 b_2 的解,即

$$\begin{cases} \sum y = \sum b_0 + b_1 \sum x_1 + b_2 \sum x_2 & (1) \\ \sum x_1 y = b_0 \sum x_1 + b_1 \sum x_1^2 + b_2 \sum x_1 x_2 & (2) \\ \sum x_2 y = b_0 \sum x_2 + b_2 \sum x_2^2 + b_1 \sum x_1 x_2 & (3) \end{cases}$$

一看这三个方程就知道我们要求的 b_0, b_1 和 b_2 的解很复杂。为了简化起见,我们尝

试首先做一点小手脚，把 x_1 和 x_2 的原始数据(raw data)改变一下。让我们把 x_1 和 x_2 都变成($x_1 - \bar{x}_1$)和($x_2 - \bar{x}_2$)。这个过程在数学上称为"中心化(centering)"。经过中心化以后，一个变量就变成它离开它平均数的距离了。其实"中心化"除了可以简化上面的方程的解以外，在研究中还有一个很重要的含义。例如，x_2 是员工与他的主管的"主管冲突"。我们说员工 A 的"主管冲突"在一个 5 分量表中是 3 分其实没有很大意义。3 分是多少的"主管冲突"呢？3 分是不高不低的"主管冲突"吗？其实我们是不知道的。因此，一个更有意义的表述是相对于其他的员工，员工 A 的"主管冲突"是多少。从这个角度来看的话，($x_2 - \bar{x}_2$)就很有意义了。它表示了相对于平均的员工冲突程度($\bar{x}_2$)来说，员工 A 的员工冲突是多少。经过了中心化以后，b_0,b_1 和 b_2 的解分别为

$$b_1 = \frac{\sum x_2^2 \sum x_1 y - \sum x_1 x_2 \sum x_2 y}{\sum x_1^2 \sum x_2^2 - \left(\sum x_1 x_2\right)^2}$$

$$b_2 = \frac{\sum x_1^2 \sum x_2 y - \sum x_1 x_2 \sum x_1 y}{\sum x_1^2 \sum x_2^2 - \left(\sum x_1 x_2\right)^2}$$

$$b_0 = \bar{y} - (b_1 \bar{x}_1 + b_2 \bar{x}_2)$$

因此，做了中心化后，计算 b_0,b_1,b_2 这些回归系数就简单多了。如果我们把所有数据标准化(standardize)，那些回归系数就更好理解了。不过读者可能会问，难道我们可以随便把数据改变(中心化、标准化)吗？这不会影响结果吗？答案是中心化和标准化是会影响我们的结果估计的。同时，我们对改变后的回归系数的理解也应该相应地改变。但是我们做管理的研究，感兴趣的是 x 到底是否影响 y？对于这个"回归系数是否显著"的问题，中心化和标准化都不会影响我们的结论。换句话说，一个不显著的回归系数，不会因为中心化或是标准化变成显著的，反之亦然(详细推导请看附录2)。

那中心化或是标准化到底如何影响我们对回归系数的理解呢？现在来了解一下。

b_1 与 b_2 是什么意思呢？对于下面的回归方程来说

$$\hat{y} = b_0 + b_1 x_1 + b_2 x_2$$

b_0 是当 x_1 与 x_2 都是 0 时 $\hat{y}$ 的值。在我们的例子里，就是当没有"工资差"与完全没有"主管冲突"时，员工的离职倾向。

b_1 是当"主管冲突"被控制住(也就是"保持不变")的情形下，"工资差"对"员工离职倾向"的影响。

b_2 是当"工资差"被控制住(也就是"保持不变")的情形下，"主管冲突"对"员工离职倾向"的影响。

在附录 2 的推导中，我们知道 b_1 与 b_2 也可以写成相关系数的关系

$$b_1 = \left(\frac{r_{y1} - r_{y2} r_{12}}{1 - r_{12}^2}\right)\frac{\sigma_y}{\sigma_{x_1}}; \qquad b_2 = \left(\frac{r_{y2} - r_{y1} r_{12}}{1 - r_{12}^2}\right)\frac{\sigma_y}{\sigma_{x_2}}$$

[注意：在附录 2 的推导中，我们假设 x_1,x_2 和 y 都是标准化的。故上面的公式要乘以 σ_y 和 σ_x 才可以用在原始数据(raw score)上。这其实就好像在简单回归里，斜率等于相关系数乘以 σ_y 和 σ_x 一样(因为相关系数是一个已经标准化的系数)。]

如果 x_1,x_2 和 y 都是标准化的，因为 σ_y,σ_{x1} 与 σ_{x2} 都是 1,b_1,b_2 与变数的相关系数有

关系为

$$b_1 = \frac{r_{y1} - r_{y2} r_{12}}{1 - r_{12}^2}; \qquad b_2 = \frac{r_{y2} - r_{y1} r_{12}}{1 - r_{12}^2}$$

在多元回归里不可以简单地讲截距和斜率,因为有 b_1 与 b_2 两个不同的"斜率"(分别是 x_1 对 y 的影响和 x_2 对 y 的影响)。为了避免混乱,我们一般都会将 b_1 与 b_2 称为"回归系数(regression coefficients)"。b_1 是 x_1 对 y 的回归系数;b_2 是 x_2 对 y 的回归系数。自然,截距 b_0 也是一个回归系数。

在多元回归里,我们还是有如下的关系

$$\sum (y_i - \bar{y})^2 = \sum (\hat{y}_i - \bar{y})^2 + \sum (y_i - \hat{y}_i)^2$$
$$SS_{tot} = SS_{reg} + SS_{res}$$
"总平方和" = "回归的平方和" + "残差的平方和"

在多元回归里

$$SS_{reg} = b_1 \sum x_1 y + b_2 \sum x_2 y$$

我把这条公式的推导放到附录 3 里,有兴趣的读者可以去看看。

与一元回归一样,SS_{reg}/SS_{tot} 也代表了"总平方和"(概念上,也好像是 y 的方差)里有多少是可以被 x_1 和 x_2 两个自变量解释的。因为我们有两个自变量,虽然 SS_{reg}/SS_{tot} 概念上很像决定系数,但是现在不能称为"相关系数的平方"了(因为多于一个 x),我们一般把它称为"多元的 R 平方"(Multiple R^2),或者称为"模型的 R 平方"(Model R^2),符号写作 $(R_{y.12})^2$ 或是简单地称为 R^2。

$$多元的 R 平方 = 模型的 R 平方 = R_{y.12}^2 = \text{Model } R^2 = \frac{SS_{reg}}{SS_{tot}}$$

统计学者告诉我们,在二元回归中,"模型的 R 平方(Model R^2)"计算方程为(详细的推导见附录 4)

$$R_{y.12}^2 = \frac{r_{y1}^2 + r_{y2}^2 - 2r_{y1} r_{y2} r_{12}}{1 - r_{12}^2}$$

我们在前面说过,当 x_1 和 x_2 不是标准化时

$$b_1 = \left(\frac{r_{y1} - r_{y2} r_{12}}{1 - r_{12}^2}\right)\frac{\sigma_y}{\sigma_{x_1}}; \qquad b_2 = \left(\frac{r_{y2} - r_{y1} r_{12}}{1 - r_{12}^2}\right)\frac{\sigma_y}{\sigma_{x_2}}$$

故

$$R_{y.12}^2 = b_1 \frac{\sigma_{x_1}}{\sigma_y} r_{y1} + b_2 \frac{\sigma_{x_2}}{\sigma_y} r_{y2}$$

当 x_1 和 x_2 是标准化时

$$b_1 = \frac{r_{y1} - r_{y2} r_{12}}{1 - r_{12}^2}; \qquad b_2 = \frac{r_{y2} - r_{y1} r_{12}}{1 - r_{12}^2}$$

故

$$R_{y.12}^2 = b_1 r_{y1} + b_2 r_{y2}$$

$R^2 = SS_{reg}/SS_{tot}$,这个 R 平方代表了"x_1 和 x_2 两个自变量加起来,可以解释因变量 y 的方差的多少"。如果 $R_{y.12} = 0.50$,x_1 和 x_2 两个自变量加起来,就可以解释 y 的方差的

25%了。读者需要注意,x_1解释因变量y的方差,加上x_2解释因变量y的方差,不会等于R平方,而是会大于R平方。因为x_1与x_2是相关的。它们共同的方差是不可以用来解释y的方差两次的。因此,概念上来说(自然数学上不完全是这样,真实的数学关系在上式已经表达出来了),R平方,或是x_1和x_2加起来可以解释的y的方差,等于x_1解释因变量y的方差,加上x_2解释因变量y的方差,减去x_1与x_2共同的部分。

从上面的方程式,我们可以知道在正常的情形下,$R^2_{y.12}$会在$r_{12}=0$时最大。根据前面$R^2_{y.12}$的公式,当x_1和x_2两个因变量完全不相关,也就是$r_{12}=0$时

$$R^2_{y.12} = r^2_{y1} + r^2_{y2}$$

也就是说,多元回归的"模型的R平方"就等于个别的自变量与y的相关系数的平方和。

如果用文氏图的方法表现这个多元回归的关系,跟以前一样,一个椭圆形代表一个变量。椭圆形越大,变量的方差就越大。两个椭圆形重叠的地方(概念上,而不是精确的数学上)代表它们的相关,重叠的地方越多,两者的相关就越大。那么,多元回归分析就可以用图7.10表示出来:

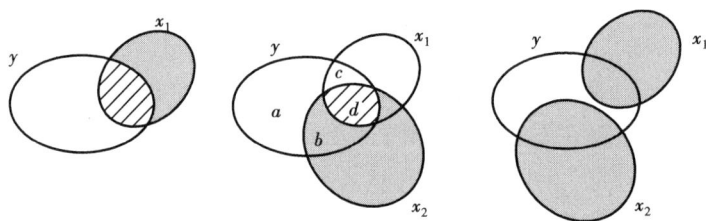

图7.10

图7.10左图中斜线部分就是x_1可以解释y的方差的部分,也就是x_1与y的相关的平方(r^2_{y1})。图7.10中间的图为加进了x_2以后的情形。原来y的方差是$(a+b+c+d)$,x_1可以解释的方差是$(c+d)$。因此,r^2_{y1}就是$(c+d)/(a+b+c+d)$。现在增加了x_2,x_1与x_2合起来可以解释y的方差是$(b+c+d)$,因此,多元的R平方$(R_{y.12})^2$就是$(b+c+d)/(a+b+c+d)$。明显的,d部分是x_1可以解释y的部分。但是这一部分y的方差也同时由x_2予以解释了。对于解释y的方差来说,d部分重复了,也可以说是浪费了。这个图也解释了为什么$R_{y.12}$不是$(r^2_{y1}+r^2_{y2}-r^2_{12})$这么简单。但是,如果我们可以把$x_1$与$x_2$拉开来(图7.10右边),同时保持$x_1$和$x_2$,各自与$y$的重叠面积保持不变的话,那就可以实现$r_{12}=0$,而$R^2_{y.12} = r^2_{y1} + r^2_{y2}$了。

抑制变量(Suppressor Variable)

读者还记得"模型的R平方(Model R^2)"计算方程为

$$R^2_{y.12} = \frac{r^2_{y1} + r^2_{y2} - 2r_{y1}r_{y2}r_{12}}{1 - r^2_{12}}$$

当$r_{y2}=0$时,公式会简化变为

$$R^2_{y.12} = \frac{r^1_{y1}}{1 - r^2_{12}}$$

请注意,当 $r_{y2}=0$ 时,x_1 和 x_2 同时估计 y 的模型 R 平方,竟然不是 r_{y1}^2,而是 r_{y1}^2 除以 $(1-r_{12}^2)$。因为 r_{12} 是一个相关系数,它一定小于 1,故 $(1-r_{12}^2)<0$。因此 $R_{y.12}^2 \geqslant r_{y1}^2$。这个不等式是什么意思呢? 就是一个与因变量 y 没有相关的变量 x_2 加进回归模型时,只要 x_1 与 x_2 有相关 ($r_{xy}>0$),这个与 y 没有关系的变量,也可以增加整个模型的 R 平方。产生这样吊诡结果的变量,就称为"抑制变量"或是"压抑变量(suppressor variable)"。一般来说,凡是一个变量与因变量没有相关,加进回归模型时能增加总体模型的 R 平方时,这个变量就称为"抑制变量"。

我们用文氏图来表示,如图 7.11:

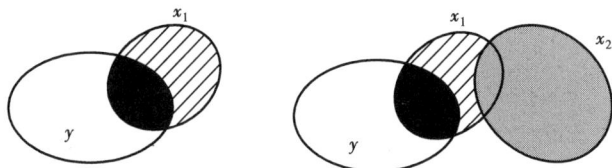

图 7.11

我们知道相关系数的定义是"两个变量的协方差除以两个变量的标准差"。一个变量 (x_1) 的方差(标准差)越大,其他因素不变的情形下,它解释另外一个变量 (y) 的可能性就越高。如果两个变量 A 与 B 和 y 的协方差都一样,但是 A 变量的方差比 B 变量的方差少,那么,r_{yA} 一定大于 r_{yB}。在图 7.11 的左边,x_1 与 y 的协方差是黑色部分,x_1 自己的方差是黑色加斜线部分(斜线部分看成是估计误差)。在图 7.11 的右边,当一个与 y 没有相关的变量 x_2 加进回归模型后,我们可以把它看成是把 x_1 用来解释 y 的误差方差减少了。读者应记得多元回归的逻辑是:自变量相互被控制住时,各自解释因变量的能力,现在 x_1 的方差有一部分给 x_2 控制住了,而被控制住的是估计的误差方差。因为 x_1 的方差相对于以前变小了,因此 x_1 解释 y 的能力就相对比以前大了。也因为如此,当 x_2 加入模型后,原来 x_1 解释 y 的能力是 $R_{yx_1}^2$,现在虽然同样只有 x_1 解释 y(因为 x_2 没有解释 y 的能力,$R_{yx_2}^2=0$),但是却大于 $R_{yx_1}^2$ 了。原因就是这个压抑变量 x_2 减少了 x_1 解释 y 时的误差方差。

明白了这个道理后,我们就会知道如果要尽量解释因变量的方差(回归变量的主要目的),我们不一定要每一个变量都与因变量有很大的相关。有时,与因变量没有相关的自变量,也可以帮助预测因变量的改变。

7.2.3　偏相关与半偏相关系数

在第 4 章里已经讲过偏相关与半偏相关系数了。这里我们从回归的角度再讲一遍,以增加读者的认识。我们在上面说,如果 x_1 和 x_2 相关,则

$$b_1 = \frac{r_{y1}-r_{y2}r_{12}}{1-r_{12}^2}; \qquad b_2 = \frac{r_{y2}-r_{y1}r_{12}}{1-r_{12}^2}$$

上面的公式,与统计上讲的"半偏相关系数(semi-partial correlation)"非常相似。"半偏相关系数(semi-partial correlation)"的定义为

$$r_{y(1.2)} = \frac{r_{y1}-r_{y2}r_{12}}{\sqrt{1-r_{12}^2}}$$

"半偏相关系数"的数学符号是 $r_{y(1.2)}$。其实从符号上已经表明了 $r_{y(1.2)}$ 是 y 与 x_1 的相关。但是这个 x_1 有一点特别。"(1.2)"这个下标的意思是"$x_1 \cdot x_2$"。两个 x 中间的一点在统计上是"在控制了后者的影响以后,前者跟其他变量的关系"的意思。因此,$r_{y(1.2)}$ 的意思是"当控制了 x_2 的影响以后,x_1 与 y 的相关"。不过读者要注意这个括号的意思。它明显地表示只有 x_2 对 x_1 的影响被控制住了,x_2 对 y 的影响却没有被控制。

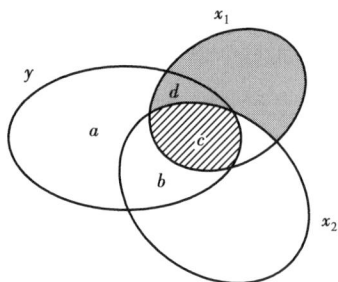

图 7.12 表现了"半偏相关系数"的概念。原来 x_1 与 y 的相关应该是"$(c+d)/(a+b+c+d)$"的。但是当 x_2 对 x_1 的影响被控制以后,$r_{y(1.2)}$ 就只剩下"$d/(a+b+d)$"了。

图 7.12

在多元回归里,我们希望找的是 $R^2_{y.x_1x_2}$,也就是 $b+c+d$ 的面积。我们可以先计算 $r^2_{yx_2}=c+b$,再找 $r^2_{y(x_1.x_2)}=d$,故 $R^2_{y.x_1x_2}=r^2_{yx_2}+r^2_{y(x_1.x_2)}$。我们也可以反过来做,先求 $r^2_{yx_1}=c+d$,再找 $r^2_{y(x_2.x_1)}=b$,故

$$R^2_{y.x_1x_2}=r^2_{yx_2}+r^2_{y(x_1.x_2)}$$
$$R^2_{y.x_1x_2}=r^2_{yx_1}+r^2_{y(x_2.x_1)}$$

读者不要把"半偏相关系数(semi-partial correlation)"与"偏相关系数(partial correlation)"混淆了。"偏相关系数(partial correlation)"的定义为

$$r_{y1.2}=\frac{r_{y1}-r_{y2}r_{12}}{\sqrt{1-r^2_{y2}}\sqrt{1-r^2_{12}}}=\frac{R^2_{y.12}-R^2_{y.2}}{1-R^2_{y.2}}$$

"偏相关系数"的数学符号是 $r_{y1.2}$。"$y1.2$"这个下标的意思是控制住 x_2 的影响后,y 与 x_1 的相关。因此,在"偏相关系数"中,x_2 对 x_1 的影响被控制住了,x_2 对 y 的影响也都被控制了。在图 7.12 中,$r_{y1.2}$ 的概念应该就只剩下"$d/(a+d)$"了。

7.2.4 回归分析的假设

用"最小平方法"估计回归系数的时候,其实回归分析这个模型是有一定的假设的。

① x(自变量)在测量时是没有误差的。我们知道测量误差会影响观察的相关系数。同样,测量误差也会影响观察的回归系数。但是,一般的回归分析都假设测量时没有误差。

② 严格来说,x(自变量)在回归里面是假设为不变的数值。这个假设的意思是如果做回归分析时数据中只有 $x=2,4,5$ 这 3 个数值,理论上当 $x=3$ 时估计出来的 $\hat{y}$ 没有意义。换句话说,只有在我们有观察数据的 x 值时,回归分析才有意义。但是我们一般在做回归分析时,都"宽松地"假设回归系数对所有 x 的可能数值都有效。

③ 回归分析对估计的误差有很强的假设。其中包括:

    a. 我们假设估计的误差(残差)的平均值是 0。有人会说我们假设残差的误差是正态分布。其实回归分析不需要这个假设(其实 x_1,x_2 和 y 都没有正态分布的假设)。数学上,我们把这个假设写成 $E(\varepsilon)=0$。

b. 我们也假设估计的误差对不同的观察点来讲是没有关系的。意思是一个观察点的估计误差与另外一个观察点的残差是没有关系的。这个假设在统计上称为没有"自相关(autocorrelation)"。"自相关"的假设看起来好像很荒谬,但是在管理学的研究中是常有的。例如,你的研究因变量是工作表现,你可能找一个主管同时评价 3 个员工的工作表现。另外一个主管也同时评价他手下的另外 3 个员工的表现。但是我们知道,人是有偏见的。例如,第一个主管可能很严谨,所有的下属的评分都很低。另外一个主管可能很宽松,所有的下属的评分都偏高。在这样的情形下,每 3 个数据点就很可能有"自相关"的问题出现了。

c. 回归分析假设了对于任何一个自变量 x 的数值而言,对应的不同 y 值的方差是一样的。这个假设在统计上称为"同方差性(homoscedasticity,方差齐性)"。图7.13就表现了这个假设。在回归分析里,每一个 x 值都会对应很多不同的 y 值。这些 y 就对于它们相对的 x 值形成了一个分布(在图 7.13 中每一个 x 值都有一个对应的、竖的 y 分布。这个分布的均值就是对应该 x 值的所有 $\hat{y}$ 的平均数)。回归分析是假设

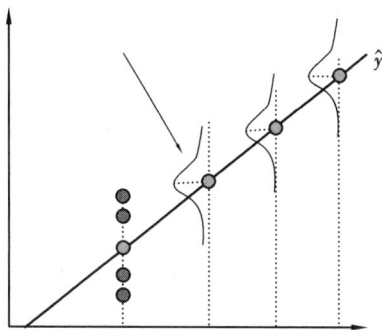

图 7.13

了这些不同的 y 分布的方差是一样的(也就是 σ_ε 是一个常数)。如果方差是不一样的,我们就可能要用其他的估计方法(如权残余量最小方差法,weighted least squares)了。聪明的读者也许已经观察到,这个"同方差性"所要求的"对于所有 x 的相同的 y 误差方差(σ_ε^2)",其实就代表整个回归分析的估计能力,误差方差越少,不同的 x 值所对应的 y 值就更向估计的 y 值($\hat{y}$)靠拢。因此,其实 σ_ε^2 是模型的 R 平方的另外一个表达方式。σ_ε^2 越小,模型的 R 平方就越大。

④最后一个回归分析的假设是"模型设定误差(specification error)"。回归系数的准确性与我们有没有把正确的自变量放进模型里有很大的关系。因此理论上,回归分析是不允许有"模型设定误差"的。当你发现 x_1 是预测 y 的一个很好的变量时,如果我们又加进了另外一个自变量 x_2,x_1 的预测能力(回归系数)可能受到很大的影响。x_1 可能从非常显著变成完全不显著。因此,做回归分析时,我们的模型一定要包含影响 y 的所有主要因素 x。

　　一般来讲,我们知道回归分析是一个"稳健性(robustness)"很高的估计方法。"稳健性"的意思是当它的假设不能成立时,在一般的情形下,只要样本数够大,回归分析的误差是不会很大的。现在我们知道最影响回归分析估计的是"测量误差"和"模型设定误差"。若研究者发觉有可能违背了这两个假设的话,就要当心了。

7.2.5　回归分析的统计验证

　　以上的所有讨论都假设了我们没有"抽样的误差"。但是在实际的研究中,我们不可

能在总体里做回归分析。我们永远都是在样本中计算各个回归的统计量。现在,让我们回到原来的问题去。我们原来的问题是"工资差"与"主管冲突"到底是否"离职倾向"的影响因素? 我们到一个 2 000 人的企业里,抽了一个 153 人的样本,用问卷访问了他们的"工资差"(x_1)、"主管冲突"(x_2)与"离职倾向"(y)。做了一个多元回归分析,得到了下面的回归直线

$$\hat{y} = 0.35 + 0.13x_1 + 0.24x_2$$

知道了"模型的 R"也就是 $R_{y.12} = 0.324$ 。就是"工资差"和"主管冲突"加起来大概可以解释"离职倾向"的方差的 10.5% 。

第一个问题,自然就是抽样误差的问题。当样本的"模型的 R"是 0.324,总体的"模型的 R"还是有可能是 0 啊! 我们可不可以做统计的验证去测验一下当样本的"模型的 R"是 0.324 时,总体的"模型的 $R = 0$"的机会(Ⅰ 型误差,或是 α 误差)是不是小于 5% 呢?

你大概又会问,为什么虚拟假设要是"H_0:总体中的 $R_{y.12} = 0$"呢? 为什么不是"$H_0:b_1 = b_2 = 0$"呢? 如前所说,我们研究的第一个问题是"工资差"和"主管冲突"这两个自变量到底是不是有用的? 如果总体的"模型的 R"是 0,就代表我们整个离职模型理论崩溃了。若 $R_{y.12} = 0$,则所有的 x 都对估计 y 没有帮助。因此,以下两个假设其实是一样的

$$H_0:总体中的 R_{y.12} = 0$$
$$H_0:总体中的 b_0 = b_1 = b_2 = 0$$

我们说 $R_{y.12} = 0$,其实就是说所有的回归系数都同时是 0。现在,第一个虚拟假设是 $H_0:R_{y.12} = 0$。那怎么验证呢?

我们在假设验证的一章里已经讲过,要做假设验证统计的假设验证,第一件事就是要知道这个统计量的"抽样分布"。现在我们的统计量是"模型的 R"。那"模型的 R"的"抽样分布"是怎样的呢? 要多谢统计学家,他们已经帮助我们解决了这个问题。现在我们已经知道"模型的 R"的"抽样分布"是一个 F 分布。F 分布是由两个卡方分布相除的商组成的,而每一个卡方分布都有一个随之而来的自由度。因此 F 分布有两个自由度(ν_1 和 ν_2),不同自由度的 F 分布不完全相同。"模型的 R"这个 F 分布的"样本分布"是由 R^2 和 $(1-R^2)$ 两个卡方分布组成的,它们的自由度分别是 k 与 $(N-k-1)$,k 是自变量的数目。这个例子只有两个自变量,x_1 与 x_2,$k=2$。而样本数是 153,故 F 分布的两个自由度就是 2 与 150 了。知道了"样本分布"和自由度,定下了 Ⅰ 型错误水平(一般是 5%),就可以查表找出在 F 分布中 ν_1 和 ν_2 是 2 和 150 时,$p = 0.05$ 的临界值。

$$\frac{\frac{R^2}{k}}{\frac{1-R^2}{N-k-1}} \sim F_{(k, N-k-1)}$$

为什么上面分子的自由度是 k;而分母的自由度是 $N-k-1$ 呢? 这要回到我们原来的"平方和分配(partitioning of sum of squares)"公式。上面除数的商其实是"回归的平方和"除以"残差的平方和"的商。"平方和分配"的公式为

$$\sum (y_i - \bar{y})^2 = \sum (\hat{y}_i - \bar{y})^2 + \sum (y_i - \hat{y}_i)^2$$

总平方和 = 回归的平方和 + 残差的平方和

一般来说,如果我给你 n 个数据,要叫你估计 k 个参数,自由度就是 $(n-k)$。在回归分析里,我们的"总平方和" SS_{tot} 是可以拆成两部分的,就是"回归的平方和" SS_{reg} 和"残差的平方和" SS_{res}。同样的,自由度在回归分析里也可以拆成不同的部分。先假设你的多元回归有 k 个自变量 x(二元回归的 k 值是 2)。

①首先,等式左边的"总平方和"中,我们有 N 个数据(也就是 N 个 y 的观察值)。在求"总平方和"的过程中,我们需要一个自由度来估计"平均的 y"($\bar{y}$),故"总自由度"是 $(N-1)$。

②等式的右边第一项,在求 $\sum (\hat{y}_i - \bar{y})^2$ 的过程中,因为

$$SS_{reg} = \sum (\hat{y} - \bar{y})^2 = \sum_{j=1}^{k} \left(b_j \sum x_j y \right) = b_1 \sum x_1 y + b_2 \sum x_2 y$$

我们唯一要猜的是 k 个 b 的数值(在二元回归中是 b_1 和 b_2)。故要估计"回归的平方和",我们只需要知道 $b_1, b_2, \cdots, b_k$ 就可以了。因此,我们就要 k 个自由度。

③等式的右边第二项是"残差的平方和"。我们要估计 $\hat{y}_i$ 时,需要知道所有在回归方程里面的回归系数(也就是一个截距,如 $b_1, b_2, \cdots, b_k$)。因此,如果我们有 k 个 x_i,就要猜 k 个参数,再加截距。故自由度是 $(N-1-k)$。

因此,自由度也可分解为

$$\sum (y - \bar{y})^2 = \sum (\hat{y} - \bar{y})^2 + \sum (y - \hat{y})^2$$

"总平方和"="回归的平方和"+"残差的平方和"

$$N - 1 = k + (N - k - 1)$$

每一个"平方和"除以自己的自由度,我们称为"平方均(mean square)"。因此

"总平方和"/ $N-1$　　　　　　称为"总均方(mean square total)"

"回归平方和"/ k　　　　　　称为"回归均方(mean square regression)"

"残差平方和"/ $(N-k-1)$　　称为"残差均方(mean square residual)"

我们问的第二个问题,就是到底"主管冲突"是否影响"离职倾向"。这个问题其实是问模型中的 b_2 是否等于 0。同样,我们知道样本中的 b_2 是 0.24,但是总体中的 b_2 还有可能是 0。因此,我们有 $H_0 : \beta_2 = 0$(β_2 是总体中的 b_2)。要验证这个假设,首先需要知道 b_2 这个统计值的"抽样分布"是怎样的。统计学家告诉我们,回归系数的"抽样分布"是一个 t 分布。与 F 分布一样,t 分布有一个跟随的自由度。b_2 这个回归系数的自由度是 $(k-1)$,即

$$\frac{b_1}{S_{b_1}} = \frac{b_1}{\dfrac{S_{y.12}}{\sqrt{\sum (x_1 - \bar{x}_1)^2 (1 - r_{12}^2)}}} \sim t_{(N-k-1)}$$

$$\frac{b_2}{S_{b_2}} = \frac{b_2}{\dfrac{S_{y.12}}{\sqrt{\sum (x_2 - \bar{x}_2)^2 (1 - r_{12}^2)}}} \sim t_{(N-k-1)}$$

$$S_{y.12} = \sqrt{\frac{SS_{res}}{N - k - 1}}$$

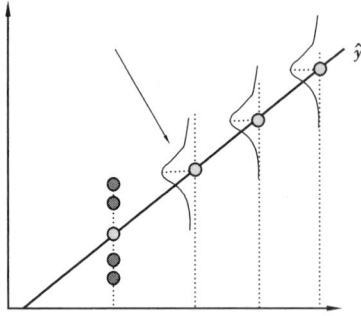

图 7.14

上面公式中的 $S_{y.12}$，我们称为"估计标准误差（standard error of estimate）"。$S_{y.12}$ 其实是"残差的平方均"的平方根。读者应该还记得回归分析的其中一个假设是，对于所有的 x 来说 y 的分布的标准差都是相等的（见图7.14）。$S_{y.12}$ 就是对于每一个 x 来说，y 的分布的标准差。因此，这里的 $S_{y.12}$ 与上面讲的 σ_ε 是一样的。

7.2.6 一个演算的例子

	y	x_1	x_2	$(x_1-\bar{x}_1)^2$	$(x_2-\bar{x}_2)^2$	$(x_1-\bar{x}_1)(y-\bar{y})$	$(x_2-\bar{x}_2)(y-\bar{y})$	$(x_1-\bar{x}_1)(x_2-\bar{x}_2)$
	1	3	4	5.76	1.21	10.80	4.95	2.64
	2	4	7	1.96	3.61	4.90	−6.65	−2.66
	3	5	2	0.16	9.61	1.00	7.75	1.24
	4	5	3	0.16	4.41	0.60	3.15	0.84
	5	6	5	0.36	0.01	−0.30	0.05	−0.06
	6	5	3	0.16	4.41	−0.20	−1.05	0.84
	7	4	4	1.96	1.21	−2.10	−1.65	1.54
	8	6	4	0.36	8.41	1.50	7.25	1.74
	9	9	9	12.96	15.21	12.60	13.65	14.04
	10	7	6	2.56	0.81	7.20	4.05	1.44
$\sum$				26.40	48.90	36.00	31.50	21.60
$\bar{x}$	5.50	5.40	5.10					
σ	2.87	1.62	2.21					

$$b_1 = \frac{\sum x_2^2 \sum x_1 y - \sum x_1 x_2 \sum x_2 y}{\sum x_1^2 \sum x_2^2 - \left(\sum x_1 x_2\right)^2} = \frac{48.90 \times 36.00 - 21.60 \times 31.50}{26.40 \times 48.90 - (21.60)^2} = 1.310$$

$$b_2 = \frac{\sum x_1^2 \sum x_2 y - \sum x_1 x_2 \sum x_1 y}{\sum x_1^2 \sum x_2^2 - \left(\sum x_1 x_2\right)^2} = \frac{26.40 \times 31.50 - 21.60 \times 36.00}{26.40 \times 48.90 - (21.60)^2} = 0.066$$

$$b_0 = \bar{y} + b_1\bar{x}_1 + b_2\bar{x}_2 = 5.50 - 1.31 \times 5.40 - 0.066 \times 5.10 = -1.908$$

如果我们用相关系数的公式，因为 $r_{x1y}=0.771$；$r_{x2y}=0.496$；$r_{x1x2}=0.601$，则

$$b_1 = \left(\frac{r_{y1} - r_{y2}r_{12}}{1 - r_{12}^2}\right)\frac{\sigma_y}{\sigma_{x_1}} = \left(\frac{0.771 - 0.496 \times 0.601}{1 - (0.601)^2}\right) \times \frac{2.87}{1.62} = 1.310$$

$$b_2 = \left(\frac{r_{y2} - r_{y1}r_{12}}{1 - r_{12}^2}\right)\frac{\sigma_y}{\sigma_{x_2}} = \left(\frac{0.496 - 0.771 \times 0.601}{1 - (0.601)^2}\right) \times \frac{2.87}{2.21} = 0.066$$

同时，因为 $b_1=1.31$；$b_2=0.066$，故回归方程为

$$\hat{y} = -1.908 + 1.31x_1 + 0.066x_2$$

	y	x_1	x_2		$\hat{y}$	$(y - \bar{y})$	$(\hat{y} - \bar{y})$	$(y - \hat{y})$
	1	3	4		2.28	20.25	10.34	1.65
	2	4	7		3.79	12.25	2.92	3.21
	3	5	2		4.77	6.25	0.53	3.14
	4	5	3		4.84	2.25	0.44	0.70
	5	6	5		6.28	0.25	0.61	1.64
	6	5	3		4.84	0.25	0.44	1.35
	7	4	4		3.59	2.25	3.63	11.60
	8	6	8		6.48	6.25	0.95	2.32
	9	9	9		10.47	12.25	24.72	2.17
	10	7	6		7.66	20.25	4.64	5.50
				SS		82.50	49.23	33.28
$\bar{x}$	5.50	5.40	5.10	$d.f.$		9	2	7
σ	2.87	1.62	2.21					

$$SS_{reg} = \sum (\hat{y} - \bar{y})^2 = b_1 \sum x_1 y + b_2 \sum x_2 y = 1.31 \times 36 + 0.06 \times 31.5 = 49.23$$

整个多元回归分析的"模型 R^2"（$R^2_{y.12}$）为

$$R^2_{y.12} = \frac{SS_{reg}}{SS_{tot}} = \frac{49.23}{82.50} = 0.60$$

$$R^2_{y.12} = \frac{r^2_{y1} + r^2_{y2} - 2r_{y1}r_{y2}r_{12}}{1 - r^2_{12}} = \frac{(0.771)^2 + (0.496)^2 - 2 \times 0.771 \times 0.496 \times 0.601}{1 - (0.601)^2} = 0.60$$

$$R^2_{y.12} = b_1 \frac{\sigma_{x_1}}{\sigma_y} r_{y1} + b_2 \frac{\sigma_{x_2}}{\sigma_y} r_{y2} = 1.31 \times \frac{1.63}{2.87} \times 0.771 + 0.06 \times \frac{2.21}{2.87} \times 0.495 = 0.60$$

$$H_0 : 总体中的 R_{y.12} = 0$$

或是

$$H_0 : 总体中的 b_0 = b_1 = b_2 = 0$$

用的统计量为

$$\frac{\dfrac{R^2}{k}}{\dfrac{1 - R^2}{N - k - 1}} \sim F_{(k, N-k-1)}$$

$$F_{(2,7)} = \frac{\dfrac{0.60}{2}}{\dfrac{1 - 0.60}{10 - 2 - 1}} = 5.1777^{**} \quad (p < 0.042)$$

$H_0 :$ 总体中的 $b_1 = 0$ 或 $b_2 = 0$

用的统计量为

$$\frac{b_1}{S_{b_1}} = \frac{b_1}{\dfrac{S_{y.12}}{\sqrt{\sum (x_1 - \bar{x}_1)^2 (1 - r^2_{12})}}} \sim t_{(N-k-1)}$$

$$S_{y.12} = \sqrt{\frac{SS_{res}}{N-k-1}} = = \sqrt{\frac{33.28}{7}} = 2.18$$

$$t_{(7)} = \frac{b_1}{S_{b_1}} = \frac{1.31}{\dfrac{5.25}{\sqrt{26.4 \times (1-0.60^2)}}} = 2.47^{**} \qquad (p = 0.043)$$

$$t_{(7)} = \frac{b_2}{S_{b_2}} = \frac{0.066}{\dfrac{5.25}{\sqrt{48.9 \times (1-0.60^2)}}} = 0.168 \quad (\text{n.s.}) \qquad (p = 0.39)$$

7.3　多层回归分析

7.3.1　问题的发生

在管理的研究中,很多时候我们都会问,多加了一个变量,或者是多加了一组变量,到底对解释因变量 y 的方差有多大用处。例如,现有的离职倾向的研究主要认为"工资差"与"主管冲突"是预测"员工的离职倾向"最重要的原因。Mitchell, Holtom, Lee 和 Erez (2001)提出"工作嵌入(job embeddedness)"概念。"工作嵌入"有三个维度,就是员工与工作的"匹配(fit)""连接(links)"和"牺牲(sacrifice)"。问题是这三个"工作嵌入"的部分是不可以相加的。因此,你的回归分析变成有 5 个自变量,分别是"工资差""主管冲突""匹配""连接"及"牺牲"(最后三个是"工作嵌入"的三个组成成分)。你的研究问题是在已知的"工资差"和"主管冲突"上,多加的 3 个变量("匹配""连接"和"牺牲")到底对解释"员工离职倾向"的方差增加了多少? 这个增加是否在统计上显著? 当然,我们可以做下面的一个回归分析:

离职倾向 $= a_0 + a_1$ 工资差 $+ a_2$ 主管冲突 $+ a_3$ 匹配 $+ a_4$ 连接 $+ a_5$ 牺牲

然后看一看 a_3, a_4 和 a_5 是否在统计上显著。但是,如果验证的结果是 $a_3 \neq 0, a_4 \neq 0$,但 $a_5 = 0$,那怎么办呢? 又或者 $a_3 = 0, a_4 \neq 0$,但 $a_5 \neq 0$,又怎么办呢? "匹配""连接"和"牺牲"是 3 个变量一组代表了"工作嵌入"。现在有两个不等于 0,一个是 0,那到底"工作嵌入"是否影响员工的离职倾向呢? 显然以上的方法不是一个好的方法。我们要找一个方法可以同时验证 a_3, a_4 和 a_5 是否在统计上显著。"多层回归分析(Hierarchical Regression)"就可以帮助我们解决这个问题。

7.3.2　多层回归的概念

要做多层回归分析,我们首先会做一个最简单的回归模型,我们将它称为"模型 0"或者是"基本模型(Baseline Model, M_0)"。M_0 就是仅用基本的人口背景变量(如性别、年龄、工龄、职别等)作为控制变量(不同的研究会有不同的控制变量,读者要自行决定)。为了简单表达,我们就假设研究人员只控制"性别"这个变量,即

离职倾向 $= a_0 + a_1$ 性别

现在让我们做第一个研究中的变量的回归模型,我们将它称为"模型 1"(M_1),即

$$离职倾向 = b_0 + b_1\,性别 + b_2\,工资差 + b_3\,主管冲突$$

然后我们再做另外一个模型,就是把"工作嵌入"的 3 个维度放进去。我们将它称为"模型 2"(M_2),即

$$离职倾向 = c_0 + c_1\,性别 + c_2\,工资差 + c_3\,主管冲突 + c_4\,匹配 + c_5\,连接 + c_6\,牺牲$$

"模型 1"的模型 R_1^2(决定系数)代表了控制了性别以后,"工资差"与"主管冲突"共同解释了多少员工离职倾向的方差。"模型 2"的模型 R_2^2(决定系数)代表了"性别""工资差""主管冲突""匹配""连接"及"牺牲"这 6 个自变量一同解释了员工离职倾向的方差的多少。($R_2^2 - R_1^2$)代表了"匹配""连接"和"牺牲"这 3 个自变量对解释"员工离职倾向的方差"额外贡献了多少。这就是我们要解决的问题了。我们一般将这个统计量称为"R^2 的增量(change in R^2 或 ΔR^2)"。只要 ΔR^2 显著地大于 0,就代表这 3 个新加进回归模型的变量作为"一组变量",对于解释 y 的方差是有用的。

现在统计量有了,我们怎么知道 ΔR^2 的抽样分布是什么呢?前面说过,回归模型的"模型的 R^2"是服从 F 分布的。而数学推导告诉我们两个 F 分布的差数也是 F 分布的。这个"两个 F 分布的差"的新 F 分布的自由度就是原来的两个 F 分布的自由度的差。例如,原来的回归模型有 k_1 个自变量,新的回归模型多加了几个自变量,变成有 k_2 个自变量(在这个情形下,k_2 自然等于 $k_1 - 3$,因为数据是一样的,但是后面要多估计 c_4,c_5 和 c_6 的值)。两个回归模型的"模型 R^2"的差,即

$$\Delta R^2 = \frac{\dfrac{R_2^2 - R_1^2}{k_2 - k_1}}{\dfrac{1 - R_2^2}{N - k_1 - 1}} \sim F_{(k_2 - k_1;\, N - k_1 - 1)}$$

用我们原来的例子,在上式中,R_2^2 是"性别"、"工资差"(x_1)、"主管冲突"(x_2)、"匹配"(x_3)、"连接"(x_4)及"牺牲"(x_5)这 5 个自变量一同解释了"员工离职倾向"(y)的方差的多少。R_1^2 是"性别"、"工资差"(x_1)和"主管冲突"(x_2)这两个自变量一同解释了"员工离职倾向"的方差的多少。k_2 是模型 2 的自变量数目,也就是 6;k_1 是模型 1 的自变量数目,也就是 3;N 是样本数。用回归的符号,R_2^2 其实就是 $R_{y.12345}^2$;R_1^2 其实就是 $R_{y.12}^2$(这里我们为了方便,省略了"性别"这个变量)。要验证

H_0:多加了 x_3,x_4 和 x_5 进模型后,新的模型解释 y 的能力,不比原来的 x_1 和 x_2 显著增多。或者正规地写为

$H_0 : \Delta R^2 = 0$

我们用下面的一个 F 分布(这个公式与上面的 ΔR^2 公式是一样的,只是符号不同而已)

$$F_{(3;\, N-6)} = \frac{\dfrac{R_{y.12345}^2 - R_{y.12}^2}{6 - 3}}{\dfrac{1 - R_{y.12345}^2}{N - 6 - 1}}$$

这个 $\Delta R^2 = (R^2_{y.12345} - R^2_{y.12})$,真实意思是在控制了 x_1 和 x_2 后,x_3,x_4 和 x_5 能够解释 y 的能力。它的概念,其实跟我们做二元回归时的回归系数(b)的概念是一样的。读者记得我们讲二元回归时:

$$y = b_0 + b_1 x_1 + b_2 x_2$$

b_1 其实就是控制了 x_2 后,x_1 能够解释 y 的能力。b_1 很像一个半偏相关系数,因为

$$r_{y(1.2)} = \frac{r_{y1} - r_{y2} r_{12}}{\sqrt{1 - r_{12}^2}}$$

$r_{y(1.2)}$ 的意思是"当 x_2 对 x_1 的影响被控制住以后(x_2 对 y 的影响却没有被控制),x_1 与 y 的相关"。同样的,ΔR^2 是控制了 x_1 和 x_2 对 x_3,x_4 和 x_5 的影响后(x_1 和 x_2 对 y 的影响却没有被控制),x_3,x_4 和 x_5 能够解释 y 的能力。因此,就像一个半偏相关系数一样:

$$r_{y(345.12)}^2 = R^2_{y.12345} - R^2_{y.12}$$

在下一节中,我们列出了在 SPSS 程序中多层回归分析是如何做的。我们既有输出结果(output)的例子,也有多层回归分析一般在论文呈现的方式。

7.3.3　多层回归分析的 SPSS 演示

下面一个真实的研究数据。这个研究的目的是"情商(emotional intelligence)"对员工的工作表现的影响。过去的文献常常认为情商只是员工的一种"性格"的表现,因此,我们希望证明"情商"能够在"性格"以外,解释员工工作表现的方差。在这个研究中,我们除了控制住基本的背景变量(员工的年龄、性别、教育水平和工龄)以外,还控制了员工对主管的忠诚(loyalty to supervisor)和员工对主管的信任度(trust in supervisor)。

基于上面的背景,我们把研究的变量分成 4 组。第一组是 4 个控制变量(self_age,self_sex,self_edu 和 self_tnr)。第二组是员工对主管的忠诚和信任度(loy 和 trust)。第三组是大五性格(Big Five Factor)变量,分别是神经质(sbn)、外向性(sbe)、开放性(sbo)、亲和力(sba)及严谨性(sbc)。最后一组是情商(seq)。下面的 SPSS 程序表现了多层回归分析的程序。因变量是工作表现(perform)。然后 4 层的回归,每一次多加几个自变量。重要的是在 SPSS 程式中多加了一个输出的变量,称为 CHANGE。有了这个要求,SPSS 就会把一层层的回归结果都列出来。

```
REGRESSION
  /DESCRIPTIVES MEAN STDDEV CORR SIG N
  /MISSING LISTWISE
  /STATISTICS COEFF OUTS R ANOVA CHANGE
  /CRITERIA = PIN( .05) POUT( .10)
  /NOORIGIN
  /DEPENDENT perform
  /METHOD = ENTER self_age self_sex self_edu self_tnr
  /METHOD = ENTER loy trust
  /METHOD = ENTER sbn sbe sbo sba sbc
  /METHOD = ENTER seq.
```

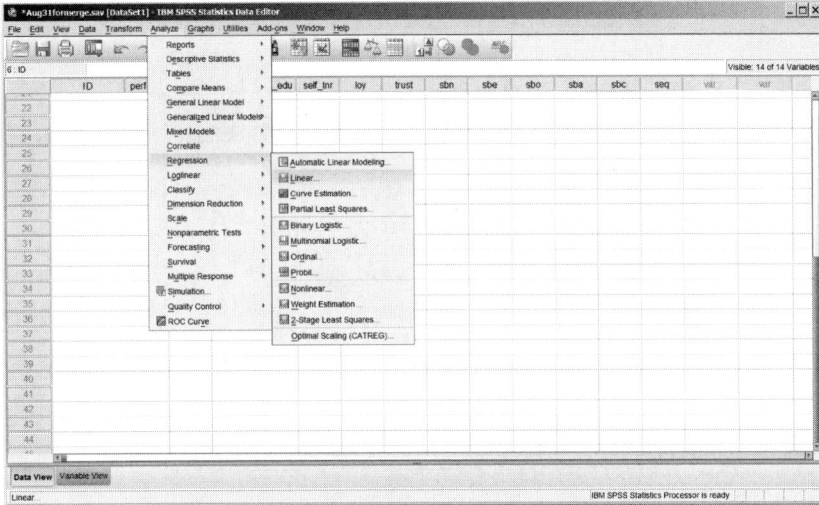

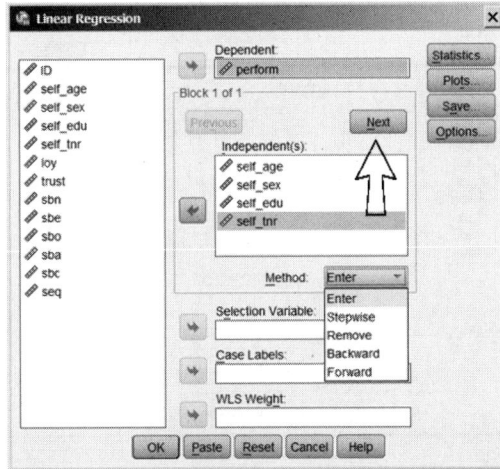

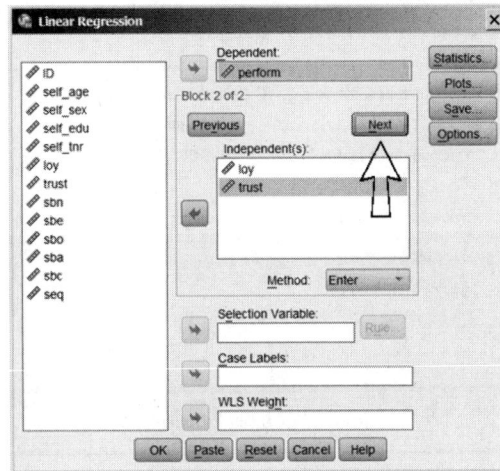

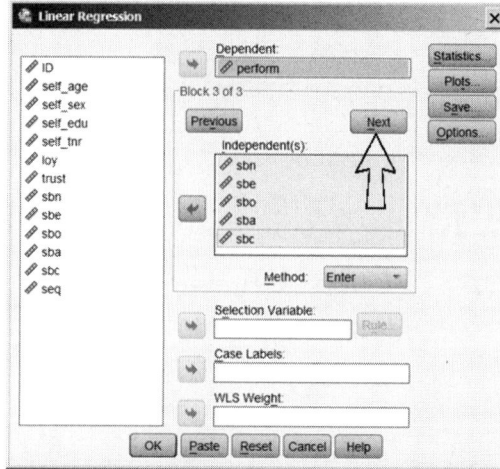

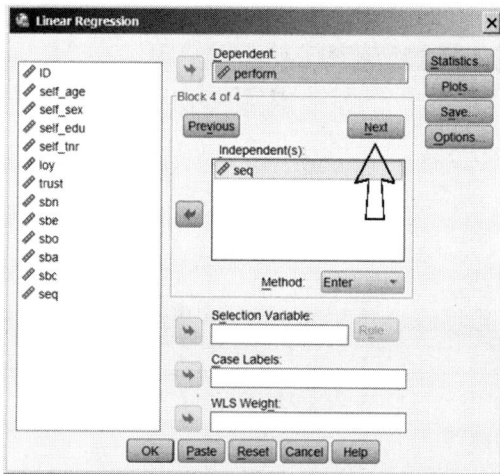

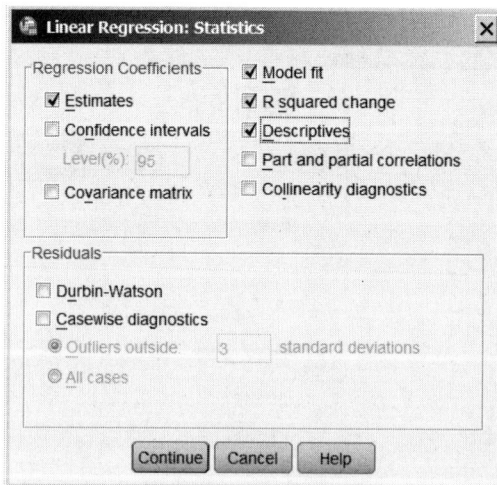

Model Summary

Model	R	R Square	Adjusted R Square	Std. Error of the Estimate	Change Statistics				
					R Square Change	F Change	df1	df2	Sig. F Change
1	.117ᵃ	.014	-.011	.59039	.014	.552	4	159	.698
2	.291ᵇ	.085	.050	.57240	.071	6.074	2	157	.003
3	.319ᶜ	.102	.037	.57622	.017	.585	5	152	.711
4	.364ᵈ	.133	.064	.56812	.031	5.364	1	151	.022

a. Predictors: (Constant), SELF_TNR, SELF_EDU, SELF_SEX, SELF_AGE
b. Predictors: (Constant), SELF_TNR, SELF_EDU, SELF_SEX, SELF_AGE, LOY, TRUST
c. Predictors: (Constant), SELF_TNR, SELF_EDU, SELF_SEX, SELF_AGE, LOY, TRUST, SBC, SBO, SBN, SBE, SBA
d. Predictors: (Constant), SELF_TNR, SELF_EDU, SELF_SEX, SELF_AGE, LOY, TRUST, SBC, SBO, SBN, SBE, SBA, SEQ

图 7.15

以上是 SPSS 的结果输出。模型 1 只用背景资料来估计员工工作表现时，模型 R^2 是 0.014。模型 2 用了"背景资料"加对主管的"忠诚和信任"，模型 R^2 是 0.085。模型 3 多加了 5 个性格的维度后，模型 R^2 是 0.102。最后，多加了情商后的模型 R^2 是 0.133。我就用模型 3 和模型 4 的改变来演示多层回归的方程。模型 3 有 11 个自变量（4 个背景资料，忠诚、信任，5 个性格），模型 R^2 是 0.102。模型 4 有 12 个自变量（再加上情商），模型 R^2 是 0.133。

$$F_{(5;N-8)} = \frac{\dfrac{R_{y.12345}^2 - R_{y.12}^2}{5}}{\dfrac{1 - R_{y.12345}^2}{N-5-2-1}}$$

Coefficients ᵃ

Model		Unstandardized Coefficients		Standardized Coefficients	t	Sig.
		B	Std. Error	Beta		
1	(Constant)	3.538	.381		9.280	.000
	SELF_AGE	-2.360E-03	.011	-.021	-.216	.830
	SELF_SEX	.110	.099	.088	1.116	.266
	SELF_EDU	-1.168E-02	.018	-.051	-.641	.523
	SELF_TNR	5.750E-04	.001	.079	.813	.417
2	(Constant)	3.097	.465		6.667	.000
	SELF_AGE	-1.793E-03	.011	-.016	-.167	.867
	SELF_SEX	.106	.096	.085	1.106	.271
	SELF_EDU	-1.395E-02	.018	-.061	-.783	.435
	SELF_TNR	5.592E-04	.001	.077	.812	.418
	LOY	.266	.079	.310	3.388	.001
	TRUST	-9.102E-02	.077	-.109	-1.177	.241
3	(Constant)	2.145	.793		2.703	.008
	SELF_AGE	1.636E-02	.011	.001	.015	.988
	SELF_SEX	.122	.099	.098	1.237	.218
	SELF_EDU	-1.340E-02	.018	-.058	-.739	.461
	SELF_TNR	5.669E-04	.001	.078	.816	.416
	LOY	.273	.082	.318	3.333	.001
	TRUST	-8.719E-02	.080	-.105	-1.096	.275
	SBN	4.288E-02	.059	.064	.730	.466
	SBE	-2.395E-02	.061	-.037	-.394	.694
	SBO	1.534E-02	.051	.028	.301	.764
	SBA	9.477E-02	.081	.114	1.166	.245
	SBC	3.813E-02	.086	.044	.445	.657
4	(Constant)	1.400	.846		1.655	.100
	SELF_AGE	7.632E-04	.011	.007	.071	.944
	SELF_SEX	9.524E-02	.098	.076	.971	.333
	SELF_EDU	-1.041E-02	.018	-.045	-.580	.563
	SELF_TNR	3.536E-04	.001	.049	.512	.610
	LOY	.242	.082	.282	2.963	.004
	TRUST	-.104	.079	-.126	-1.325	.187
	SBN	5.648E-02	.058	.085	.971	.333
	SBE	-4.059E-02	.060	-.062	-.672	.503
	SBO	5.756E-03	.050	.010	.114	.909
	SBA	9.925E-02	.080	.119	1.238	.218
	SBC	3.539E-02	.085	.040	.419	.676
	SEQ	.257	.111	.192	2.316	.022

a. Dependent Variable: MCTASK

注：上表中，最后一个模型就是 M_2。打了圈的是后这个模型的标准化回归系数。

图 7.16

7.3.4　多层回归在文献中的表示方法

根据上面的 SPSS 分析结果,我们在报告时列表如下:

因变量:员工表现 perform

	M_0	M_1	M_2	M_3
SELF_AGE	-0.021	-0.016	0.001	0.007
SELF_SEX	0.088	0.085	0.098	0.076
SELF_EDU	-0.051	-0.061	-0.058	-0.045
SELF_TNR	0.079	0.077	0.078	0.049
LOY		0.310^{**}	0.318^{**}	0.282^{**}
TRUST		-0.109	-0.105	-0.126
SBN			0.064	0.085
SBE			-0.037	-0.062
SBO			0.028	0.010
SBA			0.114	0.119
SBC			0.044	0.040
SEQ				0.192^{*}
Model R^2	0.014	0.085	0.102	0.133^{*}
d. f.	4 159	2 157	5 152	1 151
ΔR^2	0.014	0.071^{**}	0.017	0.031^{*}
ΔF	$.552$	6.074^{**}	$.585$	5.364^{*}

　　上表清楚表明,M_0 中 4 个控制变量对解释员工表现来说,4 个人口背景变量都没有解释作用,$\Delta R^2 = 0.014$(不显著)。有读者会问,既然都没用,是否要再从头分析一次,根本就不用这几个变量? 我们的建议是,那是原来的分析计划的一部分,应该留在这里,不应该因为不显著就不报告。同时,当我们加入了"忠诚和信任"(LOY 与 TRUST)后,明显地多解释了员工表现这个变量的方差,$\Delta R^2 = 0.085$($p < 0.01$, $\Delta F = 6.07$)。其中,贡献最大的是员工的忠诚度(LOY),$b = 0.318$($p < 0.01$)。M_2 表示了多加入 5 个性格变量后,对解释员工表现的方差没有贡献,$\Delta R^2 = 0.017$(不显著)。最后,我们在 M_3 中加入了员工的情商(SEQ),显著地增加了对员工表现的解释能力,$\Delta R^2 = 0.031$($p < 0.05$, $\Delta F = 5.36$)。研究结果表明情商不是性格的一种表现。因为大五性格在这里不能解释员工表现的方差,而情商解释员工表现的能力却非常显著。

7.4　虚拟变量在回归分析中的应用

　　以上的分析中,我们都假设自变量是连续变量。但是当自变量是一个分类变量时,该如何处理呢？例如,性别就是一个明显的分类变量。对于性别这些只有两个类别的变量,我们处理的方法比较简单。一般把其中一个定义为0,另一个定义为1,如男 =0,女 =1。这个方法我们一般称为"虚拟编码(dummy coding)",这样的变量称为"虚拟变量(dummy variables)"。根据这样的定义,如果性别(SEX)这个虚拟变量的回归系数是正且显著的,那就代表女性对因变量的影响比男性大。相反,如果这个变量的回归系数是个负数且显著的话,那就代表男性对因变量的影响比女性大。

但是如果多于两个类别,该如何处理呢？例如,我们可能研究不同类型的企业的业绩区别。我们要比较国有企业(SOE)、合资企业(JV)、私人企业(PE),3 种资产所有权对企业表现的影响,该如何分析呢？应该不可以把 SOE 定为1,JV 定为2,PE 定为3 吧。因为这样是假设 SOE 对业绩的影响会比 JV 小(因为 SOE =1,JV =2),同时也假设了私人企业(PE)对业绩的影响最大(因为凡是私人企业,在这个变量中都是 3 分)。确实,这样用1,2,3 来做编码得出来的变量是没有意义的。正确的做法,是每一种资产所有权都给它一个虚拟变量。因此,我们在数据中就自己创造两个新的变量,分别是 SOE 和 JV。如果一家企业是国有企业,那么这个数据点的 SOE 就是 1,JV 就是 0。如果它是一家合资企业的话,这个数据点的 SOE 就是 0,JV 就是 1。如果它是一家私人企业的话,这个数据点的 SOE 就是 0,JV 也是 0。

因此,对于3 种不同的所有权,我们不需要3 个虚拟变量,用两个就可以表示出所有类型。因为如果两个虚拟变量的值都是 0 的话,就可以表示第三种资产所有权。故一般来说,**如果我们有 k 个类别的话,$k-1$ 个虚拟变量就足够了**。

这就是为什么对于性别,我们只要一个虚拟变量 SEX。因为性别只有两个,不是男的就是女的。那读者可能会问,在上面企业类型的例子中,我就是想多加一个虚拟变量称为PE,然后我用 3 个虚拟变量一起跑回归,难道不可以吗？这自然是可以,但是第一这样做没有什么价值。因为这第三个变量,在分析中是完全没有作用的。第二,这样会导致共线性问题。这个现象在统计中称为"线性相依(linear dependence)"。这就好比我们有一个方程$x + y = 5$。本来如果我们有另外一个关于 x 与 y 方程,如 $x - y = 1$,那就可以帮助我们解出 x与 y 是什么。但是,如果第一个方程是 $x + y = 5$,第二个方程是 $2x + 2y = 10$,那第二个方程对我们来说是完全没有用的。它只是把第一个方程左右都乘以 2 而已。数学上我们说这两个方程是"线性相关"的,第二个方程没有多给我们任何额外的资料。这里的第三个虚拟变量,如果加进来的话,就是这样的情形。

明白了类别变量的"虚拟编码"编码后,再谈谈虚拟变量的阐释问题。我们还是用上面资产所有权对企业表现影响的例子。现在我们用了两个虚拟变量 SOE 和 JV 来代表企业资产所有权。假设我们有如下的回归结果:

$$企业业绩(y) = b_0 + b_1 SOE + b_2 JV$$

如果 b_1 显著的话,说明国有企业与"非国有企业"的企业业绩有明显的差别。也就是"是否是国有企业"这个变量能够解释企业业绩的方差,换一种说法,也就是国有企业与非国有企业之间的业绩有显著差别。如果 b_2 显著的话,代表合资企业与"非合资企业"的企业业绩有明显的差别。那么,私人企业是否比"非私人企业"的企业业绩好呢？答案是我们无从得知。因为我们如何知道一家企业是私人企业呢？就是 SOE =0 和JV =0。我们要两个变量才可以定义私人企业。因此,它的效应值就很难判断。要知道私人企业与"非私人企业"对企业业绩的影响,我们就要加上 PE 这个虚拟变量了。当然,有了 PE,为了避免"线性相依"的问题,我们就要放弃 SOE 或是 JV 其中一个了。

最后,研究人员设计了两个虚拟变量,其目的不是要了解"是否国有企业",或是"是否合资企业"对企业业绩的影响,而是希望知道"资产所有权"对企业业绩的影响。那么哪个变量代表"资产所有权"呢?答案很简单,也就是 SOE 与 JV 这一组的两个变量。因此,要知道"资产所有权"是否影响企业业绩,我们就用上面学会的多层回归分析,同时把 SOE 与 JV 放进回归方程中,看看加这两个变量前后的模型 ΔR^2,用 F-检验验证一下就可以了。

读者要留意,上面讨论的类别变量处理,只适用于自变量是类别变量。如果因变量是类别变量,就需要特别的回归模型,如 Logit/probit 等来处理。这些复杂模型的讨论已经超出了本书的范围,有需要的读者请参考回归分析的专门书籍。

7.5 回归分析中的多重共线性的问题

最后我们谈一个回归分析经常遇到的问题,称为"多重共线性(multicollinearity)"(简称"共线性(collinearity)")。所谓的共线性,就是在多重回归的模型中,有两个或以上的变量有很高的相关。在这个情形下,回归系数的估计可能出现严重的误差。我们尝试用以下的例子来说明"多重共线性"这个问题。假设我们有以下的数据,y 是生活满意度,x_1 是个人收入,x_2 是教育水平,x_3 是智商,共 10 个数据点:

数据点	生活满意度(y)	个人收入(x_1)	教育水平(x_2)	智商(x_3)
1	7.00	3.00	4.00	2.00
2	2.00	3.00	3.00	4.00
3	1.00	3.00	2.00	5.00
4	4.00	4.00	4.00	4.00
5	5.00	6.00	5.00	6.00
6	4.00	5.00	4.00	5.00
7	9.00	6.00	7.00	5.00
8	8.00	6.00	6.00	4.00
9	7.00	6.00	5.00	9.00
10	3.00	3.00	2.00	5.00

这 4 个变量的相关系数是:

	y	x_1	x_2	x_3
y	1.00			
x_1	0.697*	1.00		
x_2	0.901*	0.861**	1.00	
x_3	0.070	0.541	0.161	1.00

---

* 如弗洛伊德和威尔逊所著的《回归分析:因变量统计模型》,已出简体中文版。

如果只用个人收入(x_1)来预测生活满意度(y),得到的回归方程为

$$y = -0.838 + 1.297x_1 \quad 标准化 b = 0.697(p < 0.025) \quad 模型 R^2 = 0.486$$

如果只用教育水平(x_2)来预测生活满意度(y),得到的回归方程为

$$y = -1.229 + 1.483x_2 \quad 标准化 b = 0.901(p < 0.000) \quad 模型 R^2 = 0.811$$

如果只用智商(x_3)来预测生活满意度(y),得到的回归方程为

$$y = 4.491 + 0.104x_2 \quad 标准化 b = 0.070(p < 0.848) \quad 模型 R^2 = 0.005$$

因此,除了智商以外,两个自变量都能预测因变量生活满意度(y)。但是把这 3 个自变量$(x_1, x_2 与 x_3)$同时放进回归模型去估计因变量 y 时,结果为

$$y = -0.824 - 0.957x_1 + 2.177x_2 + 0.201x_3 \quad 模型 R^2 = 0.841$$

标准化的 $b_1 = -0.515(p < 0.374)$; $b_2 = 1.322(p < 0.028)$ 和 $b_3 = 0.135(p < 0.641)$

个人收入(x_1)突然不可预测生活满意度了。这样的结果完全不合理,个人收入独自解释生活满意度方差的能力本来是很高的,它与生活满意度的相关系数是 0.697,统计上极为显著。为什么当所有自变量同时在模型时,就变成不显著呢?

这就是一个明显的多重共线性的例子。虽然收入(x_1)会影响生活满意度(y),但是收入却与教育水平(x_2)有极大的关系$(r_{x1x2} = 0.861)$。有时,太强的共线性甚至会导致计算机根本不能提供可接受的估计,而是出来一些古古怪怪的估计结果。

虽然多重共线性的影响这么大,但是事实上,回归分析的自变量是不可能不相关的。那自变量的相关要多大才称为有多重共线性的问题? 我们如何知道有没有多重共线性的影响? 以下是一些有多重共线性的迹象,我们还是利用上面的例子来阐释。

① 在做多层回归时, x_1 的回归系数原来是非常显著的,但是加入 x_2 后突然变成不显著了。

② 模型的 R^2 显著,但是没有一个自变量的回归系数显著。

③ 一个自变量与 y 的相关是显著的,但是在多重回归中却不显著。

④ 上面谈的都只是一些迹象,多重共线性的标准测验是"变异膨胀系数 (variance inflation factor, VIF)"。"变异膨胀系数"的倒数就是 1/VIF 称为 "宽容值(tolerance,也译宽容度,允差)"。

如在以下的回归模型中

$$y = b_0 + b_1x_1 + b_2x_2 + \cdots + b_kx_k + \varepsilon$$

对每一个自变量,我们作如下的回归

$$x_2 = a_0 + a_1x_1 + \cdots + b_kx_k + \varepsilon$$

如果这个回归模型的模型 R^2 是 R_2^2 的话,b_2 的"变异膨胀系数"定义为

$$\text{VIF}(b_2) = \frac{1}{\text{tolerance}} = \frac{1}{1 - R_2^2}$$

因此,对于每一个回归模型的变量,我们都可以计算一个"变异膨胀系数"。其他的自变量解释该自变量(上面的例子是 x_2)的程度越高,R_2^2 就越大,"宽容值"就越低,"变异膨胀系数"就越大。简单地说,R_2^2 大其实就代表该自变量与其他自变量的相关很高。因此 VIF 越高,多重共线性就越严重。一般来说,

$\text{VIF}(b_k) > 5$ 为高共线性;

$\text{VIF}(b_k) > 10$ 为危险程度的共线性的临界值。

要知道"变异膨胀系数",只要在 SPSS 的程式里多加一点命令就可以了:

```
REGRESSION
  /MISSING LISTWISE
  /STATISTICS COEFF OUTS R ANOVA COLLIN TOL
  /CRITERIA = PIN( .05) POUT( .10)
  /NOORIGIN
  /DEPENDENT y
  /METHOD = ENTER x1 x2 x3 .
```

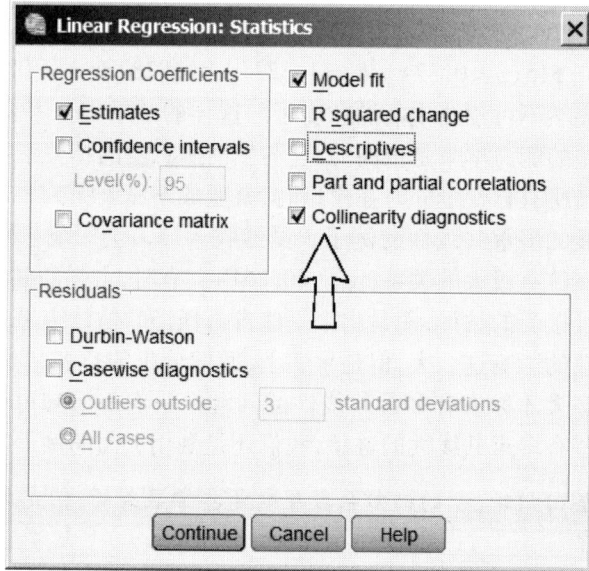

图 7.17

有了 COLLIN 和 TOL 这两个指令,程序就会计算下面最后两行的共线性统计结果 (Collinearity Statistics)。

Model	Unstandardized Coefficients		Standardized Coefficients	t	Sig.	Collinearity Statistics	
	B	Std. Error	Beta			Tolerance	VIF
(Constant)	-.824	1.574		-.523	.619		
x1	-.957	.998	-.515	-.959	.374	.092	10.874
x2	2.177	.753	1.322	2.891	.028	.127	7.901
x3	.201	.411	.135	.490	.641	.347	2.879

这个结果明显指出,x_1 之所以不显著,是因为严重的共线性(VIF = 10.87)。x_2 其实也有颇严重的共线性问题(VIF = 7.90)。相对来说 x_3 就比较安全了(VIF = 2.88)。

那如果出现了严重共线性,研究人员可以做什么呢? 统计学家提供了一些可能解决多重共线性的方法。不过,第一,这些方法一般都不可以完全解决共线性的问题。第二,我们的建议是,严重的共线性往往代表在研究者的模型中,出现了两个极为接近的变量,因此它们会有极高的相关。如果是这样,最合理的做法就是把其中一个相对不这么重要的变量从模型中删掉。

本章附录

1　一元回归的最小平方法估计推导

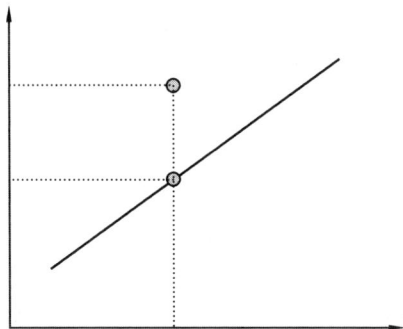

图 7.18

为了方便,我们先假设 x 与 y 都是标准化的,平均数 $= 0$;
方差 $= 1$。

最小化 $\sum_{y=1}^{k} (\hat{y} - y)^2$

$= $ 最小化 $\sum (a + bx - y)^2$　　　　　　　　　　（因为 x 与 y 都是标准化的, $\sum x = \sum y =$

$= $ 最小化 $\sum [(bx - y) + a]^2$　　　　　　　　　0,中间两项都没有了）

$= $ 最小化 $[\sum (bx - y)^2 + 2a \sum (bx - y) + \sum a^2]$　　（因为 a 是一个常数, a^2 不可能是负数,

$= $ 最小化 $[\sum (bx - y)^2 + 2ab \sum x - 2a \sum y + \sum a^2]$　　$\sum a^2$ 的最小值是 0,因此,在最小化的过程

$= $ 最小化 $[\sum (bx - y)^2 + \sum a^2]$　　　　　　中 $\sum a^2$ 可以不要了）

$= $ 最小化 $[\sum (bx - y)^2]$　　　　　　　　　（因为 x 与 y 都是标准化的, $\sum x^2 = \sigma_x^2 = 1$;

$= $ 最小化 $[b^2 \sum x^2 - 2b \sum xy + \sum y^2]$　　　$\sum y^2 = \sigma_y^2 = 1$）

$= $ 最小化 $[b^2 \sigma_x^2 - 2b\sigma_{xy} + \sigma_y^2]$

$= $ 最小化 $[b^2 - 2b\sigma_{xy} + 1]$　　　　　　　　（因为 x 与 y 都是标准化的, $\sigma_{xy} = r_{xy}$）

$= $ 最小化 $[b^2 - 2br_{xy} + 1]$　　　　　　　　　[现在,我们假设如果 $b = r_{xy} + c$（ c 是任何一

$= $ 最小化 $[(r_{xy} + c)^2 - 2(r_{xy} + c)r_{xy} + 1]$　　　个常数）]

$= $ 最小化 $[r_{xy}^2 + 2cr_{xy} + c^2 - 2r_{xy}^2 - 2cr_{xy} + 1]$　　注:以上假设是一定对的。因为如果 $b \neq r_{xy}$,

$= $ 最小化 $[(1 - r_{xy}^2) + c^2]$　　　　　　　　　我们就叫两者的差为 c

　　这个数值只有当 $c = 0$ 时才可能是"最小"的,否则,它永远是最小值 $+ c^2$。

　　但是,如果 $c = 0$,则

$b = r_{xy}$

　　所以我们的结论是,这一条回归直线的 OLS 值是当 $b = r_{xy}$, $a = 0$ 时,才是最小的。

　　注:上面的推导只有在 x 与 y 都标准化时才对。如果 x 与 y 没有标准化,则

最小化 $\sum_{y=1}^{k} (\hat{y} - y)^2$

$= 最小化 \sum (a + bx - y)^2$

求这个值最小化时 b 的值，我们求导：

$$\frac{\partial}{\partial b} \sum (a + bx - y)^2 = 0$$

$$\sum \frac{\partial}{\partial b}(a + bx - y)^2 = 0$$

$$\sum 2x(a + bx - y) = 0$$

$$\sum 2ax + 2bx^2 - 2xy = 0$$

$$2b \sum x^2 + 2a \sum x - 2 \sum xy = 0$$

$$b = \frac{\sum xy}{\sum x^2} \quad （因为 \sum x = 0，中间的项去掉了）$$

求这个值最小化时 a 的值，我们求导：

$$\frac{\partial}{\partial b} \sum (a + bx - y)^2 = 0$$

$$\sum \frac{\partial}{\partial b}(a + bx - y)^2 = 0$$

$$\sum 2(a + bx - y) = 0$$

$$\sum (a + bx - y) = 0$$

$$b \sum x + an - \sum y = 0 \quad （n 是样本数）$$

$$a = \frac{\sum y}{n} - b \frac{\sum x}{n}$$

$$a = \bar{y} - b\bar{x}$$

故

$$b = \frac{\sum xy}{\sum x^2} 而 a = \bar{y} - b\bar{x}$$

同时，因为 $r_{xy} = \frac{\sum xy}{\sqrt{\sum x^2}\sqrt{\sum y^2}}$，故

$$b = \frac{\sum xy}{\sum x^2} = r_{xy}\frac{\sigma_y}{\sigma_x} 而 a = \bar{y} - b\bar{x}$$

2   二元回归的最小平方法估计推导

最小化 $\sum_{y=1}^{k} (\hat{y} - y)^2$

$= 最小化 \sum (b_0 + b_1 x_1 + b_2 x_2 - y)^2$

求这个值最小化时 b_0 的值，我们求导：

$$\frac{\partial}{\partial b_0} \sum (b_0 + b_1 x_1 + b_2 x_2 - y)^2 = 0$$

$$\sum \frac{\partial}{\partial b_0}(b_0 + b_1 x_1 + b_2 x_2 - y)^2 = 0$$

$$\sum 2(b_0 + b_1 x_1 + b_2 x_2 - y) = 0$$

$$\sum (b_0 + b_1 x_1 + b_2 x_2 - y) = 0$$

$$\sum b_0 + b_1 \sum x_1 + b_2 \sum x_2 - \sum y = 0$$

$$\sum y = \sum b_0 + b_1 \sum x_1 + b_2 \sum x_2$$

求最小平方法的 b_1 值时,我们求导:

$$\frac{\partial}{\partial b_1} \sum (b_0 + b_1 x_1 + b_2 x_2 - y)^2 = 0$$

$$\sum \frac{\partial}{\partial b_1}(b_0 + b_1 x_1 + b_2 x_2 - y)^2 = 0$$

$$\sum 2x_1(b_0 + b_1 x_1 + b_2 x_2 - y) = 0$$

$$b_0 \sum x_1 + b_1 \sum x_1^2 + b_2 \sum x_1 x_2 - \sum y x_1 = 0$$

$$\sum x_1 y = b_0 \sum x_1 + b_1 \sum x_1^2 + b_2 \sum x_1 x_2$$

因为 b_1 和 b_2 是对称的,因此,求最小平方法的 b_1 值时,得

$$\sum x_2 y = b_0 \sum x_2 + b_2 \sum x_2^2 + b_1 \sum x_1 x_2$$

这里有 3 个方程,它们是解求最小平方法的 b_0,b_1 和 b_2 值时得出来的。
它们在数学上称为"正规方程(Normal Equation)"。
我们现在有 3 个正规方程,3 个未知数。
只要解了这一组的联立方程式,就可以找到 b_0,b_1 和 b_2 了。
"正规方程(Normal Equation)"

$$\begin{cases} \sum y = \sum b_0 + b_1 \sum x_1 + b_2 \sum x_2 \\ \sum x_1 y = b_0 \sum x_1 + b_1 \sum x_1^2 + b_2 \sum x_1 x_2 \\ \sum x_2 y = b_0 \sum x_2 + b_2 \sum x_2^2 + b_1 \sum x_1 x_2 \end{cases}$$

现在我们把 3 个正规方程简化为

$$\begin{cases} \sum y = \sum b_0 + b_1 \sum x_1 + b_2 \sum x_2 & (1) \\ \sum x_1 y = b_0 \sum x_1 + b_1 \sum x_1^2 + b_2 \sum x_1 x_2 & (2) \\ \sum x_2 y = b_0 \sum x_2 + b_2 \sum x_2^2 + b_1 \sum x_1 x_2 & (3) \end{cases}$$

如果我们假设 x_1 和 x_2 都是中心化的,那么 $\sum x_1 = \sum x_2 = 0$。方程则变为

$$\begin{cases} \sum y = \sum b_0 & (4) \\ \sum x_1 y = b_1 \sum x_1^2 + b_2 \sum x_1 x_2 & (5) \\ \sum x_2 y = b_2 \sum x_2^2 + b_1 \sum x_1 x_2 & (6) \end{cases}$$

由式(4),则

$$\sum y = Nb_0 \qquad (N 是样本数)$$

$$b_0 = \bar{y}$$

把式(5) $\times \sum x_1 x_2$ 减式(6) $\times \sum x_1^2$,则

$$\sum x_1 x_2 \sum x_1 y - \sum x_1^2 \sum x_2 y = b_2 \left(\sum x_1 x_2\right)^2 - b_2 \sum x_1^2 \sum x_2^2$$

$$b_2 = \frac{\sum x_1^2 \sum x_2 y - \sum x_1 x_2 \sum x_1 y}{\sum x_1^2 \sum x_2^2 - (\sum x_1 x_2)^2}$$

把式(5) $\times \sum x_2^2$ 减式(6) $\times \sum x_1 x_2$, 则

$$\sum x_1 y \sum x_2^2 - \sum x_2^2 \sum x_2 y = b_1 \sum x_2^2 \sum x_1^2 - b_1 (\sum x_1 x_2)^2$$

$$b_1 = \frac{\sum x_2^2 \sum x_1 y - \sum x_1 x_2 \sum x_2 y}{\sum x_1^2 \sum x_2^2 - (\sum x_1 x_2)^2}$$

故当 x_1 与 x_2 都是中心化时, 则

$$b_0 = \bar{y}$$

$$b_1 = \frac{\sum x_2^2 \sum x_1 y - \sum x_1 x_2 \sum x_2 y}{\sum x_1^2 \sum x_2^2 - (\sum x_1 x_2)^2}$$

$$b_2 = \frac{\sum x_1^2 \sum x_2 y - \sum x_1 x_2 \sum x_1 y}{\sum x_1^2 \sum x_2^2 - (\sum x_1 x_2)^2}$$

现在让我们进一步简化上面的方程, 因为

$$b_1 = \frac{\sum x_2^2 \sum x_1 y - \sum x_1 x_2 \sum x_2 y}{\sum x_1^2 \sum x_2^2 - (\sum x_1 x_2)^2}$$

我们把整个方程除以样本数 N, 就可以得

$$b_1 = \frac{\sigma_{x_2}^2 \sigma_{x_1 y} - \sigma_{x_1 x_2} \sigma_{x_2 y}}{\sigma_{x_1}^2 \sigma_{x_2}^2 - \sigma_{x_1 x_2}^2}$$

我们再把整个方程的分子和分母都除以 $\sigma_{x_2}^2 \sigma_{x_1} \sigma_y$, 得

$$b_1 = \frac{r_{x_1 y} - r_{x_1 x_2} r_{x_2 y}}{\dfrac{\sigma_{x_1}}{\sigma_y} - r_{x_1 x_2}^2 \left(\dfrac{\sigma_{x_1}}{\sigma_y}\right)}$$

$$b_1 = \frac{r_{x_1 y} - r_{x_1 x_2} r_{x_2 y}}{1 - r_{x_1 x_2}^2} \left(\frac{\sigma_y}{\sigma_{x_1}}\right)$$

因为 x_1 和 x_2 是对称的, 故我们就得到一组很重要的公式为

$$b_1 = \frac{r_{x_1 y} - r_{x_1 x_2} r_{x_2 y}}{1 - r_{x_1 x_2}^2} \left(\frac{\sigma_y}{\sigma_{x_1}}\right)$$

$$b_2 = \frac{r_{x_2 y} - r_{x_1 x_2} r_{x_1 y}}{1 - r_{x_1 x_2}^2} \left(\frac{\sigma_y}{\sigma_{x_2}}\right)$$

如果 x_1, x_1 和 y 都是标准化的话, 上面的公式就简化为

$$b_1 = \frac{r_{x_1 y} - r_{x_1 x_2} r_{x_2 y}}{1 - r_{x_1 x_2}^2}$$

$$b_2 = \frac{r_{x_2 y} - r_{x_1 x_2} r_{x_1 y}}{1 - r_{x_1 x_2}^2}$$

3 SS_{reg} 的推导

$$SS_{reg} = R_{y.12}^2 SS_{tot}$$

$$= R_{y.12}^2 \ \sigma_y^2 N \quad \left(因为 SS_{tot} = \sum (y - \bar{y})^2\right)$$

$$= \left(\frac{r_{y1}^2 + r_{y1}^2 - 2r_{y1}r_{y2}r_{12}}{1 - r_{12}^2} \right) \sigma_y^2 N$$

$$= \left(\frac{r_{y1}^2 - r_{y1}r_{y2}r_{12}}{1 - r_{12}^2} \right) \sigma_y^2 N + \left(\frac{r_{y2}^2 - r_{y1}r_{y2}r_{12}}{1 - r_{12}^2} \right) \sigma_y^2 N$$

$$= \left(\frac{r_{y1} - r_{y2}r_{12}}{1 - r_{12}^2} \right) r_{y1} \sigma_y^2 N + \left(\frac{r_{y2} - r_{y1}r_{12}}{1 - r_{12}^2} \right) r_{y2} \sigma_y^2 N$$

$$= b_1 r_{y1} \sigma_y \sigma_{x_1} N + b_2 r_{y2} \sigma_y \sigma_{x_2} N \qquad \left(因为\ b_1 = \left(\frac{r_{y1} - r_{y2}r_{12}}{1 - r_{12}^2} \right) \frac{\sigma_y}{\sigma_{x_1}} \right)$$

$$= b_1 r_{y1} \sigma_y \sigma_{x_1} N + b_2 r_{y2} \sigma_y \sigma_{x_2} N \qquad \left(因为\ r_{y1} = \frac{\sigma_{x_1 y}}{\sigma_{x_1} \sigma_y} \right)$$

$$= b_1 \sigma_{x_1 y} N + b_2 \sigma_{x_2 y} N$$

$$= b_1 \sum (x_1 - \bar{x_1})(y - \bar{y}) + b_2 \sum (x_2 - \bar{x_2})(y - \bar{y})$$

4　多元回归的模型 R 平方的推导

多元回归的模型 R 平方其实就是 y 与 $\hat{y}$ 的相关系数。为了简化整个推导,我们先假设 x_1,x_2 和 y 都是标准化的。

$$R_{y.12} = \mathrm{Corr}(y, \hat{y})$$

$$= \mathrm{Corr}(y, b_0 + b_1 x_1 + b_2 x_2)$$

$$= \frac{\mathrm{Cov}(y, b_0 + b_1 x_1 + b_2 x_2)}{\sqrt{\mathrm{Var}(y)\,\mathrm{Var}(b_0 + b_1 x_1 + b_2 x_2)}}$$

$$= \frac{b_1 \mathrm{Cov}(y, x_1) + b_2 \mathrm{Cov}(y, x_2)}{\sqrt{\mathrm{Var}(b_1 x_1 + b_2 x_2)}} \qquad (b_0\ 是一个常数,不会跟其他变量有协方差;\sigma_y^2 = 1\ 因为\ y\ 已经标准$$

化了)

$$= \frac{b_1 r_{y1} + b_2 r_{y2}}{\sqrt{b_1^2 + b_2^2 + 2b_1 b_2 \sigma_{12}}} \qquad (\sigma_{x_1}^2 = \sigma_{x_2}^2 = 1)$$

$$R_{y.12} = \frac{b_1 r_{y1} + b_2 r_{y2}}{\sqrt{b_1^2 + b_2^2 + 2b_1 b_2 r_{12}}} \qquad (7)$$

由附录 2 的方程(5),则

$$\sum x_1 y = b_0 \sum x_1 + b_1 \sum x_1^2 + b_2 \sum x_1 x_2$$

$$r_{y1} = b_0 \sum x_1 + b_1 \sum x_1^2 + b_2 \sum x_1 x_2 \qquad (\sigma_y^2 = \sigma_{x_1}^2 = 1)$$

$$r_{y1} = b_1 + b_2 r_{12} \qquad (8)$$

同样的,

$$r_{y2} = b_2 + b_1 r_{12} \qquad (9)$$

把式(8)和式(9)代入方程(7)中,则

$$R_{y.12} = \frac{b_1 r_{y1} + b_2 r_{y2}}{\sqrt{b_1^2 + b_2^2 + 2b_1 b_2 r_{12}}}$$

$$R_{y.12} = \frac{b_1 (b_1 + b_2 r_{12}) + b_2 (b_2 + b_1 r_{12})}{\sqrt{b_1^2 + b_2^2 + 2b_1 b_2 r_{12}}}$$

$$= \frac{b_1^2 + b_1 b_2 r_{12} + b_2^2 + b_1 b_2 r_{12}}{\sqrt{b_1^2 + b_2^2 + 2b_1 b_2 r_{12}}}$$

$$R_{y.12} = \sqrt{b_1^2 + b_2^2 + 2b_1 b_2 r_{12}} \tag{10}$$

我们把附录 2 的最后一组 b_1 的 b_2 公式代入方程(10),得

$$R_{y.12} = \sqrt{\left(\frac{r_{y1} - r_{y2} r_{12}}{1 - r_{12}^2}\right)^2 + \left(\frac{r_{y2} - r_{y1} r_{12}}{1 - r_{12}^2}\right)^2 + 2\left(\frac{r_{r1} - r_{y2} r_{12}}{1 - r_{12}^2}\right)\left(\frac{r_{y2} - r_{y1} r_{12}}{1 - r_{12}^2}\right) r_{12}}$$

$$= \sqrt{\left(\frac{r_{y1} - r_{y2} r_{12}}{1 - r_{12}^2}\right)^2 + \left(\frac{r_{y2} - r_{y1} r_{12}}{1 - r_{12}^2}\right)^2 + 2\frac{(r_{y1} - r_{y2} r_{12})(r_{y2} - r_{y1} r_{12})}{(1 - r_{12}^2)^2} r_{12}}$$

$$= \frac{\sqrt{(r_{y1} - r_{y2} r_{12})^2 + (r_{y2} - r_{y1} r_{12})^2 + 2(r_{y1} - r_{y2} r_{12})(r_{y2} - r_{y1} r_{12}) r_{12}}}{1 - r_{12}^2}$$

$$= \frac{\sqrt{(r_{y1}^2 - 2 r_{y1} r_{y2} r_{12} + r_{y2}^2 r_{12}^2) + (r_{y2}^2 - 2 r_{y1} r_{y2} r_{12} + r_{y1}^2 r_{12}^2) + 2(r_{y1} r_{y2} - r_{y1}^2 r_{12} - r_{y2}^2 r_{12} - r_{y1} r_{y2} r_{12}^2) r_{12}}}{1 - r_{12}^2}$$

$$= \frac{\sqrt{r_{y1}^2 + r_{y2}^2 - 2 r_{y1} r_{y2} r_{12} - r_{y1}^2 r_{12}^2 - r_{y2}^2 r_{12}^2 - 2 r_{y1} r_{y2} r_{12}^3}}{1 - r_{12}^2}$$

$$= \frac{\sqrt{r_{y1}^2(1 - r_{12}^2) + r_{y2}^2(1 - r_{12}^2) - 2 r_{y1} r_{y2} r_{12}(1 - r_{12}^2)}}{1 - r_{12}^2}$$

$$= \frac{\sqrt{(r_{y1}^2 + r_{y2}^2 - 2 r_{y1} r_{y2} r_{12})(1 - r_{12}^2)}}{1 - r_{12}^2}$$

$$= \frac{\sqrt{r_{y1}^2 + r_{y2}^2 - 2 r_{y1} r_{y2} r_{12}}}{1 - r_{12}^2}$$

$$R_{Y.12}^2 = \frac{r_{y1}^2 + r_{y2}^2 - 2 r_{y1} r_{y2} r_{12}}{1 - r_{12}^2}$$

因此,如果 x_1, x_2 和 y 都是标准化的,则

$$R_{y.12}^2 = \frac{r_{y1}^2 + r_{y2}^2 - 2 r_{y1} r_{y2} r_{12}}{1 - r_{12}^2}$$

参考文献

Mitchell, T. R., Holtom, B. C., Lee, T. W., Sablynski, C. J., & Erez, M.(2001). Why people stay: Using job embeddedness to predict voluntary turnover. *Academy of management journal*, 44(6), 1102-1121.

第8章 测　量

　　学会了回归分析,丢丢对自己做高水平的研究有信心了。现在丢丢对抽样的随机误差已经有一定的知识。他知道可以用大的样本或是置信区间等来解决抽样的随机误差问题。但是丢丢记得,李老师在前几次常常谈到的一件东西,是他从来没有学过的。李老师说研究是有测量误差的。这到底是怎么一回事呢? 做研究不就是收集数据、发放问卷、看看有没有二手资料等吗,会有什么测量误差呢? 这天丢丢决心去找李老师谈谈,看看这究竟是什么。

　　丢丢:"老师,上次谢谢您教了我如何减少抽样的随机误差和用多重回归、多层回归去控制所需变量,以找到理论变量的关系。"

　　李老师:"不用客气,丢丢,这是我应该做的,难得你有一份学习的坚毅意志。"

　　丢丢:"老师,我记得你前几次常常提到做研究要控制好测量误差。这到底是什么呢?"

　　李老师:"丢丢,《三国志·魏志卷》曾经有这样一个记载。孙权曾经送了一头大象给曹操。曹操想知道大象有多重,但是却苦于没有这么大的秤,于是就问旁边的人,谁有本事知道大象的重量? 结果曹操的儿子曹冲想出了一个很聪明的方法来估计大象的重量。这个故事你知道吗?"

　　丢丢:"李老师,这是著名的'曹冲称象'的故事。我当然听过。他用了一条船,让大象站在上面,记下了船因为象的重量下沉的高度。再用一块块的石头放到船上,一直到大象下沉的刻度。于是,一头大象的重量就变成很多块可以衡量的石头的重量了。"

　　李老师:"对的,丢丢。'重量'是抽象的,直到我们用可行的方法,把这个抽象的概念变成实在的石头,我们才知道大象重几斤。所以测量是把抽象的概念,变成可见的东西的过程。但是这个过程不是完美的,其中的误差,就是测量的误差。"

　　丢丢:"老师,现在我明白了。就如象站在船上,如果当时稍有波浪的话,船的刻度就会受到影响。"

　　李老师:"丢丢果然聪明,一点就明白了。"

　　丢丢:"老师,但是既然象的真实重量是不知道的。我们怎么估计,用船测量象的重量时有多少误差呢?"

　　李老师:"这是个好问题。心理学家发展了一门学问,称为测量学(psychometrics),就是为了解决这个问题。"

　　丢丢:"测量学? 我从来没有听过这个名词啊!"

　　李老师:"丢丢,做研究不懂测量学,就好比打球的人不懂握球拍一样,如何打得好球呢? 又如一个喜欢旅行的人,到了外国却被蒙着眼睛,只靠双手到处乱摸,如何能欣赏当地美好的风光呢?"

　　丢丢:"如果测量学这么重要,老师可以教我吗?"

　　李老师:"当然可以! 现在就让我们上一堂测量学入门课吧。"

※※※※※※※※※※※※※※※※※

　　前面已经讨论过,管理科学实际上是用抽象的理论来解释管理现象,组成理论的基本元素是变量与变量之间的关系。它们之所以称为"变量",是因为这些东西在不同的时间,或是不同的人身上,是会改变的。例如,企业的业绩每年都不同,员工的满意度也随着环境因素不停地改变。但是在测量学中,比较少用"变量"这个词。测量学家关注的是这些会改变的概念的另外一个特点,它们被称为"构念(construct)"。"构念"就是构想出来的概念的意思。我们做研究的变量全都是研究学者自己构想出来的概念,用来描述我们现实世界的景象,它们本身可能根本不存在。例如,牛顿因为看见物体有往下掉的倾向(实际的观察经验),就构想出"万有引力(gravity)"这个概念。又如,我们看见企业里有些人对企业一片忠诚,常常说企业的好话,愿意为企业卖力(实际的观察经验),就构想出"企业认同感"这个概念。可是到底万有引力是否真的存在呢? 企业的员工是否真的有认同感这个东西呢? 我们构想出来的构念到底是不是真的呢? 或者有哪些是真的呢? 有些学者觉得有些构念是真实的,有些不是。另外一些学者却认为,构念完全是为了建构理论而"构想"出来的,本身根本就不存在。但是无论你是哪一个学派的,我们都要同意一点,就是构念无须真实存在。因此,下一次当你被困在自己的研究问题中,突然在想"我研究的这个东西是不是真实存在"的时候,你大可放开心胸,因为它"没有真实存在的需要"。只要你的构念所组成的理论能够实在、精确地描述管理现象就可以了。让我来举个例子,我打你一拳,你感觉"痛"。"痛"是一个我们建构出来的构念。到底这个世界有没有痛这个东西呢? 神经学家会告诉你,痛不是真实存在的。痛只是神经细胞受刺激后大脑作出的一个反应而已。但是,无论"痛"是否真实,都可以建构很多与痛有关的不同理论来解释很多真实的现象。例如,针灸是根据脉络运行而建立的理论,同时针灸是明显可以舒缓很多不同的痛症的。这个结果与观察是真实的现象。因此,抽象的痛症(无论它是否真实存在),可以成为中医经脉的一个变量,让我们去研究人体经脉的理论。因而客观地去测量"痛"是一个很大的问题。这也是我们这里要讨论的中心。

　　"构念(construct)"是抽象的,如"认同感""幸福感""工作压力"等,并不能够直接观察研究。我们不能对抽象的构念做研究,因为抽象的构念是看不见摸不着的。为了连接抽象的构念与具体的现象,我们需要一个重要的桥梁,这道桥梁就是"测量(measurement)"。西方的测量学对如何知道测量的误差有一套颇为严谨的理论,我们称之为"测量理论(measurement theory)"。这一章就是简单讲讲测量理论。

　　由于扮演着连接具体现象与抽象概念的角色,测量的好坏直接决定了一个研究的结果是否可信。就算理论是好的,但是测量的时候出错,很可能就无法获得显著结果。相反,你的理论可能根本是错的,但是测量的时候出错,也有可能误打误撞,观察到显著结果。这种情况下更有可能是因为测量的问题,而产生变量间的"假象性(spuirous)"关系。我举个例子,测量学里有一个在管理学上非常流行的词,称为"同源相关(common method variance, CMV)"。两个变量本身可以没有关系,但是因为用同一个方法来测量,使它们有一个"伪相关(spurious correlation)"。例如,如果我在一份问卷里相继问你两个问题:

①你经常帮助朋友吗?　　　同意 1　2　3　4　5 不同意
②你会对朋友说谎吗?　　　同意 1　2　3　4　5 不同意

我可以保证,你会发现这两道题的答案是相关的。为什么呢? 因为两道题都会受到同一个变量的影响。心理学家将其称为"印象管理(impression management)"。人都是希望给别人一个好印象的。我当然会说,我会帮助朋友。我也当然会说,我不会骗自己的朋友。因为有"印象管理"的影响,"帮助朋友"就必然与"不会对朋友说谎"连上关系了。但是如果我问你"你会对朋友说谎吗?"然后去问你的同事平时对你的观察,"他是否经常帮助朋友?",这两者的相关就会大大减少。因此,测量学中的"如何问?""何时问?""向谁问?"等就成为研究结果是否显著的一个重要因素了。

本章中我们会一起讨论下面这些内容。首先是测量的基本概念和原理。在对一个抽象的概念进行测量时,我们常常会用现实世界中的一些指标(indicator)来测量这些抽象的构念。例如,温度计上的读数就是表示温度的指标,问卷调查中的心理量表也是一类常见的指标。在 8.1 节中,我们将会讨论用不同类型的指标测量单维构念(unidimensional construct)的方法;然后会讨论多维构念(multidimensional construct)的测量问题;在 8.3 节中我们会探讨如何评价一个测量工具的好坏。这些标准不但适用于我们评价和选用已有的量表,也可以用来作为自己发展量表时的检验标准;我们也会讨论问卷调查中,不同的参考架构(frame of reference)的问题;最后,我们会在 8.4 节讨论如何开发量表,以及翻译量表的操作性问题。

8.1　测量的概念和基本原理

8.1.1　什么是构念?

测量是一项基础性的研究活动。管理学几乎每一个理论中都有不止一个构念。研究者创造出很多构念是因为这些概念有助于把复杂的管理现象用最简单的词概括出来。正如 Nunnally 和 Bernstein 所说的,构念是"抽象的、潜在的,而不是具体的、可观察的"(1994,p.85)。相反地,用来在现实世界表示构念的"测量"工具(measures),就一定要是具体的、可观察的。

为什么研究者需要创造出那么多构念呢? 我们用大家熟悉的"速率"作为例子。即使是小朋友都知道乌龟和兔子行走的快慢是不一样的,但对于物理学家来说,仅仅用快慢作为描述是远远不能达到研究要求的。于是科学家创造出"速率"这个概念来描述物体移动的快慢。这样,对于一个移动物体,在任一时刻,它的速率都可以用一个具体的数值来表示。而科学家所要做的只是找到一个好的测量方法来尽量准确地测出这个数值。同样道理,管理研究者们创造出"组织认同感"这个概念,是因为他们发现一个员工在多大程度上愿意用组织成员这个身份来回答"我是谁"的问题很重要,这会影响员工的很多行为,因此就用"组织认同感"这个构念来描述员工的这个心理状态。但现实世界中是没有一个称为"组织认同感"的东西的,它是研究者们为了做研究而创造出来的。我们为了发展理论而构造出的这类特殊的变量就被称为"构念"。

构念是由研究者构造出来的,但并不是任何一个抽象词都可以作为构念,构念需要具备下面 3 个特征:构念是抽象的、不可直接观察的;构念是与理论和模型相联系的;构念的定义是清晰而明确的。

首先,因为构念包含了一定量的复杂信息,所以一般都是抽象和不能够直接观察的。我们不会说"部门"是一个构念,因为这个概念已经非常具体,只要定义清楚,就可以直接观察和计数。而部门内的"合作氛围"则是一个构念,是很多信息的综合,由于并不存在合作氛围这样一个客观的事物,因此我们不能直接观察它。

其次,构念是用于建构理论的。如果没有任何一个理论用到"速率"这个概念,这个概念就没有什么意义了。同样的,研究者提出"组织认同"这个构念,就是因为他们发现一些员工是否在内心把自己视为组织的一员会直接影响他们的工作行为,而解释这种影响才是研究者的目的。既然构念是人们建构和设想出来的,就有可能并没有反映出事实本身的真相。例如,我们都知道声波可以用空气作为媒介进行传递,在这个观点的基础上,物理学家曾提出了"以太(ether)"这个概念来表示一种普遍存在于宇宙中的不可见的物质,想以此来解释光波和电磁波在太空中是如何传播的。然而,这个概念后来被证明是错误的。现在,我们知道光波和电磁波可以在没有任何媒介的真空中传播。于是,理论上就不再需要"以太"这个概念了。从这个角度看,只有当构念被用于一个理论中,并可以解释和预测我们观察到的现象时,这个构念才是有用的。管理研究中也是如此,如果一个管理学构念能够被用于发展理论或建构新的理论,并用来解释和预测管理现象,那么这个构念对于我们的研究是有意义的;相反,有不少研究者为了使自己的研究看起来新颖而创造新构念,但对理论并没有实质的帮助,这样的构念会像流星,很快就无人使用。

我们举个例子来说明什么是有用的构念。在 20 世纪 80 年代中期,班杜拉提出了"集体效能感(collective efficacy)"的概念。它最早源于"自我效能感"的构念,是其在团体层面的扩展和延伸,指团体成员对于团体成功地完成特定任务或取得特定成就的能力的共同信念(如 Bandura, 1997; Goddard, Hoy, & Woolfolk Hoy, 2000)。从产生过程看,集体效能感是通过团体互动和集体认知的过程建立起来的,这与自我效能感的形成过程完全不同。并且,集体效能感与个体效能感的相关很低,也说明这两个构念在很大程度上是相对独立的。另外,集体效能感这一构念在教育、社区、政治、体育、工业与组织行为等领域的研究中都被关注和使用,因为它可以解释并预测一些原有的构念不能解释和预测的现象。所以我们可以称"集体效能感"为有用的构念。

最后,一个构念应该是清晰的、有明确定义的。如果只看上面第二个条件,似乎只要我们找到一个预测力很强的构念就可以拿来用了,但很多预测力强的构念由于包含了过多的内容,在定义上难以达到清晰明确的标准。例如,美国学者卢桑斯(Luthans, 2004)提出了心理资本(psychological capital)的概念,将心理资本定义为个体在成长和发展过程中表现出来的一种积极心理状态。不少学者在其之后做了大量研究,发现心理资本的确可以预测工作绩效、工作感受、职业发展等。那心理资本到底包含了哪些内容呢？卢桑斯等人（Luthans，Youssef and Avolio，2007）对心理资本的定义进行了修订，认为心理资本是指"个体的积极心理发展状态，其特点是：(1)拥有表现和付出必要努力、成功完成具有挑战性的任务的自信（自我效能感）；(2)对当前和将来的成功做积极归因（乐观）；(3)坚持目标，为了取得成功，在必要时能够重新选择实现目标的路线（希望）；(4)当遇到问题和困境时，能够坚持、很快恢复和采取迂回途径来取得成功（坚韧）"（p. 3）。对于一个管理实践者来说，这个定义可能已经足够明确了；但对于严谨的研究者来说，可能需要多问一些问题。心理资本表示一个人哪方面的特征呢？是个性特质还是能力？和其他个性特质或能力的构念能够区分吗？它是几个已有构念的统称和综合吗？如果这些问题都不能够很好地回答，我们就需要质疑这个构念本身的定义是否清楚了。因此，一个有很强解释力的构念如果没有清晰明确的定义，也不一定能成为一个好的管理构念，因为我们很难使用定义模糊的构念发展一个精确的管理理论。

"清晰的、有明确定义的"这个对构念的要求，换句话说，也就是构念所代表的范围应该是适当和清晰的。首先，范围的适当也就是既不能太宽泛，也不能太狭窄。例如，如果我想建立一个新的构念，称为"员工感受（employee feeling）"，这个构念包含了员工一切与企业有关的感觉。这样的一个构念就很成问题了。因为"员工感受"谈的是哪一方面的感受呢？对什么的感受呢？如果我在企业中认识了一个同事，发现自己很喜欢她，并希望她与我成为男女朋友，这样的恋情是"员工感受"的一部分吗？反过来说，构念也不可以太窄。如果我发展一个新的构念，称为"员工对上司的能力的满意度"，就很难用这个构念发展理论。同时构念一定是要简单、清晰的。我们不可以建立一个构念，称为"员工因为工作的压力，而产生的离职倾向"。这样做的话，就把理论因果都定义在构念里面，无须再建构任何理论了。

8.1.2 构念的测量

管理构念本身都是抽象的，如果没有方法把它们与具体现象联系起来，并且用数字把它们的程度表示出来，我们就不能够使用这些构念做实证研究。

史蒂文斯（Stevens）在 1946 年提出，测量是"根据法则给客体或事件指派数字"。例如，物理学中的温度是一个抽象概念，我们无法直接观测和测量热量的多少，于是发明了水银温度计来帮助我们测量温度的高低。通过给不同水银柱的高度标上相对应的温度的数字，就可以对温度进行测量了。在这个测量中，虽然温度（构念）这个概念是抽象的、不可直接观测的，但是温度计（测量）上的读数是客观而具体的。

当我们通过一些方法收集看得见的资料为一个构念所代表的属性指派数字时，就是对这个构念的测量（measurement）。指派数字可以有不同的方法，可以用一个客观指标作为构念的测量，如用 ROA（return on asset）表示企业的绩效；可以用一个逻辑上与构念密切相关的指标来作为替代物（proxy）间接测量构念，如用学校的成绩来代表一组学生的智商；还可以用量表对构念进行测量，如工作压力量表可以用来测量个人感知的工作压力的大小。管理研究中测量用得最多的就是量表。因此，在这里重点讨论量表的方法。

让我们一起考虑这样一个例子。我们如何知道一位主管支持下属的程度？你可能已经想到很多方法，如让主管自己报告是否支持下属，让下属报告是否感觉到被支持，或是让其他部门的主管从旁观者的角度评价;你还可以列出一串"支持行为"的清单,请下属选出他们所看到的,或者干脆你自己在旁边观察记录主管的行为;你甚至可以制造一个下属遇到困难的情景,看主管会如何反应。虽然你心里可能已经对哪个方法可能更有效有了自己的判断,但这些方法都可以在某种程度上反映出我们所希望知道的主管支持下属的程度,因此,对任何构念的测量都不存在唯一的方法。在确定了一个构念的定义以后,测量一个构念可以有很多不同的方法,它们在某种程度上都可以作为这个构念的表示。我们把这些测量称为这个构念的"指标(indicator 或是 measure)"。

在上面的例子中,主管对下属的支持是一个抽象的概念,但是如果这种支持可以表现为可观察的行为,就可以测量了。例如,我们可以采用请下属汇报他所观察到的主管的行为的方法,在调查中问一位员工对下面一个陈述的同意程度:

	不同意				同意
主管常常和我讨论我工作中遇到的困难	1	2	3	4	⑤

这样,这位员工对这个陈述的选择就可以作为"主管支持"这个抽象构念的一个可观测指标。如果这位员工选择了5,表示基于他的观察,主管常常和他讨论工作中遇到的困难,在很大程度上意味着主管对其支持程度较高。现在我们测量出了这个构念,希望检验我们在理论上"主管支持与离职倾向负相关"的关系。

"主管支持"与"离职倾向"这两个构念,以及构念与指标之间的关系可以用图 8.1 表示:

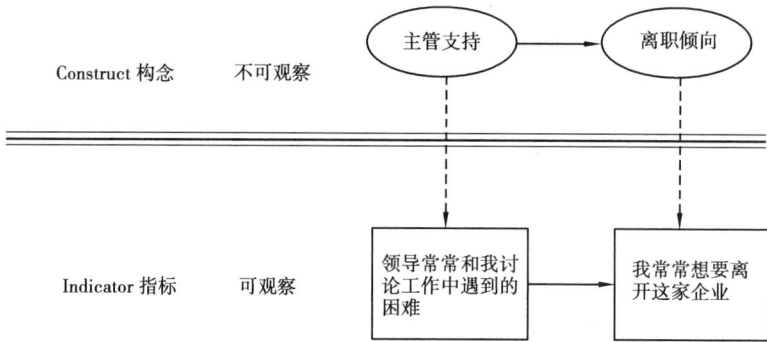

图 8.1

从图 8.1 可以得知,测量不好,研究就很成问题。因为我们感兴趣的是"主管支持"和"离职倾向"的关系。但是我们却是在计算两个指标的相关系数。如果指标不能代表构念,指标的相关就没有意义了。

1) 不同类型的测量

在测量学里面,有4种不同的"度量尺度"。顾名思义,度量尺度就是测量的"尺"。例如,量长度时,你可以用一把尺,你也可以用绳子,你甚至可以用手掌或手肘。同样,在测量一个构念时,我们是可以用不同的"尺子"的。测量学中讲的4种尺子,是定类变量、定序变量、定距变量和定比变量。

第一种度量尺度是"定类变量(nominal scale)",或称"类别尺度"。类别尺度是一些一组一组的分类。它们没有大小的比较,也不可以做数学的运算。例如,性别有两种,男与女。企业所有权有 5 种,国有企业、合资企业、私人企业、乡镇企业、外资企业。我们可以运用这些组别作为虚拟变量(dummy variables),但我们不会把"男"加"女";"国有企业"乘"合资企业"。而且,每一个虚拟变量只有两个值,一般是 0 和 1。

　　第二种度量尺度是"定序变量(ordinal scale)",或称"排序尺度"。定序变量其实就是排序的数据。例如,我们可能给应答者 3 个选择工作的标准,就是工资、前途和人际关系,请他们排序。"1"为最重要,"3"为最不重要等。顺序量只有排序的分别,或是高/低、好/坏的分别。严格来说,不可以做任何的数学运算。例如,我们不可以把一群员工的排序计算平均值,说工资在员工心理的重要性是 1.35。为什么呢? 让我们用图 8.2 来解释:

　　图 8.2 中,左边是一把虚构的"尺",用来表现排序的先后。对于张三来说工资最重要,前途第二。对于李四来说,前途最重要,工资第二。如果我们把排序平均了,就是工资和前途在员工来说都差不多重要(平均都是1.5)。但是我们看见张三的次重要(就是前途)比李四的最重要(就是前途),其实更重要。因此加减乘除等运算,对排序数据来说是没有什么意义的。可是我们所有的计量工具,其实都以加减乘除为基础。这就麻烦了。例如,对于定序数据上,我们就不能够计算相关系数。正因为这个原因,我们收集数据时,一般都不鼓励研究人员收集排序的数据。尤其是数据本来可以是连续数据的,我们更没有理由把它变成排序数据。

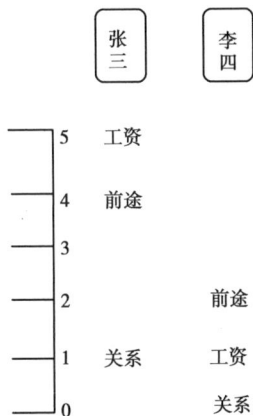

图 8.2

　　但是,在问卷调查中,我们却发现很多研究人员有这样的坏习惯。就以工资为例,明明甲的工资是 5 000 元,乙的工资是 6 000 元,本来很容易计算他们的平均工资,就是 5 500 元。但是收集数据工资数据时,很多研究人员就喜欢用如下的方式:

　　　　　□1 000 ~ 5 000　　□5 001 ~ 10 000　　□大于 10 000

　　如果作答者选第一个方格时,研究人员就给 1 分,作答者勾第二个方格的给 2 分,勾第三个方格的给 3 分,等等。为什么我说这是个"坏习惯"呢? 因为工资本来是连续的数值,可以做数学运算的。但是变成上面 3 组以后,它们就只是定序的数据,基于我们上面讨论的原因,我们就不能对这个定序变量作数学的运算了。

　　因为这样随意的分组,理论上研究人员喜欢得到什么结果都可以。

　　对于排序数据,我们可以用特有的统计项。例如,排序数据应该用"排序相关系数(rank-order correlation)"。

　　第三种度量尺度是"定距变量(interval scale)",或称"等距尺度"。因为 1,2,3,4 在这样的尺度中是有相对的差距的,也就是"2 减 1"等于"3 减 2"等于"4 减 3"。对于等距量表来说,理论上可以加或减,但是不能乘或除。因为乘与除这两个数学的工具需要有一个绝对的参照(在数学上,这个参照就是 0)。试想想,如果张三的"1"与李四的"1"是不同意思的话,3 乘 1(就是三个 1)是什么意思呢? 是"1"的 3 倍吗? 自然不是! 因为我们根本不知道"1"是什么? 我们知道的只是 2 与 1 的距离等于 3 与 2 的距离而已。在自然科学中,摄氏或华氏(℃和°F)就是很好的等距尺度的例子。在物理学中,摄氏或华氏都只是一个相对的温度测量。到底什么是摄氏零度或华氏零度,其实是没有定义的。因此,1960 年第十一届国际计量大会规定热力学温标以开尔文(Kelvin, K)为单位,规定水的三相点为 273.16 K。因为水的三相点是 0.01 ℃,所以 0 ℃就是 273.15 K,而 -273.15 就被称为有绝对定义的绝对零度。

第四种度量尺度是"定比变量(ratio scale)",或称"等比尺度"。等比尺度就代表"3"是"1"的 3 倍;"4"是"2"的 2 倍,等等。显然,加、减、乘、除都可以应用在等比尺度中。在自然科学中,上面提到的开尔文温度单位(K)就是很好的等距尺度的例子。

那我们在问卷调查中的问卷数据到底是什么尺度呢? 例如,我们问这样的一道题:

	绝不同意	颇不同意	颇同意	绝对同意
我非常满意我的工作	1	2	3	4

如果一个应答者在"4"上打圈,那研究人员应该如何理解这个"4"呢? 最严格来说,问卷数据应该是排序数据。因为我们根本不知道在应答者心里的"绝不同意"与"颇不同意"是不是与"颇不同意"和"颇同意"的差值一样。不过,这个是我们一般做问卷研究时的假设。同时,严格来说,这样的数据最多是等距数据,而不是等比数据。因此,严格来说,我们只可以加或减,不可以乘或除。但是,如前所说,不可以乘除就不可以做大部分的数学运算。因此,我们就放松了一些限制,一般都把问卷数据当成是等比数据来分析了。

2) 古典测量模型

如果你还记得中学物理课,你应该可以想起老师教过我们度量温度的严谨方法是,用温度计测量 3 次,把每次的读数记录下来,然后取平均值便是最接近真实温度值的读数了,因为每一次的读数都有可能存在一定的误差。这也是自然科学中的研究者在测量时的严谨的做法。我们在社会科学的测量中也会采用类似的方法。这样做的原理是什么呢?

在图 8.3 中,主管支持和离职倾向都是不可观测的抽象概念。调查中用到的两个题目"领导常常和我讨论我工作中遇到的困难"(记为 x)和"我常常想要离开这家企业"(记为 y)则分别是两个构念的指标。现在我们用的是李克特 5 级量表(Likert-Type 5-point

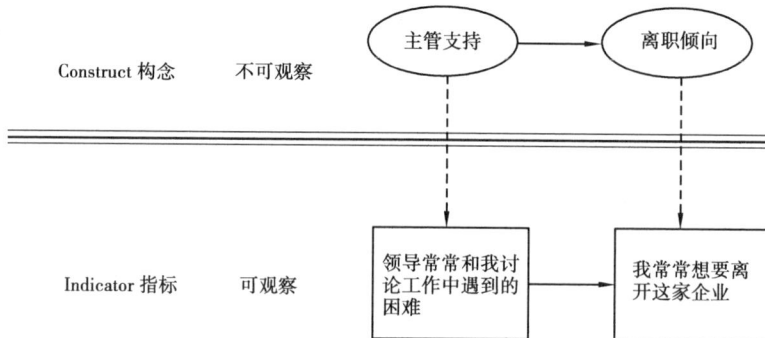

图 8.3

scale)测量,员工甲的回答也许分别是 $x=5$ 和 $y=1$。但事实上,员工甲的主管支持的真实水平(用 θ_x 表示)可能是 4,离职倾向(用 θ_y 表示)则是 2。在这里,观测值与真实分数之间的差异被定义为误差。我们可以用下面的测量模型来表示"主管支持"的观测值与真实值之间的关系,即

$$x = \theta_x + \omega_x$$

因为以下我们都是暂时讨论"主管支持" x 这个构念,我们就把上式简化为

$$x = \theta + \omega \qquad (1)$$

对于员工甲:

构念 \ 列	A	B	C
	指标 (可观测的)	构念 (不可观测的)	误差 (不可观测的)
	观测值(x)	真实值(θ)	随机误差(ε)
主管支持	$x=5$	$\theta_x=4$	$\varepsilon_x=-1$
离职倾向	$y=1$	$\theta_y=2$	$\varepsilon_y=+1$

我们把等式(1)称为"测量模型"。在这个模型中,我们唯一能观察到的只有指标的值 x(上表中的列 A),以此了解员工的主管支持和离职倾向。故列 B 和列 C 中的都是为了解释而假想出来的数字,我们借助它们建构一个模型来表示构念和指标之间的关系。等式(1)是最简单的测量模型。当假设误差项 ε 是随机正态分布(均值为 0,标准差为 σ)时,等式(1)就称为古典测量模型(classical measurement model),表示为

$$x = \theta + \varepsilon; \varepsilon \sim N(0,\sigma)$$

其中,θ = 真实值;x = 观测值;ε = 随机误差,$\varepsilon \sim N(0,\sigma)$。

这个古典测量模型实际是英国心理学家查尔斯·斯皮尔曼(Charles Spearman)在研究相关系数时提出来的。他从数学角度提出,当我们用测验的分数来度量人类的特质时,很容易犯错误,因此我们观察到的测验分数之间的相关实际上会低于它们的"真正客观值"之间的相关(Spearman,1904)。斯皮尔曼对于"易犯错误的度量"和"真实客观值"两个词的解释成为古典测量模型的基础。斯皮尔曼模型的实质是把任何观测所得的分数想象为由两个假设成分合并而成——真分数和随机误差。不过古典测量模型需要满足一些基本的条件:误差分数的平均值为 0;真分数与误差分数的相关为 0;两次观测值的误差分数相关为 0。

既然 θ 和 ε 都是不可见的,为什么要把观测值 x 分解为两个不可知的变量呢?原因是我们希望找到最接近真实值的测量值。当我们假设每一次的观测值都包含真实值和误差两个部分时,就可以通过不同的方法估计 θ 与 ε 的值。最简单的方法就是用多个指标形成"量表"来估计 x,θ 与 ε 的值。例如,我们可以用下列 3 个项目(指标)来测量员工甲的离职倾向。

		不同意				同意
(x_1)我常常想要离开这家企业		1	2	③	4	5
(x_2)我不喜欢留在这家企业工作		1	②	3	4	5
(x_3)我很可能在明年寻找新的工作		1	②	3	4	5

由于这3个项目(指标)都是测量同一个构念的,因此,通过计算它们的平均值,我们就有可能减小随机误差了。这与用温度计测量同一杯水3次是一样的道理。用数学式可以表示为

$$x_1 = \theta + \varepsilon_1$$
$$x_2 = \theta + \varepsilon_2$$
$$x_3 = \theta + \varepsilon_3$$

计算3个项目的均值,我们得到 $x = (x_1 + x_2 + x_3)/3 = \theta + (\varepsilon_1 + \varepsilon_2 + \varepsilon_3)/3$。根据经典测量模型的假设,$\varepsilon_1,\varepsilon_2,\varepsilon_3$ 都是随机误差,在每一个项目的测量中,随机误差都可能大于0或小于0,而当指标数目越来越多时,误差的均值项将会越来越小,最终接近0。

3) 包含系统误差的古典测量模型

然而,在古典测量模型中有一个很重要的假设,即所有的误差都是随机误差。这就是说,它假设了测量工具本身是没有问题的,只要测量多次就可以得到真实值。但实际情况并非如此。想象一台不准的电子秤,每一次的读数都有一个相对稳定的偏差,都比真实值多1.0010克。这时,上面的古典测量模型就需要稍作改动,则

$$x = \theta + S + \varepsilon$$

这里的 S 和 ε 不同,不是一个随机变量,而是一个常数,表示这台电子秤的一个稳定的误差,我们称为"系统误差"。

这个模型在管理学中有时也会用到,如自己评价自己绩效的问卷一般都会比主管评价绩效高。这个时候,你就可以考虑用上面这个包含系统误差的模型,把评价者的因素作为一个因素放在模型中一起估计。如果你同时测量了几个变量都是自我评价的,并且系统误差存在的话,这几个变量的方差中应该有一部分是共同来源于系统误差的。在因子分析(后面几章会谈到这个工具)中,如果理论上不相关的变量之间,可以提取出一个共同变异量部分,那这一部分很可能来源于系统误差;在结构方程模型(后面几章会谈到这个工具)中,你也可以用一个潜变量指向所有的自评变量代表评价者的影响。

4) 同属测量模型

除了古典测量模型,还有一种测量模型是管理研究者越来越喜欢用的,称为"同属测量模型(congeneric measurement model)"。它与古典测量模型原理相似,但是增加了一个假设,就是每个项目和指标都不同程度地反映了真实分数的值。换句话说,一些指标比另一些指标更能够反映构念的真实值。如果用数学式表达同属测量模型,就是根据每个指标能否反映真实值的准确程度为它们分别确定一个权重值(用 λ_k 表示),即

$$x_1 = \lambda_1 \theta + \varepsilon_1$$
$$x_2 = \lambda_2 \theta + \varepsilon_2$$

$$x_3 = \lambda_3\theta + \varepsilon_3$$

式中,λ_1,λ_2 和 λ_3 即每个指标的权重(λ_1,λ_2,λ_3 范围为 0~1;1 代表能够完全反映构念的真实值,0 代表完全不能反映构念的真实值,权重值越高说明一个指标越能代表我们想测的构念。因此,古典测量模型实际上是同属测量模型的简化形式(当我们设所有 λ 都等于 1 时)。换句话说,古典测量模型假设每个指标都可以同样程度地代表一个构念。同属测量模型是结构方程模型(Structural Equation Modeling,SEM)中的默认测量模型。到这里,大家应该清楚了,古典测量模型和同属测量模型的差别是研究者可以对测量指标持有不同的假设。大家不要因为"古典测验模型"的名称,就把它看成是旧的,而把"结构方程模型"用的"同属测量模型"看成是比较新、比较先进的东西。它们之间很难说谁更好,因为我们根本就不知道"观察数据(observed score)"与"真实数据(true score)"的关系,所有的测量模型都是"猜测"而已。

8.1.3 效果指标与构成指标

1)效果指标(Effect Indicators or Reflective Indicators)

无论是古典测量模型还是同属测量模型,它们有一个共同的假设:每一个指标都不同程度上反映了同一个构念。

古典模型		同属模型	
$x_1 = \theta + \varepsilon_1$	(2)	$x_1 = \lambda_1\theta + \varepsilon_1$	(5)
$x_2 = \theta + \varepsilon_2$	(3)	$x_2 = \lambda_2\theta + \varepsilon_2$	(6)
$x_3 = \theta + \varepsilon_3$	(4)	$x_3 = \lambda_3\theta + \varepsilon_3$	(7)

换句话说,员工甲在第一个项目 x_1(即"我常常想要离开这家企业")的得分是他离职倾向的真实值(θ)的一个反映。类似地,他在第二个项目 x_2(即"我不喜欢留在这机构工作")也是他离职倾向的真实值(θ)的一个反映。而真实值(θ)在两个项目中都是一样的。在这样的情况下,我们就说 x_1,x_2 和 x_3 都是同一个真实的离职倾向分数的反映或效果。这一类型的项目指标称为"效果指标(effect indicator)"或"反映指标(reflective indicator)"。

正如效果指标的名字所表达的,它是用抽象构念的"效果"作为这个构念的指标。换句话说,效果指标是看不见的构念的外在表现。从式(2)—式(7)中,x_1,x_2 和 x_3 都不同程度地反映了同一个潜在变量 θ。但是,我们不能把"效果(effect)"与"结果(outcome)"混淆起来。如果员工的高离职倾向(构念 A)是由于他们组织承诺(构念 B)水平较低引起的,员工离职倾向就是组织承诺的一个结果。这里的因果关系发生在构念 A 和构念 B 之间,这两个构念都是不可直接观察的。一个效果指标(如我不喜欢留在这机构工作)和它们所代表的构念(离职倾向)之间的关系是可观测的指标与不可观测的构念之间的关系。因此,效果指标不是由它们所表示的构念产生的结果。

管理研究中的大部分指标都是效果指标。例如,House 和 Rizzo(1972)提出的工作压力(job stress)这一概念的测量包含 7 个条目,如"我工作上的问题已经让我晚上失眠""我在参加工作会议之前常会觉得紧张""我常常把工作带回家,因为我在做其他事情时时常会想到它"等,这些都是一个人的工作压力较大时的症状和反映。

如果我们用经典测量模型的假设,那么每一个指标已经足以无偏地代表一个构念。"无偏(unbias)"就是指如果我们用一个效果指标(如 x_2)对同一个员工甲重复测量无穷多次,所有这些测量值的平均值就等于员工 W 的离职倾向的真实值。这是因为:

若, $x_2 = \theta + \varepsilon_2$

$$E(x_2) = E(\theta) + E(\varepsilon_2)$$
$$= E(\theta)$$
$$= \theta \quad (\text{因为 }\theta\text{ 是常数,而 }\varepsilon_2\text{ 是随机的})$$

[注意:$E(x)$ 是 x 的期望值,也就是观察无限次以后我们"期望"看到的东西。如果我们从 100 个数随机地抽取一个,有时候抽出来的数会大于平均数,有时候会小于平均数。在无限次抽取后,平均来说,我们应该看见一个与平均数差不多的数。因此,平均数就是我们的期望值。读者可以简单地把 $E(x)$ 看成是无限次观察 x 后,这无限个 x 的平均值。]

我们前面说过,大多数时候,我们在调查中只有机会测量一次,不可能用一个指标重复测量无穷多次,因此,一个替代的做法是在量表中放入多个无偏的效果指标一起来测同一个构念,也可以达到减小随机误差的目的。你也许会问,如果是这样,那效果指标之间不是会高度相关了吗?是的,如果效果指标之间的相关程度很低,那就说明一定存在问题。这是因为它们都是用来代表同一个构念的。效果指标之间的相关越高,说明测量过程中的随机误差就越小,也就越能够准确地代表要测量的构念。但同时也要注意,不能为了追求指标之间的高相关,而把重复的内容变换字词就作为不同条目。好的量表是由内容不重复的条目组成的,每个条目能够从不同角度反映构念。

因为式(2)、式(3)和式(4)中的 ε_1、ε_2 和 ε_3 都是随机误差,从定义上看,它们都与真实值 θ 没有关系。以式(2)、式(3)和式(4)为基础,根据多元相关分析(multivariate correlational analysis)的公式,x_1 的方差(也就是所有答题者对"我常常想要离开这家企业"这个项目回答的方差),以及 x_2 和 x_3 的方差可表示为

$$\sigma_{x1}^2 = \sigma_\theta^2 + \theta_{\varepsilon1}^2$$
$$\sigma_{x2}^2 = \sigma_\theta^2 + \theta_{\varepsilon2}^2$$
$$\sigma_{x3}^2 = \sigma_\theta^2 + \theta_{\varepsilon3}^2$$

[注意:如果 $A = B + C$ 的话,$\sigma_A^2 = \sigma_B^2 + \sigma_C^2 + 2\sigma_{BC}$。但是上式中,$\varepsilon$ 是随机的,所以 θ 与 ε 是独立无关的。因此,它们的协方差等于 0。]

上面的方程清楚地表示出 x_1,x_2 和 x_3 共同的方差部分是不同答题者的离职倾向真实值的方差(σ_θ^2)。我们可以用文氏图(Venn diagram)表示这些方差之间的关系,如果用每个圆代表一个指标,有图 8.4。

用 3 个效果指标(x_1, x_2, x_3)来测量员工离职倾向(θ),不同员工离职倾向的真实方差可以用 3 个指标的共同方差部分来估计。用因子分析的术语说(因子分析在第 10 章会谈到),离职倾向的真实方差可以用变量 x_1,x_2 和 x_3 的变异共同量(communality)来表示。

如果我们用同属测量模型的假设,那么指标与离职倾向的真实值之间的关系就可以用方程(5)、方程(6)和方程(7)表示。其中,x_1,x_2 和 x_3 都是可观测的指标,而 λ_1,λ_2,λ_3,ε_1,ε_2,ε_3 和 θ 都是未知的,需要估计。我们可以借助结构方程模型[注:结构方程模

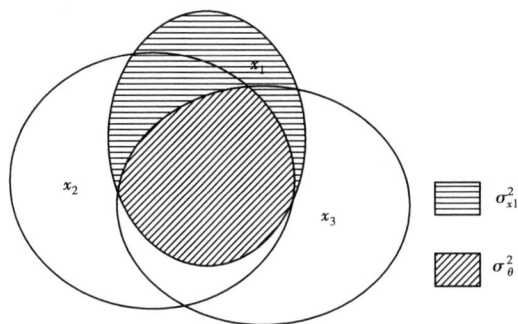

图 8.4

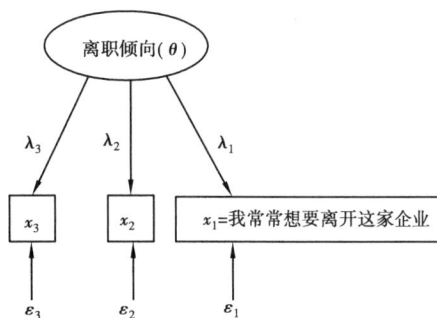

图 8.5

型会在第 11 章介绍]的软件(如 LISREL, AMOS 或 Mplus),把 $\lambda_1, \lambda_2, \lambda_3, \sigma_{\varepsilon1}^2, \sigma_{\varepsilon2}^2, \sigma_{\varepsilon3}^2$ 和 σ_θ^2 估计出来。事实上,从方程(5)到方程(7)就可以看出构念的真实分数和它的指标之间的关系可以用我们常用的验证性因素分析模型表示(见图 8.5)。这样,员工 W 的离职倾向的真实值就可以用 3 个指标 x_1, x_2 和 x_3 的共同因子的因子分数(factor score)来估计了[注:因子分数会在第 10 章因子分析介绍]。

因此,可以看到,用不同的模型假设,直接影响了估计构念时需要用不同的方法。如果用古典测量模型,构念的真实值可以通过 3 个指标的简单平均值或是指标背后的潜在因子而得到;如果用同属测量模型,构念的真实值就只可以通过指标背后的潜在因子的因子分数来估计。

你也许会问,那我们每一次要如何选择呢? 这个问题的答案非常直接——两种都可以。古典测量模型实际上就是同属测量模型的一个特例。$\lambda_1 = \lambda_2 = \lambda_3$ 时的同属测量模型就是古典测量模型。这样,同属测量模型应该比古典测量模型更可取。换句话说,用众多指标背后共同因子的因子得分来表示所研究的构念也许更可取。然而,这个方法也存在另外一个问题。当我们用不同的样本做研究时,由于抽样误差的存在,因子载荷(数学上就等于 λ 的倒数)也会随之改变。例如,我们有一个样本包括员工 A、B 和 C,另一个样本包括员工 A、D 和 E,在这两个样本中都可以得到的 x_1, x_2 和 x_3 3 个指标背后的共同因子,并估计出因子载荷,但在两个样本中的估计值可能不同。这样,如果我们用因子得分来估计员工 A 的离职倾向,在两个样本中就会得到不同的结果。这在理论上是不合理的,在同一时间同一名员工 A,当他与不同的员工组成样本时,离职倾向真分数的估计值竟然会不同! 比较而言,如果用古典测量模型对员工 A 的离职倾向真分数进行估计,结果就非常稳定了。在任何样本中,我们估计出的 A 的离职倾向都是一样的(始终等于(x_1 + x_2 + x_3)/3)。正是由于这个原因,当我们要估计效果指标的真分数时,"取所有的效果指标的平均值"和"取所有效果指标背后共同因子的因子得分"在传统上都是可以接受的方法。

2) 构成指标 (Causal Indicators or Formative Indicators)

虽然研究中使用的指标大都是效果指标,但这并不是唯一的类型的指标。举个例子,"环境不确定性(environmental uncertainty)"是企业战略研究中的一个构念,它表示企业环境的不可控制性。测量这个构念有很多方法,这里以 Lukas, Tan 和 Hult(2001)研究中使用的方法为例。有的同学虽然使用了卢卡斯等人的测量的 3 个维度——复杂性、动态性、对抗性，但没有去看原文的讲解，就将每个维度的 4 个指标都当作反映型指标来作因子分析，最后还因为结果很不好而困惑。这里，"结果不好"的原因正是因为作者设计的量表中，每一个维度的 4 个指标并不是反映型的。"复杂性"评估了企业可以预测竞争、技术、法规和国际发展的程度；"动态性"测量了顾客、技术、法规和供应商的变化情况；"对抗性"则测量了顾客、经济、社会文化要求，以及国际发展对公司的影响。以"复杂性"维度为例可知，并不是因为环境复杂才有了一系列竞争、技术、法规等方面的表现，恰恰相反，正是因为这几个方面的不确定构成了企业所面临环境的整体的复杂性。这种类型的指标我们称为"原因指标（causal indicator）"或"构成指标（formative indicator）"。

我们再举一个例子来说明构成型指标的定义。社会经济地位（social-economic status，SES）的测量是构成型指标的一个经典例子。社会经济地位（SES）表示一个人的社会阶层、财富或经济地位。社会经济地位的两个可能的指标是收入和教育水平。MacCallum和 Browne（1993）认为一个人的收入和教育水平并不是其社会经济水平的反映或结果。相反，是收入和教育水平决定了一个人的社会经济地位。从上面两个例子可以看到，构成指标与效果指标（或反映指标）具有相反的特征。一个构念与它的构成指标之间的关系可以用数学公式表示为

$$\theta = \gamma_1 x_1 + \gamma_2 x_2 + \zeta$$

以"社会经济地位"构念为例：

θ 是不可直接观测的构念"社会经济地位"；

x_1 是个人收入水平；

x_2 是个人教育水平；

γ_1 是收入水平（ξ_1）影响社会经济地位（θ）的权重；

γ_2 是教育水平（ξ_2）影响社会经济地位（θ）的权重；

ζ 是测量误差。

从上面的例子我们可以看出，构成指标（原因指标）实际上就是由指标"构成了"被测量的构念。这种关系与效果指标和构念的关系恰好相反。但需要注意的是，构成指标不是构念的前因。一个构念的前因一定是另外一个构念。但是，构成指标只是测量构念的指标而已，不是另外一个构念。简单来说，构成指标是抽象构念的构成因素的现实表现。

我们在前面说过，每个效果指标都是潜在构念的一个充分的无偏估计。而与之相比，每个构成指标都是"不完全地"和"有偏差地"代表了它们所表示的构念。这是因为构念与构成指标的关系是：$\theta = \gamma_1 x_1 + \gamma_2 x_2 + \zeta$。在这样一个测量模型中，如果只用 x_1（如收入水平）来估计 θ，即使测量无穷多次，依然会导致对构念的偏差的估计。在构成指标测量的构念中，只要缺了一个指标，对于构念的估计就会有偏差。换句话说，所有构成指标都必须出现才可以估计构念。我们前面说过，使用多个效果指标的目的只是增加信度，而在构成指标中，每一个指标对于估计构念的真实分数都是不可缺少的。也正是因为每个构成指标在构念中都是独特的一个部分，所以构成指标之间是可以完全没有关系的。我们以前面说的环境复杂性为例，它是由竞争、技术、法规和国际发展几方面的指标

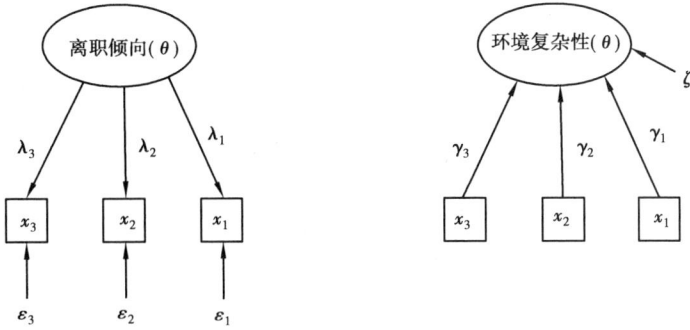

图 8.6

共同构成的,但这几个指标之间可以没有关系。图 8.6 是反映型指标(见左图)和构成型指标(见右图)的测量模型的比较。很明显,指标与构念的关系是完全不同的。

　　构成指标模型在组织和管理研究领域并没有被广泛使用。Diamantopoulos, Riefler 和 Roth(2008)从过去的文献中找到 6 个管理方面的研究曾用到构成型指标来测量,包括环境控制(Venaik et al. ,2005)、公司声誉(Helm, 2005)等。构成指标模型没有被广泛使用的原因是其估计和验证的过程都比效果指标复杂,很多研究者都不一定熟悉整个程序。这一点通过我们在下面部分的比较就可以看出来。

8.1.4　用构成指标和效果指标估计构念

　　正如上面所解释的,用效果指标估计构念时,采用的就是一般的因子分析模型。我们在结构方程模型中使用因子分析模型,通过可观测的效果指标就能够估计出不可观测的构念。这一步工作在常用的结构方程模型软件如 LISREL 和 AMOS 中就可以简单地实现。只要因子模型是正确的,指标没有问题,就可以用指标直接估计出构念。例如,一个人使用 3 个效果指标测量了 200 个人的"离职倾向",他可以很容易地对 3 个效果指标进行验证性因子分析,并用它们背后的因子分数来估计随机误差和载荷,进而估计不可观测的构念"离职倾向"。这一部分的内容读者可以在看过后面的结构方程模型部分后,再返回来阅读。

　　相比起来,用构成指标来估计构念就有一些不同。构成指标模型中指标与其所测量的构念之间的关系可用数学关系式表示为

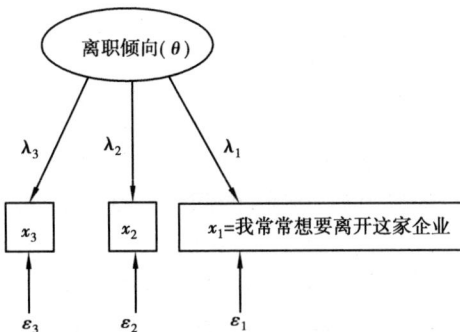

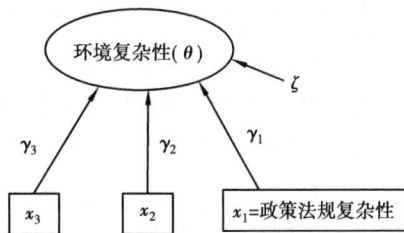

图 8.7　　　　　　　　　　　　　　　　　　图 8.8

$$\theta = \gamma_1 x_1 + \gamma_2 x_2 + \cdots + \gamma_k x_k + \zeta$$

在这个等式中,$\theta,\gamma_1,\gamma_2,\cdots,\gamma_\kappa$ 和 ζ 都是未知的参数。只有 $x_1,x_2,\cdots,x_3$ 是可观测的变量。理论上,给定 $x_1,x_2,\cdots,x_3$ 的一组的观测值,则 $(\theta,\gamma_1,\gamma_2,\cdots,\gamma_\kappa,\zeta)$ 的取值有无数种可能性,无法得到一组估计值。这时,我们说模型是不可识别的[注:可识别性会在第 11章详细讨论]。学过结构方程一章后,你应该可以自己想到解决办法,为了使模型可识别,模型中至少需要包括两条从该构念发出的结构路径。换句话说,要把构成指标模型中的变量猜出来需要借助该构念的至少两个结果变量。图 8.9 的例子就表示出如何使一个构成指标模型变得可以识别。企业的环境复杂性这个构念的测量模型单独存在时是不可识别的,假设我们可以根据理论推出两个相关的结果变量,即有机式的组织结构和组织战略,在由 3 个构念组成的完整模型中,我们就可以估计出想研究的企业的环境复杂性了。

因此,我们可以用一句话总结两种模型估计方法的差异:用效果指标测量构念时,只用测量模型就可以估计;但是用构成指标所测量构念时,需要同时包括测量模型和结构模型才可以估计。这时,在结构模型中,除了我们所测的构念,至少还要有该构念的另外两个结果变量。

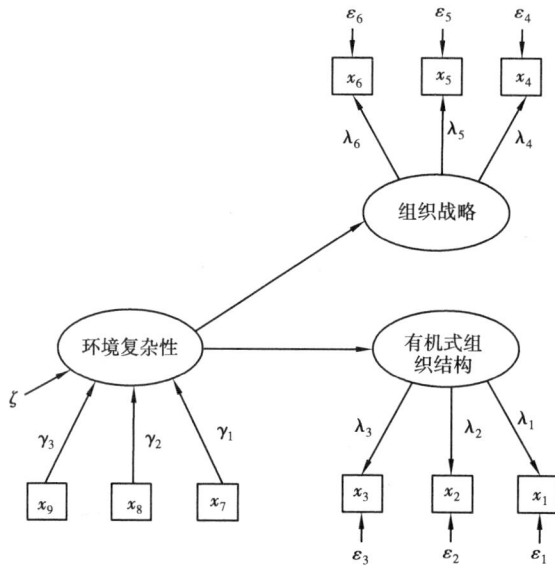

图 8.9

8.1.5 构成指标和效果指标的使用

虽然很多管理研究者都不太熟悉构成指标,但构成指标已经不是一个新的概念了,它曾经作为一种有潜力的测量模型被提出来,却也因为其诸多的问题一直被批评。我们在这里为大家比较构成指标和效果指标只是希望大家可以了解它们。但我们的建议是,如果可能的话,尽量少使用甚至不使用构成指标。原因有四:第一,指标是用来测量构念的。理论上来说,有了测量,就可以知道构念是什么。构成指标的构念除了需要它的构成指标外,还需要其他的结果构念来定义。这在测量学里面是一个很古怪的现象。第二,一个概念的结果需要恰当的理论才可以判定。这说明了构成指标除了作为一个测量工具以外,还要求研究人员绝对正确地把构念的结果定义下来。这是把测量与建构理论混起来了。第三,我们大部分时间都很难把一个构念的所有结果定下来。但是如果不这样做的话,构成指标的权重就会随着用不同的结果构念而改变了。第四,几乎所有需要构成指标的构念都有可能用效果指标测量。那为何要舍易取难,并且要取一条误差可能更大的路呢?

到底应该使用构成指标还是效果指标本来是一个理论问题。例如,"社会调整(social adjustment)"这个构念(Holmes & Rahe ,1967)的提出是基于这样一个前提:一个人生活中发生的好的或坏的事情(如家庭成员健康状况的变化、亲密朋友的离世、工作中的职责变化、获得新的家庭成员等)会给个体带来心理上的压力,而这种压力可能会引起心理疾病或精神健康问题。根据定义,符合逻辑的做法是测量个体所经历的重大事件,并把它们放在一起来测量社会调整。而对于另外的一种构念,如一般智力能力(General Mental Aptitude , 或称 g 因素),它在定义上就是指个体的各种外显能力背后的一个潜在因素。因此很明显,用构成型指标来测量 GMA 是不合适的。

但是,对于大多数构念来说,其定义中一般不会明显表示出哪种指标测量更合适。例如,销售人员的工作业绩定义为销售人员的工作表现,但我们可以用不同的方法来衡量工作表现。我们可以用他销售不同产品(如空调、冰箱、电视机等)的加权总和作为业绩的衡量;也可以请他的直接上级根据他在不同方面的表现来打分(如产品销售的质量、数量,顾客满意度等)。因此,选用什么样的测量指标取决于我们如何定义构念。对于那些模棱两可的构念,用效果指标或构成指标都是可以的,这决定于我们对其的操作性定义(operationalization)。

考虑到构成型指标内在的问题和复杂的估计过程,我们建议研究者们在可能的情况下,尽量选用或发展反映型指标构成的量表来测量构念。

8.2　多维构念的测量

前一节我们讨论的构念都是可以直接由多个指标来测量的,这样的构念是最简单的一种,我们称为单维构念。管理学中还有很多更为复杂的构念,它包含了几个维度,而每个维度也都是不可直接观察的构念。所谓的构念的"维度",简单地说就是这个构念是由几个不同的部分组成的。我们用组织公平感(organizational justice)这个构念来作为例子。在 1980 年以前已经有了以亚当斯(Adams,1965) 的公平理论为代表的多个理论解释为什么组织公平感会影响人的行为,这些理论都一致认为人们在组织中的公平感主要就是对于组织分配的结果是否觉得公平。这被称为分配公平(distributive justice)。后来Leventhal 等人(1980)把法律纠纷解决过程的理论应用到组织中,提出了在组织中员工其实也很看重组织运行过程中的公平,当组织具有平等待人、没有偏见等 6 个方面的特征时,员工也会觉得公平,他们将其命名为程序公平(procedural justice)。这样,组织公平这个构念中就包含了两个子构念了。到 1986 年,Bies 和 Moag(1986)提出了另外一个不同的概念,他们发现其实员工在组织内的人际互动的质量也是组织公平感形成的重要部分。他们称为互动公平(interactional justice)。于是,现在的研究中提到组织公平感时,都默认包含了至少 3 个维度。不过由于这 3 个维度之间的关系以及它们于组织公平的关系还尚未完全说清楚(Colquitt,2001),也有不少学者质疑这3个维度同属一个构念下的问题,我们在这里不展开讨论。只希望用这里例子向大家说明组织公平感如何从最初的一个单维度构念变成现在的多维度构念的。又如,Allen 和 Meyer(1990)提出了组织承诺(organizational commitment)这个构念一共有 3 个维度。其中包括感情承诺(affective commitment)、持续承诺(continuance commitment)和规范承诺(normative commitment)。感情承诺是员工对组织的情感上的依从、认可和内化。规范承诺是员工对组织的规范的认同。持续承诺是员工对组织的承诺表现在不离不弃的一面。

　　大家经过比较已经可以看出来了,单维构念本身是不可观测的、抽象的;但它可以由可观测的、具体的指标直接测量。相比而言,多维构念和子维度都是不可直接观测的概念,可观测指标是用来测量子维度的。既然指标只能直接测量子维度,那我们又如何通过维度来估计构念呢?

　　如果不能讨论清楚维度与构念之间的关系,上面这个问题是无法解决的。过去很长一段时间,这个问题并没有得到重视,学者们根据自己的想法,要么把所有的维度加总取平均,要么就在维度层面做分析,在构念层面做结论。多维构念与它的各维度之间的关系比单维构念与其指标之间的关系更复杂。Law,Wong 和 Mobley(1999)的文章,以及 Law 和 Wong(1999)的文章都讨论了多维构念与其各维度间的 3 种可能的关系:潜因子模型,合并模型和组合模型。下面我们将逐个讨论这 3 种关系。虽然大家可能会发现构念与维度的关系与前面所讲的指标类型有部分相似的地方,但是它们是不同性质的问题,希望大家不要混淆。

8.2.1　潜因子模型

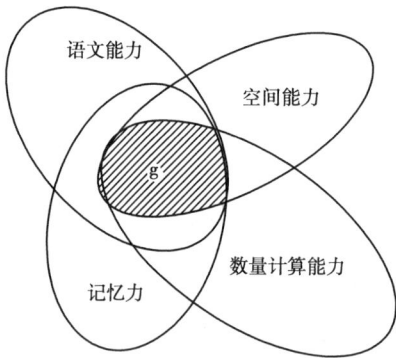

图 8.10

　　潜因子模型(Latent Model)的一个经典的例子是一般智力能力(general mental ability,GMA)。斯皮尔曼在1927年把 GMA 描述成众多智力活动(如语文能力、数量计算能力、记忆和推理能力等)背后的一个共同因素。他从数据分析中发现,虽然人可以在各方面表现出不同的能力,但所有能力的背后有一个共同变异的部分,这个部分好像一个潜在的因子影响着人各方面的智力表现,只是我们暂时还不清楚这个部分从哪里来,故把它命名为 g 因素(g是 general 的首字母缩写)。图 8.10 表示了各种智力活动与 g 因素的关系,每一个椭圆形所表示的能力称为具体能力(specific ability),而在这部分能力的背后,共同影响它们的因素被称为一般智力能力(g 因素)。

　　从这个例子我们可以看出,在这一类的多维构念中,各个维度都是同一个构念的不同表现。这类多维构念被称为"潜因子型多维构念(latent multidimensional constructs,LMC)",因为 LMC 可以在数学上表示为各个维度背后的一个潜因子(或共同因子)。LMC 是概念上最简单,估计和解释起来也较为容易的一类多维构念。管理学大部分构念都属于 LMC 类型的多维构念。

我们用 Salovey 和 Mayer 对情绪智力（Emotional Intelligence，EI）的定义作为例子来说明 LMC 的特征。Salovey 和 Mayer(1990，p. 189)把情绪智力定义为"一个人能够了解自己和他人的感觉和情绪，能区分它们，并且能使用情绪的信息引导自己的思考和行为的能力"，但他们对这个定义不满意，于是在 1997 年又把定义修改为"情绪智力被定义为四方面的能力(a)感知情绪，(b)使用情绪促进思考，(c)理解情绪和(d)管理情绪"（Mayer & Salovey，1997）。其中，感知情绪是指感觉到并识别出自己和他人的情绪，并且能够识别出这些情绪的刺激物是什么，如声音、故事、音乐等。使用情绪促进思考是指使用情绪来提高注意力，并且可以理性地、有逻辑地以及更有创造力地进行思考。理解情绪就是明白情绪的语言，了解情绪是如何混合在一起影响我们的，以及情绪之间转换的机制。最后，管理情绪就是能够控制和调整情绪，以促进个人成长的能力。

根据他们的定义，情绪智力就是一个潜因子模型构成的多维构念，它表现为 4 个方面的能力，而每一方面的能力也都是一个抽象的构念。根据这样的定义，EI 与其 4 个维度之间的关系可以用数学式表示为

$$感知情绪 = \omega_1 \times EI + \delta_1 (\omega \text{ 是权数}; \delta \text{ 是误差})$$
$$使用情绪 = \omega_2 \times EI + \delta_2$$
$$理解情绪 = \omega_3 \times EI + \delta_3$$
$$管理情绪 = \omega_4 \times EI + \delta_4$$

但因为每一个维度本身也是不可直接观察的抽象构念，所以我们还需要为每个维度发展一些可观测的指标对维度进行测量。每个维度都可以视为一个单维度构念，因此与我们前面讲的单维度构念的测量模型是相同的。

在结构方程建模一章中我们还会提到，估计潜因子型多维构念有两种方法：第一种方法是可以先通过指标估计子维度，再用上面的方程用子维度估计多维构念。第二种方法是假如多维构念是潜因子模型，而每一个维度都是由反映型指标测量，那么我们可以直接用指标估计多维构念。有兴趣的读者可以自己试验一下，看两种估计是否一致。

如果你喜欢用方程推导，也可以用下面的式子推导。假设我们用几个指标测量上面的感知情绪维度，其中一个指标 x_1 与感知情绪的关系就可以表示为

$$
\begin{aligned}
x_1 &= \lambda_1 \text{ 感知情绪 } + \varepsilon_1 \\
&= \lambda_1(\omega_1 EI + \delta_1) + \varepsilon_1 \\
&= \lambda_1 \omega_1 EI + \lambda_1 \delta_1 + \varepsilon_1
\end{aligned}
\tag{1}
$$

如果直接用一个一阶因子的式子来表示指标和 EI 的关系，则

$$x_1 = \kappa_1 \times EI + \upsilon_1 \tag{2}$$

［注：$\kappa_1 = \lambda_1 \omega_1$；$\upsilon_1 = \lambda_1 \delta_1 + \varepsilon_1$］

式(1)和式(2)唯一的区别就是在式(2)中，我们估计时是把误差当作随机误差来处理，但实际上误差是受 λ_1 影响的。只是这个误差在好的测量中可以忽略（即 λ 都很高的时候）。这样，用两种方法估计的结果就会比较一致。

8.2.2 合并模型

第二种类型的多维构念是合并型多维构念（Aggregate Multidimensional Construct，

AMC）。我们还是从一个例子开始。

　　Mitchell 等(2001)在提出"工作嵌入(job embeddedness)"这个构念时,明确说明了"这个构念是一个合并型构念,而不是潜因子模型"(p. 1111)。那这个构念是怎么样的呢? Mitchell 等(2001)发现过去的文献认为员工决定是否留在一个组织的原因是由他对工作和组织态度决定的,当一个人对组织产生了不好的看法时,可能会考虑离开;而如果一个员工还愿意留在组织,可能是因为对于组织还存有积极的看法的。Mitchell 等(2001)认为还有其他的解释原因。他们发现很多员工留在一个组织是因为他们好像附着在一张巨大的网上面,这个网是由他们与这里的人和事的种种关系组成的,让他们很难做出离开的决定。他们和这张网联系的紧密程度就被作者定义为"工作嵌入"。他们提出"工作嵌入"包括 3 个方面的内容:联系、匹配和牺牲。联系是指员工与组织及组织里的其他同事之间的正式或非正式的关系。匹配是指员工觉得他与环境和周围人匹配的程度。牺牲是指员工预期如果离开这个组织将会带来的各种物质和心理的成本。

　　作者在发展构念时清楚说明了工作嵌入并不是这 3 个方面背后共同的潜因子,而是因为有了这 3 方面才共同组成了工作嵌入,这 3 方面不一定要都高或者都低,它们之间有一定程度的彼此替代性。我们可以用图 8.11 表示出工作嵌入与它的 3 个维度之间的关系。

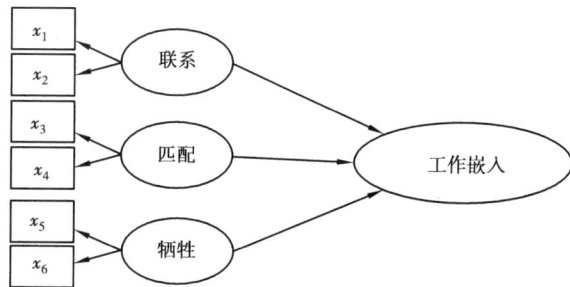

图 8.11

　　这样类型的多维构念我们称为合并型多维构念。如果说潜因子型多维构念是同一个多维构念的不同表现,那么,AMC 的各个维度就是多维构念的不同组成部分。数学上, AMC 可以定义为其各个维度的函数。为了讨论方便,我们这里都假设 AMC 是它各个维度的线性函数。但实际上,AMC 可以是其各维度的复杂函数。工作特征模型就是这样一个例子。Hackman 和 Oldham(1976) 提出,有 5 个核心的特征会影响一份工作对工作者的激励性,即技能的多样性、工作的整体性、工作的重要性、自主性和反馈。Hackman 和 Oldham 还明确为一份工作的激励潜能分数(motivation potential score,MPS)作了操作定义,即

$$MPS = \frac{技能多样能 + 工作完整性 + 工作重要性}{3} \times 自主性 \times 工作反馈$$

　　根据他们的定义,一个工作有可能在多大程度激发工作者的积极性,是由工作特征的 5 个维度的非线性组合决定的。

　　我们还可以从方差的角度比较潜因子型多维构念和合并型多维构念的不同。对于潜因子型多维构念,实际上只有各个维度的共同方差才被考虑为多维构念的方差部分,每个维度中特有的变异量可能对于各维度来说是有意义的,但对于整个多维构念来说,

它们都被视为误差方差。而合并模型中则不同,根据定义,所有维度的所有变异量以某种方式合并后成为多维构念的变异量,所以各维度的变异量都被认为是真实变异量。

这个关系可以用图 8. 12 表示。

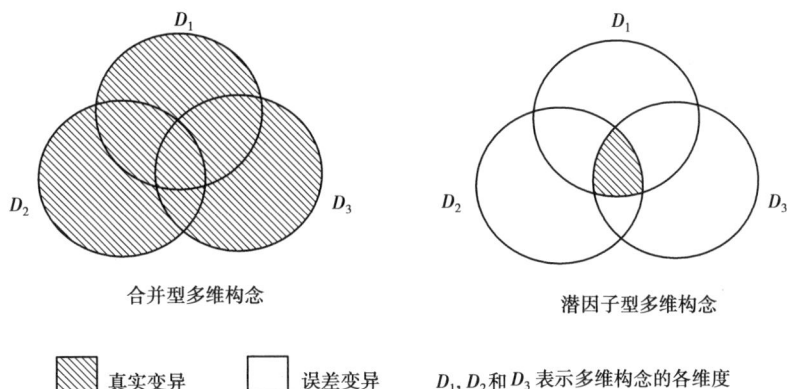

合并型多维构念　　　　　　　　　潜因子型多维构念

真实变异　　□ 误差变异　　D_1, D_2 和 D_3 表示多维构念的各维度

图 8. 12

我们建议读者在选择如何测量概念时要思考清楚,因为不同的构念在估计和使用时的方法完全不一样。最好在定义概念的性质时就已经想到后面会如何分析。

LMC 和 AMC 的估计过程很不一样。LMC 可以简单地用探索性因素分析(exploratory factor analysis)或验证性因素分析(confirmatory factor analysis)来估计,而 AMC 的估计则要复杂一些。我们假设一种最简单的 AMC,即构念测量值等于每一个维度测量值的加权平均。那么,AMC 与其维度之间的关系就可用数学式表示为

$$AMC = \sum_{i=1}^{k} \gamma_1 \times 维度_i$$

为了估计这个方程,有两种选择:一个是研究者从理论出发,定义每一个维度的权重,即 γ 的值,然后就可以直接把维度合并到构念层面。例如,Locke (1969) 和 Lawler (1983)提出了工作满意度的 5 个维度在构成总体工作满意度这一构念时应该被赋予相同的权重。类似地,上面讨论的工作特征模型中,Hackman 和 Oldham (1976) 也明确给出了一个非线形方程,以说明 5 个维度如何组合成多维构念"工作激励潜能"。

但是,对于那些没有足够的理论提供证据赋予各维度权重的,就需要用实证数据来估计维度与整体构念之间的函数关系。而当所有的 γ 都需要通过模型来估计时,就涉及模型是否能够识别的问题(请参见第 11 章结构方程模型)。一个单独的 AMC 中已知的信息是不够我们估计整个测量模型的,所以为了估计测量模型,我们还需要其他构念的辅助。一般情况,我们至少需要从 AMC 发出的两条路径(即两个结果变量)才能够使要估计的模型成为可识别的模型(MacCallum & Browne,1993)。

既然有不同类型的多维构念可以选择,那如何确定一个构念是哪种类型的构念呢? Edwards (2001) 认为确定多维构念的类型是一个实证问题,而 Law,Wong 和 Mobley (1998) 则提出多维构念的类型应该由理论决定。我们认为两个看法是不矛盾的。我们建议,研究者最好在理论的基础上首先定义所研究的多维构念,再用实证数据进行检验。如果数据不能支持先前提出的构念定义和结构,再考虑其他可能的方式。单从数据结果反过来讲故事构造理论是很危险的。因此,无论是提出构念、发展测量,还是构建模型,

我们一直的观点都是尽可能从理论出发,用数据检验,才能达到实证研究的目的。

不过,我们发现,即使是一些学者在引用 Law, Wong 和 Mobley（1998）的文章时,有时也会把多维构念与维度的关系和构念与指标的关系混淆。因此,我们在这里也多强调一次,潜因子型多维构念和合并型多维构念都是指多维构念与其维度之间的关系;构成指标和效果指标则是指抽象构念与具体的可观测指标之间的关系。看到这里,读者可能会问,既然我们不太赞成构念用构成指标来测量,那是不是基于同样的理由,也应该建议尽量不要把多维构念定义为合并型多维构念呢？我们觉得其实不然。主要的原因是构念与指标之间的关系是一个"估计和代表"的关系。实在的指标是估计抽象的概念的唯一途径。但是多维构念与维度却没有这样的唯一性的代表关系。因为多维构念是一个构念,维度也是一些构念,所以两个都可以用指标直接测量。这样的话,就不存在上面所说模型识别性的问题了。我们在这里用工作满足感作为例子。整体的工作满意度有 5 个维度,分别是对薪酬的满意度、对同事的满意度、对主管的满意度、对工作的满意度和对晋升的满意度。这 5 个工作满意度的维度各自是可以用指标来测量的。但是同时,整体的工作满意度也可以"直接"用指标来测量的。既然整体的工作满意度可以不通过 5 个维度来测量,那么它们之间的关系,就可以用一个简单的回归分析估计出来了。图8.13表现了合并型多维构念与用构成指标测量的单维构念的分别。

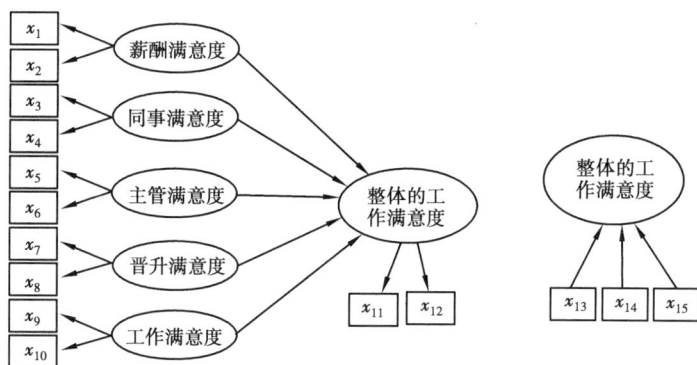

图 8.13

在上图左边的是合并型多维构念。其中的 5 个维度和多维构念本身都可以用因子分析测出来,以因子数作为代表。因此,γ_1 到 γ_5 都可以用简单的回归分析估计出来。但是右边的用构成指标测量的单维构念中的 γ_6 到 γ_8 却无从估计,因为它们可以是任何数值。

8.2.3 组合模型

还有一类多维构念,在描述整个构念时,需要所有维度共同来描述,但是又不能把维度合并在一起。好像是我们描述一台电脑的"配置"时,会用一串指标描述,包括处理器CPU、显卡、主板、内存、硬盘、显示器等每一项的指标放在一起共同描述,但是你很难将这些信息合并为一个数字来表示——当然,如果你只关心价格就是例外了。

这一类用各个维度以不同方式的组合来定义的多维构念被称为组合型多维构念。很多时候的做法是,把每一个维度分为高水平和低水平,然后把各个维度高低水平相组合形成不同的类型,进而再解释每一种类型特征、原因、影响等。因此,组合型多维构念常常都是以类型的方式出现的,只不过这些类型是由构念下的子维度来共同定义的。

例如,Tsui,Pearce,Port 和 Tripoli(1997)基于 March 和 Simon(1958)的诱因——贡献架构(inducement-contribution framework),建立了一个 2×2 的企业人力资源模型。其中的人力资源管理制度(多维构念)有两个维度——"期望员工的贡献(expected contribution)"和"提供给员工的诱因(provided inducement)"。这两个维度不可以相加。只可以组成各自"高和低"的 4 种组合,即"高诱因高期望""高诱因低期望""低诱因高期望""低诱因低期望"。这 4 个组合就形成了企业人力资源制度的代表了。

又如,Sabherwal 和 Chan(2001)用 6 种特质定义了以往学者提出的企业作为防御者、分析者、开拓者的 3 种战略类型。过去的学者谈 3 种战略类型仅限于概念上的讨论,所以也就无法进行实证研究。但在这个研究中,作者把战略类型定义为一个组合型多维构念,用了防御性、风险规避、进取性等 6 个方面的特征来定义每一种战略。换句话说,用这 6 方面的特征就可以把每种战略各自的主要特点描述出来了。

维　　度	防御者(Defender)	分析者(Analyzer)	开拓者(Prospector)
防御性(Defensiveness)	高	中	低
风险规避(Risk aversion)	高	高	低
进取性(Aggressiveness)	中	中	高
主动性(Proactiveness)	低	中	高
分析(Analysis)	中	高	中
未来性(Futurity)	低	中	中

现在需要读者发挥一下空间想象能力,现在有 6 个维度,所以我们以这 6 个维度为坐标轴,可以得到一个六维空间。如同二维的坐标系被 X 和 Y 轴分为 4 个象限一样,这个空间被 6 条坐标轴分割成了很多个($2^6 = 64$)象限。但在这些象限中,只有 3 个象限是被研究者认为有意义的,它们就是上面的表中定义的 3 个象限各自代表一种战略。而对于任何一家公司,我们只要测量它们在这 6 个维度上的值,就可以在一个六维的空间中定位这个点,也就可以代表这家公司的战略了。

这是一个比较复杂的组合构念,在这里只是作为一个例子。我们不建议读者轻易建构包含那么多维度的构念,除非你有很强的信心可以把其中的理论解释清楚。作者的样本包括 226 家公司的数据,首先要做的事情是把这 226 家公司分类。分类一般有两种方法:一种方法是这个研究里用的,人为地把每一个维度分出高低区间。我们称为"虚拟编码法(dummy coding approach)"。作者用每一个维度的中位数(median)把所有公司分为高分组(记为 +1),低分组(记为 -1),如果有恰好等于中位数的,记为 0。这样,每一个公司都有了 6 个虚拟分数。因为已经有了 3 个理想战略的点(即上表中所示),所以可以用欧几里德距离公式计算每一家公司与 3 个战略理想点之间的距离,距离最小的就是这家公司的战略类型。以防御者战略为例,A 公司与防御者战略理想点的距离为

$$距离(防御者) = \sqrt{\sum (X_j - I_{j,def})^2}$$

其中，X_j 是 A 公司在第 j 维度上的虚拟分数，$I_{j,def}$ 是防御者战略理想点在第 j 维度上的虚拟分数。同样道理，可以计算出 A 公司与其他两个战略理想点的距离。用这样的方法就可以把每家公司归入相应的类型了。

还有另外一种方法可以用来给个体或公司分类，即通过聚类分析（cluster analysis）把样本中的所有公司分为 3 个组。我们称为"引力法（gravity approach）"。3 个类的重心或矩心（centroid）就可以用作 3 种战略的操作化定义。例如，如果经过聚类分析后，防御型战略这一组的矩心是 (M_1, M_2)，那么 A 在多大程度上是防御型战略就可以定义为点 (x_1, x_2) 与点 (M_1, M_2) 之间的欧几里德距离（Euclidean distance），距离本身的数字所代表的就是 A 公司具有该战略的程度。然后再进行后续的分析。

另外，还有一种分析的方法就是与第一个方法相似的，以一个象限的最高得分作为我们的参考标准。以 Tsui，Pearce，Port 和 Tripoli（1997）的企业人力资源诱因——贡献架构来举例，如果"诱因"和"贡献"都是用 7 分的量表来衡量的，那么，"高诱因、高贡献"的企业的参考标准就是诱因和贡献都是 7 分（因此参照点就是 $(7,7)$ 了）。有了这个参照点，不同企业的"高诱因、高贡献"程度就可以用这个企业在二维空间与 $(7,7)$ 这一点的欧几里德距离来定义了。

通过上面这个例子我们可以看出，组合型多维构念（PMC）是它包含的每一个维度所代表的特征的组合。但需要注意的是，如果只是研究每个维度的特征的前因后果，当然也是可以的，只不过此时是在维度层面的研究，是把每个维度当成独立的构念，但最后不能够在多维构念层面作出结论。如上面这例子中，如果只研究了 6 个特征分别对于公司绩效的影响，并没有研究它们的组合，就不能够作结论说公司战略会影响公司绩效。因此，只有确定了由其各维度所代表的特征以不同的方式组合所形成的类型时，这个构念才成为真正的组合型多维构念。

3 种类型的多维构念（潜因子型、合并型、组合型）都讨论完了，这些类型是否已经可以概括所有的多维构念了呢？作为多维构念类型理论的提出者，Law，Wong 和 Mobley（1999）认为目前的 3 种多维构念模型应该已经可以概括目前我们所用的多维构念，暂时也还没有人提出有其他类型的多维构念。但这不等于以后也没有，科学本来就是在证伪的过程中逐步发展的。另外，我们鼓励研究者们在每一次使用或提出多维构念时，都应该思考和界定它的性质。

当然，如果一个研究者喜欢用一个概括的词语或标签来描述一组彼此相关的构念（即维度）是完全可以的。只是这样的一组概念不能够称为一个多维构念，在分析时，也不能够在多维构念层面作出结论。例如，我们把个人主义、权力距离、生活的数量与质量（或男性化/女性化）和不确定性规避这样一组变量放在一起，并统称为"国家文化（national culture）"（Hofstede，1984），是完全可以的。但是在对维度之间的关系，以及维度和"国家文化"之间的关系作出明确定义之前，国家文化还不能作为一个多维构念使用。也就是说，如果我们对权力距离进行研究，却把研究结果推延到构念层面，提出"因此，国家文化对……产生影响"就是不太妥当的。为了与多维构念做区分，我们暂且把这一类用来总括一组相互关联的构念或维度的概括性标签称为"伪多维构念（pseudo multidimensional constructs）"。"企业文化""企业公平"和"企业绩效"都是"伪多维构念"中最典型的例子。这些伪多维构念的特征是，它们都不是真正的构念，而只是一组构念的概括性标签;但是,它们又常常被研究者错误地当作科学的多维构念来使用。因此我们建议研究者,如果暂时没有理论基础可以用来整合这类伪多维构念的各个维度,研究者可以考虑在维度层面做研究,结论也保留在维度层面,而不要在构念层面做出结论。

8.3 测量的效度与信度

管理学几乎每一个实证研究都涉及测量的问题,被用作测量的量表也不计其数。遗憾的是,并不是所有的量表都是经过严谨的过程发展出来的,质量也参差不齐。一个领域在发展初期,大家对于测量的要求可能不是很严格,这种情况在管理学中某些领域也存在。有时,研究者只是根据定义自己随意地写了几道题就拿来用,并没有经过严谨的检验过程,而文章发表以后则会有更多的学者跟随其使用,因为已经发表了。这种做法是危险的。测量在研究中是非常重要的。因为我们在用现实世界的数据对理论进行检验时,所有的信息都是从测量的渠道得来的。一个坏的测量工具会直接导致一个错误的结论,如不能够支持一个正确的理论,或是危害更大的,支持了一个错误的理论。

为了使读者在以后选择量表或是自己发展量表的时候有一个参考的标准,我们在本节中介绍一些检验和评价量表的方法。本章 8.4 节中则会更系统地介绍发展量表的一般步骤。由于管理学中使用的测量原理和方法主要是从发展时间较长的心理测量学中借用来的,因此,读者也可以参考心理测量学的相关内容,以获得更全面的了解。

提到衡量量表好坏的问题,很多同学大概都可以说出一串名词,如结构效度、构念效度、复本信度、再测信度、内部一致性信度等。但我们希望大家不单单是记得这些名称,更重要的是可以知道它们被提出时是用来解决什么问题的,以及它们背后的逻辑关系是什么。其实,回到发展量表的初衷就可以知道,我们对于量表的要求其实很简单,只有两条:首先,这个量表确实测量了我们希望它测的构念;其次,这个量表是稳定可靠的。就好像一把尺子,我们希望它上面的刻度是准确的,1 毫米的确代表 1 毫米,并且总是准的,不会随气温、环境或其他因素而变化。这两方面也正是评价一个量表好坏的标准,我们分别称为效度(validity)和信度(reliability)。效度和信度都跟测量时的误差有关。有系统误差称为缺乏效度;有随机的测量误差称为缺乏信度。用温度计(测量工具)对温度(测量构念)的测量来解释,如果一支温度计每次使用时都是比真实温度高出 5 摄氏度,这就称为系统的误差,这支温度计就是"无效"的。学术上称为"效度"很低。如果一支温度计并不准确,测量温度时有时候高估,有时候低估,但是高低的错误是随机的,没有固定的规律,我们就说这支温度计"不可信"。学术上称为"信度"很低。现在,让我们首先来谈谈效度的问题。

8.3.1 效度

在研究调查中,在问卷中问的每一道题称为一个"项目(item)"或是"条目",或者是它所反映的构念的一个"指标"。测量同一个构念的一组项目称为一个"量表"。量表是为了测量某个构念发展出来的,因此我们首先需要确认的是量表是否真的可以度量这个构念,这称为效度(validity)。效度就是你确实在测量你想测量的构念。为了说明量表的效度,需要作效度检验。效度检验(validation)是一个论证的过程,是指量表的发展者从各个方面采集有关的理论依据和实证证据,以说明该测量的确可以有效测出目标构念(Kane,2006)。那么,哪些证据可以作为一个量表有效的支持呢?

根据现行美国标准《教育和心理测试标准》(*Standard for Educatioinal and Psychological Testing*,第5版),并结合我们在管理学中的应用,我们介绍可以作为效度证据的4个最主要的方面,它们包括内容效度,内部结构效度,以及基于与其他测量之间关系的效度。在测量学中,前面两个我们把它们称为"内容效度(content validity)"和"结构效度(internal structure validity)"。关于关系上的效度,我们再把它分为"效标效度(criterion validity)"和"构念效度(construct validity)"两种。

1)内容效度

大家小时候都会听过"瞎子摸象"的故事。摸到象的尾巴的瞎子说,原来大象像一条绳子般细细长长;摸到象的耳朵的说,原来大象像一块布一样扁扁平平。每一个瞎子都是以偏概全。这就是在测量一个构念时缺乏内容效度。

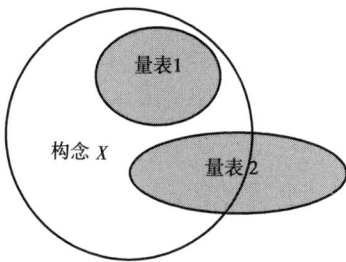

图8.14

"内容效度(content validity)"的证据主要包括3个方面的内容:第一,所测量的内容是否充分并准确地覆盖了想要测量的目标构念。举个例子,如果工作表现包括员工生产时的速度、达成目标、无错误3个方面,我们的测量就要概括这3个方面,缺一不可,否则就是没有内容效度了。又如,工作嵌入应该包括联系、匹配和牺牲3个维度,我们测量工作嵌入时,就一定要同时测量这3个维度。图8.14中的量表1和量表2都不是构念X的好的测量。第二,测验指标是否有代表性,它们的分配是否反映了所研究的构念中各个成分的重要性比例。如果你用10道题测量员工的工作满意度,而其中8道题都是关于薪酬和奖金的,相对满意度所包含的内容来说,这显然不具有很好的代表性。第三,问卷的形式和措辞对于回答者来说是否妥当,是否符合他们的文化背景和用语习惯。

检验内容效度时,可以采用逻辑分析法、专家判断法或者实证研究法。前两种是由研究者团队或一组没有参与发展量表的专家就每一个测量指标是否符合它们对此构念的认识逐一地进行主观的判断,然后对有争议的地方进行讨论,直到达成一致。最后一种是用定量的方法提供证据,一般做法是,请一组答题者,给他们一组构念的定义和所有的测量指标,请他们根据自己的理解把每一个指标放入与其对应的构念中,最后计算每个指标有多少人的分类是和研究者一致的。也可以直接请答题者对每一个指标可以反映某一构念的程度用里克特量表进行打分,最后通过统计分析来比较每个指标在每个构念上的得分是否与预期目标一致。具体的操作过程,大家可以参考 Schriesheim he Hinkin(1990),以及 Hinkin 和 Tracey(1999)两个研究中的做法。

2)内部结构效度

测量的"内部结构效度"就是指用测量工具所得到的数据结构是否与我们对构念的预期结构相一致。所谓数据结构,就是构念是一维还是多维的,包含哪些维度,哪些指标是在测量哪些维度,等等。

因子分析是判别内部结构效度的一个重要工具。因子分析可以帮助我们决定一组测量项目的背后有多少潜在的因素(这些因素称为因子),并确定哪一个项目属于哪一个因素。这正是内部结构效度希望解决的问题。因子分析有两种:探索性因子分析(Exploratory Factor Analysis, EFA)和验证性因子分析(Confirmatory Factor Analysis, CFA)。当我们不知道项目背后的结构时,采用的是"探索性"的因子分析。当我们清楚项目背后的结构,希望验证一下数据是否如我们预期时,采用的是"验证性"的因子分析。

探索性因子分析在量表开发的过程中是非常有用的,但它的用处主要体现在对于构念的结构还不太清楚的时候,可以帮助我们了解条目之间的关系。当然,如果你已经对构念结构有预期了,而且探索性因子分析得到的因子结构和你的预期结构完全一致,也可以作为内部结构效度的证据。不过因为探索性因子分析本身是较为严格的,所以常常很难实现每一个条目都进入预期的构念中。这个时候需要审慎地分析原因,不要轻易地因为载荷不好而把前面发展的条目删掉,尤其是对于过去的研究已经发展起来的成熟量表,更不能仅仅因为探索性因子分析结果就把别人的条目删去。

因此,我们建议大家在已经对构念的结构有理论预期,或者是检验别人已有量表时,使用验证性因子分析。验证性因子分析是带有假设检验性质的分析方法,它强调在考虑误差的情况下,检验观测数据与假设的测量模型契合的程度。因此,验证性因子分析可以容忍一定误差的存在。我们在第 10 章、第 11 章会分别介绍探索性因子分析和验证性因子分析的原理和方法。在这里就不详细说明了。

3) 基于该测量与其他测量之间关系的效度

在检验效度时,一个常用的方法,就是用另外一个构念的"已知"测量(established measure,也就是已经经过验证的测量)来作为参考工具。这个另外一个构念,可以是要检验的构念的结果(测量学上叫做"效标"变量,criterion variable,也就是结果的意思);也可以是一个与要检验的构念类似的构念。

(1)效标效度

"效标效度(criteria validity)",有时也称为"效标关联效度",它的概念和逻辑很简单:已有的理论告诉我们 A 与 B 有很大的相关,或者 A 能够在很大程度上预测 B,那么如果构念 A 的测量是有效的,我们应该可以看到 A 和 B 的关系符合理论上的关系。反之,如果我们看不到 A 与 B 的关系,就需要首先怀疑 A 的测量可能是不准确的。因为构念 A 与 B 的关系不需要怀疑,构念 B 的测量也不需要怀疑(两者在文献中都有一定的证据),如果我们观察不到测量 A 与测量 B 的相关,那就代表测量 A 的效度是有问题。

(2)逻辑关系网

"逻辑关系网(nomological network)"也是量表开发时常用的提供效度证据的方法。很多研究者喜欢它,因为它提供了丰富和全面的效度检验信息。

Nomology 一词来自于古希腊语,是"符合规律(lawlike)"的意思。用在这里意为,一个构念 A 的测量如果是好的,那么实际观察到的数据中 A 和其他变量之间的关系应该与理论上它们之间的关系相符合。这里的其他变量包括 A 的前因变量、后果变量、高相关变量等。换句话说,如果你的观察结果是与你的理论符合的话,就是你的测量有效度的一个证据。你可以将数据检验出来的变量间关系图与理论的关系图相比较,以此作为效度的证据之一。Cronbach 和 Meehl(1955)把逻辑关系网视为效度检验中非常重要的一个步骤。而效标效度实际上可以视为逻辑关系网中的一部分。

(3)聚合效度和区分效度（convergent validity and discriminant validity）

这也许是被误用最多的两个概念了。我们常常看到不少研究人员在对数据分析时,把几个构念的测量放在一起作验证性因子分析,结果很好,便说这些构念的测量有区分效度。为了表明这个推论的错误,我们用以下的一个例子说明。假设我们在测量两个构念:员工满意度和企业承诺。我们用 4 道题来作为测量:

①我很满意我的同事。
②我很满意我的主管。
③我不像一只猫。
④我不像一只狗。

用这 4 道题的答案做因子分析,我们必然会得到两个因子。于是我将第一个因子称为员工满意度。第二个因子就称为企业承诺。同时,我也说数据提供了聚合效度和区分效度的证据。这个例子自然是很夸张。不过,它却表明了单单一次因子分析的结果是不可以表明聚合效度和区分效度的。因为效度的定义是一个测量是否正确地代表了它背后的构念。上面这个例子的应用,说明我们并没有真正理解这些概念原来的意思。我们建议遇到上面这种情况时,可以说这些量表能够将不同的构念区分开,但不要再用区分效度这个词了。其实,如果因子分析的结果表明了指标与背后的构念与我们的设计相似,不如把它称为"内部结构效度（internal structure validity）"更为合适。

那到底什么才称为聚合效度和区分效度呢? 简单地说,"聚合效度"是一个测量会与代表同样构念的测量的相关很大。"区分效度"是一个测量不会与代表其他构念的测量的相关很大。假设我们现在觉得原来测量满意度的量表对于中国情景不那么适用,希望开发一个适合中国员工的工作满意度量表 CJS（Chinese Job Satisfaction scale）,现在用多质多法的方法来检验 CJS 的效度。我们放进的"多种特质"包括组织承诺和工作满意度,因为它们在理论上是两个不同的、但很相近的构念。我们用一个已经过验证的"组织承诺"量表 OCQ（Organizational Commitment Questionnaire）来测量。我们用的"多种方法"是用已有的成熟量表 JDS（Job Diagnostic Survey）来测量工作满意度,同时也用新开发的量表 CJS 来测量工作满意度。这样我们就可以得到 3 个有意思的相关系数。

其中不同特质之间的关系应该最低（$R_{OCQ-CJS} = 0.22$）,而用不同方法测量同一种特质的相关系数应该最高（$R_{JDS-CJS} = 0.79$）,两个标准都符合,说明新的量表与其他相似构念的量表间有区分效度,而与已有的相同构念的量表间具有聚合效度。

	组织承诺量表（OCQ）	工作满意度量表（JDS）
OCQ（成熟量表）	—	
JDS（成熟量表）	0.55	—
中国员工的工作满意度量表 CJS（新开发的量表）	0.22	0.79

请读者自己判断一下,如果结果是下面表中数据所示的,又说明什么呢?

	组织承诺量表(OCQ)	工作满意度量表(JDS)
OCQ(成熟量表)	—	
JDS(成熟量表)	0.55	—
中国员工的工作满意度量表 CJS(新开发的量表)	0.58	0.52

　　聚合效度和区分效度的概念是 Campbell 和 Fiske(1959)年提出来的。Campbell 和 Fiske 提出了"多质多法矩阵(multi-traits multi-methods matrix,MTMM)"来验证构念测量工具的效度。在多质多法检验中,需要用不同的方法(如自评或他评、问卷或观察)对两个或两个以上的特质进行测量,这样我们就可以得到一个用多种方法测量多个特质的 MTMM 相关矩阵。根据理论,在这个矩阵中,用不同方法测量同一个特质的相关系数应该比较高,这称为"聚合效度";而用不同的方法测不同特质的相关系数应该比较低,这称为"区分效度"。具体如何比较,我们用一个最简单的例子来说明。

　　Law,Wong 和 Song (2003)开发情绪智力量表时,报告了下面的"多质多法矩阵":

	特　质	自己评分						父母评分					
		EI	N	E	O	A	C	EI	N	E	O	A	C
自评	EI	(0.78)											
	N	-0.39	(0.77)										
	E	0.15	-0.08	(0.80)									
	O	0.30	-0.12	0.45	(0.82)								
	A	0.26	-0.36	0.29	0.14	(0.83)							
	C	0.55	-0.46	0.10	0.27	0.47	(0.86)						
父母评	EI	0.28	-0.12	0.00	0.01	0.02	0.22	(0.81)					
	N	-0.18	0.34	0.04	-0.02	-0.18	-0.20	-0.30	(0.79)				
	E	0.06	-0.02	0.37	0.21	0.02	-0.02	0.00	0.08	(0.83)			
	O	0.15	-0.04	0.14	0.32	-0.10	0.08	0.15	0.08	0.55	(0.85)		
	A	0.07	-0.14	0.01	-0.02	0.20	0.14	0.16	-0.16	0.28	0.09	(0.85)	
	C	0.17	-0.11	-0.13	-0.02	0.05	0.34	0.42	-0.21	0.11	0.24	0.58	(0.90)

　　上表呈现的是多质多法检验(multi-traits multi-methods,MTMM)。所谓的"多质多法"是用多于一个方法(method)来测量多于一个质(trait)。所谓的质,在管理学上的意思是一个人的特性或特质。这里他们用了两组"质",就是情商(Emotional Intelligence,EI)和大五人格特质(Big-Five Personality)。所谓"大五人格特质",是社会心理学家经过多重的分析,总结出人格可以归纳为 5 个基本维度:神经质/镇静(Neuroticism,N)、外向/内向

(Extraversion,E)、开放/封闭(Openness to experience,O)、易相处/难相处(Agreeableness,A)和尽责性/不尽责性(Conscientiousness, C)。这两组的特质(情商和人格)都是用两个方法来测量,即大学生自评和由他们的父母来评价。这两组特质和两个测量方法的交叉,就产生了上表的相关系数。

上表可分为 4 个区间,左上角的长方形区间是"自评的情商"与"自评的人格"的相关,是不同的特质用同一个方法来测量,我们称为"异质同法(Hetero-Trait-Mono-Method)"。左下角的长方形区间是"自评的情商"与"他评的人格"的相关,是不同的特质用不同方法来测量,我们称为"异质异法(Hetero-Trait-Hetero-Method)"。右下角的长方形区间是"他评的情商"与"他评的人格"的相关,仍然是"同法异质(Hetero-Trait-Mono-Method)"。表中圆圈处的相关($r = 0.28$)是相同的特质用不同的方法来测量,我们称为"同质异法(Mono-Trait-Hetero-Method)"。最后,表中的对角线是相同的特质用相同的方法来测量,我们称为"同法同质(Mono-Trait-Mono-Method)"。这个其实就是测量的信度(reliability)。

对于多质多法检验(MTMM)的要求结果是:

①"同法同质"(信度)一定是最大的。
②"同质异法"是聚合效度应该很高。
③"同质异法"(聚合效度)一定要大于"异质同法"(区分效度)。

[注:上表中"同质异法"的相关相对较小,只有 0.28。作者在文章中做了特别解释。]

Kavanagh,MacKinney 和 Wolins(1971)分析管理者绩效评价方法也是用了类似的方法,建议大家可以参考原文,我们就不在这里详细介绍了。随着结构方程模型(SEM)技术的成熟,我们也可以在结构方程模型中实现 MTMM 的分析,其主要的原理是每一个变量所有观测值的方差都由两部分组成:一部分来源于特质的真分数方差,另一部分来源于方法的方差,这样把特质和方法都作为潜变量,就可以把它们都估计出来了。

Joseph 和 Newman (2010)也尝试验证情商的 4 个维度,是否与大五人格性格特质和智商可以区分。情商的 4 个维度是了解自己的情绪(Self-Emotion Appraisal, SEA)、了解别人的情绪(Other's Appraisal, OEA)、正确使用情绪(Emotion Use, UOE)、正确控制情绪(Emotion Reguation, ROE)。智商是用美国公开大学入学试 SAT 的分数。图 8.15 我们看见作者测量了这些变量的自评和朋友的评价(peer)。从 19 个变量(4 个情商、5 个性格,每个有两个测量,自评(self-report)和他评(peer-report)、智商只有 1 个,因为是客观的分数)中抽取 4 个情商因子、5 个性格因子、1 个智商因子和两个方法因子。这样就可以知道所有变量的总方差中,有多少是因为方法,有多少是因为特质本身。我们在因子分析一章将会再讨论这个问题。

8.3.2 信度

效度讨论的是如何用各种方式检验一个测量工具是否有效。然而,我们除了希望它的确能够准确测量目标构念外,还希望它是稳定可靠的。于是,还需要另一个指标来评价测量的稳定性,这个指标被称为信度(reliability)。

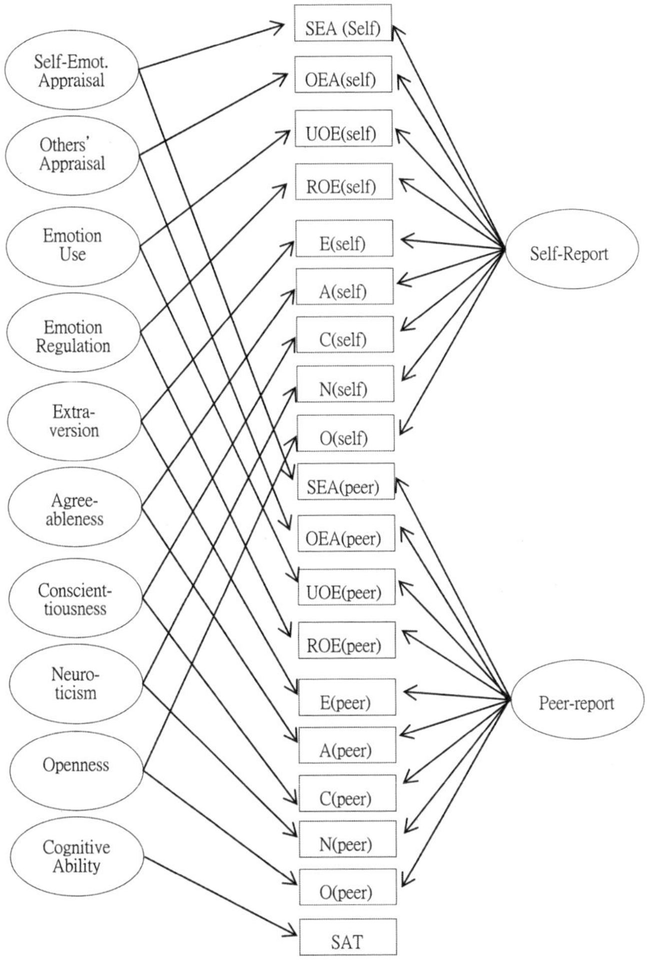

图 8.15

资料来源：Joseph，D. L. & Newman，D. A.（2010）.

我们已经学过前面的经典测量模型，就可以用测量模型来表示信度和效度的含义。经典测量模型认为观测值由两部分组成：真分数和随机误差。但现实中，误差可能不仅仅只是随机误差。我们前面说过的没有校准的电子秤，每次观测值都会稳定地比实际质量多 100 克，这种误差不是随机误差，而是稳定出现的错误，我们称为系统误差。所以观测值 x_i 就可以表示为真分数、系统误差和随机误差 3 部分组成。根据前面对效度的定义，大家一定能想到，这里系统误差 δ 和随机误差 ε_i 都会对测量工具的效度产生影响，而我们所说的信度则特指随机误差 ε_i 的部分，即

$$x_i = t + \delta + \varepsilon_i \qquad \varepsilon_i \sim N(0, \sigma_e)$$

信度被定义为一个测量工具免于随机误差影响的程度。我们可以先用直观一些的方法来认识信度。下面是 3 支温度计 A，B，C 测量同一杯沸水（100 摄氏度）5 次的度数，你认为哪只温度计更有效，哪只更稳定呢？

测量次数	A	B	C
1	99	96	105
2	100	98	105
3	101	103	104
4	101	99	105
5	99	101	105

很明显,温度计 A 最准,但 C 最稳定。因为 C 虽然测得不准,但测量 5 次的观测值最一致,波动很小。因为信度是"随机"的测量误差,温度计 C 的随机误差几乎等于 0,因此温度计 C 的信度最高。但是这个方法只是一个感觉上的信度的大小。我们如何能够有一个比较客观并量化的信度的估计呢？ 以下我们试试用一个例子来说明。假设我们有 10 位同学参加能力考试,他们真实的得分(真实能力)是第二列的数据。但是因为考试总有测量误差,所以我们观察到的得分是最后一列的分数(观察到的能力)。

学 生	真实能力	误 差	观察到的能力
陈一	80	+2	82
赵云	65	−1	64
张东海	77	−3	74
李莉莉	76	+3	79
黄场	82	+2	84
章博	66	+1	67
何蕾	88	−4	84
孟小思	79	+4	83
方差	52.98		55.11

从上表我们得知,如果随机的误差越大,"观察得分"就会离开"真实得分"越远。因此,只要我们把这 10 位同学的"真实得分"的方差除以他们的"观察得分"的方差,就可以知道随机的误差有多大了。为什么呢？ 如果所有的随机误差都是 0 的话,"观察得分"就会完全等于"真实得分",这个"方差比"就会等于 1。相反的,如果随机误差很大(接近无限大)时,"观察得分"的方差就会比"真实得分"的方差大很多,而使两个方差的比率接近 0。因此,如果我们把信度定义为"观察得分"与"真实得分"的方差比的时候,信度就会是一个介乎 0 与 1 的数值。信度等于 0 时,误差无限大;信度等于 1 时,完全没有误差。用上面的例子,这个"方差比"就是 52.98/55.11 = 0.96。事实上,这个"方差比率"是信度的标准定义。如果我们用 r_{xx} 代表信度,则

信度系数(reliability coefficient) = 真实值的方差/观测值的方差

可用符号表示为

$$r_{xx} = \frac{\sigma_t^2}{\sigma_x^2} (\sigma_t^2 \text{ 是真实值的方差}; \sigma_x^2 \text{ 是观测值的方差})$$

还有一个表示信度的方法是真实值与测量值之间的相关系数,称为"信度指数(reliability index)"。如果读者有兴趣,可以自己推导一下,就会发现"信度指数"的平方就等于"信度系数"。

$$r_{xx} = \frac{\sigma_t^2}{\sigma_x^2} = r_{tx}^2$$

但是我们现在有一个非常实际的问题,即我们不知道真实值是多少,所以无法估计信度系数或信度指数。那么,我们有没有替代的方法来表示信度呢?

1)复本信度

聪明的测量心理学家想出了有创意的计算方法(其实,应该说是估计的方法)。他们认为,对于同一个构念,如果我们可以用两个不同的平行的方法来测量,而两个测量的方法几乎在所有的地方都相似,只是随机误差不一样而已(我们将第一个测量称为 x_1,将第二个测量称为 x_2),那么,理论上它们的相关系数就可以间接作为信度的表示。严格的"平行测量(parallel form)"的意思是,两个量表由内容和形式一一对应的项目构成,不同的仅仅是表述形式和措辞。例如,如果我们请应答者求 $x + 3 = 8$ 的解,是测量应答者数学能力的一个方法。那么,上面的题目的一个平行测量就可能是另外一道题目 $x - 2 = 5$。因为如果一个应答者的数学能力能让他求出第一道题的解,理论上他一定能求得第二道题的解。如果应答者真的只可以答对其中一道题,那另一道题的错误应该是随机误差了。我们再来举另外一个例子。如果一个应答者知道"一败涂地"这个成语的意思,却不知道"一诺千金"的意思(大概是一个平行测量项目),那就很有可能是随机的误差而已。严格来说,对于不同的应答者,两个平行测量复本应该是:

①测量相同的构念。
②对于不同的应答者有一样真实值(true score)。
③有相同的平均值。
④有相同的方差。
⑤有一个正态分布的相同的随机误差。

在平行的测量项目的条件下,两个复本测量结果之间的相关,就等价于一个复本的测量结果与它自身的相关了。因此,复本间的相关系数越高,我们认为量表越稳定。这样的信度我们称为"复本信度(parallel-form reliability)"。两个平行的复本的对于不同的测量者来说的平均得分是一样,方差是一样的,其实,它们唯一的区别就是随机误差不同(所以均值与方差都一样)。

如果我们有两个测量的两个复本 x_1 和 x_2。基于经典测量模型的理论,不同的应答者在两个测量复本的得分的相关,就是相关系数的一个估计,即

$$r_{xx} = r_{x1x2}$$

我们把这个定律的数学推导放到附录 2 中。读者可以试试了解一下其中的道理。

2）重测信度

复本信度需要两个不同的测量复本,而复本有非常严格的要求,这在研究上不容易做到。但是与复本信度同样的道理,我们可以在两个不同的时间点,使用同一个量表测量对同一组答题者进行测试。如果构念的数值在这个时间内没有改变的话,两次测量的不同就纯粹是随机误差了。两次所得结果之间的相关系数称为"重测信度(test-retest reliability)"。重测信度考察一个测量(如一个量表)在不同时间的稳定性。但重测信度在使用时有一个很重要的假设,即两次的真分数没有发生改变,所有的差异都可以归为随机误差。Nunnally(1978)指出,过度追求重测信度也会带来问题,很多时候我们感兴趣的构念可能已经发生了变化,但由于项目特征的原因,却不能反映在观测值上;或者是这种变化反映在了测量值上,但我们却把这种变化归因为随机误差,认为量表信度低。因为存在这样的问题,重测信度更适合在发展一些测量稳定特质的量表时使用,如人格特质量表。重测信度的数学推导与复本信度是完全一样的,只是前面是 x_1 和 x_2,现在变成在 t_1 与 t_2 的 x 而已,即

$$r_{xx} = r_{t1t2}$$

3）内部一致性信度

相比上面两种信度,管理学研究中更为常用的是"内部一致性信度(internal consistency reliability)"。"内部一致性信度"主要用来评估量表内部指标之间的同质性。原因很明显,根据我们前面讨论的根据古典测量模型发展出的量表的特点,所有的指标测量的是相同的构念,因此指标之间越一致,整个量表的随机误差部分也就越小。过去的研究者提出了不同的指标来评估指标之间的一致性。要明白内部一致性信度,我们要首先明白量表长度与信度的关系。

我们知道信度是测量的随机误差。如果量表越长,且其他因素不变,随机误差会一直减少(用两道题作测量,自然比用单一道题信度高;用 4 道题作测量,自然比用两道题信度高,如此类推)。那么,量表的长度与信度的关系是什么呢?测量学家告诉我们:

$$r_{yy} = \frac{kr_{xx}}{1 + (k-1)r_{xx}}$$

式中, r_{xx} 是原来测量的信度; r_{yy} 是当测量的项目增加 k 倍(假设增加的项目与原来项目的质量是一样的)后的信度。例如,原来的量表只有 4 道题;我们多增加 8 道题(新量表是原来量表项目的 3 倍),如果原来 4 个项目的量表的信度是 0.6,新的 12 道题的量表的信度就会增加至 0.82 了。因此,当我们发展量表时,一个最简单的增加量表信度的方法,就是多增加几道题。这就是著名的 Spearman-Brown formula。当一个量表的长度(项目数目)增加了 k 倍时,原有的量表的信度和新量表的信度的关系就会服从这个公式。我们在附录 3"信度与测量工具的长短的关系"中,把这个公式的推导过程写出来,给有兴趣的读者参考。

了解了量表长度与信度的关系,我们就可以讲内部一致性信度了。例如,我们有一个 10 道题的量表,现在我们可以随机地从量表中选出两道题,这两道题可以看成是两个平行复本(每个平行复本只有一道题)。于是我们可以计算这两个平行复本的相关。但

是,这个缩短了的量表只有原来量表的十分之一(因为每个复本只有一道题)。因此,"平行复本的相关"虽然是信度的一个估计,但是复本的长度只是原本的十分之一,所以要用 Spearman-Brown formula 予以纠正。纠正了的相关就是这 10 道题的量表的信度的一个估计。

但是,我们在上面只是随机地选择了两道题。如果我们选用的是另外两个随机的项目的话,估计出来的相关经过长度修正后,将会是这 10 道题量表的另外一个估计。可是从 10 道题中,选取 2 道题,一共有 $C_{10}^2 = 45$ 种不同的可能性。如果我们每一个都试一试,我们将会有 45 个量表信度的估计。理论上一个 10 道题的量表只会有一个信度,可是我们手上却有 45 个不同的信度估计,那该如何是好呢?读者大概也想到了,最合理的答案,就是求取 45 个信度的平均作为该量表的信度估计。用这个方法估计出来的信度,称为 α 系数(Cronbach α)。也就是我们最常用的"内部一致性"信度系数(internal consistency reliability)。

α 系数也是在管理学研究中最为常用的信度系数。你在读文章时一定也会发现,作者在汇报研究结果时,一般第一步都需要汇报所有变量之间的相关系数表,以及所有用到的量表在此次研究中的 Cronbach α 系数。因为这样其他人才能够判断这些量表在你的研究中表现是否稳定,信度是否够高。α 系数可用下面数学式计算为

$$\alpha = \frac{n}{n-1}\left(\frac{\sigma_t^2 - \sum_{i=1}^{n}\sigma_i^2}{\sigma_t^2}\right)$$

式中　n——测验所包含的指标数;

　　　σ_t^2——每个答题者的总分之间的方差;

　　　σ_i^2——第 i 个条目上所有答题者分数的方差。

上式中的括号的分子中,把所有的方差 σ_t^2 减去个别的项目自己的方差 σ_k^2($k=1$,$2,\cdots,n$),就剩下所有项目之间的协方差。因此,上式可改写为

$$\alpha = \frac{n}{n-1}\left(\frac{\sigma_t^2 - \sum_k \sigma_k^2}{\sigma_t^2}\right) = \frac{n}{n-1}\frac{\sum_{j\neq k}\sigma_{jk}}{\sigma_t^2}$$

因此,项目之间的协方差(相关系数)越大,α 系数就越大。这就是为什么 α 系数会是项目之间的"内部一致性"的信度估计了。因为项目与项目之间的协方差越大,这 10 道题的"内部一致性"就越高。从上面的公式可以看到,α 系数是"所有项目的总协方差"与量表的"总方差"的比较。如果总协方差很小,就代表个别的项目的方差(方差在这个情形下就代表了项目的"独特性(specificity)",协方差代表了项目之间的"共同性(commonality)"很大。既然项目不会一同变化,就很难说它们是在测量同一个构念了。

举一个例子,A,B,C 3 个人回答了一个包含 5 个题目的量表。结果见下表,这里的 $\sigma_t^2 = 7$(是 25,21,20 3 个数的方差),而 σ_i^2 已经列在最右边一栏中,$\sigma_1^2 = 1$(是 6,5,4 这 3 个数的方差),$\sigma_2^2 = 1$(是 6,4,5 这 3 个数的方差),因此,Cronbach's α 就可以通过下面的式子计算出来了。

题　项	A	B	C	方　差
1	6	5	4	1.00
2	6	4	5	1.00
3	5	3	3	1.33
4	4	4	4	0.00
5	4	5	4	0.33
				3.67
总　分	25	21	20	7.00

$$\alpha = \frac{n}{n-1}\left(\frac{\sigma_t^2 - \sum_{i=1}^{n}\sigma_i^2}{\sigma_t^2}\right) = \frac{5}{4} \times \left(\frac{7.0 - 3.67}{7.0}\right) = 0.6$$

以下是一个 SPSS 计算 α 系数的例子(见图 8.16)。为了简化,这个量表只有两个项目,就是 x_1 与 x_2。

```
RELIABILITY
  /VARIABLES = x1 x2
  /SCALE('ALL VARIABLES') ALL
  /MODEL = ALPHA
  /STATISTICS = DESCRIPTIVE SCALE CORR COV
  /SUMMARY = TOTAL MEANS VARIANCE COV CORR.
```

讲了那么多不同的信度,让我们用图 8.17 来总结一下不同的信度分别用来估计量表哪方面的稳定性。

要轻松地记住它,我们还有一个形象的比喻。当要测量一个物体的温度时,我们可以用手摸来感觉。此时,温度是构念,手是测量工具。我们可以先用左手摸,再用右手摸,这是“复本信度”。因为左右手的感觉是平行对称的。我们也可以用同一只手摸两次,这是“再测信度”。但是,我们得假设第一次摸了以后,不会影响我们第二次摸的感觉。我们也可以每次只用一个指头来感觉温度,然后再综合看 5 个指头的一致性来推断信度,那就是“内部一致性信度”了。

一般的“内部一致性信度”(α 系数)都会在 0.8 以上,如果是 0.7 则表明偏低了。如果低于 0.7,该量表的信度就有问题了。相对于 α 系数,“重测信度”会比较低一点。有时候在 0.5 附近,都可以接受。

4)“组合信度”与“平均方差析出量”

细心的读者会发现,前面讲的内部一致性信度都是基于古典测量模型假设的,因为我们假设这些指标每一个都能够“无偏”的测量构念的真实值,所以才需要它们尽可能一致。但我们前面讲过,对于同属测量模型来说,我们允许每一个指标测量构念的不同部分,这时我们就不能再用指标间的一致程度来估计。对于同属测量模型,一般我们会用“组合信度(composite reliability)”和“平均方差析出量(average variance extracted,AVE)”来表示它的信度。虽然我们不太常用复合信度,但实际上这种情况下,对信度计算更为直接。根据同属测量模型,假设我们用 3 个项目测量 y,那么 x_1,x_2 和 x_3 与 y 的关系

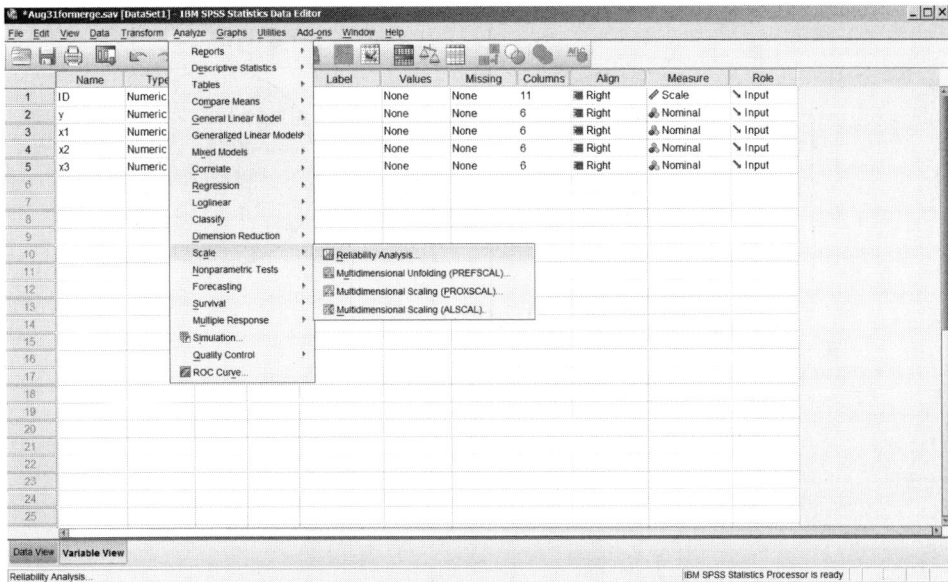

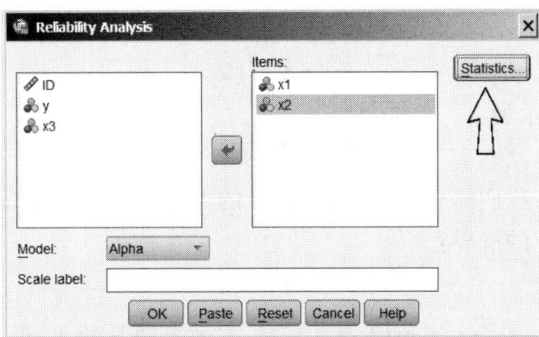

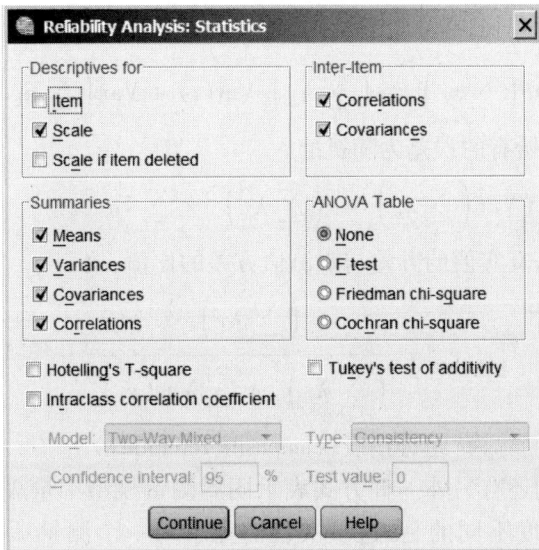

图 8.16

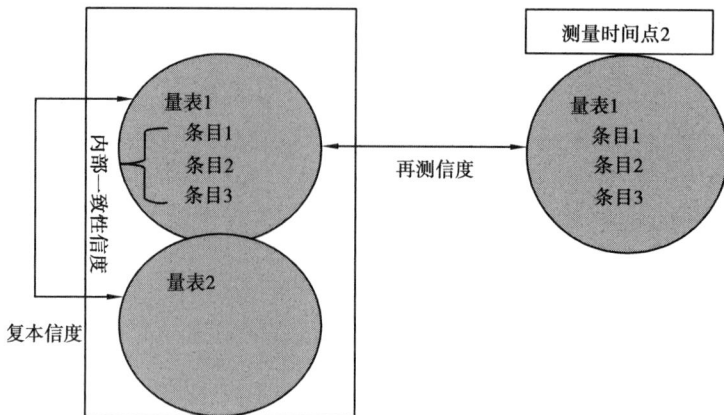

图 8.17

如下：

$$x_1 = \lambda_1 y + \varepsilon_1$$
$$x_2 = \lambda_2 y + \varepsilon_2$$
$$x_3 = \lambda_3 y + \varepsilon_3$$

也可用数学式表示为

$$x = \lambda_k y + \varepsilon_k$$

根据信度的定义，我们需要知道"观测值 x 的方差"和"真实值 t 的方差"。为了得到两个方差，我们做如下的推导：

$$x_k = \lambda_k t + \varepsilon_k$$

$$\sum_k x_k = t \sum_k \lambda_k + \sum_k \varepsilon_k \ (t \text{ 是真实值，对所有项目的 } \lambda_k \text{ 来说是常数})$$

$$\mathrm{Var}\left(\sum_k x_k\right) = \mathrm{Var}\left(\left(t \sum_k \lambda_k\right) + \mathrm{Var}\left(\sum_k \varepsilon_k\right)\right)$$

$$\mathrm{Var}\left(\sum_k x_k\right) = \left(\sum_k \lambda_k\right)^2 \mathrm{Var}(t) + \mathrm{Var}\left(\sum_k \varepsilon_k\right)$$

假设 $\mathrm{Var}(t) = 1$；所有的误差为随机的

$$\mathrm{Var}\left(\sum_k x_k\right) = \left(\sum_k \lambda_k\right)^2 + \sum_k \mathrm{Var}(\varepsilon_k)$$

根据定义，信度是真实值的方差与观测值方差的比值，故

$$r_{xx} = \frac{\left(\sum\limits_k \lambda_k\right)^2}{\left(\sum\limits_k \lambda_k\right)^2 + \sum\limits_k \mathrm{Var}(\varepsilon_k)}$$

这个信度系数我们称为"组合信度（composite reliability）"。

同样的道理，我们还有另外一种方式表示同属测量模型中量表的信度，称为平均方差析出量。与组合信度不同的是，这一次我们先求每一个测量项目的方差，再对它们加总：

$$x_k = \lambda_k t + \varepsilon_k$$
$$\mathrm{Var}(x_k) = \lambda_k^2 \mathrm{Var}(t) + \mathrm{Var}(\varepsilon_k)$$

如果 $\mathrm{Var}(t) = 1$，则

$$\sum_k \mathrm{Var}(x_k) = \sum_k \lambda_k^2 + \sum_k \mathrm{Var}(\varepsilon_k)$$

根据信度的定义，则

$$r_{xx} = \frac{\sum_k \lambda_k^2}{\sum_k \lambda_k^2 + \sum_k \mathrm{Var}(\varepsilon_k)}$$

这个信度系数为"平均抽取的方差（Average Variance Extracted，AVE）"。因为"组合信度"与"平均抽取的方差"的唯一区别是，前者首先把项目相加，然后计算方差；后者首先计算方差，才把项目的方差相加。因此，两个都是信度的合理推导。一般我们报告时两个都会采用。

5) 构成型构念的量表的信度估计

对于效果指标，最常用的信度估计方法就是内部一致性（α 系数）和再测信度（test-retest reliability）。正如前面讨论过的，对于反映型构念，我们假设所有的项目测量同一个构念，因此讨论项目的内部一致性信度是合适的。但是，对于构成指标，却不一定如此（Bollen and Lennox，1991；Cohen et al.，1990；MacCallum and Browne，1993）。实际上，一个构成型构念的不同指标之间有可能是正相关、负相关，或彼此没有关系的（Bollen and Lennox，1991，p. 307）。这样，我们再用传统的估计方法去检验这些指标之间的相关关系就没有太大意义了。因此，对于构成型构念的量表，再测信度是一种更可取的估计信度的方法。因为在估计载荷的时候我们还需要在结构方程模型中放进其他的结果变量，使用不同的结果变量会产生不同的构成指标的载荷，所以研究者在估计再测信度时也必须使用完全相同的结构方程模型（即是完全相同的结果变量）。

8.4 量表编制与开发

有的时候，我们在理论中提出的新构念可能是过去的学者未曾讨论过的，因而就没有成熟的量表可以使用。这个时候我们首先要做的是考虑这个构念是否真的是新的，是不是其他学者用不同的名称命名过类似的现象。如果经过检查之后，发现确实没有，为了检验理论，你可能就需要自己发展量表了。我们前面说过，如果只是凭感觉写几个题目就用于测量是非常危险的。在这一节中我们会讨论量表发展的基本程序，希望在未来需要的时候，你也可以遵循严谨的程序，发展自己的量表。

学者们大都会同意，并没有一个唯一标准的量表开发程序（Hinskin，1998），因此，你可能会看到不同的研究中大家的做法有不同。但总的来说，心理测量学中已经有了一套比较完善的量表开发方法，我们建议大家在熟悉这个过程的基础上，再考虑进一步的改进和创新。

我们先把量表开发所需要的主要步骤用图 8.18 概述出来，再逐一讲解。

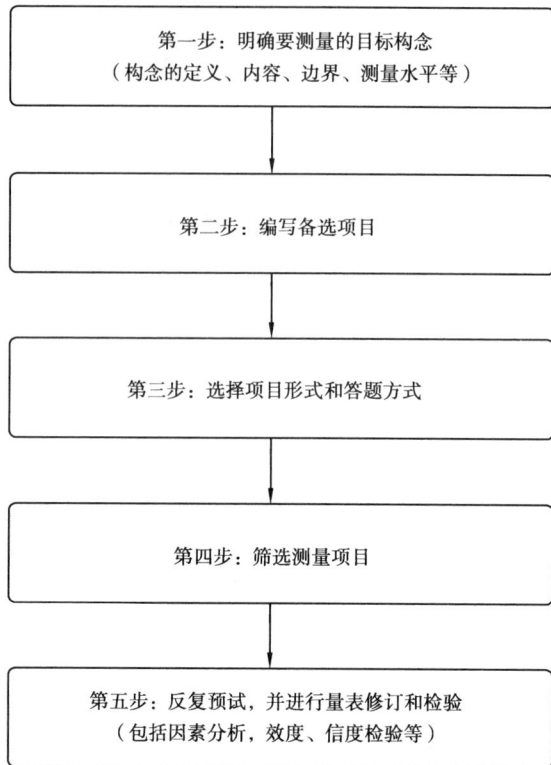

图 8.18

1）第一步：明确你到底要测量什么

很多时候我们以为自己已经很清楚要测量什么，但实际上需要准确地描述出来时才发现自己并没有想清楚。很多初学者做研究时也是如此，觉得大概有个感觉就开始画模型，但实际上对于每个概念的定义还没有完全清晰。

构念的定义决定了整个量表的测量目标，没有清楚地对构念进行定义就开始发展量表，很可能使得后面的工作都变得徒劳无功，而同一个构念也可以因为定义不同，发展出不同的量表的。"创新"就是一个例子，当你去查阅有关创新的文献时，会奇怪为什么每一个测量都不一样，但如果你去认真阅读每一位作者在其研究中对创新的定义，就会发现他们一定都是从特定角度定义创新的，这是由他们各自的兴趣和关注的现象决定的。

明确构念的定义不单单是用一句话说清楚它是什么，同时还包含了其他一些相关的内容，这都是需要在此时思考的。下面列出了一些可能的问题，当然不仅仅局限于这些：

①这个构念所描述的现象包括多大范围？是否有边界？（如当你在重新定义"领导与下属关系"时，是在讨论他们哪方面的关系？只是工作关系，还是包括私人关系）

②这个构念的应用范围有多宽？（如你准备以餐饮类服务人员为样本发展一个"服务倾向"量表，你准备发展一个专门针对餐饮类服务人员的量表呢，还是一个普遍适用于各种类型服务人员的量表）

③构念的测量层次是什么？一般来说,当给出构念的定义时,测量层次已经确定了,只是有时我们不太会注意这个问题(如团队效能感这个构念,如果你把它定义为每个团队成员对其所在团队完成任务的能力的信心,那么它就是一个个体层面的构念,但测量时需要请个体对整个团队作出评价)。本书的12章中也会专门探讨这个问题。

④理论上,是否知道构念是单维度还是多维度,或是完全是探索性研究？这个问题决定了在第二步编写备选项目时要用什么方法。

2) 第二步:编写备选项目(item pool)

明确了量表的目的以后,接下来的工作就是编写一大批备选项目,从而形成一个项目池,作为最后选入量表的候选项目。这么多的项目从哪里来呢？一般有3种方法可供选择。

第一种是归纳法(inductive approach)。如果我们对于被测构念的关键指标和内部结构尚处于探索阶段,我们可能需要用"自下而上"的方法通过定性研究收集测验内容。一般的做法是研究者通过各种途径(如关键事件访谈、个人访谈、小组访谈、开放式问题等)收集构念的不同外在表现的描述,再进行筛选,删去内容明显不符的。一个直观的操作方法是,把收集来的描述做成小纸条,每张上只写一条描述,再用小纸条来做分类和筛选。Farh等(1997)以及Rotuado和Xie(2006)的研究都用了归纳法来收集原始项目,值得读者学习和参考。归纳法的优点是所有的项目都直接来源于实践,而且可以产生丰富的项目供选择。但它的缺点是,尽管研究者会提供给应答者对于构念的定义,但无法避免的是,应答者对于定义的理解与研究者的初衷可能还是存在偏差,这样使得收回来的条目范围要远远大于研究者所希望的。对于后期的筛选也有较高的要求。

第二种方法是演绎法(deductive approach)。如果研究者对于构念的内容和结构有充分的把握和理论支持,也可以选择演绎法,即由研究者自己或研究团队一起基于对构念及其每个维度的定义和理解,尽可能多地写出可以反映构念的指标,以供筛选。演绎法的优点是保证了产生的项目确实都可以反映研究者所要测的项目,缺点是由于脱离现实,可能难以想到一些实际存在的指标,或者列出的指标虽然可以反映构念,但在现实中不一定常见。

第三种方法结合了前两种的优点,并力求避免它们的问题,我们称为组合法(combined approach)。顾名思义,这种方法结合了归纳法和演绎法。用这种方法项目可以有3个来源:管理者或员工、研究者和文献。如果研究者对于构念的结构已经有了明确的定义,可以先就每一个维度给出定义,收集条目,这样收集的条目也会更具针对性。而不用完全从收集上来的项目中探索维度。一个可以参考的例子是Bennett和Robinson(2000)的开发工作不良行为量表的研究。

不管用什么方法,得到的项目需要经过第一轮初选以减少数量。对于明显与测量内容不符的条目经过几个研究者一致同意后可以删去,对有争议的条目建议保留。对于明显重复的可以删去重复的条目只留下一个,但建议记下出现的频次,以供进一步筛选时参考。总之,这个步骤的原则是尽可能多地收集到与构念定义相符的、可以从各个方面反映该构念的指标。这个时候删减条目一定需要谨慎。

3）第三步：选择问题形式和答题形式

我们收集到很多备选项目后，还需要把它们变成答题者能够回答的问题。同一个问题可以以不同的形式呈现出来。我们在这里只讨论 3 方面的内容：选择什么样的量表类型，好问题与差问题的特征，答题的分数度量方式。

心理测量中有很多不同的量表形式，如哥特曼型量表（Guttman scale）、语义差别量表（Semantic differential scale）、里克特型量表（Likert scale）等，其中里克特型量表是我们最常用的。我们在这里重点讨论一下。

里克特量表常常用在请答题者评价对于一个陈述的同意程度时，它用等级量表给出不同的程度，请答题者选择。例如：

我和别人谈论我们公司时常常会使用"我们"。

a. 非常同意

b. 同意

c. 无所谓（不确定）

d. 不同意

e. 非常不同意

虽然我们看到这里的 5 个选项只是一个程度的排序，但我们在分析数据时，是把里克特量表测量的数据当作定距尺度的数据来分析的，因此可以做各种复杂的分析。只是我们自己需要清楚，里克特量表中的一个重要假设就是相邻两个选项之间的距离相等。

那么，到底用几点量表比较好呢？很多心理学家对不同点数对测量结果的影响进行了研究，发现 4 点、5 点、6 点、7 点、8 点、9 点量表对于结果并没有显著的影响。因为这个原因，如果原始量表中作者用的是 5 点量表（从"非常同意"到"非常不同意"），那你根据自己问卷的需要改为 6 点量表是完全没有问题的。但点数也不是越多越好，如果你用 30 点的量表，不但答题者自己都区分不出 25 与 26 的区别，而且也使得 A 答题者的 25 与 B 答题者的 25 所表达的程度可能已经相差很远而不具有可比性了。另外，Wakita，Ueshima 和 Noguchi（2012）的研究也发现相比 4，5，7 点量表，如果用 10 点以上的量表，对答题者判断选项间距离会有一定影响，使得用 10 点量表测出的平均分会偏低。

在中国情境中使用里克特量表有一些经验可以供读者参考：首先，如果可能的话，尽量不用反向记分的题项。这可能是因为大部分中国人不习惯表达极端的负面看法，所以遇到反向的题目时会对自己的回答略微调整，因此答题者对反向记分题选 3 时（6 级量表），并不等于可以直接反过来，相当于正向题的 4。其次，设置选项时，设置偶数个选项可能要好过用奇数个选项，目的是尽量不给答题者机会选中立项，而是要求答题者表达出正面或负面的倾向。

问题没有固定的形式，但一般来说有下面一些标准：

①简短的问题比冗长的问题好。

②具体的问题比抽象的问题好。

③简单的问题比复杂的问题好。

④单一内容的问题比多个内容的问题好。

⑤肯定句的问题比否定句或多重否定句的问题好。

我们还要清楚,用不同的方法去问会得到不同的答案。研究人员要小心计划。例如,如果你想知道一个员工对企业的认同感,你可以问:

①我的企业好,就代表我好。(态度)
②我常常在朋友目前说自己公司的好话。(行为)
③别人都说我对公司像是我自己一般。(参考系改变)
④我觉得我对公司很投入。(感觉)

上面的分歧在测量小组资料是尤为明显。例如,你想知道一个小组是否团结。Chan(1998)介绍了几种不同的测量方法。我们觉得其中两种是最明显的。第一种称为"小组共识(group consensus)"。我们可以问:

①我们小组组员都非常团结。
②我在小组中表现非常团结。

然后把组员的打分加总或是平均。这样的话,是应答者如何看这个小组的团结。不过我们要注意:是应答者觉得成员如何;还是应答者自己如何。但是我们也可以同时问:

①我们小组成员都觉得我们的小组非常团结。
②其他的人都说我们的小组非常团结。

这称为"参考转移(reference shift)"。自然我们还是需要问所以组员,然后加总。但是这一次参考就不是应答者本身,而是其他组员;或是小组以外的其他人。对于这个问题,我们觉得没有绝对的好与坏,只是似乎研究者希望测量的到底是什么而已。

4)第四步:请专家和测量对象评审备选项目

请专家和测量对象评审备选项目的原因是保证测量工具的内容效度,以及字面上没有晦涩难懂、意思模糊的地方。这里的专家指对你的构念的内容和结构比较了解的研究者,请他们对比测量构念的定义和测量项目对几个方面进行判断:测量指标是否能够代表被测构念,是否能够覆盖测量范围。而测量对象是指你的正式研究中要施测的样本类型,如你是测量教师的工作倦怠,那就应该在这个步骤中邀请几位教师帮你检查测量项目,看是否在内容、表述和用词上有不符合他们习惯的地方。对他们提出的建议,研究小组需要再做讨论。

为了提供内容效度的证据,也可以考虑用定量的方法,我们在前面讨论效度的部分已经介绍过,这里就不赘述了。

5)第五步:预试——量表检验与修订

经过前几个步骤编好的量表就可以进行预试(pilot study)检验了。一般情况,新发展的量表至少需要经过至少两个阶段的预试。

第一阶段预试的主要目的是检验构念的结构效度,一般用因子分析的方法。这时,如果结构效度达不到要求,不可以轻易删去载荷不好的项目,而需要讨论分析每一个项目,确实是内容偏离的项目才删去,如果是字词歧义可以修改字词让意思表达更加清楚。

这个过程中需要把所有删改的过程记录下来作为参考。量表经过第一轮修订,结构效度达到要求后才能够进入第二轮预试。

第二阶段预试的主要目的是对量表的效标效度、逻辑关系网、区分效度、聚合效度以及信度等进行检验,如果不能够达到要求(如观测到的关系与已有的理论关系不符,或者信度较低),仍然需要讨论后进行修订再重复进行检验。

由于每一次的预试都不能使用同样的样本,而且每一次结果都需要经过几名研究者共同讨论决定修订方案,因此,量表开发的过程可能要持续很长时间。研究者如果决定开发新的量表,要有充分的时间准备,否则中途因为时间问题,用一个尚未完成的量表做研究,反而得不偿失。

最后,研究人员在预试时应该尽量收集信度和不同的效度(内容效度、结构效度、效标效度、区分效度、聚合效度)的证据,以支持量表的可用性。关于这个问题,没有学者尝试规定到底要有什么证据,才可以断定量表是有信度和效度的。我们觉得基本的信息,如内部一致性信度、内容效度、结构效度、效标效度等都是不可或缺的。

关于量表开发的原理和具体操作问题,在本章末尾也有一些推荐的阅读材料供有兴趣的读者参考。

※※※※※※

测量学是一门颇为数学化的学科。也正因为这个原因,读者可能会觉得这一章稍微有点难懂。我们在这里尽量用最短的篇幅、最简单的形式把一个颇为复杂的学科的精要表达出来。

我们首先介绍了构念。构念分为单维构念与多维构念两种。测量单维构念可以构成指标,或是效果指标。我们的建议是,尽量不要使用构成指标。因为它违反了很多原来测量学中的基本假设。类似于构成指标和效果指标,多维构念的维度与多维构念的关系,可以是"潜因子型"的、"合并型"的和"组合型"的。"潜因子型"多维构念与效果指标有根本上的不同。前者是维度与多维构念的关系。维度与多维构念在本质上都是构念,都是看不见的,抽象的。但是"合并型"的多维构念却是看不见的构念,与看得见的测量项目的关系。正因为这个不同,虽然我们不鼓励大家使用构成指标,使用合并型的多维构念却全无问题。因为合并型的多维构念本身是可以用效果指标直接测量的。

简单地说,测量学考虑的是当我们用有形的项目来代表无形的构念时,当中会出现的误差。有系统的误差,我们称为效度。随机的误差,我们称为信度。效度主要分为内容效度、效标效度和构念效度(主要指聚合效度和收敛效度)三种。但是它们不是三种不同的效度,而是从三个不同的角度来看效度的不同结果而已。同样的,信度可以从三个不同的角度来看,分别是复合信度、重测信度和内部一致性信度。

最后,我们也谈到当没有现存测量工具时,研究人员如何发展自己的测量量表。但是,发展量表是一项艰巨费时的工作。我们的建议是除非没有选择,不然还是尽量选用现存量表和测量工具为佳。

本章附录

1 信度可以表现成一个相关系数

$r_{tx} = \dfrac{\text{Cov}(t,x)}{\sigma_t \sigma_x}$（相关系数是协方差除以标准差）

$r_{tx} = \dfrac{\text{Cov}(t,t+\varepsilon)}{\sigma_t \sigma_x}$（经典测量模型 $x = t + \varepsilon$）

$r_{tx} = \dfrac{\text{Cov}(t,t)}{\sigma_t \sigma_x}$（随机误差 ε 与所有变量都没有协方差）

$r_{tx} = \dfrac{\sigma_t^2}{\sigma_t \sigma_x}$

$r_{tx} = \dfrac{\sigma_t}{\sigma_x}$

$r_{tx}^2 = \dfrac{\sigma_t^2}{\sigma_x^2} = r_{xx}$

2 信度可以表现成两个平行复本的相关系数

$$x_1 = t + \varepsilon_1$$

如果我们有 n 个应答者。对于这 n 个应答者来说：

$$\text{Var}(x_1) = \text{Var}(t) + \text{Var}(\varepsilon_1)$$

同样的，$\text{Var}(x_2) = \text{Var}(t) + \text{Var}(\varepsilon_2)$

x_1 与 x_2 的协方差

$= \text{Cov}(x_1, x_2)$

$= \text{Cov}(t + \varepsilon_1; t + \varepsilon_2)$

$= \text{Cov}(t,t) + \text{Cov}(t,\varepsilon_2) + \text{Cov}(t,\varepsilon_1) + \text{Cov}(\varepsilon_1,\varepsilon_2)$

$= \text{Var}(t)$ （随机误差不会与任何变量有协方差）

x_1 与 x_2 的相关系数

$= \text{Corr}(x_1, x_2)$

$= \dfrac{\text{Cov}(x_1, x_2)}{SD(x_1)\,SD(x_2)}$

$= \dfrac{\text{Var}(t)}{\sqrt{\text{Var}(t) + \text{Var}(\varepsilon_1)}\,\sqrt{\text{Var}(t) + \text{Var}(\varepsilon_2)}}$

如果 x_1 与 x_2 的随机误差的方差是一样的话，则

$= \dfrac{\text{Var}(t)}{\text{Var}(t) + \text{Var}(\varepsilon)}$

$= \dfrac{\text{Var}(t)}{\text{Var}(x)}$

$= r_{xx}$

3　信度与测量工具的长短的关系

我们首先考虑把量表倍 1 倍的情形。如果：$y = x_1 + x_2$，而 x_1 与 x_2 是复本（也就是把原来的测量倍了 1 倍），则

首先我们计算两个平行复本的"真实方差"

$$y = x_1 + x_2$$

$$(t_y + \varepsilon_y) = (t_x + \varepsilon_1) + (t_x + \varepsilon_2)$$

$$t_y + \varepsilon_y = 2t + (\varepsilon_1 + \varepsilon_2)$$

$$\mathrm{Var}(t_y + \varepsilon_y) = \mathrm{Var}(2t_x + \varepsilon_1 + \varepsilon_2)$$

$$\mathrm{Var}(t_y) = 4\mathrm{Var}(t_x) \qquad [注：随机误差与任何变量都没有协方差]$$

与此同时，两个平行复本的"观察方差"为

$$\mathrm{Var}(y)$$

$$= \mathrm{Var}(x_1 + x_2)$$

$$= \mathrm{Var}(x_1) + \mathrm{Var}(x_2) + 2\mathrm{Cov}(x_1, x_2)$$

$$= \mathrm{Var}(x_1) + \mathrm{Var}(x_2) + 2SD(x_1)SD(x_2)\mathrm{Corr}(x_1, x_2)$$

（因为 x_1 和 x_2 是两个平行的复本，根据平行复本的定义，$SD(x_1) = SD(x_2) = SD(x)$）

$$= 2\mathrm{Var}(x) + 2\mathrm{Var}(x)\mathrm{Corr}(x_1, x_2)$$

$$= 2\mathrm{Var}(x)[1 + \mathrm{Corr}(x_1, x_2)]$$

因为两个平行复本的相关就是信度，则

$$\mathrm{Var}(y) = 2\mathrm{Var}(x)[1 + r_{xx}]$$

有了"真实方差"和"观察方差"，我们就可以计算 r_{yy} 了，即

$$r_{yy} = \frac{\mathrm{Var}(t_y)}{\mathrm{Var}(y)}$$

$$r_{yy} = \frac{4\mathrm{Var}(t_x)}{2\mathrm{Var}(x)[1 + r_{xx}]}$$

从上式中分子分母都除以 $2\mathrm{Var}(x)$

$$r_{yy} = \frac{\dfrac{2\mathrm{Var}(t_x)}{\mathrm{Var}(x)}}{1 + r_{xx}}$$

根据 r_{xx} 的定义，则

$$r_{yy} = \frac{2r_{xx}}{1 + r_{xx}}$$

数学上可以把这个推导引申到 k 倍的量表，则

$$r_{yy} = \frac{kr_{xx}}{1 + (k-1)r_{xx}}$$

参考文献

Adams, J.S. (1965). Inequity in social exchange. In L. Berkowitz (Ed.), Advances in experimental social psychology (Vol. 2, pp. 267-299). New York: Academic Press.

Bandura A. (1997). Self-efficacy: The exercise of control. New York: Freeman and Company, Freeman and Company.

Bies, R.J., & Moag, J.F. (1986). Interactional justice: Communication criteria of fairness. In R.J. Lewicki, B.

H. Sheppard, & M.H. Bazerman (Eds.), Research on negotiations in organizations (Vol. 1, pp. 43-55). Greenwich, CT: JAI Press.

Chan, D. (1998). Functional relations among constructs in the same content domain at different levels of analysis: A typology of composition model. Journal of Applied Psychology, 83(2), 234-246.

Colquitt, J.A. (2001). On the dimensionality of organizational justice: A construct validation of a measure. Journal of Applied Psychology, 86(3), 386-400.

Cronbach, L. J. & Meehl, P. E. (1955). Construct validity in psychological tests. Psychological Bulletin, 52, 281-302.

Curkovic, S, Vickery, S., & Dröge (2000). Quality-related action programs: Their impact on quality performance and firm performance. Decision Sciences, 31(4), 885-905.

Diamantopoulos, A., Riefler, P. & Roth, K.P.(2008). Advancing formative measurement models, Journal of Business Research, 61(12), pp. 1203-1218.

Edwards, J.R. (2001). Multidimensional constructs in organizational behavior research: An integrative analytical framework. Organizational Research Methods, 4(2), 144-192.

Gibson C B, Randel A E, Earley P C. (2000). Understanding group efficacy: An empirical test of multiple assessment methods. Group and organization Management. 25(1): 67-97.

Goddard, R. D., Hoy, W. K., & Woolfolk Hoy, A. (2000). Collective teachere fficacy:Its meaning, measure, and effecton student achievement. American Education Research ournal, 37(2), 479-507.

Hackman, J. R. & Oldham, G. R. (1976). Motivation through the design of work: Test of a theory. Organizational Behavior and Human Performance, 16: 250-279.

Helm S. (2005). Designing a formative measure for corporate reputation. Corporate Reputation Review, 8(2): 95-109.

Hinkin, T.R. (1998). A Brief Tutorial on the Development of Measures for Use in Survey Questionnaires. Organizational Research Methods, 1(1), 104-121.

Holmes, T.H. and Rahe, R.H. (1976). The Social Readjustment Rating Scale. Journal of Psychosomatic Research, 1, 213-218.

Hofstede, G. (1984). Culture's consequences: International differences in work-related values. Newsbury Park: Sage.

House, R.J., & Rizzo, J.R. (1972). Role conflict and ambiguity as critical variables in a model of organizational behavior. Organizational Behavior and Human Performance, 7, 467-505.

Joseph, D.L. & Newam, D. A. (2010)Discriminant validity of self-reported emotional intelligence: A multitrait-Multisource study. Educational and Psychological Measurement, 70(4), 672-694.

Law, K.S., Wong, C.S., & Mobley, W.H. (1998). Towards a taxonomy of multidimensional constructs. Academy of Management Review. 23(4), 741-755.

Law, K.S. & Wong, C. (1999). Multidimensional constructs in structural equation analysis: An illustration using the job perception and job satisfaction constructs. Journal of Management. 25(2), 143-160.

Lawler, E.E. III (1983). Satisfaction and behavior. In R.M. Steers, & L.W. Porter (Eds.) Motivation and work behavior (3rd ed.), New York: McGraw-Hill, 332-345.

Leventhal, G.S., Karuza, J., & Fry, W.R. (1980). Beyond fairness: A theory of allocation preferences. In G. Mikula (Ed.) Justice and social interaction (pp. 167-218). New York: Springer-Verlag.

Locke, E.A. (1969). What is job satisfaction? Organizational Behavior and Human Performance, 4: 309-336.

Lukas, B. A., Tan, J. J., & Hult, G. T. (2001). Strategic fit in transitional economies: The case of China's electronics industry. Journal of Management, 27(4): 409-429.

MacCallum, R.C. & Browne, M.W. (1993). The Use of Causal Indicators in Covariance Structure Models: Some Practical Issues. Psychological Bulletin, 114(3), 533-541.

Meyer, J.P. & Allen, N.J. (1991). A three-component conceptualization of organizational commitment. Human Resource Management Review, 1, 61-98.

Mowday, R.T., Porter, L.W., & Steers, R.M. (1982). Employee-organization linkages: The psychology of commitment, absenteeism, and turnover. New York: Academic Press.

Myers, I.B. (1962). The Myers-Briggs Type Indicator Manual. Princeton, NJ:Education Testing Service.

Mayer, J. D., & Salovey, P. (1997). What is emotional intelligence? In P. Salovey & D. Sluyter (Eds.), Emotional development and emotional intelligence: Implications for educators (pp. 3-31). New York: Basic Books.

Mitchell, T. R., Holtom, B. C., Lee, T. W., Sablynski, C. J., & Erez, M. (2001). Why people stay: Using job embeddedness to predict voluntary turnover. Academy of Management Journal, 44: 1102-1121.

Nunnally, J.C. & Bernstein, I.H (1994). Psychometric Theory, Third Edition, New York:McGraw-Hill.

Sabherwal, R. and Chan, Y.E. (2001). Alignment between Business and IS Strategies: A Study of Prospectors, Analyzers and Defenders, Information Systems Research, 12(1), March, pp. 11-33.

Salovey, P., & Mayer, J. D. (1990). Emotional intelligence. Imagination, Cognition, and Personality, 9, 185-211.

Spearman, C. (1904). The proof and measurement of association between two things. Ameriacan Journal of Psychology, 15, 72-101.

Spearman, C. (1927). The abilities of man. New York:Macmillan.

Stevens, S.S. (1946). On the theory of scales of measurement. Science, 103, 677-680.

Venaik, S, Midgley, D.F., & Devinney, TM. (2005). Dual paths to performance: the impact of global pressures on MNC subsidiary conduct and performance. Journal of International Business Studies, 36(6): 655-75.

Wakita, T., Ueshima, N., and Noguchi, H. (2012). Psychological Distance Between Categories in the Likert Scale: Comparing Different Numbers of Options. Educational and Psychological Measurement, Jan.12.

第9章 使用基本的模型来检验理论

　　学习了测量理论,丢丢觉得自己的百宝箱里又多了一个非常重要的工具。以前喜欢在网上做的各种各样的心理测试题,现在用严格的标准看,也都不一定可信了。丢丢又想起之前做的城市 GDP 和居民幸福感的数据分析,老师提醒过他要看一下这些数据的测量是否可信,于是就去查了查这个居民幸福感的数据是如何测量的,没想到这个调查只是从每个城市中随机抽取了 100 户居民,然后问他们一道题"你幸福吗?",请他们根据自己的幸福感从 1～7 打分。丢丢这才知道,这个数据基本是不可信的。

　　丢丢又想,既然这个测量不可信,我以后自己发展一个好的测量工具就是了。但就算能够可靠地测量出居民的幸福感,又如何呢? 就算找到 GDP 与幸福感有相关关系,又说明什么呢? 丢丢记得李老师一开始就和他谈过"我们为什么要做研究"的问题,虽然丢丢半懂不懂,但却记住了一样东西,做研究是通过建构和发展理论来发现事物背后的规律,提供新的知识。丢丢学了测量、相关、回归、假设检验等知识,可是这些工具如何帮助他发展理论呢? 这天,丢丢又一脸困惑地去找李老师。

　　丢丢:"老师,您已经教给我很多基本的工具了,但是这些工具和您开始说的发展理论有什么关系呢?"

　　李老师:"有了这些基本的工具,你就可以真正开始做一个最简单的研究了。"

　　丢丢:"呃……最简单的研究啊? 那我之前做的数据分析难道都不是研究吗?"

　　李老师:"那些只是数据分析,是我们前面所说的实证检验的部分。而研究最核心的部分是你所建立的理论,或者说是视角,是这些理论给人们提供了新的知识。这也是实证主义的主要观点,你还记得吧?"

　　丢丢:"嗯,我记得的。我还记得理论就是在抽象层面上建立的构念之间的关系,用来解释为什么一件事物会引起另外一件事物。"

　　李老师:"是的,理论最关键的部分不但包括 A 和 B 之间的关系,更重要的是解释为什么会有这个关系。因此,因果关系是理论中的核心。你基于理论中的因果关系提出构念之间的关系,并且用数据来检验它,这就是实证研究了。"

　　丢丢:"老师,可是我看到很多文章里,理论部分他们说 A 是 B 的原因,但是在假设里都是说 A 与 B 正相关,而不是说 A 是 B 的原因啊,这又是为什么呢?"

　　李老师:"丢丢,你很细心。这正是我准备和你讨论的。我们的理论是有关因果关系的,那么我们的数据要如何检验这样的关系呢? 让我们先看看什么是因果关系。然后,从最简单的模型讨论起。"

※※※※※※※※※※※※※※※※※※

理论是用来解释现象的视角,但它们一般都是从抽象的层面描述事物之间的关系。而实证研究则需要靠看得见、摸得着的东西来实现。理论和实证在研究中都是不可缺少的。没有理论的实证研究仿佛是一个人只知道行走,却不知从哪里来,也不知到哪里去;无法进行实证的理论也只能浮在空中,自娱自乐。

我们在讲测量一章时讨论过一个类似的问题——概念与测量之间的关系。概念是抽象的、看不见的,测量是具体的、可观测的。一个好的测量方法能够帮助我们把抽象的概念与具体的现象对应起来。类似的,当我们想要去检验一个抽象的理论时,有一个重要的步骤需要完成,就是发展一个可以恰当表现这个理论,又能够被检验的模型。所谓模型,就是用符号和变量表示的构念之间的关系,它是简化和操作化后的理论。同一个理论可以发展出不同的模型来表示它。例如,社会网络研究中提出的弱关系理论认为,弱关系的优势在于,它能够使个人获得新的、非多余或不重叠的信息,并能够使个人与更多不同的社会网络建立联系,从而促进了个人的灵活性、流动性和创新性。这个理论观点本身是比较概括性和抽象的。后来很多学者用不同的方式检验了这个理论,他们用的模型和测量都是不完全相同的。

由于不同的理论可能要用不同的模型来表示,不同的模型都有自己特殊的问题和不同的分析方法。这一章中我们将讨论一些最常见的基本模型结构,简单的因果关系模型、中介效应模型和调节效应模型。现在不少研究者做研究本末倒置了,从一个复杂的模型出发,看看数据是否成立,再来想如何讲故事;或者更糟糕的是,看看数据结果能构造一个什么样的复杂模型。我们希望大家还是以一个研究者的责任来要求自己,从理论出发,再来做实证检验。我们给大家介绍不同的模型是希望帮助大家在遇到不同的理论时,可以考虑如何在这些基本模型的基础上发展自己想要的模型来表示理论。

9.1　因果关系

我们常常说因果关系,到底什么是因,什么是果呢? 你一定觉得这个问题容易极了。那让我们先看一个例子:

张浩在凌晨两点的时候被送进了医院,因为在这之前:

①他晚上喝了很多酒。

②他白天和女朋友激烈地争吵,觉得很闷,所以晚上跑去喝酒。

③他开车上高速公路去南湖海湾。

④他的车在弯道时冲进了河沟里。

⑤他在转弯时没有踩刹车减速。

⑥其他路过的司机看到,打了救护电话。

⑦张浩上个月刚买了车。

⑧高速公路刚刚完工,还没来得及安装弯道提醒标志。

……

到底什么是张浩此时躺在医院里的原因呢? 你是不是开始觉得不那么容易了。

让我们再举一个例子。

这天 7 岁的陈若发现厨房里的水煮开了,就问哥哥:"为什么厨房里的水会煮开呢?"哥哥兴致勃勃地向陈若说:"我刚刚学了这个,我解释给你听! 水会煮开是因为水分子在受热后会移动得更快。水煮开是急速的水分子移动的结果。同时,空气溶解在水中的能力随着水的温度升高而降低。不能溶解的空气从液态的水中解放出来,变成一个个水泡。空气密度比水低,水泡就往上升了。"妈妈刚刚进来,听到哥哥解释,就笑着说了一句:"若若,哪有这么复杂? 我看没有开水了,所以就把水放在锅里煮一下,煮了一会儿水就开了。"

到底哥哥说的原因对呢? 还是妈妈说的原因对呢?

你可能已经发现了,因果关系似乎没有我们过去想象的那么简单。的确,因果关系的问题曾是很多哲学家和科学家感兴趣的问题。

9.1.1 有关因果关系的不同观点

因果关系,顾名思义,就是一个事物会引起另一个事物的发生。我们对世界的探索,常常是由一个个小的因果关系所构成的。从古至今,因果关系似乎从未被真正说清楚过。也正因为如此,哲学家们一直都对因果关系的现象和问题有着浓厚的兴趣,从早期比较抽象的讨论,到后来由于实证主义的产生而引发出的更加具体的观点。有一个人物可以作为抽象与具体两个时期分界的代表,他是英国大哲学家休谟(David Hume,1711—1776)。休谟也许是第一位从实证的角度来定义因果关系的人——包括他对因果关系的定义,以及关于如何找到因果关系的方法的建议。让我们首先来看看休谟之前和之后的哲学家们都有一些什么样的观点吧。

1)亚里士多德(Aristotle)的观点

对于因果关系的讨论可以追溯到亚里士多德对形而上学(Metaphysics)的讨论。"Meta"是"以后"之意,故拉丁文 Metaphysica 意为在物理学以后的"后物理学"或"超物理学"。形而上学,其实就是讨论事物的真实本质,确定存在物的意义、结构和原理的学问。我们现在的研究者对这么宏大的问题已经很少提及了,但那时的学者们都把探讨这类问题作为他们的使命。亚里士多德通过观察提出了自己的猜想:某一时刻如果自然界中的某一事件所包含的一切因素皆已决定,则其未来发展也由此完全决定。换句话说,就是同样的原因可以产生同样的结果。亚里士多德将"原因"分为 4 种:

①物质因(material cause)。构成一个事物的材料就是物质因。
②形式因(formal cause)。这些材料如何组成这个事物是它的形式因。
③推动因(efficient cause)。使材料能够成为这个事物的那个动力是推动因。
④目的因(final cause)。引导这个变化的那个最终目标是目的因。

以桌子为喻,木材是物质因,桌子的形状是形式因,将木料制造成桌子的木匠是推动因,木匠制造桌子为了出售而赚钱,是为目的因。因此,从亚里士多德的角度来看,一切事物的存在都是有原因、有目的的。

2)伽利略(Galileo)的观点

伽利略是最早用清晰地方式描述出因果关系的科学家之一。伽利略认为原因是产生一个现象的所有充分必要条件集合。什么称为"所有充分必要条件集合"呢？根据伽利略的看法，"X 和 Y 是 Z 的原因"，只有"当且仅当（if and only if）"X 和 Y 共同出现时，Z 才会出现。"当且仅当"是一个数学用语。意思是：

①如果 X 和 Y 共同出现时，Z 就会出现。
②如果 Z 出现，就一定要 X 和 Y 共同出现。

读者自己思考一下就会发现这个观点是存在一些问题的。首先，按如此严格的定义，那么我们只有找出所有可能会对 Z 有影响的因素，才能确定 Z 的原因。大多数现象都是由很多因素共同作用产生的，那么这个因素列表将会非常长。这就使科学家们很难做出一个严格的因果假设。由于这个原因，伽利略的定义很难真正应用在研究中。

3) 休谟（Hume）的观点

休谟在其主要的哲学著作之一《人性论》（*A treatise of Human Nature*）中质疑了当时很多学者对于因果关系的观点。休谟认为因果关系不是两个事物间真正的联系，而是一种被感知到的关系。因此，我们可以通过观察一些现象来判断是否存在因果关系。休谟认为如果满足以下 3 个条件，我们就可以认为"X 引起了 Y"，也就是 X 是 Y 的原因：

①X 总是发生在 Y 之前。
②X 和 Y 在空间和时间上是连续的。
③X 与 Y 稳定一致地共同出现或共同消失。

请想想如果 X 是白天，Y 是黑夜，这个定义合理吗？白天与黑夜的关系似乎满足休谟的 3 个条件，那是否"白天是黑夜的原因"呢？你大概可以发现休谟的这 3 个条件是存在一些问题的。休谟自己是这样解释的，"X 是 Y 的原因"是不能实证证明的，他所提出的 3 个标准只是用来检验一个由理论推导出的因果关系。换句话说，一个实际存在的因果关系一定会满足休谟提出的 3 个标准，但反过来，满足这 3 个标准的关系并不一定是因果关系。

4) 概率因果关系（probabilistic causation）

休谟提出的 3 个条件之中，最重要的是最后一个，就是两个变量的共变关系。如果我们用 $P(Y \mid X)$ 表示当 X 出现时，Y 出现的概率（"$Y \mid X$"这个数学符号的意思是：有了 X 就会有 Y，Y 是建基于 X 的；$P(Y \mid X)$ 就是有了 X 就有 Y 的几率），那么所谓绝对的共变，也就是要求

$$P(Y \mid X) = 1 \text{ 和 } P(Y \mid \sim X) = 0$$

这里，$\sim X$ 表示 X 不发生。前面是有了 X 就一定有 Y；后面是没有 X 就一定没有 Y。可是我们会发现，在自然科学和社会现象中几乎没有现象可以完全满足这个条件。因此，概率因果关系就放宽了一点条件，只是要求 X 的发生提高了 Y 发生的可能性。用概率式也可以表示为，当

$$P(Y \mid X) > (P(Y \mid \sim X)$$

时，我们就认为"X 影响了 Y"。这个不等式的意思是"有了 X 就有 Y 的可能性，是大于没有 X 就有 Y 的可能性"。举个例子，一个人"愤怒的时候（X）就会发脾气（Y）"，比一个人"不愤怒的时候（$\sim X$）就会发脾气（Y）"为高，这样愤怒就是发脾气的原因了。这样放宽

的条件使得共变的条件更实用了。但相关本身仍然是不可以说明有因果关系的,因此美国哲学家 Patrick Suppes 又增加了一个条件,即 X 与 Y 不能有共同的原因。用上面的例子,愤怒(X)与发脾气(Y)可能有一个共同的原因,就是看见"不公平的事情"(C)。所以严格来说,不是愤怒让人发脾气,而是看见不公平的事物时,同时引致愤怒和发脾气。因此有一些研究设计中需要排除 X 与 Y 有共同原因的可能性。用图9.1来表达上面的讨论就是:

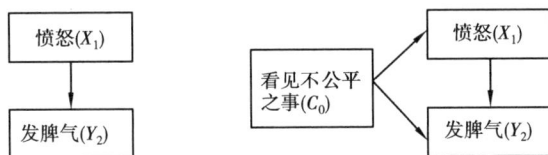

图9.1

［注:下标0,1,2表示时间性,时间的顺序是 0 最早,接着是 1,然后到 2。］

有关事物之间的因果关系以及各种不同类型的原因,还有很多哲学家提出过不同的观点,我们在这里就不详细讨论了。目前,管理学研究中的方法基本上是在休谟的观点上发展出的概率因果关系。传统意义上,我们所说的充分原因(充分条件)、必要原因(必要条件)等都是指两个事物之间严格的关系。如果 X 是 Y 的充分原因,那么只要 X 发生,Y 就必须发生;如果 X 是 Y 的必要原因,那么只要看到 Y 发生了,就可以推断 X 一定发生了。但是,如果按这样严格的标准,对于很多事物我们都不能通过研究找出它们的必要原因和充分原因了。

出于对研究的可操作性的考虑,很多学者都接受了概率因果关系的观点。X 与 Y 之间存在概率因果关系的意思是,X 的发生会增加 Y 发生的概率。对于这种观点的普及,我们可以用两种方式理解:一种理解是我们人类的认知能力是有限的,很难通过研究活动,去建立对于一个绝对意义上的因果关系体系来解释世界。因此,概率因果关系是退而求其次的方法。另一种理解是事件按一定概率发生本来就是规律本身的属性之一,而不是由于人认知能力限制。这是哲学的基本假设问题,不好说哪一个是对的,哪一个是错的,甚至是可能两个都对,或者是两个都错。读者可以按自己的经验和领会自行决定。

9.1.2　简单因果模型的检验

我们前面讨论测量时说过,一个构念需要用可观察的指标来进行测量。同样道理,理论上的因果关系模型又应该用什么样相应的数据来检验呢?

结合休谟提出的因果关系 3 个条件以及概率因果关系的观点,不难看出,如果我们在理论上提出 X 与 Y 之间的因果关系,我们必须能够对这个因果关系的机制有一个很有说服力的解释,这是最重要的。其次,如果这个理论是对的,我们应该可以在数据上观察到下面这些现象:

第一,X 总是发生在 Y 之前。

第二,X 与 Y 的变化在较高的概率上是相关的。

第三,X 与 Y 的共同变化不是由于其他因素对 X 和 Y 的共同影响导致的。

为了获得这些证据,我们有不同的研究方法可以选择,在管理学中我们常用的包括实验、调研、定性研究等。其中,从检验因果关系来看,最理想的是实验法,它的优点在于可以控制其他无关因素,并且操控(manipulate)X的变化,来观察Y的变化,因此很大程度可以满足上面的几个条件。但实验有它的局限,实验室中的设计使得研究结论可能不能够扩展到真实的工作场所。而且对于那些无法在短时间内操纵改变的X,就很难用实验设计来研究了。另一种方法是定性调研,它对于深入地探索既有理论不能够解释的新现象,发展理论来解释事物之间的因果关系也能够发挥很大作用。这两种方法都有大量的参考资料,我们在这本书中就不展开讨论了。在这里我们主要介绍的是用调研的方法来检验因果关系。

用调研的方法实际上是通过检验X与Y之间在数据上的相关关系来检验上面的第三个条件,X和Y在多大的概率上是相关的。所以我们看到,相关关系的检验仅仅提供了对因果关系中一个条件的支持。但需要注意的是"X与Y相关"仅仅是"X是Y的原因"的必要而非充分条件。所以我们永远不能仅仅从一个相关关系倒推出一个因果关系,否则轻则闹出很多笑话,重则提出一个错误的研究结论。例如,我们对6～18岁的学生的手臂粗细程度和数学能力做了统计分析,发现手臂粗细和数学能力成正相关关系,于是就提出手臂粗细是影响数学能力的重要原因,这样可以吗?读者不要笑,很多文章都是用这样的逻辑写成的,尤其是那些先收了数据,然后根据数据结果来写故事的研究正是用的这样的方法。也正是因为它们貌似有理却带来了虚假的知识,所以我们是非常反对这样做研究的。

也正是由于调研方法中存在虚假相关的可能性,因此,现在对于调研方法的要求越来越高,需要尽可能多方面地提供其他证据支持。除了对理论基础的要求,在研究设计上也有一些可以注意的地方。

例如,为了满足第一个条件,最好能够把自变量X和因变量Y分两个时间点测量,并且在第一个时间点时控制因变量Y的初始值,而且时间间隔应该是理论上自变量影响因变量所需要的时间。这里补充几个概念,如果一个研究是在同一个时间收集所有的数据,则称为横截面调研(cross-sectional study),如果分不同的时间点收集数据,则称为时间差调研(time-lag study),如果有3个以上的时间点重复测量同样的变量来检测其变化,则称为纵向调研(longitudinal study)。我们这里所说的就是时间差调研的设计。例如,如果我要研究组织提供的新员工引导策略是否会影响新员工对工作技能的掌握,那么需要先从理论上清楚新员工工作技能变化的过程大概需要多长时间,然后以这个时间段为间隔,在前后分别测量新员工对于工作技能的掌握水平。

为了满足因果关系的第三个条件,需要在理论上充分讨论是否有可能有一个共同的因素C影响X和Y,如果实在不能排除C的影响,就需要考虑如何在数据分析时除去C的影响。例如,过去的很多调研所有变量都是由同一个答题者来回答的,这时观察到的X与Y之间的关系中可能有很大一部分并不是X和Y的真实关系,而仅仅是由于同一个答题者回答问题所带来的,这种误差我们称为同源方法误差(common method variance),为了避免这种误差,现在一般采用的办法是在调研时就设计好X和Y来自不同的数据源,对于实在无法避免的,可以用一些统计的方法减小它的影响,详细的过程请参考Richardson等(2009)和Williams等(2010)的文章。当然,还有一类关系是隐藏较深的

"伪相关",需要我们在理论上仔细分析和讨论,并在数据检验时就想办法排除 X 与 Y 相关的其他解释。例如,有人研究企业对与创新的投入是否会通过提高员工创造性,进而提高企业的创新绩效。如果仅仅看它们之间的相关关系,很可能发现它们都是正相关。但是有没有可能是这几个变量的背后都有一个共同的原因呢? 如果一个规模很大、财力充足的优秀公司,是不是有可能同时在创新上的投入也高,其拥有的员工创新性也高,公司的创新绩效也高呢? 为了排除这个可能性,研究者就可以考虑分不同的时间点测量自变量和因变量,并且控制公司的规模、年利润,而且要控制公司在初期时的创新绩效。这样才能够说明公司之间创新绩效的变化真的可能是由于创新投入的变化引起的。

因此,虽然调研用的是相关关系,但是如果我们真的做到从理论出发提出假设,那么就可以在研究设计时考虑得周到一些,尽可能严谨地提供因果关系所需要的数据支持。因此,当你以后有越来越多的经验时,一定会发现这其实是不难判断的:哪些研究是先有数据后写故事的,哪些研究又是从理论出发,严谨地设计研究来检验假设的。而这两种不同的研究方式也决定了一个研究的质量和结果的可信程度。

9.2 调节效应

在介绍中介变量和调节变量的原理和分析方法之前,我们都需要首先讨论一下它们在我们研究中到底有什么用处。管理研究的一个很重要的目的就是从观察的现象中建立管理理论,然后验证这些理论,继而应用这些理论到实际的管理工作中。建构理论是一个讲求细微的观察、敏感的触觉、一时的灵感、洞见和创新的过程。其中就像艺术创作一样,很难有一个特定的规范。但是验证理论却是一个讲求科学的方法、紧密的逻辑和规范的技巧的过程。当中有很多都是有迹可寻的既定思路。而在验证理论的过程中,我们用得最多的就是中介和调节这两个概念。这一节中我们首先介绍调节效应。

当一个变量(A)的数值大小,会影响另外两个变量(B 与 C)之间的关系时,我们说 A 调节了 B 与 C 的关系。变量 A 就称为一个"调节变量"。调节变量在研究中一般有两个用处:验证理论和建立理论的边际条件。让我们先来谈谈调节变量如何验证理论。

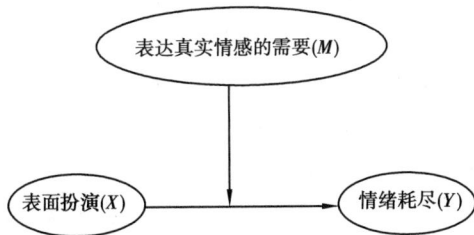

图 9.2

资料来源:Pugh, S. D., Groth, M. & Hennig-Thurau, T. (2011).

服务性行业的从业员(以下简称服务员)有一个特征,管理学中称为"情绪劳动"(emotional labor,相对于体力劳动(physical labor)和 脑力劳动(mental labor))而言。服务性行业的工作人员,是尽自己的能力让顾客开心、满意。因此,服务人员是用自己的情绪劳动来赚得工资的。但是如果当一个服务员因为种种原因,在自己内心本来是非常不喜悦的情况下,却要向顾客表现出一份喜乐的情绪时,就有两种可能的境况:第一,是服务员只是基于工作的需要,勉强装出一个喜悦的外貌。这种情形,我们称为"表层扮演(surface acting)"。第二,是服务员把自己完全融入工作之中。只要他们开始工作,他们就会忘掉了自己心里的一切包袱,尽心尽意地提供最好的服务。这种情形我们称为"深层扮演(deep acting)"。Pugh 等在 2011 年的一个研究试图将"认知失调(cognitive dissonance)"理论应用到这个工作情绪处理的问题上。他们辩称,一个服务员如果长时间处于"表层扮演",由于外表与内心的情绪有很大的矛盾,会出现"情绪失调(emotional dissonance)"的现象,结果是很快就会"情绪耗尽(emotional exhaustion)"。我们如何知道这个把"认知失调"应用到"情绪失调"的理论是否真实正确呢? Pugh 等想出了应用每个服务员对"表达真实情绪的不同需要"来验证这个理论。有些人有很强的表达自己内里的真实感情的需要,有些却不然。一般男性对表达自己内心情绪的要求没有女性高。如果认知失调的理论真的可以应用在情绪失调中的话,对于一些有强烈表达内心情绪需求的服务员来说,长期"表层扮演"的确会容易导致"情绪耗尽"。但是如果服务员没有一个很强的表达自己内里的真实感情的需要的话,"表层扮演"与"情绪耗尽"的关系就不会这么明显了。用研究的术语来说,"表达真实情绪的需要"就调节了"表层扮演"与"情绪耗尽"的关系。

调节变量另外一个很重要的作用,就是用来定义理论的边际条件。所谓理论的边际条件,就是这个理论只能在某一个情形下适用。到了边际的条件时,理论的作用就有问题了。例如,牛顿的力学定律在一般的情形下是精确无比的,但是到了物体的运动接近光的速度的时候(牛顿定律的边际条件),这些定律的应用就有问题了。当物体的运动接近光速时,我们就要采用爱因斯坦的相对论来取代牛顿力学。同样的,相对论在形容星体这样大的物体时是精彩无比的。但是当我们考虑小如亚原子的粒子的运动时(相对论的边际条件),相对论就失效了。当我们研究粒子运动时,量子力学就比牛顿力学和相对论来得有效了。

在管理领域里,一个员工对企业的企业承诺(organizational commitment),是员工在短期的未来是否会离开企业(employee turnover)的一个很好的预期变量。企业承诺有 3 个维度,分别是情感上的承诺(affective commitment)、规范上的承诺(normative commitment)和连续性的承诺(continuance commitment)。其中,连续性的承诺表现了员工是否有一个很强的意愿留在企业中,这是离职的一个很好的预测项。因此,企业承诺会影响员工的离职,其中连续性的承诺对员工离职的影响更大。但是,这个关系在不同的时期是不同的。当企业外部的经济环境较好、找工作比较容易时,企业承诺与离职有明显关系。但是,当外面的经济环境不好时,员工期望离职,也不一定可以找到自己喜欢的工作。因此,企业承诺与离职就没有这个明显的关系了。在这个情形下,我们说企业外部的经济环境,或称"工作机会",调节了"企业承诺"与"离职"的关系。因为企业承诺对离职的影响是用一个箭头来代表,工作机会影响了这个关系,工作机会就影响了企业承诺对离职的箭头了(见图 9.3)。

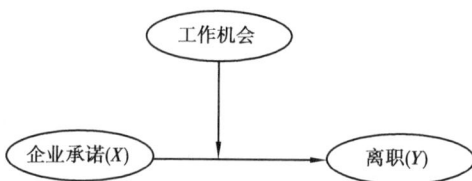

图9.3

9.2.1　验证调节作用

上面我们谈了调节作用的概念。分析数据时,我们如何知道 x 与 y 的关系有没有被 M 这个变量调节呢? 答案很简单。如果 x 与 y 有关系,他们的关系应该是 $y = b_0 + b_1 X$ (社会科学一般假设线性关系)。如果 M 是一个调节变量的话,b_1 的值就应该不是一个常数,而是随着 M 而变化的。那如何变化呢? 同样的,我们也假设这个变化是线性的。因此,如果 M 是一个调节变量,我们会有这样的关系 $y = b_0 + (b_2 + b_3 M) X$。这里 b_1 不见了,取而代之的是 $(b_2 + b_3 M)$。也就是说 b_1(x 对 y 的影响)随着 M 值改变。把这个方程拆开,可得 $y = b_0 + b_2 x + b_3 M X$。这就是调节变量的方程。在这个方程中,只有当 $b_3 \neq 0$ 时,x 对 y 的影响才会随着 M 而改变。因此,要知道有没有调节作用,把调节变量乘自变量(MX),加到回归方程中,只要这个乘积的回归系数是显著的,M 就是一个调节 x 与 y 的关系的调节变量。

	因变量 = 离职		
	M_1	M_2	M_3
控制变量	0.13	0.08	0.09
企业承诺 (X)		**0.16***	**0.13***
工作机会 (M)		**0.24****	**0.19****
$X * M$			**0.23****
模型 R^2	**0.07**	**0.35****	**0.48****

上表中一共有 3 个分析模型。模型一(M_1)只是用了控制变量来估计因变量"离职"。模型二(M_2)加入了"企业承诺"(自变量)和"工作机会"(调节变量)。模型三(M_3)再加入了"调节变量乘自变量"的乘积($X * M$)。数据表明,乘积项的回归系数显著($b_3 = 0.23^{**}$)。因此,我们的结论是"工作机会"调节了"企业承诺"对"离职"的影响。除了看回归系数以外,我们也可以看 M_3 与 M_2 的模型 R 平方差。这个 R^2 可以用一个 F 分布来检验(自由度的差是 1,因为多加了一个变量)。两个检验的结果应该是吻合的。但是有时候仍可能不一样,那就代表数据非常不稳定,调节作用介乎于显著与不显著之间了。

关于调节变量的假设,有一个习惯上的要求。我们不可以这样提假设:

假设一:工作机会调节企业承诺对离职倾向的关系。

为什么呢? 因为你的理论不可能只说某某变量会调节某些关系。你的理论一定会说,当这个调节变量的水平高时,X 与 Y 的关系是怎样;当这个调节变量的水平低时,X 与 Y 的关系是怎样。因此,我们写调节变量的假设一定要用如下的方式:

假设一:工作机会调节企业承诺对离职倾向的关系。当工作机会高的时候,企业承诺对离职倾向的影响会较大。

在调节作用显著以后,就代表 X 对 Y 的影响不是一个常数,是受 M 影响的(或者说

是 M 的一个线性函数)。那么,到底调节作用显著后,X 对 Y 的"主效应"是否显著有什么意义呢? 上表中有了 $X * M = 0.23^{**}$ 后,X 对 Y 的主效应是 $0.13(p < 0.05)$。这有什么意义呢? 有人说这个主效应是没有意义的,因为 X 对 Y 的影响根本不应该是一个常数。但是也有人说这个主效应如果是显著的话,还是有意义的。它代表了 X 对 Y 的影响,在不同的 M 值下的"平均"效应。我们比较同意后者的看法。那么调节变量 M 对 Y 的影响是否显著又代表什么呢? 因为 M 是调节变量,它对 Y 的主效应在这个问题上是没有什么意义的。因此,它的显著与否在调节作用中是不重要的。

上面的检验只是告诉我们调节作用是否存在或显著。它却没有告诉我们调节变量是如何去调节自变量与因变量的关系。有人以为我们只要看乘积项的符号,就可以知道调节作用的方向。其实这是不对的。上面我们看到 M 的调节作用其实是 $y = b_0 + (b_2 + b_3 M)X$。因此,整个调节作用(也就是 M 对 X 与 Y 的关系的影响)应该是 $(b_2 + b_3 M)$。其中,只要 b_2 是一个比较大的负数,就算 b_3 是正数,整个调节效应也有可能是负值的。因此,如果我们只是看 $y = b_0 + b_1 x + b_2 M + b_3 MX$ 中 b_3 值的正负值的话,是不能表达整个调节作用的方向。如果要表示调节变量"如何"地调节 X 与 Y 的关系的话,我们一般会用图表的方法。例如,如果调节方程为

$$y = -1.140 + 2.299X + 0.633M - 0.477XM$$

我们会找出调节变量的平均值与标准差(如 M 的均值是 3.71;标准差是 1.38)。管理学的研究一般习惯用 M 的均值的正负一个标准差作为两个表示调节作用的 M 值。我们一般会说当 M 是大的时候($M = 3.71 + 1.38 = 5.09$)时,X 与 Y 的关系是如何;当 M 是小的时候($M = 3.71 - 1.38 = 2.33$)时,X 与 Y 的关系是如何:

M 是大时

$Y = -1.140 + 2.299X + 0.633 \times (5.09) - 0.477 \times (5.09)XY = -1.29X + 2.08$

M 是小时

$Y = -1.140 + 2.299X + 0.633 \times (2.33) - 0.477 \times (2.33)XY = 1.19X + 0.33$

因此,我们说 M 是大的时候,X 对 Y 的影响是负的(-1.29);当 M 是小的时候,X 对 Y 的影响是正的($+1.19$)。这样的调节作用我们称为"干涉调节作用(interference interaction)"。"干涉调节作用"是说调节变量有时候可能改变自变量对因变量的影响的方向(图 9.4 右)。如果调节变量只会增加自变量对因变量的影响的大小,而不会改变方向,我们称这种调节作用为"增强调节作用(reinforcement interaction)"(图 9.4 中)。如果 M 为大时,与 M 为小时,X 对 Y 的影响是不变的话,那就是没有调节作用了。那时候 b_3 的值应该为 0,或是统计上不显著。

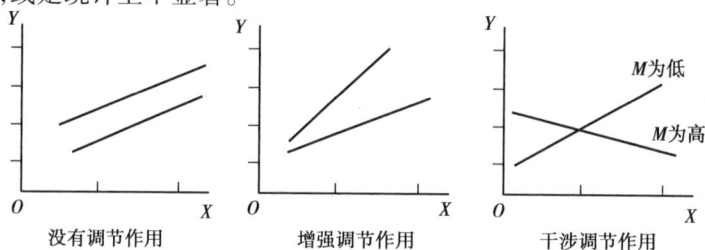

图 9.4

我们需要知道,在调节作用的回归分析方程中 $y = b_0 + b_1x + b_2M + b_3Mx$,$M$ 乘以 X 这个调节项是从变量 M 与 X 计算出来的。因此 MX 与 X 和 M 的相关一般都很高。当回归分析中的自变量之间有很高的相关时,估计出来的回归系数就可能有很大的偏差。这个现象在回归分析中称为“多重共线性(multicollinearity)”。因此,如果发现调节回归的回归系数有怪异的情形的话,可以试试把变量“中心化(centering)”。中心化的意思是用变量减自己的平均值。因此,中心化以后的调节回归方程为

$$y = b_0 + b_1(x - \bar{x}) + b_2(M - \overline{M}) + b_3(x - \bar{x})(M - \overline{M})$$
$$= b_0 + b_1x - b_1\bar{x} + b_2M - b_2\overline{M} + b_3xM - b_3x\overline{M} - b_3\bar{x}M + b_3\bar{x}\overline{M}$$
$$= (b_0 - b_1\bar{x} - b_2\overline{M} + b_3\bar{x}\overline{M}) + (b_2 - b_3\bar{x})M + (b_1 - b_3\overline{M})x + b_3xM$$

上面的推导让我们看见,中心化以后的 xM 项是没有改变的。同样的,它的回归系数 b_3 也是没有改变的。因此,中心化没有改变我们的调节回归的验证过程。它只是某程度上减少了调节项与其他自变量之间的相关而已。

9.2.2　调节作用与交互作用

上面讨论的调节作用,是调节变量 M 改变了自变量 X 对因变量 Y 的影响。另外有一种关系,与调节作用很相近的,称为“交互作用(interaction effect)”。“交互作用”发生于两个自变量对一个因变量的影响。如果两个自变量 X_1 与 X_2 对因变量的总效应高于或低于它们的效应的总和,我们就说 X_1 与 X_2 对 Y 有交互作用。一般的交互作用的情形,是 X_1 与 X_2 对因变量的总效应高于它们的效应的总和,这称为“增强交互作用(reinforcement interaction)”。但也有情形是 X_1 与 X_2 对因变量的总效应低于它们的效应的总和,这称为“干涉交互作用(interference interaction)”。其实,X_1 与 X_2 对 Y 有交互作用,也可以看成是 X_1 改变了 X_2 对 Y 的影响。同时,X_2 也改变了 X_1 对 Y 的影响。因此,也有人说交互作用是两个变量互相被对方调节了。正因为这个原因,交互作用的验证方法与调节作用是一样的。

例如,我们可能会说:为员工订立工作目标(X_1),员工的表现会越好。给员工及时的回馈(X_2),员工的表现会越好。如果为员工订立工作目标,同时也给他们及时的回馈,将会事半功倍。其实,这里的意思是为员工订立工作目标(X_1),与给员工及时的回馈(X_2),对员工表现(Y)有交互作用。

	因变量 = 员工表现		
	M_1	M_2	M_3
控制变量	0.25**	0.23**	0.22**
订立目标(X_1)		**0.32****	**0.29***
提供回馈(X_2)		**0.29****	**0.27****
$X_1 * X_2$			**0.05***
模型 R^2	0.27	**0.55****	**0.68****

与调节作用一样,在找到显著的交互项后,我们还是要用画图的方法,把这个交互的效应表示出来。例如,上例是一个增强的交互作用。在找到了交互方程 $y = b_0 + b_1x_1 +$

$b_2 x_2 + b_3 x_1 x_2$ 中的 b_3 是显著后,我们把 X_1 的平均值加上 X_1 的一个标准差(代表 X_1 的"高"值)代入上面的交互方程中后,找到了 $y = b_0 + b_1(\bar{x}_1 + \sigma_{x1}) + b_2 x_2 + b_3(\bar{x}_1 + \sigma_{x1})x_2$,再约简变为

$$y = (b_0 + b_1\bar{x}_1 + b_1\sigma_{x1}) + (b_2 + b_3\bar{x}_1 x_2 + b_3\sigma_{x1})x_2$$

同样地,我们把 X_1 的平均值减掉 X_1 的一个标准差(代表 X_1 的"低"值)代入上面的交互方程中后,约简后变为

$$y = (b_0 + b_1\bar{x}_1 - b_1\sigma_{x1}) + (b_2 + b_3\bar{x}_1 x_2 - b_3\sigma_{x1})x_2$$

把这两条 X_2 与 Y 的关系的线画出来的话,应该是一个增强的交互作用的图像(图 9.5)。

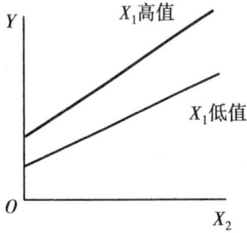

图 9.5

读者可能会问,我们到底是求 X_1 的高低值用来绘制 X_2 与 Y 的关系直线,还是求 X_2 高低值用来画 X_1 与 Y 的关系呢? 那就要看哪一个的理论意味比较清楚了。如果都差不多,就由研究者自行决定。

9.2.3　高阶交互作用或调节作用

管理学者 Martins,Eddleston 和 Veiga 在 2002 年做了一个很有趣的研究。目的是研究工作—家庭冲突(work-family conflict)对员工的职业生涯满意度(career satisfaction)的影响。明显的,当一个人的工作与家庭有冲突时(如工作要求常常加班,或者是工作后有很多应酬等),员工很可能得不到配偶的支持,因而影响他们对职业的满意度。但是研究作者却提出一个很重要的调节变量,就是性别。一般女性面对工作家庭冲突时,反应与男性不完全一样。因此,性别调节了工作—家庭冲突对员工的职业生涯满意度的影响。这是一个简单的调节作用。有趣的是,作者假设这个"调节作用"的大小会被另外一个变量"再调节"。这个影响调节变量的调节能力(或者说是"调节"调节变量)的变量,就是职业生涯的阶段(career stage),如图 9.6。他们的假设是:

假设:

a. 当处于"职业生涯"的早期,"性别"调节了"工作—家庭冲突"对员工的"职业生涯满意度"的关系。对男性来说,"工作—家庭冲突"对员工的"职业生涯满意度"没有影响。对女性来说,"工作—家庭冲突"对员工的"职业生涯满意度"有负面的影响。

b. 但是当处于"职业生涯"的晚期,"性别"不影响"工作—家庭冲突"对员工的"职业生涯满意度"的关系。无论是男性女性,"工作—家庭冲突"对员工的"职业生涯满意度"都有负面的影响。

这个假设道出了一个有趣的关系。"工作家庭冲突"(X)对员工的"职业生涯满意度"(Y)是否有影响,要看性别(G)而定。因此,性别是调节变量。但是,这个调节变量(G)的大小(或是是否有效),又要看员工是在"职业生涯"的早期还是晚期(W)来决定。这个"调节作用"被别的变量"再调节"的情形,我们称为"高阶调节作用(higher-order moderation)"。如果这个不是调节效应,而是交互作用的话,我们称为"高阶交互作用(higher-order interaction)"。在这个研究中,因为有两次调节,我们称为"三阶调节作用"。

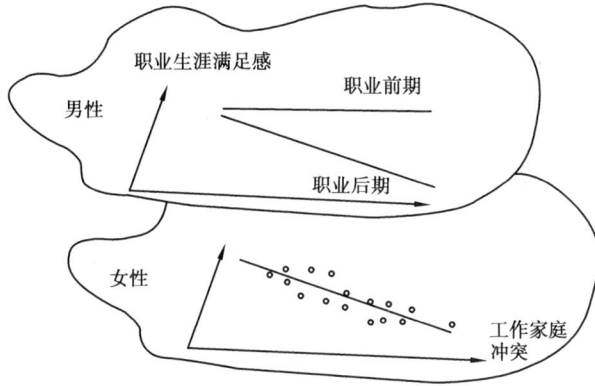

图 9.6

如果有 3 个变量的总效应大于或是小于它们的每个变量效应之和的话,我们就称为"三阶交互作用(three-way interaction)"。一般的交互作用,我们称为"二阶交互作用(two-way interaction effect)"(或简称 interaction effect)。

我们如何验证三阶的调节作用呢? 其实原理与二阶的调节是一样的。只要把二阶的调节推演一下,我们就可以得出三阶的调节作用的公式为

$$y = b_0 + b_1 X + b_2 G + b_3 W + b_4 XG + b_5 XW + b_6 GW + b_7 XGW$$

如果是三阶交互作用的话,公式将为

$$y = b_0 + b_1 x_1 + b_2 x_2 + b_3 x_3 + b_4 x_1 x_2 + b_5 x_1 x_3 + b_6 x_2 x_3 + b_7 x_1 x_2 x_3$$

只要 b_7(这 3 个变量的乘积的系数)显著,就代表有三阶交互或是三阶调节的存在。同样的,有了三阶的调节效应,二阶的调节项($X_1 * X_2$; $X_1 * X_3$; $X_2 * X_3$)和一阶的主效应(X_1, X_2, X_3)是否显著已经相对来说不太重要。自然,我们还是可以把显著的效应看成是平均的效应。

	因变量 = Y			
	M_1	M_2	M_3	M_4
控制变量	0.03	0.02	0.04	0.02
X_1		0.15*	0.11*	0.09
X_2		0.29**	0.28**	0.22**
X_3		0.15*	0.06	0.05
$X_1 * X_2$			0.11*	0.09
$X_1 * X_3$			0.18*	0.15*
$X_2 * X_3$			0.01	0.02
$X_1 * X_2 * X_3$				0.03*
模型 R^2	0.01	0.22**	0.35**	0.41**

读者需要注意,三阶调节效应回归中的所有二阶项和三阶项都是由一阶的项相乘而组成的。它们之间的相关自然很高。因此,多重共线性是高阶调节常常出现的问题。可

是回归分析的基本要求是,当程式有高阶项时,所有的低阶项都要同时分析。因此,当我们分析三阶调节或者是三阶交互作用时,所有的二阶项和一阶项都一定要放在回归方程里面。因此,所有以下的 3 个分析都是"不可接受"的:

$$y = b_0 + b_7 x_1 x_2 x_3$$

$$y = b_0 + b_1 x_1 + b_2 x_2 + b_3 x_3 + b_7 x_1 x_2 x_3$$

$$y = b_0 + b_4 x_1 x_2 + b_5 x_1 x_3 + b_6 x_2 x_3 + b_7 x_1 x_2 x_3$$

读者还需要注意,我们不可把三阶调节与有两个调节变量混淆。三阶调节是一个调节作用被另外一个变量调节了。如果有两个调节作用的话,这两个调节变量是等价的。图 9.7 左边的是三阶调节,右边就是两个调节变量。

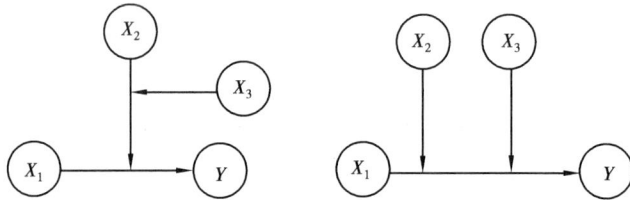

图 9.7

如果是只有两个调节变量,而不是三阶调节的话,它的回归分析应该是这样的:

	因变量 = Y		
	M_1	M_2	M_3
控制变量	0.03	0.02	0.04
X_1		0.15 *	0.11 *
X_2		0.29 **	0.28 **
X_3		0.15 *	0.06
$X_1 * X_2$			0.11 *
$X_1 * X_3$			0.18 *
模型 R^2	0.01	0.22 **	0.35 **

知道了有显著的三阶调节效应后,我们如何把这个三阶的调节表现出来呢? 既然二阶调节要用一个二线图,三阶调节就要用两张图才可以把这个效应表示出来。如果我们用原来的工作—家庭冲突的例子的话,表现的方式如图 9.8。

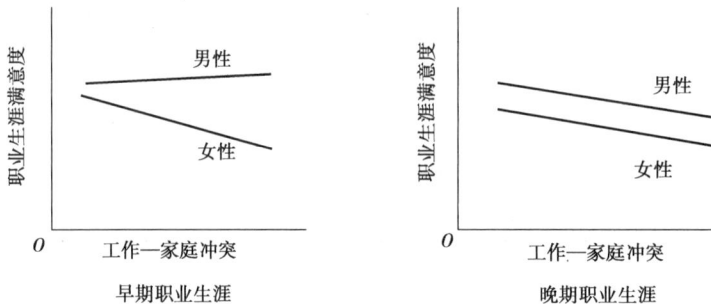

图 9.8

9.2.4　中介变量

如果调节变量的两个用处是验证理论和找出理论的边界条件的话,中介变量只有一个最重要的用处,就是验证理论并找出理论的过程变量(process variables)。顾名思义,"中介"就是在中间的意思。如果我们说员工的工作—家庭冲突是职业生涯满意度的主因的话,"工作—家庭冲突"就是自变量,而"职业生涯满意度"就是因变量。但是为什么"工作—家庭冲突"会影响"职业生涯满意度"呢? 假设我们应用角色理论(role theory)来解释,就是"工作—家庭冲突"引起了角色混乱(role conflict)。一个妻子如果有工作—家庭冲突的话,她就很难同时扮演了"贤妻良母"和"杰出员工"的角色。当人有两个冲突的角色的时候,心里就会感到不安。而这个冲突是因为职业而引起的。因此,员工的职业生涯满意度就会降低。读者会看见,我是用了"角色冲突"来解释"工作—家庭冲突"与"职业生涯满意度"的关系。而这个解释的机制,其实就是我们的理论了。同时,这个放在中间的解释变量,就称为"中介变量"。因为这个变量也解释了职业生涯满意度的生成过程,所以我们也称其为过程变量。

可是大家要注意,不同于很多管理学者的意见,我们认为不是在两个变量 X 与 Y 中间的所有变量都被称为中介变量。举个例子,一般来说,一个国家的经济越发达,国民的物质生活就越丰裕。每当人民的物质生活越是满足的话,他们就越有可能开始追求精神的生活。宗教是精神生活的一个很好的代表。因此,越多人追求精神生活,社会上的宗教就越多。宗教越多,出现异端邪说的可能性就越大。虽然这一大串的关系好像是连环一样一个一个地紧扣着,但是我们却"不"会说"经济越发达(自变量),异端邪说就越多(因变量),因为人的物质生活越满足(中介变量)"。第一,当这个因果链一个一个地扣下去时,经济发达与异端邪说之间已经不容易看出因果关系了。第二,如果我们在因果链中随便拿一个变量作为"解释"这两个看似不怎么相关的"因果"关系时,就会越牵强。让我来再举一个例子。如果我肚子饿(X_1),我会吃饭(X_2)。如果我吃饭(X_2),我就会不饿(X_3)。但是,我们却不会说"我肚子饿,因此我肚子不饿,而吃饭是一个中介机制"。因此,我们不会像很多管理学家一样,把凡是在两个变量中间的变量都称为中介变量。我们定义"中介变量"为一个解释的机制,用来解释自变量与因变量之间的关系。对于那些一连串的因果关系中间的变量,如果不符合我们的"中介变量"的定义,我们一律将它们称为"间接作用(indirect effect)"变量。

如上所说,中介变量是一个用来建构理论的变量。因此它必定是直接解释了 X 与 Y 之间的关系的变量。如果一个中介变量 M 完全解释了 X 与 Y 之间的关系的话,我们将这个中介称为"完全中介作用(full mediation effect)"。如果一个中介变量只是解释了大部分 X 与 Y 之间的关系,X 对 Y 的影响还有一小部分是不需要经过 M 的,我们称这个中介为"部分中介作用(partial mediation effect)"。用我们上面的例子,尝试用"角色冲突"来解释"工作—家庭冲突"对"职业生涯满意度"的影响。但是有可能"工作—家庭冲突"也同时影响了员工(尤其是女性员工)的自我形象。一个有工作—家庭冲突的员工有可能会把自己看成是一个失败的人。对于一个充满失败挫折感的员工如何会有职业生涯满意的感觉呢? 这里我们

---

　　*　假设冲突是因为职业的特征,而不是个别企业的特殊环境。

是用自我形象理论(self-concept theory)来解释"工作—家庭冲突"对"职业生涯满意度"的影响。因此,"工作—家庭冲突"对"职业生涯满意度"可能有两个同时进行的平行机制:一个是透过"角色冲突",另一个是透过"自我形象的降低"。用图9.9表示。

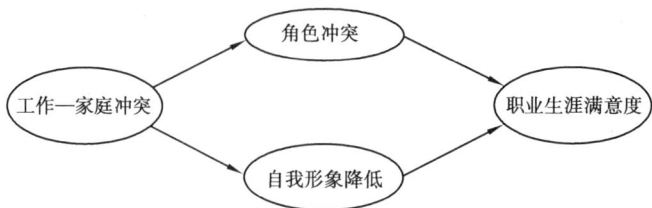

图9.9

　　用研究的术语说,"角色冲突"与"自我形象的降低"都部分中介了"工作—家庭冲突"对"职业生涯满意度"的影响。有时候我们只知道"角色冲突"不能完全解释"工作—家庭冲突"与"职业生涯满意度"的关系,但是我们却不知道其他的其他解释机制是什么。那么,我们就唯有说 M 部分中介了 X 与 Y 的关系。余下的就用 X 对 Y 还有直接的影响来代表。用图9.10表示。

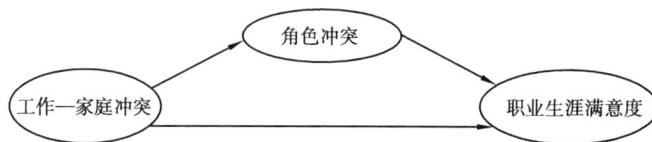

图9.10

　　如果"角色冲突"完全解释了"工作—家庭冲突"对"职业生涯满意度"的影响的话,"角色冲突"就是一个完全中介变量。用图9.11表示。

图9.11

　　上面我们用了概念的解释和画图的方法来表示不同的中介作用。那到底什么才称为一个变量"完全解释"了两个变量之间的关系呢?我们知道两个变量的"关系"在统计上是用相关系数来代表的。X 与 Y 的相关系数越高,它们的关系就越强。我们在前面也谈过,相关系数在数学上是标准化的协方差。如果 X 与 Y 都是标准化的变量(方差都是1)的话,X 与 Y 的相关也就是它们的协方差。协方差可理解为两个变量的方差重叠的部分。如果我们用一个椭圆形来代表一个变量,变量的方差越大,代表它的圆形就越大。用文氏图(Venn Diagram)来看,两个变量的相关(协方差)就是代表它们的两个圆圈重叠的地方。重叠的部分越大,它们的相关系数就越大。我们也从回归分析中知道,相关系数的平方(R-square)就是 X 能够解释 Y 的能力。所以两个圆圈重叠的地方越多,X 与 Y 的关系就越强。现在这个 X 与 Y 的关系是可以被我们的中介变量来"解释"了。用文氏图来表示,就是 X 与 Y 两个圆圈重叠的部分完全都包括在 M 的方差里了。也就是说,X 与 Y 两个圆圈重叠的部分也完全在 M 这个圆圈里面了。这样的情形称为"完全中介"。

如果 X 与 Y 两个圆圈重叠的部分有一部分在 M 这个圆圈里,还有一部分在 M 这个圆圈外面的话,我们就将这种情形称为"部分中介"(如图 9.12)。

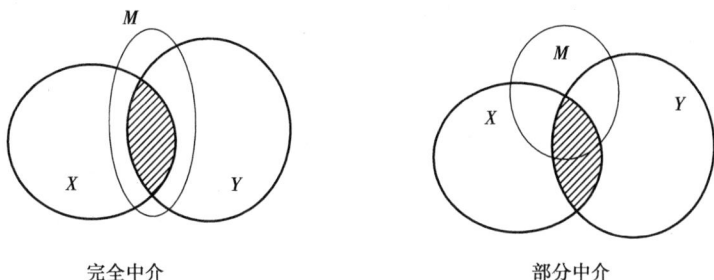

图9.12

现在让我们回到原来的模型。一般的情形,我们都很难找出一个单一的中介变量,可以完全解释 X 与 Y 的关系的。因此,下面的模型就是一个典型的中介模型。这个模型可以用两条回归方程来表达为

$$\begin{cases} Y = cX + bM \\ M = aX \end{cases}$$

从 X 通过 M 来影响 Y 的这个途径,我们称为"间接效应(indirect effect)"。数学上可以推导得知,如果 X 对 M 的影响是 a,而 M 对 Y 的影响是 b 的话,那么 X 透过 M 对 Y 的影响就是 ab 了。X 直接指向 Y 的称为"直接效应(direct effect)"。因此,X 对 Y 的总效应(total effect)就是 $ab + c$ 了。

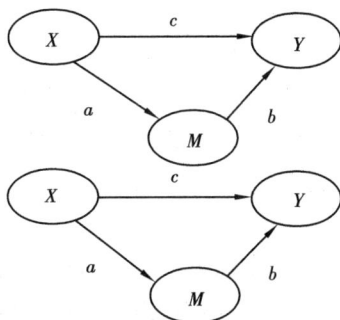

图 9.13

9.2.5 无有关系中的"中介作用"

当我们说一个变量(x)对另外一个变量(y)有"无有关系"(x has a null effect on y)时,我们的意思其实是说 x 与 y 根本就没有关系,它们的相关等于 0。最近的管理学文献中流行一种看法,就是 x 与 y 不需要有显著的相关,它们中间还是有可能有中介变量的。我们同意这个说法在某些情形下确实是可能的。但是,我们的立场在这个问题上非常明确。就是当样本的 r_{xy} 不显著时,研究人员需要有充足的客观证据去解释为什么 x 与 y 不相关,然后才可以研究 x 与 y 之间的中介变量。否则的话,根据我们对中介变量的定义,研究人员的结论应该是"x 与 y 根本没有关系,可以让任何中介变量去'中介'"。到底为什么当 x 与 y 的相关根本不显著时,我们还说有可能有中介变量呢? 以下是几个典型的论据。

第一,Shrout 和 Bolger (2002:429) 辩称,当 x 与 y 有一个很长的环扣关系链时,会最终导致 x 与 y 的观察相关很低。当样本数不大时,r_{xy} 的统计验证就会很容易变成不显著了。基于两个原因,我们不能接受这个论据。第一,他们采用的是"间接作用(indirect effect)"的效应,不符合我们的"中介作用"的定义。根据我们的定义,中介是用来解释 x

---

* 这个是"部分中介效应里的间接效应",与"非中介效应的间接效应"不同。

与 y 的关系的。如果 x 经过一个很长的因果链才影响 y,因而导致 x 与 y 的相关很接近 0 的话,根据我们对中介作用的定义,根本就没有寻找中介变量的必要了。第二,量化研究是要有严谨的数据支持论据的。不可以说虽然观察的 x 与 y 的相关不显著,但是它们还是"有可能"有关系的。

第二个典型的无有关系中介作用是 Zhao,Lynch 和 Chen(2010)提出的。他们辩称当 M 只是一个部分中介变量时,x 对 y 的直接作用,可能与 x 通过 M 影响 y 的中介作用符号相反而完全抵消,导致 x 与 y 观察相关不显著。另外,Hayes(2009)也提出类似的论据,辩说 x 可能通过几个不同的中介变量影响 y。而不同的中介作用可能因为符号相反而互相抵消,导致 x 与 y 观察相关不显著。我们同意上面的两种讲法都是可能的,但是几率却不高。同时,基于上面同样的逻辑,量化的科学研究讲求的是理论的推导和证据。因此,当研究人员试图用上面这两种理由在"无有关系"中间寻找中介变量时,第一,我们要求有清楚的"理论"基础,去解释为什么会有符号相反的机制出现。第二,我们要求有清楚的"实证"数据,去证明确实是相反符号的关系,导致了观察的 x 与 y 相关不显著。

9.2.6　验证中介变量

在统计的文献里,谈了很多验证中介变量的方法。不过,在传统的管理文献中,一般有 4 个验证中介变量的方法。它们是:Baron 与 Kenny 的层级回归法;Sobel 测验;自抽样(bootstraping);时间延迟模型。

在没有介绍这几种验证中介变量的方法以前,我们希望强调一点,就是验证中介变量比其他的统计验证更为严谨,就是必须是严格理论主导的。Stone-Romero 和 Rosopa(2004)点出了很多不同的"非中介模型",它们的方差协方差矩阵与真正的中介模型是完全相同的。

图 9.14 列出了常见的 6 个不同的关系图。模型一和模型二是"真正的"中介关系。模型一是完全中介,模型二是部分中介。剩下的 4 个模型中,M 都"不是"X 与 Y 中间的中介变量。但是,这 4 个模型的 X,M,Y 的方差协方差矩阵,可以与模型一和二这两个

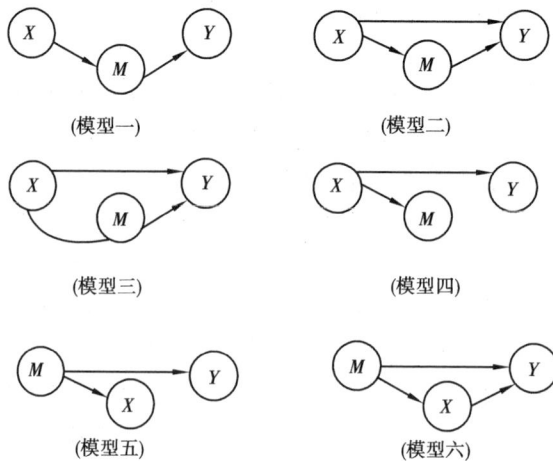

图 9.14

"真正中介关系"是完全相同的。因为所有的中介关系验证都是依靠方差协方差矩阵作为输入资料。因此,这些方法(除了最后一个"时间延迟法"外)是没有能力分辨到底是"真"中介,还是"伪"中介关系的。因为中介变量主要是用来验证理论的,"理论主导"在验证中介关系就有着关键性的必要。读者对这一点务必要注意。

1) Baron and Kenny 层级回归法

	Y = 角色冲突	Y = 自我形象	Y = 职业生涯满意度	
	M_1	M_2	M_3	M_4
工作—家庭冲突	0.35**	0.29**	0.27*	0.11
角色冲突				0.23**
自我形象				0.15*
Adjusted R^2	0.12**	0.08**	0.07**	0.46**

上表展示了一个典型的 Baron and Kenny 层级回归法的结果。这里我们一共做了 4 个回归分析,分别称为模型一到模型四(M_1 到 M_4)。模型一和模型二的因变量分别是两个中介变量"角色冲突"与"自我形象";自变量是"工作—家庭冲突"。因此,两个显著的回归系数代表了自变量"工作—家庭冲突"会影响中介变量"角色冲突"($b = 0.35$, $p < 0.01$)与"自我形象"($b = 0.29$, $p < 0.01$)。模型三的因变量是"职业生涯满意度",自变量是"工作—家庭冲突"。显著的回归系数($b = 0.27$, $p < 0.05$)代表"工作—家庭冲突"本来是影响"职业生涯满意度"的。但是当两个中介变量放进了回归方程后(模型四)"工作—家庭冲突"对"职业生涯满意度"的影响就变成不显著了($b = 0.11$, $p < 0.10$)。同时,两个中介变量的回归系数还是显著的($b_1 = 0.23$, $p < 0.01$; $b_2 = 0.15$, $p < 0.05$)。这表示有了两个中介变量后,我们就不需要"工作—家庭冲突"来解释"职业生涯满意度"了。"工作—家庭冲突"对"职业生涯满意度"的解释能力,已经完全由两个中介变量取代了。因此,这个不显著的回归系数($b_0 = 0.11$, $p < 0.10$)就表示两个中介变量已经"完全中介"了 X 与 Y 之间的关系。如果在模型四中"工作—家庭冲突"的回归系数还是显著,而中介变量的回归系数也是的话,我们就将这样的关系称为"部分中介"。

不过读者需要多加留意,这样的分析结果不可以单看中介变量是否显著。例如,如果自变量的回归系数比中介变量的回归系数大很多的话,自然统计上我们还是可以说这个是部分中介作用,不过绝大部分的因变量的方差,其实还是由主变量来解释。中介变量在当中只是扮演一个微不足道的地位。这样的所谓部分中介,我们觉得在实用上是有点问题的。

2) Sobel 验证法

我们在上面谈过,如果 X 对 M 的影响是 a,而 M 对 Y 的影响是 b 的话,那么 X 透过 M 对 Y 的影响就是 ab 了。因此,另外一个检验中介作用的方法,就是验证 a 与 b 是否有一个是 0。因为只要 a 与 b 其中一个是 0 的话,就算另外一个不是 0(而且很大),中介关系还是不能成立的。一个中介关系要成立,一定要 X 影响 M 和同时 M 影响 Y,也就是 a 与

b 都不是 0。但是我们如何知道 a 与 b 是否其中一个是 0 呢? 其中一个常用的方法,就是验证 $H_0:ab=0$。只要 a 或者 b 是 0,它们的乘积就会是 0。所以,如果 $ab \neq 0$ 的话,就可以保证 a 与 b 都不是 0,也就是中介关系存在了。但是验证 $H_0:ab=0$ 非常麻烦。验证一个统计项的首要条件,就是知道它的"抽样分布"是什么。如果这个统计项的抽样分布是 t 分布的话,我们就用 t 检验,如果是 F 分布的话,我们就用 F 检验。最大的问题是数学上我们很难推导 ab 这个统计项的抽样分布是什么形状的。不知道抽样分布,就没法进行统计假设检验了。幸好 M. E. Sobel 在 1982 年找到了如果当我们的样本数趋向无限大时,ab 的抽样分布会越来越接近正态分布,ab 值也越来越接近总体的真实值。因为我们的虚无假设(null hypothesis)是 $H_0:ab=0$,所以当总体的 ab 值是等于 0,而抽样分布也呈正态分布时,我们只要知道它的标准误(standard error),就可以进行统计验证。Sobel 告诉我们,当样本数(sample size,N)趋向无限大时,ab 的抽样分布的标准误为

$$S_{\hat{a}\hat{b}} = \sqrt{\hat{a}^2 s_{\hat{b}}^2 + \hat{b}^2 s_{\hat{a}}^2 + s_{\hat{a}}^2 s_{y}^2}$$

　　$\hat{a}$ 与 $\hat{b}$ 分别是样本中 X 影响 M 和 M 影响 Y 的回归系数(其实更准确地说,应该是路径系数 path coefficient);$S_{\hat{a}}$ 与 $S_{\hat{b}}$ 分别是 a 与 b 的标准误(一般做回归分析或是路径分析时,程序结果中都会提供 a 与 b 的标准误)。

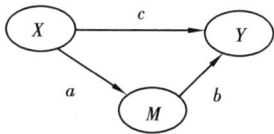

图 9.15

如果我们还要验证从 X 直接指向 Y 的路径(参数 c)是否显著的话,验证 $H_0:c = 0$ 就是一个简单的 t 检验了。如果 $c = 0$,就代表 M 完全中介了 X 对 Y 的影响。如果 $c \neq 0$,就代表是部分中介了。

因此,Sobel 检验法的程序如图 9.15。

①$H_0:ab = 0$,$S_{\hat{a}\hat{b}} = \sqrt{\hat{a}^2 s_{\hat{b}}^2 + \hat{b}^2 s_{\hat{a}}^2 + s_{\hat{a}}^2 s_{\hat{b}}^2}$。

置信区间(confidence interval,又称信赖区间)是 $\hat{a}\hat{b} \pm S_{\hat{a}\hat{b}} z_{\hat{a}\hat{b}}$。

②$H_0:c = 0$。

置信区间是 $\hat{c} \pm S_{\hat{c}} t_{N-2}$。

3) Bootstrapping

Sobel 验证帮助我们解决了 ab 的抽样分布问题。当样本数趋向无限大时,中介效应 ab 的抽样分布会越来越接近正态分布。但是一般管理研究的样本数都不会很大。如果我们硬要把它当成是接近无限大,那是有点自欺欺人的感觉。这时候,Sobel 测验的准确性是值得怀疑的。因此,近年流行了一个称为自身抽样(bootstrapping)的方法来解决这个"当我们不知道一个统计项的抽样分布的时候,如何做统计验证"的问题。简单来说,自身抽样是把样本当成是总体,在样本中自己再抽样。因此,大家马上可以看出来,自身抽样的一个极为重要的基本假设是我们的样本是总体的一个随机样本,而且代表性很高。用统计的术语来说,就是我们的样本是一个无偏(representative or unbiased)的样本。这个问题应该不太严重,因为如果我们的样本不是无偏的话,本来所有的统计估计和检验都会无效。因此,这个假设本来就是必须的。也是我们抽样的时候,要非常注意的。

　　但是除了样本的代表性外,我们还有一个重要问题,就是假如我们的样本数是 $N = 300$,如果在样本中自身再抽样,那新的样本数应该是多少呢? 如果新的样本数还是 300

的话,不就是等于原来自己的样本吗? 可是如果新样本是少于原来的样本的话,那样本越少,统计效用(statistical power)不是更低吗? 更重要的是,为什么要在自己原来的样本再抽样呢? 现在让我们一一解答这些问题。首先,为了避免样本数越来越低的问题,我们会采用一个称为"重置抽样(sampling with replacement)"(有翻译为放回抽样,补替抽样等)的方法。其实所谓重置抽样,就是在样本中抽出一个数据点后,把该数据点"放回"或者是"退还"样本里。意思就是该抽出来的数据点,是有可能在下次再被抽出来的意思。这样讲得好像有点抽象,让我们举一个例子来说明吧。

我们的模型是一个完全中介的模型,x_2 完全中介了 x_1 与 x_3 的关系,如图 9.16。

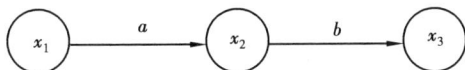

图 9.16

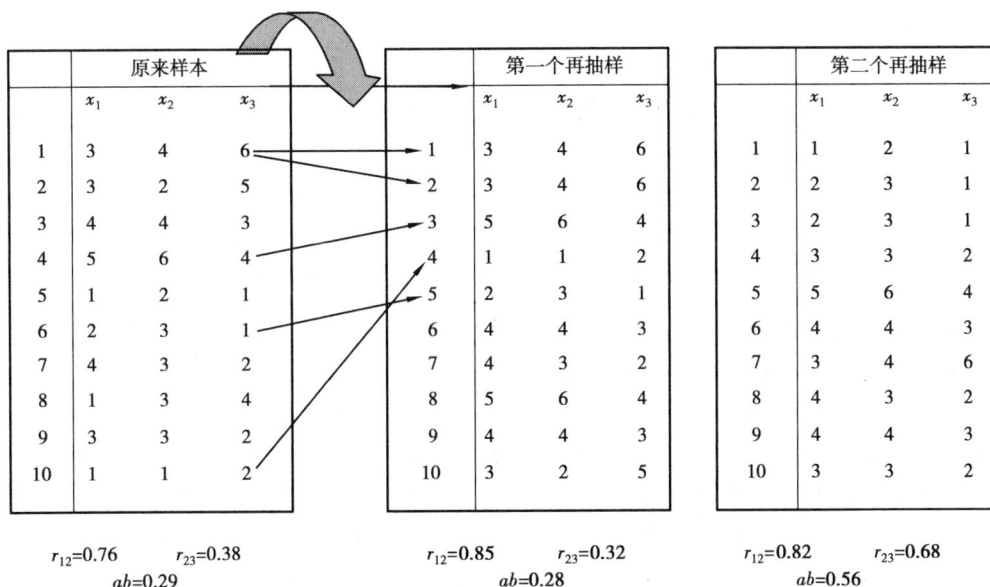

图 9.17

图 9.17 左边的 10 个数据点是我们原来的样本。现在我们用"重置抽样"的方法在我们原来的样本中再抽样。我们本来的样本数是 $N=10$。我们的每一个再抽样的样本数也是原来的大小。假设我们第一个从原来样本抽出来的数据是#1,也就是 $x_1=3$,$x_2=4$,$x_3=6$。因此,我们的第一个"再抽样样本"的第一个数据点就是 $x_1=3$,$x_2=4$,$x_3=6$。因为我们用的是"重置抽样"的方法,这个数据点在被抽出来以后,要"退还"或是"放回"原来样本。因此,我们的原来样本还是有 10 个数据点。现在让我们来为这个再抽样抽第二个数据点。假设我们凑巧地抽出来的又是同一个数据#1,因此,我们的第一个"再抽样样本"的第二个数据点又是 $x_1=3$,$x_2=4$,$x_3=6$。然后,我们把这个数据点放回原来样本。然后我们继续地抽第三个数据点。假设我们抽到#4。因此,我们的第一个"再抽样样本"的第三个数据点就是 $x_1=5$,$x_2=6$,$x_3=4$。我们继续地这样抽取数据点,记录下来,然后放回去,一直到样本数 $N=10$,我们就可以得到第一个"再抽样样本"。

　　请注意这个"再抽样样本"与我们原来的样本是不一样的。其实,它是我们把原来的样本当成是总体,然后在原来样本中"再抽样"而成的。只要我们假设原来的样本是随机的而且对总体来说是有代表性的,这样的一个"再抽样样本"其实也是代表总体的一个"合理的样本"。第一个再抽样样本抽样完毕,我们就可以计算这个新样本的 $r_{12}(a)$ 和 $r_{23}(b)$ 值。把它们相乘我们就得到一个新的 ab 的估计值了。按照这个过程,我们可以继续地创造无限个"再抽样样本"。每一个"再抽样样本"我们都可以计算它的 ab 的估计值。假设我们利用计算机,在我们原来的样本中创造出 1 000 个"再抽样样本"。我们就有 1 000 个 ab 的合理估计值。把这 1 000 个 ab 的估计值的概率画成图标,我们就可以得到好像下图的图表。

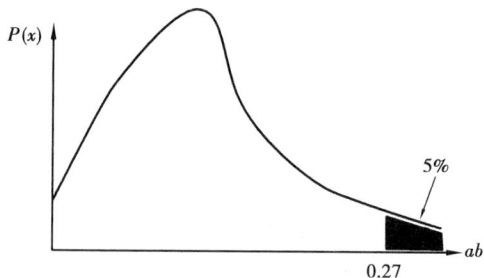

图 9.18

图 9.18 中纵轴是几率,横轴是不同的 ab 值。因为这个几率曲线是用 1 000 个不同的、"合理的"样本的 ab 值组成的,这个几率分布曲线就可以看成是 ab 的"抽样分布"了。我们在这个抽样分布中找出它从最大开始,倒数的 5% 的 ab 值,也就可以看成是 ab 这个统计项的临界值了。大家还记得我们原来的样本计算出来的 ab 值是 0.29,是大于这个"抽样分布"得到的临界值。因此,我们就可以下结论说,对于虚无假设 $H_0:ab = 0$,我们原来样本中得到的 $ab = 0.29$ 的值是在统计上显著的。也就是说我们推翻虚无假设,认为样本对应的总体的 ab 是大于 0。也就是说我们的完全中介假设是得到支持的。

　　上面我们的讨论都是假设数据是在同一个时间收集回来的。但是真正的中介关系应该有一个时间延迟性,就是先有 X,然后才有 M,再才有 Y 的发生。因此,如果我们要严谨一点的话,自变量、中介变量与因变量应该是在不同的时间点收集回来的,如图 9.19。

　　上面的 3 个时间点的距离没有绝对的规定。同时,时间的"合适"间隔也与研究的问题有关。例如,在做新员工的研究时,研究者可能对新员工在刚进企业的头几个月的适应问题感兴趣。那么时间点二可能是时间点一以后的两三个月。时间点三又可能是时间点二以后的 6 个月。但是,如果我们对企业的新管理措施对员工的态度的影响感兴趣,时间点一与时间点三相隔一年可能是太长了。因此,读者要看自己研究的领域的论文,以便自己做出适当的决定。

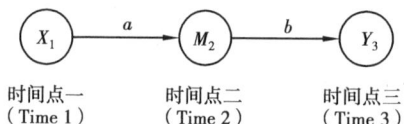

图 9.19

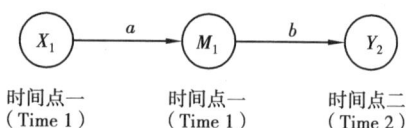

图 9.20

　　同时,凡是做过实证研究的都知道,收集时间顺序的数据是极为困难的。第一,很少应答者会愿意在短时间内,连续回答几份不同的问卷。如果应答者在回答上稍有怠倦的话,问卷数据的质量就会受到影响。第二,由于种种原因,在 3 个时间点中间会有很多应答者退出,或是拒绝作答。因此,时间顺序的数据的样本数会比横截数据(变量在同一时间收集)的样本数为低。第三,中介变量牵涉两个标准化的路径系数(a 和 b)的乘积。因为标准化的路径系数一定小于 1,乘积就会变得更小。这样小的效应(effect size)在样本数不大的情形下,是极难显著的。因此,也有很多研究者采取一个"不完全"的时间顺序的数据收集方式。就是自变量与中介变量在时间点一收取,因变量在时间点二收取,如图 9.20。

　　这是一个退而求其次的方法。但是,我们建议如果是用这个收集数据方法的话,中介变量(M)务必在时间点一收取,而不是在时间点二。主要的原因是,如果中介变量是在时间点二,同时与因变量(Y)收取的话,因为同源方差的问题,M 与 Y 的相关自然会比 X 与 Y 为大。这就代表在设计上,是有利于证明中介的关系,而形成结论的偏差了。

4) 时间延迟模型(time-lagged model,或称时间滞后模型)

　　我们最后提出来的验证中介变量的方法,也是我们认为是最严谨的中介变量验证方法,就是时间延迟模型。

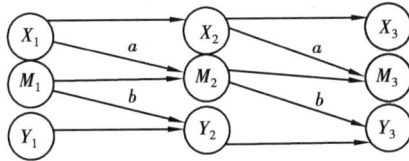

图 9.21

　　图 9.21 表示了时间延迟模型的图示。相对于前面的模型来说,这个模型有几个很大的好处。

　　①这个模型表示了一个极其重要的事实,就是任何时间点所测量的自变量(X)、中介变量(M)和因变量(Y)都会受到它的前一个时间点的相同变量的影响,再加上它的真实前因变量影响的。如果 M 真是 X 与 Y 之间的中介变量的话,那么 X_1 就会影响 M_2(路径系数为 a),而 M_1 就会影响 Y_2(路径系数为 b)。但是 X_2 却不会影响 M_2,而 M_2 也不会影响 Y_2。在这个模型下,我们还是可以用 $H_0: ab = 0$ 用来检验中介关系。同时,我们还是可以用 Sobel 测验或是 bootstrapping 来验证这个虚无假设。但是 a 与 b 这两个路径系数的意义已经大不如前了。在这个真正的中介模型下,X_2 是不会影响 M_2 的,因为 M_2 的真正前因(X_1 和 M_1)都已经在模型里,所有的 X_2 和 M_2 就不会有伪相关(spurious correlation)了。同理,当 Y_1 存在模型里时,M_2 也不会影响 Y_2。

　　②这个模型可以让我们检验 a 与 b 两个系数,在时间顺序上是否稳定。或者,我们也可以在参数估计时,把两个时间的 a 与 b 两个系数规定为相同,以得到更稳定的参数估计。

　　③如果 X 与 M 的相关是因为一个不知的变量(称为 S,如是因为同源方差,或是应答者的个人特征等)而引起的,就算是下面这个"3 个时间点"的设计也会做出错误的结论。因为由于 S 的关系 X_1 会与 M_1 相关,而 X_1 会影响 X_2,所以 X_1 与 M_2 也会有不真实的伪相关,让我们以为 X_1 是 M_2 前因,因而作出 M 是 X 与 Y 的中介变量的错误决定(图 9.22)。

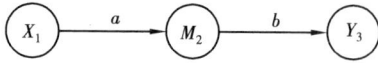

图 9.22

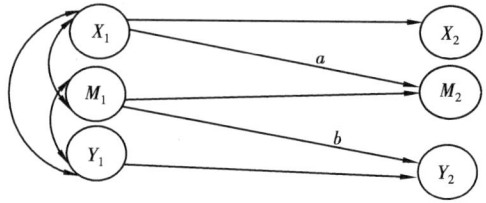

图 9.23

但是,只要我们用的是时间延迟模型,如果 X_1 与 M_2 的是伪相关,只要有 M_1 在模型里,这个"伪"的相关是无所遁形的。

④这个模型的一个很大的好处,即就算我们只有"两个时间点"的数据(图 9.23),只要我们的模型是正确的,我们判别 M 是否中介变量的能力,还是要比上图的"3 个时间点"的简单时间顺序模型为高。因此,我们觉得这个时间延迟模型是既有效能又有效率的一个检验中介变量的模型。

调节变量与中介变量都是建构模型的重要概念。在前面两节里,我们介绍了调节变量的定义,以及用乘积项的验证方法。我们也介绍了中介变量的意义和 4 个不同的验证中介变量的方法。希望读者好好利用,以验证自己建构出来的管理模型。

参考文献

Hayes, A. F. (2009). Beyond Baron and Kenny: Statistical mediation analysis in the new millennium. Communication Monographs, 76(4), 408-420.

Martins, L.L., Eddleston, K.A., & Veiga, J.F. (2002). Moderators of the relationship between work-family conflict and career satisfaction. *Academy of Management Journal.* 45, 399-409.

Pugh, S.D., Groth, M., & Hennig-Thurau, T. (2011). Willing and able to fake emotions: a closer examination of the link between emotional dissonance and employee well-being. *Journal of Applied Psychology*, 96(2), 377.

Shrout, P. E., & Bolger, N. (2002). Mediation in experimental and nonexperimental studies: new procedures and recommendations. *Psychological methods*, 7(4), 422.

Stone-Romero, E.F., & Rosopa, P.J. (2004). Inference problems with hierarchical multiple regression-based tests of mediating effects. Research in Personnel and Human Resources Management, 23, 249-290.

Zhao, X., Lynch, J.G., & Chen, Q. (2010). Reconsidering Baron and Kenny: Myths and truths about mediation analysis. *Journal of Consumer Research*, 37, 197-206.

第10章 因子分析

学过了测量学,丢丢觉得自己又往前迈进了一大步。现在他越来越有信心做好自己的研究了。但是,李老师在解释测量学的时候,常常讲到一个称为"因子分析"的工具,这却是他完全不懂的东西。所以这天他特意来找李老师,希望了解一下。

丢丢:"老师,这一次我是特意来请教因子分析的。您之前多次提到的因子分析是什么呢?"

李老师:"因子分析是一个减少变量的工具。如果我们有一大堆变量,我想知道其中是不是有一些变量有共同的部分可以综合起来,这时就可以通过因子分析达到减少变量的目的了。"

丢丢:"那不就简单了吗?看看哪几个变量是概念上接近的而且相关也大的,就合起来吧。不过老师,我还是不明白,我们做研究、收数据,往往是预先计划好的,为什么会多收几个变量,到头来又要花心思把它们组合起来呢?"

李老师:"丢丢,量表不就是一个很好的例子吗?每个量表有很多题目,每个题目是一个指标,在发展量表时,你希望知道这些指标是否在测同一个构念。就是希望把十几道题的一个量表,总合为一个构念的测量。"

丢丢:"这倒是啊!李老师,我记得我在统计学的课里,学过一个叫聚类分析的方法,不就是把数据合起来吗?为什么不用这样的方法,要做因子分析?"

李老师:"聚类分析是把样本点分组,而变量的数目是不变的。但是因子分析却刚刚相反,样本数目是不变的,我们是把变量分组。"

丢丢:"老师,那除了发展量表以外,什么情形下还会用因子分析?"

李老师:"因子分析是一个很抽象的方法,用途很广,这里不能尽数。不过我们谈过的维度与多维构念的关系,也可能是一个因子的关系。例如,人员选拔的理论中就有一个双因子理论,说人的能力有两种:一般性能力和特殊能力。一般性能力就是很多不同的能力(如数学、语文、推理等)背后的共同因子。又如,我们上几章讲的同源方差的问题,如果所有的变量都是来自于同一个来源(如自评)的话,引起它们共同方差的可能就是背后的'测量方法'这个共同因子。"

丢丢:"对啊,这些前面您都和我谈过的。既然因子分析这么有用,我很想知道多一些。"

李老师:"好,那我们就来一个因子分析的简介吧。因子分析有两种:探索性的因子分析(Exploratory Factor Analysis, EFA)是我们不知道变量背后有几个因子,或是变量因子的结构是如何的。验证性因子分析(Confirmatory Factor Analysis, CFA)是我们清楚因子的结构,只是看看与我们的数据是否吻合。这里我们首先谈谈一般性的探索性的因子分析。"

❋❋❋❋❋❋❋❋❋❋❋❋❋❋❋❋❋

10.1　问题的出现

　　例子一　假设研究的课题是学生学业成绩与他们的学习满意度的关系。学生的成绩有很多不同的表征,有数学、中文、英文、历史、地理、科学 6 个科目。我们用一个 5 个项目的学习满意度量表来测量学生的学习满意度。现在我们有 6 个科目成绩与 5 个问卷题目的相关系数。这 30 个相关系数怎样代表"学业成绩"与"学习满意度"的关系呢?一个比较简单的方法是用 6 个科目的成绩来代表"学业成绩"。同时把 5 个问卷题目的分数取平均值代表"学习满意度"。这样,我们就用了两个抽象的概念("学业成绩"与"学习满意度")的相关,代表了这 30 个相关变量的关系。换句话讲,我们把 6 个"学业成绩"的变量"减少"成为一个变量。也把 5 个"学习满意度"的变量"减少"成为一个变量。这样研究起来就比较简单了。因子分析就是一个帮助我们"减少"研究变量的统计工具。

　　例子二　在问卷研究中,为了增加测量的信度,减少随机误差,研究人员往往会用多个测量项目(项目即 items,多个测量项目组成了测量量表 measurement scale)来测量一个构念。但是怎么知道一大堆的测量项目是不是代表一个构念呢? 这时,我们需要一个能够把多个变量(测量项目)聚合成比较少的"高阶"变量(构念)的统计工具。因子分析(Factor Analysis)就是一个减少变量的统计方法。

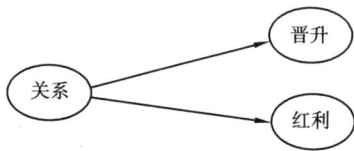

图 10.1

　　现在让我们假设研究模型是主管跟下属的关系(以下简称"关系")影响了下属晋升的机会(以下简称"晋升")和下属得到红利的多少(以下简称"红利")。主管跟下属的关系越好,将来下属晋升的机会越高,年终所得到的红利也越多。这个模型如图10.1所示。

　　在测量"关系""晋升"和"红利"时,我们每个构念分别用了 3 道题(3 个测量项目)。"关系"由下属打分,"晋升"和"红利"由对应的主管打分。9 个测量项目分别如下(画圈的是其中一个应答者的答案):

主管下属的"关系"	评　分
1. 工余的时间我会探访我的主管或与他交谈	1　2　3　④　5
2. 主管偶尔会邀请我到他家里吃饭	1　2　3　4　⑤
3. 我会在我主管的生日探访他和送他礼物	1　2　3　④　5

续表

主管下属的"关系"	评 分
下属"晋升"的机会	
4. 如果有机会的话,我会首先提升这个下属	1　2　③　4　5
5. 我常常想办法提升这个下属	1　2　3　④　5
6. 我会尽我的能力去提升这个下属	1　2　③　4　5
下属可能分到的"红利"	
7. 我会给这个下属客观的红利	1　2　3　4　⑤
8. 他(她)是我给最高红利的下属	1　2　3　④　5
9. 我给这个下属的红利比其他的下属多	1　2　3　4　⑤

现在的问题是用什么方法可以把这 9 个项目变量变成它们背后的 3 个构念。

在这个例子里,这 9 个测量项目(x_1 到 x_9)是可见的项目(Item,或称指标 Indicators,或称观察变量 Observed Variables)。它们背后代表(或者是反映)的是不可见的 3 个构念(Constructs),也就是"关系""晋升"和"红利"。用什么方法可以把这 9 个测量项目"减少"成为 3 个构念变量呢? 自然,在问卷设计时,研究者知道 x_1 到 x_3 测量"关系"、x_4 到 x_6 测量"晋升"和 x_7 到 x_9 测量"红利"。但是如何知道当中没有错误呢? 有没有可能设计时 x_3 是测量"关系"的,但是事实 x_3 却是测量了"晋升"呢? 因子分析就是一个帮助我们"总合(减少)"研究变量的一个统计工具。因为现在谈的是探索性因子分析,我们就假设研究人员不知道这 9 道题背后的设计。我们现在要看看它们背后有没有什么隐含的结构。

现在我们的问题是如何找到代表这 9 个测量变量背后的 3 个构念呢? 大家或许会说,把 9 个测量项目变成 3 个构念很简单嘛。我们只要把代表 3 个构念的项目加起来计算它们的平均值就可以了。这是一个处理方法,我们在研究的时候也常常采用。不过,这样做有三个很大的缺点。第一,我们如何知道是不是事与愿违,你的 9 个测量变量真的是 3 个一组地测量它们相应的构念? 第二,我们假设了每个项目只是在测量它背后的构念,剩下的全是随机误差。因为晋升和红利都是主管填的。有没有可能在 x_4 到 x_9 背后,其实有一个代表"主管特征"(如主管评分时是否严苛)的隐藏变量呢? 第三,就是我们假设了每一个项目代表背后的构念的程度都是一样的。换句话说,我们假设项目与构念之间的关系是经典测量模型(Classical Measurement Model)。用数学来表达,可见的项目(x_1 到 x_9)与不可见的构念(F_1,F_2,F_3 也就是关系、晋升和红利)之间的关系为

$$x_1 = F_1 + e_1$$
$$x_2 = F_1 + e_2$$
$$x_3 = F_1 + e_3$$
$$x_4 = F_2 + e_4$$
$$x_5 = F_2 + e_5$$
$$x_6 = F_2 + e_6$$

$$x_7 = F_3 + e_7$$
$$x_8 = F_3 + e_8$$
$$x_9 = F_3 + e_9$$

请注意,在上述的公式里,x_1 到 x_3 反映的是 F_1,x_4 到 x_6 反映的是 F_2,x_7 到 x_9 反映的是 F_3。在探索性因子分析里面,因为变量背后的结构是不明确的,因此我们假设每一个测量项目变量都是在不同程度地同时表现了 3 个不可见的概念(F_1, F_2, F_3,也就是关系、晋升和红利),而且测量项目变量表现背后的概念的程度都不一样。换句话说,我们是假设项目与构念之间的关系是同质性测量模型(Congeneric Measurement Model),而且每一个项目都同时表现了 3 个构念。当然测量项目变量 x_1 表现 F_1 的程度高于它表现 F_2 和 F_3。用数学来表达,可见的项目与构念之间的关系为

$$x_1 = \lambda_{11}F_1 + \lambda_{12}F_2 + \lambda_{13}F_3 + e_1$$
$$x_2 = \lambda_{21}F_1 + \lambda_{22}F_2 + \lambda_{23}F_3 + e_2$$
$$x_3 = \lambda_{31}F_1 + \lambda_{32}F_2 + \lambda_{33}F_3 + e_3$$
$$x_4 = \lambda_{41}F_1 + \lambda_{42}F_2 + \lambda_{43}F_3 + e_4$$
$$x_5 = \lambda_{51}F_1 + \lambda_{52}F_2 + \lambda_{53}F_3 + e_5$$
$$x_6 = \lambda_{61}F_1 + \lambda_{62}F_2 + \lambda_{63}F_3 + e_6$$
$$x_7 = \lambda_{71}F_1 + \lambda_{72}F_2 + \lambda_{73}F_3 + e_7$$
$$x_8 = \lambda_{81}F_1 + \lambda_{82}F_2 + \lambda_{83}F_3 + e_8$$
$$x_9 = \lambda_{91}F_1 + \lambda_{92}F_2 + \lambda_{93}F_3 + e_9$$

但是问题出来了。我们怎么知道每一个项目反映它背后的构念的权数(λ_{jk})是多少呢?因子分析就是一个帮助我们解决这个问题的方法。

其实,把变量减少就是减少测量的维度。例如在图 10.2 中,这个立体本来是用三个维度来代表的。因此它有长、宽、高三个维度。因子分析帮助我们减少变量,就好比把这个立体的形状,从三维"压扁"。如果我们从三个维度减少到两个维度,就会把它从立体压扁到平面。我们可以用很多不同的"压扁"的方法。图 10.2 右边显示了 3 种可能的从三维压缩成二维的方法。同样的,因子分析有很多减少变量的方法。在这章书里,我们只介绍一种最普遍的方法,称为"主成分法"。

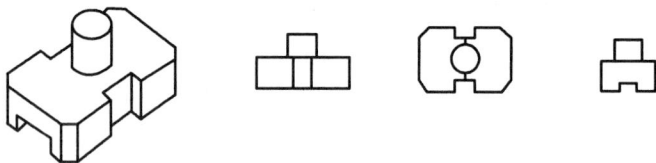

图 10.2

在数学上,一个变量其实就是一个维度(dimension)。如果用两个变量来代表关系,每一个主管下属的关系就是二维空间上的一个点。如果我们用 3 个变量来代表"关系",每一个主管下属的关系就是在三维空间上的一个点。例如,我们用两道题来测量"关系",就是"工余的时间我会探访我的主管或与他交谈"(x_1)和"我会在我主管的生日探访他和送他礼物"(x_2)。图 10.3 表现了 138 个下属填写的关系的数据。

图 10.3 中,每一点(x_1, x_2)就是一个员工对上面两道题的回应。因此,每个员工的

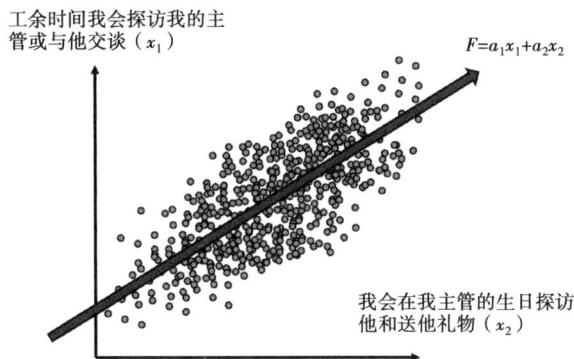

图 10.3

"关系"都由两个变量(x_1 和 x_2)表示出来。现在如果不允许用两个变量,而只允许用一个变量,该如何表达这一百多个点呢? 如图 10.4 所示,如果不允许有 x_1 和 x_2 两个维度,只允许一个维度(也就是说,不准用横的 x_1 轴和与它垂直的纵的 x_2 两个轴,而只许用一条新的轴),这个新轴既不是 x_1,也不是 x_2,而是一个新的箭头。在几何学上,线的方程就是线性组合。因此,新的轴就是 $F = a_1 x_2 + a_2 x_2$(a_1 和 a_2 是两个常数,因为有很多不同的方法可以减少维度,所以 a_1 和 a_2 可以有很多不同的数值)。图 10.4 中的"新轴 A"和"新轴 B"就是两个可能的新轴,也就是两个可能的 x_1 和 x_2 新组合。

现在让我们想想,用什么方法来画这个新的箭头(轴)才更为合理呢?

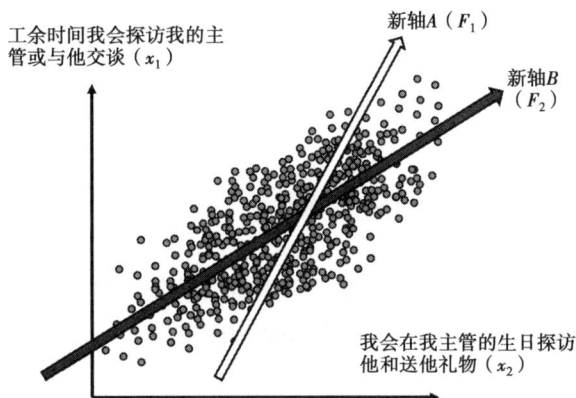

图 10.4

在图 10.4 中,如果要代表这 138 个员工的关系,又不允许用 x_1 和 x_2 两个轴,而只允许一个轴的话,明显"新轴 B"(F_2)比"新轴 A"(F_1)来得合理。因为当一个员工与主管的关系好的时候(x_1 和 x_2 都大的时候),F_2 就会越大,但是 F_1 却不一定。但是如何才可以找到这一条最适宜的线作为新的轴呢? 我们以前最为熟悉的方法称为"最小平方法"。它是把每一点与线的上下距离减到最小(见图 10.5 左)。在因子分析中,我们介绍另外一个可行的方法,称为"主成分法"。它是把每一点与线的垂直距离减到最小(见图 10.5 右)。

由两个变量(两个轴或是两个维度)减少到一个变量(一个轴或是一个维度),用主成分法的表现是这样。同样的,由 3 个变量减少到一个变量,就是在三维空间里,由一条直线(其实是一个向量)代表了 3 个轴(见图 10.6)。

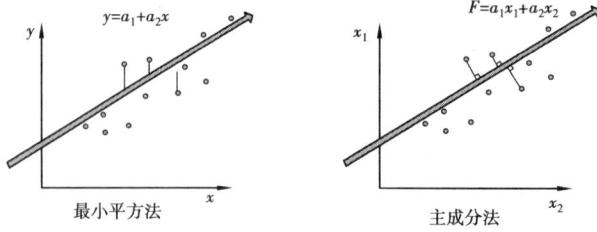

图 10.5

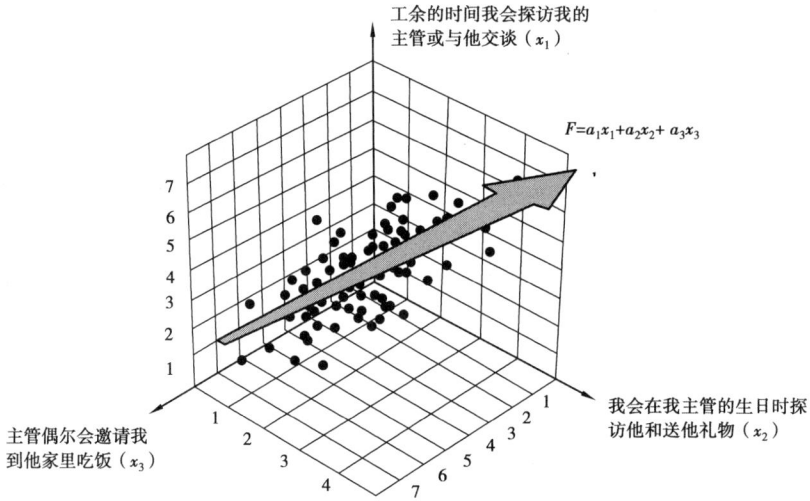

图 10.6

10.2   因子、因子权数、因子数

因子的定义:所有由变量组成的线性函数都称为变量的因子(factor)。

因此,所有由上面 9 个测量项目变量组成的线性函数都称为这 9 个测量项目变量的因子。

其中第一个因子,F_1 为

$$F_1 = w_1x_1 + w_2x_2 + w_3x_3 + w_4x_4 + w_5x_5 + w_6x_6 + w_7x_7 + w_8x_8 + w_9x_9$$

式中,w_1 到 w_9 是常数,又称因子权数(factor weights)。

首先,假设我们已经收集了数据。我们访问了 138 个中层经理和他们的下属,收集了这 9 个测量项目变量的资料(1 分最低,7 分最高)。数据如下:

回答者	测量项目变量				
	x_1	x_2	x_3	$\cdots$	x_9
1	4	3	4	$\cdots$	2
2	1	2	3	$\cdots$	5
3	6	6	5	$\cdots$	6
4	4	1	4	$\cdots$	3
$\vdots$	$\vdots$	$\vdots$	$\vdots$	$\vdots$	$\vdots$
138	3	4	5	$\cdots$	4

假设所有的变量都已经标准化，平均数为0，方差为1。利用这9个测量项目变量组成的相关矩阵，通过"主成分法"找到首3个因子，F_1, F_2 与 F_3。

$$F_1 = (0.60x_1 + 0.81x_2 + 0.77x_3) + 0.01x_4 + 0.03x_5 + 0.12x_6 + 0.19x_7 + 0.08x_8 + 0.26x_9$$

$$F_2 = -0.06x_1 + 0.12x_2 + 0.03x_3 + (0.65x_4 + 0.80x_5 + 0.67x_6) - 0.02x_7 - 0.10x_8 - 0.13x_9$$

$$F_3 = 0.02x_1 - 0.03x_2 + 0.08x_3 - 0.04x_4 + 0.07x_5 - 0.05x_6 + (0.68x_7 + 0.53x_8 + 0.47x_9)$$

我们不详谈如何用主成分法找出因子权数。因为这是个数学的问题。我们在这里关注的是如何理解它，这是研究方法的问题。有兴趣的读者请参考附录，我们也鼓励读者弄明白当中的数学规律。

在上面的3个因子里，每一个因子和每一个测量项目变量都会对应有一个因子权数。权数越大，这个变量在该因子中所占的比重就越大。有了这3个因子，对于每一个问卷的回答者，我们都可以把他们对 x_1 到 x_9 的回答代入这3个因子函数中。例如，"回答者1"对测量项目1到9的回答分别是4，3，4，3，5，6，2，1，2。对于"回答者1"来说，第一因子 F_1 的数值为

$$F_1 = 0.60x_1 + 0.81x_2 + 0.77x_3 + 0.01x_4 + 0.03x_5 + 0.12x_6 + 0.19x_7 + 0.08x_8 + 0.26x_9$$
$$= 0.60 \times 4 + 0.81 \times 3 + 0.77 \times 4 + 0.01 \times 3 + 0.03 \times 5 + 0.12 \times 6 + 0.19 \times 2 + 0.08 \times 1 + 0.26 \times 2$$
$$= 9.79$$

如果"回答者2"对测量项目1到9的回答分别是1，2，3，3，5，4，4，6，5。对于"回答者2"来说，第一因子 F_1 的数值为

$$F_1 = 0.60x_1 + 0.81x_2 + 0.77x_3 + 0.01x_4 + 0.03x_5 + 0.12x_6 + 0.19x_7 + 0.08x_8 + 0.26x_9$$
$$= 0.60 \times 1 + 0.81 \times 2 + 0.77 \times 3 + 0.01 \times 3 + 0.03 \times 5 + 0.12 \times 4 + 0.19 \times 4 + 0.08 \times 6 + 0.26 \times 5$$
$$= 7.92$$

同样，我们可以计算"回答者3"在第一因子 F_1 的数值，如此类推。结果我们会得到一个不同回答者在第一因子 F_1 的数值的变量。这个变量称为第一因子的"因子数（factor score）"。

同样，"回答者1"的第二因子数为

$$F_2 = -0.06x_1 + 0.12x_2 + 0.03x_3 + 0.65x_4 + 0.80x_5 + 0.67x_6 - 0.02x_7 - 0.10x_8 - 0.13x_9$$
$$= -0.06 \times 4 + 0.12 \times 3 + 0.03 \times 4 + 0.65 \times 3 + 0.80 \times 5 + 0.67 \times 6 - 0.02 \times 2 - 0.10 \times 1 - 0.13 \times 2$$
$$= 7.65$$

回答者	x_1	x_2	x_3	…	x_9	第一因子数（F_1）	第二因子数（F_2）
1	4	3	4	…	2	9.79	7.65
2	1	2	3	…	5	7.92	
3	6	6	5	…	6	…	
4	4	1	4	…	3	…	
⋮	⋮	⋮	⋮	⋮	⋮		
138	3	4	5	…	4	…	

在数学上,一个"测量项目变量"和"因子数"的相关系数,就等于该项目变量在该因子上的"因子载荷(factor loading)"。

请注意,"因子权数(factor weights)"与"因子载荷(factor loading)"是两个不同的东西。"因子权数"(w_{ij})是不同的变量在一个因子中的比重。当因子写成变量的一个方程时,各个变量在函数中的比重就是"因子权数"。因此,w_{ij}是变量j在因子i中的比重,即

$$F_1 = w_{11}x_1 + w_{12}x_2 + w_{13}x_3 + w_{14}x_4 + w_{15}x_5 + w_{16}x_6 + w_{17}x_7 + w_{18}x_8 + w_{19}x_9$$
$$F_2 = w_{21}x_1 + w_{22}x_2 + w_{23}x_3 + w_{24}x_4 + w_{25}x_5 + w_{26}x_6 + w_{27}x_7 + w_{28}x_8 + w_{29}x_9$$
$$F_3 = w_{31}x_1 + w_{32}x_2 + w_{33}x_3 + w_{34}x_4 + w_{35}x_5 + w_{36}x_6 + w_{37}x_7 + w_{38}x_8 + w_{39}x_9$$

"因子载荷"(λ_{ij})却是刚刚相反。载荷是不同的因子能够代表一个变量的能力。当变量写成是因子的一个函数时,各个因子在函数中的回归系数就是"因子载荷"。因此,载荷λ_{ij}是因子i能够代表变量j的能力。

$$x_1 = \lambda_{11}F_1 + \lambda_{12}F_2 + \lambda_{13}F_3 + \varepsilon_1$$
$$x_2 = \lambda_{21}F_1 + \lambda_{22}F_2 + \lambda_{23}F_3 + \varepsilon_2$$
$$x_3 = \lambda_{31}F_1 + \lambda_{32}F_2 + \lambda_{33}F_3 + \varepsilon_3$$
$$x_4 = \lambda_{41}F_1 + \lambda_{42}F_2 + \lambda_{43}F_3 + \varepsilon_4$$
$$x_5 = \lambda_{51}F_1 + \lambda_{52}F_2 + \lambda_{53}F_3 + \varepsilon_5$$
$$x_6 = \lambda_{61}F_1 + \lambda_{62}F_2 + \lambda_{63}F_3 + \varepsilon_6$$
$$x_7 = \lambda_{71}F_1 + \lambda_{72}F_2 + \lambda_{73}F_3 + \varepsilon_7$$
$$x_8 = \lambda_{81}F_1 + \lambda_{82}F_2 + \lambda_{83}F_3 + \varepsilon_8$$
$$x_9 = \lambda_{91}F_1 + \lambda_{92}F_2 + \lambda_{93}F_3 + \varepsilon_9$$

这里有两点要说明一下。

①为什么在"因子载荷"的程式中有误差项(ε),但是在"因子权数"的方程中却没有呢?因为从定义上看,因子是变量的线性组合。任何变量的线性组合都是因子。只要是这9个变量加权加起来的结果,就是一个因子。里面不包含"估计"的问题。自然也没有误差项。但是在"因子载荷"的程式中,我们只是用了3个因子来代表9个变量,把一个9个维度的空间压缩变成一个三维的空间,自然有些信息损失了。因此,F_1,F_2,F_3无论如何加权,都不可能完全代表x_1到x_9。所以我们要加上一个"误差项"(ε)。

②为什么我会说载荷λ_{ij}是因子i能够代表变量j的能力呢?因为$x_1 = \lambda_{11}F_1 + \lambda_{12}F_2 + \lambda_{13}F_3 + \varepsilon_1$,其实就是一个回归分析的方程。我们用3个因子来代表(估计)原来的9个变量。如果3个因子是垂直(没有相关)的,同时因子是标准化的,λ_{12}其实就是x_1与F_2的相关系数(这是简单的回归分析的结果)。相关系数的平方就是一个变量能够解释多少另外一个变量的方差,也可以说是一个变量代表另外一个变量的能力。因为解释的方差越大,能代表对方的能力越强。如果x_1的方差100%可以由F_2来解释的话,x_1与F_2其实就没有分别,F_2就可以100%代表x_1了。

推导:

因为$x_1 = \lambda_{11}F_1 + \lambda_{12}F_2 + \lambda_{13}F_3 + \varepsilon_1$,如果都是标准化的话,则

$$\begin{aligned}
r_{x_3F_1} &= \mathrm{Cov}(\lambda_{31}F_1 + \lambda_{32}F_2 + \lambda_{33}F_3 + e_3, F_1) \\
&= \mathrm{Cov}(\lambda_{31}F_1, F_1) + \mathrm{Cov}(\lambda_{32}F_2, F_1) + \mathrm{Cov}(\lambda_{33}F_3, F_1) + \mathrm{Cov}(e_3, F_1) \\
&= \mathrm{Cov}(\lambda_{31}F_1, F_1) \\
&= (\lambda_{31})^2 \mathrm{Cov}(F_1, F_1) \\
&= \lambda_{31}^2
\end{aligned}$$

[注意：

①我们假设不同的因子(F_j 与 F_k）是没有相关的(这在大部分的因子分析方法来说都是对的)。因此不同因子的协方差都是 0。

②因为 ε 是随机的，所有的 ε 与其他变量的协方差都是 0。

③所有变量与自己的协方差都等于它的方差。因为我们假设所有的变量都是标准化的，所以方差都是 1。]

现在，让我们来总结一下。载荷是变量与因子数的相关。如果我们计算"项目 3"这个变量与"第一因子数"的相关的话，计算得出来的相关系数就是"项目 3"在"第一因子"的"载荷"，也就是 0.77。同样，"项目 1"与"第二因子数"的相关就是 x_1 在 F_2 的"载荷"，也就是 -0.06。

一个项目(如 x_2)与一个因子数(如 F_1)的相关系数是什么意思呢？我们如何理解"因子载荷"这个概念呢？在几何上来说，相关系数是两个向量的夹角的余弦。如果 x 是一个变量，y 是另外一个变量，$r_{xy} = \cos\theta$。如果 x 这个向量(变量)是标准化(长度等于 1)的，"夹角的余弦"其实就是 x 这个向量在 y 向量上的投影(见图 10.7)。

当两个变量的夹角是 0 的时候，$\cos(0°) = 1$，两个向量是一样的，它们的相关系数是 1。当两个变量是垂直时，它们的夹角是 90°，$\cos(90°) = 0$，两个变量的相关系数是 0，两者没有相关。一个变量(项目)与一个因子(几个变量的加权总和)的相关系数，称为这个变量在这个因子中的"因子载荷"。因此，因子载荷可以看成是一个变量与这个因子在多维空间的夹角的余弦。从图 10.8 可以看出，夹角的余弦也就是该变量在因子上的"投影"。图 10.8 中，x_2 与 F_1 的夹角很小，夹角的余弦

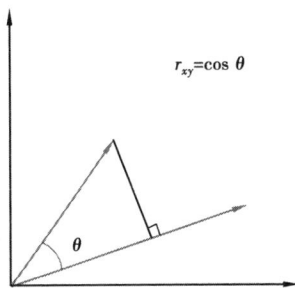

图 10.7

就很大，代表 x_2 与 F_1 的相关系数很高，也就是说 x_2 在 F_1 中的载荷很大。因为夹角很小，投影很长，所以当 x_2 很大时，代表 F_1 也相应的很大。因此，"因子载荷"可以看成是该因子代表这个变量的能力。图 10.8 中 x_2 在 F_1 中载荷最大，x_5 在 F_1 中载荷最小。数据明显地表明 x_1 和 x_2 更像测量同一个概念(我们称为"关系")。因为"关系"这个因子(构念)不可以代表 x_5，就是说 x_5 在 F_1 上投影很小。它跟"关系"的相关很小。

在找到第一个因子(关系)后，第二个因子往往是垂直于第一个因子的。因为这样的话，F_2 就最能代表 F_1 所不能代表的部分了。例如，x_5 在 F_1 中的投影很短，也就是说 x_5 与 F_1 的相关很低，或者说 $F1$ 不太能代表 x_5。但是 x_5 在 F_2 的投影却很长，F_2 扮演了 F_1 所做不到的角色。正因如此，如果有 6 个项目测量两个概念，我们会期望 x_1 到 x_3 在 F_1 的载荷很高(F_1 很能代表 x_1 到 x_3)，而 x_4 到 x_6 在 F_2 的载荷很高(F_2 却能代表 x_4 到 x_6)。

如果 $r_{x3F1} = \lambda_{31}$ 的话，我们知道相关系数的平方是前面的变量(x_3)的方差被后面的变量(F_1)所解释的部分。"因子载荷"的平方(λ_{31}^2)就代表了项目变量(x_3)能够被因子(F_1)所解释的部分。也就是说因子(F_1)解释了项目变量(x_3)的方差的(λ_{31}^2)%。如果 3 个因子没有相关，它们解释其他变量的部分就完全不同，所以它们对其他变量的解释能力就可以相加起来。因此，3 个因子加起来就可以解释变量(x_3)的方差的($\lambda_{31}^2 + \lambda_{32}^2 +$

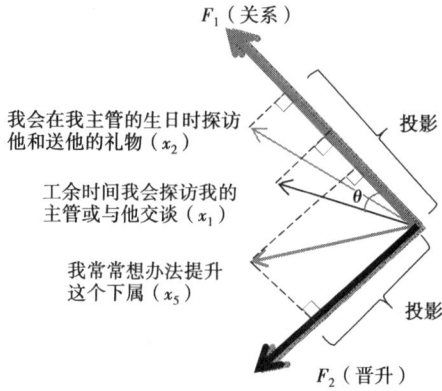

图 10.8

λ_{33}^2)% 。当因子是相关的,它们对其他变量的解释能力就不可以相加,而是要把相关的部分减掉。这个概念可以用图 10.9 的"文氏图"来理解。图中的圆圈代表一个变量的方差(variance),重叠的部分是两个变量的共变量(covariance)。白色的椭圆代表因子的方差,斜线的圆圈代表测量项目的方差。图右边的两个因子分别解释了测量项目的不同部分,因此,它们的总解释力是两者相加的和。左边的两个因子很大程度地解释了测量项目的相同部分,两个因子的一共解释测量项目的能力少于两者相加的和。

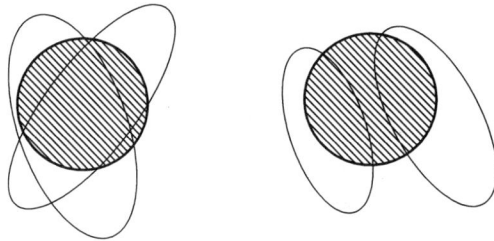

图 10.9

同时,因为相关系数是对称的,如果 $r_{x3F1} = \lambda_{31}$ 的话,"因子权数"的平方(λ_{31}^2)也是测量项目 x_3 能够解释第一因子(F_1)的方差的部分。了解了这两个关系,我们就可以解读因子分析的结果了。现在我们有 9 个测量项目变量(x_1 到 x_9),它们分别测量 3 个不可见的构念(F_1,F_2,F_3,也就是关系、提升和红利)。9 个变量在 3 个因子上的因子权数如下:

测量项目变数	因子			分解共性 h^2
	F_1(关系)	F_2(提升)	F_3(红利)	
x_1	0.60	−0.06	0.02	0.36
x_2	0.81	0.12	−0.03	0.67
x_3	0.77	0.03	0.08	0.60
x_4	0.01	0.65	−0.04	0.42
x_5	0.03	0.80	0.07	0.65
x_6	0.12	0.67	−0.05	0.47

续表

测量项目变数	因 子			分解共性 h^2
	F_1（关系）	F_2（提升）	F_3（红利）	
x_7	0.19	−0.02	0.68	0.50
x_8	0.08	−0.10	0.53	0.30
x_9	0.26	−0.13	0.47	0.31
权数平方总和	1.76	1.56	0.98	
平均方差解释%	0.19	0.17	0.11	0.47

在上表里,表中间的数字是"因子载荷"。因此,变量 x_1 在第一因子(F_1)、第二因子(F_2)和第三因子(F_3)的"载荷"分别是 0.60, −0.06 和 0.02。上面已经讲过,因子载荷的平方代表了因子可以解释变量的方差的部分。因此 λ_{31}(0.77)的平方($0.77^2 = 0.59$)代表了 F_1 能够解释 x_3 的方差的 59%。同样的, $\lambda_{73}^2 = (0.68)^2 = 0.46$ 代表了 F_3 能够解释 x_7 的方差的 46%。"载荷平方总和"是 x_1 到 x_9 在每个因子的载荷平方的总和。因此, $1.76 = (0.60^2 + 0.81^2 + 0.77^2 + 0.01^2 + 0.03^2 + 0.12^2 + 0.19^2 + 0.08^2 + 0.26^2)$。"平均方差解释%"是 1.76 除 9。所以 0.19 就是平均来说 F_1 能够解释这 9 个项目变量的方差的 19%。"平均方差解释%"越高,就代表 F_1 越能代表这 9 个项目变量。例如最极端的例子,如果 F_1 能够解释这 9 个项目变量的方差的 99% 的话,用 F_1 的方差就等于这 9 个项目变量的方差,这样就没有再找其他因子的必要了。在上表里,3 个因子加起来可以解释 9 个项目变量的方差的 47%。也就是说如果我们用这 3 个因子来代替这 9 个项目变量,9 个项目变量大概有一半(53%)的方差就不见了。因此,"总平均方差解释百分比"就是一个用少数的因子来代替一大堆的变量时,因子代表变量的"代表能力"或是"代表性"。

[注意:3 个因子的"平均方差解释%"可以加起来的原因是在估计 F_1, F_2, F_3 时,它们是不相关的。如前所述,如果因子是相关的,"平均方差解释百分比"就不可以这样加起来了。]

上表最后的一列称为"分解共性(factoring commonality)"或简称"共性(commonality)"(h^2)。如果"载荷平方总和"是载荷平方的"纵"总和的话,"分子共性"就是载荷平方的"横"总和。例如, x_3 的"分子共性"是 0.60,($= 0.77^2 + 0.03^2 + 0.08^2$),它代表了 3 个因子加起来可以解释 x_3 的方差的 60%。同样,3 个因子加起来可以解释 x_5 的方差的 65%。"分子共性"越小,代表 3 个因子越不能代表该测量项目变量,也就是它与其他测量项目变量的共通性很低,即它的独特性越强。

最后,我们还要记得"因子载荷"是"因子"与"测量项目变量"的相关。上表中 F_1 与 x_1, x_2, x_3 的相关都很高(分别是 0.60,0.81 和 0.77),与其他项目变量的相关都很低。 F_2 与 x_4, x_5, x_6 的相关都很高(分别是 0.65,0.80 和 0.67);而 F_3 与 x_7, x_8, x_9 的相关都很高(分别是 0.68,0.53 和 0.47)。这表明了 F_1 很能够代表 x_1, x_2, x_3; F_2 很能够代表 x_4, x_5, x_6; F_3 很能够代表 x_7, x_8, x_9。其实这也正是我们希望看见的结果。因为 x_1, x_2, x_3 这 3 个测量项目本来就是在量度"关系"; x_4, x_5, x_6 这 3 个测量项目本来就是在量度"提升"; x_7, x_8, x_9 这 3 个测量项目本来就是在量度"红利"。

上述这个分析的工具称为"探索性因子分析(exploratory factor analysis, EFA)"。我们之所以称它为"探索性"的因子分析,是因为所有的项目变量都会在所有的因子上有权数。这是不太适合我们的测量模型的。因为本来项目 x_1, x_2, x_3 都是用来测量"关系",而项目 x_4, x_5, x_6 都是用来测量"晋升"。理论上来说, x_1, x_2, x_3 应该只在"关系" (F_1) 上有载荷, x_4, x_5, x_6 应该只在"晋升" (F_2) 上有载荷。但是,在我们不清楚项目背后的因子结构时,就应该采用"探索性因子分析"了。相反,如果我们已经知道项目背后的因子结构(如所有的量表项目都是发表了的量表),就应该采用"验证性因子分析"了。我们将在下一章讨论"验证性因子分析(confirmatory factor analysis,CFA)"。

	测量项目	F_1(关系)	F_2(提升)	F_3(红利)	分解共性 h^2
x_1	休息时间,我会电话/上门问候主管	0.60	-0.06	0.02	0.36
x_2	主管偶尔会邀请我到他家里吃饭	0.81	0.12	-0.03	0.67
x_3	凡节日/主管生日我会送礼物给他	0.77	0.03	0.08	0.60
x_4	如果有重要空缺,我会首先安排他	0.01	0.65	-0.04	0.42
x_5	有机会的话,我会尽量提升他	0.03	0.80	0.07	0.65
x_6	在我下属中,我会第一个提升他	0.12	0.67	-0.05	0.47
x_7	我给他的奖金都蛮不错的	0.19	-0.02	0.68	0.50
x_8	他是我发奖金最多的人之一	0.08	-0.10	0.53	0.30
x_9	我给他的奖金比其他人都多	0.26	-0.13	0.47	0.31
	平均方差解释%	19%	17%	11%	47%

上面的结果是研究者很希望看见的。但是,有时候结果不一定这么理想。当因子分析的结果像下表时,我们应该怎么办呢?

	测量项目	F_1	F_2	F_3	分解共性 h^2
x_1	休息时间,我会电话/上门问候主管	0.60	0.35	0.02	0.48
x_2	主管偶尔会邀请我到他家里吃饭	0.81	0.34	-0.03	0.77
x_3	凡节日/主管生日我会送礼物给他	0.77	0.49	0.08	0.84
x_4	如果有重要空缺,我会首先安排他	0.50	0.65	0.44	0.87
x_5	有机会的话,我会尽量提升他	0.33	0.80	0.07	0.75
x_6	在我下属中,我会第一个提升他	0.24	0.67	0.31	0.60
x_7	我给他的奖金都蛮不错的	0.45	0.33	0.68	0.77
x_8	他是我发奖金最多的人之一	0.28	0.29	0.53	0.44
x_9	我给他的奖金比其他人都多	0.26	0.03	0.47	0.29
	平均方差解释%	26%	24%	14%	

一般情形下,探索性因子分析中的因子的"载荷"小于 0.40 的我们都把它们视为 0,不作处理。但是上表中 x_3 在 F_1 与 F_2 的"载荷"都大于 0.40(分别是 0.77 与 0.49)。同样, x_4 在 F_1, F_2 与 F_3 的"载荷"分别是 0.50,0.65 和 0.44。而 x_7 在 F_1 与 F_3 的"载荷"是

0.45 与 0.68。一个变量同时在多于一个因子上"载荷"大于 0.40 的现象称为"交叉载荷（cross loading）"。"交叉载荷"在因子分析中不是一个好现象。这代表这 3 个测量项目到底在测量哪一个构念，并不是很清楚。也就是说，它们不是好的测量项目，或者这几个构念其实在概念上可能有重叠。另外一个经常出现的现象是本来应该在同一个因子的项目，现在却分裂成为两个，甚至是 3 个因子。

遇到不好的测量项目应该怎样处理呢？由于"交叉载荷"和"因子分裂"有几个不同的原因，也会有不同的对应方法。

①抽样误差（sampling error）。样本太少时，会有很多奇怪的统计结果。这一类现象一般在再抽样时，或是样本增大了后就不见了。

②有时候我们在研究中采用了别人已经发表出来的量表。如果是现存量表中有交叉载荷怎么办呢？有人会建议把交叉载荷的项目删除。我们是绝对不赞成这样的做法的。原因有二：第一，对于别人发表的量表，我们本来就不应该做探索性因子分析。因为项目背后的因子结构已经知道。第二，一些现存的量表一般都会经过多样本、大样本和严谨的信度、效度验证。如果我们在自己的小样本中偶尔发现偏差，在正常的情形下，只要偏差不是非常严重，我们会偏于接受量表发展人的结果。当然，如果原来的量表发展没有经过严谨的考查，那可另当别论。

③有时候我们会采用外国人发展的量表。量表中会有一些完全不符合自己国情的项目。例如，问题可能是"你是共和党还是民主党的"又或是"作为下属，当主管犯错时，我会直接指出主管的错误"。此等有明显的文化差异的项目可能在探索性因子分析中有古怪的载荷。我们的建议是，如果有明显的文化差异，适当的删除是可以接受的，但是必须清楚地在研究的论文中写出来。

10.3　因子的数目

因子分析是用少于项目变量数目的因子来代表项目变量，以求减少变量的目的。但是因子越少，能解释的项目变量的总方差就越少。相反，用的因子数目（number of factors）越多，能解释的项目变量的总方差就越大。当因子数目等如变量数目时，变量的所有方差都可以被解释了。但是，我们如何决定到底应该用几个因子呢？一般有两个标准。

第一，如果是用主成分法的话，因子对应的特征值（eigen value）会随着因子数目增多而逐渐递减。当因子对应的特征值少于 1 的时候，我们一般就会停住。因此，"因子对应的特征值大于 1"就是我们的第一个准则。这个规矩称为 Kaiser-Guttman 标准。为什么呢？因子的特征值大于 1 是什么意思呢？

Kaiser-Guttman 标准的逻辑

主成分法的特点，就是第一个抽取出来的因子是解释所有变量（在上面的例子就是从 x_1 到 x_9）的方差的能力最大的。抽取了第一个因子后，余下的方差就由第二个因子抽取（或者说尽量代表）。自然的，第二个因子也就是能够解释余下的方差最大的一个线性组合。如果我们有 n 个变量，我们最多能抽取 n 个因子，因为 n 个因子就能解释原来的变量的所有方差，再抽取其他的因子就违背了因子分析减少变量的本来目的了。

在主成分法中，一个因子的特征值其实就是这个因子的方差。因此，n 个特征值的和

应该等于 n 个变量的所有方差。如果我们分析的是变量的"相关系数矩阵",每个变量的方差都是 1(大家记得相关系数矩阵,所有变量的方差都是 1)。n 个变量的方差的和就是 n。平均来讲,每一个因子的方差就应该是$(1/n)$。理论上来说,一个因子的方差越大越好。因为因子的抽取方法就是要尽量解释变量的方差。因子方差越大,它能够解释变量方差的能力就越大。如果一个因子的特征值小于 1,就是它的方差小于 1。如果是用相关系数矩阵作分析的话,这个因子就只是等于一个变量的方差。因子分析是为了减少变量。一个平均只能解释一个变量的方差的因子是没效用的,我们不如用原来的变量好了,干嘛还要抽因子呢? 因此,我们可以形象地说,当特征值小于 1 时,就表明了这个因子"没有尽到它该负的因子的责任"。

　　大家明白了上面的讨论后就会理解,特征值大于 1 的标准,只有在用相关矩阵以主成分法抽取因子才合用。如果是用方差协方差矩阵抽取因子的话,那 Kaiser-Guttman 标准就应该是:1/变量的总方差。

　　第二,我们也可以画一幅因子数目与因子特征值的图画,看看当中有没有突然的折变,如增加了一个因子后,特征值骤然下降。那这个转折点就是我们应该停止的信号。这个方法称为陡坡图(Scree plot)。

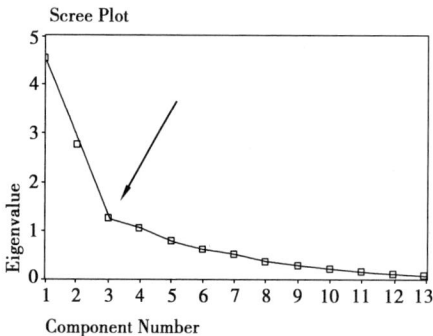

图 10.10

图 10.10 中,由一个因子增加到两个因子,特征值从 4.7 跌到 2.8 左右。如果再加上第三个因子,特征值就骤然下降至 1.2 左右。如果增加到第四个因子,特征值继续下降到 0.95。明显的,从两个因子到三个因子的特征值改变最大。所以陡坡图给我们的指示与第一个指示(特征值大于 1)是相同的,就是我们应该在抽完第三个因子后就停止。因为再多加一个因子,对解释变量的总方差的帮助已经明显开始减少了。

　　以下是一个 SPSS 因子分析的程序的例子。

```
FACTOR
  /VARIABLES x1 to x35              //我们有 35 个变量
  /MISSING LISTWISE                //有漏空的回答,删掉整条数据
  /ANALYSIS x1 to x35              //分析所有的 35 个变量
  /PRINT UNIVARIATE EXTRACTION ROTATION
  /PLOT EIGEN                      //打印陡坡图
  /CRITERIA MINEIGEN(1) ITERATE(25)  //提取因子标准,特征值>1
  /CRITERIA FACTORS(3) ITERATE(25)    //提取因子标准,要提取 3 个因子
    //以上两句 CRITERIA 只可以选一句。
  /EXTRACTION PC      //使用主成分 Principal Component 法抽取因子
  /CRITERIA ITERATE(25)
  /ROTATION VARIMAX   //使用最大方差法旋转因子 (后面解释)
  /SAVE REG(ALL)            //把得到的因子数储存在数据库,以备后用
  /METHOD = CORRELATION
```

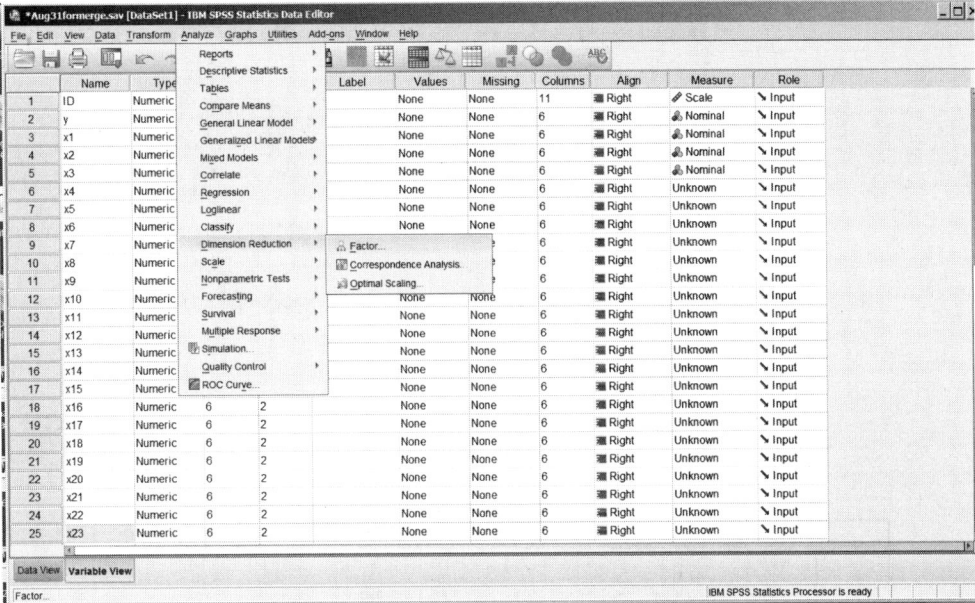

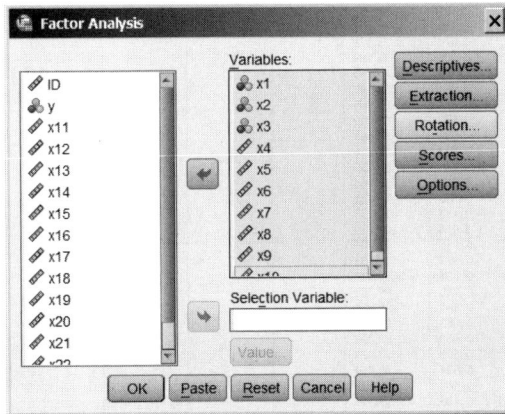

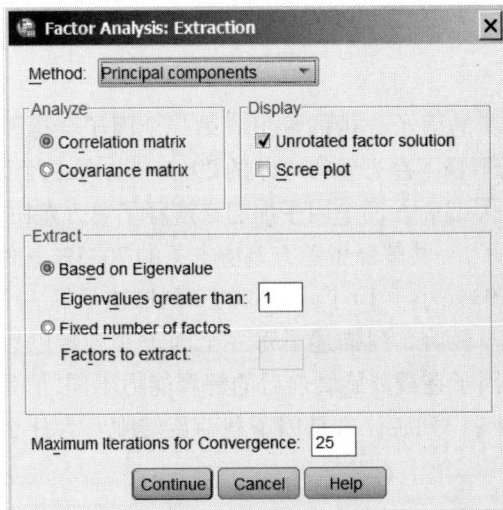

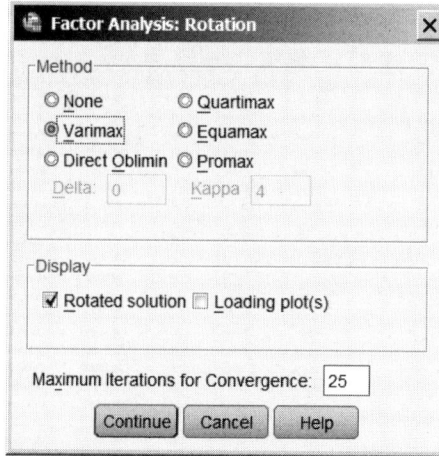

Factor Analysis: Rotation

Method
- ○ None
- ◉ Varimax
- ○ Direct Oblimin　Delta: 0
- ○ Quartimax
- ○ Equamax
- ○ Promax　Kappa: 4

Display
- ☑ Rotated solution　☐ Loading plot(s)

Maximum Iterations for Convergence: 25

[Continue]　[Cancel]　[Help]

Total Variance Explained

Component	Initial Eigenvalues			Extraction Sums of Squared Loadings			Rotation Sums of Squared Loadings		
	Total	% of Variance	Cumulative %	Total	% of Variance	Cumulative %	Total	% of Variance	Cumulative %
1	10.274	29.355	29.355	10.274	29.355	29.355	5.931	16.944	16.944
2	3.372	9.634	38.988	3.372	9.634	38.988	3.354	9.582	26.527
3	2.571	7.346	46.334	2.571	7.346	46.334	3.149	8.997	35.523
4	2.493	7.123	53.457	2.493	7.123	53.457	2.943	8.408	43.931
5	1.812	5.178	58.635	1.812	5.178	58.635	2.775	7.929	51.861
6	1.632	4.664	63.299	1.632	4.664	63.299	2.627	7.505	59.366
7	1.313	3.753	67.052	1.313	3.753	67.052	2.375	6.786	66.152
8	1.207	3.450	70.502	1.207	3.450	70.502	1.522	4.350	70.502
9	0.934	2.670	73.171						
10	0.818	2.338	75.509						
11	0.731	2.090	77.599						
12	0.699	1.997	79.596						
13	0.635	1.814	81.409						
14	0.571	1.630	83.039						
15	0.526	1.502	84.541						
16	0.499	1.425	85.966						
17	0.449	1.284	87.250						
18	0.425	1.214	88.464						
19	0.405	1.158	89.622						
20	0.389	1.113	90.735						
21	0.355	1.014	91.749						
22	0.334	.955	92.704						
23	0.324	.927	93.631						
24	0.313	.895	94.526						
25	0.268	.766	95.292						
26	0.241	.689	95.981						
27	0.239	.683	96.665						
28	0.231	.659	97.324						
29	0.210	.600	97.924						
30	0.186	.531	98.454						
31	0.161	.461	98.915						
32	0.141	.404	99.319						
33	0.129	.369	99.688						
34	0.109	.312	100.000						
35	-9.276E-18	-2.650E-17	100.000						

Extraction Method: Principal Component Analysis.

图 10.11

图 10.11 是一个经典的因子分析的输出。第一个因子会尽量解释所有的方差与协方差,特征值是 10.274,解释了总方差协方差的 29.36%。第二个因子的特征值是3.372,解释了总方差协方差的 9.63%。两个因子加起来解释了总方差协方差的 38.98%。我们看见程序抽取了 8 个因子,一共解释了总方差协方差的 70.5% 就停下来了。因为第 9 个因子的特征值已经是 0.934(小于 1)了。中间的 3 列描述每一个因子在没有旋转以前所解释总方差的百分比。最后 3 列描述了每一个因子在旋转以后所解释总方差的百分比。我们看见虽然个别因子在载荷旋转前后的解释能力不同,但是 8 个因子的总解释能力是一样的,都是 70.50%。到底什么是因子载荷旋转呢? 为什么我们要因子载荷旋转呢? 下一节详细解释。

10.4 因子旋转

在一般的因子分析结果里,都会谈到"未旋转的载荷(unrotated factor loadings)"与"旋转了的载荷(rotated factor loadings)"的问题。

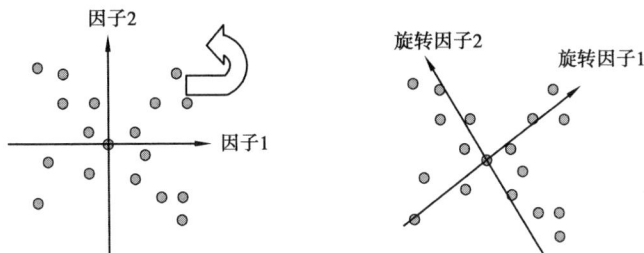

图 10.12

因子的旋转(factor rotation)其实是一个矩阵的转换。撇开数学的符号和公式,因子的旋转可以看成是:把不同的因子轴首先锁定(这称为正交旋转(orthogonal rotation))。意思是因子与因子间的夹角不变的情形下(一般的情形下因子是互相垂直的,所以就是把这些垂直的因子轴锁住),然后把整组锁住的因子反时针旋转(如图 10.12 从左图转成右图)。旋转因子的唯一的目的就是方便我们理解项目变量与因子的关系。上面已经提过,旋转因子轴会影响因子载荷,但是所有的因子一共解释了数据的总百分比是没有改变的。不会是原来 3 个因子解释了数据的总方差协方差的 59%,因为旋转了因子轴这 3 个因子就多解释了几个百分比的(自然,每个因子所能解释的百分比,在旋转过程中是会改变的)。

图 10.12 左边虽然我们已经用主成分法抽了两个因子出来,但是哪一个项目应该属于哪一个因子(就是哪一个项目在哪一个因子的载荷为高)非常不明显。但是,在不改变因子间的关系的前提下(也就是把因子的夹角锁住的前提下),因子轴旋转后,因子与项目的关系就豁然开朗了。因此,因子旋转不影响因子解释项目变量的能力(如总方差解释的百分比),它只是方便我们理解因子载荷,从而理解哪一个项目应该在相应的因子的比重。

大家一看就会知道,旋转后的因子轴到底应该转到什么地方,项目变量的因子载荷才可以称为"容易"理解呢? 当中好像是有一点主观性。用来旋转因子载荷的矩阵转置也有不同的方法。正如主成分法是抽因子的最普遍方法一样,因子旋转也有最普遍的方法,就是"方差最大法(Varimax rotation)"。"方差最大法"的原则就是在旋转时,在保存变量的分解共性 h^2 不变的原则下,把因子载荷的方差弄到最大,也就是有少部分的因子载荷很大,而其他的载荷尽量小(接近零)。因子载荷的方差越大,就代表各个变量分别归于不同的因子的情形就越清晰。

例如,图 10.13 中我们用主成分法对 16 个情商的自评项目作了探索性因子分析,得到了 4 个因子。Component Matrix 是没有旋转前的因子载荷。因为主成分法抽的第一个因子,所用的标准就是尽量解释所有项目变量的总方差。所以我们看见所有的 16 个项目变量都好像在因子一有一定的载荷。而因子二和因子四的载荷就好像有点混乱了。

Component Matrix（a）

	Component			
	1	2	3	4
eq01	0.704	−0.024	−0.041	−0.491
eq02	0.680	0.193	−0.030	−0.572
eq03	0.585	0.285	0.039	−0.586
eq04	0.389	0.327	0.071	−0.458
eq05	0.574	−0.527	−0.428	0.157
eq06	0.623	−0.376	−0.511	0.074
eq07	0.458	−0.398	−0.533	0.172
eq08	0.650	−0.505	−0.379	0.125
eq09	0.597	−0.282	0.458	0.129
eq10	0.512	−0.375	0.525	0.152
eq11	0.491	−0.284	0.668	0.155
eq12	0.456	−0.428	0.537	0.145
eq13	0.384	0.653	−0.109	0.320
eq14	0.512	0.642	−0.083	0.413
eq15	0.528	0.717	−0.026	0.283
eq16	0.610	0.617	0.060	0.292

Extraction Method：Principal Component Analysis.

a 4 components extracted.

图 10.13

但是，对因子进行旋转后，因子的载荷分布就清楚异常了（图 10.14）。项目 1 到项目 4 应该在因子四；项目 5 到项目 8 应该在因子二；项目 9 到项目 12 应该在因子三；项目 13 到项目 16 应该在因子一。

Rotated Component Matrix（a）

	Component			
	1	2	3	4
eq01	0.055	0.323	0.208	0.766
eq02	0.162	0.178	0.103	0.871
eq03	0.175	0.034	0.071	0.855
eq04	0.180	−0.089	0.013	0.658
eq05	−0.023	0.881	0.190	0.045
eq06	0.072	0.869	0.075	0.172
eq07	0.032	0.825	0.009	−0.001
eq08	0.008	0.873	0.249	0.117
eq09	0.103	0.187	0.770	0.155
eq10	0.004	0.149	0.821	0.070
eq11	0.055	−0.001	0.885	0.081
eq12	−0.065	0.136	0.822	0.034
eq13	0.820	0.004	−0.082	0.094
eq14	0.915	0.079	0.024	0.085
eq15	0.909	−0.013	0.017	0.217
eq16	0.872	0.028	0.163	0.232

Extraction Method：Principal Component Analysis.

Rotation Method：Varimax with Kaiser Normalization.

a Rotation converged in 5 iterations.

图 10.14

这个旋转后的因子结构告诉我们，这 16 个项目用来测量情商的 4 个维度非常成功。

各个项目都正确地扮演了它们测量情商的不同维度的功能。

本章附录

因子分析的数学原理

在解释因子分析的方法时,我们把上面的问题简化一下来说明。现在我们假设只有 6 个测量项目,而 6 个测量项目都是测量同一个构念。我们的测量模型如下:

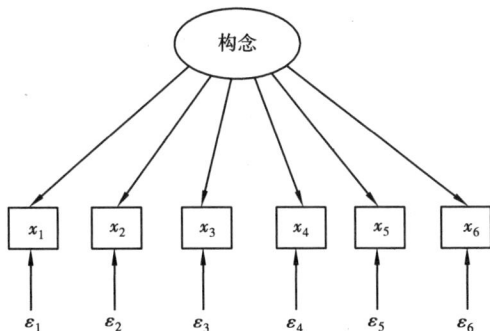

图 10.15

所有由变量组成的线性函数都称为变量的因子(factor)。因此,所有由这 6 个变量组成的线性函数都称为这 6 个测量项目变量的因子。

其中一个因子,F 为

$$F = w_1 x_1 + w_2 x_2 + w_3 x_3 + w_4 x_4 + w_5 x_5 + w_6 x_6$$

式中,w_1 到 w_6 是常数。

反过来看,这个因子以不同程度代表着不同的变量。因为因子与变量是一一对应的关系,因子代表变量,也可以看成是变量代表因子。变量代表因子的能力,其实就是变量的方差有多少可以被因子解释(这是回归分析的概念)。下面的方程表明,变量与因子的关系其实是一个回归的关系。假设变量与因子都是标准化的,载荷 λ_k 其实就是 x_k 与 F_1 的相关系数($r_{xk.F1}$)。相关系数的平方就是一个变量可以解释另外一个变量的百分比。所以 λ_k^2 其实就是变量 x_k 能够解释 F_1 的方差的百分比。下面这个模型,其实也是我们在测量学中谈到的"同质性测量模型",因为可见的 x 其实是在代表一个不可见的 F(可以看成是真实值),而代表的能力就是"载荷"这个权数。

$$x_1 = \lambda_1 F + \varepsilon_1$$
$$x_2 = \lambda_2 F + \varepsilon_2$$
$$x_3 = \lambda_3 F + \varepsilon_3$$
$$x_4 = \lambda_4 F + \varepsilon_4$$
$$x_5 = \lambda_5 F + \varepsilon_5$$
$$x_6 = \lambda_6 F + \varepsilon_6$$

在还没有继续以前,我要先提出"同质性测量模型"的一个特性,就是两个测量项目的相关系数等于它们对应的因子载荷的乘积。这个结果的推导为

$$r_{jk} = \mathrm{Cov}(x_j, x_k)$$
$$= \mathrm{Cov}(\lambda_j F + \varepsilon_j)(\lambda_k F + \varepsilon_k)$$
$$= \mathrm{Cov}(\lambda_j F, \lambda_k F) + \mathrm{Cov}(\lambda_j F, \varepsilon_k) + \mathrm{Cov}(\lambda_k F, \varepsilon_j) + \mathrm{Cov}(\varepsilon_j, \varepsilon_k)$$

$$= \mathrm{Cov}(\lambda_j F, \lambda_k F)$$

$$= \lambda_j \lambda_k \mathrm{Cov}(F, F)$$

$$= \lambda_j \lambda_k$$

注：

1. 因为 ε 是随机的，所有的 ε 与其他变数的共变量都是 0。

2. 所有变量与自己的共变量都等于它的方差。

3. 因为我们假设所有的变量都是标准化的，所以方差都是 1。

首先，假设我们已经收集了数据。我们访问了 138 个中层经理和他们的下属，收集了这 6 个测量项目变量的资料(1 分最低，7 分最高)。数据如下：

回答者	测量项目变量				
	x_1	x_2	x_3	$\cdots$	x_6
1	4	3	4	$\cdots$	2
2	1	2	3	$\cdots$	5
3	6	6	5	$\cdots$	6
4	4	1	4	$\cdots$	3
$\vdots$	$\vdots$	$\vdots$	$\vdots$	$\vdots$	$\vdots$
138	3	4	5	$\cdots$	4

现在我们计算这 6 个测量项目的相关(方差/协方差)矩阵，表列如下：

	x_1	x_2	x_3	x_4	x_5	x_6
x_1	1.0	0.55	0.43	0.32	0.28	0.36
x_2	0.55	1.0	0.50	0.25	0.31	0.32
x_3	0.43	0.50	1.0	0.39	0.25	0.33
x_4	0.32	0.25	0.39	1.0	0.43	0.49
x_5	0.28	0.31	0.25	0.43	1.0	0.43
x_6	0.36	0.32	0.33	0.49	0.43	1.0

根据定义，所有由这 6 个变量组成的线性函数都称为这 6 个变量的因子。因此，6 个测量项目变量可以有无数个因子。但是在统计上来讲，我们只需要最多 6 个因子(也就是因子的数目等于变量的数目)，就可以完全解释这 6 个测量项目变量的总方差。注意：任何 6 个因子都可以完全解释总方差协方差值，只要第二因子是解释第一因子的剩余方差协方差值，第三因子解释第一、第二因子的剩余方差值，如此类推。也就是说，第 7 个因子对我们来说是没有用处的。其实我们已经谈过，因子分析的主要作用是减少变量。我们的目的是用最少数目的因子来代表这 6 个测量项目变量。因此，当因子的数目等于变量的数目时，用因子来代替变量已经没有意思了。

这里介绍两种估计因子载荷的方法：重心法和主成分法。重心法其实是一个比较旧的载荷估计方法。现在大部分情形都是使用主成分法。我们介绍重心法的唯一目的就是这个方法非常直观，可以让我们多了解载荷估计的过程。相对来说，主成分法就是一个纯数学的方法，看起来不容易了解。

(1)重心法(centroid method)

以下重心法的例子引自 Nunnally (Nually, J. C. (1978) Psychometric Theory, 2nd Edition, NY：

McGraw-Hill）。一切版权归原作者所有。

利用这 138 个数据点，我们求得这 6 个测量项目变量的相关矩阵是：

	x_1	x_2	x_3	x_4	x_5	x_6	Row $\sum$ 行总和
x_1	1.0	0.55	0.43	0.32	0.28	0.36	2.94
x_2	0.55	1.0	0.50	0.25	0.31	0.32	2.93
x_3	0.43	0.50	1.0	0.39	0.25	0.33	2.90
x_4	0.32	0.25	0.39	1.0	0.43	0.49	2.88
x_5	0.28	0.31	0.25	0.43	1.0	0.43	2.71
x_6	0.36	0.32	0.33	0.49	0.43	1.0	2.94
Col $\sum$ 列总和	2.94	2.93	2.90	2.88	2.71	2.94	17.30

上面谈过了，两个测量项目的相关系数等于它们对应的因子载荷的乘积。因此，每一列的总和是 Col $\sum = \lambda_i \left(\sum\limits_{k=1}^{6} \lambda_k \right)$，每一行的总和是 Row $\sum$。行与列的总和称为 T，$T = \left(\sum\limits_{i=1}^{6} \lambda_i \right) \left(\sum\limits_{k=1}^{6} \lambda_k \right)$。在这个例子里，$T = 17.30$。然后，我们把每一行的总和除以整个矩阵的总和 ($T$) 的平方根。为什么要这样呢？下面的推导告诉我们，因为这就是因子载荷，即

$$\frac{\text{Col} \sum}{\sqrt{T}} = \frac{\sum\limits_{k} r_{ik}}{\sqrt{\sum\limits_{i} \sum\limits_{k} r_{ik}}} = \frac{\sum\limits_{k} \lambda_i \lambda_k}{\sqrt{\sum\limits_{i} \sum\limits_{k} \lambda_i \lambda_k}} = \frac{\lambda_i \sum\limits_{k} \lambda_k}{\sqrt{\sum\limits_{i} \lambda_i \sum\limits_{k} \lambda_k}}$$

因为这个相关矩阵是对称的，$\sum \lambda_i = \sum \lambda_k$，故

$$\frac{\text{Col} \sum}{\sqrt{T}} = \frac{\lambda_i \sum\limits_{k} \lambda_k}{\sqrt{\sum\limits_{k} \lambda_k \sum\limits_{k} \lambda_k}} = \lambda_i$$

	x_1	x_2	x_3	x_4	x_5	x_6	Row $\sum$
x_1	1.0	0.55	0.43	0.32	0.28	0.36	2.94
x_2	0.55	1.0	0.50	0.25	0.31	0.32	2.93
x_3	0.43	0.50	1.0	0.39	0.25	0.33	2.90
x_4	0.32	0.25	0.39	1.0	0.43	0.49	2.88
x_5	0.28	0.31	0.25	0.43	1.0	0.43	2.71
x_6	0.36	0.32	0.33	0.49	0.43	1.0	2.94
Col $\sum$	2.94	2.93	2.90	2.88	2.71	2.94	$T = 17.30$
Col $\sum / \sqrt{T}$	0.71	0.70	0.70	0.69	0.65	0.71	

从上面的推导得知，Col $\sum / \sqrt{T} = \lambda_i$。上表最后一行就是第一个因子的因子载荷。所以根据我们的假设，x_1 的载荷是 $\lambda_1 = 0.71$，x_2 的载荷 $\lambda_2 = 0.70$，$\cdots$，x_6 的载荷 $\lambda_6 = 0.71$。

因此，用上面的方法求得的第一个因子 F_1 为

$$F_1 = 0.71x_1 + 0.70x_2 + 0.70x_3 + 0.69x_4 + 0.65x_5 + 0.71x_6$$

以上的因子载荷计算是利用一个假设:"两个变量的相关等于它们的因子载荷的乘积"。可是,利用"因子载荷的乘积"估计出来的相关不会完全等于原来的相关。原因是因子 F_1 没有能力完全解释这6个变量的方差协方差。原来的相关矩阵与估计出来的矩阵的差称为"残余矩阵"。"残余矩阵"就是第一个因子代表原来的相关矩阵的误差,也可以说是第一个因子代表原来的相关矩阵的"剩余"或是"解释不了的地方"。用统计的名词,"残余矩阵"其实就是相关矩阵把第一因子控制以后的"净相关矩阵(partial correlation matrix)"。

	x_1	x_2	x_3	x_4	x_5	x_6		λ_1	λ_2	λ_3	λ_4	λ_5	λ_6
	1.0	0.55	0.43	0.32	0.28	0.36	λ_1	$\lambda_1\lambda_1$	$\lambda_2\lambda_1$	$\lambda_3\lambda_1$	$\lambda_4\lambda_1$	$\lambda_5\lambda_1$	$\lambda_6\lambda_1$
x_2	0.55	1.0	0.50	0.25	0.31	0.32	λ_2	$\lambda_1\lambda_2$	$\lambda_2\lambda_2$	$\lambda_3\lambda_2$	$\lambda_4\lambda_2$	$\lambda_5\lambda_2$	$\lambda_6\lambda_2$
x_3	0.43	0.50	1.0	0.39	0.25	0.33	λ_3	$\lambda_1\lambda_3$	$\lambda_2\lambda_3$	$\lambda_3\lambda_3$	$\lambda_4\lambda_3$	$\lambda_5\lambda_3$	$\lambda_6\lambda_3$
x_4	0.32	0.25	0.39	1.0	0.43	0.49	λ_4	$\lambda_1\lambda_4$	$\lambda_2\lambda_4$	$\lambda_3\lambda_4$	$\lambda_4\lambda_4$	$\lambda_5\lambda_4$	$\lambda_6\lambda_4$
x_5	0.28	0.31	0.25	0.43	1.0	0.43	λ_5	$\lambda_1\lambda_5$	$\lambda_2\lambda_5$	$\lambda_3\lambda_5$	$\lambda_4\lambda_5$	$\lambda_5\lambda_5$	$\lambda_6\lambda_5$
x_6	0.36	0.32	0.33	0.49	0.43	1.0	λ_6	$\lambda_1\lambda_6$	$\lambda_2\lambda_6$	$\lambda_3\lambda_6$	$\lambda_4\lambda_6$	$\lambda_5\lambda_6$	$\lambda_6\lambda_6$

	x_1	x_2	x_3	x_4	x_5	x_6		λ_1 0.71	λ_2 0.70	λ_3 0.70	λ_4 0.69	λ_5 0.65	λ_6 0.71
	1.0	0.55	0.43	0.32	0.28	0.36	λ_1 0.71	0.50	0.50	0.50	0.49	0.46	0.50
x_2	0.55	1.0	0.50	0.25	0.31	0.32	λ_2 0.70	0.50	0.49	0.49	0.49	0.46	0.50
x_3	0.43	0.50	1.0	0.39	0.25	0.33	λ_3 0.70	0.50	0.49	0.49	0.48	0.45	0.49
x_4	0.32	0.25	0.39	1.0	0.43	0.49	λ_4 0.69	0.49	0.49	0.48	0.48	0.45	0.49
x_5	0.28	0.31	0.25	0.43	1.0	0.43	λ_5 0.65	0.46	0.46	0.45	0.45	0.42	0.46
x_6	0.36	0.32	0.33	0.49	0.43	1.0	λ_6 0.71	0.50	0.50	0.49	0.49	0.46	0.50

左边的相关矩阵是我们的观察矩阵,右边的相关矩阵是用第一个因子的载荷"估计出来的"矩阵。把左边的"相关矩阵"减右边的"用第一因子的因子载荷相乘而得的矩阵"就等于"残余矩阵",也就是第一因子不能解释相关矩阵的部分。

残余矩阵						
	$x_{1.1}$	$x_{2.1}$	$x_{3.1}$	$x_{4.1}$	$x_{5.1}$	$x_{6.1}$
$x_{1.1}$	0.50	0.05	-0.07	-0.17	-0.18	-0.14
$x_{2.1}$	0.05	0.51	0.01	-0.24	-0.15	-0.18
$x_{3.1}$	-0.07	0.01	0.51	-0.09	-0.20	-0.16
$x_{4.1}$	-0.17	-0.24	-0.09	0.52	-0.02	0.00
$x_{5.1}$	-0.18	-0.15	-0.20	-0.02	0.58	-0.02
$x_{6.1}$	-0.14	-0.18	-0.16	0.00	-0.02	0.50

注:$x_{1.1}$ 是 x_1 除去了第一因子解释的部分的变量。

利用"残余矩阵",根据同样的方法,我们就可以估计第二个因子(F_2)。这个第二因子是反映了第一因子(F_1)不能代表原来相关矩阵的"残余"部分。因此,第二因子(F_2)是弥补第一因子(F_1)代表原来相关矩阵的不足。两个因子合起来就更能代表原来的相关矩阵。

可是,在估计第二因子以前,我们看见残余矩阵内有很多负数。因此我们要做一个称为"反映(reflection)"的动作。"反映"其实就是把某些变量改变符号。因为 x_4, x_5 和 x_6 的残余相关有很多负数,我们把这 3 行的残余相关改变了符号(不过我们会把这个"反映"记录在案的)。

	残余矩阵							"反映"后的残余矩阵					
	x_1	x_2	x_3	x_4	x_5	x_6		x_1	x_2	x_3	$-x_4$	$-x_5$	$-x_6$
x_1	0.50	0.05	-0.07	-0.17	-0.18	-0.14	x_1	0.50	0.05	-0.07	0.17	0.18	0.14
x_2	0.05	0.51	0.01	-0.24	-0.15	-0.18	x_2	0.05	0.51	0.01	0.24	0.15	0.18
x_3	-0.07	0.01	0.51	-0.09	-0.20	-0.16	x_3	-0.07	0.01	0.51	0.09	0.20	0.16
x_4	-0.17	-0.24	-0.09	0.52	-0.02	0.00	$-x_4$	0.17	0.24	0.09	0.52	0.02	0.00
x_5	-0.18	-0.15	-0.20	-0.02	0.58	-0.02	$-x_5$	0.18	0.15	0.20	0.02	0.58	0.02
x_6	-0.14	-0.18	-0.16	0.00	-0.02	0.50	$-x_6$	0.14	0.18	0.16	0.00	0.02	0.50

注:x_4, x_5 和 x_6 的自相关 0.52, 0.58 和 0.50 的符号没有变。原因是"反映"的动作在横的 x_4, x_5 和 x_6 做了一次,把符号改变了。但是直的 x_4, x_5 和 x_6 又再做了一次,把负数再改变回来。

现在我们用同样的方法,再求"第二个"因子。

	"反映"后的残余矩阵						
	x_1	x_2	x_3	x_4	x_5	x_6	Row $\sum$
x_1	0.50	0.05	-0.07	0.17	0.18	0.14	0.97
x_2	0.05	0.51	0.01	0.24	0.15	0.18	1.14
x_3	-0.07	0.01	0.51	0.09	0.20	0.16	0.91
x_4	0.17	0.24	0.09	0.52	0.02	0.00	1.0
x_5	0.18	0.15	0.20	0.02	0.58	0.02	1.07
x_6	0.14	0.18	0.16	0.00	0.02	0.50	0.96
Col $\sum$	0.97	1.14	0.91	1.0	1.07	0.96	$T=6.05$
Col $\sum / \sqrt{T}$	0.40	0.46	0.37	-0.41	-0.43	-0.39	

注:因为 x_4, x_5 和 x_6 做了"反映"的动作,所以它们的因子权数变成负数。

因此,用上面的方法求得的第二个因子 F_2 为

$$F_2 = 0.40x_1 + 0.46x_2 + 0.37x_3 - 0.41x_4 - 0.43x_5 - 0.39x_6$$

以上"反映"这个动作,让我们了解到为什么有些时候载荷会是负数。其主要的原因是,这些变量与其他变量的相关是相反的。利用上面的逻辑继续下去,我们就可以找到第三、第四、第五、第六个因子了。到了第六个因子后,你会发现"残余矩阵"内的所有相关系数都会变成 0,代表我们已经完全解释了原来的相关矩阵。

一个好的因子分析方法是用最少的因子来代表(解释)变量的最多方差。一个因子解释变量的能力是这个因子在所有变量的因子载荷的平方和。因此,一个抽取因子的方法如果能够得到最大的"因子载荷平方和"的,就是最理想的抽取因子的方法。以上介绍的"重心法"是把"因子载荷的绝对值的和"最大化,它只是估计因子载荷的其中一个方法。真正把"因子载荷平方和"最大化的方法称为"主成分法(principal component method)"。

（2）主成分法（principal component method）

如果我们定义第一个因子为：

$$F = w_1 x_1 + w_2 x_2 + w_3 x_3 + w_4 x_4 + w_5 x_5 + w_6 x_6$$

如果我们用矩阵方式表示的话，F_1 的方差为

$$\mathrm{Var}(F_1) = \mathrm{Var}(w_i'x) = w_i' \Sigma w_i$$

［注：Σ 是 x_1 到 x_6 的方差协方差矩阵］

最大化［$\mathrm{Var}(F_1)$］＝ 最大化［$w_i' \Sigma w_i$］

可是这里有一个问题，如果我们找到某一组 w_i，如

$$F_1 = 0.2x_1 + 0.3x_2 + 0.4x_3 + 0.4x_4 + 0.2x_5 + 0.3x_6$$

我们永远可以把整组 λ_i 乘以一个常数，让 F_1 的方差［$\mathrm{Var}(F_1)$］变得更大，故在找寻因子时，统计学家就多加了一项条件，就是 $w_i'w_i = 1$（也就是因子权重的平方和等于1）。因此，因子分析的目标是找 n 组（n 小于变量的数目）互不相关的 $w_i'X$（X 的线性函数），让：

［$\mathrm{Var}(F_1)$］最大化 或是［$w_i' \Sigma w_i$］最大化   条件是 $\lambda_i' \lambda_i = 1$

统计学告诉我们 x_1 到 x_6 组成的"方差-协方差矩阵（variance-covariance matrix，Σ）的"特征向量"就可以达到以上的目标。

每个 n 维的矩阵都有 n 个"特征值-特征向量"配对。要了解"特征向量"，我们就要明白一个矩阵的"特征值"。对于一个矩阵 Σ 来说，它的"特征值"（α_i）是符合以下公式的 α 数值（I 是单位矩阵，identity matrix）：

$$|\Sigma - \alpha I| = 0$$

这个方程称为矩阵的特征方程。

例1   如果 $\Sigma = \begin{pmatrix} 1 & 0 \\ 1 & 3 \end{pmatrix}$，上面的方程就变为

$$\left| \begin{pmatrix} 1 & 0 \\ 1 & 3 \end{pmatrix} - \alpha \begin{pmatrix} 1 & 0 \\ 0 & 1 \end{pmatrix} \right| = 0$$

$$\left| \begin{pmatrix} 1 & 0 \\ 1 & 3 \end{pmatrix} - \begin{pmatrix} \alpha & 0 \\ 0 & \alpha \end{pmatrix} \right| = 0$$

$$\left| \begin{matrix} 1-\alpha & 0 \\ 1 & 3-\alpha \end{matrix} \right| = 0$$

$$(1-\alpha)(3-\alpha) = 0$$

$$\alpha = 1 \text{ 或 } \alpha = 3$$

在这个例子中 1 和 3 就是 $\Sigma = \begin{pmatrix} 1 & 0 \\ 1 & 3 \end{pmatrix}$ 的两个"特征值"。

如果矩阵 Σ 的特征值是 α_i，那么 Σ 的"特征矩阵"（e）就是所有符合以下方程的矩阵：

$$\Sigma X = \alpha X \quad \text{而} \quad e = \frac{X}{\sqrt{X'X}}$$

继续上面的例子，因为 $\Sigma = \begin{pmatrix} 1 & 0 \\ 1 & 3 \end{pmatrix}$ 的"特征值"是 1 和 3，所以 Σ 的两个"特征矩阵"为

$$\begin{pmatrix} 1 & 0 \\ 1 & 3 \end{pmatrix} \begin{pmatrix} \lambda_1 \\ \lambda_2 \end{pmatrix} = 1 \begin{pmatrix} \lambda_1 \\ \lambda_2 \end{pmatrix} \quad \text{和} \quad \begin{pmatrix} 1 & 0 \\ 1 & 3 \end{pmatrix} \begin{pmatrix} \lambda_1 \\ \lambda_2 \end{pmatrix} = 3 \begin{pmatrix} \lambda_1 \\ \lambda_2 \end{pmatrix}$$

根据左边的方程，得

$$\begin{cases} \lambda_1 = \lambda_1 \\ \lambda_1 + 3\lambda_2 = \lambda_2 \end{cases}$$

如果我们随意定义 $\lambda_2 = 1$ 的话, $\lambda_1 = -2$。当 $\alpha = 1$ 时, "特征向量"(e)为

$$e = \frac{X}{\sqrt{X'X}} = \frac{1}{\sqrt{\lambda_1^2 + \lambda_2^2}} \begin{pmatrix} \lambda_1 \\ \lambda_2 \end{pmatrix} = \begin{pmatrix} \dfrac{-2}{\sqrt{5}} \\ \dfrac{1}{\sqrt{5}} \end{pmatrix}$$

例 2 如果 $\boldsymbol{\Sigma} = \begin{pmatrix} 1 & -2 & 0 \\ -2 & 5 & 0 \\ 0 & 0 & 2 \end{pmatrix}$ 的话, 因为这是个三维的矩阵, 它会有 3 个"特征值"和 3 个对应的

"特征矩阵", 即

$\alpha_1 = 5.83$ $e_1' = [0.383, -0.924, 0]$

$\alpha_2 = 2.00$ $e_2' = [0, 0, 1]$

$\alpha_3 = 0.17$ $e_3' = [0.924, -0.383, 0]$

$\boldsymbol{\Sigma}$ 的 3 个主成分变量就为

$$\begin{cases} y_1 = 0.383x_1 - 0.924x_2 + 0x_3 \\ y_2 = 0x_1 + 0x_2 + x_3 \\ y_3 = 0.924x_1 - 0.383x_2 + 0x_3 \end{cases} \quad \text{或} \quad \begin{cases} y_1 = 0.383x_1 - 0.924x_2 \\ y_2 = x_3 \\ y_3 = 0.924x_1 - 0.383x_2 \end{cases}$$

看到这里, 读者可能开始有点迷茫了。这个看上去古古怪怪的"特征值"和"特征向量"到底是什么东西? 其实我们可以用以下简单的概念去理解它们。首先, 如果我们把一个矩阵(matrix)乘以一个向量(vector), 其实在几何上就是改变了这个向量的角度。例如:

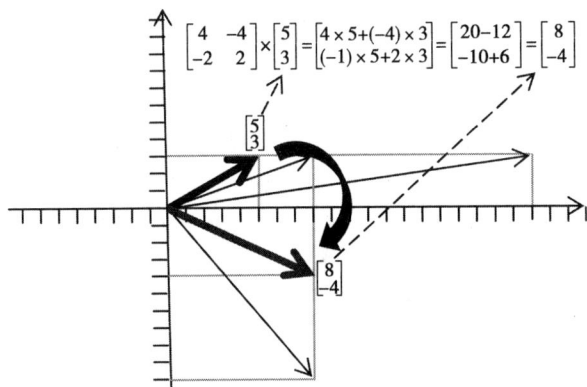

$$\begin{bmatrix} 4 & -4 \\ -2 & 2 \end{bmatrix} \times \begin{bmatrix} 5 \\ 3 \end{bmatrix} = \begin{bmatrix} 4 \times 5 + (-4) \times 3 \\ (-1) \times 5 + 2 \times 3 \end{bmatrix} = \begin{bmatrix} 20-12 \\ -10+6 \end{bmatrix} = \begin{bmatrix} 8 \\ -4 \end{bmatrix}$$

图 10. 16

在图 10. 16 中, 向量 $\begin{bmatrix} 5 \\ 3 \end{bmatrix}$ 乘以 $\begin{bmatrix} 4 & -4 \\ -2 & 2 \end{bmatrix}$ 后, 变成 $\begin{bmatrix} 8 \\ -4 \end{bmatrix}$。我们可以把这个转换看成是把向量

$\begin{bmatrix} 5 \\ 3 \end{bmatrix}$ 顺时针转了 $60°$ 左右, 而且"拉长"了一点。有了这个认知, 我们就可以把特征向量做下面的理解。

因为 $\boldsymbol{X}_{(k \times 1)}$ 这个向量如果符合下面条件的话, 就可以称为矩阵 $\boldsymbol{A}_{(k \times k)}$ 的特征向量, 而 λ 这个无向量(或称纯量)就称为 $\boldsymbol{X}$ 的特征值:

$$\boldsymbol{AX} = \lambda \boldsymbol{X}$$

因为矩阵 $\boldsymbol{A}$ 乘以 $\boldsymbol{X}$ 后, $\boldsymbol{X}$ 的方向没有改变, 只是 $\boldsymbol{X}$ 前面多了一个常数 λ。因此, 我们可以说: 矩阵 $\boldsymbol{A}$ 没有旋转向量 $\boldsymbol{X}$(也就是说 $\boldsymbol{A}$ 没有改变 $\boldsymbol{A}$ 的方向), 矩阵 $\boldsymbol{A}$ 只是把向量 $\boldsymbol{X}$"拉长"了。拉长多少呢? 拉长了 λ 这么多倍。因此, 我们可以这样说:

当一个矩阵 A 乘以(试图旋转)一个向量 X 时,如果矩阵 A 没有改变向量 X 的方向,只是把向量拉长了 λ 倍的话,这个向量 X 就称为矩阵 A 的特征向量,λ 就称为矩阵 A 的特征值。

一个维度(箭头)在空间里就是一个向量;一个 2×2 的矩阵就是一个平面。

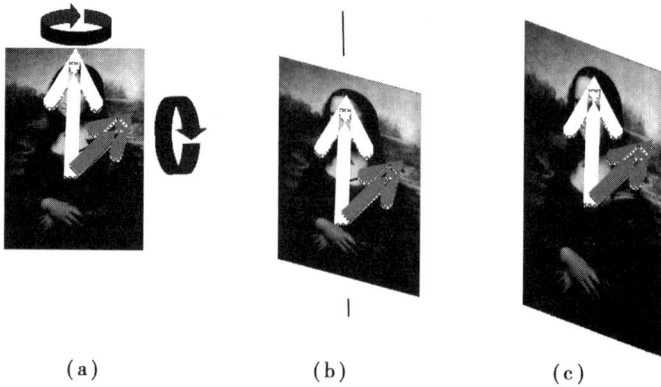

| (a) | (b) | (c) |

图 10.17

图 10.17 中,蒙娜丽莎的画像(一个平面)可以用来表现一个矩阵 A。图(a)中指向上的箭头可以用来代表一个向量 X。当矩阵 A 试图旋转向量 X 时(画像沿着上面箭头方向平面地向前转,见图(b),向上的箭头(向量 X)的方向没有被改变。它的大小(长短)也没有在旋转中改变。所以上面箭头这个向量 A 就可以称为蒙娜丽莎这幅画像这个矩阵 X 的"特征向量"。因为向量 A 没有在旋转过程拉长,所以矩阵 X 的"特征值"$\lambda = 1$。如果这个画像一面旋转却一面拉伸[像图(c),请注意因为旋转的方法不同,现在的矩阵 A 与刚才的 A 已经不同了],X 还是矩阵 A 的"特征向量",但是"特征值"λ 却大于 1 了。

但是如果这幅画像现在用另外一个方法来旋转。画像现在是沿着右边箭头往后地上下转(注:因为旋转的方法不同,现在的矩阵 A 又跟以前的不同了)。现在向上的向量 X 在旋转的过程中方向改变了。原来向量 X 是向上的,现在慢慢地指向后面了。现在的向量 A 已经不再是矩阵 A 的"特征向量"了。可能另外一个向量(可能是向右的横向量)才是现在的矩阵 A 的特征向量了。

或者简单一点,图 10.18 中短的是原来的向量(称为 X),如果我们找到一个矩阵 A,把 A 乘以 X 后,X 方向没有改变,只是拉长了一点。X 就是 A 的一个特征向量,λ 就是 A 的一个特征值。

明白了矩阵、特征向量和特征值的关系,如何帮助我们理解特征向量就是方差协方差矩阵的因子呢?让我们尝试用一个粗疏的比喻解释一下。

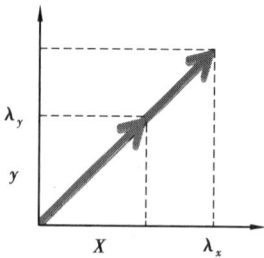

图 10.18

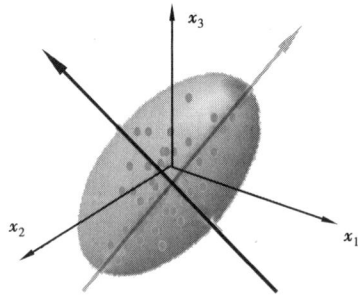

图 10.19

现在让我们回到开始的问题。图 10.19 中的数据有 3 个维度(x_1, x_2, x_3)。让我用一个椭圆形的鸡蛋来代表这些数据的方差协方差矩阵(Σ)。如前所述,这个椭圆体是一个"想象"出来的东西。我们把观察到的数据的边界想象成为一个椭圆体。为什么是椭圆形呢?因为它们是相关的。如果没有关系,应该是一个球体。如果是完美的相关，应该是一条直线。一个椭圆体就介于球体与直线之间。

如果我现在不准你用三个维度来描述这些数据，而只准你用一个维度的的话，那自然会用一个 x_1，x_2，x_3 的线性组合，也就是它们的一个因子。我们也知道一个在三维空间的线性组合，其实就是一个 x_1，x_2，x_3 组成的向量。但是如何找这个线性组合（向量）呢？直觉告诉我们，最合理的就是浅灰色这个贯穿所有数据中间的向量。如果我现在让你再加一个因子的话，第二个线性组合（向量）应该就是深灰色的，贯穿所有数据中间，但是垂直于第一个因子的向量。但是，大家有没有注意到，整个方差协方差矩阵（也就是这个鸡蛋）旋转的时候，唯一一个不会改变方向的向量，也正是这两个深灰色与浅灰色的向量（轴）？同时，如果要尽可能代表这个数据，我们会把这两个向量"拉长"，使它们可以覆盖所有的数据。用数学的语言来说，这些线性的组合（因子）就是这个方差协方差矩阵的"特征向量"。而我们要伸延它们的程度，也就是它们的"特征值"了。

数学上的推导告诉我们，任何一个矩阵其实都可以拆成由它的"特征值"和"特征矩阵"组成的总和。对于任何一个 $(k \times k)$ 的矩阵：

$$A = \lambda_1 e_1 e_1' + \lambda_2 e_2 e_2' + \cdots + \lambda_k e_k e_k' \qquad \text{如果 } e_k e_k' = 1$$
$$(k \times k) \quad (k \times 1)(1 \times k)$$

虽然有很多不同的计算方法来帮助我们计算矩阵的特征值和特征矩阵。但是，当变量数目越来越大时，方差协方差矩阵也越来越大。寻找"特征值"和"特征矩阵"就越来越复杂了。现在一般都是用电脑模拟的方法来寻找矩阵的特征值和特征矩阵。

下面用一个简单的数据来演算一下。假设我们有 4 个变量：x_1, x_2, x_3, x_4。以下是我们的数据：

x_1	x_2	x_3	x_4
2	3	2	2
3	4	4	5
3	2	2	4
2	3	2	2
1	2	3	3
5	5	3	3
3	3	2	2
3	2	3	3
3	3	2	2
4	4	2	2

我们计算数据的方差协方差矩阵：

	x_1	x_2	x_3	x_4
x_1	1.211 1	0.788 9	0.055 6	0.088 9
x_2	0.788 9	0.988 9	0.166 7	0.022 2
x_3	0.055 6	0.166 7	0.500 0	0.555 6
x_4	0.088 9	0.022 2	0.555 6	1.066 7

然后，我们找计算程序计算这个矩阵的特征值和特征向量（这样的程序在网上很容易找到）。因为

方差协方差矩阵是四维的(有 4 个变量),我们知道应该有 4 个特征值和它们对应的特征向量。计算结果如下:

$$\alpha_1 = 1.942\ 2 \qquad e_1 = [\ 0.723\ 4 \quad 0.634\ 8 \quad 0.179\ 7 \quad 0.203\ 6\ ]$$
$$\alpha_2 = 1.366\ 0 \qquad e_2 = [\ -0.207\ 0 \quad -0.168\ 7 \quad 0.487\ 6 \quad 0.831\ 2\ ]$$
$$\alpha_3 = 0.351\ 9 \qquad e_3 = [\ 0.605\ 5 \quad -0.659\ 8 \quad -0.376\ 3 \quad 0.237\ 7\ ]$$
$$\alpha_4 = 0.106\ 6 \qquad e_4 = [\ -0.259\ 2 \quad 0.365\ 1 \quad -0.767\ 1 \quad 0.459\ 5\ ]$$

根据主成分法,因子的载荷就是特征值的平方根乘以特征向量的值。例如,第二个变量(x_2)在第一个因子的载荷(λ_{12}),即

$$l_{12} = e_{12}\sqrt{\alpha_1} = (0.634\ 8)\sqrt{1.942\ 2} = 0.884\ 7 \quad (见下表原始载荷因子 1, x_2 项)$$

同样的

$$l_{34} = e_{34}\sqrt{\alpha_3} = (0.237\ 7)\sqrt{0.351\ 9} = 0.141\ 0 \quad (见下表原始载荷因子 3, x_4 项)$$

但是读者会看到,我们把这个因子载荷称为"原始载荷"。因为我们谈过,主成分法的要求是,每一个因子载荷的平方和要等于 1 ($\lambda'_i \lambda_i = 1$)。我们发现现在这个原始载荷不符合这个条件。例如,因子 1 的平方和是 1.211 1,因子 2 的平方和是 0.988 9。所以我们要做一个小小的转换,使因子载荷符合这个条件。转换的方法为

$$\lambda_{jk} = \sqrt{\frac{l_{jk}}{\sum\limits_k l_{jk}^2}}$$

经过转换后,符合"$\lambda'_i \lambda_i = 1$"的因子载荷就是我们真正的载荷,在下表中称为"调节载荷"。

$$\ell_{23} = \sqrt{l_{23}^2 / \sum(\ell_{2k})^2} = \sqrt{(0.569\ 9^2)/0.500\ 0} = 0.805\ 9$$

α	χ_1	χ_2	χ_3	χ_4
1.942 2	0.723 4	0.634 8	0.179 7	0.203 6
1.366 0	−0.207 0	−0.168 7	0.487 6	0.831 2
0.351 9	0.605 5	−0.659 8	−0.376 3	0.237 7
0.106 6	−0.259 2	0.365 1	−0.767 1	0.459 5
原始载荷	ℓ_1	ℓ_2	ℓ_3	ℓ_4
因子 1	1.008 2	0.884 7	0.250 4	0.283 7
因子 2	−0.241 9	−0.197 2	0.569 9	0.971 5
因子 3	0.359 2	−0.391 4	−0.223 2	0.141 0
因子 4	−0.084 6	0.119 2	−0.250 5	0.150 0
$\sum(\ell_k)^2$	1.211 1	0.988 9	0.500 0	1.066 7
调节载荷	ℓ_1	ℓ_2	ℓ_3	ℓ_4
因子 1	0.916 1	0.889 6	0.354 2	0.274 7
因子 2	−0.219 8	−0.198 3	0.805 9	0.940 6
因子 3	0.326 4	−0.393 6	−0.315 7	0.136 5
因子 4	−0.076 9	0.119 9	−0.354 2	0.145 3

明白了因子载荷的计算方法后,我们来看看因子解释能力的问题。

①我们上面讲过,一个因子的特征值,其实就是这个因子的方差。我们知道 4 个变量的方差,分别是 1.211 1, 0.988 9, 0.500 0 和 1.0667,它们的总方差和 3.766 7。而 4 个抽取出来的因子的特征值分别是 1.942 2, 1.366 0, 0.351 9 和 0.106 6。因子的特征值的总和也是 3.7667。为什么呢? 因为只

有 4 个变量,如果我们用 4 个因子,就能完全解释变量的所有方差了。为什么"因子的方差"就是"能解释变量的方差"呢? 因为这是我们抽取因子时所用的标准。因子是根据"能解释变量的方差"的能力来选取的。

②虽然因子的总方差等于变量的总方差。但是它们代表变量的能力是不一样的。主成分法的特点是第一因子解释变量方差的能力最高。从下表中看到,第一因子的方差是 1.942 2,除以变量的总方差 3.766 7,代表第一因子解释了所有变量的总方差的 51.56%。同样的,第二因子解释了 35.27%,第三因子解释了 9.34%,第四因子解释了 2.83%。故这里我们也看见第三因子和第四因子是相对没用的了。其实它们的特征值也是小于 1 的。

③下表可见我们的特征向量是标准化的,故 $\sum e_k^2 = 1$。

$$\sum (e_k^2) = e_{21}^2 + e_{22}^2 + e_{23}^2 + e_{24}^2 = (-0.207\,0)^2 + (0.168\,7^2) + (0.487\,6)^2 + (0.831\,2)^2 = 1$$

F_3 的总方差

特征值(α)	e_1	e_2	e_3	e_4	$\sum (e_k)^2$
1.942 2	0.723 4	0.634 8	0.179 7	0.203 6	1.0
1.366 0	−0.207 0	−0.168 7	0.487 6	0.831 2	1.0
0.351 9	0.605 5	−0.659 8	−0.376 3	0.237 7	1.0
0.106 6	−0.259 2	0.365 1	−0.767 1	0.459 5	1.0
$\sum$ = 3.766 7					
	x_1	x_2	x_3	x_4	Total
方差	1.211 1	0.988 9	0.500 0	1.066 7	3.766 7
	F_1	F_2	F_3	F_4	
特征值	1.942 2	1.366 0	0.351 9	0.106 6	3.766 7
方差解释%	51.56%	36.27%	9.34%	2.83%	100%

$\dfrac{1.942\,2}{3.766\,7} = 51.56\%$

4 个变量的总方差和 = 4 个因子的总方差(特征值)

明白了因子载荷和因子的解释能力后,我们最后谈一谈载荷旋转的问题。在超过两个维度(变量)的情形下,载荷旋转是不容易了解的。因此,我们就用一个最简单的例子来说明两个变量下因子的旋转。假设我们有以下的数据:

x_1	3	2	1	4	2	4	3	1	5	2
x_2	2	2	3	5	5	5	4	2	3	3

x_1 与 x_2 的相关矩阵是:

	x_1	x_2
x_1	1.0	0.407
x_2	0.407	1.0

主成分分析的结果是,找到的两个特征值是 1.407 和 0.593。对应的因子载荷是:

	F_1	F_2
x_1	0.839	0.544
x_2	0.544	0.839

在图 10.20 中,原来的 x_1 与 x_2 的载荷使得 F_1 与 F_2 很难分别。因为 x_1 与 x_2 在 F_1 与 F_2 都很大。现在我们要把上面的载荷旋转。旋转的条件就是结果的载荷方差是最大的。在二维平面上,我们可以用以下的矩阵作旋转之用:

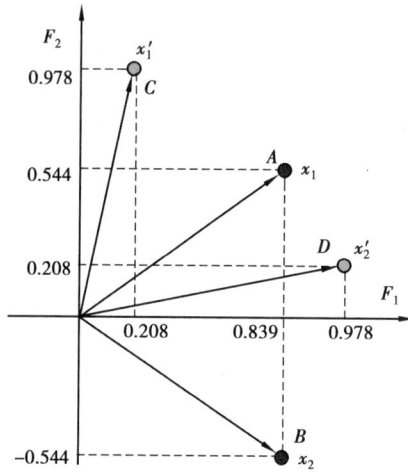

图 10.20

顺时针旋转 $\begin{bmatrix} \cos\phi & \sin\phi \\ -\sin\phi & \cos\phi \end{bmatrix}$

逆时针旋转 $\begin{bmatrix} \cos\phi & -\sin\phi \\ \sin\phi & \cos\phi \end{bmatrix}$

最大方差旋转法 VARIMAX 的条件为

$$\text{最大化} \sum_{j=1}^{2} (j^{th} \text{因子的载荷})^2$$

结果发现大概逆时针旋转 45° 就能达到这个条件,即

$$\begin{bmatrix} 0.839 & 0.544 \\ 0.544 & 0.839 \end{bmatrix} \begin{bmatrix} \cos\pi/2 & -\sin\pi/2 \\ \sin\pi/2 & \cos\pi/2 \end{bmatrix} = \begin{bmatrix} 0.208 & 0.978 \\ 0.978 & 0.208 \end{bmatrix}$$

因此,我们把 A,B 的两个箭头锁住(它们代表了没有旋转前的 x_1 与 x_2),逆时针旋转 45°,得到了 C,D 的两个箭头锁住(它们代表了经过旋转后的 x_1 与 x_2)。

经过旋转后,C,D 两个点就很好理解了。F_1 代表 x_2,F_2 代表 x_1。

第11章   结构方程建模

丢丢学过了如何用因子分析评价构念测量的信度效度，以及回归分析和统计假设验证后，他知道自己已经可以开始做一点简单的研究了。

他继续思考自己关于 GDP 与幸福感的研究，他发现可能自己当初想象得太简单了，经过仔细思考和文献分析后，他发现至少有这样几个机制解释 GDP 对人们的影响，GDP可能提高了商品的丰富程度和人们的平均收入，在这个方面可能提高了物质满足感，但是在 GDP 提高的同时，牺牲了自然环境和资源，让人们变得忙碌而忽视了亲情友情的联系，增加了生活压力，找不到生活的方向……这些方面又降低了人们的生活意义感。看来要用几个不同方面的构念才能反映出人们生活的感受。这里，丢丢想到了至少有物质满足感和生活意义感两个构念。可是丢丢以前只会使用回归的方法检验几个自变量对一个因变量的影响，现在他想检验一个自变量通过几个不同的路径对两个因变量产生影响，这样复杂的模型要如何检验呀。

丢丢把自己的困惑给李老师说了。

李老师似乎早就猜到了丢丢会遇到这样的问题。笑着回答道："丢丢，这个问题不难解决。"

丢丢："可是我从来没有见过如何在一个回归方程中放进多个因变量啊……"

李老师："如果我们联立多个回归方程，不是就可以估计多个因变量了吗？中学时学习的多元方程组就是这个原理。现在我们用类似的方法来估计模型中的参数，这个方法称为结构方程模型。"

丢丢："结构方程模型。听起来好高深啊……"

李老师："等我给你讲完原理以后，你就会觉得一点都不难了。很高兴你每一次都是因为解决一个问题想要去学习新的东西。这些研究方法都只是工具而已，是为我们的问题服务的。有一天也许你发现你的研究问题没有合适的工具来解决，那你就可以自己创新一个方法，目的只有一个，解决你的研究问题。"

丢丢："明白了，李老师，我不会让自己变成方法的奴隶的。既然结构方程模型不难，我现在就向您学，好吗？"

※※※※※※※※※※※※※※※※※※※

11.1　问题的出现

例子一　在研究的过程中,我们往往会接触一些很复杂的关系,是一般的回归分析和多元回归分析不能解决的。例如,我们研究的问题可能是:什么因素会导致员工做出工作以外的额外对企业有益的行为(组织公民行为,OCB,如帮助同事、鼓励同事等)?我们建立的理论模型可能是基于"认同理论(identification theory)",员工一定要对企业、主管和同事认同,才会有公民行为。因此,员工觉得自己所在的企业是一家很棒的企业(企业认同),觉得自己能以身为现在的主管的下属为荣(主管认同),以及觉得自己跟现有的同事非常合拍(同事认同)就是公民行为的三大前因。该模型图示如下:

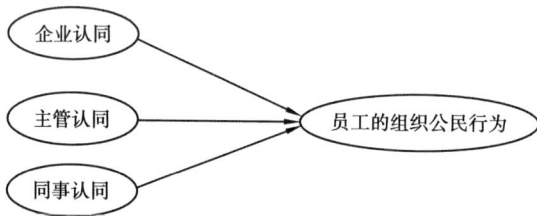

图 11.1

显然回归分析就是这个模型的一个很自然的分析工具。数学上我们把以上的关系写为

$$公民行为 = \beta_1 企业认同 + \beta_2 主管认同 + \beta_3 同事认同 + \varepsilon$$

[注意:假设所有变量都是标准化,方差为 1.0。]

如果模型较复杂一点,同时考虑认同对份内表现(in-role performance)和公民行为(OCB)的影响。那么,我们的模型就变成图 11.2 这样:

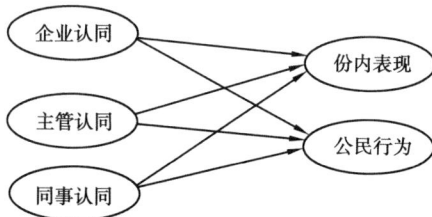

图 11.2

在这个模型里,因为有两个因变量不可以用简单的多元回归分析,需要转为多变量回归分析(multivariate regression)。数学上把以上的关系写为

$$\begin{cases} 份内表现 = \beta_1 企业认同 + \beta_2 主管认同 + \beta_3 同事认同 + \varepsilon_1 \\ 公民行为 = \beta_4 企业认同 + \beta_5 主管认同 + \beta_6 同事认同 + \varepsilon_2 \end{cases}$$

[注意:多变量回归分析(multivariate regression)与多元回归分析(multiple regression)不同。前者牵涉在回归过程"同时估计多个因变量"。后者只是"有多个自变量,因变量还是一个"的回归分析。本书回归分析一章没有介绍多变量回归分析,原因有二:比较复杂,在管理研究中出现的机会不太多。]

　　但是,如果模型更复杂一点,包含了公民行为的多阶段前因,一般的回归分析就不能解决问题了。例如,不同类型的认同可能会在不同的阶段影响公民行为。员工首先要对企业产生认同。然后,对企业的认同会影响员工对主管和同事的认同。最后,3 种不同的认同会同时影响员工的公民行为。这个模型图示如图 11.3 所示。

　　这个模型牵涉了 3 个不同的因变量(公民行为、主管认同和同事认同),如果用数学公式表现,应该有 3 个回归分析,即

$$主管认同 = \beta_1 企业认同 + \varepsilon_1$$
$$同事认同 = \beta_2 企业认同 + \varepsilon_2$$
$$公民行为 = \beta_3 企业认同 + \beta_4 主管认同 + \beta_5 同事认同 + \varepsilon_3$$

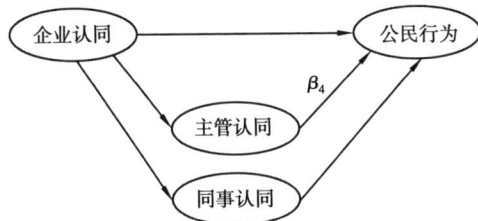

图 11.3

　　以上 3 条回归分析的参数本来可以分开 3 次来估计,但是这样却达不到我们模型中3 个公式是同时进行的假设。因为"企业认同"除了自己对"公民行为"有直接影响外,还会通过"主管认同"和"同事认同"来影响它。因此,一个好的估计方法是把 3 个公式的所有参数同时估计出来。"结构方程建模"就是一个帮助我们达成这个目的的工具。上面的 3 条方程反映了构念之间的关系,所以它们是有"结构"的"方程"。因为我们是用它们来建立我们的模型的,故称为"建模"。这就是"结构方程建模"这个词的意思。

　　例子二　另外一个"结构方程建模"常用的情形就是:检验看不见的构念与看得见的测量项目之间的关系。例如,我们可能用两个项目来测量"主管认同"(称为 x_1 和 x_2),另外两个项目来测量"同事认同"(称为 x_3 和 x_4)。为了方便起见,我们将"主管认同"称为ξ_1,将"同事认同"称为 ξ_2,而这两个看不见的构念的相关是 ϕ_{12}(ξ 这个希腊字母读音是 ksi,ϕ 的读音是 phi)。在问卷中,这 4 个项目分别为:

构　念	测量项目	评　分
主管认同	1. 我以能够在这主管工作为荣	1　2　3　4　5
	2. 我常常在别人面前提到我主管的好处	1　2　3　4　5
同事认同	3. 我的同事都是很棒的人	1　2　3　4　5
	4. 我常常以我的同事为荣	1　2　3　4　5

　　如果用同属测量模型(congeneric measurement model)来表示两个构念与它们的测量项目之间的关系,它们关系的图示和数学的公式如下:

$$x_1 = \lambda_{11} 主管认同 + \varepsilon_1$$
$$x_2 = \lambda_{21} 主管认同 + \varepsilon_2$$

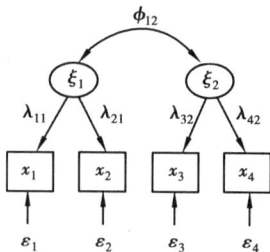

图 11.4

$$x_3 = \lambda_{32} 同事认同 + \varepsilon_3$$

$$x_4 = \lambda_{42} 同事认同 + \varepsilon_4$$

以上 4 个公式本来可以分开 4 次来估计,但是一个更好的估计方法是把当中所有的参数($\lambda_{11}, \lambda_{21}, \lambda_{32}, \lambda_{42}, \sigma_{\varepsilon_1}^2, \sigma_{\varepsilon_2}^2, \sigma_{\varepsilon_3}^2, \sigma_{\varepsilon_4}^2, \phi_{12}$)同时估计出来。而"结构方程建模"就是一个帮助我们达成这个目的的工具。

11.2　探索性因子分析和验证性因子分析

例子二中讲的测量模型正确的名称为"验证性因子分析"。验证性因子分析其实是结构方程建模其中一种模型,我们也称为测量模型(也就是表现看不见的构念和看得见的测量项目的关系的一种模型)。在阐明什么称为"验证性的因子分析"的时候,把它和"探索性因子分析"一同比较可能更容易理解。让我们还是用"主管认同"和"同事认同"的 4 个项目作为例子。

构　念	测量项目	评　分
主管认同	1. 我以能够在这主管工作为荣	1　2　3　4　5
	2. 我常常在别人面前提到我主管的好处	1　2　3　4　5
同事认同	3. 我的同事都是很棒的人	1　2　3　4　5
	4. 我常常以我的同事为荣	1　2　3　4　5

我们在上几章中谈过所谓的"因子",其实是一组变量的一个线性组合。所以 $x_1, x_2,$ x_3 和 x_4 这 4 个变量两个因子 ξ_1(代表主管认同)和 ξ_2(代表同事认同)可能为

$$\xi_1 = w_{11}x_1 + w_{21}x_2 + w_{31}x_3 + w_{41}x_4$$

$$\xi_2 = w_{12}x_1 + w_{22}x_2 + w_{32}x_3 + w_{42}x_4$$

在因子分析的一章中已经谈过了,变量也可以写成由因子组成的一个线性函数。故我们可写为(称为方程组 A)

$$x_1 = \lambda_{11}\xi_1 + \lambda_{12}\xi_2 + \varepsilon_1$$

$$x_2 = \lambda_{21}\xi_1 + \lambda_{22}\xi_2 + \varepsilon_2 \quad (\lambda_{jk}是变量 j 在因子 k 的因子的载荷)$$

$$x_3 = \lambda_{31}\xi_1 + \lambda_{32}\xi_2 + \varepsilon_3$$

$$x_4 = \lambda_{41}\xi_1 + \lambda_{42}\xi_2 + \varepsilon_4$$

在因子分析的一章中已经解释过,为什么因子写成变量的方程中是没有误差的。因为因子的"定义",就是变量的一个线性组合。这就等于建立一个新的变量 y,把 y 定义成为 $y = x + 5$ 一样,没有加上误差项的必要。但是,当变量(x)写成因子(ξ)的函数时,因为只用了两个因子来代表 4 个变量,其中有信息减少了,两个因子是没有能力完全代表 4 个变量的,当中一定存在误差,所以就有加上误差项(ε)的必要。在这里假设误差项是正态分布的,均值为 0,方差为 σ_ε^2,故

$$\varepsilon \sim N(0, \sigma_\varepsilon^2)$$

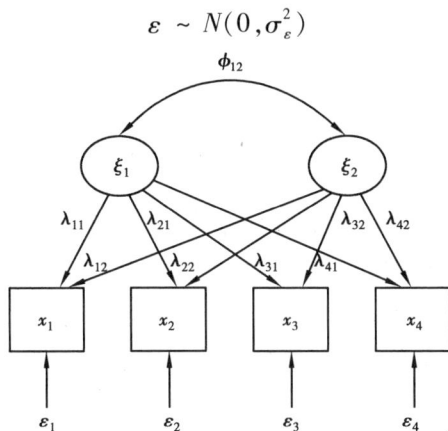

图 11.5

这个方程组 A 可以用图 11.5 来表示:

我们将方程组 A 称为"探索性因子分析(Exploratory Factor Analysis, EFA)"。因为在方程组 A 里,我们模拟项目变量和它们背后的构念的时候没有预设"哪个项目对应哪个构念"的关系。所以 4 个项目变量 x_1, x_2, x_3 和 x_4 在两个因子(ξ_1 和 ξ_2)上都有载荷(factor loading)。我们首先进行了因子分析,把载荷估计出来,然后基于载荷(λ_{11}, λ_{21}, λ_{31}, λ_{41}, λ_{12}, λ_{22}, λ_{32}, λ_{42})来"探索"项目(x_1, x_2, x_3 和 x_4)和它们背后所代表的构念(ξ_1 和 ξ_2)的关系。我们的期望是 λ_{31}, λ_{41}, λ_{12}, λ_{22} 都很小。这代表了项目 x_1 和 x_2 真的是在测量同一个构念,而 x_3 和 x_4 也真的是在测量另外一个构念。

相对来讲,还可用另外一种方法来模拟项目变量和它们背后的构念关系。因为项目 x_1 和 x_2 都是用来测量"主管认同"的,而项目 x_3 和 x_4 是用来测量"同事认同"的,所以第一个因子(ξ_1)应该是"主管认同"。它主要是反映了 x_1 和 x_2,λ_{21} 和 λ_{22} 应该很小,差不多等于 0。同样,第二个因子(ξ_2)应该是"同事认同"。它主要是反映了 x_3 和 x_4,λ_{31} 和 λ_{41} 应该差不多等于 0。因此,上面一组方程可以简化为(称方程组 B)

$$x_1 = \lambda_{11}\xi_1 + \varepsilon_1$$
$$x_2 = \lambda_{21}\xi_1 + \varepsilon_2$$
$$x_3 = \lambda_{32}\xi_2 + \varepsilon_3$$
$$x_4 = \lambda_{42}\xi_2 + \varepsilon_4$$

这个方程组 B 可以用图 11.6 来表示:

我们将方程组 B 称为"验证性因子分析(Confirmatory Factor Analysis, CFA)"。因为在方程组 B 中,我们清楚地模拟项目变量和它们背后的构念的"项目与对应构念"间的关

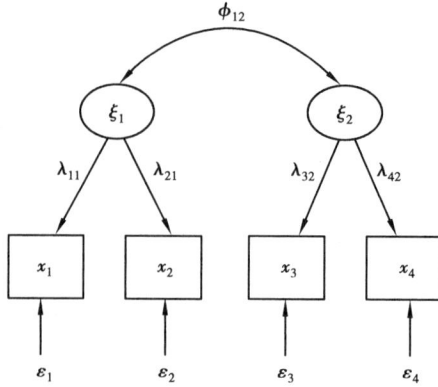

ϕ_{12}

图 11.6

系。所以 x_1 和 x_2 只会在 ξ_1 上有载荷;同样,x_3 和 x_4 只会在 ξ_2 上有载荷。在进行因子分析参数估计的时候已经描述了构念和项目参数的理论关系。现在,我们只是要"检验"这个理论关系和数据是否吻合而已。

验证性因子分析与探索性因子分析最大的分别是验证性因子分析不允许交叉载荷(no cross loading)。自然验证性因子分析也和探索性因子分析一样,不允许两个随机误差(ε_j 和 ε_k)之间有任何的相关(no correlated errors),如图 11.7。

$$x_1 = \lambda_{11}\xi_1 + \varepsilon_1$$
$$x_2 = \lambda_{21}\xi_1 + \varepsilon_2$$
$$x_3 = \lambda_{32}\xi_2 + \varepsilon_3$$
$$x_4 = \lambda_{42}\xi_2 + \varepsilon_4$$

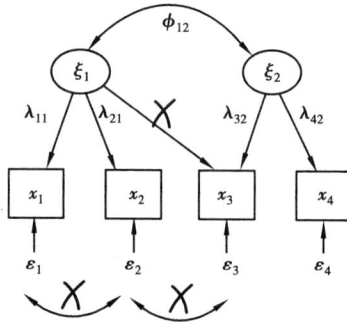

图 11.7

不允许交叉载荷的意思是:测量一个构念的项目变量是不允许在其他构念上有载荷的。例如,在验证性因子分析中,我们的目的是验证 x_1 和 x_2 确实在测量 ξ_1;x_3 和 x_4 确实在测量 ξ_2。因为 x_3 是用来测量构念 ξ_2 的项目变量,而 λ_{31} 是该项目变量在构念 ξ_1 的载荷,所以是不允许的。不然的话,x_3 这个项目就是在同时测量 ξ_1 和 ξ_2,那就不是一个纯正的测量项了。

同时,随机误差 ε_1 和 ε_2 或者是 ε_2 和 ε_4 也不允许有任何的相关。为什么 ε_1 和 ε_2 不可以有任何相关呢? 因为在这个验证性因子分析中,影响 x_1 和 x_2 的只有 ξ_1 一个构念。

剩下的就是 ε_1 和 ε_2 两个随机的变量。换句话说，x_1 和 x_2 所有的相关都是源于 ξ_1。因此，在 x_1 和 x_2 的方差中，不能由 ξ_1 解释的方差部分必然是随机的误差。但是读者可以想一下，如果 ε_1 和 ε_2 相关，就代表除了 ξ_1 以外，还有一些不明（不在我们的模型中）的构念在同时影响 x_1 和 x_2。正因为这个原因，ξ_1 才没有能力解释 x_1 和 x_2 的所有系统的相关。因此，允许 ε_1 和 ε_2 两个随机项相关，就代表这个测量模型有问题。x_1 和 x_2 不只是测量 ξ_1 这个构念。

为什么 ε_2 和 ε_3 不可以有任何相关呢？其实原因也是一样。根据我们的模型，x_2 和 x_3 一点关系都没有。如果它们有关系的话，只是因为 x_2 在测量 ξ_1，x_3 在测量 ξ_2，而 ξ_1 和 ξ_2 相关（ϕ_{12}）。与上面的道理相同，如果 ε_2 和 ε_3 相关的话，就代表"x_2 只是在测量 ξ_1；x_3 不只是在测量 ξ_2"这样一个测量模型是不对的。因为应该存在着一个不明（不在我们的模型中）的构念在同时影响 x_1 和 x_2。这两种关系用图 11.8 来表示：

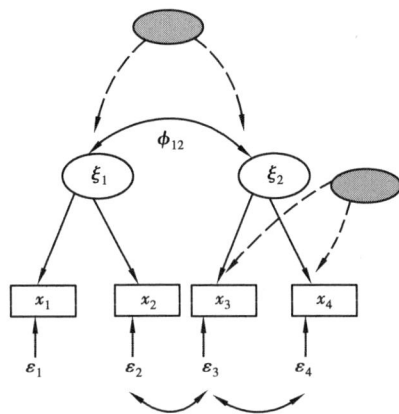

图 11.8

11.3 测量模型（Measurement Model）与结构模型（Structural Model）

现在让我们回到原来的例子。

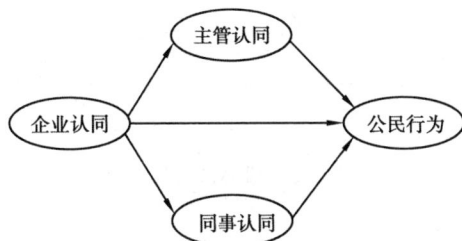

图 11.9

我们已经谈过,图 11.3（与图 11.9 是相同的）对应的是以下的 3 个回归分析：

$$主管认同 = \beta_1 \text{企业认同} + \varepsilon_1$$
$$同事认同 = \beta_2 \text{企业认同} + \varepsilon_2$$
$$公民行为 = \beta_3 \text{企业认同} + \beta_4 \text{主管认同} + \beta_5 \text{同事认同} + \varepsilon_3$$

这一组回归分析中的参数是可以估计出来的。这个分析在统计上称为"路径分析（Path Analysis）"，也可称为结构方程建模中的"结构模型（Structural Model）"。可是如前所述，其实我们测量"主管认同""同事认同""企业认同"和"公民行为"时，它们各自都有一个"测量模型（Measurement Model）"。为了简化讨论起见，我们假设每一个构念都由两个测量项目来测量。因此，这4个构念的测量模型如图11.10所示。

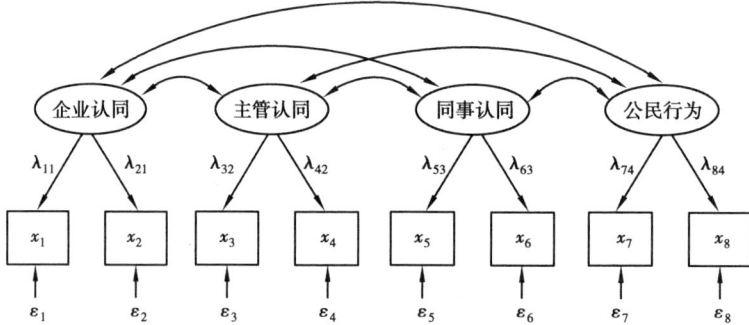

图 11.10

在图11.10中，我们是用的一个验证性因子分析的模型。我们可以看到三点：

① 几个构念的测量项目没有交叉载荷。

② 它们的随机误差也没有任何相关。

③ 4个构念上面的6个弧形的双箭头代表这4个构念是互相相关的。

在结构方程建模的术语中，箭头是前因后果关系的表达。箭头的尾巴是前因，箭头的头是后果。因此，$X \to Y$ 在"结构方程建模"里代表了 X 是前因，Y 是后果。而"弧形的双箭头"则是代表我们不知道哪一个是因，哪一个是果，我们知道的只是他们相关而已。

把"结构模型（Structural Model）"和"测量模型（Measurement Model）"加起来就是整个"结构方程模型（Structural Equation Model）"。

它包括了一个"结构模型（Structural Model）"，如图11.11所示。

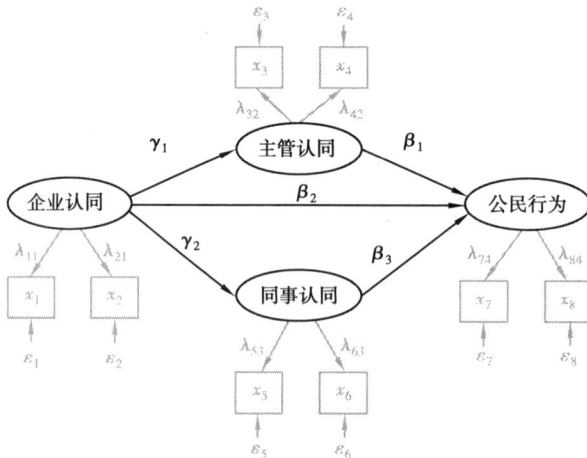

图 11.11

和一个"测量模型(Measurement Model)",如图 11.12 所示。

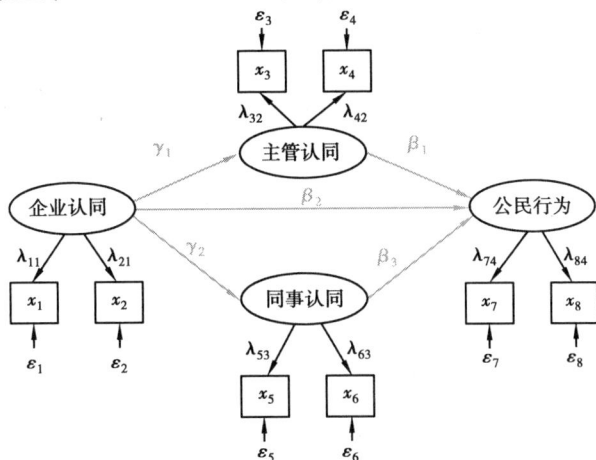

图 11.12

11.4　结构方程建模的基本知识

11.4.1　一些"结构方程建模"的词汇

在"结构方程"中,有一些特有的名词和符号让不熟悉的学习者望而却步。为了方便以后的沟通,我们首先解释以下用词:

①一般的结构方程模型都是从左到右来读的。例如,上面的模型里是"主管认同"和"同事认同"影响"公民行为",因此,"主管认同"和"同事认同"都会在"公民行为"的左手边。我们很少会反过来,从右到左写的。

②上面已经谈过了,结构方程模型中的因果(或是自变量与因变量)关系是用箭头来表示的。箭尾是因,箭头是果。因此,在图 11.11 中是"企业认同"影响"主管认同"和"同事认同"。

③看不见的构念在结构方程模型中是用圆圈来表示的,它们对应的可见测量项目用方格来表现。因此,"企业认同"是不可见的构念,而 x_1 和 x_2 是用来代表"企业认同"的测量项目。

④结构方程模型中的测量模型是 $x_k = \lambda_k \xi + \varepsilon_k$,因为测量项目 x_k 是构念 ξ 的具体反映和表现,因此,构念是因,测量项目是果。箭头是从构念指向项目的。同样,测量项目也受随机误差影响,因此,箭头是从误差(ε_k)指向项目(x_k)的。

⑤凡是一个"结构方程模型"里没有解释它的前因的关系的变量就称为"外因性变量"或称"外生变量(exogenous variables)"。一般来说,模型中在最左面的变量就是外因性变量。这里"企业认同"就是"外因性变量"。

⑥除了外因性变量外,其他的变量都称为内因性变量或称"内生变量(endogenous variables)"。这里"主管认同""同事认同""公民行为"就是"内生变量"。"内因性变量"的前因应该包含在结构方程中。例如,在我们的模型中,主管认同只有一个原因,就是企

业认同。公民行为有 3 个原因,分别是企业认同、主管认同和同事认同。因为主管认同和公民行为的前因我们在模型中已经包含了,所以主管认同和公民行为,在上面的模型中都是内生变量。

⑦一般外生变量对内生变量的影响都用 γ(希腊字母 gamma)来表示;一个内生变量对另外一个内生变量的影响都用 β(希腊字母 beta)来表示。一般外生变量的构念都用 ξ(希腊字母 ksi)来表示;内生变量的构念都用 η(希腊字母 eta)来表示。

11.4.2 "结构方程建模"的估计方法

一般"结构方程建模"的参数估计用的是模拟估计(computer simulation)。一个特定的"结构方程"里,变量之间有一定的关系。故变量之间的"方差-协方差矩阵"(或称"变异-共变异矩阵(variance-covariance matrix)"(以下简称"方差矩阵")也应该有一定的特色。举例来说,如果有 3 个变量 A,B 和 C,而它们的关系是 $A \rightarrow B \rightarrow C$ 的话,A 与 C 的相关系数(r_{AC})一定会小于 A 与 B 的相关系数(r_{AB})和 B 与 C 的相关系数(r_{BC})。因为 r_{AC} 在数学上应该等于 $r_{AB} r_{BC}$,而 r_{AB} 与 r_{BC} 都小于 1。如果我们的观察数据是 r_{AC} 比 r_{AB} 与 r_{BC} 都大的话,$A \rightarrow B \rightarrow C$ 这个模型就与我们的数据不吻合了。因此,当我们定下"结构方程模型"后,我们就可以模拟模型中的参数,并根据模型计算理论上应得的"方差矩阵"。把这个根据参数估计模拟算出来的理论"方差矩阵"与真实观察的"方差矩阵"比较,就知道估计参数是否可以接受。模拟的程序会一直改变估计的参数,一直到估计的"方差矩阵"与真实的"方差矩阵"最接近为止。这时得到的参数就是最后的参数估计。

看到这里,读者大概会问为什么我们在谈调查研究的数据时,常常强调变量间的方差与协方差。难道一组数据中,只有变量间的方差与协方差才是重要的吗? 其他的统计量,如均值、中位数等就不重要吗? 难道变量的方差与协方差就可以代表整组数据的关键吗? 当然不是! 我们在使用回归分析、因子分析、结构方程等工具时,常常都强调变量间的方差与协方差,我猜有两个原因:

①因为管理研究中,在我们建立理论模型时,往往是什么变量影响什么变量;或者是一个变量的改变如何受另外一个变量影响。在这种情形下,相关系数(或者是用来计算相关系数的方差与协方差)就成了问题的中心。其实,结构方程建模可以用于均值的估计,只是在管理学的研究中不常见而已。

②管理研究常常用的是李克特式量表(1,2,3,4,5 五点,从非常同意到非常不同意)。这些量表的均值本身就没有绝对的意思。例如,员工的满意度是 3.45,那是什么意思呢? 是高还是低呢? 这个不好说。我们更有兴趣的是,满意度受什么因素影响。因此,方差与协方差(或是相关系数)就成为我们关注的焦点了。

现在言归正传,让我们用例子一的简化模型来显示这个"结构方程建模"估计过程的大致情况。图 11.13 是我们的模型:

为了方便起见,让我们用 A,B,C,D 来分别代表"企业认同""主管认同""同事认同"和"公民行为"。首先我们假设观察到的"方差矩阵"如下:

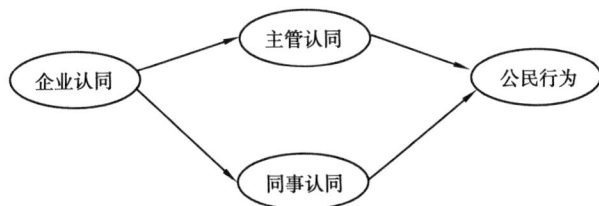

图 11.13

r_{ab}	r_{ac}	r_{bd}	r_{cd}	r_{ad}
0.45	0.36	0.44	0.33	0.21

注:假设所有的变量都是标准化,平均数为 0,方差为 1。

根据以上模型,我们得到结构方程组为

$$B = r_{ab}A + \varepsilon_1$$
$$C = r_{ac}A + \varepsilon_2$$
$$D = r_{bd}B + r_{cd}C + \varepsilon_3$$

把 B 与 C 的方程代入 D 的方程,则

$$
\begin{aligned}
D &= r_{bd}(r_{ab}A + \varepsilon_1) + r_{cd}(r_{ac}A + \varepsilon_2) + \varepsilon_3 \\
&= r_{ab}r_{bd}A + r_{bd}\varepsilon_1 + r_{ac}r_{cd}A + r_{cd}\varepsilon_2 + \varepsilon_3 \\
&= (r_{ab}r_{bd} + r_{ac}r_{cd})A + (r_{bd}\varepsilon_1 + r_{cd}\varepsilon_2 + \varepsilon_3)
\end{aligned}
$$

$$r_{ad} = r_{ab}r_{bd} + r_{ac}r_{cd}$$

根据上式 r_{ab},r_{ac},r_{bd},r_{cd} 都要模拟估计,但是 r_{ad} 就不需要模拟估计,因为我们的结构方程 r_{ad} 和前 4 个相关系数有一个函数的关系,即

$$r_{ad} = r_{ab}r_{bd} + r_{ac}r_{cd}$$

在以下的模拟中,我们首先随意估计 r_{ab},r_{ac},r_{bd},r_{cd}(起始值全是 $r = 0.50$)。r_{ad} 是用函数公式计算出来的。然后我们用估计出来的"方差矩阵"(也就是这 5 个相关系数)与观察到的"方差矩阵"比较,看看估计的"误差"是多少? 为了方便起见,我们用一个简单明白的"误差"公式,即

$$误差 = \sqrt{(\hat{r_{ab}} - r_{ab})^2 + (\hat{r_{ac}} - r_{ac})^2 + (\hat{r_{bc}} - r_{bc})^2 + (\hat{r_{bd}} - r_{bd})^2 + (\hat{r_{ad}} - r_{ad})^2}$$

误差越少,代表用我们的"结构方程模型"估计出来的"方差矩阵"和观察到的"方差矩阵"很像。也就是说,用我们理论假设的"结构方程模型",利用我们模拟估计出来的参数,可以很大程度复制(reproduce)我们观察到的"方差矩阵"。在这个"误差"的公式中,我们把随意估计的 r_{ab},r_{ac},r_{bd},r_{cd} 起始值放在结构方程组估计出来的相关,与我们观察到的相关相减。为了避免正和负的误差抵消,我们计算了差数的平方,然后把所有的误差加起来。

	r_{ab}	r_{ac}	r_{bd}	r_{cd}	r_{ad}	
真实相关	0.45	0.36	0.44	0.33	0.21	
			估计相关			
模拟#	$\hat{r}_{ab}$	$\hat{r}_{ac}$	$\hat{r}_{bd}$	$\hat{r}_{cd}$	$\hat{r}_{ad}$	误差
1	0.50	0.50	0.50	0.50	0.50	0.372 4
2	0.50	0.40	0.50	0.50	0.45	0.306 9
3	0.50	0.30	0.50	0.50	0.40	0.273 3
4	0.50	0.20	0.50	0.50	0.35	0.283 2
5	0.50	0.30	0.40	0.50	0.35	0.237 1
6	0.50	0.30	0.30	0.50	0.30	0.250 4
7	0.50	0.30	0.40	0.40	0.32	0.157 2
8	0.50	0.30	0.40	0.30	0.29	0.122 5
9	0.50	0.30	0.40	0.20	0.26	0.164 6
10	0.40	0.30	0.40	0.30	0.25	0.101 0
11	0.45	0.30	0.40	0.30	0.27	0.098 5
12	0.45	0.35	0.40	0.30	0.29	0.090 7 ←
13	0.45	0.35	0.35	0.30	0.26	0.108 9
14	0.45	0.35	0.40	0.25	0.27	0.106 8
15	0.45	0.35	0.40	0.35	0.30	0.103 2
16	0.45	0.35	0.35	0.35	0.28	0.116 2

在上面的例子中,我们观察到的"方差矩阵"中的 5 个相关系数是 0.45,0.36,0.44,0.33 和 0.21。根据我们的模型,r_{ab},r_{ac},r_{bd},r_{cd} 都要模拟估计,$r_{ad} = r_{ab} r_{bd} + r_{ac} r_{cd}$。因此,我们首先从一组起始值(start value)开始,也就是 $\hat{r}_{ab}$,$\hat{r}_{ac}$,$\hat{r}_{bd}$,$\hat{r}_{cd}$ 都等于 0.50。根据这 4 个相关系数计算出来的 $\hat{r}_{ad}$ 是 0.50。把这 5 个估计的相关与我们观察到的 5 个相关比较,根据误差公式,求出来的误差是 0.372 4。现在我们尝试把 $\hat{r}_{ac}$ 稍微改变一下,从 0.50 改到 0.40(模拟#2),即

$$r_{ad} = r_{ab} r_{bd} + r_{ac} r_{cd}$$
$$= 0.50 \times 0.50 + 0.40 \times 0.50$$
$$= 0.45$$

所以新的一组估计为

$$\hat{r}_{ab} = 0.50 ; \hat{r}_{ac} = 0.40 ; \hat{r}_{bd} = 0.50 ; \hat{r}_{cd} = 0.50 ; \hat{r}_{ad} = 0.45$$

用误差公式为

$$误差 = \sqrt{(\hat{r}_{ab} - r_{ab})^2 + (\hat{r}_{ac} - r_{ac})^2 + (\hat{r}_{bc} - r_{bc})^2 + (\hat{r}_{bd} - r_{bd})^2 + (\hat{r}_{ad} - r_{ad})^2}$$

计算出来的误差是 0.306 9。因为 0.306 9 这个误差比原来的 0.372 4 小,所以我们

的估计方向应该是正确的。我们还可能把$r_{ac}^{\wedge}$从 0.40 再降为 0.30(模拟#3),结果误差进一步降低为 0.273 3。我们再把$r_{ac}^{\wedge}$从 0.30 再降为 0.20(模拟#4),结果误差反而提高为 0.283 2。因此,我们把$r_{ac}^{\wedge}$回升到 0.30,再降$r_{bd}^{\wedge}$从 0.50 再降为 0.40(模拟#5)。电脑程序就是通过类似的一个一个模拟尝试,最后找到一组最接近观察到的"方差矩阵"的r_{ab}, r_{ac}, r_{bd}, r_{cd}, r_{ad}估计。在上面的例子中,这一组估计是在模拟#12 中找到的,最小的结果误差是 0.090 7。

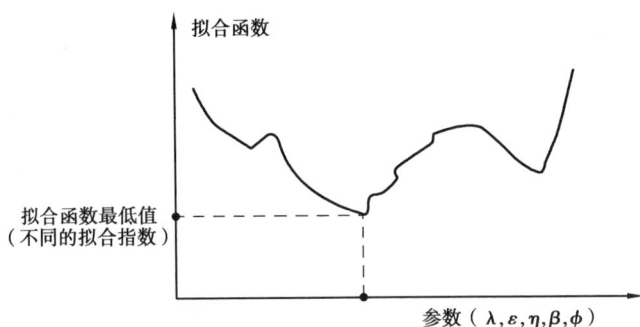

图 11.14

　　实际"结构方程模型"的计算机模拟当然比上面的模拟例子要复杂得多,也准确得多。不过,所用的原理还是和这个例子差不多。模拟会产生一组的参数估计结果。利用估计出来的参数,我们就可以计算出一个估计出来的"方差矩阵"(统计上用$\hat{\Sigma}$来代表)。把这个估计出来的"方差矩阵"与观察到的"方差矩阵"(统计上用Σ来代表)比较,我们就知道估计的"误差"(统计上称为拟合函数(fit function))。这个误差的大小就反映了基于我们观察的"方差矩阵"和我们的"理论结构方程",能否找到一组参数(或者是参数对应的一个估计的方差矩阵,$\hat{\Sigma}$)来复制观察到的方差矩阵(Σ)。因此,"拟合函数"(或误差)的最小值(the minimum value of the fit function)越小,"估计出来的方差矩阵"跟"观察到的方差矩阵"的"模型拟合度"(或称模型契合度、模型拟合度(model fit))就越高。换句话说,我们的"理论结构方程"就越可能是正确的。

　　因此,"模型拟合度"就是验证"结构方程模型"是否正确的最重要指标。在完成"结构方程模型"估计后,我们第一件要看的事就是"模型拟合度"是否很高。如果"拟合度"很低的话,就代表我们的理论模型有问题,需要重新建构新的结构方程模型。但是,读者需要注意一点,"模型拟合度"低,就代表我们的模型应该是错误的(前提是我们的测量误差、抽样误差不高)。但是反过来说,"模型拟合度"高,却不代表模型一定是对的。它只是代表我们"可以找到一组的参数,能较为准确地复制我们观察到的方差-协方差矩阵"而已。既然参数估计值可以让我们复制观察到的方差-协方差矩阵,为什么还说不能"证明"我们的模型是对的呢? 举一个最简单例子,如果我们的模型是图 11.15:

　　为了方便起见,我们假设A,B,C都是标准化的,方差都是 1。因此,它们的协方差就等于它们的相关系数。假设观察的$r_{AB}=0.5$, $r_{AC}=0.3$, $r_{BC}=0.15$。那读者可以看见,我们只要估计$A \to B$的路径是 0.5,$A \to C$的路径是 0.3,那么我们的估计方差-协方差矩阵,就会与观察的完全一致,拟合指数是 1(那就是百分之百准确)。可是,这是不是代表我们的模型完全"正确"呢？那可不一定。其实,我们真正的模型是下面这个才对(图 11.16)。A 与 B 其实不是因果关系,而是同时受一个"不在模型内的"变量的影响。

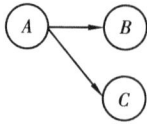
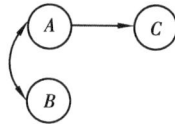

图 11.15   图 11.16

因此,我们的模型是"错误"的。只是它的方差-协方差矩阵,与我们真实的模型刚好一样而已。当然,这是一个极端的例子。我们的目的只是要点出,就算是拟合指数等于 1("估计的方差-协方差"与"观察的方差-协方差"完全吻合),也不代表我们的模型一定是对的。因此,我们可以把拟合指数看成是一个"可能推翻假设的机制"。当拟合指数低时,就表示我们的模型很有可能是错误的。当拟合指数高时,就表示根据我们的数据,没有足够的证据推翻我们的理论模型。

但是事实上,拟合指数是不可能等于 1 的。那什么样的"模型拟合度"才代表模型可以接受呢？我们知道"模型拟合度"是用"拟合函数的最小值"(简称 F)来代表的。一般结构方程模拟程序的第一个指标(fit indices)都是 F 或者是类似的概念。详细讨论拟合函数的数学公式、意义、区别和优劣已经超出了本章的范围。在这里只能介绍一些一般常见的"拟合指标"和它的接受标准。有兴趣详细了解的读者,请看结构方程的其他文献。

①χ^2/df(卡方自由度比)。"结构方程建模"里的卡方(χ^2)就是 $(N-1)F$,也就是"拟合函数的最小值"乘样本大小减 1。一般"卡方自由度比"小于 2 较好,也有学者建议小于 5 也可以接受。

②GFI (Goodness-of-fit Index)要大于 0.9。

③NNFI (Non-Normed Fit Index)或称 TLI (Tucker-Lewis Index)要大于 0.9。

④CFI (Comparative Fit Index)要大于 0.9。

⑤RMSEA (Root Mean Square Error of Approximation)一般建议小于 0.05,也有学者建议小于 0.08 也可以接受。

⑥SRMR (Standardized Root Mean Square Residual)一般建议小于 0.05,也有学者建议小于 0.08 也可以接受。

例子一   以下是"结构方程建模"以流行的 LISREL 软件编写的程序。我们用最简单的验证性因子分析作为第一个例子(图 11.17)。

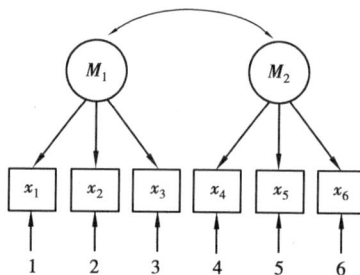

图 11.17

```
Title: Factor Analysis (With Dimensions)
Observed Variables:
  x1 x2 x3 x4 x5 x6
Latent variables:
  M1 M2
Correlation matrix
  1
  .46 1
  .42 .40 1
  .25 .15 .27 1
  .11 .17 .24 .40 1
  .07 .18 .19 .40 .55 1
Sample size: 196
Relationships:
  x1 x2 x3 = M1
  x4 x5 x6 = M2
  End of problem
```

首先,我们有 6 个变量,分别是 x_1, x_2, x_3, x_4, x_5 和 x_6。这 6 个变量的背后有两个因子,分别是 M_1 和 M_2。然后,我们输入的是相关系数矩阵(自然,用方差-协方差矩阵会更好,因为有一些研究说,用相关矩阵来估计可能导致参数的偏差)。样本数是 196。再下去是变量的关系。我们要记住,因果关系在 LISREL 中是从右到左的。因此,M_1 指向 x_1, x_2 和 x_3,M_2 指向 x_4, x_5 和 x_6。这就完成了我们的验证性因子分析的模型。这个程序的结果和它的解说在附录 1 里,让读者参考。

如果我们用另外一个也非常流行的结构方程建模的程序 Mplus,那编程就更简单了。

```
TITLE: Factor Analysis (With Dimensions)
DATA: FILE IS mydata.dat;
VARIABLE: NAMES ARE x1 – x6;
MODEL:M1 BY x1 – x3;
      M2 By x4 – x6;
```

第二句是数据的档案名字,叫 mydata.dat。第三句是变量为 $x1$ 到 $x6$。第四、五句为 x_1, x_2, x_3 背后的因子为 M_1,x_4, x_5 和 x_6 背后的因子为 M_2。

例子二　现在我们再讲一个路径分析的例子。模型是图 11.18:

用 LISREL 软件,变量模型的关系就是:

```
Relationships:
  x1 x2 x3 = M1
  x4 x5 x6 = M2
  x7 x8 x9 = M3
  x10 x11 x12 = M4
  M2 = M1
  M3 = M1
```

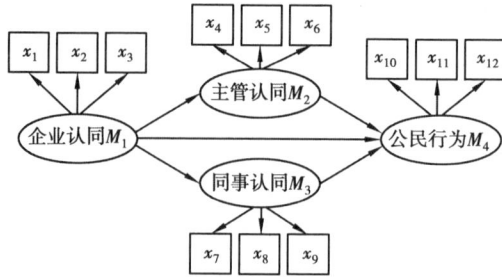

图 11.18

M4 = M1 M2 M3

用 Mplus 软件,变量模型的关系就是:

MODEL:M1 BY x1 - x3;
　　　　M2 BY x4 - x6;
　　　　M3 BY x7 - x9;
　　　　M4 BY x10 - x12;
　　　　M2 ON M1;
　　　　M3 ON M1;
　　　　M4 ON M1 M2 M3;

11.5　关于"结构方程建模"使用上的一些问题

11.5.1　"自由度"和"识别"的问题

人的"不自由度"就是你原来可以做的事情,现在不让你做了。因此,"自由度(degree of freedom)"可以定义为原来你拥有的,减去我不让你拥有的。在"结构方程建模"里,我们原来有的就是变量的"方差-协方差矩阵(variance-covariance matrix)",(简称"方差矩阵")。因此,在"结构方程建模"里,"自由度(degree of freedom)"是"方差"与"协方差"的总数减去要估计的参数的数目。用以下的"验证性因子分析"来说明(图11.19)。

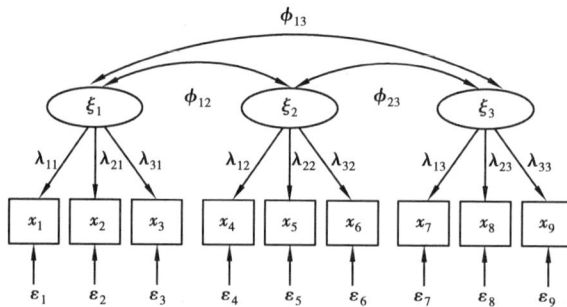

图 11.19

在这个 CFA 里,因为有 9 个观察项目(x_1 到 x_9),所以应该有 36 个协方差加上 9 个方差 $= \dfrac{n(n+1)}{2} = \dfrac{9 \times 10}{2} = 45$ 个"方差-协方差"数值。那在方程建模里要估计多少参数呢?我们要估计 9 个因子权数(λ),9 个随机误差的方差(σ_ε^2),再加上 3 个因子相关(ϕ)(注意:因为因子的方差都定为 1,所以才要估计 9 个因子权数)。一共是 $9 + 9 + 3 = 21$ 参数。因此,这个模型的"自由度"是 $45 - 21 = 24$。

那如果我们的模型变为只有两个潜变量,而每个潜变量只有两个测量项目(图 11.20),自由度会是多少呢?

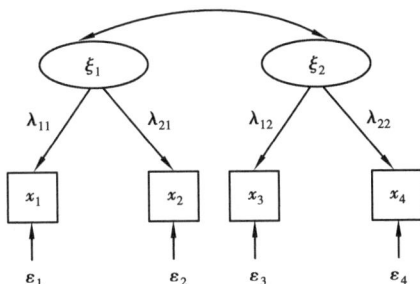

图 11.20

现在我们一共有 4 个项目,即是 $\dfrac{n(n+1)}{2} = \dfrac{4 \times 5}{2} = 10$ 个"方差-协方差"数值。那我们在方程建模里要估计多少参数呢?我们要估计 4 个因子权数(λ),4 个随机误差的方差(σ_ε^2),再加上 1 个因子相关(ϕ),一共是 $4 + 4 + 1 = 9$ 参数。因此,这个模型的"自由度"是 1。

现在,让我们再减少一个测量项目。如果潜变量 2 只有一个测量项目(图 11.21)。

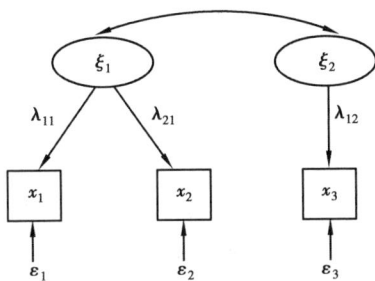

图 11.21

现在我们只剩下 3 个项目,即是 6 个方差-协方差数值。但是我们要估计 3 个因子权数、3 个随机误差的方差、再加上 1 个因子相关,一共是 7 个参数。因此,这个模型的"自由度"是负数。负的自由度代表什么呢?它代表这个"结构方程模型"中已知的信息,即所有的方差数,根本不足够估计出我们要的参数。意思是说,根据这个模型,我们根本不可能估计出一组合理的参数。这样的模型在"结构方程建模"里称为"不可识别的模型"(underidentified model)"。一个"不可识别的模型"是不可能估计一组有意思的参数的。解决"不足确认的模型"的其中一个方法就是多增加测量项目,让我们的"方差矩阵"内的方差、协方差数目增加。

但是读者需要注意,不是所有的"不足确认的模型"都是因为自由度是负数。有时候,就算自由度是正数,一个错误的模型(也就是理论的模型与数据完全不符合)也有可能会不能确认的。

11.5.2 阶层模式、嵌套模型

如果一个"结构方程模型"(模型 A)与另外一个"结构方程模型"(模型 B)是完全相同的,只是其中一个模型中的一些估计参数是不需要估计的(fixed)。那么我们会说,有些参数固定不变的参数模型是"嵌套于""内属于"或"巢套于(nested within)"没有固定参数的模型内。用一个不完全,但是易于理解的例子说明。如果模型一是 $x + y = 5$,模型二是 $x + 3 = 5$。模型一有两个变量,模型二与模型一完全相同,只是 y 不用估计了,我们知道它是 3.0,在这种情形下,我们会说模型二嵌套于模型一之内。又如,如果模型三是 $x + y = 5$,模型四是 $x + y = 5$ 并 $x = y$。模型三有两个变量,模型四也有两个变量,但是我们只需要估计一个(因为 $x = y$)。我们也会说模型四嵌套于模型三之内。

在"结构方程模型"的应用上,假设我们有以下模型(图 11.22)。

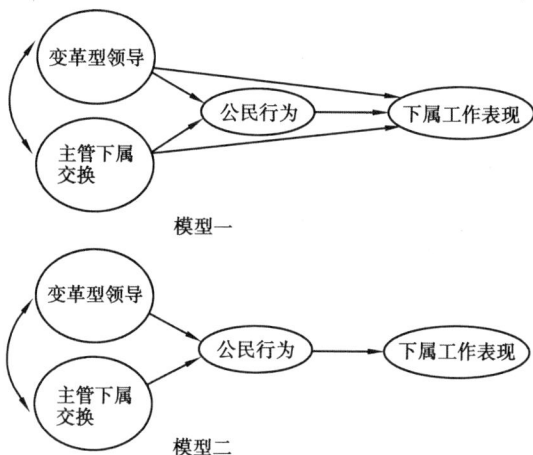

图 11.22

上面"模型一"和"模型二"是完全相同的,只是在模型二里,有两条路径(变革型领导→下属工作表现和主管下属交换→下属工作表现)都是等于 0。因此,我们说"模型二嵌套于模型一"。

现在让我们考虑另外两个模型(图 11.23)。

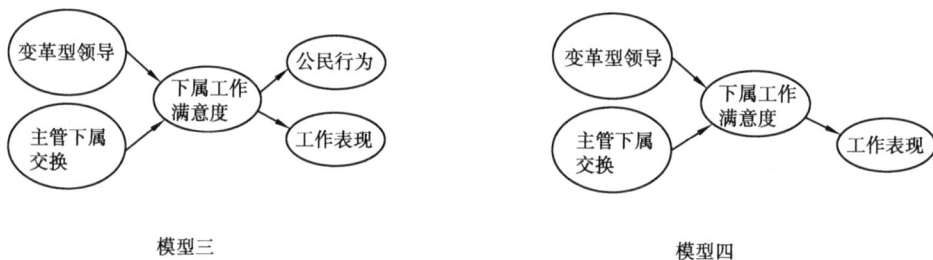

图 11.23

"模型四"是不是"嵌套"于"模型三"呢？我们可不可以说模型四跟模型三唯一的区别是除了"下属工作满意度→公民行为"这条路径为 0 以外,其他都一样呢？答案是不可以。因为在"模型四"中根本就没有"组织公民行为"这个变量。我们在建立模型的时候没有定义"组织公民行为"跟其他变量的关系,这不等于把这些关系定义为 0。因此,"模型四"和"模型三"没有"嵌套"的关系。

那么,图 11.24 中的"模型五"和"模型六"是不是嵌套呢？表面上看来"模型五"和"模型六"好像没有关系,因为两个因子的数目都不一样。但是如果我们细心想一下,"模型六"是可以写成与模型五一样的。只是 $\phi_{12} = 1$ 而已。从这个角度来看,模型五和模型六是嵌套的。

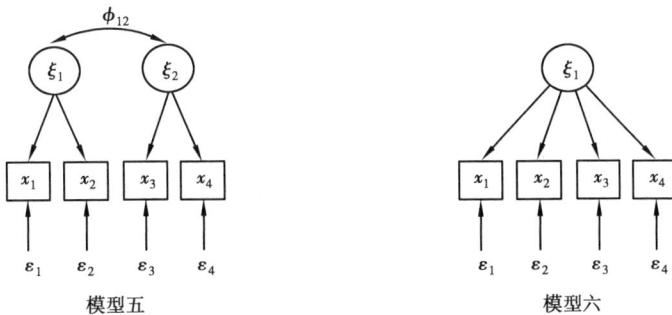

图 11.24

在弄清楚什么是"嵌套"的模型以后,让我们来讨论为什么要研究"嵌套"的问题？两个模型"嵌套"又如何呢？根据前面的原理,你会发现整套"结构方程模型"都是没有比较精确的统计验证的。我们上面讲的模型的"模型拟合度"都是用一些约定俗成的指标(如 TLI 大于 0.95 或 RMSEA 小于 0.05 等)。同时我们知道,模型拟合度的另外一个指标是标准模型的卡方除以模型的自由度。如果两个模型是"嵌套"的话,它们的模型卡方(model chi-square)的差额也是一个卡方分布(chi-square-distribution)。这是卡方分布的特点。这个由两个卡方的差所组成的新卡方分布的自由度是两个嵌套模型的自由度的差额。

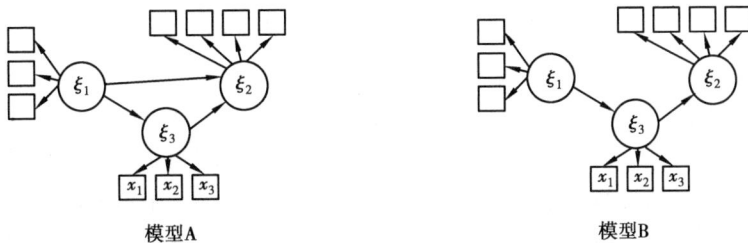

图 11.25

图 11.25 中右边的模型(模型 B)是嵌套于左边的模型(模型 A)的,因为两个模型只是相差由 ξ_1 指向 ξ_2 的一条横的路径。模型 A 有 55 个"方差-协方差"数值,要估计的参数有 23 个,所以自由度是 32。模型 B 与模型 A 只相差一条路径没有估计,所以自由度是 33。如果模型 A 的模型卡方是 40.27,而模型 B 的模型卡方是 49.38 的话,两个模型的"模型卡方差"是 9.11,而"自由度相差"是 1。根据上面所说,两个卡方的差也是一个卡

方分布,自由度是 1。我们查卡方表发现自由度 = 1 时,$\chi^2 = 9.11$ 的机会少于 0.01。因此,我们的结论是加了 $\xi_1 \rightarrow \xi_2$ 这条途径以后,模型的"拟合度"(用 χ^2 作为代表,因为模型的 χ^2 越少,拟合度越高)"显著"增加($p < 0.01$)。也就是说,$\xi_1 \rightarrow \xi_2$ 这条路径是必需的。

再提醒读者一句,以上的卡方检验只适用于两个"嵌套"的模型,不"嵌套"的模型是不可以比较的。相反,如果两个模型是"嵌套"的,它们的模型卡方(model chi-square)的差数也是一个卡方分布,这个卡方分布的自由度是两个嵌套模型的自由度的差数,即

$$\Delta\chi^2 = \chi_2^2 - \chi_1^2 \quad \text{同时} \quad d.f. = df_2 - df_1$$

11.5.3　多样本比较和因素恒等性

除了普通"嵌套模型比较"以外,"结构方程建模"还有一个非常有用的模型比较功能,就是"多样本比较(Multiple sample comparison)"功能(其实这也是嵌套,只是用在一个特别的情形下而已)。在"多样本比较"的分析中,研究人员可以同时输入两个样本的"方差-协方差矩阵"。如果两个样本的模型是嵌套的,我们就可以比较两个样本的模型卡方来决定该参数在两个模型是否相同。举例来说,我们在中国与美国分别收集了两个不同的样本来验证简单测量模型(图 11.26)。

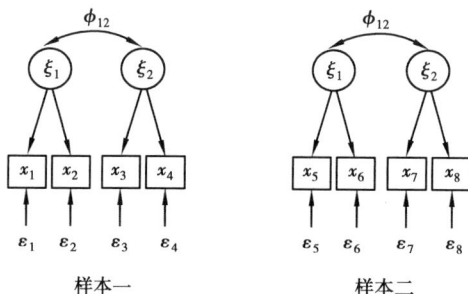

图 11.26

$$
\begin{array}{ll}
x_1 = \lambda_{11} + \varepsilon_1 & x_5 = \lambda_{51} + \varepsilon_5 \\
x_2 = \lambda_{21} + \varepsilon_2 & x_6 = \lambda_{61} + \varepsilon_6 \\
x_3 = \lambda_{32} + \varepsilon_3 & x_7 = \lambda_{72} + \varepsilon_7 \\
x_4 = \lambda_{42} + \varepsilon_4 & x_8 = \lambda_{82} + \varepsilon_8
\end{array}
$$

"结构方程建模"允许我们在同一个模型中同时输入两个样本(也就是左边的 4 条方程属于样本一;右边的 4 条方程属于样本二)。在第一次估计的时候我们可以允许 λ_{11},λ_{21},λ_{32},λ_{42},λ_{51},λ_{61},λ_{72},λ_{82},ε_1^2,ε_2^2,ε_3^2,ε_4^2,ε_5^2,ε_6^2,ε_7^2,ε_8^2 完全自由(也就是完全不一样)。假设模型卡方式是 χ_1^2。然后在第二次估计的时候,我们限制 $\lambda_{11} = \lambda_{51}$,$\lambda_{21} = \lambda_{61}$,$\lambda_{32} = \lambda_{71}$,$\lambda_{42} = \lambda_{82}$,$\varepsilon_1^2 = \varepsilon_5^2$,$\varepsilon_2^2 = \varepsilon_6^2$,$\varepsilon_3^2 = \varepsilon_7^2$,$\varepsilon_4^2 = \varepsilon_8^2$。再重新估计这个双样本的结构方程模型。假设模型卡方式是 χ_2^2。这两个双样本模型是"嵌套"的,两个模型的自由度相差 8。利用两个嵌套的卡方差($\chi_1^2 - \chi_2^2$),我们就可以知道中国样本跟美国样本的"因子架构(factorial structure)"(也就是权数和误差方差)是否相同。

至于把外国发展出来的量表用到中国来,要"因子架构"有多相似才可行,不同的学者众说纷纭。略说如下:

①最严谨的要所有的参数(包括权数、误差方差、因子相关系数)都完全相同。

②最开放的只要求因子数目、测量变量与因子的关系(如 x_1 和 x_2 在测量因子一；x_3 和 x_4 在测量因子二)。

③有些学者在第②点的基础上,加上因子相关系数要相同。

④有些学者要求因子权数相同,建议把权数不一样的项目删掉。

我个人的看法是:一般在管理学的研究的样本就不大,就算在中国抽两个不同的样本也很难达到因子权数和误差方差相同。因此,我在这个问题上比较宽松,认为只要是"因子架构(factorial structure)"一样,大概就可以了。

11.5.4　不完整数据(缺失数据)

现在,让我们假设我们已经收集了数据。我们访问了 138 个中层经理和他们的下属,收集了这 6 个测量项目变量的资料(1 分最低、7 分最高)。数据如下:

回答者	测量项目变量				
	项目 1	项目 2	项目 3	项目 4	项目 5
1	4	3	4	3	2
2	1	2	3	5	5
3	6	6	5	没回答	6
4	4	1	4	6	3
⋮	⋮	⋮	⋮	⋮	⋮
138	3	4	5	6	4

在上面的数据中,第三个回答者在"项目 4"这道题没有回答,在研究上我们将这个称为"空项(missing value,缺失值)"。缺失值在不同的情形下有不同的处理。例如,在计算"项目 2"和"项目 3"的相关时,因为没有缺失值,所以样本数 $N=138$ 。但是当计算"项目 2"和"项目 4"的相关时,因为有一个回答者在"项目 4"是空的,所以样本数 $N=137$ 。

以上的处理缺失值的计算方法称为"对应删除法(pairwise deletion)"。意思是当计算到有缺失值的时候才处理该对变量的相关(或是协方差),但计算其他的变量时不处理这个缺失值的问题。这样做每一对相关或协方差的样本数都会不一样。另外一个处理的方法是凡是在任何一个变量有缺失值,就整个数据点(即是回答者)都删掉。这样做,所有的变量的相关(协方差)的样本数都会完全一样。这种方法称为"数据点删除法(casewise deletion)"。

"对应删除法"与"数据点删除法"的基本区别是当数据点的其中一个变量是缺失值时,到底应该整个数据点删掉(数据点删除法)还是只是计算与该变量有关的统计量时才删掉(对应删除法)。自然,用"数据点删除法"最后的样本数会小很多。所以很多研究人员都喜欢用"对应删除法"。可是,统计学家已经发现,用"对应删除法"计算出来"方差-协方差矩阵"作为"结构方程建模"的输入的话,会导致参数估计有偏差。因此,读者要注意,使用"结构方程建模"时,一定要使用"数据点删除法"。意思就是说,"结构方程建模"的输入数据,一定不可以有任何的缺失值。

但是,当缺失值很多而且不规则的话,选用数据点删除法可能导致很多数据流失。例如,若 A 没有回答第一道题,B 没有回答第二道题,C 没有回答第三道题时,那 3 个数据点都要删除了。因此,有些统计软件就会提供很多不同的方法来"估计"没有回答的题目,让数据不至于流失。一般有 3 个方法比较常见:

①把其他应答者的答案的算术平均值(arithmetic mean)作为缺失值的值的估计。

②把其他应答者的答案的几何平均值(harmonic mean)作为缺失值的值的估计。

③利用其他变量与有空项的变量,使用回归分析,求取一个线性的估计方程。再利用该应答者有回答的答案,来估计缺失值的数值。

有关缺失值的统计模型有很多的文献。详细介绍每一个方法已经超出了本书的范围。我们的一般建议是,能够使用"数据点删除法"的,应尽量使用。如果导致样本数太少,就按情形选用其他的估计方法。

11.5.5 项目组合

在用"结构方程建模"时,用者有时候会发现模型太复杂了,根本不能分析。举例说,一般我们做的研究会有 4 到 5 个构念。而一般的构念的量表会有 6 到 8 个项目。所以加起来就变成 40 个项目变量。如果我们要做一个验证性的因子分析,一共就要估计 40 个权数、40 个随机误差方差,再加上 $6 \times 5/2 = 15$ 个因子相关系数,也就是 95 个参数。如果我们用一般的样本量的要求,就是每个估计参数要 5 到 10 个数据点,中样本大小就要 475 到 950 了。这样大的样本数在社会科学中是不容易找到的。那怎么办呢?

当要估计的参数太多,而样本数不够时,其中一个解决的方法就是"项目组合(Parceling of indicators)"。顾名思义,"项目组合"就是把项目像包裹(parcel)一样地组合(打包)起来。那怎样组合呢? 现在让我们假设其中一个构念有 6 个项目,结构如下:

$$x_1 = \lambda_{11}\xi + \varepsilon_1$$
$$x_2 = \lambda_{21}\xi + \varepsilon_2$$
$$x_3 = \lambda_{31}\xi + \varepsilon_3$$
$$x_4 = \lambda_{41}\xi + \varepsilon_4$$
$$x_5 = \lambda_{51}\xi + \varepsilon_5$$
$$x_6 = \lambda_{61}\xi + \varepsilon_6$$

既然 6 个项目都是在测量同一个构念(ξ),那我们是否可以把 x_1 与 x_2 平均,x_3 与 x_4 平均,x_5 与 x_6 平均,而用这 3 个项目的平均数来作为 3 个新的项目,以减少项目的数量呢? 答案是可以。因为:

$$(x_1 + x_2) = (\lambda_{11}\xi + \varepsilon_1 + \lambda_{21}\xi + \varepsilon_2) = (\lambda_{11} + \lambda_{21})\xi + (\varepsilon_1 + \varepsilon_2)$$

显然,这个新的项目是一个合理的测量构念 ξ 的项目,只是载荷和误差不同而已。其实,用"项目组合"相比用真正项目还有一个好处,就是新的误差是项目本来的误差的平均数。因为项目误差是随机的,平均了的项目误差应该比原来的误差更小一点。因此,我们的问题不是可不可以"打包",而是如何组合才最理想。

“项目组合”最大的好处是把项目的数量缩小了。原来 15 个项目组合以后用 3 个新的项目代替了。用我们原来的例子,如果我们有 5 个构念,每一个构念有 8 个项目,原来的样本大小应该是 475 到 950。现在我们把每一个构念变成只有 3 个新的项目。所以一共就只有 15 个新的项目。要估计的参数就变成是 15 + 15 + 15 = 45。总样本大小就减到225 到 450 了。

因为 x_1 可以与任何一个其他项目组合,所以可以把 3 个或 4 个不同的项目一同组合。那到底如何打包才最理想呢? 所谓“理想”,就是一个项目组合的方法越是不影响原来模型的参数估计就越理想。

Landis,Beal 和 Tesluk(2000)研究 6 个不同的项目组合的方法。我们简单介绍如下:

1) 单因子法(Single factor method)

这个方法最早由 John Mathieu 的两篇论文提出来。既然 6 个项目都是在测量同一个构念(ξ),那我们可以首先把这 6 个项目做一个探索性的因子分析。理论上我们应该看见只有一个因子。现在我们就把因子权数最大的与权数最小的两个项目加起来,取它们的平均数变成一个新的项目。照样,我们可以把第二大因子权数的项目与第二小的来平均,变成第二个新的项目。最后我们把剩下的两个项目取平均,作为第三个新的项目。就这样,原来构念的 6 个项目,就变成 3 个新的项目了。

如果项目的数目确实太多了,我们要把 3 至 4 个项目一同来“打包”,那该如何呢? 让我们再举一个例子,把一个有 15 个项目的构念“组合”变成一个只有 3 个项目的构念。我们首先会做一个探索性的因子分析。假设因子权数如下:

项目	因子权数	新项目一	新项目二	新项目三
x_{01}	0.45			第七最小权数
x_{02}	0.23	第二小权数		
x_{03}	0.28		第四最小权数	
x_{04}	0.81		第四最大权数	
x_{05}	0.89	最大权数		
x_{06}	0.76		第五最大权数	
x_{07}	0.55			第八最大权数
x_{08}	0.14	最小权数		
x_{09}	0.29		第五最小权数	
x_{10}	0.86	第二大权数		
x_{11}	0.75			第六最大权数
x_{12}	0.84	第三大权数		
x_{13}	0.34			第六最小权数
x_{14}	0.66			第七最大权数
x_{15}	0.27		第三小权数	

$$新项目一 = (x_{05} + x_{08} + x_{10} + x_{02} + x_{12})/5$$
$$新项目二 = (x_{15} + x_{04} + x_{03} + x_{06} + x_{09})/5$$
$$新项目三 = (x_{11} + x_{13} + x_{14} + x_{01} + x_{07})/5$$

为什么要先做一个探索性的因子分析,然后把因子权数大的和权数小的加起来呢?最主要的原因是希望减少误差。因为因子权数小意味着项目代表构念的能力不强,所以要把权数小的和权数大的和起来,让做出来的新项目代表构念的能力高一点。

2)相关法(correlational method)

这个方法是选取相关系数最高的项目组合起来。

3)随机法(random method)

顾名思义,这个方法是随机地把项目组合起来。

4)内容法(content method)

这个方法是按项目的内容把表面上看来相似的项目组合起来。

5)探索性因子分析法(EFA method)

这个方法是按研究者需要的新项目的数量,用探索性因子分析抽取该数量的因子,然后把在同一个因子载荷高的项目组合起来。

6)实证法(empirical method)

这个方法是把项目组合,让它们成为尽量相同均值、方差和信度的新项目。

那到底哪一个组合的方法最理想呢? Landis, Beal & Tesluk(2000)发现其实都差不多。相对来说,单因子法、相关法、随机法和实证法稍微好一点。

11.5.6 单一指标

通常的量表都会用多个项目来测量对应的构念。所以绝大部分的构念的测量项目都多于一个。可是,在用"结构方程建模"时,有两个情形下我们会让某些构念只有一个测量项目(指标,indicator)。第一,该构念在问卷中只有一个对应的题目,即是说该构念只有一个项目指标。例如,员工满意度就可能只有一个测量项目。又如,作为一个潜变量,性别就只有一个项目[注:在 SEM 中不允许有些构念是潜变量,而有些不是。所以如果其他的构念有指标的话,性别也要有指标]。第二,有时候样本实在太小,一些不重要的构念我们希望把它们的项目指标减到最少。但是我们知道只有一个项目的构念,在结构方程建模中是"不足确认的(underidentified)"。因为构念是不可见的。如果构念只有一个测量项目,那该项目的权数和误差就可能是什么都可以,因为我们没有规定它们可以是什么。因此,在结构方程建模有"单一指标(Single indicator)"时,一定要定义该指标的权数和随机误差。

我们知道在因子分析里,因子权数其实就是测量项目(指标)与该测量项目与它代表的构念的相关系数[注:请参考因子分析那一章]。基于下面的推导,根据"结构方程建模"使用的同属测量模型,一个项目的因子权数,就是这个项目的信度(r_{xx})的平方根。

$$x = \lambda\xi + \varepsilon$$

$$[\,\text{注}: x \text{ 的方差不是 } 1, \text{所以 } \lambda \neq \mathrm{corr}(x, \xi)\,]$$

根据 r_{xx} 的特征,知道 $r_{xx} = \mathrm{corr}(x, \xi)$

$$r_{xx} = \frac{\mathrm{cov}(\lambda\xi + \varepsilon, \xi)}{\sigma_x \sigma_\xi}$$

$$r_{xx} = \frac{\lambda\,\mathrm{cov}(\xi, \xi)}{\sigma_x \sigma_\xi}$$

$$r_{xx} = \frac{\lambda\sigma_\xi^2}{\sigma_x \sigma_\xi}$$

$$r_{xx} = \frac{\lambda\sigma_\xi}{\sigma_x}$$

$$r_{xx} = \lambda\sqrt{\frac{\sigma_\xi^2}{\sigma_x^2}}$$

$$r_{xx} = \lambda\sqrt{r_{xx}}$$

$$\lambda = \sqrt{r_{xx}}$$

同时,因为信度是观察方差与真实方差的对比,可得到随机误差方差的公式为

$$r_{xx} = \frac{\sigma_\xi^2}{\sigma_x^2}$$

$$r_{xx} = \frac{\sigma_x^2 - \sigma_\varepsilon^2}{\sigma_x^2}$$

$$\sigma_x^2 r_{xx} = \sigma_x^2 - \sigma_\varepsilon^2$$

$$\sigma_\varepsilon^2 = \sigma_x^2 - \sigma_x^2 r_{xx}$$

$$\sigma_\varepsilon^2 = \sigma_x^2(1 - r_{xx})$$

举一个例子来说明。如果有一个用 6 个项目来测量的"工作满意度"的量表。为了简化起见,希望避免用 6 个测量变量,而只用一个测量项目来代表"工作满意度"(图 11.27)。那么,在这个结构方程模型中,我们应该怎样做呢? 做法就是用这 6 个项目的平均值来代表"工作满意度"。然后计算这 6 个项目的信度,也就是 coefficient α(α 就是信度 r_{xx})和这个"工作满意度"平均值的观察方差(σ_x^2)。而在结构方程模型里,我们把这个工作满意度的"单一指标"的权数定义为 $\sqrt{\alpha}$,又定义这个"单一指标"的误差方差为 $\sigma_x^2(1 - \alpha)$。这样整个结构方程模型就会由一个"不足确认的模型"变成一个"确认的模型"了。

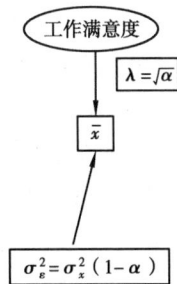

图 11.27

11.5.7　在"结构方程建模"里测量"调节变量"

在结构方程模型里验证调节变量一直是一个棘手的问题。调节变量是一个会影响两个变量的关系的变量。当 x 与 y 的关系会随着 M 的变动而改变时,m 就称为 x-y 这个

关系的调节变量。在图标上，调节变量表达如图 11.28。

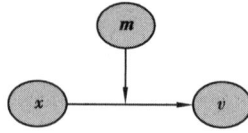

图 11.28

在验证调节变量的时候，我们会用一个"相乘项"来验证调节变量。用数学公式表现，即

$$y = \beta_0 + \beta_1 x + \beta_2 m + \beta_3 (xm) + \varepsilon$$

如果 β_3 显著，我们就说 m 调节了 x 与 y 的关系。

但是这个验证方法在结构方程模型里却有一点困难。结构方程模型有两个部分："结构模型"和"测量模型"。建立"结构模型"的时候很简单，就用上面的公式建立一个 (xm) 项就可以了。但是这个新做出来的"相乘项"的测量模型是什么呢？例如，x 有两个测量项目 x_1 和 x_2。同样，y 与 m 都有两个测量项目 y_1, y_2 和 m_1, m_2。x 与 y 的测量模型是清楚的，但是 (xm) 这个变量的测量模型是什么呢（图 11.29）？

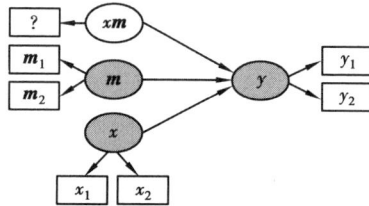

图 11.29

Cortina & Dunlap（2001）提了 6 种不同的方法来解决这个问题。因为这些方法都牵涉复杂的统计和数学，我们只选其中简单的两个来讨论。有兴趣的读者请自己看 Cortina 和 Dunlap 的文章。

①Kenny 和 Judd（1984）提出了一个最简单直接的方法，就是用"所有的 x 与 m 的测量项目的可能乘积"来做 xm 的测量项目。用上面的例子，就是用 4 个测量项目来测量 xm，也就是 $(x_1 m_1)$，$(x_1 m_2)$，$(x_2 m_1)$，$(x_2 m_2)$。

这个方法看起来好像很直接简单。但是，问题是 xm 的各个测量变量（在这个例子是 4 个）的权数都是有规定的。例如，根据上面的例子，如果我们暂时叫 $(x_1 m_1)$ 做 z_5，那么：

$$
\begin{aligned}
z_5 &= x_1 m_1 \\
&= (\lambda_1 x + \varepsilon_1)(\lambda_3 m + \varepsilon_3) \\
&= \lambda_1 \lambda_3 xm + \lambda_1 x \varepsilon_3 + \lambda_3 m \varepsilon_1 + \varepsilon_1 \varepsilon_3 \\
&= \lambda_1 \lambda_3 xm + (\lambda_1 x \varepsilon_3 + \lambda_3 m \varepsilon_1 + \varepsilon_1 \varepsilon_3)
\end{aligned}
$$

上面的公式表示 z_5（即 $x_1 m_1$）与它的潜变量 (xm) 的关系很复杂。它的权数是 λ_1 和 λ_3 的乘积（请记着我们是不知道 λ_1 和 λ_3 的，它们还等着我们把它们估计出来），而随机的误差也是 ε_1 和 ε_3 的一个相当复杂的函数。这代表 z_5 的误差项已经不是完全随机的了。它是 $x, m, \lambda_1, \lambda_3, \varepsilon_1, \varepsilon_3$ 的一个复杂函数。正因为这个原因，虽然 Kenny 和 Judd 的方法提了这么多年，还是很少人用。当然，这个方法有另外一个问题，就是当 x 和 m 的测量项目越来越多时,它们的乘积项就会几何级数地上升,估计的误差也自然越来越大。

②Ping(1995)建议首先把所有 x 和 m 的测量项目做一个验证性的因子分析。从这个因子分析中就知道每一个 x 和 m 的测量项目的权数和随机误差方差。然后,把 x 和 m 的测量项目再加上一个 (xm) 的潜变量做结构方程建模。这个 (xm) 的测量项目是"所有 x 的测量项目的和"与"所有 m 的测量项目的和"的乘积。(xm) 这个潜变量只有一个测量项目(即是"单一指标")。这个单一指标的权数是"'x 所有的测量项目的权数的和'乘'm 所有的测量项目的权数的和'"。这个单一指标的误差方差是 x 和 m 的项目权数、x 和 m 的潜变量方差和 x 和 m 的项目的随机误差方差,这三者的一个函数。如果:

$\Gamma_x = x$ 的所有项目的权数的和(即 $\sum \lambda_x$);

$\Gamma_m = m$ 的所有项目的权数的和(即 $\sum \lambda_m$);

$\Theta_x = x$ 的所有项目的随机误差方差的和(即 $\sum \sigma^2_{\varepsilon_x}$);

$\Theta_m = m$ 的所有项目的随机误差方差的和(即 $\sum \sigma^2_{\varepsilon_m}$);

$\text{Var}(x) = x$ 潜变量的方差;

$\text{Var}(m) = m$ 潜变量的方差。

那么这个 (xm) 的潜变量的"单一指标"的

权数 $= \Gamma_{xm} = \Gamma_x \Gamma_m$,

误差方差 $= \Theta_{xm} = \Gamma_x^2 \text{Var}(x) + \Theta_x + \Gamma_m^2 \text{Var}(m) + \Theta_m + \Theta_x \Theta_m$

如果根据上例,x 和 m 各自有两个测量项目,Ping(1995)的估计公式就可以用图 11.30 表示。

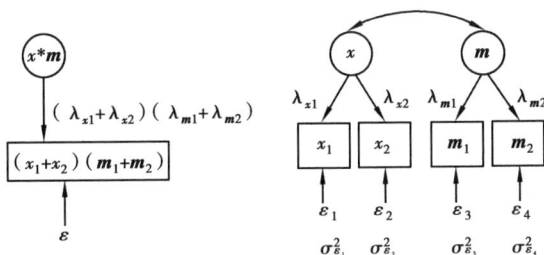

图 11.30

$$\sigma^2_\varepsilon = (\lambda_{x1} + \lambda_{x2})^2 \text{Var}(x) + (\sigma^2_{\varepsilon_1} + \sigma^2_{\varepsilon_2}) + (\lambda_{m_1} + \lambda_{m_2})^2 \text{Var}(m) + (\sigma^2_{\varepsilon_3} + \sigma^2_{\varepsilon_4}) + (\sigma^2_{\varepsilon_1} + \sigma^2_{\varepsilon_2})(\sigma^2_{\varepsilon_3} + \sigma^2_{\varepsilon_4})$$

③最后一个方法是 Marsh, Wen 和 Hau(2004)提出来的。也是一个最简单适用的方法。就是假设 x 和 m 的测量项目的数目是相等的。与上面的方法一样,首先把 x 和 m 做一个验证性的因子分析,找出各个测量项目的载荷。然后我们把 x 的测量项目中载荷最高的一个项目乘以 m 的测量项目中载荷最高的一个项目,作为一个新的测量项目。然后,x 的载荷"次高"的一个项目,乘以 m 的载荷"次高"的一个项目,作为第二个新的测量项目,如此类推。如果 x 和 m 各自有 k 个项目,就会建构 k 个乘积的新项目,作为 xm 的测量项目。

下面的例子中(图 11.31),x 与 m 各自有 3 个测量项目 x_1,x_2,x_3,m_1,m_2,m_3。x 最大的载荷是 x_3,m 最大的载荷是 m_1,于是我们就用(x_3m_1)作为 xm 的第一个测量项目。x 第二大载荷的是 x_1,m 第二大载荷的是 m_2,于是我们就用(x_1m_2)作为 xm 的第二个测量项目。最后,x 最小载荷的是 x_2,m 最小载荷的是 m_3,于是我们就用(x_2m_3)作为 xm 的第三个测量项目。

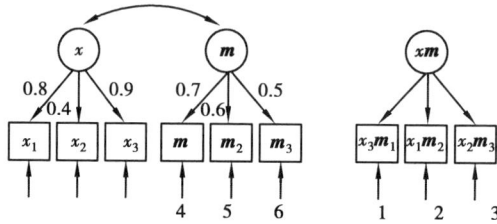

图 11.31

本章附录

1　一个流行软件 LISREL 中"结构方程建模"的程序和分析结果

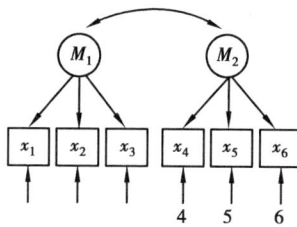

图 11.32

```
Title: Path Analysis (With Dimensions)
Observed Variables:
观察变量一共有 6 个
  x1 x2 x3 x4 x5 x6

  latent variables:
潜变量有两个
  M1 M2
```

6 个观察变量的相关系数矩阵

```
correlation matrix
1
.46 1
.42 .40 1
.25 .15 .27 1
.11 .17 .24 .40 1
.07 .18 .19 .40 .55 1
```

样本大小

Sample size: 196

观察变量与潜变量的关系

M_1 指向 x_1，x_2 和 x_3

M_2 指向 x_4，x_5 和 x_6

Relationships:

x1 x2 x3 = M1

x4 x5 x6 = M2

End of problem

DATE:8 / 4 / 2008

TIME: 22:08

L I S R E L　8.72

BY

Karl G. Jöreskog & Dag Sörbom

This program is published exclusively by

Scientific Software International, Inc.

7383 N. Lincoln Avenue, Suite 100

Lincolnwood, IL 60712, U.S.A.

Phone: (800)247 – 6113, (847)675 – 0720, Fax: (847)675 – 2140

Copyright by Scientific Software International, Inc., 1981 – 2005

Use of this program is subject to the terms specified in the

Universal Copyright Convention.

Website: www.ssicentral.com

The following lines were read from file

C:\Documents and Settings\Destop\ex.LS8:

首先重复输入程序

Title: Path Analysis (With Dimensions)

Observed Variables:

x1 x2 x3 x4 x5 x6

latent variables:

M1 M2

correlation matrix

1

.46 1

.42 .40 1

.25 .15 .27 1

.11 .17 .24 .40 1

.07 .18 .19 .40 .55 1

Sample size: 196

Relationships:

x1 x2 x3 = M1

x4 x5 x6 = M2

End of problem

Sample Size = 196
Path Analysis (With Dimensions)

相关系数矩阵

Correlation Matrix

	x1	x2	x3	x4	x5	x6
x1	1.00					
x2	0.46	1.00				
x3	0.42	0.40	1.00			
x4	0.25	0.15	0.27	1.00		
x5	0.11	0.17	0.24	0.40	1.00	
x6	0.07	0.18	0.19	0.40	0.55	1.00

Path Analysis (With Dimensions)

计算机模拟了 5 次就得到了答案

Number of Iterations = 5

最后得到的参数估计

LISREL Estimates (Maximum Likelihood)

Measurement Equations

参数估计（以 x_1 为例）

$x_1 = \lambda_1 M_1 + \varepsilon_1$

$\lambda_1 = 0.66$

标准差 $(\lambda_1) = 0.082$

λ_1 的 t 检验值 = 8.13 $(p < 0.01)$

$\sigma^2_{\varepsilon_1} = 0.56$

标准值 $(\sigma^2_{\varepsilon_1}) = 0.089$

$\sigma^2_{\varepsilon_1}$ 的 t 检验值 = 6.03 $(p < 0.01)$

$r_{(x_1)(M_1)} = 0.44 (\lambda^2_1) = 0.66^2$

$x_1 = 10.66 * M1$, Errorvar. = 0.56, $R^2 = 0.44$
　　(0.082)　　　　　(0.089)
　　　8.13　　　　　　6.30

$x2 = 0.66 * M1$, Errorvar. = 0.56, Rý = 0.44
　　(0.082)　　　　　(0.089)
　　　8.12　　　　　　6.32

$x3 = 0.64 * M1$, Errorvar. = 0.60, Rý = 0.40
　　(0.081)　　　　　(0.088)
　　　7.83　　　　　　6.81

$x4 = 0.56 * M2$, Errorvar. = 0.69, Rý = 0.31
　　(0.078)　　　　　(0.083)
　　　7.23　　　　　　8.22

$x5 = 0.74 * M2$, Errorvar. = 0.45, Rý = 0.55

$$(0.080) \qquad\qquad (0.089)$$
$$9.31 \qquad\qquad 5.06$$

$$x6 = 0.72 * M2, \ \text{Errorvar.} = 0.47, R\acute{y} = 0.53$$
$$(0.079) \qquad\qquad (0.087)$$
$$9.12 \qquad\qquad 5.44$$

潜变量的相关

Correlation Matrix of Independent Variables

	M1	M2
	- - - -	- - - -
M1	1.00	
M2	0.38	1.00
	(0.09)	
	4.11	

"模型拟合度"

Goodness of Fit Statistics

Degrees of Freedom = 8（模型自由度）

模型卡方最少值 Minimum Fit Function Chi-Square = 15.51（P = 0.050）

Normal Theory Weighted Least Squares Chi-Square = 15.38（P = 0.052）

Estimated Non-centrality Parameter (NCP) = 7.38

90 Percent Confidence Interval for NCP = (0.0 ; 22.56)

拟合最少值　Minimum Fit Function Value = 0.080

Population Discrepancy Function Value (F0) = 0.038

90 Percent Confidence Interval for F0 = (0.0 ; 0.12)

Root Mean Square Error of Approximation (RMSEA) = 0.069（RMSEA）

90 Percent Confidence Interval for RMSEA = (0.0 ; 0.12)

P-Value for Test of Close Fit (RMSEA < 0.05) = 0.24

Expected Cross-Validation Index (ECVI) = 0.21

90 Percent Confidence Interval for ECVI = (0.17 ; 0.29)

ECVI for Saturated Model = 0.22

ECVI for Independence Model = 1.56

Chi-Square for Independence Model with 15 Degrees of Freedom = 292.58

Independence AIC = 304.58

Model AIC = 41.38

Saturated AIC = 42.00

Independence CAIC = 330.25

Model CAIC = 97.00

Saturated CAIC = 131.84

Normed Fit Index (NFI) = 0.95

Non-Normed Fit Index (NNFI) = 0.95　（TLI）

Parsimony Normed Fit Index (PNFI) = 0.51

Comparative Fit Index (CFI) = 0.97　（CFI）

Incremental Fit Index (IFI) = 0.97

$$\text{Relative Fit Index (RFI)} = 0.90$$

$$\text{Critical N (CN)} = 253.66$$

$$\text{Root Mean Square Residual (RMR)} = 0.051$$

$$\text{Standardized RMR} = 0.051(\text{SRMR})$$

$$\text{Goodness of Fit Index (GFI)} = 0.97 \quad (\text{GFI})$$

$$\text{Adjusted Goodness of Fit Index (AGFI)} = 0.93$$

$$\text{Parsimony Goodness of Fit Index (PGFI)} = 0.37$$

$$\text{Time used:} \quad 0.047 \text{ Seconds}$$

2　Ping(1995)的推导

这个推导纯粹给数学比较强和喜欢寻根究底的读者而设。一般读者没有必要了解这种纯数学的推导。

如果$x = x_1 + x_2$

那么

$$x_1 = \lambda_{x1}\xi_x + \varepsilon_{x1}$$
$$x_2 = \lambda_{x2}\xi_x + \varepsilon_{x2}$$

根据 Kenny 和 Judd(1984)，

$$\text{Var}(xm) = \text{Var}(x)\ \text{Var}(m) + \text{Cov}(x,m)^2$$

$\text{Var}(x)$是什么呢?

$\text{Var}(x)$

$= \text{Var}(x_1 + x_2)$

$= \text{Var}([\lambda_{x1}\xi_x + \varepsilon_{x1}] + [\lambda_{x2}\xi_x + \varepsilon_{x2}])$

$= \text{Var}([\lambda_{x1} + \lambda_{x2}]\xi_x + [\varepsilon_{x1} + \varepsilon_{x2}])$

$= [\lambda_{x1} + \lambda_{x2}]^2\text{Var}(\xi_x) + [\text{Var}(\varepsilon_{x1}) + \text{Var}(\varepsilon_{x2})]$

$= \Gamma_x{}^2\text{Var}(\xi_x) + \Theta_x \quad [\text{注:我们定义 } \Theta_x = \sum\text{Var}(\varepsilon_{xk})]$

$\text{Cov}(x,m)$是什么呢?

$\text{Cov}(x,m) = \text{Cov}([x_1 + x_2],[m_1 + m_2])$

$= \text{Cov}(x_1,m_1) + \text{Cov}(x_1,m_2) + \text{Cov}(x_2,m_1) + \text{Cov}(x_2,m_2)$

我们把$x_1 = \lambda_{x1}\xi_x + \varepsilon_{x1}$和$m_1 = \lambda_{m1}\xi_m + \varepsilon_{m1}$代入上面的公式(为了简单起见,我们只是演算了$\text{Cov}(x_1,m_1)$。$\text{Cov}(x_1,m_2)$,$\text{Cov}(x_2,m_1)$和$\text{Cov}(x_2,m_2)$的演算也是一样的)

$\text{Cov}(x_1,m_1) = \text{Cov}([\lambda_{x1}\xi_x + \varepsilon_{x1}],[\lambda_{m1}\xi_m + \varepsilon_{m1}]) = \lambda_{x1}\lambda_{m1}\ \text{Cov}(\xi_x,\xi_m)$

因此

$\text{Cov}(x,m) = \text{Cov}([x_1 + x_2],[m_1 + m_2])$

$= \text{Cov}(x_1,m_1) + \text{Cov}(x_1,m_2) + \text{Cov}(x_2,m_1) + \text{Cov}(x_2,m_2)$

$= \lambda_{x1}\lambda_{m1}\text{Cov}(\xi_x,\xi_m) + \lambda_{x1}\lambda_{m2}\text{Cov}(\xi_x,\xi_m) + \lambda_{x2}\lambda_{m1}\text{Cov}(\xi_x,\xi_m) + \lambda_{x2}\lambda_{m2}\text{Cov}(\xi_x,\xi_m)$

$= [\lambda_{x1}\lambda_{m1} + \lambda_{x1}\lambda_{m2} + \lambda_{x2}\lambda_{m1} + \lambda_{x2}\lambda_{m2}]\ \text{Cov}(\xi_x,\xi_m)$

$= [(\lambda_{x1} + \lambda_{x2})(\lambda_{m1} + \lambda_{m2})]\ \text{Cov}(\xi_x,\xi_m)$

$= \Gamma_x\Gamma_m\text{Cov}(\xi_x,\xi_m) \quad [\text{注:我们定义 } \Gamma_x = \Sigma\lambda x_j \text{ 和 } \Gamma_m = \Sigma\lambda m_k]$

我们把$\text{Var}(x)$和$\text{Cov}(x,m)$的推算结果,代回 Kenny 和 Judd(1984)公式,得

$\mathrm{Var}(xm)$

$= \mathrm{Var}(x)\,\mathrm{Var}(m) + \mathrm{Cov}(x,m)^2$

$= \left[\,\Gamma_x^{\,2}\mathrm{Var}(\xi_x) + \Theta_x\,\right]\left[\,\Gamma_m^{\,2}\mathrm{Var}(\xi_m) + \Theta_m\,\right] + \left[\,\Gamma_x\Gamma_m\mathrm{Cov}(\xi_x,\xi_m)\,\right]^2$

$= \Gamma_x^{\,2}\Gamma_m^{\,2}\mathrm{Var}(\xi_x)\mathrm{Var}(\xi_m) + \Gamma_x^{\,2}\mathrm{Var}(\xi_x)\Theta_m + \Gamma_m^{\,2}\mathrm{Var}(\xi_m)\Theta_x + \Theta_x\Theta_m + \Gamma_x^{\,2}\Gamma_m^{\,2}\mathrm{Cov}(\xi_x,\xi_m)^2$

$= \Gamma_x^{\,2}\Gamma_m^{\,2}\left[\,\mathrm{Var}(\xi_x)\mathrm{Var}(\xi_m) + \mathrm{Cov}(\xi_x,\xi_m)^2\,\right] + \Gamma_x^{\,2}\mathrm{Var}(\xi_x)\Theta_m + \Gamma_m^{\,2}\mathrm{Var}(\xi_m)\Theta_x + \Theta_x\Theta_m$

$= \Gamma_x^{\,2}\Gamma_m^{\,2}\mathrm{Var}(\xi_x,\xi_m) + \Gamma_x^{\,2}\mathrm{Var}(\xi_x)\Theta_m + \Gamma_m^{\,2}\mathrm{Var}(\xi_m)\Theta_x + \Theta_x\Theta_m$

如果我们作以下的定义：

$\lambda_{xm} = \Gamma_x\Gamma_m$

$\Theta_{xm} = \Gamma_x^{\,2}\mathrm{Var}(\xi_x)\Theta_m + \Gamma_m^{\,2}\mathrm{Var}(\xi_m)\Theta_x + \Theta_x\Theta_m$

我们就有：

$$\mathrm{Var}(xm) = (\Gamma_{xm})^2\mathrm{Var}(\xi_x,\xi_m) + \Theta_{xm}$$

因此，如果我们有一个单一测量项目，而它的载荷是 $\Gamma_x\Gamma_m$，误差方差是 $\Gamma_x^{\,2}\mathrm{Var}(\xi_x)\Theta_m + \Gamma_m^{\,2}\mathrm{Var}(\xi_m)\Theta_x + \Theta_x\Theta_m$ 的话，这个单一项目就可以成为 (xm) 的测量项目的估计了。怎样的单一项目才会有这个特点呢？根据上面的推导，就是 $(x_1 + x_2)(m_1 + m_2)$ 了。

总结上面整个推导，我们怎样找到一个单一项目来估计 (xm) 呢？用的就是 $\sum x_j \sum m_k$，而这个单一项目的载荷为：

$$\lambda_{xm} = \Gamma_x\Gamma_m\sum\lambda_{xj}\sum\lambda_{mk}$$

误差方差为：

$$\Theta_{xm} = \Gamma_x^{\,2}\mathrm{Var}(\xi_x)\Theta_m + \Gamma_m^{\,2}\mathrm{Var}(\xi_m)\Theta_x + \Theta_x\Theta_m$$

参考文献

Cortina, J. M., Chen, G., & Dunlap, W. P. (2001). Testing interaction effects in LISREL: Examination and illustration of available procedures. *Organizational research methods,4* (4), 324-360.

Kenny, D. A., & Judd, C. M. (1984). Estimating the nonlinear and interactive effects of latent variables. *Psychological bulletin, 96* (1), 201.

Landis, R.S., Beal, D.J., Tesluk, P.E. (2000). A Comparison of approaches to forming composite measures in structural equation models. *Organizational Research Methods,3*, 186-207.

Mathieu, J. E. & Farr, J. L. (1991).Further evidence for the discriminant validity of measures of organizational commitment, job involvement, and job satisfaction. *Journal of Applied Psychology,76*, 127-133.

Mathieu, J. E., Hofmann, D. A., & Farr, J. L. (1993). Job perception-job satisfaction relations: An empirical comparison of three competing theories. *Organizational Behavior and Human Decision Processes,56*, 370-387.

Marsh, H.W., Wen, Z., & Hau, K. (2004). Structural Equation Models of Latent Interactions: Evaluation of Alternative Estimation Strategies and Indicator Construction. Psychological Methods, 9(3), 275-300.

Ping Jr, R. A. (1995). A parsimonious estimating technique for interaction and quadratic latent variables.*Journal of Marketing Research,*336-347.

温忠麟,吴艳.(2010).潜变量交互效应建模方法演变简化.心理科学进展,18(8), 1306-1313.

第12章 研究中的层面问题

丢丢觉得自己羽翼渐丰,越来越有信心可以做点有意思的研究了。但奇怪的是,他对问题思考得越深入,越发现学的工具不够用。

例如,他在思考GDP对幸福感的影响时,又考虑到也许这种影响在不同的国家是不一样的。因为每个国家经济发展的方式和阶段都是不一样的,人们对于自然环境的态度也不一样,法律环境、信仰环境也不同。如果要把这些环境的因素都考虑进去,问题似乎变得更复杂了。

丢丢想自己大概碰到了所谓的"跨层次"的研究问题,因为以前在看文献时曾注意到,研究人员常常会说这是一个个人层面(individual level of analysis)的研究,这是一个小组层面(group level of analysis)的研究,甚至说,这是一个跨层面(cross-level analysis)的研究。层面对研究有什么影响呢? 在什么时候要做什么层面的研究呢? 是否微观研究者就做个人层面的研究,宏观研究者就做企业层面的研究呢? 到底有几个研究的层面呢? 以前学的那些方法可以在哪个层面用呢? 于是,他又跑来问李老师,决心弄清楚这个所谓"研究的层面"的问题。

丢丢:"李老师,到底什么称为研究的层面呢?"

老师:"丢丢,企业的现象可以从很多不同角度来理解的。有时候,这些'视角'就是站在不同的角度来理解一个现象。但是,有时候不同的视角可能是在不同的'高度'或是'层次'来理解同一个现象。"

丢丢:"老师,什么称为从不同的高度和层次看同一件事物?"

老师:"让我举一些例子来解释这个问题吧。当心理学家研究人类的开心这个感觉的时候,他们有兴趣的是开心这个情绪的前因后果。但是,神经科学家对同一'开心'的现象,有兴趣的却是大脑中的神经元的反应,或是多巴胺的作用等。两者研究的问题是一样的,但是,一个是心理现象的层面,另一个是生理的神经细胞的层面。在管理学中也有同样的现象。当员工表现不好时,有可能是个人的问题,如懒惰、没有激励、感觉不公平、与同事有矛盾等。但是也有可能是主管的影响、企业的制度、工作的环境等。前者是个人性的因素,后者是所有在同一个企业(或从属同一位主管)所共有的因素。甚至有研究者提出,天气、温度、湿度等也会影响员工的表现。那就变成是地区性的因素了。又如,我们研究员工离职的现象时,可以研究什么影响个别员工的离职。但也可以研究一个企业整体员工离职的现象和其对企业的影响。前者是个人层面的研究,后者是企业层面的研究。"

丢丢:"老师,那到底我们研究时可以有几个不同的层面呢?"

老师:"这不好说,从最小的'人内差异(within person differences)',到人与人之间的'人间差异(between person differences)',到主管-下属的'双人差异(dyadic differences)',到小组差异(group differences)、部门差异(SBU differences)、企业差异(firm differences)、战略伙伴差异(Strategic alliances differences)、产业差异(industry differences)、国家差异(country differences)、地域差异(regional differences)、文化差异(cultural differences)都可以。"

丢丢:"但是老师,既然我们用的工具都是一样的,那为什么要管它是什么层面呢?"

老师:"这里有几个需要考虑的因素。第一,当我们从不同的层面去理解一个现象时,我们的理论视角可能会完全不同。例如,如果我们用主管下属交换理论(LMX)来理解员工的公民行为,基于的理论可能是交换理论(social exchange theory)。但是,如果我们从企业文化的角度来研究企业间员工的整体公民行为,采用的视角就很有可能是角色理论(role theory)或是认同理论(social identification theory)。第二,有时候我们是从小组的层面去研究,但是测量时会在个人层面,这就牵涉一个不同的层面的测量的合理性的问题了。第三,现在越来越多的研究是跨越不同层面的。例如,我们研究企业文化如何影响员工的表现。前者是企业层面的,后者是个人层面的。又如,个别员工的极端行为也会影响企业的声誉。前者是个人层面的,后者是企业层面的。"

丢丢:"这样说来,大部分的管理现象其实都是多于一个层面影响的。那如果我们只是做单一层面的分析,不都成片面的了吗?"

老师:"丢丢,这却不然。关键要看你研究的是什么现象;你用什么视角来总结这个现象;是其他层面的影响大,还是你所选取的研究层面的方差比较大。不然的话,因为企业都是身处不同的社会文化环境中,那么所有的管理研究都变成跨文化的研究了。"

丢丢:"老师,看来这是一个很重要的课题。可以教我吗?"

老师:"当然可以,丢丢。现在我们就来看看这个所谓研究的层面的问题吧。"

※※※※※※※※※※※※※※※※※

在自然科学和社会科学中,有很多的学科,它们之所以被分为不同的学科,除了因为研究对象和研究方法上有差别,另一个原因也是因为它们在不同的层次上对这个世界进行探索。例如,同样是一个铁球,化学关心的是它由什么元素组成、有什么性质,而物理学则关心它如何运动。同样的,在一个学科的内部,也有不同的研究层面。管理学中,我们可能会关心一个组织的战略问题,也可能希望了解一个部门或团队的合作机制,还可能会对个体的态度和行为感兴趣。这些现象都是在不同层面(level)上的,因此,研究对象的单位(unit of analysis)是不同的。对于组织层面的战略问题,一个组织是一个研究单位;对于团队的合作机制问题,一个团队是一个研究单位;对于个体的态度和行为问题,一名员工就已经是一个研究单位了。在不同的层面上做研究时,用到的测量方法和分析方法都会有所差异。如果我们希望用跨层次的机制解释一个现象,问题就更为复杂了。

例如,一个员工的行为可能同时受他自己的个性特征和团队的领导风格的影响,这类问题在研究设计和资料分析时又要注意哪些因素呢? 在本章和接下来的几章中我们会一起讨论。

12.1 什么是研究中的层面

在社会科学研究中,对研究层面的问题的注意,大概可以追溯到 1950 年社会学家罗宾森(Robinson)在美国社会研究中发表的一篇题为"群体相关与个体行为"的论文。在这篇文章中,罗宾森发现过去的很多社会学家虽然是对个体行为感兴趣(如什么因素提高一个人的犯罪倾向),但实际上却是通过群体层面的相关系数来作出结论的(如某类群体的比例与城市犯罪率的关系)。为了说明这种普遍的方法错误,罗宾森举了一个例子,用美国在 1930 年的人口普查数据查看美国居民中外地移民的比例与文盲之间的关系。结果如图 12.1:

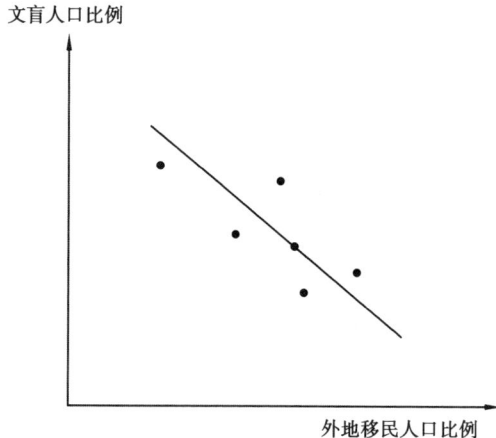

图 12.1

图中,X 轴表示每个州的非洲裔比例,Y 轴表示每个州的文盲比例。如果用图中的数据计算,得到的相关系数为 − 0.53。一般情况,看到这个负相关,人们自然地判断,外地进入美国的移民必然都是教育水平很高的,因为外地移民的比率越高,那个州的文盲程度就越低。但是上面的研究是用"州"(类似中国的"省")作为研究单位的。罗宾森用个体层面的数据再做计算,结果截然不同。如果每个人用两个变量代表:是否是移民和是否是文盲? 那么这两个变量可以直接计算一个相关系数来回答上面的问题,这个相关系数是 + 0.12! 一般从外地进入美国的移民的教育水平都是比较低的。那为什么会有这样截然不同的结果呢? 罗宾森的解释是从外地到美国的移民,一般都喜欢住在教育水平比较高的州里。因为低教育水平的移民喜欢住高教育水平的州,所以移民越多的州,也代表这个州就是教育水平比较高的州了。罗宾森把这样的错误称为生态谬误(ecological fallacy)。他的观点让社会科学研究者开始注意研究层面或研究单位的问题,以及研究问题与研究数据在层面上的匹配问题。

那到底什么是研究的层面呢? 什么才是一个研究的层面呢? 根据米勒(Miller,

1978：25)的定义,层面就是指某个系统中的一个层次。因此,研究中的层面就是指你的研究对象是以什么为单位的。现在你知道了,我们需要讨论层面的原因是社会是一个系统,在这个系统中最小的单位是一个人,由几个人又组成了一个更大一些的单位——团队,很多个团队再组成更大的单位——组织,很多个组织再组成更大的单位——产业等。当我们讨论其中的一部分时,很难将它完全与其他部分隔离开。正因为这个原因,现在有一些学者(如 House et al. , 1995；Klein & Kozlowski, 2000；Tosi, 1992)建议做一些把原来企业层面的宏观研究(Macro research)和个体层面的微观研究(Micro research)结合的混合研究(Meso research),如讨论影响个体行为的环境因素,或是企业活动中的个体因素等。关于这类型的跨层面的研究,我们会在下面几章中讨论。

在研究中,当我们用到"层面"这个词时,可以指理论、测量或是分析方法三个方面：

- 理论的层面问题是指一个理论讨论的对象在哪个层面上。
- 构念的层面问题是不同层面的构念的测量、数据的来源和处理等问题。
- 分析的层面问题是指在统计分析中如何处理单层或多层面数据分析的问题。

上面几个问题中,理论的层面问题是比较直观的,我们举几个例子,大家很容易就明白。相对而言,构念测量和数据分析中涉及的多层问题比较复杂,本章大部分的篇幅都会讨论多层构念的测量问题。而下一章中会重点讨论数据分析的问题。

其实当你提出一个研究问题时,你基本已经决定了自己是在哪个层面上回答问题和建构理论了。管理学中的研究问题可以在不同的层面上提出。有一些是个人层面的,如个人的工作行为或满意度；还有一些是高于个人层面的,如团队合作的、组织绩效、产业特征等。有一些是单一层面的问题,如个性特质如何影响个体的工作行为；有一些可以是跨层面的问题,如团队凝聚力如何影响个体的工作行为。下面再给大家举几个高层面或跨层面的组织行为学的研究例子,读者可以先自己判断一下这些研究问题是在哪个或哪几个层面上。

例 1   变革型领导行为(Transformational Leadership)对团队成员对其领导的满意度(Satisfaction with leader)以及团队工作表现(team performance)的影响。

这里我们假设每一个团队只有一个领导,而每一个领导的"变革型领导行为"都在某个客观的水平上,这个水平可以用一个分数来表示,如果这样的话,"变革型领导行为"就是一个"团队层面"的变量。但是,每一个团队的成员对团队领导都有不同的满意程度,故"成员对领导的满意度"是一个"个人层面"的变量。因此,这是一个从团队到个人的跨层面的研究。如果因变量是"团队工作表现",一个团队只有一个工作表现的数据,因变量就是一个"团队层面"的变量,这个研究就是一个团队层面的研究。

例 2   人力资源管理实践(Human Resources Management Practices)对员工的组织承诺(Organizational commitment)的影响。

这里,"人力资源管理实践"描述的是整个组织的管理方式,是一个"组织层面"的变量。但是,因变量"员工的组织承诺"是每一个员工的态度,是一个"个人层面"的变量。因此,这个研究是一个从组织到个人的跨层面的研究。

例 3   团队层面的组织公民行为(Group-level organizational citizenship behavior,

GOCB）对团队创造力的影响。

这里，"团队层面的组织公民行为"是整个团队的行为特征，是一个团队层面的变量，而团队创造力也是一个团队层面的变量。因此，这个研究是一个团队层面的单一层面研究。

请大家思考一下自己感兴趣的问题是否有跨层次模型。

我们以一个三个层面的系统为例，讨论一下有哪些可能的关系结构。一般跨层面的模型都可以拆分为下面几个基本的结构。不过请读者注意，我们列出这些模型的主要目的是一起讨论每一种模型的特点，而不是提倡大家在没有理论基础的前提下尝试各种可能的模型。

假设我们的系统有三个层面：个体、团队和组织。每个层面上都有两个变量 $x_{个人}$，$y_{个人}$，$x_{小组}$，$y_{小组}$，$x_{组织}$，$y_{组织}$（如图 12.2），我们列出它们之间主要的几种关系类型。

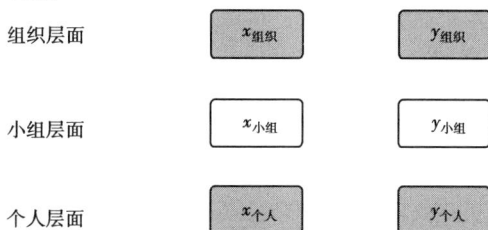

图 12.2

第一种类型，关注的是低层的构念是否能够生成，以及如何生成更高层的构念（如图 12.3）。例如，如果 $x_{个人}$ 是个人的自我效能感（即我认为我是否有能力成功地完成事情），$x_{小组}$ 是团队效能感（即我认为我的团队是否有能力成功地完成事情）。虽然两个构念只有一个词的差别，但是它们在概念上却差别很大，到底它们之间是否存在一个关系，本身就是一个理论问题。请大家注意区分这里的构念和后面要讨论的测量的问题，这里指的主要是理论问题。

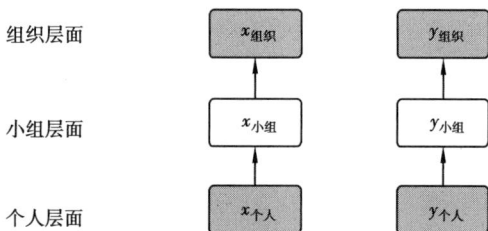

图 12.3

第二种类型是单一层面的模型，如图 12.4 所示，每一个关系的自变量和因变量都在同一个层面上。这是最为常见和简单的一种类型，在这种模型中，变量间的关系不存在跨层的问题，我们唯一需要注意的是，当用到高层的变量时，对它们的定义和测量都要很小心。

第三种类型是高层对低层产生直接影响的模型（如图 12.5）。例如，一个公司的管理政策会对所有部门的绩效产生影响，或是一个部门的领导风格会对所有员工的行为产生影响。

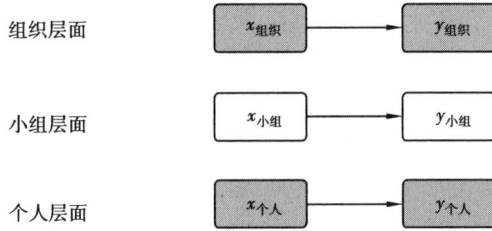

图 12.4

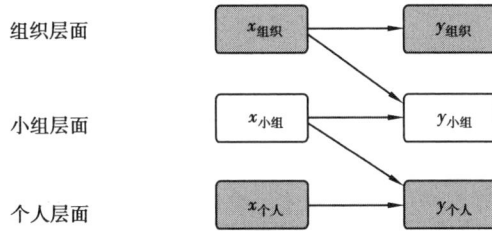

图 12.5

　　第四种类型也是跨层次的模型,是高层的变量会调节低层变量之间的关系(如图 12.6)。例如,在团队层面有团队合作氛围与创新绩效的正向关系,而组织对创新的鼓励政策可以使上面这个关系增强,这个时候,组织层面的变量就是一个调节变量,因为它影响了团队层面变量间关系的强度或方向。

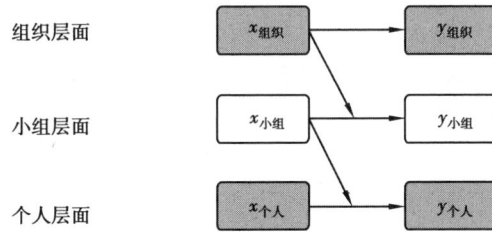

图 12.6

　　大家可以看到,跨层面的模型从概念上理解起来很容易,比较难的地方是把这些关系背后的机制说清楚,也就是你建构或应用什么样的理论。理论中的基本要素是构念,所以我们下面就讨论使用高层面的构念时会遇到一些什么问题。

12.2　不同层面的构念及有关测量模型

　　凡是研究的问题涉及高于“个人层面”的变量(如团队层面、组织层面等),研究者首先遇到的是对构念的定义问题。例如,企业氛围是什么层面的构念呢? 它可能是个人层面的,也可能是组织层面的。到底是哪一个层面,决定于你如何定义它。当我们将它定义为员工感知的企业氛围(perceived organizational culture)的时候,因为每一个员工的感受都可以不同,我们不可以说员工甲的感受是“对”的,员工乙的感受是“错”的。既然每个员工的感受都是真实的,“员工感知的企业氛围”就是个人层面的构念。当我们把它定义为“所有员工共同感受到的组织氛围(firm organizational culture)”时,因为共同的感知才是我们要的构念,个人与群众的分别就是误差,因此"员工共同感受到的组织氛围"就是一个组织层面的构念。

一般情况,构念的层面应该与测量的层面相对应。组织层面的变量(如组织氛围、人力资源管理实务等)应该在组织的层面来测量。团队层面的变量(如转换型领导型态、团队层面组织公民行为等)应该在团队的层面来测量。个人层面的变量(如工作满意度、组织认同等)应该在个人的层面来测量。简单来说,变量是哪一个层面的,测量就应该在哪一个层面来做。但是,在我们做研究的时候,并不是每一次都能做到在与构念对应的层面上直接测量。这里有两个主要的原因:一是很多高层的构念并不容易直接测量。例如,一个企业的绩效也许可以用一个客观的财务指标表示,但是企业 CEO 的领导风格又如何测量呢?因为没有一个客观的企业层面的信息来告诉我们企业 CEO 的领导风格是什么样的,所以很多时候只能从个体那里获得信息,如请几个与 CEO 互动较多的高管来分别对这个 CEO 的领导风格进行评价。二是有一些构念本身的定义就决定了我们必须要先获得个人信息才能够对高层构念进行测量。例如,团队氛围被定义为大家共同的一些做事方式和互动方式,那么,如果严格按照这个定义,只有当测量了每个个体团队成员的做事方式和互动方式后,才能够把他们共同的部分作为团队氛围的评分。

在上面两个例子里,我们都需要测量一个高层面的构念,但是信息实际上都来自于低层面的个体。那么,我们到底有哪些途径来测量一个高层变量呢?每一种方法有什么特点和需要注意的地方?下面我们介绍一些常用的团队层面变量的测量模型,读者也可以自己思考是否还有其他类型。

高层面变量可以有不同的测量方法,Chan(1998)曾经谈过 3 种不同的类型,读者可以参考他的文章学习,我们在这里做一些细分扩展,给大家介绍 6 种常用的类型。划分类型是因为它们在下面这些标准上有所不同:

①数据收集的层面:是来自于个体报告的还是直接得到总体数据的;
②参照层面:每位答题者是对自己进行评价还是直接对整体做出评价;
③汇总过程:如何从个体数据汇总到群体数据;
④关于内部一致的假设:是否需要成员的意见一致作为汇总的前提。

根据这几个方面的不同,我们介绍下面几种常用的测量模型(我们以团队为例,把个体作为第一层面,把团队作为高层面)。其实与其说它们测量方法不同,不如说它们的概念本身就是不同的。对高层面构念的定义方式决定了选用的测量方法。

1)选择分数模型(Selected score model)

这一类测量是由研究者定义选取一个典型的个体分数作为整体的测量(如图12.7)。这个典型分数可能是最大值、最小值,或者是某个特殊角色的人的特征。例如,"团队成员情绪智力的最大值""团队领导的性格特征"。在这种情况下,数据一般来自于个体,由个体对自己进行评价,用某个个体的分数直接作为高层面的测量,自然也就不需要所有成员意见一致作为前提。为了评价测量工具,需要提供个体层面的信度效度。

2)归纳指标模型(Summary index model)

归纳指标模型是指用群体内的所有成员得分的均值或总和作为群体的测量(如图12.8),不管成员间得分是否有差异、差异多大,都可以计算。在这里均值或分数的和实

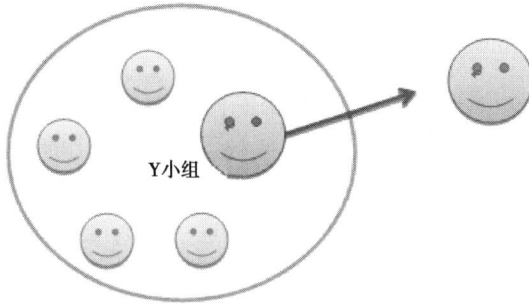

图 12.7

际是被视为对所有成员总体状况描述的指标。例如,团队成员的平均工作年限,团队成员的平均情绪智力水平。因此,数据应该是来自于成员个体自我汇报的,评价的是成员个人的情况,不需要由成员之间的一致作为汇总的前提,需要根据研究者的定义把所有成员得分加总或者取平均分作为群体分数。评价测量工具时,需要提供个体层面测量的信度效度。

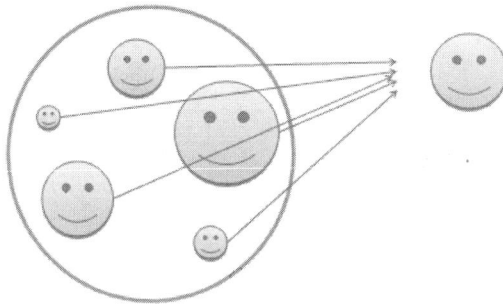

图 12.8

3)总体指标模型(Global model)

总体指标模型很简单,即通过外部观察者、主管评价、顾客评价或者客观数据等直接对总体进行测量(如图 12.9)。例如,团队绩效、团队成立时间、团队创造力等。测量时的评价对象为团队总体,因为不是由团队成员进行评价的,所以不需要成员意见一致。评价测量工具时,需要提供个体层面测量的信度效度。

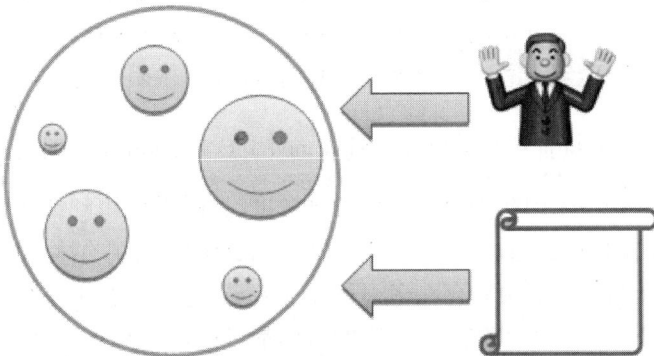

图 12.9

4)共同一致模型(Consensus model/Pooled constrained model)

有的高层面构念在定义时就包含了"成员共同的/共享的……"的含义,例如,文化如果被定义为成员共同的理念、行为、态度、价值观等,这时文化的定义本身包含了共享的部分,因此如果没有这一部分,构念本身就是不成立的。团队氛围(team climate)、团队规范(team norm)等构念也有类似的性质。因此,在这一类测量中,数据的来源是个体,每个个体针对自己进行评价。但高层面构念是通过个体的汇总计算得到的,并且汇总的前提是大家能够达到一定程度的一致(如图12.10)。评价测量工具时,需要提供团队层面的信度效度。

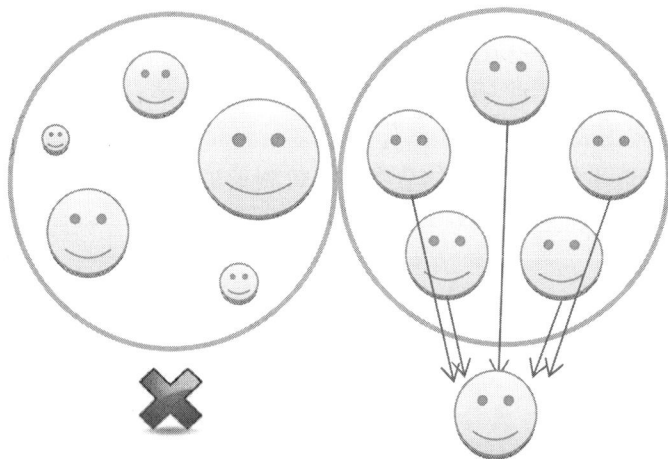

图12.10

5)参照转移模型(Referent-shift model)

参照转移模型是由团队成员对一个共同的事物做出评价,而不是像前面的共同一致模型那样报告自己的情况。例如,请每位成员对一位领导进行评价,或是评价他们所感受到的整个团队的合作氛围。在这里,个体只是一个信息的来源,他们评价的对象已经不是答题者自己了,也就是说参照物变了,故我们称为参照转移模型。因为是由多个人对一个事物进行评价,我们会认为大家一致的部分可以相对准确地代表这个事物的客观水平,所以最后的团队层面的测量是用所有人数据的平均值代表的(如图12.11)。但因为我们假设大家不同的部分是因为个人观点差异引起的误差,所以需要大家观点的一致程度达到一定标准才能够加总。评价测量工具时,需要提供团队层面的信度效度。

6)分散度模型/结构指标模型(Dispersion model/Configural model)

如果你关心的是一个团队中个体特征的分散度,这时需要用到结构指标模型。结构指标模型所测量出的团队层面的构念描述的是个体数据分布的"结构特征"。例如,一个团队中每一位成员与领导的关系存在多大程度的差异,这就需要用一个结构指标模型来表示。我们前面介绍过的表示数据分散度的指标都可以用作每一个团队分散度的测量,如标准差、方差、极差等。因此,我们需要个体提供信息,并对自己进行评价,然后基于个

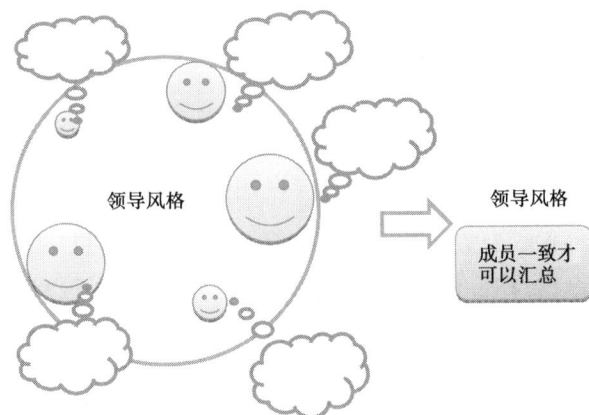

图 12.11

体的数据计算团队层面的分散度。由于分散度本身就是这里需要的变量,因此计算时不需要团队成员一致作为条件。评价测量工具时,需要提供团队层面的信度效度。

在理解了以上几种类型的高层构念后,读者也可以参考 Chan(1998)的文章,这篇文章把高层构念的类型分为 3 种,分别命名为相加构成模型(Additive composition model)、直接一致模型(Direct consensus model)和参照转移模型(Reference shift model)。其实,把这些构念命名成什么不重要,重要的是研究者自己要清楚自己的构念是什么性质的,以及可以用什么相应的方式测量。

读者可能已经注意到,前面介绍的 6 种模型中有 4 种模型是不需要有团队成员的意见一致作为基础的,而另外两种模型是需要有团队成员的意见一致作为基础的。其实只要你清楚这背后的理论原因,就很容易判断了。

在选择分数模型、归纳指标模型、总体指标模型和分散度模型中,我们所关心的高层面构念的存在意义是不会受低层面的方差大小影响的,并不会因为方差太大或太小,高层面的构念就变得没有意义了。以归纳指标模型为例,研究者需要把整条生产线每个员工的个人产值加起来得到“生产线的总产值”。在这个加总的过程中,同一生产线上员工个人生产值的方差(变异数)有多大完全不影响“生产线的总产值”的计算,因为无论方差多大,我们总是能够通过加总的方式得到总产值。

但是,在共同一致模型和参照转移模型中,低层面方差的大小却会直接影响高层面构念是否有存在的意义。因为这两种模型中,我们都是假设大家的意见中有共同的部分,或者评价的是同一个客观事物,所以如果大家彼此之间差异很大,那这个共同的部分是否存在就成了一个需要质疑的问题。如果一个企业只有 4 个员工,员工甲的程序公平评分是 1 分(假设评分是在一个 7 分的量表上,1 分最低,7 分最高),员工乙的程序公平评分是 7 分,员工丙的程序公平评分是 1 分,而员工丁的程序公平评分是 7 分。当个人层面评分有这么大的方差时,我们就很难说这个企业的平均程序公平评分是 4 分了。因此在“直接一致模型”里,“低层面构念”有一定程度的一致是必需的。到底什么称为有一定程度的一致性呢? 组织行为研究一般用 R_{wg} 和 ICC 来代表。这个问题我们将在 12.3 中详细讨论。

大多数时候,一个构念的定义决定了它只能采用某种模型进行测量,例如,年龄的分散度,就只能用分散度模型。但有的时候,一个高层面的构念可以用不同的模型来测量,这时候应该如何选择呢? 对于这个问题,我们有几个一般性的建议供大家参考。第一,如果可能,尽量在高层面直接测量,而避免用个体数据加总的方式进行测量。例如,团队业绩这个构念,可以选择用公司的业绩数据记录,也可以由团队成员对团队业绩进行评价再加总。如果能够获得公司的团队业绩记录,当然优先考虑用这个客观指标来测量。第二,需要考虑谁能够提供更为准确的信息。例如,测量"领导风格"这个构念,可以由每位团队成员对其领导进行评价再取平均,也可以由领导自己汇报自己的行为,哪一种更有可能反映实际情况呢? 那自然是团队成员的评价比领导自己的评价准确。

12.3　"低层面"到"高层面"加总的一致性

在前面讨论的共同一致模型和参照转移模型中,都涉及一个关键的问题——成员意见的一致性,因为它直接影响到我们所测量的高层构念是否有意义。而现实中,成员的意见不可能完全相同,那么成员的意见要一致到什么程度才是合理的,才能够汇总呢? 例如,我们请每位团队成员对整个团队的合作性(cooperativeness)作一个评价,然后用大家的平均来代表团队的总体合作性(group cooperativeness)。如果少数团队成员报告的分数特别低,而其他成员报告的分数都非常高,我们可以用成员的平均分数作为整个团队的测量,认为它是一个高合作性的团队吗? 到底低层面变量的方差在什么程度范围内,把低层面变量加总成为高层面变量才算合理呢? 这一节介绍两个通用的指标:R_{wg}和ICC。在做研究的过程中,这两个指标可以帮助我们判断低层面变量的方差是否在合理的范围内。

12.3.1　组内评分者信度

为了判定低层面变量在加总前的一致性问题,James 等(1981)提出了R_{wg}(within-group interrater reliability,R_{wg})的概念。这个概念很简单,但是却设计得很巧妙:找到所有成员最不一致的那种情况,然后用实际测量的情况与之相比。越相近,说明大家越不一致,越不相近,说明大家越一致。那么,最不一致的是什么情况呢? 当然是大家的评分完全随机分散在各个选项的时候了。

用统计的语言说,R_{wg}的逻辑就是把实际观察的"低层面变量的方差"与想象中最不一致的情况(也就是随机分布的方差)作比较,以此来决定把低层面变量加总到高层面的合理性。"随机分布的方差"是什么意思呢? 如果组内成员的评分是随机的,也就是说他们是随意评分,那么评分自然就不会一致了。如果实际观察到的低层面变量的方差几乎等于随机分布的方差,就代表变量的随机性很高,也就是评分者的一致性很低。相反,如果要加总的变量的方差远远少于一个随机分布的方差,就代表变量的随机性很低,也就是说评分者的一致性很高。

下面我们用一个例子来说明这个概念。我们假设要加总的变量是工作满意度。研究人员想把"个别员工的工作满意度"加总起来,变成"团队的工作满意度"。如果图12.12是我们得到的数据:

这时,k 个团队成员对他们的工作满意度的评分都是一样的 4 分 ,那么,这个变量的方差就等于零($\sigma_x^2 = 0$)。在这种情况下,显而易见,团队成员的一致性非常高。

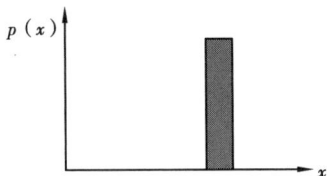
图 12.12

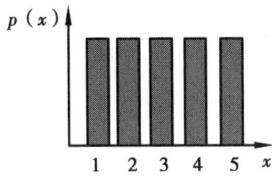
图 12.13

但是,让我们看一个完全相反的情形。如果每一个团队成员的评分都完全不一样的话(即团队成员的评分是非常分散的,完全不一致),假设我们有无限个团队成员,那最后的分布应该是一个长方形分布(也就是成员选取 1,2,3,4,5 的机会应该是完全一样的如图 12.13)。

在这种情形下,每个分数上的频数都是一样,数据的分布可以视为一个长方形的分布,这时,我们观察到的方差是所有可能的方差中最大的。

我们上面所说的是很极端的两种情况。在一般的情形下,研究人员观察到的方差应该是介乎 0(完全一致)与最大误差(完全随机)之间(如图 12.14)所示。

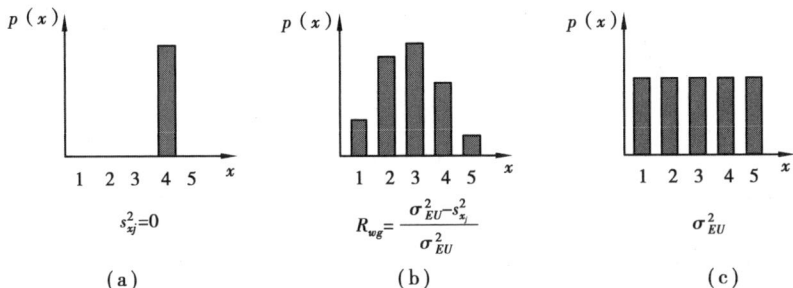
图 12.14

从概念上看,R_{wg} 就是"变量的真实观察方差"(见图 12.14a 或图 12.14b)与"理论的随机最大方差"(见图 12.14c)的比例。"变量的真实观察方差"越小于"理论的随机最大方差"(见图 12.14c,σ_{EU}^2),也就是越接近"理论的一致最小方差"($\sigma_x^2 = 0$),就说明团队评分的一致性越高。从数学上看,有公式为

$$R_{wg} = \frac{\sigma_{EU}^2 - \sigma_x^2}{\sigma_{EU}^2} = 1 - \frac{\sigma_x^2}{\sigma_{EU}^2}$$

式中,σ_{EU}^2 是随机分布的方差,也就是可能的最大方差。σ_x^2 是实际观察到的评分方差。如果 σ_{EU}^2 与 σ_x^2 差不多,就代表"实际评分方差"跟"随机最大方差"差不多,R_{wg} 就会接近 0。相反,如果"实际评分方差"(σ_x^2)差不多等于 0,就代表团队评分的一致性极大,随机性几乎等于 0,这时候 R_{wg} 就会接近 1。因此,R_{wg} 是在 0 到 1 之间变化的。

如果数据是用李克特等级(Likert-type scale)来评分的话,James 等(1981)也提供了随机分布(长方形分布)的最大方差公式,即

$$\sigma_{EU}^2 = \frac{A^2 - 1}{12} \qquad A \text{ 是评分量表的点数};A = 5 \text{ 代表是 5 点的量表}$$

因此,如果研究者用 5 级量表来测量,那么所有团队成员最大可能的方差应该是 $(5^2-1)/12=2.0$;如果用的是 7 级量表,那么所有团队成员最大可能的方差应该是 $(7^2-1)/12=4.0$。

我们来看一个例子。一个团队里有 10 个成员,在回答"这个团队里的成员常常互相帮助"(5 点量表)这道题时,这 10 个成员的评分分别是 5,2,3,5,2,3,4,1,3,4。团队的平均值是 3.2。但是这个平均值有意义吗? 它能够代表这个团队里大家互相帮助的行为吗?

我们首先需要用 R_{wg} 的公式来讨论成员的意见是否一致。读者很容易计算出,$\sigma_x^2=1.73$;$\sigma_{EU}^2=2.0$;$R_{wg}=0.13$。那 $R_{wg}=0.13$ 代表一致性有多高呢? James 等的建议是 R_{wg} 大于 0.70,说明一致性达到可以接受的标准。用这个标准,上面 10 个成员的评分是非常不一致了,这时就不能用平均分的方式测量团队中的互助行为。但是,如果这 10 个程员的评分是 4,3,3,4,3,4,3,3,4,4 的话,可以计算出,$\sigma_x^2=0.28$;$\sigma_{EU}^2=2.0$;$R_{wg}=0.86$;这时,10 个成员的评分就非常一致了,可以以用平均分作为团队构念的测量。LeBreton 和 Senter(2008)在重新考虑 R_{wg} 这个概念时,提出了以下参考:当 R_{wg} 为 0~0.3 时,代表组内没有一致性;$0.31<R_{wg}<0.50$ 时,组内一致性很低;$0.51<R_{wg}<0.70$ 时,组内一致性为中等;$0.71<R_{wg}<0.90$ 时,组内一致性为高; $R_{wg}>0.90$ 时,组内一致性为极高。

理解了上面最简单的 R_{wg} 公式,我们再做一些扩展。前面的例子是假设量表只有一个题目,但实际研究中,我们用的很多量表都包含多个题目。James 等推导了一条多题目量表的 R_{wg} 公式,称为 $R_{wg(J)}$,即

$$R_{wg(J)}=\frac{J\left[1-\overline{\sigma_{xj}^2}/\sigma_{EU}^2\right]}{J\left[1-\left(\overline{\sigma_{xj}^2}/\sigma_{EU}^2\right)\right]+\left[\overline{\sigma_{xj}^2}/\sigma_{EU}^2\right]}$$

现在因为量表有多于一个题目(J 是题目的数量),而每一个题目都有观察的方差(第 j 道题的方差是 σ_{xj}^2),所以要把所有题目的观察方差平均($\overline{\sigma_{xj}^2}$),然后才计算 $R_{wg(J)}$。

$J=6$; $k=10$	测量"团队成员互助行为"的6个题目						平均
	题目1	题目2	题目3	题目4	题目5	题目6	
评分者1	5	3	2	1	2	5	3.00
2	4	4	4	2	4	3	3.50
3	5	5	5	3	1	4	3.83
4	4	3	3	1	3	2	2.67
5	5	2	2	3	2	3	2.83
6	4	4	3	2	1	5	3.17
7	5	3	4	1	4	2	3.17
8	4	2	1	1	2	2	2.00
9	5	3	2	4	1	3	3.00
评分者10	4	5	4	4	5	4	4.33
平均	4.5	3.4	3	2.2	2.5	3.3	
σ_{xj}^2	0.28	1.16	1.56	1.51	2.06	1.34	1.32

$$R_{wg(J)}=\frac{6\left[1-(1.32/2)\right]}{6\left[1-(1.32/2)\right]+\left[1.32/2\right]}=0.76$$

James 等(1981)在提出前面的计算公式时,都是假设了团队成员的评分完全不一致的时候,研究人员观察到的分布是一个长方形分布,即在一个 5 级量表中 5 个答案(1,2,3,4,5)的机会是均等的。但是实际情况是,即使大家对于被评价的事物没有一个共同的看法,也不代表观察到的分布是长方形的。例如,一般人面对 5 级量表就很少会选极端的答案,所以 1 和 5 这两个选择的机会一般比较低,2 和 4 可能高一点,而机会最大的应该是 3。因此,James 等就提出了另外一个可能的理论随机分布——三角形的分布。

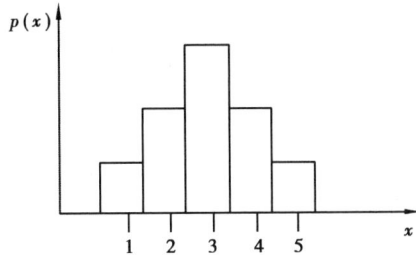

图 12.15

在这三角形分布中,5 个等级的概率分别是 $p(1)=0.11$;$p(2)=0.22$;$p(3)=0.33$;$p(4)=0.22$;$p(1)=0.11$。对应于这样一个三角形的理论随机分布,它的方差为

$$\sigma_E^2 U = \begin{cases} (A-1)(A+3)/24 & \text{当 } A \text{ 是单数时} \\ (A^2+2A-2)/24 & \text{当 } A \text{ 是双数时} \end{cases}$$

当 $A=5$ 时,三角形的理论随机分布的方差 $\sigma_{EU}^2 = 32/24 = 1.33$(长方分布的方差是 2.0)。

$J=6$; $k=10$	测量"团队成员互助行为"的 6 个题目						平均
	题目 1	题目 2	题目 3	题目 4	题目 5	题目 6	
评分者 1	5	3	2	1	2	5	3.00
2	4	4	4	2	4	3	3.50
3	5	5	5	3	1	4	3.83
4	4	3	3	1	3	2	2.67
5	5	2	2	3	2	3	2.83
6	4	4	3	2	1	5	3.17
7	5	3	4	1	4	2	3.17
8	4	2	1	1	2	2	2.00
9	5	3	2	4	1	3	3.00
评分者 10	4	5	4	4	5	4	4.33
平均	4.5	3.4	3	2.2	2.5	3.3	
σ_{xj}^2	0.28	1.16	1.56	1.51	2.06	1.34	1.32

$$R_{wg(J)} = \frac{6[1-(1.32/1.33)]}{6[1-(1.32/1.33)]+[1.32/1.33]} = 0.04$$

我们对关于 R_{wg} 的几个要点做一个总结：

①在使用 R_{wg} 到团队评分时，每一个团队都会有一个 R_{wg} 值。因此，如果数据中有 20 个组的话，就会有 20 个 R_{wg} 值。

②一般来说，使用 R_{wg} 时会观察两个指标：

a. 各小组的 R_{wg} 值的中位数一定要很高。George 和 Bettenhausen(1990)指出 R_{wg} 中位数大于 0.70 就代表团队评分的一致性颇高。一般在汇报时，最好可以报告所有小组 R_{wg} 的最大值、最小值、中位数和平均数。

b. 有些研究者建议凡是 R_{wg} 少于 0.70 的小组数据都应该删掉。不过，也有人建议当小组的 R_{wg} 超过 0.70 的百分比很高时(如 90%)，整个数据就可以保留。

③理论上，R_{wg} 应该是介乎于 0 与 1 之间。因为"随机方差"应该是理论上最大的随机方差。但是在实际运算时，R_{wg} 有可能是负数或是大于 1.0。这也是 R_{wg} 的一个很大的弱点。一般大于 1 的我们就当成 1，小于 0 的就当成 0。

④既然 James 等(1981)提出了长方形和三角形随机分布，研究者怎样知道哪一个才对呢？我们的经验是很多期刊评审员都觉得 R_{wg} 是一个很宽松的指标。一般的数据很容易就可以达到 R_{wg} 中位数超过 0.70 的要求。因此，我们不妨在选取随机分布的时候严谨一点。从这个角度来看，在一般情形下，长方形随机分布可能比较合适。

12.3.2 组内相关系数

除了 R_{wg} 外，最常用的评分一致性的指标就是"组内相关系数(Intra-class correlation，ICC)"。ICC 所用的概念其实与方差分析(Analysis of Variance，ANOVA)很相近——如果小组内的平均方差(within-group variance)远远小于组与组之间的方差(between group variance)，就表示小组内的评分颇为一致。相反，如果"组内组员的方差"比"组之间的平均方差"还大，那就很难说小组内的评分一致了。从概念就可以看出，ICC 与 R_{wg} 有一个很重要的分别。在用 R_{wg} 值验证小组内评分的一致性时，每一个小组都有一个 R_{wg} 值。如果样本里有 10 个小组，就有 10 个 R_{wg} 值。但是用 ICC 来判断组内一致性时，在一个样本里，只有一个 ICC 值。

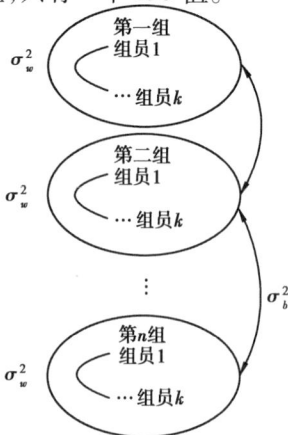

图 12.16

现在举一个例子来解释 ICC 是什么。假设有 J 个小组，每个小组有 K 个组员，用一个李克特等级(Likert-type scale)量表来评自己所在团队的"团队成员互助行为"的分数。我们的问题是这 J 个小组的每个小组内，K 个组员的"团队成员互助行为"评分是否一致。如果一致的话，我们就可以拿一个团队中 K 个组员的平均值来代表这个团队的"团队成员互助行为"分数。如果评分不一致，用平均分数作为团队分数就有问题。但是，如何知道组内的组员评分是否一致呢？用方差分析的概念我们可以比较"组内组员的方差"和"组之间的平均方差"(如图 12.16)。

图 12.17 是 ICC 的另外一个表达方式。我们在图中

用不同深浅颜色表示 5 组。每一个长方形是一个组员。凡是同一个纵轴的长方形,就代表同一组的组员。每组中间的圆是该组的小组平均值。"组内方差"(σ_w^2)就是同一组(同一个纵轴的长方形)相对于自己组的平均(圆形)的方差。"组间方差"(σ_b^2)就是不同组的平均(圆形)之间的方差。

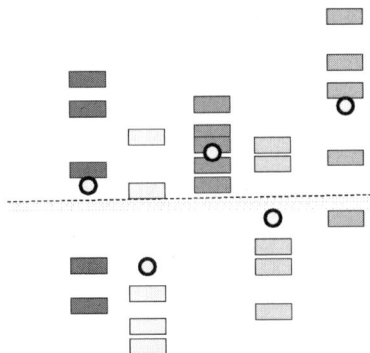

图 12.17

图中每一个长方格就代表一个人。假设我们是在测量员工的满意度。因此,我们一共有 25 个员工的数据。员工分为 5 组,凡是同一个纵轴的长方格就代表同一组。每个方格的高低水平代表员工的数据(满意度)的大小。每一组中的圆圈代表这一组的平均数。因此,我们看见最后一组(最右边的 5 个数据)是相对其他长方格为高的,代表这组员工的满意度是相对最高的。可知,这一组的平均满意度(最右边的一个圆圈)也比其他组的圆圈较高一点。当中横的一条虚线(broken line)代表所有 25 位员工的满意度的总平均。ICC 所测量的是每个小组内的方差(每一个纵轴的长方形与自己组内的圆形的平均平方差额),与 5 个小组平均(圆圈)与整个数据的总平均(虚线)的平均平方差的比较。前者是"组内方差"(σ_w^2),后者是"组间方差"(σ_b^2)。

现在让我们用一个数学模型来代表每一个组员的评分,如果小组 j 中组员 k 的评分是 x_{jk},x_{jk} 可以视为由两个部分组成,小组 j 的真实"团队成员互助行为"分数(G_j)和小组 j 中组员 k 的评分的误差(e_{jk}),即

$$x_{jk} = G_j + e_{jk} \qquad k = 1, \cdots, K \qquad j = 1, \cdots, J$$

式中　x_{jk}——第 j 个小组中第 k 个组员的评分;

　　　G_j——第 j 个小组"团队成员互助行为"的真实分数(true score),"真实分数"的意思是当 $k = \infty$ 时,第 j 个小组的平均评分;

　　　e_{jk}——第 j 个小组中第 k 个组员的评分误差或是随机部分;

　　　G_j——正态分布,平均值是 0,方差是 σ_b^2;

　　　e_{jk}——正态分布,平均值是 0,方差是 σ_e^2,或叫 σ_w^2;

这个模型还可以改成另外一种写法,即

$$x_{jk} = \mu + (G_j - \mu) + e_{jk} \qquad \text{或是} \qquad x_{jk} = \mu + \alpha_j + e_{jk}$$

式中　μ——整个样本里所有小组内的所有组员的平均评分;

　　　α_j——第 j 组的平均值 G_j 离开 μ 的距离。

因此,组内方差是$\frac{1}{k}\sum\limits_{k}(x_{jk}-G_j)^2$,而组间方差是$\frac{1}{j}\sum\limits_{j}(G_j-\mu)^2$。

这是什么意思呢? 首先,所有的组员,无论他是哪一个组的,合起来有一个总平均(grand mean)的评分。我们将这个总平均称为μ。其实,这就是所有人的平均评分。然后,每一个组的"平均评分"会与这个总平均有差别。这就是$(G_j-\mu)$或者简称α_j。这个"组的平均"与"总平均"的差,其实就是组与组之间的评分的差异。在我们这个例子中,就是一组与另外一组的"团队成员互助行为"的差异。最后,每一个组的每一个组内组员,他的评分也会与他自己的组的平均有差异,这其实就是误差(e_{jk})。

如果我们对上面的评分做一个方差分析(ANOVA),我们就有J个小组,每小组有K个组员,每一个组员都是一个数据点。这个方差分析可以告诉我们,小组与小组之间有无团队成员互助行为的差异。如果μ是所有组所有成员报告值的平均值的话,我们将有以下的方差分解表:

方差来源	自由度	SS	MS	MS 期望值
小组之间(Between Group)	$J-1$	$k\sum(G_j-\mu)^2$	MSB	$k\sigma_b^2+\sigma_w^2$
误差(Error)	$J(K-1)$	$\sum\sum(x_{ij}-G_j)^2$	MSW	σ_w^2
总和(Total)	$NK-1$	$\sum\sum(x_{jk}-\mu)^2$		

$ICC(1)$的定义为

$$ICC(1)=\frac{\sigma_b^2}{\sigma_b^2+\sigma_w^2}$$

从上式我们知道,$ICC(1)$是小组之间真实"团队成员互助行为"的方差(σ_b^2),与观察到的表现的总方差($\sigma_b^2+\sigma_w^2$)的比率。因为我们不知道σ_b^2和σ_w^2是多少,计算ICC时只能采用抽样数据计算出来的MSB(Mean square between)和MSW(Mean square within)。利用MSB和MSW的期望值代入ICC的定义公式,得

$$ICC(1)=\frac{MSB-MSW}{MSB+(k-1)MSW}$$

基于以上的解释,$ICC(1)$有7个特点:

①当$MSB=MSW$时,"小组之间的差异"与"小组内的差异"一样大,$ICC(1)=0$。

②当$MSW=0$时,"小组内的评分"没有差异,每个评分者的评分都一样,$ICC(1)=1$。

③当MSW比MSB更大时,一般把$ICC(1)$当成0。

④$ICC(1)$是两个不同的小组p和q内所有小组组员的评分的相关系数(推导见附录1)。$ICC(1)$越大,代表在同一个组里的不同成员的评分越一致。

⑤$ICC(1)$被定义为小组之间的真实方差(σ_b^2)与观察到的方差($\sigma_b^2+\sigma_w^2$)的比率。如果读者还记得测量一章的内容,应该有印象这正是信度的定义,所以$ICC(1)$也可以看成是小组成员对同一被评对象进行评分的信度。

⑥$[1-ICC(1)]$可以被视为评分者评分差异的百分比(percentage of variance due to the disagreement among the raters, Bartko, 1976:763)。因为当$ICC(1)$高的时候,就代表

组间的差异远远大于组内的差异（$\sigma_b^2 \gg \sigma_w^2$）；当 $ICC(1)$ 低的时候，组内差异主要是由于评分者之间的差异带来的，故 $[1 - ICC(1)]$ 恰好就可以表示出这一部分所占的比例。

⑦ICC 的逻辑跟 R_{wg} 完全不一样。R_{wg} 是比较"变量实际观察的方差"和"理论的随机分布的方差"来判断观测值之间的一致程度。如果变量的方差近乎随机分布的方差，研究人员就把变异看成是随机性的，即团队成员的评分没有一致性。ICC 的理论却比较像方差分析（ANOVA）的概念。ICC 比较"团队内的变量评分的方差"（组内的方差，Within-group variance，σ_w^2）和"团队之间的平均评分的方差"（组与组之间的方差，Between-group variance，σ_b^2）来决定团队内人员评分的一致性。如果 σ_w^2 远少于 σ_b^2，即代表组内的评分非常一致，而组与组之间的评分相差很大，这就代表组内变量的一致性很高、随机性很低，相反，如果组内的方差（σ_w^2）很大，而组之间的方差（σ_b^2）很小的话，就代表组内的一致性很低而变量的随机性很高。

上面的 $ICC(1)$ 只是表现了每一组内不同组员的评分的一致性。所以我们可以把 $ICC(1)$ 看成是"个别组员的评分"的信度。但是，我们收取小组数据的最终目的，其实是把每一组的所有组员的评分计算出一个平均的评分。然后用这个"小组内的平均评分"来代表该小组的评分。因此我们真正用来做数据分析时，采用的不是个别组员的评分，而是每一个小组的"平均评分"。从这个角度看，$ICC(1)$ 代表的组内成员评分的一致性，或者是组内成员的评分的信度，可能不是我们最有兴趣的。相反，我们可能更有兴趣的是，如果我用了小组的平均评分，这个"小组平均"的信度是多少。这就称为 $ICC(2)$ 了。因此：

- $ICC(2)$ 是小组的平均评分的信度；$ICC(1)$ 是小组内不同的组员评分的信度。
- $ICC(2)$ 可以理解为：当我们从 n 个组内，随机地从每一个组内抽取 k 个组员，个别计算每一组的平均。然后，我们（理论上）再重复依照这个步骤再做一次。因此，我们就会有两个样本在手上，每个样本都有 n 个组，每个组有 k 个组员的平均评分。$ICC(2)$ 就可以看成是这两个样本的 n 个平均的相关系数。换句话说，$ICC(2)$ 就是小组的平均评分的信度。

根据 Spearman-Brown prophecy formula，如果一个测试的信度是 r_{xx}，我们重复这个测试 k 次的话，它的信度将会增加，新测试（k 倍原来的测试）的信度 r_{yy} 与原来测试的信度 r_{xx} 的关系为

$$r_{yy} = \frac{kr_{xx}}{1 + (k - 1)r_{xx}}$$

如果每一组都有 k 个评分者，而我们用这 k 个评分者的"平均评分"作为该组的评分的话，那这 J 个组的"平均评分"的信度就好像是 $ICC(1)$ 扩大了 k 倍一样。这个"平均评分"的信度称为 $ICC(2)$。其实就是把 Spearman-Brown prophecy formula 用在 $ICC(1)$ 上面（详细解释见附录2），即

$$ICC(2) = \frac{k\,ICC(1)}{1 + (k - 1)ICC(1)} = \frac{MSB - MSW}{MSB}$$

1) 例子

	评分者 甲	评分者 乙	评分者 丙	评分者 丁	总数	G_j
小组　一	2	4	3	3	12	3.00
小组　二	5	7	5	6	23	5.75
小组　三	1	3	1	2	7	1.75
小组　四	7	9	9	8	33	8.25
小组　五	2	4	6	1	13	3.25
小组　六	6	8	8	4	26	6.50
总数	23	35	32	24	114	
平均	3.83	5.83	5.33	4.00		4.75

$$SS_{\text{Between Groups}} = k_j \sum (G_j - \mu)^2 \quad k_j = 4$$

$$SS_{\text{Within Groupt}} = \sum \sum (x_{ij} - G_j)^2$$

$$SS_{\text{Total}} = \sum \sum (x_{ij} - \mu)^2$$

方差来源	自由度	公　式	SS	MS
小组间(Between Groups)	$(n-1)=5$	$k_j \sum (G_j - \mu)^2$	122.50	24.50
组内(Within Groups)	$n(k-1)=18$	$\sum \sum (x_{ij} - G_j)^2$	36.00	
总和(Total)	$nk-1$		158.50	1.23

$$ICC(1) = \frac{MSB - MSW}{MSB + (k-1)MSW} = \frac{24.5 - 2.00}{24.5 + (4-1)2.00} = 0.7377 \quad (\text{"单一评分者"的信度})$$

$$ICC(2) = \frac{MSB - MSW}{MSB} = \frac{24.5 - 2.00}{24.5} = 0.9184 \quad (\text{"4个评分者的平均"的信度})$$

2) ICC(2)的概念

小组主管对小组的凝聚力的评分		k个组员对小组的凝聚力的评分的"平均数"	
小组一	4	小组一	3.8
小组二	2	小组二	1.5
⋮		⋮	
小组 N	5	小组 N	3.5

在左边的设计里,每个小组只有一个主管对"小组的凝聚力"评分,因此,每个小组只有一个"小组的凝聚力"分数。我们假设这个"小组的凝聚力"评分的信度是 r_{xx}。

在右边的设计里,每个小组有 k 个小组成员对"小组的凝聚力"评分,因此,每个小组有 k 个"小组的凝聚力"分数。如果我们把每个小组的 k 个组员的评分平均,用这个平均值作为"小组的凝聚力"的分数,假设组员评分的误差与主管评分的误差一样,"组员的平均评分"的信度(r_{yy})肯定比"一个主管的评分"(r_{xx})的信度高。两者之间的关系就可以用来代表,即

$$r_{yy} = \frac{kr_{xx}}{1 + (k-1)r_{xx}}$$

$ICC(1)$ 与 $ICC(2)$ 的关系就像以上的例子一样。

①$ICC(1)$ 是每组的一个评分者对组内不同对象评分的信度。$ICC(2)$ 是一组评分者平均对组内不同对象评分的信度。

②$ICC(1)$ 是小组内"个别评分者"的评分的信度。$ICC(2)$ 小组的"平均评分"的信度。也就是说如果我们在 N 个小组的每个小组内再随机选出另外 k 个评分者来对同样的对象评分,然后计算每组的"平均评分"。两次"平均评分"的相关系数就是 $ICC(2)$ 的值。

③$ICC(2)$ 受每组的评分者数目(k)影响很大。k 越大,$ICC(2)$ 值就越大。

④因为 $ICC(2)$ 是组内"平均评分"的信度,而"平均评分"的误差肯定比"个人评分"小,故 $ICC(2)$ 一定比 $ICC(1)$ 大。

本章附录

1 随机分布的方差

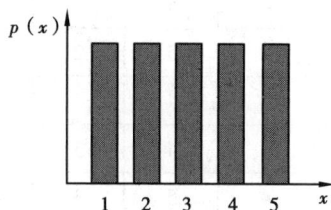

图 12.18

$$\begin{aligned}
\sigma^2 &= E(x^2) - [E(x)]^2 \\
&= \sum_{k=1}^{A} \frac{1}{A}k^2 - \left[\sum_{k=1}^{A} \frac{1}{A}k\right]^2 \\
&= \frac{1}{A}\left[\sum_{k=1}^{A}k^2 - \frac{1}{A}\left(\sum_{k=1}^{A}k\right)^2\right] \\
&= \frac{1}{A}\left[\frac{A(A+1)(2A+1)}{6} - \frac{1}{A}\left(\frac{A(A+1)}{2}\right)^2\right] \\
&= \frac{1}{A}\frac{A(A+1)}{2}\left[\frac{(2A+1)}{3} - \frac{1}{A}\frac{A(A+1)}{2}\right] \\
&= \frac{A+1}{2}\left[\frac{2(2A+1) - 3(A+1)}{6}\right]
\end{aligned}$$

$$= \frac{A+1}{2}\left[\frac{A-1}{6}\right]$$

$$\sigma^2 = \frac{A^2-1}{12}$$

2 R_{wg} 的计算例子

假设我们有以下数据。我们有 6 组员工,每一组有 10 人。每个员工都会用两个条目(x_1 和 x_2)评价自己的小组的"公民行为"。

Group	x_1	x_2	Group	x_1	x_2	Group	x_1	x_2
1	5	3	3	5	3	5	5	4
1	4	2	3	5	3	5	4	4
1	5	4	3	5	4	5	4	4
1	4	3	3	5	2	5	5	2
1	5	3	3	5	2	5	5	2
1	4	4	3	4	4	5	5	2
1	5	2	3	2	2	5	4	3
1	4	3	3	4	4	5	5	3
1	5	4	3	4	3	5	4	3
1	4	2	3	4	3	5	5	3
2	4	4	4	4	2	6	5	3
2	5	3	4	4	2	6	4	4
2	4	3	4	5	3	6	4	3
2	5	3	4	5	2	6	5	4
2	4	2	4	4	4	6	4	3
2	5	2	4	4	3	6	4	3
2	4	3	4	5	3	6	5	4
2	5	4	4	5	3	6	5	2
2	4	2	4	4	4	6	4	2
2	5	4	4	4	4	6	4	2

以下的 SPSS 程序就可以做 R_{wg} 的分析。首先假设数据是存在 rwgdata. sav 文件内。

```
GET file = 'k:\rwgdata. sav'.
AGGREGATE
  /OUTFILE = 'k:\rwgout. sav'
  /BREAK = group
  /COUNT = N
  /sdx1  sdx2 = SD( x1  x2).
execute.
```

上面的程序是计算 x_1 和 x_2 的"组内标准差",然后把每组的"组内标准差"存于两个新的变量中,分别是 sdx1 和 sdx2。

Get file = 'k : \rwgout. sav'.
COMPUTE varx1 = sdx1 ∗ sdx1 .
COMPUTE varx2 = sdx2 ∗ sdx2 .
把标准差变成方差。
compute mvar = MEAN(varx1 , varx2) .
计算 S_{xy}^2
compute nvar = 2.
小组的公民行为是用两个条目来测量的。
compute rwg = nvar ∗ (1 − (mvar/2))/(nvar ∗ (1 − (mvar/2)) + mvar/2) .
计算 Rwg。
execute.
结果,我们会得到如下 6 组的 R_{wg} 估计数值:

	R_{wg}
第一组	0. 866 1
第二组	0. 866 1
第三组	0. 866 1
第四组	0. 867 9
第五组	0. 867 9
第六组	0. 867 9

3 为什么 $ICC(1)$ 可以看成是信度的指标?

注意:本章内容里提供的是"样本"的 $ICC(1)$ 公式,这里我们用 MSB 和 MSW 的期望值,因为期望值是代表了本体中的 MSB 和 MSW。

$$
\begin{aligned}
ICC(1) &= \frac{E(MSB) - E(MSW)}{E(MSB) + (k-1)E(MSW)} \\
&= \frac{(k\sigma_b^2 + \sigma_w^2) - \sigma_w^2}{(k\sigma_b^2 + \sigma_w^2) + (k-1)\sigma_w^2} \\
&= \frac{k\sigma_b^2}{k\sigma_b^2 + k\sigma_w^2} \\
&= \frac{\sigma_b^2}{\sigma_b^2 + \sigma_w^2} \\
&= r_{xx}
\end{aligned}
$$

4 为什么 $ICC(2)$ (用了"平均评分"的信度) 就等于让 $ICC(1)$ 扩大了 k 倍?

现在让我们来看看,如果每一组只有一个评分者,信度的定义为

$$
r_{xx} = \frac{\sigma_t^2}{\sigma_x^2} = \frac{\sigma_t^2}{\sigma_t^2 + \sigma_e^2}
$$

在这种情形下,σ_t^2 就是 σ_b^2,σ_e^2 就是 σ_w^2,因为"组间差异"σ_b^2 才是真实的差异(在我们的例子,就是

组与组之间的公民行为的不同）。在每一个组内，不同的组员的不同评分，其实是随机的误差（在我们的例子，就是组内的不同组员评价自己组的公民行为的不同），因为理论上每一个组内的所有组员的评分应该是一样的，也就是这个组的“真实”公民行为。

现在我们平均了 k 个评分者，如果每个评分者的随机部分都一样，用了“平均评分”就好比把随机的部分减少了 k 倍。因此，“平均评分”的信度的随机方差是 σ_w^2/k（Winer，1013），而“平均评分”的信度为

$$r_{yy}=\frac{\sigma_b^2}{\sigma_b^2+(\sigma_w^2/k)}$$

$$r_{yy}=\frac{k\sigma_b^2}{k\sigma_b^2+\sigma_w^2}$$

$$r_{yy}=\frac{k\sigma_b^2}{\sigma_b^2+\sigma_w^2+(k-1)\sigma_b^2}$$

$$r_{yy}=\frac{\dfrac{k\sigma_b^2}{\sigma_b^2+\sigma_w^2}}{\dfrac{\sigma_b^2+\sigma_w^2+(k-1)\sigma_b^2}{\sigma_b^2+\sigma_w^2}}$$

$$r_{yy}=\frac{kr_{xx}}{1+(k-1)r_{xx}}$$

上式中最后一步，其实就是 Spearman-Brown prophecy formula。因此，如果 $ICC(2)$ 是“平均评分”的信度，$ICC(2)$ 就相当于每组只有一个评分者时的信度。

5　ICC(1) 和 ICC(2) 计算的例子

以下面的简单数据为例子。有 6 组（group），每组有 4 为组员（subject），每位组员都评价自己组内的一般公民行为（measure）。数据如下：

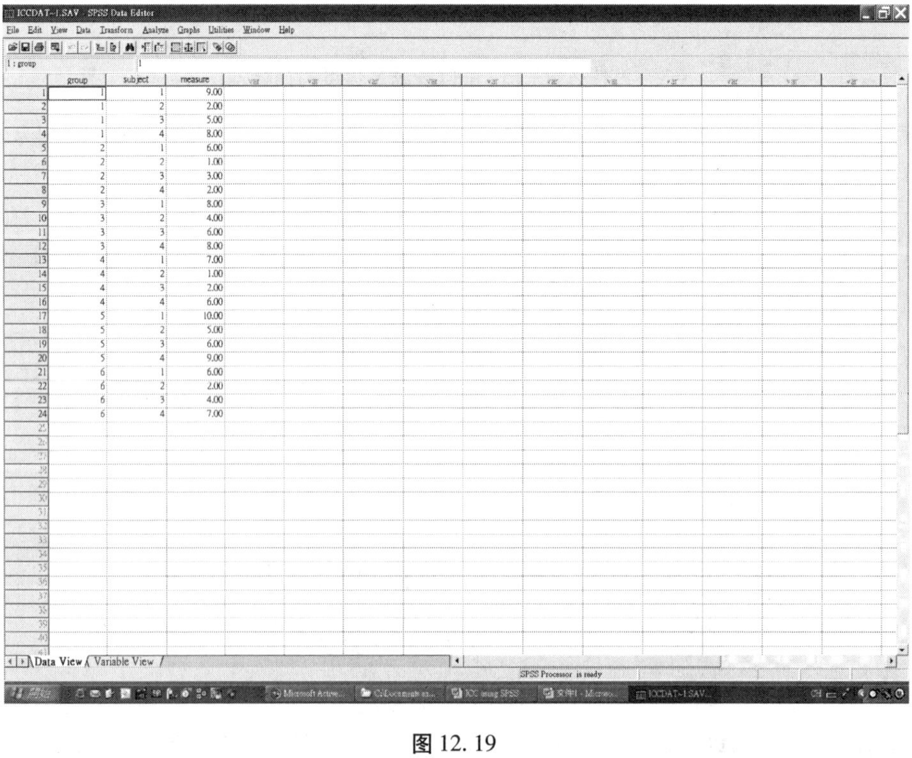

	group	subject	measure
1	1	1	9.00
2	1	2	2.00
3	1	3	5.00
4	1	4	8.00
5	2	1	6.00
6	2	2	1.00
7	2	3	3.00
8	2	4	2.00
9	3	1	8.00
10	3	2	4.00
11	3	3	6.00
12	3	4	8.00
13	4	1	7.00
14	4	2	1.00
15	4	3	2.00
16	4	4	6.00
17	5	1	10.00
18	5	2	5.00
19	5	3	6.00
20	5	4	9.00
21	6	1	6.00
22	6	2	2.00
23	6	3	4.00
24	6	4	7.00

图 12.19

计算 ICC 有以下两个方法：

方法一：如果用这个数据在 SPSS 做一个简单的方差分析（one-way ANOVA of “measure” by “group”），将有如下的结果：

		SS	df	MS
Between group		56.208 33	5	11.241 67
within group	(Error)	112.75	18	6.263 889

基于这个结果，就可计算 ICC：

$$ICC(1)=\frac{MSB-MSW}{MSB+(k-1)MSW}\quad [\text{注：}k=\text{每组里的组员人数}]$$

$$ICC(1)=\frac{11.241\,7-6.263\,9}{11.241\,7+(4-1)\times 6.263\,9}$$

$$ICC(1)=0.165\,7$$

$$ICC(2)=\frac{MSB-MSW}{MSB}$$

$$ICC(2)=\frac{11.241\,7-6.263\,9}{11.241\,7}$$

$$ICC(2)=0.442\,8$$

方法二：如果我们希望由 SPSS 直接计算 ICC，要用如下的方法重新组织数据：

现在有 5 个变量，第一个是分组（group）。有 6 组。然后每一个组员（subject）的评分就是一个变量。因为每组有 4 个组员，所以有 4 个变量，分别是 subject 1，subject 2，subject 3 和 subject 4。

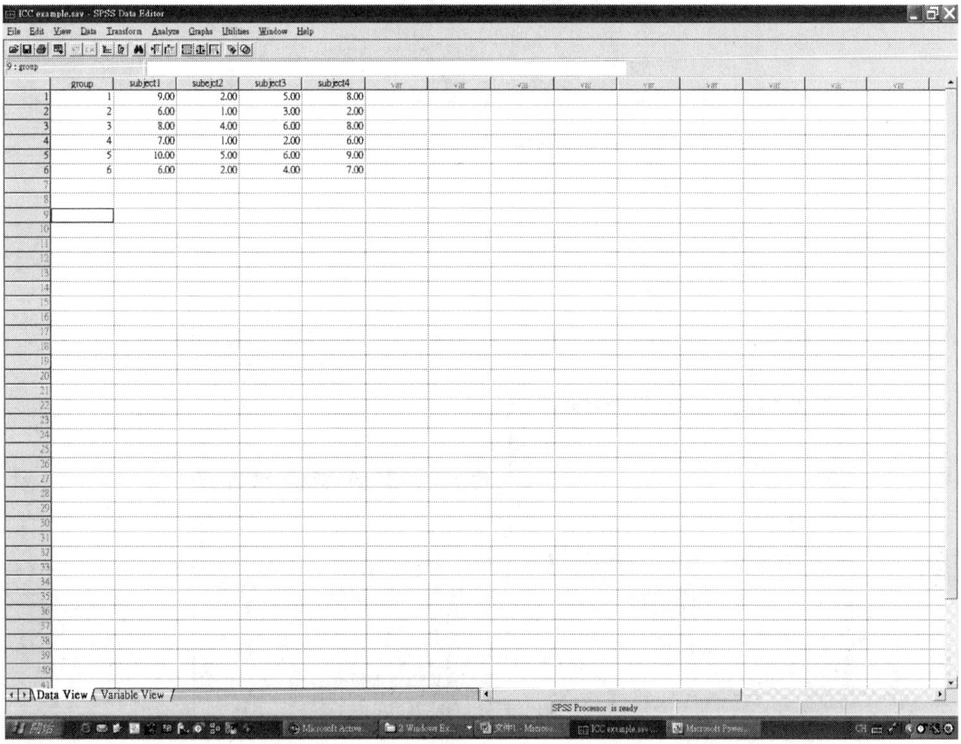

	group	subject1	subject2	subject3	subject4
1	1	9.00	2.00	5.00	8.00
2	2	6.00	1.00	3.00	2.00
3	3	8.00	4.00	6.00	8.00
4	4	7.00	1.00	2.00	6.00
5	5	10.00	5.00	6.00	9.00
6	6	6.00	2.00	4.00	7.00

图 12.20

然后，我们在 SPSS 内：

①选择 Scale。

②然后选 reliability analysis。

　　③然后选择 subject1 到 subject4 这 4 个变量。

　　④在统计项(statistics)里,选择 intraclass correlation 和 Model(one-way random)结果,程序就会为你计算 $ICC(1)$ 和 $ICC(2)$ 了。

　　⑤计算图如图 12.21:

图 12.21

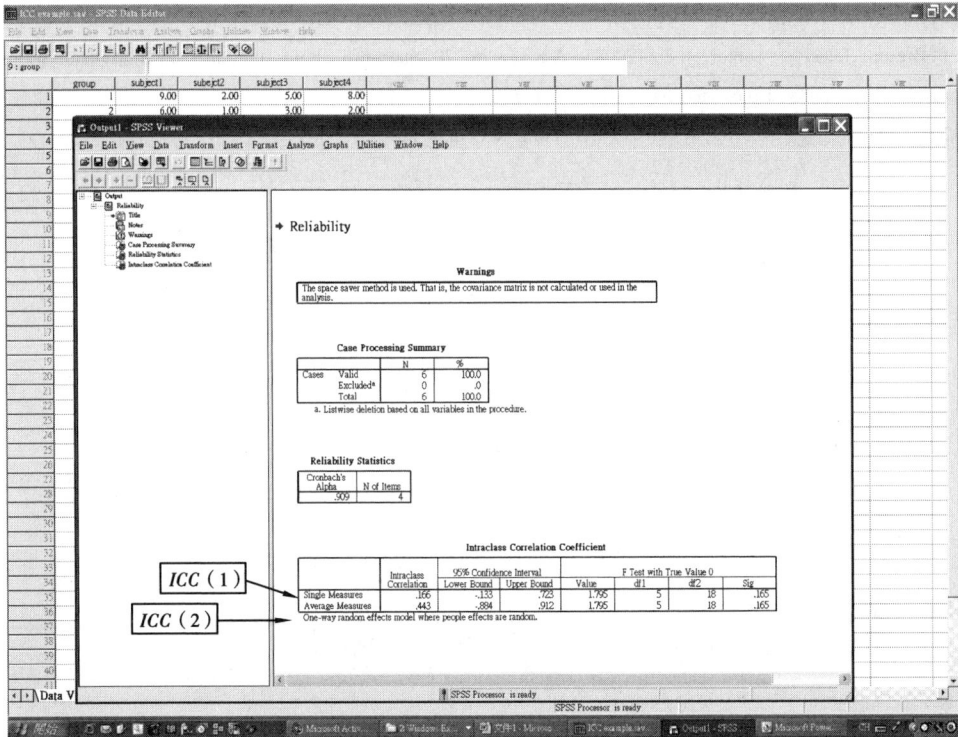

图 12.22

图 12.22 的输出中, Single Measure 对应的 intraclass correlation 就是 $ICC(1) = 0.166$; Average Measure 对应的 intraclass correlation 就是 $ICC(2) = 0.443$。跟方法一的结果是一样的。

上面的所谓"one-way random model", 意思是我们假设所有的每一组内的评分者是随机选择的。因此, 组内评分者的方差会全看成是随机的误差。

参考文献

Bartko, J.J. (1976). On various intraclass correlation reliability coefficients.Psychological Bulletin, 83(5), 762-765.

Chan, David (1998). Functional Relations among constructs in the same content domain at different levels of analysis A typology of composition models., Journal of Applied Psychology, 83(2), 234-246.

Cronbach, L.J. & Webb, N. (1975). Between-class and within-class effects in a reported Aptitude x Treatment Interaction: Reanalysis of a study by G.L. Anderson. *Journal of Educational Psychology,* 67(6), 717-724.

George, J. M., & Bettenhausen, K. (1990).Understanding prosaic behavior, sales performance, and turnover: A group-level analysis in a service context.Journal of Applied Psychology, 75, 698-709.

House, R.J., Rousseau, D.M., & Thomas-Hunt, M. (1995). The meso paradigm: A framework for the integration of micro and macro organizational behavior. In B.M. Staw and L.L. Cummings (Eds.), *Research in Organizational Behavior* (Vol. 17, pp. 71-114). Greenwich, CT: JAI Press.

James, L.R., Wolf, G., & Demaree, R.G. (1981). Estimating inter-lrater reliability in incomplete designs.Fort Worth, TX:Institute of Behavioral Research, Texas Christian University.

Klein, K. J., & Kozlowski, S. W. (2000). From micro to meso: Critical steps in conceptualizing and conducting multilevel research. Organizational Research Methods, 3(3), 211-236.Tosi, H. 1992. *The environment/organization/*

person contingency model: A meso approach to the study of organizations. Greenwich, CT: JAI Press.

LeBreton, J.M. & Senter, J.L. (2008). Answers to 20 questions about interrater reliability and interrater agreement. Organizational Research Methods, 11(4), 836.

Miller, J. G. (1978). Living systems. New York: McGraw-Hill.

第13章 多层线性模型

明白了研究的层次问题后,丢丢非常兴奋,因为除了单一层面的研究以外,自己已经可以开始研究不同层面的问题了。但是,李老师上次只是讲到什么是不同层面的研究以及高层变量如何测量和汇总,如果研究牵涉跨过不同的层阶时,该如何处理呢? 他记得李老师谈过,研究跨层阶的问题需要特别的分析工具。因此,今天他特别跑来问李老师,到底分析跨层阶数据时,需要什么独特的工具。

丢丢:"老师,上次你说分析混有不同层阶的数据时,我们需要特别的分析工具。那到底是什么新的东西呢?"

老师:"丢丢,上次我讲的时候,我只是点出这个问题而已。其实,没有一个所谓的'跨层阶的分析工具',可以帮助我们分析所有的跨层阶的数据的。"

丢丢:"老师,那是什么意思呢? 是不是代表有一些跨层阶的问题可以有分析工具,有些却没有? 还是不同的跨层阶问题要用不同的跨层阶分析工具呢?"

老师:"丢丢,其实我们没有很多套'不同的'跨层阶分析工具。来来去去用的都是线性的回归分析。不过,处理不同的跨层阶问题时,确实是稍微有点不一样。例如,自变量是高层阶、因变量是低层阶时,如企业文化影响员工表现时,那是一个方差分析。又如,自变量是低层阶、因变量是高层阶时,如个别员工的能力影响整个团队的表现时,那是一个加总到团队层面的简单回归分析。再如,自变量既有高层阶变量又有低层阶变量,但因变量是低层阶的变量时,我们就可能会用多层线性模型。"

丢丢:"老师,前两个例子我都可以明白。其实,你在以前都谈过了。但是什么是'多层线性模型'? 是多层回归分析(Hierarchical Regression)吗?"

老师:"丢丢,不是多层回归分析。'多层线性模型'是 Hierarchical Linear Model,简称 HLM。"

丢丢:"HLM? 老师,这个东西我好像没有学过。在什么情形下才会用 HLM 来分析数据呢?"

老师:"丢丢,在有跨层阶的调节或是中介作用时,我们就最有可能使用 HLM 了。"

丢丢:"跨层阶的调节作用? 跨层阶的中介作用? 这些是什么东西? 原来调节和中介还可以跨层阶的!"

老师:"当然可以,丢丢。现在就让我们来看一种比较复杂的跨层阶分析吧!"

※※※※※※※※※※※※※※※※※※

13.1 HLM 基础知识

1) 为什么要一个新工具?

在前一章中介绍了研究中可能会遇到的多层面问题以及高层面概念的测量。在介绍"多层线性模型(Hierarchical Linear Modeling,HLM)"这个工具以前,首先让我们解释一下"多层"线性模型与"单层"线性模型有什么不同。"单层"或者是"一层的"线性模型就是我们熟悉的回归分析。在一般的回归分析中,因变量与自变量是同一个层面的。为什么在一些涉及多层问题的分析中,简单的回归分析不能满足我们的需要,而要用一个新的分析工具呢? 下面用一个很简单的例子来说明其中的原因。

2) 一个假设的例子

假设在一个虚构的企业中只有两个小组,每个小组只有两个组员。现在请各组的主管在一个 5 点的评分表上评价自己组里两位员工的表现(1 分最低,5 分最高)。这样我们就有了 4 个分数。在这一组分数中,至少可以从 3 个角度来表现它们的方差(variance):

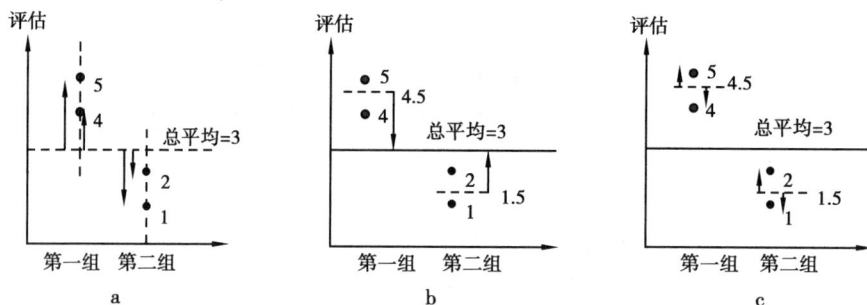

图13.1

①每个员工的表现离开总平均多少? 这个称为总方差(total variance,见图 13.1a)。

②每个小组的平均值离开总平均多少? 这个称为组间方差(between variance,见图 13.1b)。

③每个员工离开自己组的平均多少? 这个称为组内方差(within variance,见图 13.1c)。

因此,有

总方差 $= [(5-3)^2 + (4-3)^2 + (2-3)^2 + (1-3)^2]/4 = (4+1+1+4)/4 = 2.5$

组间方差 $= [(4.5-3)^2 + (1.5-3)^2]/2 = (2.25+2.25)/2 = 2.25$

组内方差 $= [(5-4.5)^2 + (4-4.5)^2 + (2-1.5)^2 + (1-1.5)^2]/4 = 0.25$

故

$$总方差 = 组间方差 + 组内方差$$

13.1.1　分拆方差-协方差矩阵

我们谈过方差是可以分解为"组内方差"和"组间方差"的。那协方差也同样可以分解吗？答案是可以的。以下是一组假设的模拟数据，其中包括两个变量：自变量 x 和因变量 y。我们试试用这个数据来演算一次方差与协方差的分解。

分　　组	变量 x	变量 y	$(x-\bar{x})^2$	$(y-\bar{y})^2$	$(x-\bar{x})(y-\bar{y})$
1	1	2	4.84	1.60	2.79
1	2	1	1.44	5.14	2.72
1	5	4	3.24	0.54	1.32
1	4	3	0.64	0.07	-0.21
1	2	3	1.44	0.07	0.32
2	3	4	0.04	0.54	-0.15
2	1	3	4.84	0.07	0.59
2	2	5	1.44	3.00	-2.08
2	7	5	14.44	3.00	6.59
2	5	3	3.24	0.07	-0.48
3	6	5	7.84	3.00	4.85
3	2	1	1.44	5.14	2.72
3	1	3	4.84	0.07	0.59
3	4	4	0.64	0.54	0.59
3	3	3	0.04	0.07	0.05
总和			50.40	22.93	20.20
平均数	3.2	3.27	3.36	1.53	1.35

上面有一组很简单的数据。假设有 3 组员工，每组 5 人。每个员工都测量他们的满意度(x)和工作表现(y)。满意度的总平均是 3.2；工作表现的总平均是 3.27。上表的第四列是计算满意度(x)的方差，第五列是计算表现(y)的方差，第六列是计算 x 与 y 的协方差。计算的结果是：x 的方差是 3.36，y 的方差是 1.53，x 与 y 的协方差是 1.35。

现在来把这 3 组员工的数据分解开来，分别计算他们的组内和组间的方差与协方差。

(1)	(2)	(3)	(4)	(5)	(6)	(7)	(8)
分组	x	y	$\overline{x_{\cdot j}}$	$\overline{y_{\cdot j}}$	$(x-\overline{x_{\cdot j}})^2$	$(y-\overline{y_{\cdot j}})^2$	$(x-\overline{x_{\cdot j}})(y-\overline{y_{\cdot j}})$
1	1	2			3.24	0.36	1.08
1	2	1			0.64	2.56	1.28
1	5	4			4.84	1.96	3.08

续表

（1）	（2）	（3）	（4）	（5）	（6）	（7）	（8）
分组	x	y	$\overline{x_{\cdot j}}$	$\overline{y_{\cdot j}}$	$(x-\overline{x_{\cdot j}})^2$	$(y-\overline{y_{\cdot j}})^2$	$(x-\overline{x_{\cdot j}})(y-\overline{y_{\cdot j}})$
1	4	3			1.44	0.16	0.48
1	2	3	2.8	2.6	0.64	0.16	-0.32
2	3	4			0.36	0	0
2	1	3			6.76	1	2.6
2	2	5			2.56	1	-1.6
2	7	5			11.56	1	3.4
2	5	3	3.6	4	1.96	1	-1.4
3	6	5			7.84	3.24	5.04
3	2	1			1.44	4.84	2.64
3	1	3			4.84	0.04	0.44
3	4	4			0.64	0.64	0.64
3	3	3	3.2	3.2	0.04	0.04	0.04
SS			0.32	0.99	48.8	18	17.4
方差			0.11	0.33	3.25	1.20	1.16

在上表中，首先计算 3 组中每一组个别的 x 与 y 平均值。3 组中 x 与 y 平均值分别为组一（$x=2.8$；$y=2.6$）；组二（$x=3.6$；$y=4.0$）；组三（$x=3.2$；$y=3.2$）。我们在第四列把这 6 个小组的平均值列出来。把 3 个 x 的小组平均值减去 x 的总平均（总平均 = 3.2，见前表）再求平方并加起来，就是上表的 SS 值。因为有 3 组，当求这 3 个小组平均的"组间方差"时，应该除以 3。数学上"组间方差"（σ_b^2）的方程为

$$\sigma_b^2 = \frac{SS_b}{J} = \frac{1}{J}(\overline{x}_{\cdot j} - \overline{x}_{\cdot\cdot})^2 \qquad （J\ 是小组的数目）$$

对于 x 来说，"组间方差" $SS_b = 0.32/3 = 0.11$；对于 y 来说，"组间方差" $= 0.99/3 = 0.33$。对于协方差来说，"组间的协方差" $= [(2.8-3.2) \times (2.6-3.27) + (3.6-3.2) \times (4.0-3.27) + (3.2-3.2) \times (3.2-3.27)]/3 = 0.19$。

那"组内方差"是什么呢？"组内方差"就是每一个员工的 x 与 y 值，减与自己小组的平均值[注：不是 x 与 y 的总平均值]所得差的平均平方和。我们在上表的第（6）列和第（7）列表示出来。例如，第（6）列的第一个数是 $(1-2.8)^2$；第六个数是 $(3-3.6)^2$ 等。同样的，"组内协方差"就是 $[(x-x$ 的小组平均）$\times (y-y$ 的小组平均）$]/15$。在上表的第（8）列表示了组内协方差的计算。数学上"组间方差"（σ_w^2）的方程为

$$\sigma_w^2 = \frac{SS_w}{K} = \frac{1}{K}(x_{ij} - \overline{x}_{\cdot j})^2 \qquad （K\ 是总人数；x_{ij}\ 是第\ i\ 组的第\ j\ 个员工）$$

上面的计算结果，是 x 的"组内方差" $=3.25$；y 的"组内方差" $=1.2$；x 与 y 的"组内协方差" $=1.16$。我们把总方差-协方差与组内、组间的方差和协方差列表如下：

	x 方差		y 方差		x 与 y 协方差	
总样本	3.36		1.53		1.35	
组内	3.25	96.7%	1.20	78.4%	1.16	85.9%
组间	0.11	3.3%	0.33	21.6%	0.19	14.1%

从上表我们可以清楚地看出,无论是方差或者是协方差,都可以分解成为"组内"和"组间"两个部分。而"总方差"和"总协方差"一定等于"组内"和"组间"的方差,或是协方差的总和。

明白了这个道理又怎么样呢?为什么要花这么多时间来研究方差、协方差是否可以分解成为"组内"和"组间"两个部分呢?原因是管理学的数据往往是嵌套的。就用上面的例子,当研究满意度(x)和员工表现(y)的关系时,如果用的是总数据,分析的就是"总方差-协方差"矩阵。但是数据是包括了两个层阶(小组和个人)的关系资料。用"总方差-协方差"矩阵分析的结果同时包含了"小组的关系"和"个人的关系"在内。例如,当发现用"总方差-协方差"矩阵分析,得到 x 与 y 的相关系数 = 0.594 2 时,到底这个关系是小组层面导致的,还是个人层面导致的呢?不把方差分拆,无从得知这个问题的答案。

如果用(x 减掉 x 的小组平均)和(y 减掉 y 的小组平均)来做相关分析,得到的相关系数是 0.587 1。如果用 x 与 y 的 3 个小组平均值来做相关分析[注:这样就只有 3 个数据点],得到的相关系数是 0.99!这代表"总方差-协方差"矩阵的特征,在这个数据中,主要反映的是"组内"的方差-协方差。"组间"的方差-协方差所扮演的角色很少。其实,这个结果在上面的方差总表就看出来了。x 与 y 的协方差有 85.9% 是从组内来的,只有 14.1% 从组间而来。

上面的把"总"方差-协方差矩阵,分解成为"组间"方差-协方差矩阵和"组内"方差-协方差矩阵的总和,在多层次分析中,扮演着不可或缺的角色。读者务必尽量明白当中的道理。因为在多层次分析中,常常会提到所谓的"组内"效应、"组间"效应等。其实,就是指不同的关系,到底有多少是因为组内的差异(由"组内"方差-协方差矩阵代表)所产生的,有多少是因为组间的差异(由"组间"方差-协方差矩阵代表)所产生的。

13.1.2 组间效应与组内效应

现在我们有兴趣了解什么因素可以解释"组间方差"和"组内方差"。假设在每一个小组里,影响员工表现的可能是员工的智能能力(General Mental Ability,GMA)。智商越高的人,工作表现越好。而组与组之间的平均工作表现的差异,很有可能是受到主管的领导能力(leadership)影响,故

$$员工个人工作表现 = a_0 + (a_1 \times 员工智力) + \varepsilon_1 \qquad (1)$$

$$小组平均表现 = b_0 + (b_1 \times 领导能力) + \varepsilon_2 \qquad (2)$$

模式(1)是一个"个人层面"的模型,因为自变量和因变量都是个人;模式(2)是一个"小组层面"的模型,因为自变量和因变量都是小组。回归分析可以分析模型(1)和模型(2),但是不可以"同时"分析这两个模型。如果我们的理论认为"领导能力"不但会影响"小组平均表现",也同时会影响"员工个人工作表现",应该如何处理呢?如果更复杂一些,

"领导能力"还会影响个体层面的"员工能力"与"员工个人工作表现"时,又该如何处理呢?

上面的情况如果放入式(1)来看,也就是说每一组的 a_0 与 a_1 都不一样($a_{01} \neq a_{02}$;$a_{11} \neq a_{12}$)。一般的回归分析有一个假设,即 a_0 与 a_1 在整个样本中都适用,整个样本只有一个截距 a_0 和一个斜率 a_1。而现在的模型却是:

①第一组。领导 A:员工表现 $= a_{01} + (a_{11} \times$ 员工智力$) + \varepsilon_1$。
②第二组。领导 B:员工表现 $= a_{02} + (a_{12} \times$ 员工智力$) + \varepsilon_2$。
③$a_{01}, a_{11}, a_{02}, a_{12}$ 受"领导能力"的影响。

这样的模型是一般的回归分析不能处理的。如果变量之间的关系全都是线性的关系,用数学来表达的模型可能为[注:根据 HLM 的习惯,用 r_{ij}, u_{1j} 和 u_{2j} 等符号来代表低层阶与高层阶的误差,而不是用一般回归分析的习惯,用 ε 来代表误差]

员工表现$_{ij} = a_{0j} + (a_{1j} \times$ 员工智力$_{ij}) + r_{ij}$ (r_{ij} 是个人层面误差)
$a_{0j} = b_{00} + (b_{01} \times$ 领导能力$_j) + u_{1j}$ (u_{1j} 是小组层面误差)
$a_{1j} = b_{10} + (b_{11} \times$ 领导能力$_j) + u_{2j}$ (u_{2j} 也是小组层面误差)

在这个模型中,员工表现$_{ij}$ 是第 j 组的第 i 个员工的表现。同样的,员工智力$_{ij}$ 是第 j 组的第 i 个员工的智力。领导能力$_j$ 是第 j 组领导的领导能力(因为每一组只有一个领导,所以"领导能力"只有一个下标 j 而没有下标 i)。

在第 j 个小组里,每个员工的表现受"员工智力"影响。影响的幅度包括了一个常数(截距 a_{0j})和一个斜率(a_{1j})。这个截距和斜率每一组都不一样,故 a_{0j} 和 a_{1j} 下面才有下标 j(代表是第 j 组的 a_0 和 a_1)。而不同组的 a_{0j} 和 a_{1j} 就受这一组的"领导能力"影响。因此,每一组内的某一个员工的表现(y_{ij})受 4 个变量影响:

- 这一组的截距(a_{0j}),即"员工智力"为 0 时员工的表现。
- 这一组的斜率(a_{1j}),即"员工智力"对"员工表现"的影响。
- 这一位员工的"智力"(x_{ij})。
- 一个低层阶(个人层面)的随机误差(r_{ij})。

图 13.2 表现了影响"员工表现"y_{ij}(放大了的圆点)的 4 个影响因素:

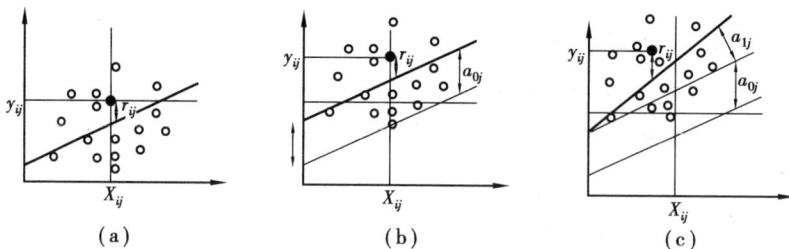

图 13.2

①在图 13.2(a)中,整个样本只有一条回归线。y_{ij} 随"员工智力"(x_{ij})的变化而变化(回归直线),x 与 y 的关系是不变的。y_{ij} 离开回归线的部分是随机误差 r_{ij}。
②在图 13.2(b)中,在每一小组里,y_{ij} 除了随 x_{ij} 变化而变化,也会随着不同小组的截距而改变(因为 a_{0j})。

③在图 13.2(c)中,每一个小组的回归线都有不同的截距和斜率,故 y_{ij} 不但随着不同小组的截距(a_{0j})而改变,y_{ij} 与 x_{ij} 的关系也会随着各自小组不同的斜率(a_{1j})而改变。

传统的单层的回归分析只可以处理图 13.2(a)中的两个影响因素(x_{ij} 的影响和随机误差 r_{ij})。当每一组的截距和斜率都受着第二层的"领导能力"的影响时,传统的"一层"的回归分析就束手无策了。这时,就要用到"多层线性模型"了。

13.2　HLM 应用范例

13.2.1　实际的"多层线性模型"的例子

在组织行为学的研究中有很多跨层面的课题。例如,员工个人的"组织公民行为 (Organizational Citizenship Behavior)"可能受员工个人的"工作满意度(Job Satisfaction)"和领导的"变革型的领导行为(Transformational Leadership)"影响。这里,因变量"组织公民行为"是个人层面的变量,自变量"工作满意度"也是个人层面的变量。但是另一个自变量"改革型领导行为"却是一个小组层面的变量,因为每一个领导只有一个水平的"改革型领导行为",不会因小组内不同组员而变化,如图 13.3 所示。

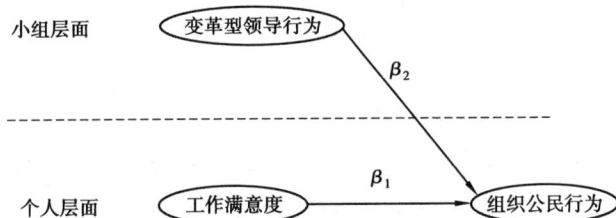

图 13.3

当然,可把小组层面的构念"变革型领导行为"降低到个人的层面,对应为每个人的数据,然后用以下的数据结构来分析[注意:下表中同一组内的"变革型领导行为"的分数是相同的]。

小　组	员　工	工作满意度	变革型领导行为	组织公民行为
1	1	3	3	4
1	2	5	3	2
1	3	4	3	5
2	1	4	5	3
2	2	2	5	2
⋮	⋮	⋮	⋮	⋮
k	1	3	2	4
k	2	4	2	2
k	3	2	2	4

那么,我们分析的统计模型就会是下面这个模型:

$$组织公民行为_{jk} = \beta_0 + \beta_1 \,工作满意度_{jk} + \beta_2 \,改革型领导行为_j + r_{jk}$$

[注:

①x_{jk}的下标代表第 j 组的第 k 个员工。

②r_{jk}是随机误差或称回归的剩余误差(residual error)。

③每一组的每个员工都有不同的公民行为和满意度,所以这两个变量的下标是 jk。

④但是每一组只有一个领导,一个改革型领导行为的分数,所以这个变量的下标只有 j 而没有 k。

⑤一般回归模型习惯把估计误差称为 ε_i。但是在 HLM 的文献中,研究者习惯把低层阶的估计误差称为 r_{jk};高层阶的估计误差称为 u_j。请读者留意。]

上面这个回归模型中,一般会用"最小平方法"或称"最小二乘法(ordinary least square,OLS)"来估计未知的参数。但是,这个 OLS 的分析方法是有一些前提假设的。在两个层阶(个人层面 + 小组层面)的模型中,这些假设不能满足。因为在一般的 OLS 回归分析中

$$Y_i = \beta_0 + \beta_1 x_i + r_i$$

这个"最小二乘法"的估计对剩余误差项 r_i 有 3 个基本的假设:

①回归估计的误差 r_i 是正态分布,平均值为 0。

②对于所有的 x_i,r_i 的方差是一个常数 σ。

③每一个误差项 r_i 是独立的。

数学上用了一个符号来形容这 3 个假设:$r_i \sim \text{i. i. d. } N(0, \sigma)$;i. i. d. 是"independent(独立的,假设 3),identically distributed(相同的分布,假设 1 和 2)"的意思。

如图 13.4 所示,每一个 x_i 都可能对应有很多个有很多不同的 y_i,也就会产生很多个 r_i,"最小二乘法"假设对于同一个 x_i 的所有估计误差 r_i 需要满足下面的条件:

①r_i 成正态分布。

②所有的 x_i 的对应的 r_i 的方差是一个常数 σ。

③两个误差(r_1 与 r_2)完全无关。

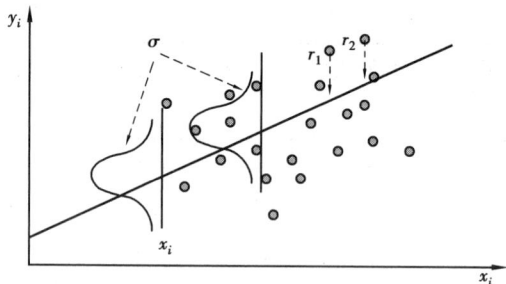

图 13.4

把"最小二乘法"的假设写成多层线性模型,即

$$y_{jk} = \beta_{0j} + \beta_{1j} x_{jk} + r_{jk}$$

$$\beta_{0j} = \gamma_{00}$$

$$\beta_{1j} = \gamma_{10}$$

在上式中有很多不同的小组。第 j 个小组的回归系数(斜率)称为 β_{1j},截距称为 β_{0j}。因此,在第一组中($j=1$),x 对 y 的影响是但是 β_{11};在第二组中($j=2$),x 对 y 的影响是但是 β_{12}……。在第二层(每一个不同的小组里)的模型里,所有的 β_{1j} 都是一样的一个常数 γ_{10}。因此,第二层的模型其实没有很大的意义。可把它改写成一个简单的一层线性模型,即

$$y_{jk} = \gamma_{00} + \gamma_{10}x_{jk} + r_{jk}$$

但是,当样本包含了很多小组,而每一个小组内的回归系数都不一样的话,"最小二乘法"的 $r_i \sim$ i.i.d. $N(0,\sigma)$ 假设就不能成立了。为什么呢?最显而易见的,如果每一组的领导风格都不一样,而这个领导风格却又影响员工的公民行为的话,那么在每一组中,单单用员工满意度(x)来估计公民行为(y)(下面的公式),误差 r_{jk} 中必定会隐藏着该组领导的领导风格的方差在内。但是,同一组的领导是一样的。因此,在同一组的数据中,这些单单用员工满意度来估计公民行为的估计误差,就是该组的领导风格的一个函数,而不是随机的了。不过,在组与组之间的数据,因为领导风格不同,这个估计误差还是随机的,即

$$y_{jk} = \gamma_{00} + \gamma_{10}x_{jk} + r_{jk}$$

那就是说,如果每一组有 10 个员工,又如果用的是上面的简单回归分析,每 10 个员工(同一组的员工)的数据的回归估计误差就是互为相关的,纵然第一个组的 10 个员工与第二组的 10 个员工的回归估计误差是独立的。

因此,用 OLS 的分析方法,对于我们的两层(个人层面 + 小组层面)模型是不正确的。用多层线性模型的表现方法,这样的模型应该写为

$$\begin{cases} y_{jk} = \beta_{0j} + \beta_{1j}x_{jk} + r_{jk} & r_{jk} \sim N(0,\sigma^2) \\ \beta_{0j} = \gamma_{00} + u_{0j} & u_{0j} \sim N(0,\tau_{00}) \\ \beta_{1j} = \gamma_{10} + u_{1j} & u_{1j} \sim N(0,\tau_{11}) \end{cases}$$

这个模型是什么意思呢?它代表:

①x 与 y 的关系是线性的回归关系,估计误差随机正态分布,误差均值为 0,误差方差是 σ^2。

②单单用 x 来估计 y 是不够的。但是欠缺的却不是与 x 同一个层阶的其他变量。因为如果是这样的话,这些遗漏的其他自变量应该都包含在 r_{jk} 里了。在这种情形下,单一层阶的回归模型还是正确的,只是它的模型 R^2 会比较低,因为遗漏的自变量不在模型中。

③相对来说,上面这个模型所描述的是,遗漏的自变量是会随着小组(j)而改变的"高层阶"的自变量。也就是说,是一个第二层阶的变量。可是我们不知道它是什么。因此唯一可以做的就是在建立模型时,制订"每一个层阶"的估计参数(包括截距 β_0 和斜率 β_1)都随着小组(第二层阶)而改变,因而成为有下标 j 的 β_{0j} 和 β_{1j}。

④模型中第二条公式 $\beta_{0j} = \gamma_{00} + u_{0j}$ 说明了每一层(每一个小组)中,用 x 来估计 y 的截距会随着 j(小组)来改变。而这个截距是一个常数 γ_{00} 加上一个随机的误差 u_{0j}。意思就是说,截距会不停地改变,但是我们不知道影响截距改变的是什么。

⑤第二层阶的随机误差 u_{0j} 还是正态分布,误差均值为 0,误差方差是 τ_{00}。

⑥模型中第三条公式 $\beta_{1j} = \gamma_{10} + u_{1j}$ 说明了每一个小组中,用 x 来估计 y 的斜率会随着

j(小组)来改变。而这个斜率是一个常数γ_{10}加上一个随机的误差u_{1j}。同样的,斜率会在组与组之间不停地改变,但是我们不知道影响斜率改变的是什么。

⑦第二层阶的第二个随机误差u_{1j}也是正态分布,误差均值为0,误差方差是τ_{11}。

这里u_{0j}和u_{1j}是一个随机的变数,即是说每一个小组(或是每一层)的截距(β_{0j})和斜度(β_{1j})都不一样。如果把第二层的公式代入第一层,得

$$y_{jk} = \gamma_{00} + \gamma_{10}x_{jk} + \left[u_{0j} + u_{1j}x_{jk} + r_{jk}\right]$$

y_{jk}的方差现在为

$$\begin{aligned}
\mathrm{Var}(y_{jk}) &= \mathrm{Var}(r_{jk} + u_{0j} + u_{1j}x_{jk}) \\
&= \mathrm{Var}(r_{jk}) + \mathrm{Var}(u_{0j}) + \mathrm{Var}(u_{1j}x_{jk}) \\
&= \mathrm{Var}(r_{jk}) + \mathrm{Var}(u_{0j}) + x_{jk}^2\mathrm{Var}(u_{1j})
\end{aligned}$$

在多层线性模型里,第一层每个小组内的随机变异"$\mathrm{var}(r_{jk})$"称为σ^2。第二层中各小组的截距的方差"$\mathrm{var}(u_{0j})$"称为τ_{00}。第二层各小组的斜率的方差"$\mathrm{var}(u_{1j})$"称为τ_{11},故

$$\mathrm{Var}(y_{jk}) = \sigma^2 + \tau_{00} + x_{jk}^2\tau_{11}$$

因此,不同于"最小二乘法"的假设,y_{ij}在多层线性模型里的误差包括了3个部分:

①第一层的估计误差(σ^2)(见图13.5a)。

②第二层的截距的方差(τ_{00})(见图13.5b)。

③第二层的斜率的方差(τ_{11})(见图13.5c)。

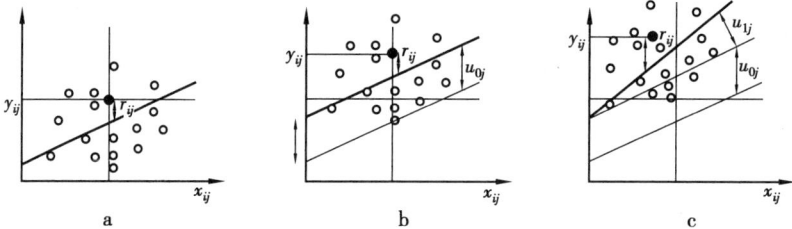

图 13.5

这里有一点需要注意,τ_{00}和τ_{11}是真实的小组之间截距和斜率的方差,但是σ^2却是抽样产生的随机误差的方差。因此,多层线性模型的学者一般将τ_{00}和τ_{11}称为真实方差(true variance),σ^2为误差方差(error variance)。关于这一点,我们在下面 HLM 的参数估计中会详细解释。

在上面的模型中,我们说我们不知道影响每个小组的截距和斜率的是什么。但是,这不一定正确。如果理论告诉了我们,影响小组的截距和斜率的是领导风格的话,我们的模型应该是如何呢?如果我们把每一个领导的领导风格称为W_j(每个领导在每一组的领导风格都不同,但是在同一个组内,因为是同一个领导,领导风格是一样的,因此 W 有 j 的下标),那么,根据一般习惯使用的线性模型,我们就会有以下的模型:

$$\begin{cases}
y_{jk} = \beta_{0j} + \beta_{1j}x_{jk} + r_{jk} & r_{jk} \sim N(0,\sigma^2) \\
\beta_{0j} = \gamma_{00} + \gamma_{01}W_j + u_{0j} & u_{0j} \sim N(0,\tau_{00}) \\
\beta_{1j} = \gamma_{10} + \gamma_{11}W_j + u_{1j} & u_{1j} \sim N(0,\tau_{11})
\end{cases}$$

上面的模型与前面的一个模型是一模一样的,唯一的区别是,现在知道每一组的截

距和斜率都与领导风格有线性的(简单的回归)关系。自然领导风格也不一定可以完全解释"组间的"截距和斜率的所有差异。因此,u_{0j} 与 u_{1j} 还是会存在,代表了用领导风格(W_j)来估计截距和斜率时,所剩下的估计误差(或称残差)。

现在回到组织研究例子。开始时介绍的"最小二乘法"有一个很大的假设,就是在不同的小组里,"工作满意度"和领导的"改革型的领导行为"对员工的"组织公民行为"影响是一样的。而对于剩余误差项 r_i 也有相应的假设。

但是,上面的分析告诉我们,当每一个小组的截距和斜率都不一样时,"最小二乘法"的假设就不再成立了。如果仍然用原来回归的方法对参数进行估计,估计值是有误差的、不准确的。这时,就要采用多层线性模型了。

13.2.2　多层线性模型的组织研究例子

图 13.6 借用了 Hofmann(1997)的理论模型作为例子。这个理论是员工的心情会影响他们帮助同事的倾向。员工的心情(mood)越好,帮助同事的倾向就越大。我们进一步地假设两个同事所属部门的实际距离(办公距离)会影响他们互相帮助的倾向,自然我们比较容易帮助离我们比较近的同事。"办公距离"也影响了"心情"与"帮助同事倾向"的关系。如果部门的实际距离越远,在同样的"心情"状况下,自然同事互相帮助的倾向越低(因为距离使帮助变得更困难)。当部门的距离越近的时候,心情与帮助同事的倾向的关系就越明显。

这里员工的"心情"是个人层面的变量,"帮助同事倾向"也是个人层面的变量。"办公距离"却是一个部门层面的变量,因为同一个部门工作的人与他人的"办公距离"是一样的。多层线性模型假设了"心情"和"帮助同事倾向"的线性关系(关系包括截距(intercept)和斜度(slope)在每一个高阶层面(部门)都可能不同。而不同部门的截距和斜度是"部门办公距离"的直线函数。如图 13.6 所示为"二层线性模型"的关系。

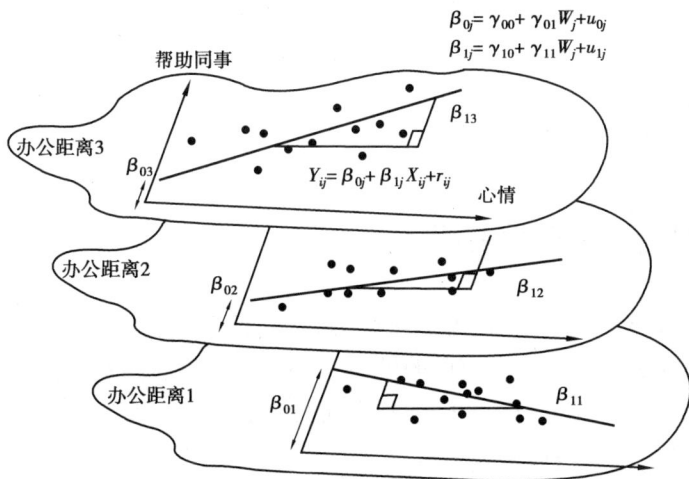

图 13.6

数学上,这个"二层线性模型"可用以下方程式表示:

个人层面:

（帮助同事倾向）$_{jk} = \beta_{0j} + \beta_{1j}$（心情）$_{jk} + r_{jk}$

部门层面：

$\beta_{0j} = \gamma_{00} + \gamma_{01}$（办公距离）$_j + u_{0j}$

部门层面：

$\beta_{1j} = \gamma_{10} + \gamma_{11}$（办公距离）$_j + u_{1j}$

上面第一个公式表示了第 j 个部门的第 k 个员工的"心情"和他"帮助同事倾向"的关系。其中有平均在部门 j 的员工的"帮助同事倾向"（β_{0j}），再加上部门 j 的员工 k 的心情对"帮助同事倾向"的影响，即（心情）$_{jk}$ 再加上一个随机变量 r_{jk}。

第二个公式表示了每一个部门的平均帮助同事倾向（β_{0j}）是受"办公距离"影响的。除了一个全公司的平均帮助同事倾向（γ_{00}）外，还有个别部门办公距离的影响（γ_{01}）和一个在部门层面的随机因素（u_{0j}）。

第三个公式表示了每一个部门中员工"心情"对"帮助同事倾向"的影响（β_{1j}）是由一个平均"心情"对"帮助同事"的影响（γ_{10}）加上一个"办公距离"对"'心情'→'帮助同事'"的影响（γ_{11}），再加上一个部门层面的随机因素（u_{1j}）。

如果把方程（4）和方程（5）代入方程（3），得

（帮助同事倾向）$_{jk} = [\gamma_{00} + \gamma_{01}$（办公距离）$_j + u_{0j}] + [\gamma_{10} + \gamma_{11}$（办公距离）$_j + u_{1j}]$（心情）$_{jk} + r_{jk}$

（帮助同事倾向）$_{jk} = [\gamma_{00} + \gamma_{01}$（办公距离）$_j + u_{0j}] + [\gamma_{10}$（心情）$_{jk} + \gamma_{11}$（办公距离）$_j$（心情）$_{jk} + u_{1j}$（心情）$_{jk}] + r_{jk}$

（帮助同事倾向）$_{jk} = \gamma_{00} + [\gamma_{01}$（办公距离）$_j] + [\gamma_{10}$（心情）$_{jk}] + [\gamma_{11}$（办公距离）$_j$（心情）$_{jk}] + [u_{0j} + u_{1j}$（心情）$_{jk} + r_{jk}]$

这里可知，γ_{00} 是平均员工对"帮助同事倾向"的影响（mean effect）；γ_{01} 是"办公距离"对"帮助同事倾向"的直接影响（main effect）；γ_{10} 是"心情"对"帮助同事倾向"的直接影响（main effect）；γ_{11} 是"办公距离"对"'心情'影响'帮助同事倾向'"的影响。也就是说，γ_{11} 反映了"办公距离"作为一个跨层阶的调节变量的角色，γ_{11} 反映了"办公距离"调节了"心情"对"帮助同事倾向"的影响。

13.3　HLM 的一般性模型

看过了一个实际的例子以后，为了简化起见，以下开始用数学符号来解释多层线性模型在研究中的运用。用一个最简单的模型：在第一层面只有一个自变量（称为 X），在第二层面也只有一个自变量（称为 W）。在上面的例子中，X 就是"心情"，W 就是"办公距离"。一个最简单的二层线性模型就是：

第一层阶：

$$Y_{jk} = \beta_{0j} + \beta_{1j}X_{jk} + r_{jk}$$

第二层阶：

$$\beta_{0j} = \gamma_{00} + \gamma_{01}W_j + u_{0j}$$
$$\beta_{1j} = \gamma_{10} + \gamma_{11}W_j + u_{1j}$$

如果第二层面是不同的工作小组的话,数据的排列就会如下:

Y	X	
Y_{11}	X_{11}	
Y_{12}	X_{12}	小组一
Y_{13}	X_{13}	$Y_{1k} = \beta_{01} + \beta_{11}X_{1k} + r_{1k}$
Y_{14}	X_{14}	X_{1k} 是第 1 组的第 k 个员工的自变量数值
Y_{15}	X_{15}	
Y_{21}	X_{21}	
Y_{22}	X_{22}	小组二
Y_{23}	X_{23}	$Y_{2k} = \beta_{02} + \beta_{12}X_{2k} + r_{2k}$
Y_{24}	X_{24}	例如,X_{24} 是第 2 组的第 4 个员工的"心情"
$\vdots$	$\vdots$	
Y_{j1}	X_{j1}	$Y_{jk} = \beta_{0j} + \beta_{1j}X_{jk} + r_{jk}$

上表显示了多层线性模型的一个假设,就是 X 与 Y 的关系在每一个小组里都可能不一样。因为 X 与 Y 的关系是线性的,线性关系只有两个参数:截距(β_{0j})和斜度(β_{1j})。所以每一个小组 j 的截距和斜度都可能不同。同时,多层线性模型更假设每一组的截距和斜度都与一个第二层变量有直线关系,故

$$\beta_{0j} = \gamma_{00} + \gamma_{01}W_j + u_{0j}$$
$$\beta_{1j} = \gamma_{10} + \gamma_{11}W_j + u_{1j}$$

讲到这里,我们可用下表总结这个最简单的二层线性模型:

	第一层	第二层
方程式	$Y_{jk} = \beta_{0j} + \beta_{1j}X_{jk} + r_{jk}$	$\beta_{0j} = \gamma_{00} + \gamma_{01}W_j + u_{0j}$ $\beta_{1j} = \gamma_{10} + \gamma_{11}W_j + u_{1j}$
单位	员工	小组
参数	β_{0j}　β_{1j}	γ_{00}　γ_{01}　γ_{10}　γ_{11}
自变量	X_{jk}	W_j
随机项	r_{jk}	u_{0j}　u_{1j}
随机方差	$\mathrm{Var}(r_{jk}) = \sigma^2$	$\mathrm{Var}(u_{0j}) = \tau_{00}$　$\mathrm{Var}(u_{1j}) = \tau_{11}$　$\mathrm{Cov}(u_{0j}, u_{1j}) = \tau_{11}$

第一层阶:

$$Y_{jk} = \beta_{0j} + \beta_{1j}X_{jk} + r_{jk}$$

第二层阶:

$$\beta_{0j} = \gamma_{00} + \gamma_{01}W_j + u_{0j}$$
$$\beta_{1j} = \gamma_{10} + \gamma_{11}W_j + u_{1j}$$

在这个基本模型中,每个参数的含义如下:

①β_{0j}是在第j组中,员工的平均"互助"行为。

②β_{1j}是在第j组中,当"心情"改变一个单位时,员工的"互助"行为会改变多少。

③r_{jk}是在每一组中,用"心情"来估计"互助"行为时的估计误差。

④第二层模型告诉我们,β_{0j}和β_{1j}是在"组与组之间"不停地改变的,而这个改变的程度是可用"部门距离"(W_j)来估计的。

⑤γ_{00}是"部门距离"对"组内平均互助行为"的平均影响。

⑥γ_{01}是当"部门距离"改变一个单位时,"组内平均互助行为"改变多少。

⑦u_{0j}是用"距离"来估计"组内平均互助行为"行为时的估计误差。

⑧γ_{10}是"部门距离"对"组内'心情'对'互助'的影响"的平均影响。

⑨γ_{11}是当"部门距离"改变一个单位时,"组内'心情'对'互助'的影响"会改变多少。因此,这就代表了"部门距离"对"心情"→"互助"的调节效应。因为"部门距离"是第二层阶的变量,"心情"与"互助"都是第一层阶的变量,因此这是一个"跨层阶的调节效应"。

⑩u_{1j}是用"距离"来估计"组内'心情'对'互助'的影响"时的估计误差。

13.4　HLM 的基本二层线性模型

最基本的二层线性模型为

$$Y_{ij} = \beta_{0j} + \beta_{1j}X_{ij} + r_{ij}$$
$$\beta_{0j} = \gamma_{00} + \gamma_{01}W_j + u_{0j}$$
$$\beta_{1j} = \gamma_{10} + \gamma_{11}W_j + u_{1j}$$

假设

$$E(r_{ij}) = 0 \quad \mathrm{Var}(r_{ij}) = \sigma^2$$
$$E\begin{pmatrix} u_{0j} \\ u_{1j} \end{pmatrix} = \begin{pmatrix} 0 \\ 0 \end{pmatrix} \quad \mathrm{Var}\begin{pmatrix} u_{0j} \\ u_{1j} \end{pmatrix} = \begin{pmatrix} \tau_{00} & \tau_{01} \\ \tau_{10} & \tau_{11} \end{pmatrix} = T$$
$$\mathrm{Cov}(u_{0j}, r_{ij}) = \mathrm{Cov}(u_{1j}, r_{ij}) = 0$$

这个基本的"二层线性模型"可以有不同的变化模型。下面介绍 4 个简单的变化模型。

1)"基本的二层线性模型"的第一个变化模型

$$Y_{ij} = \beta_{0j} + \underline{\beta_{1j}X_{ij}} + r_{ij}$$
$$\beta_{0j} = \gamma_{00} + \underline{\gamma_{01}W_j} + u_{0j}$$
$$\underline{\beta_{1j} = \gamma_{10} + \gamma_{11}W_j + u_{1j}}$$

[注:上面的模型有下画线的是"基本二层线性模型"不要的部分,后同]

模型简化为

$$Y_{ij} = \beta_{0j} + r_{ij}$$
$$\beta_{0j} = \gamma_{00} + u_{0j}$$

Y_{ij}受以下 3 个因素影响:

①一个总平均(γ_{00})。

②一个随机的第二层(如小组)效应(u_{0j})。

③一个随机的第一层误差(r_{ij})。

因为有一个第二层阶的效应在影响每一组的平均,这个模型其实就等于我们一般的方差分析 ANOVA。

2)"基本的二层线性模型"的第二个变化模型

$$Y_{ij} = \beta_{0j} + \beta_{1j}X_{ij} + r_{ij}$$
$$\beta_{0j} = \gamma_{00} + \underline{\gamma_{01}W_j} + u_{0j}$$
$$\beta_{1j} = \gamma_{10} + \underline{\gamma_{11}W_j} + u_{1j}$$

模型简化为

$$Y_{ij} = \beta_{0j} + \beta_{1j}X_{ij} + r_{ij}$$
$$\beta_{0j} = \gamma_{00} + u_{0j}$$
$$\beta_{1j} = \gamma_{10}$$

Y_{ij}受以下 4 个因素影响:

①一个总平均(γ_{00})。

②一个随机的第二层效应(u_{0j})。

③一个第三变数(X_{ij})的效应(γ_{10})。

④一个随机的误差(r_{ij})。

这个模型其实就等于我们的协方差分析(Analysis of Covariance,ANCOVA),是一般的方差分析中允许控制住一个协方差变量 X_{ij}。

3)"基本的二层线性模型"的第三个变化模型

$$Y_{ij} = \beta_{0j} + \beta_{1j}X_{ij} + r_{ij}$$
$$\beta_{0j} = \gamma_{00} + \underline{\gamma_{01}W_j} + u_{0j}$$
$$\beta_{1j} = \gamma_{10} + \underline{\gamma_{11}W_j} + u_{1j}$$

模型简化为

$$Y_{ij} = \beta_{0j} + \beta_{1j}X_{ij} + r_{ij}$$
$$\beta_{0j} = \gamma_{00}$$
$$\beta_{1j} = \gamma_{10}$$

Y_{ij}受以下 3 个因素影响:

①一个总平均(γ_{00})。

②一个第三变数(X_{ij})的效应(γ_{10})。

③一个随机的误差(r_{ij})。

因为所有的第二层阶参数都是参数,这个模型其实就等于一个单层阶的模型,也就是简单的回归分析 Simple Regression。回归分析中的自变量是 X_{ij}[注意,在这个模型中没有第二层的效应,只有第一层的效应]。

4)"基本的二层线性模型"的第四个变化模型

$$Y_{ij} = \beta_{0j} + \beta_{1j}X_{ij} + r_{ij}$$
$$\beta_{0j} = \gamma_{00} + \underline{\gamma_{01}W_j} + u_{0j}$$
$$\beta_{1j} = \gamma_{10} + \underline{\gamma_{11}W_j} + u_{1j}$$

模型简化为

$$Y_{ij} = \beta_{0j} + \beta_{1j}X_{ij} + r_{ij}$$
$$\beta_{0j} = \gamma_{00} + u_{0j}$$
$$\beta_{1j} = \gamma_{10} + u_{1j}$$

Y_{ij} 受以下 5 个因素影响:

①一个总平均(γ_{00})。

②一个随机的第二层效应(u_{0j})。

③一个第三变数(X_{ij})的效应(γ_{10})。

④一个随机的第一层效应(u_{1j})。

⑤一个随机的误差(r_{ij})。

这个模型在上面已经讨论过。它是一个简单的回归分析,但是却可让回归系数在不同层阶有机会改变的模型。在统计学上,这样的模型称为随机系数回归分析(random coefficient regression)。

13.5　HLM 的重要问题

13.5.1　HLM 的统计验证

HLM 是一个跨层阶的分析工具。它其实是一个牵涉多层阶的嵌套回归分析模型。因此与其他的回归分析一样,HLM 也牵涉利用样本统计量来估计总体参数的问题。现在让我们来看看如何在 HLM 内做统计的验证。我们还是用 HLM 最基本的模型来开始探讨。这个模型为

$$\begin{cases} y_{ij} = \beta_{0j} + \beta_{1j}x_{ij} + r_{ij} \\ \beta_{0j} = \gamma_{00} + \gamma_{01}W_j + u_{0j} \\ \beta_{1j} = \gamma_{10} + \gamma_{11}W_j + u_{1j} \end{cases}$$

①第一个我们有兴趣验证的是 $H_0 : u_{0j} = 0$? 这个问题意在探讨 W_j 是否有足够能力去解释组间的截距的差异。如果 $u_{0j} = 0$,那就代表 W_j 可以解释组间的截距的所有差异。统计学家告诉我们,u_{0j} 的统计抽样分布是一个 χ^2 分布。

②知道了 W_j 能够很大程度解释 β_{0j} 后,接下来的问题就是 W_j 与 β_{0j} 到底有什么关系? 那就要看 $\beta_{0j} = \gamma_{00} + \gamma_{01}W_j + u_{0j}$ 中的 γ_{00} 与 γ_{01}。很明显 γ_{00} 与 γ_{01} 都是一个简单回归的回归系数。要验证 $H_0 : \gamma_{00} = 0$ 和 $H_0 : \gamma_{01} = 0$,自然都是采用验证回归系数的 t 检验了。

③u_{0j}, γ_{00} 与 γ_{01} 都是与组间的截距有关的验证。如果我们有兴趣的是组间的斜率,对

应的统计量就是 u_{1j}，γ_{10} 与 γ_{11} 了。$\mathrm{H}_0 : u_{0j} = 0$ 是验证 W_j 是否有足够能力去解释组间的斜率的差异。同样 u_{0j} 的抽样分布是一个 χ^2 分布。$\mathrm{H}_0 : \gamma_{10} = 0$ 是验证 W_j 是否影响组间的 Y_{ij} 的均值。$\mathrm{H}_0 : \gamma_{11} = 0$ 是验证 W_j 是否影响"X_{ij} 对 Y_{ij} 的影响"。换句话说，W_j 是否调节"X_{ij} 与 Y_{ij} 的关系"。因为 γ_{00} 与 γ_{01} 都是回归系数，它们的抽样分布也都是 t 分布。

13.5.2　HLM 的参数估计程序

这个部分牵涉复杂的统计估计问题，内容非常数学化。对于不熟悉统计学的读者来说，我们建议只要大概明白它的意思即可，不一定要求每字每句都完全理解。

HLM 的模型牵涉两重交叉折叠的估计，颇为复杂，即

$$
\begin{cases}
y_{ij} = \beta_{0j} + \beta_{1j} x_{ij} + r_{ij} \\
\beta_{0j} = \gamma_{00} + \gamma_{01} W_j + u_{0j} \\
\beta_{1j} = \gamma_{10} + \gamma_{11} W_j + u_{1j}
\end{cases}
$$

在上面的估计中，首先第一层是在每组中，利用 X_{ij} 来估计 Y_{ij} 的方程 $y_{ij} = \beta_{0j} + \beta_{1j} x_{ij} + r_{ij}$，如图 13.7 所示。

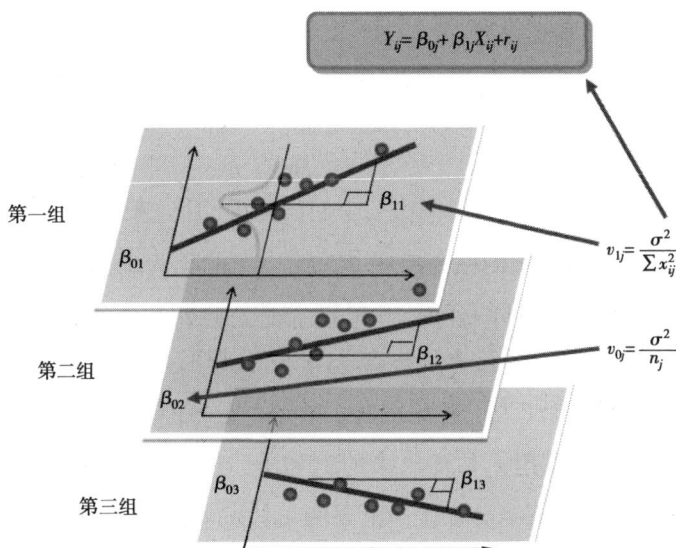

图 13.7

这个估计其实是一个简单的回归分析。在回归分析的一章中已经介绍过，如果回归随机项 r_{ij} 的固定方差是 σ^2，截距回归系数 β_{0j} 的抽样方差(v_{0j})和斜率回归系数 β_{1j} 的抽样方差(v_{1j})分别是(n_j 是小组 j 的人数)，即

$$
\nu_{0j} = \frac{\sigma^2}{n_j} \quad \text{和} \quad \nu_{1j} = \frac{\sigma^2}{\sum x_{ij}^2}
$$

在 HLM 的模型中，第二层的估计是在组与组之间利用 W_j 来估计 β_{0j} 和 β_{1j} 的方程 $\beta_{0j} = \gamma_{00} + \gamma_{01} W_j + u_{0j}$ 和 $\beta_{1j} = \gamma_{10} + \gamma_{11} W_j + u_{1j}$。其中，估计的误差是 u_{0j} 和 u_{1j}，误差的方差是 τ_{00} 和 τ_{11}，如图 13.8 所示。

这两个估计都是简单的回归分析。但是合起来用的时候，就有点冲突了。为什么

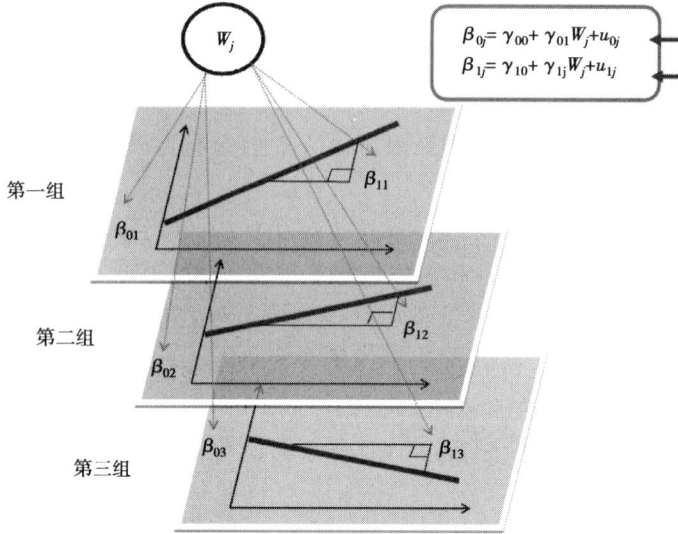

$$\beta_{0j}= \gamma_{00}+ \gamma_{01}W_j+u_{0j}$$
$$\beta_{1j}= \gamma_{10}+ \gamma_{1j}W_j+u_{1j}$$

图 13.8

呢? 我们再看看 HLM 的基本模型:

$$\begin{cases} y_{ij} = \beta_{0j} + \beta_{1j}x_{ij} + r_{ij} \\ \beta_{0j} = \gamma_{00} + \gamma_{01}W_j + u_{0j} \\ \beta_{1j} = \gamma_{10} + \gamma_{11}W_j + u_{1j} \end{cases}$$

基于这个模型,可首先在每一组内做一个回归分析,用 x_{ij} 来估计 y_{ij}。这样就可有 j 个不同的 $\hat{\beta}_{0j}$ 和 $\hat{\beta}_{1j}$ 的估计。第一组的称为 $\hat{\beta}_{01}$ 和 $\hat{\beta}_{11}$,第二组的称为 $\hat{\beta}_{02}$ 和 $\hat{\beta}_{12}$……如此类推,然后,可在组与组之间再做一个回归分析,用 W_j 来估计这些 $\hat{\beta}_{0j}$ 和 $\hat{\beta}_{1j}$,并得到 $\gamma_{00},\gamma_{01},\gamma_{10},\gamma_{11}$ 这 4 个参数的估计。但是,有了这 4 个参数后,又可利用 W_j 与 $\gamma_{00},\gamma_{01},\gamma_{10},\gamma_{11}$,再重新估计出一组新的 $\hat{\beta}_{0j}$ 和 $\hat{\beta}_{1j}$ 的估计(为了避免混乱,我们将这一组新的估计称为 $\tilde{\beta}_{0j}$ 和 $\tilde{\beta}_{1j}$)。这样问题就出来了。我们应该用 x_{ij} 估计出来的 $\hat{\beta}_{0j}$ 和 $\hat{\beta}_{1j}$,还是用 W_j 估计出来的 $\tilde{\beta}_{0j}$ 和 $\tilde{\beta}_{1j}$ 呢? 换句话说,我们应该相信用第一层阶估计出来的参数 $\hat{\beta}_{0j}$ 和 $\hat{\beta}_{1j}$,还是用第二层阶估计出来的参数 $\tilde{\beta}_{0j}$ 和 $\tilde{\beta}_{1j}$ 呢? 要回答这个问题,最简单的结论就是两个都用,因为第一层阶的数据和第二层阶的数据都是数据的一部分,两者不分轻重。但是,应用一个加权的平均估计,而加权的权数就是该层阶的估计的误差的倒数。换句话说,哪一层阶的估计的误差比较小,利用它来估计 β_{0j} 与 β_{1j} 的比重就比较重。用数学的符号来表达这个加权的平均参数估计的公式为(Λ_0 就是给 β_{0j} 的权数;Λ_1 就是给 β_{1j} 的权数)

$$最优的(\beta_j) = \lambda_j \hat{\beta}_j + (I - \lambda_j)W_j \hat{\gamma}$$

那两个层阶的估计误差是什么呢? 我们在上面已经谈过了。在第一层阶,$\hat{\beta}_{0j}$ 和 $\hat{\beta}_{1j}$ 的估计误差方差为

$$\nu_{0j} = \frac{\sigma^2}{n_j} \quad 和 \quad \nu_{1j} = \frac{\sigma^2}{\sum x_{ij}^2}$$

在第二层阶,$\tilde{\beta}_{0j}$ 和 $\tilde{\beta}_{1j}$ 的估计误差方差是 τ_{00} 和 γ_{11}。因此,在第 j 组中,两个层阶的参

数估计的比重为

$$\lambda_{0j} = \frac{\tau_{00}}{\tau_{00} + \nu_{0j}} \quad \lambda_{1j} = \frac{\tau_{11}}{\tau_{11} + \nu_{1j}}$$

13.5.3 HLM 的模型 R^2 的问题

当我们做回归分析时,模型的 R 平方(Model R^2)是一个非常有用的指标。它告诉我们模型中所有自变量到底能够解释因变量的多少方差。但是,如果同一个观念用在 HLM 时,就不好理解。我们说过,HLM 的模型涉及两重交叉折叠的估计。层阶一是一个回归分析、层阶二是一个交叉在层阶一参数中的另一个回归分析。因此,当我们说自变量解释了多少因变量(y_{ij})的方差时,我们的意思是什么呢?严格来说,HLM 是没有模型的 R 平方。因为它不是一个简单的估计模型。但是,研究人员往往希望知道,起码在第一层阶中,自变量解释了因变量的方差的百分之几?在第二层阶中,自变量又解释了因变量的方差的百分之几?这些资料在理解研究结果时是非常重要的。因此,我们就产生了 HLM 模型的 R 平方的估计了。但是读者要知道,无论如何我们在这一节讲的,只是一个粗略的估计。因为不同层阶的解释能力不是完全独立的,而是互为影响。因此,一般在 HLM 的领域里,我们都将这些 R 平方的估计称为"伪 R 平方"(pseudo R-square)。

一般估计 HLM 模型的"伪 R 平方"时,我们可以采用一个类似层阶回归的概念。层阶回归是首先用一个最简单的模型估计因变量 y。这样我们就有一个"底线的模型 R 平方"(R-square for baseline model)。然后,我们每多增加一个自变量,模型的 R 平方都会增加。计算这两个模型 R 平方的差数,就知道多增加了自变量后,我们多解释了 y 的方差的多少。同样可从一个最简单的 HLM 模型开始:

基本模型(baseline model,M_1)为

$$y_{ij} = \beta_{0j} + r_{ij}$$
$$\beta_{0j} = \gamma_{00} + u_{0j}$$

然后增加一个第二层的自变量,成为模型二(M_2)。这个第二层阶的自变量其实就是第一层阶的自变量的小组平均数($\bar{x}._{j}$,这个符号的"."是代表平均,j 是第 j 组,所以这符号的意思是第 j 组的 x 值的小组平均),即

$$y_{ij} = \beta_{0j} + r_{ij}$$
$$\beta_{0j} = \gamma_{00} + \gamma_{01}\,\bar{x}._{j} + u_{0j}$$

然后从基本模型中增加一个第一层的自变量[注:我们依照习惯把 x 小组中心化了],成为模型三(M_3),即

$$y_{ij} = \beta_{0j} + \beta_{1j}(x_{ij} - \bar{x}._{j}) + r_{ij}$$
$$\beta_{0j} = \gamma_{00} + u_{0j}$$
$$\beta_{1j} = \gamma_{10} + u_{1j}$$

最后,我们把第一层阶的 x_{ij} 和第二层阶的 $\bar{x}._{j}$ 同时放进模型中。这个模型称为模型四(M_4),即

$$y_{ij} = \beta_{0j} + \beta_{1j}(x_{ij} - \bar{x}._{j}) + r_{ij}$$
$$\beta_{0j} = \gamma_{00} + \gamma_{01}\,\bar{x}._{j} + u_{0j}$$

$$\beta_{1j} = \gamma_{10} + \gamma_{11} \bar{x}._j + u_{1j}$$

假设 4 个模型的分析结果如下：

变　量	方　差	M_1	M_2	M_3	M_4
r_{ij}	σ^2	39.15	39.16	36.71	36.71
u_{0j}	τ_{00}	8.62	2.64	8.68	2.65
u_{1j}	τ_{11}			0.68	0.66

当比较基本模型（baseline model，M_1）的 τ_{00} 时，则

$$比率一 = \frac{\tau_{00}(M_1)}{\tau_{00}(M_1) + \sigma^2(M_1)} = \frac{8.62}{8.62 + 39.15} = 0.180\,4$$

这代表 y 的方差中，有 18% 是由第二层（小组）产生的，有 82% 是由第一层（个人）产生的。

如果比较模型一（M_1）和模型三（M_3）的 σ^2，则

$$比率二 = \frac{\sigma^2(M_1) - \sigma^2(M_3)}{\sigma^2(M_1)} = \frac{39.15 - 36.71}{39.15} = 0.062\,3$$

这代表 y 的方差中，自变量 x 解释了 6%。

如果比较模型一（M_1）和模型二（M_3）的 τ_{00}，则

$$比率三 = \frac{\tau_{00}(M_1) - \tau_{00}(M_2)}{\tau_{00}(M_1)} = \frac{8.62 - 2.64}{8.62} = 0.693\,7$$

这代表 y 的组间方差中，不同的小组解释了 69%。这代表整个数据中的 y 的方差，主要是由自变量 x 的组间方差来解释的，自变量 x 的组内方差解释的能力很低。

最后一组分析是比模型三（M_3）和模型四（M_4）的 σ^2 和 τ_{00}，则

$$比率四 = \frac{\tau_{00}(M_3) - \tau_{00}(M_4)}{\tau_{00}(M_3)} = \frac{8.68 - 2.65}{8.68} = 0.694\,7$$

$$比率五 = \frac{\tau_{11}(M_3) - \tau_{11}(M_4)}{\tau_{11}(M_3)} = \frac{0.68 - 0.66}{0.68} = 0.029\,4$$

这代表加上了小组的 x 平均以后，我们解释了大部分的截距的差异（69%），但是却没有能力解释斜率的差异（<1%）。"截距的差异"就是组与组之间的平均的差异；"斜率的差异"就是组与组之间 x 对 y 的不同影响。

以上的分析方法是用增加了变量后减少误差的能力多少来估计"伪模型 R 平方"。但是，Snijders 和 Bosker（1994，2004）批评这个方法。主要的原因是增加了第一层阶的变量后，就算第二层阶的模型不变，第二层阶的误差也会改变。主要的原因是在 HLM 中，第一层阶的误差估计和第二层阶的误差估计是相关的，而不是互相独立的。因为这个原因，上面的分析有时会导致奇怪的结果（如有可能有负数的 R 平方值）。因此，他们介绍另外一个估计伪模型 R 平方的方法。根据 Snijders 和 Bosker，HLM 中的模型 R 平方应该包含两个方面：

①在加入了层阶一的 x_{ij} 后，我们能够减少估计个别 y_{ij} 的误差。这个我们一般称为 HLM 的第一层阶方差解释能力（level 1 variance explained）。

②在加入了层阶二的 W_j 后,我们能够减少估计小组平均 $\overline{Y}_{\cdot j}$ 的误差。这个我们一般称为 HLM 的第二层阶方差解释能力(level 2 variance explained)。

[注:$\overline{Y}_{\cdot j}$是每一组内 Y_{ij} 的平均值。因为每一个组的 Y_{ij} 的平均值都不一样,所以 $\overline{Y}$ 下面有 j 这个下标。因为 Y_{ij} 本来有 i 与 j 两个下标,做 HLM 的统计学家为了让我们记得因变量 Y 是每一组 j 和每一个组员 i 都不一样,就把 Y 的下标 i 保留下来。但是,平均的 Y 值本来就不应该有 i 的下标。它是一个"组间"的变量,应该只有 j 作为下标。因此,我们习惯上就用一个"·"代替了这个 i 下标的位置,而把每一组的 Y_{ij} 的平均值表示为 $\overline{Y}_{\cdot j}$。]

在讨论这个复杂的问题时,Snijders 和 Bosker (1994,2004)采用了一个比较简单的模型。我们将它称为"固定斜率模型"。这个模型假设第一层的数据截距在不同的小组中是不同的,可是斜率却是在不同的小组中相等的,是一个常数。也就是说 y 的平均在每一个小组都不一样,但是 x 对 y 的影响却在每一个小组都是一样的。而且我们假设一个简单的模型是没有第二层的预测变量的。用符号来表达,以下的讨论是基于这个简单的模型:

$$y_{ij} = \beta_{0j} + \beta_{1j}x_{ij} + r_{ij}$$
$$\beta_{0j} = \gamma_0 + u_{0j}$$
$$\beta_{1j} = \gamma_1$$

在这个模型中,β_{0j} 是一个常数 γ_0 加上一个随机的变量 u_{0j}。因此在每一个小组中,β_{0j} 都可能不一样。但是 β_{1j} 却只是一个常数 γ_1 而没有随机项。因此在每一个小组中,β_{1j}(x 对 y 的影响)都是一样的。

首先让我们谈谈 HLM 的"第一层阶方差解释能力"。当我们没有第二层阶的资料(也就是不知道该 y_{ij} 是属于哪一组),但是我们有第一层阶的资料(也就是知道该 y_{ij} 对应的是什么 x_{ij})时,如果我们要估计 y_{ij} 是什么,最好的估计应该就是利用第一层阶的回归方程 $y_{ij} = \hat{\beta}_{0j} + \hat{\beta}_{1j}x_{ij}$。但是用这个方程来估计 y_{ij},会有两方面的误差:

①这个回归方程的误差项 r_{ij}。这个误差的方差是 σ^2。
②估计 $\hat{\beta}_{0j}$ 时的误差。这个误差的方差是 τ_{00}[注:β_{1j}是一个常数,没有误差]。

因此第一层阶的模型 R 平方可用方程表示为

$$R_1^2 = 1 - \frac{\tau_{00} + \sigma^2}{\mathrm{Var}(y_{ij})}$$

其中,分母是 $\mathrm{Var}(y_{ij})$,也就是所有 y_{ij} 的方差。分子是上面谈到的两个误差方差的源头。用 1 减去这个分数,就是模型的解释能力。

现在让我们谈谈 HLM 的"第二层阶方差解释能力"。当没有第一层阶的资料(也就是不知道该 y_{ij} 对应的是什么 x_{ij}),但是有第二层阶的资料(也就是知道该 y_{ij} 是属于哪一组)时,如果要估计 y_{ij} 是什么,最好的估计应该就是该组的 y 平均 $\overline{Y}_{\cdot j}$ 了。如果用这个方程来估计 y_{ij},也同时存在两种估计误差:

①就算我们知道是第 j 组的数据,也没法知道第 j 组的 $\overline{Y}_{\cdot j}$ 是多少,除非用以下的估计方程:$\overline{y}_{\cdot j} = \hat{\beta}_{0j} + \hat{\beta}_{1j}\overline{x}_{\cdot j}$。因此,我们会牵涉估计 $\hat{\beta}_{0j}$ 的误差。这个误差的方差是 τ_{00}。
②另一个存在的误差,就是估计这个组的 $\overline{Y}_{\cdot j}$ 的抽样误差。估计 $\overline{Y}_{\cdot j}$ 时,是用我们手上

的数据来估计的。所以我们是用手上的"样本平均数"来估计"总体平均数",因此就有抽样的误差。统计学家告诉我们,用样本平均估计总体平均时,当中的抽样误差称为"平均值的方差(variance of the mean)"。它的数学公式为

$$\sigma_{\bar{x}}^2 = \frac{\sigma^2}{n} \qquad (n\ \text{是样本数})$$

因此第二层阶的模型 R 平方可以用方程表示为

$$R_2^2 = 1 - \frac{\tau_{00} + \dfrac{\sigma^2}{n}}{\mathrm{Var}(y_{ij})}$$

因此,HLM 模型的"伪 R 平方(pseudo R-square)"的方程应该是:

第一层的 R 平方

$$R_1^2 = 1 - \frac{\tau_{00} + \sigma^2}{\mathrm{Var}(y_{ij})}$$

第二层的 R 平方

$$R_2^2 = 1 - \frac{\tau_{00} + \dfrac{\sigma^2}{n}}{\mathrm{Var}(y_{ij})}$$

正如前述,以上的方程是根据一个"固定斜率模型"发展出来的。但是一般的 HLM 模型应该是连小组的斜率都会随着每一组而改变的。严格来说,以上的方程就会不适用。但是,要发展一个"随机斜率模型"的伪 R 平方方程非常复杂。同时,Snijders 和 Bosker(1994,2004)也辩称:①这本来就是一个不是绝对准确的"伪" R 平方方程;②"随机斜率"和"固定斜率"的伪 R 平方应该不会相差很大。因此,他们认为上面的简单方程可以用来估计一般的 HLM 模型的伪模型 R 平方。

13.5.4　其他的 HLM 模型

上面我们只是一直讨论最简单的模型。那如果同时有几个用来估计 y_{ij} 的 x,将如何呢?其实很简单。在上面已经谈过,HLM 只是一个比较复杂的回归而已。如果有两个第一层阶的 x,或者是有两个第二层阶的 W,我们的处理方法是与普通回归一模一样的。因此,两个自变量的 HLM 为

$$Y_{ij} = \beta_{0j} + \beta_{1j}X_{1ij} + \beta_{2j}X_{2ij} + r_{ij}$$
$$\beta_{0j} = \gamma_{00} + \gamma_{01}W_{1j} + \gamma_{02}W_{2j} + u_{0j}$$
$$\beta_{1j} = \gamma_{10} + \gamma_{11}W_{1j} + \gamma_{12}W_{2j} + u_{1j}$$
$$\beta_{2j} = \gamma_{20} + \gamma_{21}W_{1j} + \gamma_{22}W_{2j} + u_{2j}$$

其实甚至是有交互作用的模型,也可以加入 HLM 里面。例如:

$$Y_{ij} = \beta_{0j} + \beta_{1j}X_{ij} + \beta_{2j}M_{ij} + \beta_{3j}XM_{ij} + r_{ij}$$
$$\beta_{0j} = \gamma_{00} + \gamma_{01}W_j + u_{0j}$$
$$\beta_{1j} = \gamma_{10} + \gamma_{11}W_j + u_{1j}$$

至于在第二层阶要不要设立方程,让 W_j 也估计调剂变量的回归系数(β_{2j})和调节项的回归系数(β_{3j}),就由研究者自己按理论的需求而决定。

13.5.5　HLM 模型中"中心化（centering）"的问题

HLM 中第一层的自变量(x_{ij})的度量尺度（metric，简称"度量"）对我们怎样诠释估计出来的参数有很大的影响。一般来说，我们有 3 种不同的度量，或称 3 种不同的"中心化（centering）"的方法。

①原始度量尺度（Raw metric scaling）是用 x_{ij} 的原来值不加改变来进行分析，即
$$y_{ij} = \beta_{0j} + \beta_{1j}x_{ij} + r_{ij}$$

当 $x_{ij}=0$，而我们的样本够大的时候，β_{0j}就是 y_{ij} 的期望值（expected value，即平均数）。因为
$$E[y_{ij}] = E[\beta_{0j}] + E[r_{ij}]$$
$$E[y_{ij}] = \beta_{0j}$$

[注：β_{0j}是常数；而 $E[r_{ij}]=0$，所以 $\beta_{0j}=E[\ y_{ij}\ |\ x_{ij}=0]$。符号 $A|B$ 是当 B 条件符合时，A 会是什么。因此，$y_{ij}|x_{ij}=0$ 就是当 $x_{ij}=0$ 时，y_{ij} 等于什么的意思。]

也就是说，这样估计出来的截距(β_{0j})是当 $x_{ij}=0$ 时 y_{ij} 的期望值。

虽然"原始度量尺度"是一个自然的选择，但是有些时候"原始度量尺度"会引致"无意义"的参数估计。截距就是一个很好的例子。例如，如果 x_{ij} 是一个人的智能（General Mental Ability），y_{ij} 是工作表现。如果 x_{ij} 是用"原始度量尺度"，截距(β_{0j})是当一个人的智能为 0 时，平均（期望值）员工的工作表现。什么称为"智能等于零"呢？这是无意义的。在这种情形下，可能下面几种尺度会更有意思。

②总平均值中心化（Grand mean centering）是用$(x_{ij} - \bar{x}_{..})$作为自变量的度量。$\bar{x}_{..}$是所有数据的平均数，即总平均数。这里我们把 x_{ij}（就是第 j 组的第 i 个员工）的 i 和 j 都平均，所以 i 和 j 两个下标都用了"·"来代替。用"总平均值中心化"时，第一层模型为
$$y_{ij} = \beta_{0j} + \beta_{1j}(x_{ij} - \bar{x}_{..}) + r_{ij}$$

根据上面的推导，当样本够大时，只有当 $x_{ij}=\bar{x}_{..}$ 时，β_{0j}才是 y_{ij} 的期望值（即平均数）。因为
$$E[y_{ij}]y_{ij} = E[\beta_{0j}] + E[\beta_{1j}(x_{ij}-\bar{x}_{..})] + E[r_{ij}]$$
$$E[y_{ij}] = \beta_{0j} + E[\beta_{1j}(x_{ij}-\bar{x}_{..})]$$
$$\beta_{0j} = E[y_{ij}] - E[\beta_{1j}(x_{ij}-\bar{x}_{..})]$$

[注：β_{0j}是常数，$E[\beta_{0j}=\beta_{0j}]$；而 $E[r_{ij}]=0$]

这样估计出来的截距(β_{0j})是当 $x_{ij}=\bar{x}$ 时 y_{ij} 的期望值。意思是当数据分析时，x_{ij}用"总平均值中心化"的话，估计出来的 β_{0j}就是当一个组员的智能是等于"所有数据的平均智能"（笼统地来说，就是 IQ 大概等于 100）时，他的工作表现的期望值。这样的 β_{0j}的理解就比 x_{ij}用"原始度量尺度"有意思得多了。

③分组平均值中心化（Group mean centering）是用$(x_{ij} - \bar{x}_{.j})$作为自变量的度量。$\bar{x}_{.j}$是第 j 组的 x_{ij}值的平均数，即分组平均数。读者可以注意到，这里每一个 x_{ij} 所减去的是$\bar{x}_{.j}$。意思就是每一组"自己组内的 x_{ij} 的平均值"。

用"分组平均值中心化"时，第一层模型为
$$y_{ij} = \beta_{0j} + \beta_{1j}(x_{ij} - \bar{x}_{.j}) + r_{ij}$$

当使用"分组平均值中心化"时,根据我们上面的推导,在样本够大的时候,只有当 $x_{ij} = \bar{x}_{.j}$ 时,β_{0j} 才是 y_{ij} 的期望值。因为

$$E[y_{ij}] = E[\beta_{0j}] + E[\beta_{1j}(x_{ij} - \bar{x}_{.j})] + E[r_{ij}]$$
$$E[y_{ij}] = \beta_{0j} + E[\beta_{1j}(x_{ij} - \bar{x}_{.j})]$$
$$\beta_{0j} = E[y_{ij}] - E[\beta_{1j}(x_{ij} - \bar{x}_{.j})]$$

这样估计出来的截距(β_{0j})是当 x_{ij} 等于它小组的平均值时 y_{ij} 的期望值。用上面的例子来理解,数据分析时,若 x_{ij} 是用"分组平均值中心化",则估计出来的 β_{0j} 就是当一个组员的智能是等于"他自己所属的组的平均智能"时他的工作表现的期望值。

为什么要进行这样的做法呢? 上面的"总平均值中心化"的结论不是很好理解吗? 其实"分组平均值中心化"还有一个很独特的地方。当资料分析时 x_{ij} 是用"分组平均值中心化",则

$$E(y_{ij}) = E(\beta_{0j}) + E[\beta_{1j}(x_{ij} - \bar{x}_{.j})] + E(r_{ij})$$
$$\bar{y}_{.j} = \beta_{0j} + E(\beta_{1j}x_{ij}) - E(\beta_{1j}\bar{x}_{.j})$$
$$\beta_{0j} = \bar{y}_{.j}$$

[注:$\beta_{1j}E(x_{ij}) - E(\beta_{1j}\bar{x}_{.j}) = 0$。这个两个项的差是 0,因为 $E(x_{ij})$ 本来就等于 $\bar{x}_{.j}$]
因此

$$\text{Var}(\beta_{0j}) = \text{Var}(\bar{y}_{.j})$$

即小组之间的截距的方差,其实就是小组平均($\bar{y}_{.j}$)的方差。

因为第二层的模型为

$$\beta_{0j} = \gamma_{00} + \gamma_{01}W_j + u_{0j}$$

因此,上式中的 γ_{00} 其实就是第二层变量 W_j 对每一组的"小组平均数"的影响。这个对 γ_{00} 的理解,就比我们以前的理解清楚得多了。例如,如果我们用的是"原始度量尺度"的话,γ_{00} 的理解就是"当 W_j 为 0 时,第一层阶的截距的期望值"。为什么称为"当 W_j 为 0 时"呢? 如果我们继续用上面的例子,x_{ij} 是智能,y_{ij} 是工作表现。如果 W_j 是主管的激励,但我们用"原始度量尺度"的话,γ_{00} 的理解就是"当主管完全没有激励时 γ_{00} 就是当员工智能是 0 时他们的平均工作表现"。这样的理解几乎是完全没有实用价值的。

用上面一样的推导,如果我们用的是"总平均值中心化"时,γ_{00} 就是在第二层面(小组层面)里第二层变量 W_j 与每一组的"小组平均数"减去第一层面的变数(x_{ij})的影响。

$$\beta_{0j} = E[y_{ij}] - \beta_{1j}(x_{ij} - \bar{x}_{..}) - E[r_{ij}]$$
$$= \bar{y}_{.j} - \beta_{1j}(x_{ij} - \bar{x}_{..})$$

因为

$$\beta_{0j} = \gamma_{00} + \gamma_{01}W_j + u_{0j}$$
$$\beta_{0j} = \bar{y}_{.j} - \beta_{1j}(x_{ij} - \bar{x}_{..}) = \gamma_{00} + \gamma_{01}W_j + u_{0j}$$

那如果我们用的是"总平均值中心化"时,γ_{00} 当如何理解呢? 那就是"当主管是完全没有激励时,γ_{00} 就是当员工智能等于平均智能时他们的平均工作表现"。我们遇到了与使用"原始度量尺度"一样的问题。什么称为"主管的激励等于 0"呢?

一般的建议是在 HLM 的第一层估计里,"原始度量尺度"和"总平均值中心化"得到的结果是完全相等的。但是,"总平均值中心化"后计算出来的分组截距和斜率的相关系

数比较低,在第二层估计时出现共相关(multicollinearity)的机会比较低,所以有计算上的优势。而"分组平均值中心化"估计出来的参数与另外两种是不会完全相等的。因为使用"分组平均值中心化"时,参数的理解比较容易,所以在一般的情形下,我们都会在第一层阶做"分组平均值中心化",第二层阶就不需要中心化了。因此,一般都会把基本的 HLM 模型表现为

$$Y_{ij} = \beta_{0j} + \beta_{1j}(X_{ij} - \overline{X}_{.j}) + r_{ij}$$
$$\beta_{0j} = \gamma_{00} + \gamma_{01}W_j + u_{0j}$$
$$\beta_{1j} = \gamma_{10} + \gamma_{11}W_j + u_{1j}$$

其实,在第一层阶做"分组平均值中心化"还有一个极为重要的原因。因为这样做就明显地把"组内效应"和"组间效应"完全分开了。因为在第一个层阶我们是用$(X_{ij} - \overline{X}_{.j})$来估计 y 的方差。我们估计的就完全是"组内效应"。至于"组间效应",就完全留给第二层阶去估计了。因此,"分组平均值中心化"的一个很重要的原因是我们希望把"组间效应"和"组内效应"完全分开来估计。

在本章附录 1 中,介绍了 HLM 的基本运行程序和如何解读 HLM 程序输出的结果。希望可以帮助读者进一步掌握这个分析工具。

同时,在这一节里我们只是讨论了不同的中心化在标准的 HLM 模型中的意义。其实,中心化在多层线性模型中还发挥了表现"组内差异"和"组间差异"的角色。有兴趣的读者可以在附录 2 中看出,有些时候如果不用"分组平均值中心化",就无从表现"组内差异"和"组间差异"。

13.6　多层次因子分析

我们明白了多层次的研究,在数据处理上是与单一层次不同后,最后介绍因子分析,即单一层阶的和多层阶的因子分析。所谓的多层阶的因子分析,就是个别变量的线性组合可以成为一个因子(或者用因子分析的术语,变量本身可以抽取一个共同的因子)。同时,分组后的变量的平均值也可以抽取一个"分组平均的因子"。但是,这两个不同层阶的因子是同时抽取的。因此,我们不可以用低层阶的变量先抽取一个因子再计算分组的平均,然后用分组的平均数再做一个因子分析。

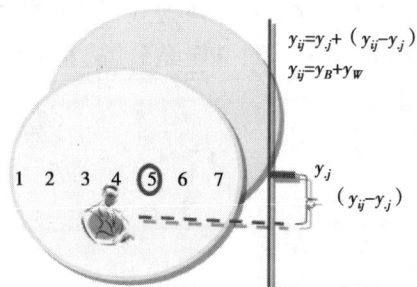

图 13.9

在图 13.9 中,一个小组的成员在一个变量(y)评分时打了 5 分,如果这个小组的平均打分是 3 分,我们就可以把他的"5"分评分拆成两个部分:第一,是他所处的小组的评

分(3分)。第二,是他离开他的小组的平均评分(2分)。因此,如果一个小组的评分是 y_{ij} 的话,我们可以把 y_{ij} 分拆成"组间"的部分(y_B)和"组内"的部分(y_W),即

$$y_{ij} = y_{.j} + (y_{ij} - y_{.j})$$
$$y_{ij} = y_B + y_W$$

因此,当用 y_{ij} 做因子分析时,如果问题牵涉多层阶,因子分析其实可以拆成 $y_{.j}$ 和 $(y_{ij} - y_{.j})$,或者是 y_B 和 y_W 两个部分。这也就是我们上面说的,用组内评分做一次因子分析,同时用组间评分做一次的意思。

Preacher,Zyphur 和 Zhang(2010,218 页)用了图 13.10 来表示"多层阶因子分析(multilevel factor analysis)":

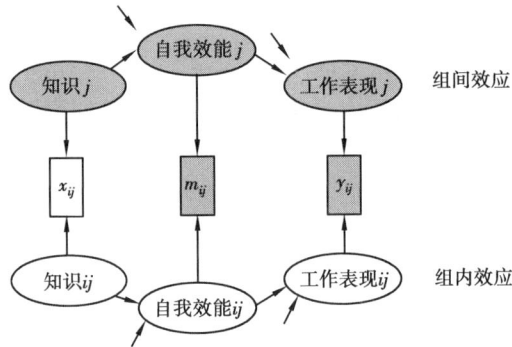

图 13.10

·个员工的"知识"会影响他的"工作表现",其中影响的机制是"知识越高的员工的自我感知的效能就越强,根据自我效能理论,自己感知的效能越高,表现就越好"。在上图中,x 是员工的知识,m 是员工感知的自我效能,y 是员工的工作表现。我们看见在中间的 x,m,y 的下标是 ij,而且是在长方形内的,表明它们是小组 j 的第 i 个员工的观察变量。下面的一组椭圆形其实也是 x,m,y 的标签(知识、自我效能、工作表现),它们的下标还是 ij。只是椭圆形表明了它们是潜变量。因此,这是"组内"的因子。上面的一组椭圆形只有 j 的下标,表明了它们是组间的潜变量。这是"组间"的因子。

Dyer,Hanges 和 Hall(2005)讨论了另一个多层次因子的例子。附录 3 中列出了它们的一个简化版的 Mplus 程序和输出,供读者参考。

多层阶的因子分析现在还不是很普遍。不过我们相信随着多层阶分析越来越普及,这样的分解"组内"和"组间"的因子分析,甚至是分解"组内"和"组间"的结构方程建模也会慢慢为研究人员所采用。

本章附录

1 多层线性模型 HLM 程序编写和输出结果

1)模型描述

本例的分析数据来自对中学生数学成绩调查结果,附加的信息包括天主教和公众两个学校部门(用变量 *SECTOR* 表示)和学校社会地位的平均值(用变量 *MEANSES* 表示)。在 level-1 内 7 185 组学生

数据中的社会地位(用变量 SES 表示)代表他们的数学成绩,在 level-2 内 160 所学校的截距和斜率用学校部门和学校社会地位的平均值来代表。这样就意味着在 level-1 模型中每个学生数据都会有两个系数:截距 β_0 和 SES 斜率 β_1,用公式表示为

$$MATHACH = \beta_0 + \beta_1(SES) + r$$

在 level-2 中,截距和 SES 斜率可以用学校部门和 SES 的平均值来表示为

$$\beta_0 = \gamma_{00} + \gamma_{01}(SECTOR) + \gamma_{02}(MEANSES) + u_0$$
$$\beta_1 = \gamma_{10} + \gamma_{11}(SECTOR) + \gamma_{12}(MEANSES) + u_1$$

这里,截距和斜率的公式中已经包含了随机残差,前提假设是截距和斜率的公式不仅包含了 SECTOR 和 MEANSES 这两个预测变量,还代表了每所学校各自的影响特征。

接下来的一节我们来看看如何应用 WHLM 命令文件来拟合这个模型。首先假设我们已经建立了一个 SSM 文件(关于如何应用 WHLM 命令文件建立 SSM 文件,请参照下面"对 HLM 说明输入文件和 SSM 文件的文件类型"一节)。

- 建立命令文件
- 编译输出

2)应用 SPSS 数据创建 level-2 的 SSM 文件

(1)检查数据文件

虽然可以对 level-1 和 level-2 的分析同时运用一个数据文件作为输入文件,但在本例中 level-1 和 level-2 的数据文件是分别独立的。level-1 的数据文件为 hsb1. sav,包含了 7 185 个数据和 4 个变量(不包含学校编号变量)。这些变量是:

- minority,表示每个学生的种族(1 = 少数民族,0 = 其他民族)
- female,表示每个学生的性别(1 = 女性,0 = 男性)
- ses,表示父母的教育、职业、收入的标准化指标
- mathach,表示学生的数学成绩

hsb1. sav 的前 10 个数据如下:

	id	minority	female	ses	mathach
1	1 224	0	0	0. 022	4. 583
2	1 224	0	0	0. 332	20. 349
3	1 224	0	0	0. 372	6. 714
4	1 224	0	0	− 0. 078	16. 405
5	1 224	0	0	− 0. 158	17. 898
6	1 224	0	0	− 0. 298	19. 338
7	1 224	0	0	− 0. 458	21. 521
8	1 224	0	0	− 0. 468	3. 154
9	1 224	0	0	− 0. 468	21. 178
10	1 224	0	0	− 0. 528	20. 349

注:level-1 的数据必须分别根据 level-2 的数据编号进行分组。最简单的方法就是在将 level-1 的数据录入 HLM2 之前将该数据按照 level-2 的数据单位编号进行排列。

单击变量 id 的标题栏,选择工具栏上的"Data"菜单中的"Define Variables"选项(见图 13. 11)。将

ID 变量定义为 string4 类型,说明当前变量类型是一个字符型变量,长度为 4 个字符。要注意 ID 变量最多不能超过 12 个字符。在某些统计软件数据中,ID 变量也可能是数值型。关键的一点是 ID 变量在所有数据文件中必须为每个数据单位设置长度相同的统一识别码。

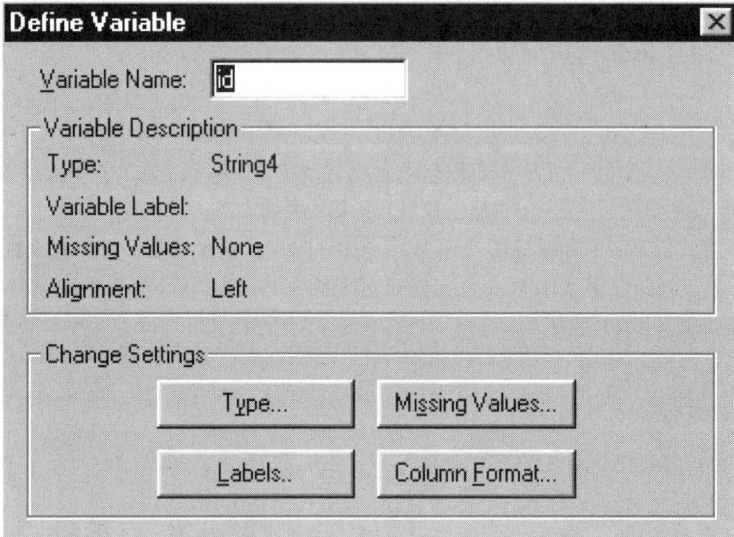

图 13.11

数据文件中的其他变量都必须定义为数值型变量。与上面类似,变量 *minority* 被选中后进行定义,图 13.12 表明变量 *minority* 为长度为 8.3 个小数位的数值型变量。

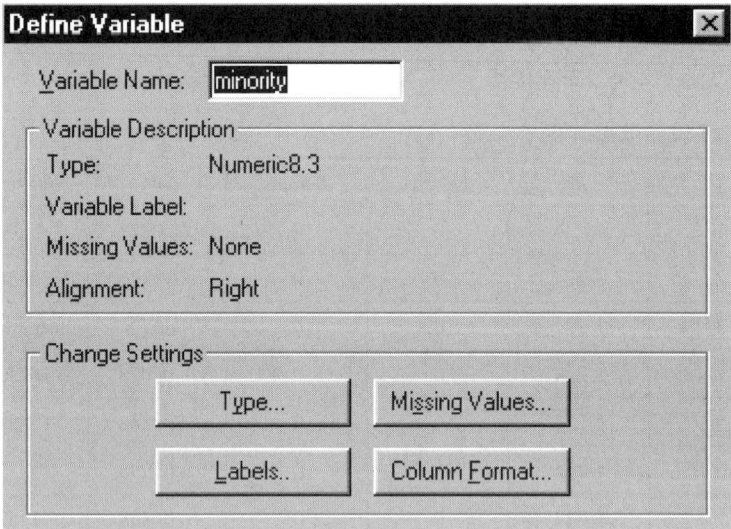

图 13.12

当处理完所有缺失值后,level-1 的数据文件 hsb1.sav 就完成了。总的来说,最好是运用系统缺失记号(system-missing code)".”来标记 SPSS 数据文件中的数据缺失值。如果变量中有个别的数据缺失记号,那么每个变量中的缺失数据就必须单独地进行定义。选择 SPSS 工具栏上的"Data”菜单中的"Define Variables”功能,单击"Missing Values…”选项,输入实际的数据缺失记号。

在 level-2 的数据文件 hsb2.sav 中包含了 160 所学校,6 个变量。这些变量是:

- *size*(学校的入学人数)
- *sector*(1 = 天主教部门,0 = 公众部门)
- *pracad*(在学术领域的学生比重)
- *disclim*(制度氛围的浓厚程度)
- *himnty*(1 = 少数民族入学数大于40% ,0 = 少数民族入学数小于40%)
- *meanses*(level-1 文件中在校学生的 SES 值的平均值)

前 10 所学校的数据如下:

	id	size	sector	parcad	disclim	himnty	mmeanses
1	1 224	842	0	0. 350	1. 597	0	− 0. 428
2	1 288	1 855	0	0. 270	0. 174	0	0. 128
3	1 296	1 719	0	0. 320	− 0. 137	1	− 0. 420
4	1 308	716	1	0. 960	− 0. 622	0	0. 534
5	1 317	455	1	0. 950	− 1. 694	1	0. 351
6	1 358	1 430	0	0. 250	1. 535	0	− 0. 014
7	1 374	2 400	0	0. 500	2. 016	0	− 0. 007
8	1 433	899	1	0. 960	− 0. 321	0	0. 718
9	1 436	185	1	1. 000	− 1. 141	0	0. 569
10	1 461	1 672	0	0. 780	2. 096	0	0. 683

必须依照上面 level-1 那样对各变量进行定义,要注意 level-2 的数据文件中不能有缺失数据。如果在创建 SSM 文件的时候没有将缺失数据的记录剔除(或者进行 imputation 处理),那么 HLM 程序就会执行"单举法剔除(listwise deletion)",弹出消息框来提示用户在 level-2 或者 level-3 的数据文件中存在非法数据。

前面提到创建 SSM 文件包括 3 个主要的步骤,下面进行详细说明。

(2)对 HLM 说明输入文件和 SSM 文件的文件类型

在 HLM 的主窗口打开 File 菜单,依次选择"SSM..."→"New..."→"Stat package input"(见图 13.13)。

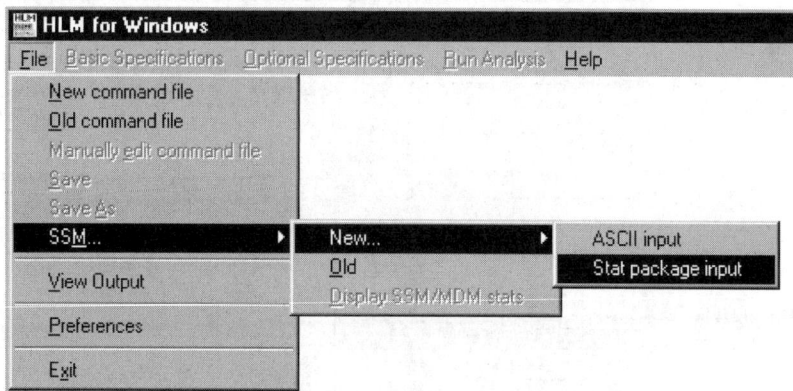

图 13. 13

打开"Select SSM type"对话框,选择"HLM2"选项,单击"OK"按钮,如图 13.14 所示。

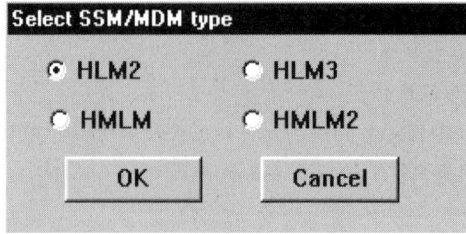

图 13.14

打开"Make SSM-HLM2"对话框,如图 13.15 所示。

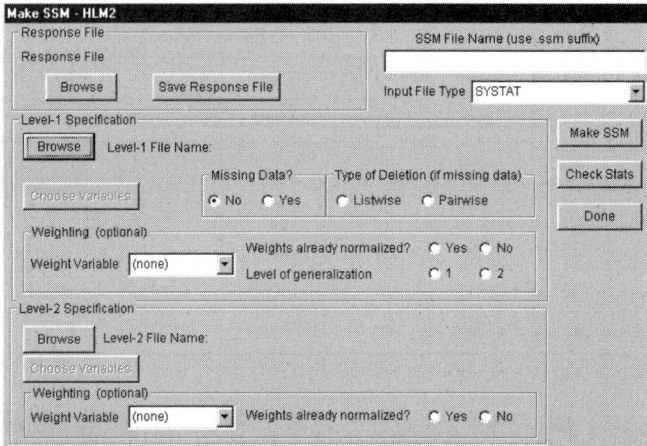

图 13.15

（3）为 HLM 的数据、命令和 SSM 文件提供恰当的信息

在图 13.16 所示的"SSM-HLM2"对话框中标明了不同选项的作用。

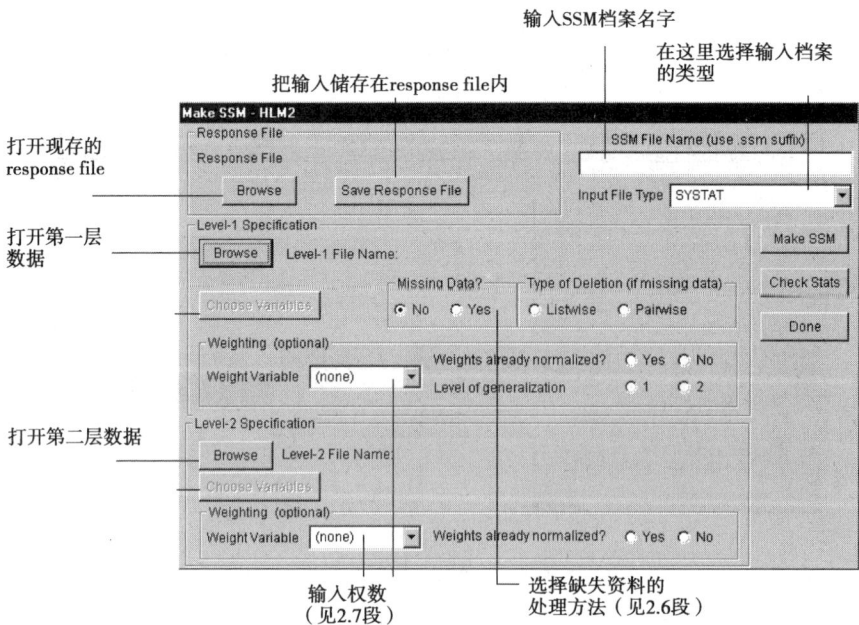

图 13.16

首先在"Input File Type"下拉菜单中选择"SPSS/Windows"。接下来定义"level-1 specification"选项，在"level-1 specification"栏中单击"Browse"按钮打开"Open Data File"对话框。然后在放置数据用文件夹中，选中 level-1 的 SPSS 系统文件"hsb1. sav"，并打开。"Browse"下面的"Choose Variables"按钮就会激活，如图 13.17 所示。

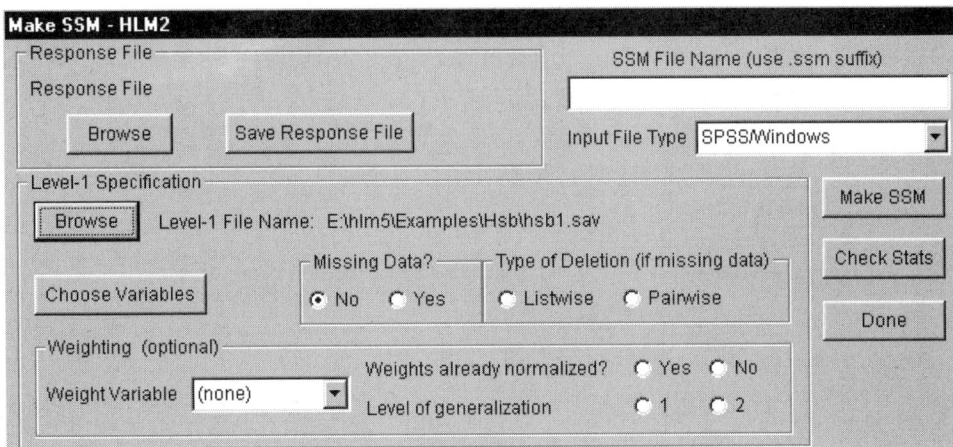

图 13.17

单击"Choose Variables"按钮，打开"Choose Variables-HLM2"对话框。然后在复选框中选择 *ID* 和其他变量(取消选择再次单击复选框)。本例中的 *ID* 是被定义为"string4"类型，因此变量 ID 用斜体表示，以便和用正常字体表示的数值型变量区分开来。做好选择后单击"OK"按钮回到"SSM-HLM2"对话框，如图 13.18 所示。

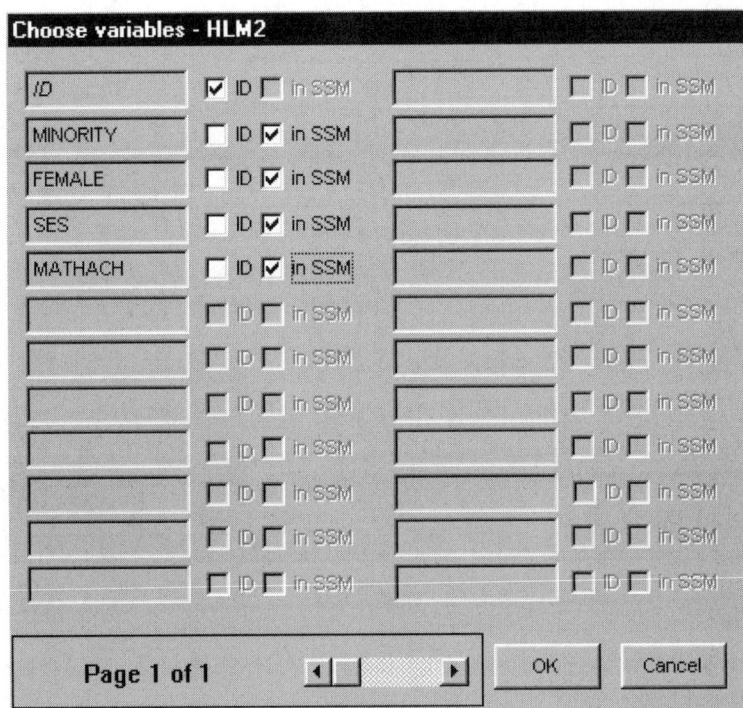

图 13.18

在"Missing Data?"中,为 level-1 文件中的缺失数据设定选项(由于 hsb1. sav 文件中没有缺失数据,故而其默认值为"No")。level-1 的"weighting"栏目是一个可选项,用来设定权重信息(design weight information),可根据目的自行选择。权重设定(Design weights)在 HS&B 的数据设定中不会被用到,所以相关的文件都是采用默认值。

选择"level-2 specification"栏目中的"Browse"选项,打开一个"Open Data File"对话框对 level-2 的数据文件进行设定。如图 13.19 所示,选择放置数据的文件夹中 level-2 的 SPSS 系统文件"hsb2. sav","Browse"按钮下的"Choose Variables"就会被激活。

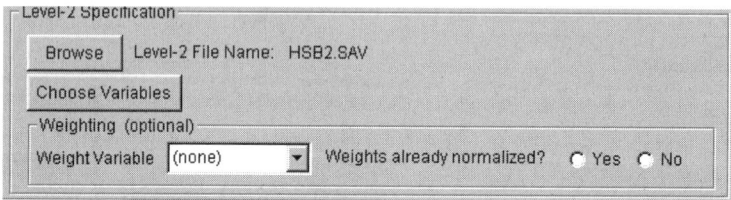

图 13.19

单击"Choose Variables"选择打开"Choose Variables-HLM2"对话框。在复选框中,对 ID 和其他变量进行设定。单击"OK"按钮回到"SSM-HLM2"对话框,如图 13.20 所示。

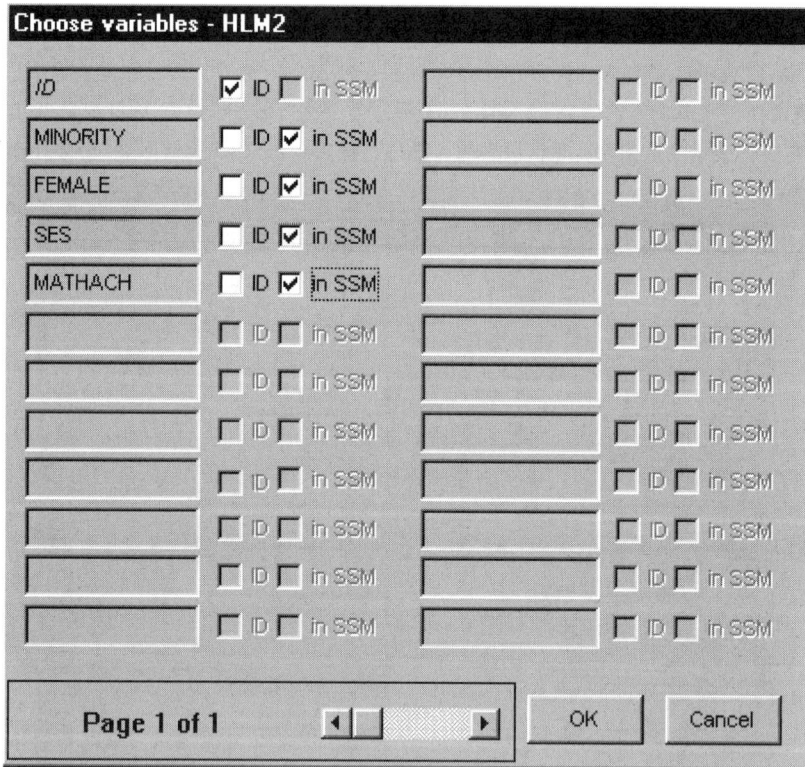

图 13.20

如有需要,对 level-1 的"weighting"进行设定(权重设定在 HS&B 数据设定中不会被用到),注意对于 level-2 中的缺失数据没有提供任何可选项。

在"SSM file name"框中输入 SSM 的文件名,如 hsb. ssm。在"Response File"栏内选择"Save Response File"选项,打开"Save Response File"对话框,输入一个 Response 文件名,如 hsb. rsp。单击"Save"按钮保存文件。该命令文件记录保存所有的输入信息,并允许用户将来对其进行修改。可以通过"Browse"按钮重新打开该文件。另外,HLM 会将输入信息另外保存在 createss. rsp 文件中。

完整的 SSM-HLM2 对话框如图 13.21 所示。

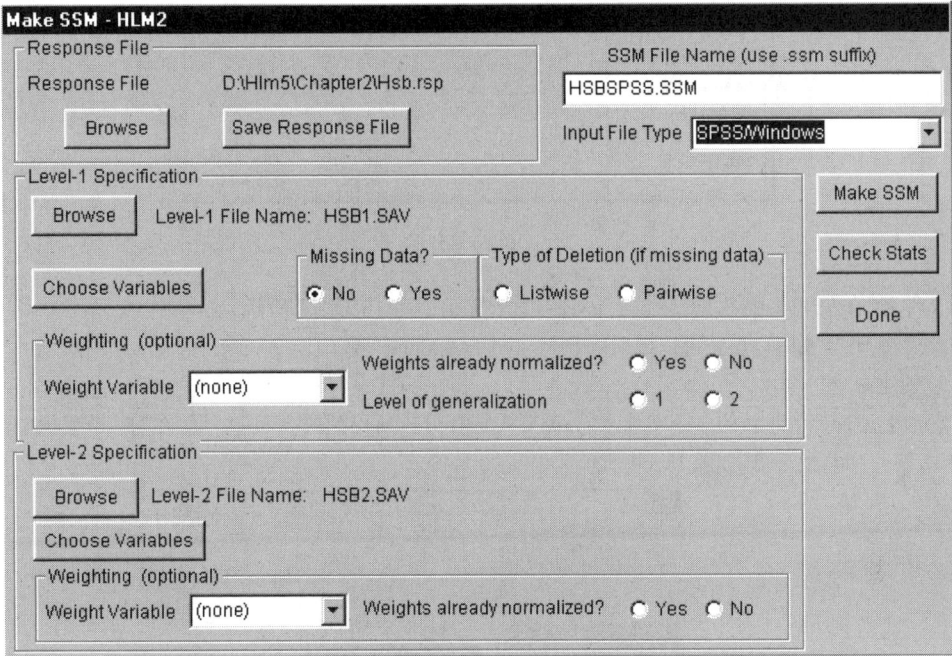

图 13.21

单击"Make SSM"按钮创建一个 SSM 文件,会出现一个进度提示消息框,当 SSM 文件创建结束会自动关闭。

(4)检查数据是否正确读入 HLM

单击"Check Stats"按钮,查看和核对 level-1 和 level-2 的描述性统计结果(descriptive statistics)。当核对确定显示的描述性统计结果无误后,关闭显示窗口,如图 13.22 所示。所显示的信息会被另外保存在 hlm2ssm. sts 文件中(如果有 level-3 的 SSM 文件,那么就会被保存在 hlm3ssm. sts 文件中)。

```
Hlm2ssm.sts - Notepad                                      _ □ ✕
File  Edit  Search  Help

             LEVEL-1 DESCRIPTIVE STATISTICS

VARIABLE NAME      N        MEAN       SD       MINIMUM    MAXIMUM
   MINORITY      7185       0.27      0.45       0.00       1.00
     FEMALE      7185       0.53      0.50       0.00       1.00
        SES      7185       0.00      0.78      -3.76       2.69
    MATHACH      7185      12.75      6.88      -2.83      24.99


             LEVEL-2 DESCRIPTIVE STATISTICS

VARIABLE NAME      N        MEAN       SD       MINIMUM    MAXIMUM
       SIZE       160    1097.82    629.51     100.00    2713.00
     SECTOR       160       0.44      0.50       0.00       1.00
     PRACAD       160       0.51      0.26       0.00       1.00
     DISCLIM      160      -0.02      0.98      -2.42       2.76
     HIMNTY       160       0.28      0.45       0.00       1.00
    MEANSES       160      -0.00      0.41      -1.19       0.83
```

图 13.22

单击"Done"按钮,"HLM for Windows"窗口会在标题栏上(hlm2 & hsb. ssm)显示 SSM 文件的文件类

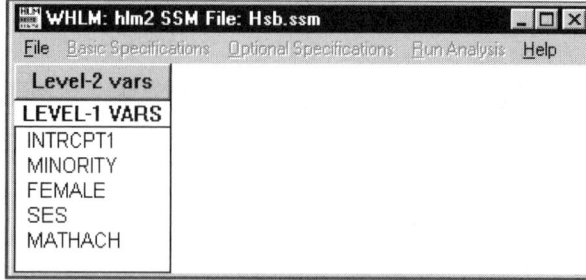

图 13.23

型和文件名,在左边的主窗口上会显示 level-1 的所有变量,如图 13.23 所示。

此后在 HLM 主窗口里就可以建立以 SSM 文件为基础的模型了。

3)创建命令文件

在为上述模型创建新的命令文件之前,需要先选择分析所用到的 SSM 文件。在"File"菜单中选择"SSM…"→"Old"子菜单,如图 13.24 所示。

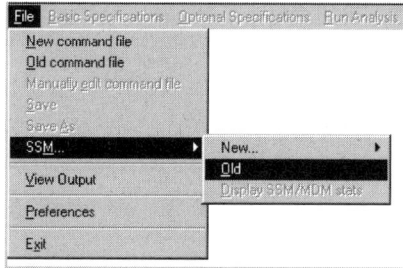

图 13.24

在窗口中选定一个 SSM 文件,如图 13.25 所示。

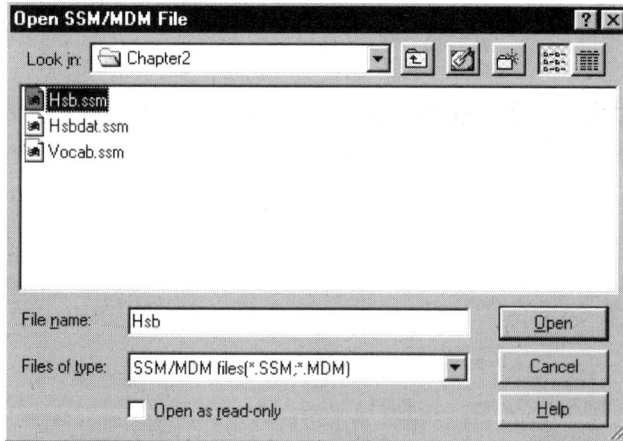

图 13.25

选定一个 SSM 文件后单击"Open"打开文件,以下信息就会出现在 WHLM 的主窗口中,level-1 变量的可见信息也会列在左边的主窗口的列表框里(见图 13.26)。

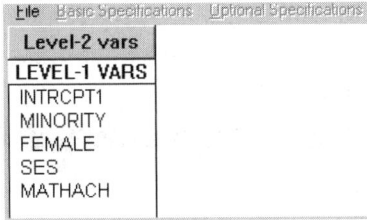

图 13.26

首先选择表示学生数学成绩的变量 MATHACH 作为结果变量。单击变量名后会出现一个菜单,里面只有一个"Outcome variable"可选项(见图 13.27)。

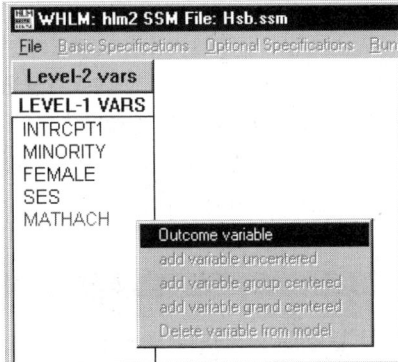

图 13.27

当定义了结果变量后,下列基本模型就会显示在 WHLM 窗口中(见图 13.28)。

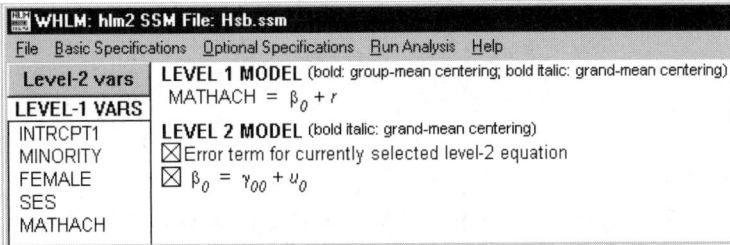

图 13.28

由于在 level 1 的模型中数学成绩是由学生的社会地位来拟合,变量 SES 现在需要加入 level 1 的模型中。单击变量 SES,在弹出菜单中可以看到现在出现其他 3 个可选的选项(见图 13.29)。

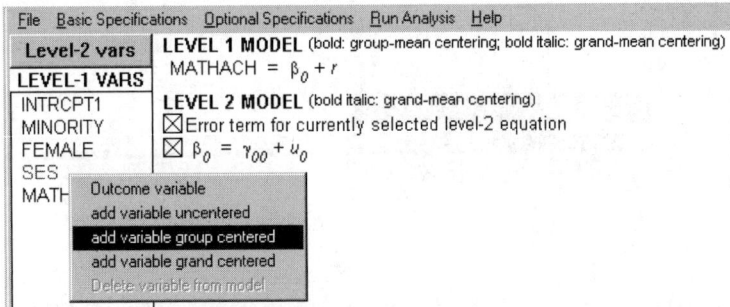

图 13.29

选择"add variable group centered"选项,表示把组平均值作为参照点。选中后,增加的变量就会以黑体显示在 WHLM 的窗口里,表示该特殊变量已经按照组均值为中心处理过。在窗口的 level-1 模型方程式中就会显示出预测变量,而方程的回归系数在 level-2 的模型中作为结果变量(见图 13.30)。

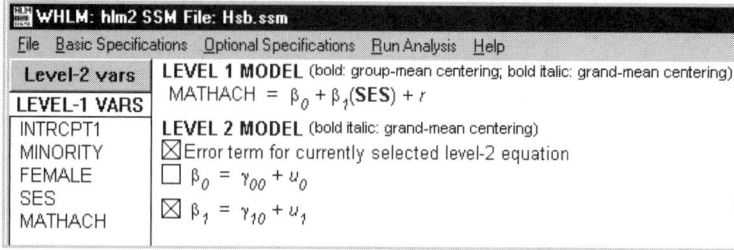

图 13.30

该窗口概括了 level-1 的模型设定。在 level-2 模型中,level-1 方程截距和 SES 的斜率需要根据学校社会地位均值(MEANSES)和学校部门(SECTOR)两个变量来构建方程。

单击窗口左边的"level-2 Vars"按钮开始构建模型,level-2 中变量的可用信息就会显示在 SSM 文件里。检查一下 β_0 的 level-2 方程下的复选框,β_0 在下面作为预测变量会首先加入方程中。同样,在把 β_1 加入方程之前也照此操作(见图 13.31)。

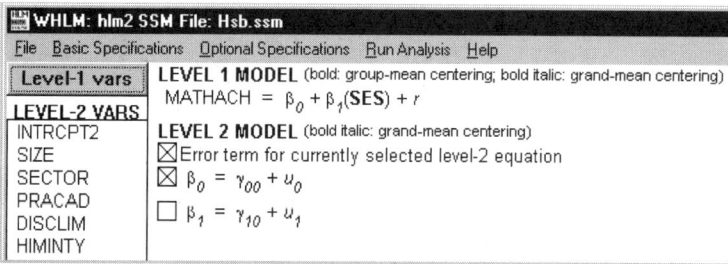

图 13.31

像 level 1 那样把变量加入 level-2 的方程中。单击变量名弹出菜单,将变量 MEANSES 和 SECTOR 作为"uncentered"加入模型中,如图 13.32、图 13.33 所示。

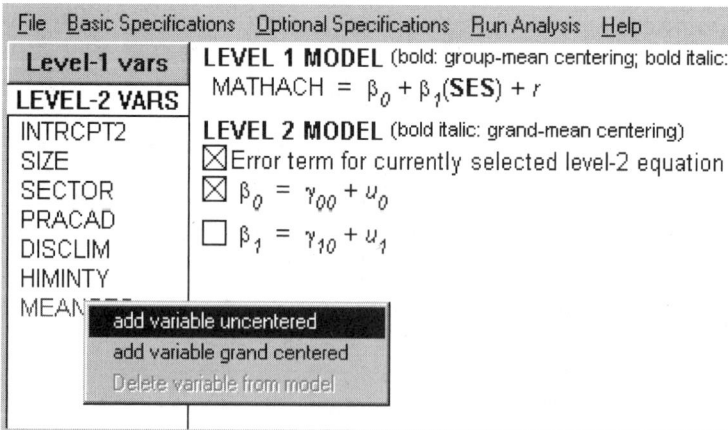

图 13.32

当 level-2 方程构建完毕,就得到了先前介绍中提到的最终模型,如图 13.34 所示。

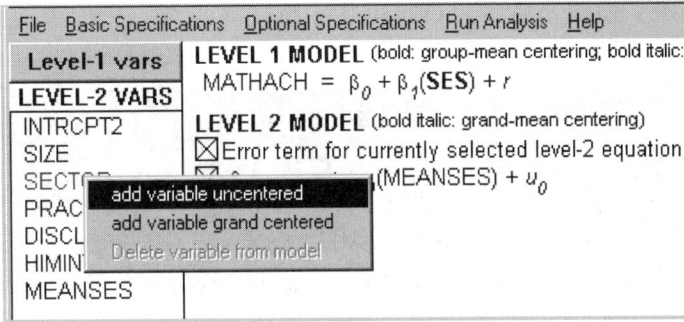

图 13.33

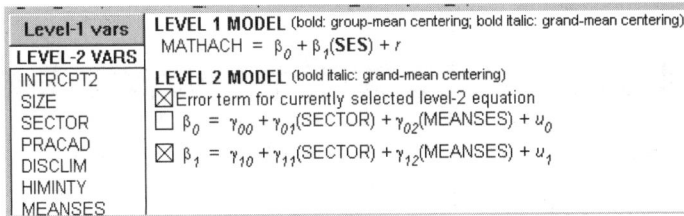

图 13.34

在开始进行分析之前,先保存新建的命令文件。选择"File"→"Save As"选项,输入一个文件名进行保存(见图 13.35、图 13.36)。

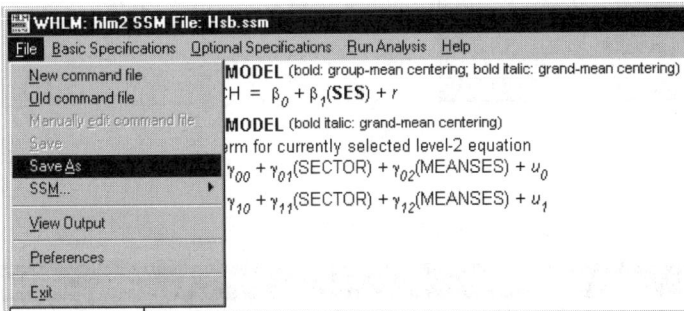

图 13.35

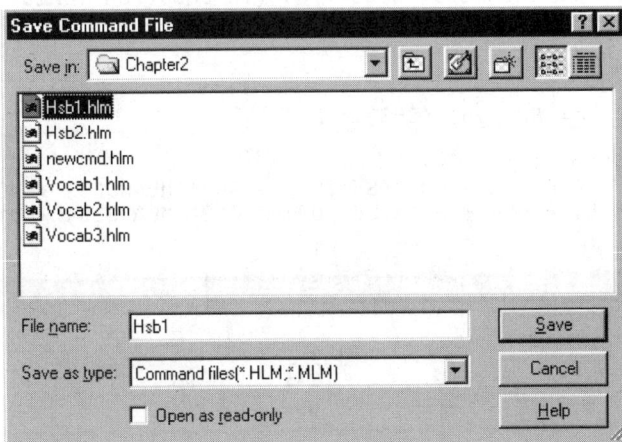

图 13.36

保存完毕后选择主窗口上方的"Run Analysis"选项进行分析,出现一个窗口显示迭代过程(iterative procedure)(见图13.37)。迭代的信息也是WHLM输出文件中的一部分。

图13.37

迭代过程收敛(converge)后,输出结果可以通过选择"File"→"View Output"进行查看(见图13.38)。

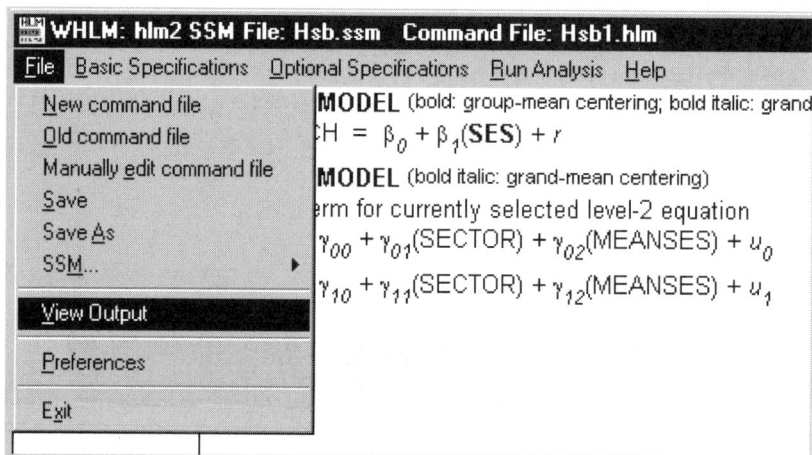

图13.38

我们在下一节中再讨论这个模型的输出文件(见图13.39)。

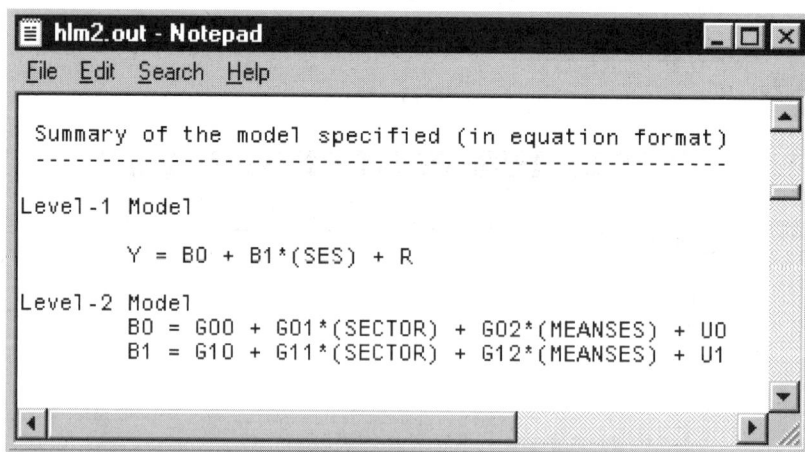

图13.39

4）解释输出结果文件

本分析的部分输出结果如下：

输出结果的第一部分显示了模型设定和分析中包含的对象数目。

The maximum number of level-2 units=160

The maximum number of iterations=10

　　将 level-1 和 level-2 中要进行分析的对象数目列明，可以核对这些数目是否和 level-1 和 level-2 的数据文件中观测对象的数目一致。

　　接下来显示需要进行设定的估计方法和权重信息。在本例中，我们没有用到权重变量（weight variables），这些变量可以用来构造 level-1 和 level-2 的线型方程。

Method of estimation: restricted maximum likelihood

Weighting Specification

- - - - - - - - - - - -

	Weighting?	Weight Variable Name	Normalized?
Level 1	no		no
Level 2	no		no

The outcome variable is MATHACH

The model specified for the fixed effects was:

- -

level-1 Coefficients	level-2 Predictors
- - - - - - - -	- - - - - -
INTRCPT1,B0	INTRCPT2,G00
	SECTOR,G01
	MEANSES,G02
*　SES slope,B1	INTRCPT2,G10
	SECTOR,G11
	MEANSES,G12

'*'-This level-1 predictor has been centered around its group mean.

The model specified for the covariance components was:

- -

　　　Sigma squared (constant across level-2 units)

Tau dimensions

　　　INTRCPT1

　　　　SES slope

Summary of the model specified (in equation format)

- -

level-1 Model

```
Y = B0 + B1 * (SES) + R
```

```
level-2 Model
```

```
B0 = G00 + G01 * (SECTOR) + G02 * (MEANSES) + U0
B1 = G10 + G11 * (SECTOR) + G12 * (MEANSES) + U1
```

$$Y_{ij} = \beta_{0j} + \beta_{1j}(X_{ij} - \overline{X}_{.j}) + r_{ij}$$
$$\beta_{0j} = \gamma_{00} + \gamma_{01} SECTOR_j + \gamma_{02} MEANSES_j + u_{oj}$$
$$\beta_{1j} = \gamma_{10} + \gamma_{11} SECTOR_j + \gamma_{12} MEANSES_j + u_{1j}$$

模型的设定符合先前介绍中所讨论的模型,这些解释有助于我们理解以上内容:

B0	由于学生层面的预测变量是根据学校均值来进行中心化的,因此,该截距等于每一所学校的平均值。G00 是每所学校的数学成绩平均值加总后得到的平均数
R	R 表示在 level-1 控制了学生的 SES 后的剩余方差(residual variance)
G00	G00 是学生层面的预测变量是根据学校均值进行中心化后,每所学校的数学成绩平均值加总后得到的平均数,意味着 B0 是学校均值
G01	G01 代表 SECTOR 的主效应
G02	G02 代表 MEANSES 的主效应
U0	u_{0j}是学校 j 截距的唯一增量(unique increment)。在这个模型中,T 的构成要素是剩余(residual)或条件(conditional)方差的协方差分量(variance-covariance components),当控制了 MEANSES 和 SECTOR 后这些告诉代表 β_{0j} 和 β_{1j} 的剩余离散度(residual dispersion)
G10	G10 是各学校 SES-math 回归斜率的平均值
G11	G11 表示 SECTOR 和学生 SES 的跨层面交互作用(the cross-level interaction)
G12	G12 表示 MEANSES 和学生 SES 的跨层面交互作用(the cross-level interaction)
U1	U_{1j}是学校 i 斜率的唯一增量(unique increment)。在这个模型中,T 的构成要素是剩余(residual)或条件(conditional)方差的协方差分量(variance-covariance components),当控制了 MEANSES 和 SECTOR 后这些告诉代表 β_{0j} 和 β_{1j} 的剩余离散度(residual dispersion)

以下的基本信息描述了迭代过程的初始值和每次的迭代结果。HLM2 程序默认输出基于 level-1 模型的前 10 个记录的普通最小二乘法回归方程(the ordinary least squares regression equations)。

```
level-1 OLS regressions
- - - - - - - - - - - - - -

level-2 Unit INTRCPT1 SES slope
- - - - - - - - - - - - - - -

1224      9.71545    2.50858

1288     13.51080    3.25545
```

1296	7 .63596	1 .07596
1308	16 .25550	0 .12602
1317	13 .17769	1 .27391
1358	11 .20623	5 .06801
1374	9 .72846	3 .85432
1433	19 .71914	1 .85429
1436	18 .11161	1 .60056
1461	16 .84264	6 .26650

通过 LEV1OLS 选项(DOS)或 WHLM 的"Basic Specifications"菜单可以改变输出记录的数目。当对一个新数据组进行分析的时候,检查所有记录的 OL 方程可以帮助我们识别异常值和非法数据。

The average OLS level -1 coefficient for INTRCPT1 = 12. 62075

The average OLS level -1 coefficient for SES = 2. 20164

以下是所有记录 OL 系数的简单平均值,这些记录都有足够的数据进行 OL 估计。

- -

Fixed Effect	Coefficient	Standard Error	T-ratio	d.f.	P-value
For INTRCPT1,B0					
INTRCPT2,G00	12 .084805	0 .106898	113 .050	7179	0 .000
SECTOR,G01	1 .280341	0 .157845	8 .111	7179	0 .000
MEANSES,G02	5 .163791	0 .190834	27 .059	7179	0 .000
For SES slope,B1					
INTRCPT2,G10	2 .935860	0 .155284	18 .906	7179	0 .000
SECTOR,G11	-1 .642102	0 .240178	-6 .837	7179	0 .000
MEANSES,G12	1 .044120	0 .299885	·3 .482	7179	0 .001

- -

The outcome variable is MATHACH

Least-squares estimates of fixed effects
(with robust standard errors)

- -

Fixed Effect	Coefficient	Standard Error	T-ratio	d.f.	P-value
For INTRCPT1,B0					
INTRCPT2,G00	12 .084805	0 .169517	71 .290	7179	0 .000
SECTOR,G01	1 .280341	0 .299077	4 .281	7179	0 .000
MEANSES,G02	5 .163791	0 .334078	15 .457	7179	0 .000
For SES slope,B1					
INTRCPT2,G10	2 .935860	0 .147580	19 .893	7179	0 .000
SECTOR,G11	-1 .642102	0 .237223	-6 .922	7179	0 .000

MEANSES,G12   1.044120 0.332897   3.136 7179 0.002

- -

混合效应(fixed effects)表的第一部分是基于 OL 估计,第二个表格列出了 robust standard errors。注意 G00,G01 和 G12 的常规 OL 标准误差(conventional OL standard errors)比它们的 robust counterparts 要小。

```
The least-squares likelihood value = -23362.111326
Deviance = 46724.22265
Number of estimated parameters = 1
STARTING VALUES
- - - - - - - - -

sigma(0)_squared = 36.72025

Tau(0)
INTRCPT1,B0 2.56964      0.28026
SES,B1       0.28026    -0.01614

New Tau(0)
INTRCPT1,B0   2.56964   0.28026
SES,B1        0.28026   0.43223
```

由于初始值未能产生一个合适的方差协方差(variance-covariance)矩阵 Tau(0),程序会自动推荐一个修正矩阵来解决这个问题(New Tau(0))。

以下是初始估计的混合效应(fixed effects),不会用于推导最后的真实结论。

```
The outcome variable is  MATHACH
Estimation of fixed effects
(Based on starting values of covariance components)
```

- -

Fixed Effect	Coefficient	Standard Error	Approx. T-ratio	d.f.	P-value
For INTRCPT1,B0					
INTRCPT2,G00	12.095864	0.204343	59.194	157	0.000
SECTOR,G01	1.226266	0.315204	3.890	157	0.000
MEANSES,G02	5.335184	0.379879	14.044	157	0.000
For SES slope,B1					
INTRCPT2,G10	2.935410	0.168691	17.401	157	0.000
SECTOR,G11	-1.634083	0.260672	-6.269	157	0.000
MEANSES,G12	1.015061	0.323523	3.138	157	0.002

- -

```
The value of the likelihood function at iteration 1 = -2.325199E+004
The value of the likelihood function at iteration 2 = -2.325182E+004
The value of the likelihood function at iteration 3 = -2.325174E+004
```

.

.

.

```
The value of the likelihood function at iteration 57 = -2.325094E+004
The value of the likelihood function at iteration 58 = -2.325094E+004
The value of the likelihood function at iteration 59 = -2.325094E+004
The value of the likelihood function at iteration 60 = -2.325094E+004

Iterations stopped due to small change in likelihood function
```

第三部分给出了模型设定的混合效应(fixed effects)和随机效应(random effects)的最终估计:

Sigma_squared =　　36.70313 ◀── σ^2 – Level 1 的误差方差(error variance)

从 level-1 的变量估计和标准误差可以看出学校内学生之间的变异很小。

注意到 level-2 有两个随机效应(random effects),因此 Tau(pi)是一个 2×2 矩阵。学校之间的截距的变异是目前为止最大的方差的协方差(variance-covariance)成分。level-2 的方差的协方差分量(variance-covariance components)之间相关,用"Tau (as correlations)"来表示相关性大小,如图 13.40 所示。

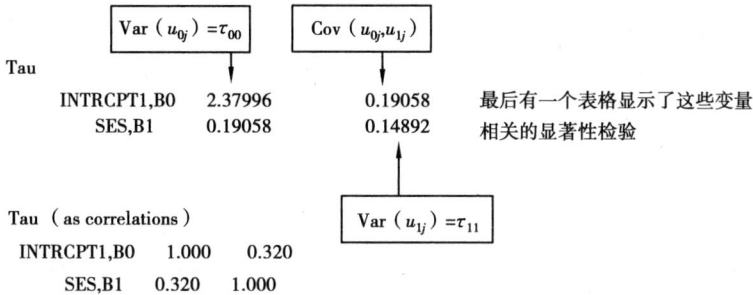

图 13.40

在学校层面,截距和社会地位之间的相关性很低。

在以下的几行输出结果中给出了 level-1 系数的信度检验结果,列出了 level-1 里每一个系数在 level-2 的 160 个记录(学校)中的总体信度和平均信度。这些检验是根据 Hierarchical Linear Models 里的 Equation 3.53 进行计算的,主要取决于两个因素:学校与学校之间真实的潜参数(true underlying parameters)变异的程度和对每所学校回归方程的估计精度。

截距的估计精度(本例中的学校均值)取决于每所学校的样本容量。斜率的估计精度取决于学校的样本容量和 SES 的变异性。在 SES 上近似的学校在斜率估计上的精度会比较差。

```
- - - - - - - - - - - - - - - - - - - - - - - - - - - - - - - - - -
   Random level-1 coefficient  Reliability estimate
- - - - - - - - - - - - - - - - - - - - - - - - - - - - - - - - - -
```

INTRCPT1,B0　　　　　　0.733　$r_{xx(\tau_{00})} = \dfrac{1}{J}\sum_j \tau_{00} \Big/ \Big(\tau_{00} + \dfrac{\sigma^2}{n_j}\Big)$

SES,B1　　　　　　　　0.073　$r_{xx(\tau_{11})} = \dfrac{1}{J}\sum_j \tau_{11} \Big/ \Big(\tau_{11} + \dfrac{\sigma^2}{\sum x_{ij}^2}\Big)$

```
- - - - - - - - - - - - - - - - - - - - - - - - - - - - - - - - - -
```

> 信度检验衡量了真实参数变异（"true" parameter variance）在观测参数变异（"observed" parameter variance）中所占的比重（观测参数变异是所有真实参数变异和误差参数变异（"error" parameter variance）的总和）。

从表中可以看出，斜率的估计信度比截距的估计信度低。造成斜率的估计信度低的原因是学校之间的真实信度变异比真实均值变异小，而且由于很多学校在 SES 上都很近似，斜率的估计精度比均值低。

下面是混合效应（fixed effects）的最终估计：

$$Y_{ij} = \beta_{0j} + \beta_{1j}(X_{ij} - \overline{X}_{.j}) + r_{ij}$$
$$\beta_{0j} = \gamma_{00} + \gamma_{01}SECTOR_j + \gamma_{02}MEANSES_j + u_{oj}$$
$$\beta_{1j} = \gamma_{10} + \gamma_{11}SECTOR_j + \gamma_{12}MEANSES_j + u_{1j}$$

混合效应（fixed effects）的最终估计：

Fixed Effect	Coefficient	Standard Error	T-ratio	Approx. d.f.	P-value
For INTRCPT1,B0					
INTRCPT2,G00	12.096006	0.198734	60.865	157	0.000
SECTOR,G01	1.226384	0.306272	4.004	157	0.000
MEANSES,G02	5.333056	0.369161	14.446	157	0.000
For SES slope,B1					
INTRCPT2,G10	2.937981	0.157135	18.697	157	0.000
SECTOR,G11	-1.640954	0.242905	-6.756	157	0.000
MEANSES,G12	1.034427	0.302566	3.419	157	0.001

> t-ratios 检验 level-2 的系数（如 γ_s）是否显著地不等于 0。

第一个表格给出了 model-based 估计的标准误差，第二个表格给出了 robust 估计的标准误差。这里的两组标准误差值相近。

从混合效应的最终估计结果我们可以看到，所有的预测变量对结果变量 MATHACH 变异的解释都起到了显著的贡献作用。学校部门（school sector）对方程截距起正效应，而对 SES 的斜率起负效应。由于天主教学校（Catholic schools）被标号为 1，这表明天主教学校学生的截距比公共学校（public schools）的学生平均多出了 1.226 个单位，而 SES 斜率则比公共学校的学生低了 1.641 个单位。社会地位变量的均值对截距的贡献最大。组内的 SES 均值越大，则该学校的截距就越大。

$$Y_{ij} = \beta_{0j} + \beta_{1j}(X_{ij} - \overline{X}_{\cdot j}) + r_{ij}$$
$$\beta_{0j} = \gamma_{00} + \gamma_{01}SECTOR_j + \gamma_{02}MEANSES_j + u_{oj}$$
$$\beta_{1j} = \gamma_{10} + \gamma_{11}SECTOR_j + \gamma_{12}MEANSES_j + u_{1j}$$

方差分量(variance components)的最终估计:

```
- - - - - - - - - - - - - - - - - - - - - - - - - - - - - - - - - - -
```

Random Effect	Standard Deviation	**Variance** Component	df	**Chi-square**	P-value
INTRCPT1,U0	1.54271	2.37996	157	605.29503	0.000
SES slope,U1	0.38590	0.14892	157	162.30867	0.369
level-1,R	6.05831	36.70313			

School 2

Statistics for current covariance components model

```
- - - - - - - - - - - - - - - - - - - - - - - - - - - - - - - - - - -
```

Deviance = 46501.87563

Number of estimated parameters = 4

χ^2 统计指标用来检验 level-2 误差分量(error components)(如 τ_{00}, τ_{11})的变异是否显著地不等于 0。

系数 2.379 66(chi-square = 605)表明学校之间随着平均数学成绩的变化而产生的变异是显著的。最大的变异分量(variance component)在 level-1 的模型中(36.703 13),这表明该模型中大部分的变异还没有得到解释。level-2 中分量 u_1(level-2 的 SES 斜率)的估计值为 0.148 92(p-value = 0.369),表明各组不存在明显的变异。

最终给出的是该模型的变异统计量(deviance statistic)和自由度(degrees of freedom)。该信息用来比较两个模型的拟合度,这与假设检验(hypothesis testing)一节类似。

在下一个例子,我们将讨论模型修正和假设检验中 level-1 变异的混合效应(fixed effects)和齐次性(homogeneity)问题。

2 "中心化(Centering)"的意义和作用

我们都知道员工的智能(General Mental Ability, GMA)是影响工作表现的一个重要因素。同时,我们也知道周围的同事对员工的表现也有很大的影响。一个员工如果跟一群智能很高的同事一起工作的话,他的工作表现也会得到提高。因此,如果在第 j 小组工作的第 i 个员工的智能是 x_{ij};同一个员工的工作表现是 y_{ij};而第 j 小组的员工的平均智能是 $\overline{x}_j$ 的话,则

$$y_{ij} = \beta_{0j} + \beta_{1j}x_{ij} + \gamma \overline{x}_j + u_j + e_{ij} \tag{1}$$

(u_j 是第 j 组的估计误差;e_{ij} 是第 j 小组工作的第 i 个员工的估计误差)

$\overline{x}_j$ 这个变量是环境因素的影响或称"环境效应(contextual effect)"。因为它代表了环境因素(小组平均智能)对员工表现的影响。

以上分析的 x 变量是用"原始度量尺度(Raw metric scaling)"的。但是,我们知道用式(1)来估计

"环境效应"对员工表现的影响有两个问题：

（1）问题一

如果我们用"分组平均值中心化（Group mean centering）"的话，则

$$y_{ij} = \alpha_{0j} + \alpha_{1j}(x_{ij} - \bar{x}_j) + \alpha_{2j}\bar{x}_j + u_j + e_{ij} \tag{2}$$

式中，$(x_{ij} - \bar{x}_j)$ 称为"组内效应（within group effect）"；$\bar{x}_j$ 称为"组间效应（between group effect）"。"组内效应"是"一个员工的智能与他的小组的平均智能的差额"对这个员工的工作表现的影响。"组间效应"是"每个小组的平均智能"对这个员工的工作表现的影响。"组内效应"是一个个人层面的变量对"员工表现"这个个人层面的变数的影响，所以是一个"个人层面→个人层面"的影响。"组间效应"是一个小组层面的变量对"员工表现"这个个人层面的变数的影响，所以是一个"小组层面→个人层面"的影响。因此，式（2）可以写为

$$y_{ij} = \alpha_{0j} + \alpha_w(x_{ij} - \bar{x}_j) + \alpha_b\bar{x}_j + u_j + e_{ij} \tag{3}$$

其中，α_w 下标中的 w 代表 within（组内）；α_b 下标中的 b 代表 between（组间）。

把式（3）重组，得

$$y_{ij} = \alpha_{0j} + \alpha_w x_{ij} + (\alpha_b - \alpha_w)\bar{x}_j + u_j + e_{ij} \tag{4}$$

比较式（1）和式（4），我们发现 $\gamma = \alpha_b - \alpha_w$，也就是说，如果 x 变量是用"原始度量尺度"（即式（1））的话，"环境效应"的系数 γ 其实是同时包含了"组内效应"和"组间效应"。要把"组内效应"对员工表现的影响与"组间效应"对员工表现的影响分开的话，x 变量一定要用"分组平均值中心化"。

（2）问题二

让我们再来看式（1）和式（3），则

$$y_{ij} = \beta_{0j} + \beta_{1j}x_{ij} + \gamma\bar{x}_j + u_j + e_{ij} \tag{1}$$

$$y_{ij} = \alpha_{0j} + \alpha_w(x_{ij} - \bar{x}_j) + \alpha_b\bar{x}_j + u_j + e_{ij} \tag{3}$$

在式（1）中，x_{ij} 和 $\bar{x}_j$ 往往相关系数很高，导致分析时产生多元共线性（multicollinearity）的问题。但是式（3）中，$(x_{ij} - \bar{x}_j)$ 和 $\bar{x}_j$ 是正交（orthorgonal）的。用了"分组平均值中心化"后，就可以避免多元共线性的问题了。如果我们是用"分组平均值中心化"（即式（3））作为分析，"环境效应"或者是小组平均智能对员工表现的影响就可以用 $H_0: \alpha_b - \alpha_w$ 来验证了。

上面的例子解释了"中心化"在主效应（main effect）的分析时的影响。以下我们解释"中心化"对交互作用（interaction effect）的分析时的影响。

我们再使用道员工的智能（GMA）影响工作表现的例子。在主效应的分析时，我们说小组的平均智能 $\bar{x}_j$ 也影响个别员工的工作表现（y_{ij}）。在讨论交互作用时，让我们现在假设研究人员在研究小组的激励如何与员工智能交互影响个别员工的表现。研究人员设计了两种小组，其中一半小组有金钱的激励（$W_j = 1$），另外一半小组没有金钱的激励（$W_j = 0$）。在有金钱激励的小组中，表现最好的 10 位员工就会得到现金奖。在没有金钱激励的小组中，任何表现都不会得到奖励。

因此，如果在第 j 小组工作的第 i 个员工的智能是 x_{ij}；同一个员工的工作表现是 y_{ij}；而第 j 小组的员工的平均智能是 $\bar{x}_j$，有金钱激励的小组的第二层变量 $W_j = 1$，没有激励的小组的 $W_j = 0$。为什么"金钱激励"与"员工智能"会有交互作用呢？再假设对于智能高的员工，工作的挑战是他们最重要的激励，金钱的激励相应的影响没那么大。对于智能低的员工，金钱的激励就会起很大的作用。因此，我们的模型为

$$y_{ij} = \beta_{0j} + \beta_{1j}x_{ij} + \gamma\bar{x}_j + u_j + e_{ij}$$

$$\beta_{0j} = \gamma_{00} + \gamma_{01}W_j + u_{0j}$$

$$\beta_{1j} = \gamma_{10} + \gamma_{11}W_j + u_{1j}$$

把第二层的方程代入第一层的方程中，得

$$y_{ij} = \gamma_{00} + \gamma_{10}x_{ij} + \gamma_{01}W_j + \gamma_{11}W_j x_{ij} + \gamma\bar{x}_j + (u_{0j} + u_{1j}x_{ij} + u_j + e_{ij}) \tag{5}$$

我们一般的理解是 γ_{11} 是第二层变数 W_j 与第一层变数 x_1 的交互作用对员工表现 y_{ij} 的影响，或者可以说是第二层变数 W_j 调节了第一层变数 x（智能）对 y_{ij}（员工表现）的影响。但是相同于上面的分析，

这个 $W_j x_{ij}$ 交互作用,其实也是包括了"组内交互作用"(即 $W_j(x_{ij} - \bar{x}_j)$)和"组间交互作用"(即 $W_j \bar{x}_j$)两个部分。"组内交互作用"是"个别员工的智能与小组的平均智能的差额"与"金钱激励"的交互作用。因为在金钱激励小组中,只有表现最好的头 10 名员工才会得奖,所以"金钱激励"对一个智商 110 的员工的影响决定于这个员工是在一个平均智商 100 或是一个平均智商 120 的小组内。这个影响称为"组内交互作用" $W_j(x_{ij} - \bar{x}_j)$,即是"小组层面的金钱激励"与"个人层面的员工智能"交互影响"个人层面的员工表现"。同时,金钱激励也可能与整个小组的平均智能产生交互作用。凡是平均智能比较低的小组,根据理论,金钱激励的作用就会更大。因此,"金钱激励"对一个平均智商 115 的小组的影响可能比一个平均智商为 120 的小组为大。这个影响称为"组间交互作用" $W_j \bar{x}_j$,即是"小组层面的金钱激励"与"小组层面的平均员工智能"交互影响"个人层面的员工表现"。

要把这两种交互作用分开,当 x_{ij} 是"原始度量尺度"时是办不到的,这时候就要用"分组平均值中心化"。Raudenbush (1989b)建议了以下的模型来估计"组内交互作用"和"组间交互作用",即

$$
\begin{aligned}
y_{ij} &= \beta_0 + \beta_1(x_{ij} - \bar{x}_j) + r_{ij} \\
\beta_0 &= \gamma_{00} + \gamma_{01} W_j + \gamma_{02} \bar{x}_j + \gamma_{03} W_j \bar{x}_j + u_{0j} \\
\beta_1 &= \gamma_{10} + \gamma_{11} W_j + u_{1j}
\end{aligned}
\tag{6}
$$

把 β_0 和 β_1 代入第一式中然后重组,得

$$
\begin{aligned}
y_{ij} = {} & \gamma_{00} + \gamma_{10} x_{ij} + \gamma_{01} W_j + (\gamma_{02} - \gamma_{10}) \bar{x}_j + \gamma_{03} W_j \bar{x}_j + \gamma_{11} W_j(x_{ij} - \bar{x}_j) + \\
& [u_{0j} - u_{1j} \bar{x}_j + u_{1j} x_{ij} + r_{ij}]
\end{aligned}
\tag{7}
$$

所以在 Raudenbush 的模型里,"组内交互作用"和"组间交互作用"的大小分别是式(6)中的 γ_{11} 和 γ_{03} 来估计。现在让我们比较"原始度量尺度"的式(5)和"分组平均值中心化"的式(7),得

$$
y_{ij} = \gamma_{00} + \gamma_{10} x_{ij} + \gamma_{01} W_j + \gamma_{11} W_j x_{ij} + \gamma \bar{x}_j + (u_{0j} + u_{1j} x_{ij} + u_j + e_{ij})
\tag{5}
$$

$$
\begin{aligned}
y_{ij} = {} & \gamma_{00} + \gamma_{10} x_{ij} + \gamma_{01} W_j + (\gamma_{02} - \gamma_{10}) \bar{x}_j + \gamma_{03} W_j \bar{x}_j + \gamma_{11} W_j(x_{ij} - \bar{x}_j) + \\
& [u_{0j} - u_{1j} \bar{x}_j + u_{1j} x_{ij} + r_{ij}]
\end{aligned}
\tag{7}
$$

我们可以看见"分组平均值中心化"后,$W_j x_{ij}$ 值被拆开为 $W_j \bar{x}_j$ 和 $W_j(x_{ij} - \bar{x}_j)$ 两项,而这两项就是"组间交互作用"和"组内交互作用"。

3　"多层阶因子分析"的 Mplus 程序和输出

```
TITLE:  Healthy Org
DATA:
  FILE IS"C:\ MCFA program Dyer & Hanges\may2013.csv";
VARIABLE: names are country x1 x2 x3 x4 x5 x6 x7 x8 x9;   //假设我们有 9 个变量
Usevar = country x1 x2 x3 x4 x5 x6 x7 x8 x9;              // 分组变量称为 country
CLUSTER = country;
Missing = all (-9);
ANALYSIS: TYPE = TWOLEVEL;

MODEL:
 % Within%                                                // 组内模型
 Inspir by x1 x2 x3 x4 x5 x6 x7 x8 x9;                    // 组内因子称为 inspir
% Between%                                                // 组间模型
  bInspir by x1 x2 x3 x4 x5 x6 x7 x8 x9;                  // 组间因子称为 binspir

Output: Standardized CINTERVAL;
```

Mplus 分析结果

Mplus VERSION 6.1

MUTHEN & MUTHEN

05／10／2013　1:54 PM

INPUT INSTRUCTIONS

　　TITLE：Healthy Org

　　DATA：

　　FILE IS"C:\ MCFA program Dyer & Hanges\may2013.csv";

　　VARIABLE: names are country x1 x2 x3 x4 x5 x6 x7 x8 x9;

　　Usevar = country x1 x2 x3 x4 x5 x6 x7 x8 x9;

　　CLUSTER = country;

　　Missing = all (-9);

　　ANALYSIS: TYPE = TWOLEVEL;

　　MODEL：

　　% Within%

　　Inspir by x1 x2 x3 x4 x5 x6 x7 x8 x9;

　　% Between%

　　 bInspir by x1 x2 x3 x4 x5 x6 x7 x8 x9;

　　Output：Standardized CINTERVAL;

＊ ＊ ＊ WARNING

　　Data set contains cases with missing on all variables.

　　These cases were not included in the analysis.

　　Number of cases with missing on all variables：1320

　　 1 WARNING(S)FOUND IN THE INPUT INSTRUCTIONS

Healthy Org

SUMMARY OF ANALYSIS

Number of groups　　　　　　　　　　　　1

Number of observations　　　　　　　　14107

Number of dependent variables　　　　　　9

Number of independent variables　　　　　　0

Number of continuous latent variables　　　2

Observed dependent variables

　Continuous

　X1　　　　X2　　　　X3　　　　X4　　　　X5　　　　X6

　X7　　　　X8　　　　X9

Continuous latent variables

　INSPIR BINSPIR

Variables with special functions

　Cluster variable COUNTRY

Estimator　　　　　　　　　　　　　　　　MLR

Information matrix　　　　　　　　　　OBSERVED

Maximum number of iterations　　　　　　100

Convergence criterion		0.100D-05
Maximum number of EM iterations		500
Convergence criteria for the EM algorithm		
Loglikelihood change		0.100D-02
Relative loglikelihood change		0.100D-05
Derivative		0.100D-03
Minimum variance		0.100D-03
Maximum number of steepest descent iterations		20
Maximum number of iterations for H1		2000
Convergence criterion for H1		0.100D-03
Optimization algorithm		EMA

Input data file(s)

    C:\Users\mnlaw_mgt\Desktop\22 M+multilievel mediation\MCFA program Dyer & Han

  Input data format　FREE

SUMMARY OF DATA

    Number of missing data patterns　　　25

    Number of clusters　　　　　　　　61

    Average cluster size　　　　　　　231.262

  Estimated Intraclass Correlations for the Y Variables

Variable	Intraclass Correlation	Variable	Intraclass Correlation	Variable	Intraclass Correlation
X1	0.098	X2	0.081	X3	0.117
X4	0.097	X5	0.059	X6	0.053
X7	0.058	X8	0.112	X9	0.054

COVARIANCE COVERAGE OF DATA

Minimum covariance coverage value　　0.100

  PROPORTION OF DATA PRESENT

    Covariance Coverage

	X1	X2	X3	X4	X5
	_____	_____	_____	_____	_____
X1	0.999				
X2	0.999	0.999			
X3	0.996	0.996	0.996		
X4	0.988	0.988	0.988	0.988	
X5	0.998	0.998	0.995	0.987	0.999
X6	0.998	0.998	0.995	0.987	0.999
X7	0.998	0.998	0.995	0.987	0.998

X8	0.992	0.992	0.991	0.986	0.992
X9	0.991	0.991	0.991	0.986	0.991

Covariance Coverage

	X6	X7	X8	X9
	————	————	————	————
X6	0.999			
X7	0.999	0.999		
X8	0.992	0.992	0.992	
X9	0.991	0.991	0.991	0.992

THE MODEL ESTIMATION TERMINATED NORMALLY

MODEL FIT INFORMATION

Number of Free Parameters   45

Loglikelihood

    H0 Value   − 177217.305

    H0 Scaling Correction Factor   18.848

      for MLR

    H1 Value   − 175561.779

    H1 Scaling Correction Factor   10.394

      for MLR

Information Criteria

    Akaike (AIC)   354524.610

    Bayesian (BIC)   354864.559

    Sample-Size Adjusted BIC   354721.553

     $(n* = (n+2)/24)$

Chi-Square Test of Model Fit

    Value   988.796 *

    Degrees of Freedom   54

    P-Value   0.0000

    Scaling Correction Factor   3.349

      for MLR

*   The chi-square value for MLM,MLMV,MLR,ULSMV,WLSM and WLSMV cannot be used
    for chi-square difference testing in the regular way. MLM,MLR and WLSM
    chi-square difference testing is described on the Mplus website. MLMV,
    WLSMV,and ULSMV difference testing is done using the DIFFTEST option.

RMSEA (Root Mean Square Error Of Approximation)

    Estimate   0.035

CFI/TLI
　　　　CFI　　　　　　　　　　0.915
　　　　TLI　　　　　　　　　　0.887
Chi-Square Test of Model Fit for the Baseline Model
　　　　Value　　　　　　　　　11064.575
　　　　Degrees of Freedom　　　72
　　　　P-Value　　　　　　　　0.0000

SRMR (Standardized Root Mean Square Residual)
　　　　Value for Within　　　　0.044
　　　　Value for Between　　　　0.058

MODEL RESULTS　估计结果,"Estimate"就是因子分析的载荷

	Estimate	S.E.	Two-Tailed Est./S.E.	P-Value
Within Level				
INSPIR BY				
X1	1.000	0.000	999.000	999.000
X2	1.155	0.053	21.941	0.000
X3	1.032	0.112	9.248	0.000
X4	1.083	0.048	22.456	0.000
X5	1.378	0.101	13.640	0.000
X6	1.351	0.072	18.781	0.000
X7	1.326	0.084	15.797	0.000
X8	1.201	0.071	16.860	0.000
X9	1.201	0.074	16.128	0.000
Variances				
INSPIR	0.359	0.087	4.109	0.000
Residual Variances				
X1	0.835	0.081	10.290	0.000
X2	0.847	0.084	10.083	0.000
X3	0.966	0.117	8.269	0.000
X4	1.291	0.090	14.351	0.000
X5	0.477	0.044	10.872	0.000
X6	0.432	0.042	10.346	0.000
X7	0.595	0.077	7.765	0.000
X8	0.954	0.106	8.957	0.000
X9	0.815	0.078	10.419	0.000

Between Level

```
BINSPIR  BY
    X1    1.000    0.000    999.000    999.000
    X2    0.971    0.153    6.362    0.000
    X3    0.816    0.213    3.831    0.000
    X4    0.956    0.146    6.570    0.000
    X5    0.734    0.116    6.351    0.000
    X6    0.712    0.089    8.031    0.000
    X7    0.720    0.147    4.886    0.000
    X8    0.654    0.114    5.741    0.000
    X9    0.669    0.078    8.595    0.000


Intercepts
    X1    6.404    0.048    134.749    0.000
    X2    6.142    0.046    134.618    0.000
    X3    5.971    0.055    108.205    0.000
    X4    5.913    0.056    106.482    0.000
    X5    6.101    0.036    167.411    0.000
    X6    6.252    0.034    186.525    0.000
    X7    6.072    0.037    162.733    0.000
    X8    6.034    0.056    107.057    0.000
    X9    6.021    0.037    161.190    0.000


Variances
    BINSPIR  0.091    0.040    2.299    0.021


Residual Variances
    X1    0.040    0.012    3.308    0.001
    X2    0.032    0.009    3.484    0.000
    X3    0.116    0.054    2.136    0.033
    X4    0.099    0.028    3.508    0.000
    X5    0.023    0.009    2.597    0.009
    X6    0.015    0.005    3.289    0.001
    X7    0.028    0.011    2.564    0.010
    X8    0.146    0.066    2.199    0.028
    X9    0.038    0.013    2.814    0.005
```

STANDARDIZED MODEL RESULTS 标准化的载荷估计（因此载荷不会大于1）
STDYX Standardization

```
                              Two-Tailed
          Estimate   S.E.  Est./S.E.   P-Value
```

Within Level

INSPIR BY

X1	0.548	0.037	14.783	0.000
X2	0.601	0.035	17.344	0.000
X3	0.532	0.039	13.621	0.000
X4	0.496	0.036	13.763	0.000
X5	0.767	0.015	49.791	0.000
X6	0.776	0.019	39.989	0.000
X7	0.717	0.037	19.500	0.000
X8	0.593	0.036	16.611	0.000
X9	0.623	0.031	20.375	0.000

Variances

INSPIR	1.000	0.000	999.000	999.000

Residual Variances

X1	0.699	0.041	17.203	0.000
X2	0.639	0.042	15.343	0.000
X3	0.717	0.042	17.241	0.000
X4	0.754	0.036	21.128	0.000
X5	0.412	0.024	17.453	0.000
X6	0.398	0.030	13.194	0.000
X7	0.485	0.053	9.196	0.000
X8	0.648	0.042	15.317	0.000
X9	0.612	0.038	16.073	0.000

Between Level

BINSPIR BY

X1	0.834	0.072	11.653	0.000
X2	0.852	0.053	16.215	0.000
X3	0.586	0.124	4.720	0.000
X4	0.675	0.095	7.114	0.000
X5	0.825	0.091	9.031	0.000
X6	0.869	0.046	19.093	0.000
X7	0.794	0.081	9.863	0.000
X8	0.459	0.131	3.489	0.000
X9	0.721	0.096	7.495	0.000

Intercepts

X1	17.710	2.765	6.405	0.000
X2	17.879	2.671	6.693	0.000
X3	14.213	2.719	5.227	0.000

X4	13.841	2.102	6.584	0.000
X5	22.735	3.748	6.066	0.000
X6	25.312	2.920	8.668	0.000
X7	22.208	4.396	5.052	0.000
X8	14.028	2.414	5.811	0.000
X9	21.521	3.496	6.155	0.000

Variances
    BINSPIR 1.000   0.000   999.000   999.000

Residual Variances

X1	0.304	0.119	2.546	0.011
X2	0.274	0.090	3.054	0.002
X3	0.657	0.145	4.514	0.000
X4	0.544	0.128	4.246	0.000
X5	0.320	0.151	2.122	0.034
X6	0.244	0.079	3.084	0.002
X7	0.369	0.128	2.882	0.004
X8	0.790	0.121	6.547	0.000
X9	0.480	0.139	3.453	0.001

STDY Standardization

                                    Two-Tailed
            Estimate   S.E.   Est./S.E.   P-Value

Within Level

INSPIR BY

X1	0.548	0.037	14.783	0.000
X2	0.601	0.035	17.344	0.000
X3	0.532	0.039	13.621	0.000
X4	0.496	0.036	13.763	0.000
X5	0.767	0.015	49.791	0.000
X6	0.776	0.019	39.989	0.000
X7	0.717	0.037	19.500	0.000
X8	0.593	0.036	16.611	0.000
X9	0.623	0.031	20.375	0.000

Variances
    INSPIR 1.000   0.000   999.000   999.000

Residual Variances

X1	0.699	0.041	17.203	0.000
X2	0.639	0.042	15.343	0.000

X3	0.717	0.042	17.241	0.000
X4	0.754	0.036	21.128	0.000
X5	0.412	0.024	17.453	0.000
X6	0.398	0.030	13.194	0.000
X7	0.485	0.053	9.196	0.000
X8	0.648	0.042	15.317	0.000
X9	0.612	0.038	16.073	0.000

Between Level

BINSPIR　BY

X1	0.834	0.072	11.653	0.000
X2	0.852	0.053	16.215	0.000
X3	0.586	0.124	4.720	0.000
X4	0.675	0.095	7.114	0.000
X5	0.825	0.091	9.031	0.000
X6	0.869	0.046	19.093	0.000
X7	0.794	0.081	9.863	0.000
X8	0.459	0.131	3.489	0.000
X9	0.721	0.096	7.495	0.000

Intercepts

X1	17.710	2.765	6.405	0.000
X2	17.879	2.671	6.693	0.000
X3	14.213	2.719	5.227	0.000
X4	13.841	2.102	6.584	0.000
X5	22.735	3.748	6.066	0.000
X6	25.312	2.920	8.668	0.000
X7	22.208	4.396	5.052	0.000
X8	14.028	2.414	5.811	0.000
X9	21.521	3.496	6.155	0.000

Variances

BINSPIR	1.000	0.000	999.000	999.000

Residual Variances

X1	0.304	0.119	2.546	0.011
X2	0.274	0.090	3.054	0.002
X3	0.657	0.145	4.514	0.000
X4	0.544	0.128	4.246	0.000
X5	0.320	0.151	2.122	0.034
X6	0.244	0.079	3.084	0.002
X7	0.369	0.128	2.882	0.004
X8	0.790	0.121	6.547	0.000

X9	0.480	0.139	3.453	0.001

STD Standardization

			Two-Tailed	
	Estimate	S.E.	Est./S.E.	P-Value

Within Level
INSPIR BY

X1	0.599	0.073	8.218	0.000
X2	0.692	0.067	10.363	0.000
X3	0.618	0.048	12.768	0.000
X4	0.648	0.063	10.327	0.000
X5	0.825	0.049	16.814	0.000
X6	0.809	0.068	11.981	0.000
X7	0.794	0.080	9.958	0.000
X8	0.719	0.056	12.774	0.000
X9	0.719	0.055	12.990	0.000

Variances

INSPIR	1.000	0.000	999.000	999.000

Residual Variances

X1	0.835	0.081	10.290	0.000
X2	0.847	0.084	10.083	0.000
X3	0.966	0.117	8.269	0.000
X4	1.291	0.090	14.351	0.000
X5	0.477	0.044	10.872	0.000
X6	0.432	0.042	10.346	0.000
X7	0.595	0.077	7.765	0.000
X8	0.954	0.106	8.957	0.000
X9	0.815	0.078	10.419	0.000

Between Level

BINSPIR BY

X1	0.302	0.066	4.598	0.000
X2	0.293	0.055	5.358	0.000
X3	0.246	0.063	3.905	0.000
X4	0.288	0.070	4.138	0.000
X5	0.221	0.054	4.114	0.000
X6	0.215	0.031	6.959	0.000
X7	0.217	0.055	3.928	0.000

X8	0.197	0.040	4.972	0.000
X9	0.202	0.048	4.218	0.000

Intercepts

X1	6.404	0.048	134.749	0.000
X2	6.142	0.046	134.618	0.000
X3	5.971	0.055	108.205	0.000
X4	5.913	0.056	106.482	0.000
X5	6.101	0.036	167.411	0.000
X6	6.252	0.034	186.525	0.000
X7	6.072	0.037	162.733	0.000
X8	6.034	0.056	107.057	0.000
X9	6.021	0.037	161.190	0.000

Variances

BINSPIR	1.000	0.000	999.000	999.000

Residual Variances

X1	0.040	0.012	3.308	0.001
X2	0.032	0.009	3.484	0.000
X3	0.116	0.054	2.136	0.033
X4	0.099	0.028	3.508	0.000
X5	0.023	0.009	2.597	0.009
X6	0.015	0.005	3.289	0.001
X7	0.028	0.011	2.564	0.010
X8	0.146	0.066	2.199	0.028
X9	0.038	0.013	2.814	0.005

R-SQUARE

Within Level

Observed Variable	Estimate	S.E.	Est./S.E.	Two-Tailed P-Value
X1	0.301	0.041	7.391	0.000
X2	0.361	0.042	8.672	0.000
X3	0.283	0.042	6.810	0.000
X4	0.246	0.036	6.882	0.000
X5	0.588	0.024	24.895	0.000
X6	0.602	0.030	19.994	0.000
X7	0.515	0.053	9.750	0.000
X8	0.352	0.042	8.306	0.000
X9	0.388	0.038	10.188	0.000

```
Between Level
    Observed                                     Two-Tailed
    Variable      Estimate     S.E.  Est./S.E.    P-Value

      X1           0.696      0.119    5.827       0.000
      X2           0.726      0.090    8.108       0.000
      X3           0.343      0.145    2.360       0.018
      X4           0.456      0.128    3.557       0.000
      X5           0.680      0.151    4.515       0.000
      X6           0.756      0.079    9.546       0.000
      X7           0.631      0.128    4.931       0.000
      X8           0.210      0.121    1.745       0.081
      X9           0.520      0.139    3.748       0.000
```

QUALITY OF NUMERICAL RESULTS
    Condition Number for the Information Matrix   0.686E-07
        (ratio of smallest to largest eigenvalue)

CONFIDENCE INTERVALS OF MODEL RESULTS
上面是定点的估计(point estimates),这里是置信空间(confidence interval)

Lower .5% Lower 2.5% Lower 5% Estimate Upper 5% Upper 2.5% Upper .5%

Within Level

INSPIR BY

	Lower .5%	Lower 2.5%	Lower 5%	Estimate	Upper 5%	Upper 2.5%	Upper .5%
X1	1.000	1.000	1.000	1.000	1.000	1.000	1.000
X2	1.020	1.052	1.069	1.155	1.242	1.258	1.291
X3	0.744	0.813	0.848	1.032	1.215	1.250	1.319
X4	0.959	0.988	1.004	1.083	1.162	1.177	1.207
X5	1.118	1.180	1.212	1.378	1.544	1.576	1.638
X6	1.166	1.210	1.232	1.351	1.469	1.492	1.536
X7	1.110	1.162	1.188	1.326	1.465	1.491	1.543
X8	1.018	1.061	1.084	1.201	1.318	1.341	1.385
X9	1.009	1.055	1.078	1.201	1.323	1.346	1.392

Variances
INSPIR	0.134	0.188	0.215	0.359	0.502	0.530	0.583

Residual Variances
X1	0.626	0.676	0.701	0.835	0.968	0.993	1.043
X2	0.630	0.682	0.709	0.847	0.985	1.011	1.063
X3	0.665	0.737	0.774	0.966	1.158	1.195	1.267

X4	1.059	1.115	1.143	1.291	1.439	1.467	1.523
X5	0.364	0.391	0.405	0.477	0.550	0.563	0.590
X6	0.324	0.350	0.363	0.432	0.500	0.514	0.539
X7	0.398	0.445	0.469	0.595	0.721	0.745	0.792
X8	0.680	0.745	0.779	0.954	1.129	1.163	1.228
X9	0.614	0.662	0.687	0.815	0.944	0.969	1.017

Between Level

BINSPIR BY

X1	1.000	1.000	1.000	1.000	1.000	1.000	1.000
X2	0.578	0.672	0.720	0.971	1.222	1.270	1.364
X3	0.267	0.399	0.466	0.816	1.166	1.233	1.365
X4	0.581	0.671	0.717	0.956	1.196	1.241	1.331
X5	0.436	0.507	0.544	0.734	0.924	0.960	1.031
X6	0.484	0.538	0.566	0.712	0.858	0.886	0.940
X7	0.340	0.431	0.478	0.720	0.963	1.009	1.100
X8	0.361	0.431	0.467	0.654	0.841	0.877	0.948
X9	0.469	0.517	0.541	0.669	0.797	0.822	0.870

Intercepts

X1	6.281	6.311	6.326	6.404	6.482	6.497	6.526
X2	6.024	6.052	6.067	6.142	6.217	6.231	6.259
X3	5.828	5.862	5.880	5.971	6.061	6.079	6.113
X4	5.770	5.804	5.821	5.913	6.004	6.022	6.056
X5	6.007	6.029	6.041	6.101	6.161	6.172	6.195
X6	6.166	6.186	6.197	6.252	6.307	6.318	6.338
X7	5.976	5.999	6.011	6.072	6.133	6.145	6.168
X8	5.889	5.924	5.942	6.034	6.127	6.145	6.179
X9	5.925	5.948	5.960	6.021	6.083	6.095	6.118

Variances

BINSPIR	−0.011	0.013	0.026	0.091	0.156	0.169	0.193

Residual Variances

X1	0.009	0.016	0.020	0.040	0.060	0.063	0.071
X2	0.008	0.014	0.017	0.032	0.048	0.050	0.056
X3	−0.024	0.010	0.027	0.116	0.205	0.222	0.256
X4	0.026	0.044	0.053	0.099	0.146	0.155	0.172
X5	0.000	0.006	0.008	0.023	0.038	0.040	0.046
X6	0.003	0.006	0.007	0.015	0.022	0.024	0.027
X7	0.000	0.006	0.010	0.028	0.045	0.049	0.055
X8	−0.025	0.016	0.037	0.146	0.255	0.276	0.317

X9	0.003	0.011	0.016	0.038	0.059	0.064	0.072

CONFIDENCE INTERVALS OF STANDARDIZED MODEL RESULTS

STDYX Standardization

	Lower .5%	Lower 2.5%	Lower 5%	Estimate	Upper 5%	Upper 2.5%	Upper .5%

Within Level

INSPIR BY

	Lower .5%	Lower 2.5%	Lower 5%	Estimate	Upper 5%	Upper 2.5%	Upper .5%
X1	0.453	0.476	0.487	0.548	0.609	0.621	0.644
X2	0.512	0.533	0.544	0.601	0.658	0.669	0.690
X3	0.432	0.456	0.468	0.532	0.596	0.609	0.633
X4	0.403	0.425	0.436	0.496	0.555	0.566	0.588
X5	0.727	0.737	0.741	0.767	0.792	0.797	0.806
X6	0.726	0.738	0.744	0.776	0.808	0.814	0.826
X7	0.623	0.645	0.657	0.717	0.778	0.789	0.812
X8	0.501	0.523	0.534	0.593	0.652	0.663	0.685
X9	0.544	0.563	0.573	0.623	0.673	0.683	0.702

Variances

	Lower .5%	Lower 2.5%	Lower 5%	Estimate	Upper 5%	Upper 2.5%	Upper .5%
INSPIR	1.000	1.000	1.000	1.000	1.000	1.000	1.000

Residual Variances

	Lower .5%	Lower 2.5%	Lower 5%	Estimate	Upper 5%	Upper 2.5%	Upper .5%
X1	0.595	0.620	0.633	0.699	0.766	0.779	0.804
X2	0.532	0.557	0.570	0.639	0.707	0.721	0.746
X3	0.610	0.635	0.648	0.717	0.785	0.798	0.824
X4	0.662	0.684	0.696	0.754	0.813	0.824	0.846
X5	0.351	0.366	0.373	0.412	0.451	0.458	0.473
X6	0.320	0.338	0.348	0.398	0.447	0.457	0.475
X7	0.349	0.382	0.399	0.485	0.572	0.589	0.621
X8	0.539	0.565	0.579	0.648	0.718	0.731	0.757
X9	0.514	0.537	0.549	0.612	0.675	0.687	0.710

Between Level

BINSPIR BY

	Lower .5%	Lower 2.5%	Lower 5%	Estimate	Upper 5%	Upper 2.5%	Upper .5%
X1	0.650	0.694	0.716	0.834	0.952	0.975	1.019
X2	0.717	0.749	0.766	0.852	0.939	0.955	0.988
X3	0.266	0.343	0.382	0.586	0.790	0.829	0.906
X4	0.431	0.489	0.519	0.675	0.831	0.861	0.920
X5	0.590	0.646	0.675	0.825	0.975	1.004	1.060

X6	0.752	0.780	0.794	0.869	0.944	0.959	0.987
X7	0.587	0.637	0.662	0.794	0.927	0.952	1.002
X8	0.120	0.201	0.242	0.459	0.675	0.716	0.797
X9	0.473	0.533	0.563	0.721	0.880	0.910	0.969

Intercepts

X1	10.587	12.290	13.161	17.710	22.259	23.130	24.832
X2	10.998	12.643	13.484	17.879	22.273	23.115	24.760
X3	7.209	8.883	9.740	14.213	18.687	19.544	21.218
X4	8.427	9.721	10.383	13.841	17.299	17.962	19.256
X5	13.081	15.389	16.569	22.735	28.900	30.080	32.388
X6	17.790	19.588	20.508	25.312	30.115	31.035	32.833
X7	10.885	13.592	14.977	22.208	29.438	30.823	33.530
X8	7.810	9.297	10.057	14.028	18.000	18.760	20.247
X9	12.515	14.668	15.769	21.521	27.272	28.373	30.526

Variances

BINSPIR	1.000	1.000	1.000	1.000	1.000	1.000	1.000

Residual Variances

X1	−0.004	0.070	0.108	0.304	0.501	0.538	0.612
X2	0.043	0.098	0.126	0.274	0.421	0.449	0.504
X3	0.282	0.372	0.417	0.657	0.896	0.942	1.031
X4	0.214	0.293	0.333	0.544	0.755	0.795	0.874
X5	−0.068	0.024	0.072	0.320	0.568	0.615	0.708
X6	0.040	0.089	0.114	0.244	0.374	0.399	0.448
X7	0.039	0.118	0.158	0.369	0.579	0.620	0.699
X8	0.479	0.553	0.591	0.790	0.988	1.026	1.100
X9	0.122	0.207	0.251	0.480	0.708	0.752	0.837

STDY Standardization

Lower .5%	Lower 2.5%	Lower 5%	Estimate	Upper 5%	Upper 2.5%	Upper .5%

Within Level

INSPIR   BY

X1	0.453	0.476	0.487	0.548	0.609	0.621	0.644
X2	0.512	0.533	0.544	0.601	0.658	0.669	0.690
X3	0.432	0.456	0.468	0.532	0.596	0.609	0.633
X4	0.403	0.425	0.436	0.496	0.555	0.566	0.588
X5	0.727	0.737	0.741	0.767	0.792	0.797	0.806
X6	0.726	0.738	0.744	0.776	0.808	0.814	0.826
X7	0.623	0.645	0.657	0.717	0.778	0.789	0.812

X8	0.501	0.523	0.534	0.593	0.652	0.663	0.685
X9	0.544	0.563	0.573	0.623	0.673	0.683	0.702

Variances

INSPIR	1.000	1.000	1.000	1.000	1.000	1.000	1.000

Residual Variances

X1	0.595	0.620	0.633	0.699	0.766	0.779	0.804
X2	0.532	0.557	0.570	0.639	0.707	0.721	0.746
X3	0.610	0.635	0.648	0.717	0.785	0.798	0.824
X4	0.662	0.684	0.696	0.754	0.813	0.824	0.846
X5	0.351	0.366	0.373	0.412	0.451	0.458	0.473
X6	0.320	0.338	0.348	0.398	0.447	0.457	0.475
X7	0.349	0.382	0.399	0.485	0.572	0.589	0.621
X8	0.539	0.565	0.579	0.648	0.718	0.731	0.757
X9	0.514	0.537	0.549	0.612	0.675	0.687	0.710

Between Level

BINSPIR   BY

X1	0.650	0.694	0.716	0.834	0.952	0.975	1.019
X2	0.717	0.749	0.766	0.852	0.939	0.955	0.988
X3	0.266	0.343	0.382	0.586	0.790	0.829	0.906
X4	0.431	0.489	0.519	0.675	0.831	0.861	0.920
X5	0.590	0.646	0.675	0.825	0.975	1.004	1.060
X6	0.752	0.780	0.794	0.869	0.944	0.959	0.987
X7	0.587	0.637	0.662	0.794	0.927	0.952	1.002
X8	0.120	0.201	0.242	0.459	0.675	0.716	0.797
X9	0.473	0.533	0.563	0.721	0.880	0.910	0.969

Intercepts

X1	10.587	12.290	13.161	17.710	22.259	23.130	24.832
X2	10.998	12.643	13.484	17.879	22.273	23.115	24.760
X3	7.209	8.883	9.740	14.213	18.687	19.544	21.218
X4	8.427	9.721	10.383	13.841	17.299	17.962	19.256
X5	13.081	15.389	16.569	22.735	28.900	30.080	32.388
X6	17.790	19.588	20.508	25.312	30.115	31.035	32.833
X7	10.885	13.592	14.977	22.208	29.438	30.823	33.530
X8	7.810	9.297	10.057	14.028	18.000	18.760	20.247
X9	12.515	14.668	15.769	21.521	27.272	28.373	30.526

Variances

BINSPIR	1.000	1.000	1.000	1.000	1.000	1.000	1.000

Residual Variances

X1	−0.004	0.070	0.108	0.304	0.501	0.538	0.612
X2	0.043	0.098	0.126	0.274	0.421	0.449	0.504
X3	0.282	0.372	0.417	0.657	0.896	0.942	1.031
X4	0.214	0.293	0.333	0.544	0.755	0.795	0.874
X5	−0.068	0.024	0.072	0.320	0.568	0.615	0.708
X6	0.040	0.089	0.114	0.244	0.374	0.399	0.448
X7	0.039	0.118	0.158	0.369	0.579	0.620	0.699
X8	0.479	0.553	0.591	0.790	0.988	1.026	1.100
X9	0.122	0.207	0.251	0.480	0.708	0.752	0.837

STD Standardization

Lower .5% Lower 2.5% Lower 5% Estimate Upper 5% Upper 2.5% Upper .5%

Within Level

INSPIR BY

X1	0.411	0.456	0.479	0.599	0.719	0.742	0.786
X2	0.520	0.561	0.582	0.692	0.802	0.823	0.864
X3	0.493	0.523	0.538	0.618	0.697	0.713	0.742
X4	0.487	0.525	0.545	0.648	0.752	0.771	0.810
X5	0.699	0.729	0.744	0.825	0.906	0.921	0.952
X6	0.635	0.677	0.698	0.809	0.920	0.941	0.983
X7	0.589	0.638	0.663	0.794	0.925	0.951	1.000
X8	0.574	0.609	0.627	0.719	0.812	0.830	0.864
X9	0.576	0.610	0.628	0.719	0.810	0.827	0.861

Variances
INSPIR 1.000 1.000 1.000 1.000 1.000 1.000 1.000

Residual Variances

X1	0.626	0.676	0.701	0.835	0.968	0.993	1.043
X2	0.630	0.682	0.709	0.847	0.985	1.011	1.063
X3	0.665	0.737	0.774	0.966	1.158	1.195	1.267
X4	1.059	1.115	1.143	1.291	1.439	1.467	1.523
X5	0.364	0.391	0.405	0.477	0.550	0.563	0.590
X6	0.324	0.350	0.363	0.432	0.500	0.514	0.539
X7	0.398	0.445	0.469	0.595	0.721	0.745	0.792
X8	0.680	0.745	0.779	0.954	1.129	1.163	1.228
X9	0.614	0.662	0.687	0.815	0.944	0.969	1.017

Between Level

```
BINSPIR  BY
   X1   0.133    0.173    0.194    0.302    0.410    0.430    0.471
   X2   0.152    0.186    0.203    0.293    0.383    0.400    0.434
   X3   0.084    0.123    0.142    0.246    0.350    0.370    0.409
   X4   0.109    0.152    0.174    0.288    0.403    0.425    0.468
   X5   0.083    0.116    0.133    0.221    0.310    0.327    0.360
   X6   0.135    0.154    0.164    0.215    0.266    0.275    0.294
   X7   0.075    0.109    0.126    0.217    0.308    0.326    0.360
   X8   0.095    0.120    0.132    0.197    0.263    0.275    0.300
   X9   0.079    0.108    0.123    0.202    0.281    0.296    0.325


Intercepts
   X1   6.281    6.311    6.326    6.404    6.482    6.497    6.526
   X2   6.024    6.052    6.067    6.142    6.217    6.231    6.259
   X3   5.828    5.862    5.880    5.971    6.061    6.079    6.113
   X4   5.770    5.804    5.821    5.913    6.004    6.022    6.056
   X5   6.007    6.029    6.041    6.101    6.161    6.172    6.195
   X6   6.166    6.186    6.197    6.252    6.307    6.318    6.338
   X7   5.976    5.999    6.011    6.072    6.133    6.145    6.168
   X8   5.889    5.924    5.942    6.034    6.127    6.145    6.179
   X9   5.925    5.948    5.960    6.021    6.083    6.095    6.118


Variances
   BINSPIR 1.000    1.000    1.000    1.000    1.000    1.000    1.000


Residual Variances
   X1   0.009    0.016    0.020    0.040    0.060    0.063    0.071
   X2   0.008    0.014    0.017    0.032    0.048    0.050    0.056
   X3  -0.024    0.010    0.027    0.116    0.205    0.222    0.256
   X4   0.026    0.044    0.053    0.099    0.146    0.155    0.172
   X5   0.000    0.006    0.008    0.023    0.038    0.040    0.046
   X6   0.003    0.006    0.007    0.015    0.022    0.024    0.027
   X7   0.000    0.006    0.010    0.028    0.045    0.049    0.055
   X8  -0.025    0.016    0.037    0.146    0.255    0.276    0.317
   X9   0.003    0.011    0.016    0.038    0.059    0.064    0.072


   Beginning Time: 13:54:35
     Ending Time: 13:54:36
    Elapsed Time: 00:00:01


MUTHEN & MUTHEN
3463 Stoner Ave.
```

Los Angeles,CA 90066

Tel: (310)391 -9971

Fax: (310)391 -8971

Web: www.StatModel.com

Support: Support@ StatModel.com

参考文献

Bliese P.D. (2002). Multilevel random coefficient modeling in organizational research, F. Drasgow & N. Schmitt (Eds.) Measuring and analyzing behavior in organizations, San Francisco:Jossey-Bass, p.401-445.

Bryk, A.S. & Raudenbush, S.W. (1992). Hierarchical linear models-Applications and data anlaysis methods. Newbury Park:Sage Publications.

Cronbach, L.J. & Webb, N. (1975). Between-class and within-class effects in a reported Aptitude x Treatment Interaction: Reanalysis of a study by G.L. Anderson. Journal of Educational Psychology, 67(6), 717-724.

Dyer, N.G., Hanges, P.J., & Hall, R.J. (2005) Applying multilevel factor analysis techniques to the study of leadership. Leadership Quarterly, 16, 149-167.

Drasgow, F. & Schmitt , N. (Eds.) Measuring and analyzing behavior in organizations, San Francisco:Jossey-Bass, p.401-445.

Hofmann, D. A. (1997). An overview of the logic and rationale of hierarchical linear models. Journal of Management, 23(6), 723-744.

Preacher, K.J., Zyphur, M.J., Zhang, Z. (2010). A general multilevel SEM framework for assessing multilevel mediation. Psychological Methods, 15(3), 209-233.

Raudenbush, S. (1989a). Centering predictors in multilevel analysis: Choices and consequences. Multilevel Modeling Newsletter, 1(2), 10-12.

Raudenbush, S. (1989b). A response to Longford and Plewis. Multilevel Modeling Newsletter, 1(3), 8-11.

Snijders, T. A.B. & Bosker, R.J. (1994). Modeled variance in two-level models. Sociological Methods & Research, 22(3), 342-363.

Snijders, T. A.B. & Bosker, R.J. (2004). How much does the model explain? In, Multilevel analysis: An introduction to basic and advanced multilevel modeling. Chapter 7, London: SAGE publication.

第 14 章 复杂的中介效应与调节效应

丢丢以为自己已经学会了中介和调节作用,但是却发现自己在文献中看到的中介和调节分析和自己学到的好像不太一样。其中最为复杂的,就是所谓"中介调节""调节中介"和"跨层阶的中介""跨层阶的调节"等。这些复杂的中介和调节,好像跟他以前学的中介和调节概念有很大的区别。今天,丢丢特意来找李老师,谈谈这些不同的中介和调节作用的问题。

丢丢:"老师,我常在文献中看到'中介调节'和'调节中介'作用。这和您之前教我的中介作用和调节作用有什么区别呀?"

李老师:"丢丢,'调节中介'就是一个'中介作用'被一个变量'调节'了。也就是说,中介作用有时候大、有时候小,要看调节变量的大小。同样的,'中介调节'就是一个'调节'作用被'中介'了。也就是说一个中介变量'解释'了调节作用的机制。"

丢丢:"老师,这样的分析肯定比原来的调节和中介复杂得多了。我们的研究干嘛要搞这么复杂的模型,做这么复杂的统计分析呢?"

李老师:"丢丢,一般的研究有两个方向:一是往外发展,找出新的管理现象,建构新的理论,然后验证和运用。二是往下深挖,进一步明白目前掌握的现象,进一步深化理论,希望能更好地明白这个现象。这些新的分析工具走的就是后面一条路线。"

丢丢:"老师,那什么是'跨层阶的中介'和'跨层阶的调节'呢?"

李老师:"顾名思义,这就是中介作用或者是调节作用,牵涉了跨层次的变量在其中。例如,员工的能力影响员工的工作表现,如果这个关系受主管的领导风格调节,那就是'跨层次的调节'作用了。因为员工的能力与表现都是个人的变量,但是主管的领导风格却是一个小组层阶的变量(一个小组中的不同员工,面对的都是同一个主管的领导风格)。又如,企业的人力资源管理方法影响员工的表现。如果这个关系被企业的文化中介了,这就是跨层次的中介作用。人力资源管理是企业层阶变量,员工表现是个人层面变量,中介的企业文化又是企业层面的变量,所以是跨层阶的中介模型。"

丢丢:"哇,老师。这样很复杂啊!我觉得管理研究牵涉的分析方法是越来越数学化,越来越难懂了。到底我们是在学统计,还是学研究呢?"

李老师:"丢丢,不要灰心,统计方法是工具。我们只要懂得用这些工具就行了。举个例子,要开一部车难吗?肯定不难!一般人学两个星期就学会了。但是不要说做一部汽车,单单修理一部汽车就不是件简单的事请。我们是做研究的,不要因为打开车头盖,发现里面的装置很复杂,就不敢开车。我们只要学会油门、刹车、转档、方向盘、后镜等,就算不懂里面的原理,开车也可以完全达到目的地。但是,有一个原则,就是虽然我们不要求'知其所以然',但是我们却不可以连'知其然'都做不到。

举个实际的例子,我们学过回归系数的抽样分布是一个 t 分布。我不会去问'为什么是 t 分布,而不是卡方分布或是 F 分布'? 这是统计学家的问题。但是我却不可以不知道'抽样分布'的意义,而不用知道为什么回归系数的抽样分布是一个 t 分布。前者很简单,我们多用点抽象思维和习惯一点统计符号就可以了。后者就复杂得多,可能要念数学或是统计学的人才可以弄懂了。

管理学的研究方法日新月异,我们要培养一颗勇于学习的心,并且能够分开什么是'一定要懂'的知识,什么是'最好要懂'的知识,什么是'可以不懂'的知识。那就不会给统计学家牵着鼻子走了。"

丢丢:"明白了,李老师。现在越来越发现不懂的东西真的很多啊。唉,不知道我能不能成为一个合格的研究者……"

李老师:"丢丢,不要灰心,研究本来就是一个不断学习和探索的过程。不断地能学到新的东西不也是很愉快的事情吗?"

丢丢:"嗯,那老师今天可以给我讲讲这些复杂的中介和调节吗?"

李老师:"医生的职责就是看见病人就要医治,老师的职责就是看见好学的学生就要教授。哪有不可以的道理? 我们现在就开始吧。"

※※※※※※※※※※※※※※※※※

14.1　复杂的调节和中介作用

Muller 等(2005)是第一个谈到所谓的"被调节的中介"效应和"被中介的调节"效应的学者。什么称为"被调节的中介"效应呢? 如果一个变量 x 影响 y 透过中介变量 Me,而这个中介作用没有固定大小,中介作用的大小会受着另外一个调节变量 Mo 来影响。这个中介(Me)和调节(Mo)的关系,就称为"被调节的中介"作用(一般称"中介调节,Moderated Mediation,$MoMe$")。一般的情形是 Me 的中介作用,有时候大有时候小。最极端的情形,就是 Me 有时候有中介作用,有时候没有中介作用,要看调节变量 Mo 的大小来决定。这就是明显的"完全中介调节"了。读者需要注意,这个词的中英文的位置是互换的。"被调节的中介"称为"中介调节"$MoMe$,不是"调节中介"。因此,"中介调节"是"中介作用被人调节了"的意思。

Muller 等(2005)用下面这个例子表明了"被调节的中介"的意思(见图 14.1)。当一个消费者有"正面的情绪(positive mood)"(如开心)时,他会更容易有随意性的购买行动(就是没有经过详细分析的购买行为)。为什么"正面的情绪"(x)会影响"购买"(y)行为呢? 研究者提出的理论是,中间的机制是"正向思维(positive thoughts,Me)"这个中介变量。人在有正面情绪时,往往想的都是好的东西,自然就会把产品与好的东西连上关系,因而促进了购买行动。因此,"正向思维"中介了"正面情绪"与"购买行为"这个关系。而"正向思维"也是解释了为什么"正面情绪"会影响"购买行为"的原因。这是简单的中

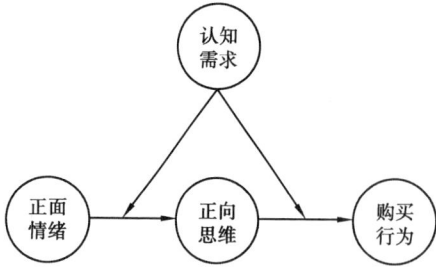

图 14.1

介作用。

但是研究人员也提出，这个中介关系却不是在所有情形下都是对的。这个解释"正面情绪"影响"购买行为"的机制，只是对于"认知需求（need for cognition）"高的人才用得上。有些人很喜欢想问题、喜欢思考，有些人却不喜欢想这么多东西。这个变量在研究中称为"认知需求"。前者"认知需求"高，后者"认知需求"低。如果一个消费者的"认知需求"很低的话，他买东西时就

很少牵涉认知上的问题。说得明白一点，这些人往往喜欢就买，从来不会想这个产品有什么好，有什么用，是否用得着，等等。因此，对于"认知需求"低的人来说，"正向思维"很难说是解释"正面情绪"与"购买行为"的关系的机制。因为他们买东西时，很少经过复杂的思维活动。换句话说，"正向思维"的中介作用和解机制，只是对"认知需求"高的人才用得上的。因此，"正向思维"（Me）对"正面情绪"（x）影响"购买行为"（y）的中介作用，就被"认知需求"（Mo）调节了。这个关系就称为"被调节的中介（Moderated Mediation，$MoMe$）"作用，因为"正向思维"这个中介作用，被"认知需求"调节了。

那么，"被中介的调节"效应又是什么呢？我们常常说中介变量是用来解释为什么自变量（x）会影响因变量（y）的作用机制。完全的中介作用的意思是，如果不是透过中介变量 Me，自变量（x）根本不会影响因变量（y）。用同样的一个逻辑，"中介调节"效应就是一个用来解释"为什么调节变量（Mo）会调节自变量（x）和因变量（y）的关系"的机制。调节变量（Mo）之所以调节 x 与 y 的关系，是透过一个机制，而这个机制就是用中介变量（Me）来代表。换句话说，Mo 之所以调节 x 对 y 的影响，完全是透过 Me 这个机制。没有 Me 这个中介变量的作用，Mo 这个调节作用根本不会发生。这个中介（Me）和调节（Mo）的关系，就称为"被中介的调节（Mediated Moderation，$MeMo$）"作用。读者要留意，"被中介的调节"称为"调节中介"$MeMo$。因此，"调节中介"是"调节作用被人中介（解释）了"的意思。

Muller 等（2005）使用了一个很恰当的例子，用来解释"被中介的调节"作用。他们使用的是著名的博弈论（game theory）中的囚徒困境。表 14.1 就是这个博弈。

表 14.1

	犯人乙不指证犯人甲	犯人乙指证犯人甲
犯人甲不指证犯人乙	两人都要坐牢 1 年	犯人甲坐牢 3 年，犯人乙无罪释放
犯人甲指证犯人乙	犯人乙坐牢 3 年，犯人甲无罪释放	两人都要坐牢 2 年

在这个情形下，两个犯人都要猜测对方会不会指证自己。如果双方都不指证对方，那是双赢的局面，因为双方的总坐牢时间最短。但是，如果其中一个不指证，但另外一个指证，就会一个得益、一个受损。那在什么情形下犯人会指证对方呢？什么因素会影响一个犯人是否指证对方呢？研究人员提出如下的理论：

第一个影响因素是激发效应(priming effect)。如果在犯人决定是否要指证对方之前,研究人员给他看一篇充满"道德性"词语的文章,犯人就会因为有道德的导引而偏向于不指证对方。因为他们会觉得不应该背叛同伴。但是如果给他看一篇充满"怀疑性"词语的文章,犯人就会偏向于指证对方。因为他们会怀疑同伴会出卖他们。在对方出卖自己的情形下,如果自己不指证,对方会无罪释放,但自己却要坐牢 3 年。因此,不同的激发 priming("道德性"还是"怀疑性")就影响了犯人是否指证同伴。

第二个影响的因素是亲社会性倾向(prosocial personality)。一个"只看重自己"的人(pro-self)倾向于指证对方。一个"看重别人"的人(pro-social)倾向于不指证对方。而社会性倾向调节了激发效应对是否指证对方的影响。对于一个"看重别人"的犯人,在决定前看了"道德性"词语的文章会偏向于不指证同伴。如果是看了"怀疑性"词语的文章会偏向于指证同伴。但是,对于一个"看重自己"的犯人,无论看了什么词语的文章都偏向于指证同伴,以求自保。因此,"亲社会性倾向"(Mo)调节了"激发效应"(x)对是否"指证同伴"(y)的影响。

亲社会性倾向		激发词语	
		道德性	怀疑性
亲社会性倾向	看重别人	不指证同伴	指证同伴
	看重自己	指证同伴	指证同伴

图 14.2

我们如何解释这个调节的作用呢？如图 14.2 所示,"亲社会性倾向"之所以调节了"激发效应"对"指证同伴"的影响,主要的原因是"亲社会性倾向"反映了一个犯人如何看待同伴。一个"只看重自己"的犯人会常常怀疑对方出卖自己。一个"看重别人"的犯人比较不会怀疑同伴出卖自己。因此,"怀疑同伴"是否会出卖自己,就是解释"亲社会性倾向"调节"激发效应"对"指证同伴"的影响的机制。换句话说,"怀疑同伴"(Me)中介了"亲社会性倾向"(Mo)调节"激发效应"(x)对"指证同伴"(y)的影响这个机制。这个关系就称为"被中介的调节"作用,如图 14.3 所示。

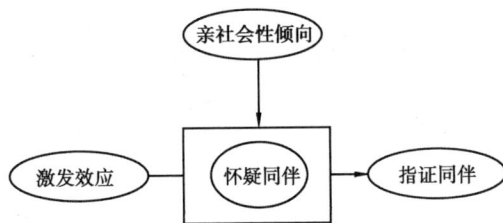

图 14.3

简单来总结一下,"被调节的中介效应(Moderated Mediation, $MoMe$)"是一个简单的中介关系(Me 中介了 x 与 y 的关系)被 Mo 调节了。"被中介的调节效应(Mediated Moderation, $MeMo$)"是一个简单的调节作用(Mo 调节了 x 与 y 的关系)被 Me 中介了。

14.2　不同类型的调节中介和中介调节

Preacher,Rucker 和 Hayers（2007）谈到了 5 个类型的"被调节的中介效应"和"被中介的调节效应"。在这里我们试图去简化一下。图 14.4 左边是一个简单的调节作用。变量(Mo)调节了变量(x)与变量(y)的关系。图 14.4 其实是一个简单的调节回归分析（moderated regression），即

$$y = b_0 + b_1x + b_2Mo + b_3xMo$$

如果我们说这个调节关系被"中介"了,我们就在图 14.4(a)中加上一个中介变量(Me)成为图 14.4(b)。因此,图 14.4(b)就是一个"被中介的调节"或者是"中介调节"了。

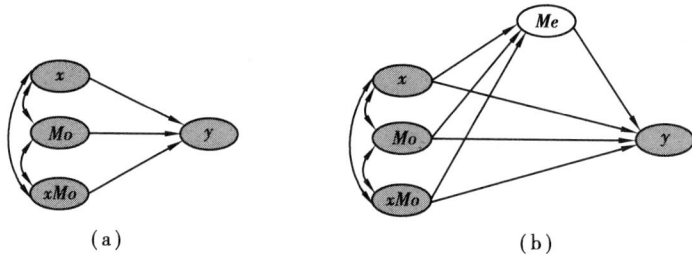

图 14.4

如图 14.5(a)所示为一个简单的中介作用。变量(Me)中介了变量(x)与变量(y)的关系。如果这个中介关系被"调节"了,则在图 14.5(a)加上一个调节变量(Mo)和调节项成为图 14.5(b)。因此,图 14.5(b)就是一个"被调节的中介"或者是"调节中介"了。

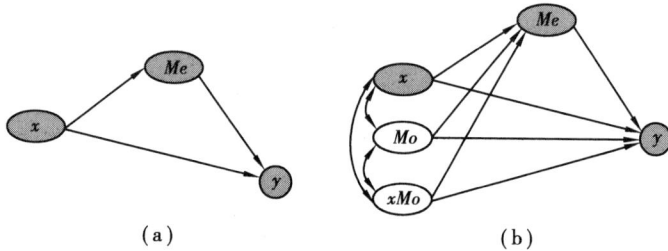

图 14.5

但是如果读者留意的话,整个中介作用由两个部分组成,就是"x 与 Me 的关系"和"Me 与 y 的关系"。调节变量(Mo)在图 14.5(b)中,其实是调节了 x 与 Me 的关系而已。Mo 在图 14.5(b)中,没有调节 Me 与 y 的关系。但是调节变量(Mo)不一定要调节 x 与 Me 的关系,Mo 也可以调节 Me 与 y 的关系。如果 Mo 是调节 Me 与 y 关系的话,我们就会有图 14.6(b)的模型关系。一般情况下,我们会将上面的情形称为"前期的调节中介（first-stage moderated mediation）";下面这种情形就称为"后期的调节中介（second-stage moderated mediation）"。

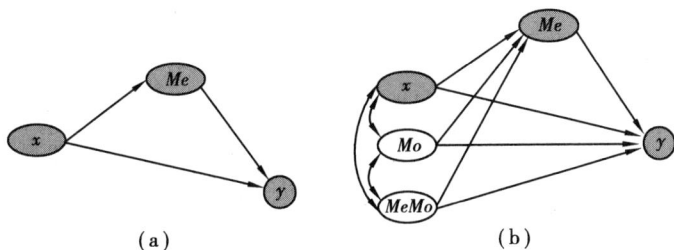

图 14.6

自然,调节变量 Mo 是可以在"前期"和"后期"同时调节这个中介作用的。如果是这样,我们就有图 14.7(b)的"同期的调节中介"了。

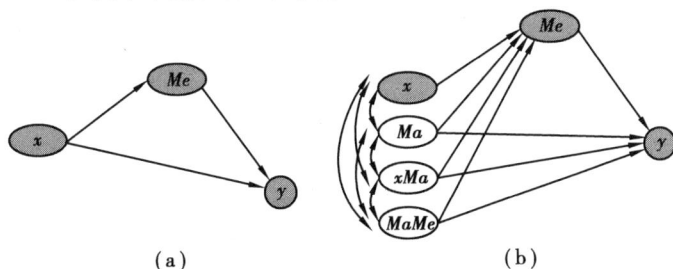

图 14.7

上面的讨论好像已经帮助我们理清"调节中介"和"中介调节"这两个不同的模型了。但是事实却不然。如果读者细心的话,就会看见图 14.4(b)的所谓"中介调节"其实是与图 14.5(b)的"前期调节中介"是一模一样的。但是,这怎么可能呢?"调节中介"与"中介调节"在概念上是完全不同的东西,怎么可能它们的数学模型是一模一样的呢?事实却正是这样。其实,过去已见过两个类似的例子。第一,"x 影响 y"与"y 影响 x"在概念上是完全相反的事情。但是,验证时却都是用同一个指标,就是 x 与 y 的相关系数。第二,调节作用(moderation)与交互作用(interaction)其实在概念上也是不一样的。但是,验证时都是用同一个方法,就是用两个变量的乘积作为一个新的自变量。因此,"中介调节"与"前期的调节中介"的数学模型是一样的,虽然是有点古怪,但也不是完全不可以理解的。正因为这个原因,有些学者(如 Edwards & Lambert,2007)就索性建议:在理论的层面可讨论"中介调节"与"调节中介",但是在验证时,就不要分开"中介调节"或是"调节中介"了。他们甚至建议,也不要分什么"前期""后期"调节中介,在分析时一律采用图 14.7(b)的完全模型(full model)。

14.3　验证调节中介和中介调节

其实,无论是"调节中介",或者是"中介调节",都牵涉了一个中介作用加上一个调节作用。从模型的结构上来说,一个简单的中介作用牵涉了从自变量 x 到中介变量 Me 的作用(这个路径系数一般称为 a)和从中介变量 Me 到因变量 y 的作用(这个路径系数一般称为 b)。在谈中介作用时,我们已经解释了这个中介作用的大小,就可以看成是路

径系数 a 与 b 的乘积。因此,验证中介关系的虚无假设是 $H_0: ab = 0$。

所谓"调节中介" MoMe,也就是当这个中介作用被调节变量 Mo 调节时,要么就是自变量 x 到中介变量 Me 的作用被调节(也就是说 a 的大小受 Mo 影响);要么就是中介变量 Me 到因变量 y 的作用被调节(也就是说 b 的大小受 Mo 影响)。如果我们加上自变量 x 对因变量 y 的直接影响(这个路径系数一般称为 c)的话,也有可能是自变量 x 到因变量 y 的直接作用被调节(也就是说 c 的大小受 Mo 影响)。

那所谓"中介调节" MeMo,也就是被中介的调节效应又如何呢?如果自变量 x 到因变量 y 的作用被 Mo 调节,而这个调节作用被中介变量 Me 中介了,我们在上一段已经谈过了,其实结构图型画出来还是一样的。因此,无论是"中介调节",或者是"调节中介",我们都可用如图 14.8 所示的结构图把这个关系表达出来。也就是 Edwards 和 Lambert (2007) 所用的模型。因此,我们得到一个结论,就是理论上来说,"调节中介"和"中介调节"会牵涉不同的机制。但是在验证的时候,两者用的验证方法是一样的,也就是下面这个模型。

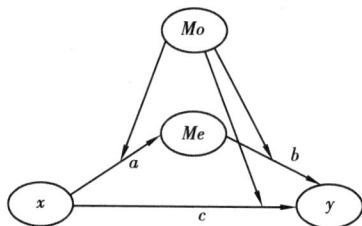

图 14.8

现在让我们看看这个调节中介(或者是中介调节)模型的验证方法。因为这个模型比较复杂,可首先观察一些相对简单的模型。在图 14.9 中,调节变量 Mo 只是调节了自变量 x 与中介变量 Me 的关系,中介变量 Me 到因变量却没有被调节。因此,这是"前期的调节(first-stage moderation)"。为了方便读者明白,我们随着 Edwards 和 Lambert (2007) 的符号,把 Me 改称为 M,把 Mo 改称为 Z。

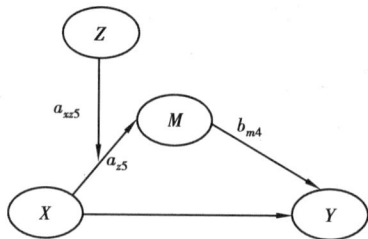

图 14.9

把上面的关系用回归分析的方程表现出来,则

$$M = a_{05} + a_{x5}X + a_{z5}Z + a_{xz5}XZ + e_{m5}$$

$$Y = b_{04} + b_{x4}X + b_{m4}M + e_{y4}$$

把上式代入下式中,再重新整理,得

$$Y = [b_{04} + (a_{05} + a_{z5}Z)b_{m4}] + [b_{x4} + (a_{x5} + a_{xz5}Z)b_{m4}]X + (e_{y4} + b_{m4}e_{m5})$$

这里我们看见自变量 x 对因变量 y 的影响,是一个蛮复杂的函数 $[b_{x4} + (a_{x5} + a_{xz5}Z)$

b_{m4}]。而这个函数中包括了变量 Z 在内,因此 Z 是一个调节变量。简单来说,就是 x 对 y 的影响会随着 Z 的数值而改变。我们也可以看见这个所谓的中介调节或是中介调节效应,一定要当 $a_{xz5}b_{m4} \neq 0$ 时才会与 Z 有关系。换句话说,只有在 $a_{xz5}b_{m4} \neq 0$ 时中介调节才存在。其实,这也蛮明显的,a_{xz5} 是表明了调节作用(或者可以看成是中介的前期作用),b_{m4} 是中介的后期作用(M 对 y 的影响)。因此 $a_{xz5}b_{m4}$ 就成了调节中介的效用值(effect size)了。

上面讲的是调节变量 Z 调节了中介的前段关系(X 对 M 的影响)。现在让我们看当调节变量 Z 调节了中介的后段关系(M 对 Y 的影响)时的情形(见图 14.10)。

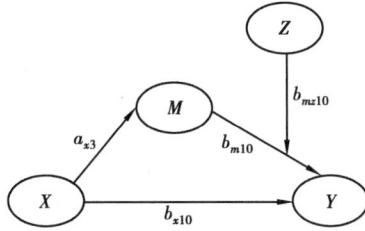

图 14.10

把上面的关系用回归分析的方程表现出来,则

$$M = a_{03} + a_{x3}X + e_{m3}$$
$$Y = b_{010} + b_{x10}X + b_{m10}M + b_{z10}Z + b_{mz10}MZ + e_{y10}$$

把上式代入下式中,再重新整理,我们得到:

$$Y = [b_{010} + a_{03}b_{m10} + (b_{z10} + a_{03}b_{mz10})Z] + [b_{x10} + a_{x3}(b_{m10} + b_{mz10}Z)]X +$$
$$[e_{y10} + b_{m10}e_{m3} + b_{mz10}e_{m3}Z]$$

由上式可知,当调节变量 Z 调节了中介的后段关系(M 对 y 的影响)时,自变量 x 对因变量 y 的影响,也是一个蛮复杂的函数 $[b_{x10} + a_{x3}(b_{m10} + b_{mz10}Z)]$。同时,这个"后期的调节中介"作用取决于 $a_{x3}b_{mz10}$ 是否为 0。a_{x3} 是中介作用的前期效应(x 对 M 的影响),b_{mz10} 是中介作用的后期并为 Z 调节的效应(M 对 y 的影响)。

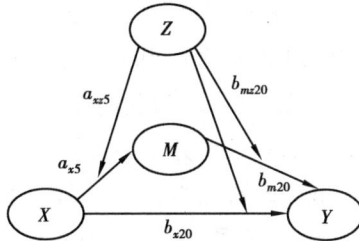

图 14.11

图 14.11 是合并了前期和后期调节作用的结果。如果考虑 Z 调节 x 对 y 的直接作用,并把 3 个不同的调节效应也算在一起,则

$$M = a_{05} + a_{x5}X + a_{z5}Z + a_{xz5}XZ + e_{m5}$$
$$Y = b_{020} + b_{x20}X + b_{z20}Z + b_{m20}M + b_{xz20}XZ + b_{mz20}MZ + e_{y20}$$
$$Y = [(b_{020} + b_{z20}Z) + (a_{05} + a_{z5}Z)(b_{m20} + b_{mz20}Z)] +$$

$$[(b_{x20} + b_{x20}Z) + (a_{x5} + a_{x25}Z)(b_{m20} + b_{m20}Z)]X + [e_{y20} + b_{m20}e_{m5} + b_{mz20}Ze_{m5}]$$

在上面的公式中,X 对 Y 的影响是一个更复杂的函数 $(b_{xz20} + a_{x25}b_{m20} + a_{x5}b_{mz20})Z + a_{x25}b_{mz20}Z^2$,其中甚至有 Z 的平方的关系。

利用上面的公式,我们就可以计算前期调节中介和后期调节中介的效用值[注:我们在前面已经讲过,调节中介和中介调节的统计验证方法是一样的。因此,我们在这里就统一地都将它们称为"调节中介"。如果你的假设是"中介调节"的话,步骤也是相同的]。它们分别是:

①前期调节中介(即调节变量是调节 $X{\rightarrow}M$ 的关系)的效用值是 $a_{x25}Zb_{m4}$。
②后期调节中介(即调节变量是调节 $M{\rightarrow}Y$ 的关系)的效用值是 $a_{x3}b_{mz10}Z$。

其实上面的公式一点都不难理解。我们知道,如果中介作用没有被调节,中介作用的大小,就是前期的中介作用(x 对 M 的影响,我们称为 a)和后期的中介作用(M 对 y 的影响,我们称为 b)的乘积。这个也就是我们验证中介作用的虚拟假设 $H_0 : ab = 0$。现在考虑调节中介作用,前期调节中介就变成了 xZ 的估计参数,也就是 a_{x25}。后期调节中介就变成了 MZ 的估计参数,也就是 b_{mz10} 了。所以整个(调节了的)中介作用,就分别是 $a_{x25}Zb_{m4}$ 和 $a_{x3}b_{mz10}Z$ 了。

可是读者还会看见,这里的调节中介作用的效用值(effect size),包含了一个变量 Z。当 Z 的值不同时,调节中介作用就不同了。那什么才是我们估计的调节中介作用的效用值呢?在这里可采用表达调节作用的一般习惯,就是采用两个不同的 Z 值,一个代表 Z 是"高"的时候,一个代表 Z 是"低"的时候。"高"的 Z 值是当 Z 加上一个标准差,"低"的 Z 值是当 Z 减去一个标准差。把这两个 Z 的值代入上面的公式,就可得到两个 $a_{x25}b_{m4}$ 的值。这两个 $a_{x25}b_{m4}$ 值的差就可以看成是调节中介的效用值。如果是后期的调节中介的话,只要用 $a_{x3}b_{mz10}$ 取代了 $a_{x25}b_{m4}$ 即可。

到这里我们只是谈了如何估计前期和后期调节中介作用的效用值而已。但是如何做假设检验呢?就算是样本的调节中介的效用值不是 0,也不代表总体的调节中介的效用值不是 0。换句话说,我们如何知道 $a_{x25}Zb_{m4}$ 和 $a_{x3}b_{mz10}Z$ 的值是否显著(它们的值在总体是否为零呢)?正如验证中介关系一样,因为我们不知道这个"复杂的乘积"的抽样分布。在讨论简单的中介变量时可知,在抽样分布不明的情形下唯有借助 bootstrapping 了。

不同的统计软件做 bootstrapping 的能力都不一样。我们自己觉得做这一类型的 bootstrapping,可能 Mplus 这个软件是最强的。因为 Mplus 可直接把要做 bootstrapping 的统计项写成公式,直接的、一步的命令程序对这个使用公式计算出来的统计项进行 bootstrapping。在附录 1 中列出了一个"前期调节中介"的 Mplus 程序和结果,供读者参考。

对于喜欢用 SPSS 的读者,Preacher,Rucker 和 Hayes (2007)提供了一个 SPSS 的程序和一个档案来为上面这个复杂的函数做 bootstrapping(读者可参考 Prof. Hayes 的网页,网址是 http://afhayes. com/spss-sas-and-mplus-macros-and-code. html)。我们将在附录 2 中简单介绍这个程序。

另外一个观点

以上介绍了"调节中介"和"中介调节"的分析方法。在这个方法中,无论是"调节中介",或者是"中介调节",都是用同一个既有中介变量(Me)又有调节变量(Mo)的模型来表示。而且在模型中,是所有的中介路径都给调节变量(Mo)调节了。因此,虽然在理论上"调节中介"和"中介调节"有显著的分别,但是我们在验证时,就没有区分"调节中介"或是"中介调节"了。这是 Edwards 和 Lambert(2007)与 Preacher, Rucker 和 Hayes(2007)两组学者的共同观点。但是最近另外一组学者,却提出了一个对"调节中介"和"中介调节"的分析很不一样的观点,而且这个新的观点似乎日渐流行起来。

Liu,Zhang 和 Wang(2012)在《组织与管理研究的实证方法》一书的第二版里,提出了一个对"调节中介"和"中介调节"比较独特的定义和验证的方法。因为这个方法很简单,而且他们在文章的附录里提供了 MPlus 的相应程序,我们估计这个看法可能影响很大,所以觉得有讨论一下的必要。

<1> 被中介的调节作用(Mediated Moderation,$MeMo$)

Muller 等(2005)是在理论的层面定义了"调节中介"和"中介调节"作用。这也是我们一直在上面的讨论中使用的。"调节中介"就是一个中介作用被一个调节变量(Mo)调节了。"中介调节"是一个调节作用被一个中介变量(Me)中介或是解释了。

Liu,Zhang 和 Mo(2012)遵从了管理文献中,不把"中介作用(mediation effect)"和"间接作用(indirect effect)"分开的习惯,就把所有的间接作用都称为中介作用。所谓的"间接作用(indirect effect)",就是变量 x 影响 Me,而变量 Me 影响 y,x 就称为对 y 有间接作用,因为 $x \rightarrow M \rightarrow y$,$X$ 是间接地影响了 y。传统的所谓"中介作用(mediating effect)",就是 x 对 y 的作用是可以完全或部分由 Me 来解释的。这两者看似很像,但是本质上是有点分别的。举个例子,经济低迷(x)与政府增加开支(Me)应该有正相关的。社会经济越是不好,政府就越可能增加开支。同时,政府增加开支(Me)、社会的就业率(y)就会增加。因为政府增加开支,往往是修桥整路,因此会创造新的就业的机会。这是一个明显的间接作用。但是,我们却很少会说,经济低迷(x)会导致社会的就业率(y)增加,而中间的机制是政府增加开支(Me)。其实,这就是在中介作用的假设(Me 中介了 x 与 y 的关系)时,到底 x 与 y 是不是需要有显著相关的讨论。如果是传统的对中介作用的理解,理论上应该先有 x 与 y 的相关,才有必要提出 Me 这个用来解释 x 与 y 的相关的"机制"变量(见 Kenny, Kashy & Bolger,259 页)。

但是现在的管理学文献,几乎一面倒地支持,当 Me 是 x 与 y 的中介变量时,x 与 y 是不需要有相关的(见 MacKinnon et al.,2000;Shrout & Bolger,2002;Zhao,Lynch & Chen,2010)。只要 $x \rightarrow Me$(上面我们把这个效应简称 a 值)和 $Me \rightarrow y$(简称 b 值)同时显著,也就是 $ab \neq 0$,Me 就称为 x 与 y 的中介变量。这就是把"中介作用"完全等同"间接作用"。我们从起初开始,基于中介作用的概念定义出发,一直都不同意这种混淆的用法。但是,第一,作为一个操作定义,本来就无所谓对错之分。只要我们把"中介作用""定义"为($x \rightarrow Me$)加上($Me \rightarrow y$)的话,那就不存在什么"正确与否"的不同意见了。以后,中介作用就"定义"为 ab。只要 ab 不是 0,就是所谓中介作用了。其实,现在连最先提出中介作用的学者肯尼教授(David A. Kenny)也开始采用这样的中介作用的定义了。第二,就算我们不把这个称为"中介关系",我们只要把它称为"间接作用",那上面所谈的"调节中介作用"就称为"调节间接作用",其中的分歧就不复存在了。

明白了上面的"理解"以后,我们就可以看看,如果我们把"中介作用"等同于"间接作用",可以怎样从一个新的角度来看"中介调节"作用。如果"中介"就是 x 的影响,经过 Me 来传递到 y 上的话,那么"中介作用"的定义就可以是"x 对 Me 的影响(假设为 a)乘 Me 对 y 的影响(假设为 b)"了。用这么一个角度来看的话,我们就可以定义"调节中介"作用($MeMo$)为一个调节作用 $xMo \to Me$(称为 a_1)乘以一个传递作用 $Me \to y$(称为 b_1)了。只要 $a_1 b_1 \neq 0$,我们就说"调节中介"作用显著了。Liu,Zhang 和 Mo(2012)把这一种关系称为"第一类型的中介调节"。如图 14.12 所示为"第一类型的中介调节"。

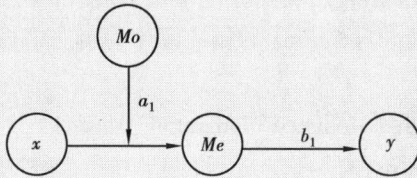

图 14.12

大家可知,这个"第一类型的中介调节"是完全符合上面这个中介作用的操作定义的。过去的中介作用的定义,就是凡是 x 影响 Me(效用值是 a)和 Me 影响 y(效用值是 b)的乘积 ab 不是 0,那么 Me 就称为 x 与 y 的中介变量。现在我们只是把 x 换成是 xMo。如果($xMo \to Me$)与($Me \to y$)的效用值 $a_1 b_1 \neq 0$,那么 Mo 这个对 x 与 y 的调节作用,就称为被 Me 中介了。这就是 Liu,Zhang 和 Mo(2012)所说的"第一类型的中介调节"。

根据 Liu,Zhang 和 Mo(2012),我们还有另一类的"中介调节"关系,就是 Mo 调节 $x \to y$;Me 也调节 $x \to y$;同时 $Mo \to Me$。这一种称为"第二类型的中介调节"。如图 14.13 所示为"第二类型的中介调节"。

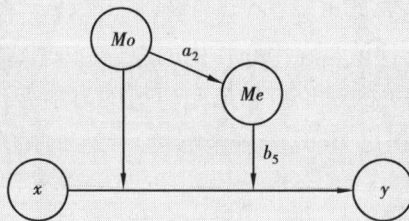

图 14.13

这一种中介调节的逻辑也非常清楚。因为 Mo 与 Me 都是调节,但是 Mo 影响 Me,根据我们上面 ab 的逻辑,Me 就中介了 xMo 对 y 的这个调节作用了。这个中介作用的大小就是 Mo 对 Me 的影响(a_2)乘以 Me 调节 x 与 y 的关系的大小(b_5)。因此,$H_0 : a_2 b_5 \neq 0$ 就是我们的假设。

<2> 被调节的中介作用(moderated mediation)

Liu,Zhang 和 Mo(2012)讲的"调节中介"作用,基本上是与 Muller 等(2005)和 Edwards 和 Lambert (2007)讲的一样的。"调节中介"作用也可以分成"前期"和"后期"的调节中介。如果 Me 中介了 x 对 y 的影响,而 Mo 是调节了 x 对 Me 的影响,这样就称为"前期的调节中介"。如果 Mo 是调节了 Me 对 y 的影响,这样就称为"后期的调节中介"。

<3> 在这个新观点下验证"调节中介"和"中介调节"作用

除了对中介调节有一个稍微不同的定义外,Liu,Zhang 和 Mo(2012)还对"调节中介"和"中介调节"的验证作了一个不同的操作性区分。因为"被中介的调节作用"本身是一个"调节作用"被"中介"了,所以他们建议验证"被中介的调节作用"时,应该用中介作用的验证方法。我们在上面的讨论已经谈过了。在这个定义下,中介作用的验证方法是 $a_1 b_1 = 0$。在"调节中介"中,a_1 是 xMo 对 Me 的影响,b_1 是 Me 对 y 的影响。

对于"第一类型的被中介的调节作用"中,则

$$Me = a_0 + a_2 X + a_3 Mo + a_1 XMo + e_1$$

$$Y = b_0 + b_2 X + b_3 Mo + b_1 Me + b_4 XMo + e_2$$

验证的方法,就是 $H_0 : a_1 b_1 = 0$ [注,为了完整起见,所有的参数都要同时估计。因此,我们是假设读者明白了这里和下面的所有的估计都是用"结构方程建模"SEM 把所有公式的参数同时估计出来的,而不是分别跑两个不同的回归分析来估计 a_1 与 b_1 的。因为 $a_1 b_1$ 的抽样分布不是已知的统计分布(如 t 分布、F 分布、χ^2 分布等),因此,还是要用 bootstrapping 的方法来验证样本的 $a_1 b_1$ 是否为 0。]

对于"第二类型的被中介的调节作用"中,则

$$Me = a_0 + a_1 X + a_2 Mo + e_1$$

$$Y = b_0 + b_1 X + b_2 Mo + b_3 Me + b_4 XMo + b_5 XMe + e_2$$

验证的方法,就是 $H_0 : a_2 b_5 = 0$ [注,第二型与第一型最大的分别是 Me 也会调节 $x \rightarrow y$ 的关系,故式中有 xMe 项。同时,Mo 没有调节 $x \rightarrow Me$ 的影响。因此,第一条公式没有 $xMo \rightarrow Me$ 的项]。其中,a_2 是 Mo 对 Me 的影响,也是中介的第一项;同样的,因为 $a_2 b_5$ 的抽样分布不是已知的统计分布,因此还是要用 bootstrapping 的方法来验证样本的 $a_2 b_5$ 是否为 0。

Liu,Zhang 和 Mo(2012)跟随了文献中使用 ab 来验证中介效应,也同时跟随了文献中使用"正负一个标准差"来验证"前期的调节中介"和"后期的调节中介"。这一点我们在上一个分段已经谈过了,在这里就不再详细谈了。简单来说,我们首先计算 Mo 的标准差(σ)和平均值($\overline{Mo}$)。如果是前期的话,公式为

$$Me = a_0 + a_1 X + a_2 Mo + a_3 XMo + e_1$$

$$Y = b_0 + b_1 X + b_2 Me + e_2$$

计算 $\theta = \{ b_1 + [a_1 + a_3 (\overline{Mo} + \sigma)] b_2 \} - \{ b_1 + [a_1 + a_3 (\overline{Mo} - \sigma)] b_2 \}$,就是当"调节变量 Mo 是高于平均一个标准差时"的中介作用,与当"调节变量 Mo 是低于平均一个标准差时"的中介作用的差别。如果两者的差别 $\theta \neq 0$,就代表调节变量的不同数值会影响中

介作用的大小,那就是中介被调节了。因此,"前期的调节中介"的虚拟假设为

$$H_0: \{b_1 + [a_1 + a_3(\overline{Mo} + \sigma)]b_2\} - \{b_1 + [a_1 + a_3(\overline{Mo} - \sigma)]b_2\} = 0$$

同样的,这个统计项的抽样分布是不明的。所以还是要用 bootstrapping 用重置再抽样的方法来验证这个样本统计项是否为 0。

如果是"后期的调节中介"的话,公式则为

$$Me = a_0 + a_1 X + e_1$$

$$Y = b_0 + b_1 X + b_2 Me + b_3 Mo + b_4 MeMo + e_2$$

而调节中介的统计项就是 $[b_1 + a_1(b_2 + b_4)Mo]$。因此,"后期的调节中介"的虚拟假设为

$$H_0: [b_1 + a_1(b_2 + b_4)(\overline{Mo} + \sigma)] - [b_1 + a_1(b_2 + b_4)(\overline{Mo} - \sigma)] = 0$$

同样的,这个统计项的抽样分布是不明的。因此,还是要用 bootstrapping 用重置再抽样的方法来验证这个样本统计项是否为 0。

14.4 跨层阶的中介变量的分析

在讨论多层阶变量的影响前,我们一定要明白什么叫"组内方差",什么叫"组间方差"? 本来这个概念,我们在 HLM 一章里面已经解释了。不过为了清楚起见,我们在这里再讲一次。如我们用 y_{ij} 来代表一个员工的表现(ij 代表第 j 组的第 i 个员工),因为每一个组内都有很多的员工,而每个组内的每一位员工是同时受着个人的因素(因为第 i 个员工的个人特点)和小组因素(因为他是第 j 组的员工,所以面对第 j 组的小组因素)影响的。因此,第 i 组的第 j 个员工的工作表现(y_{ij}),是可以拆开分成两个部分的,即

$$(y_{ij} - \bar{y})^2 = (y_{ij} - \bar{y}_{.j})^2 + (\bar{y}_{.j} - \bar{y})^2$$

方程的左边是一个员工的表现,离开所有员工的平均表现的方差。右边的第一项是"一个员工的表现,离开他自己小组的平均表现的方差",这个我们称为"组内方差"。右边的第二项是"一个小组的平均表现,离开所有员工的平均表现的方差",这个我们称为"组间方差"。"组内方差"只会受组内的变量影响,"组间方差"只会受组间的变量影响。例如,经过方差的分拆(variance partitioning)后,一个组与另外一个组的平均表现的不同,可能会是因为不同组的领导不同(组间的变量)的影响。至于每一个员工的表现,离开他的小组平均表现,就可能是他的工作能力(组内的变量)的影响了。

我们不可能说"一个员工的表现,离开他的小组平均表现"(组内方差)是因为领导不同(组间变量),因为无论是"一个员工的表现"和"他的小组平均表现"都以同一个组作为参照的。这就等于我们比较两个汉族人的表现区别时,我们却说是因为种族不同一样的荒谬。同样的,当比较组间的不同时,我们不会说是因为个人(组内)的原因的。这就等于我们比较一个美国人的表现与一个中国人的表现的区别时,我们应该说他们的表现的区别是"美国人的总体表现与中国人的整体表现"不同,而不会说是因为"中国人在上海、美国人在纽约"一样。明白了这个区别后,我们就可以看跨层次的中介变量分析了。

14.4.1 "2-1-1"模型

一般我们处理的中介关系都是前因(自变量 x)与后果(因变量 y)在同一个层面的。而中介变量(M)如果是用来解释 x 与 y 的关系,自然也是与 x 和 y 在同一个层面。但是今天的管理研究模型越来越复杂,有时候研究者会模拟一些跨层次的中介关系。Zhang,Zyphur 和 Preacher(2009)就特别讨论了几个这样的中介模型。不过,在讨论以前,让我们首先看几个例子,好认识一下什么称为"跨层次的中介模型"。

如果一个企业的人力资源管理做得好的话,员工的收入有保障,表现好的员工有好的晋升机会,工资与表现成正比,员工自然有投入感,工作效率也相应地提高。企业的人力资源管理一般研究就用的是一个称为"高效能人力管理机制(High Performance Work Practices,HPWP)"的构念。高的 HPWP,代表企业有一个好的人力资源管理系统,如选贤与能、按劳取酬、充足培训、上和下睦等。但是 HPWP 影响员工的表现和投入感,到底是通过怎样的机制呢?其中一个是认同理论。就是说企业的 HPWP 高,员工就会对企业有高的认同感。当员工与企业是连成一起时,企业的成功就是员工的成功。因此,故有模型如图 14.14 所示。

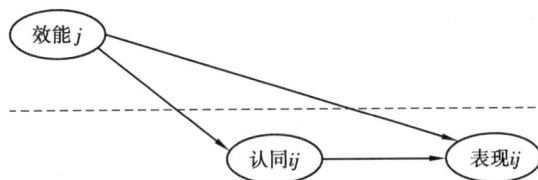

图 14.14

这个模型在理论的层面是有一定意义的。因为如果人力资源管理效能(HPWP)是透过员工的认同来影响员工的表现,那么只要管理者可以找到增加员工认同的其他方法,就算不用人力资源管理的方法,也可以增加员工的表现。

现在我们回到先前的理论模型。这个中介模型有一点特别,就是自变量人力资源管理效能是一个在"企业层面"的变量。因为在一般的情形下,每一个企业只有一套人力资源管理系统。因此,我们在图 14.14 中看见"效能"这个变量有一个下标 j,代表我们有 j 个企业。但是,每一个企业中却有很多不同的员工,每一个员工对企业的认同也表现都不一样。因此,我们看见"认同"和"表现"的下标是 ij,代表第 j 个企业的第 i 位员工。"认同"和"表现"是"个人层面"的变量。Zhang,Zyphur 和 Preacher(2009)把这样的中介模型称为"2-1-1"模型,代表 x,M 与 y 分别是第二层阶、第一层阶和第一层阶的变量(因此,我们以前讨论的简单单一层面的中介就是"1-1-1"模型了)。

我们应该如何来验证这个跨层面的中介的模型呢?我们很自然会想到,可不可以把 Baron 和 Kenny 验证中介的逻辑加上多层回归分析(HLM)呢?根据 Baron 和 Kenny 中介验证的原则,我们要验证几个不同的模型。①只有 x 来估计 y;②x 估计 M;③x 加上 M 来估计 y。因此,这里就会牵涉几个多层回归模型(HLM)。

第一组方程是只有"效能"(x_j)影响"表现"(y_{ij})。因为效能是企业层面,也就是第二层的,故 x 的下标只有 j。员工表现是个人层面的,故 y 的下标是 ij,代表第 j 个企业的第 i 个员工。我们得到下面的第一个多层线性模型代表 x_j 影响 y_{ij},即

$$y_{ij} = \beta_{0j} + r_{ij}$$

$$\beta_{0j} = \gamma_{00} + \gamma_{01}x_j + u_{0j}$$

这里跟我们以前讲的 HLM 不同,没有估计 y_{ij} 的 x_{ij}。因为我们不像一般的 HLM 模型,我们没有第一层估计 y_{ij} 的变量。相反,我们估计 y_{ij} 的自变量(员工表现)是在第二层阶的 x_j(人力资源管理效能)。因此,估计 y_{ij} 的 x_j 就变成是估计 β_{0j} 的第二层阶变量了。同时,因为没有第一层阶的变量,自然也没有调节第一层阶斜率系数 β_{1j} 的方程了。在这里我们依从 Zhang, Zyphur 和 Preacher(2009)的习惯,在上面方程的参数的右上角加上"(1)",代表这是我们的"第一组 HLM 方程"。故上面的方程就变成了下面的两条方程了[注:上面的方程与下面的方程是一模一样的,我们只是依从作者的习惯,改变了符号而已。同时,r_{ij} 不是估计我们有兴趣的估计参数,所以我们没有加上上标],即

$$y_{ij} = \beta_{0j}^{(1)} + r_{ij} \tag{1}$$

$$\beta_{0j}^{(1)} = \gamma_{00}^{(1)} + \gamma_{01}^{(1)}x_j + u_{0j}^{(1)} \tag{2}$$

根据 Baron 和 Kenny 的验证中介的逻辑,第二组方程是"效能"(x_j)影响中介变量"认同"(M_{ij})的多层模型。因为每个员工对企业的认同都不同,员工认同是个人层面的,故 M 的下标是 ij。因为是跨层阶的估计,我们还是要应用 HLM 模型。因为这是我们的"第二组 HLM 方程",我们就在参数的右上角加上"(2)"的记号。因此我们得到下面的第二个多层线性模型,代表 x_j 影响 M_{ij},即

$$M_{ij} = \beta_{0j}^{(2)} + r_{ij}^{(2)} \tag{3}$$

$$\beta_{0j}^{(2)} = \gamma_{00}^{(2)} + \gamma_{01}^{(2)}x_j + u_{0j}^{(2)} \tag{4}$$

方程(1)和方程(2)与方程(3)和方程(4)是完全一样的。唯一的分别是前者是 x_j 影响因变量 y_{ij};后者是 x_j 影响中介变量 M_{ij}。

Baron 和 Kenny 验证的"第三组 HLM 方程"(我们用右上标"(3)"表示)是"效能"(x_j)同时影响中介变量"认同"(M_{ij})和"表现"(y_{ij})的多层模型,即

$$y_{ij} = \beta_{0j}^{(3)} + \beta_{1j}^{(3)}M_{ij} + r_{ij}^{(3)} \tag{5}$$

$$\beta_{0j}^{(3)} = \gamma_{00}^{(3)} + \gamma_{01}^{(3)}x_j + u_{0j}^{(3)} \tag{6}$$

$$\beta_{1j}^{(3)} = \gamma_{10}^{(3)} \tag{7}$$

注意:

- 这里我们有 M_{ij}(一个第一层阶的变量)来估计 y_{ij},故我们有 β_{1j};
- $M_{.j}$ 是中介变量在小组中的平均值。每个小组都有不同的平均 M 值。下标 j 代表每个组的 M 平均都不同;M 前面的一点代表它是一个平均的 M 值。
- 方程(7)没有误差项(u_{1j}),只是为了表示的方便而已。如果要加上去,也不影响我们的讨论。

根据 Baron 和 Kenny 验证中介变量的概念,我们应该看见 $\beta_{1j}^{(3)}$ 显著,就是中介变量 M_{ij} 影响 y_{ij} 的。而 x_j 对 y_{ij} 的影响从 $\gamma_{01}^{(2)}$ 的显著变成 $\gamma_{01}^{(3)}$ 的不显著。但是,Zhang, Zyphur 和 Preacher(2009)指出以上的分析方法虽然直觉上与 Baron 和 Kenny 验证中介变量的在概念上是相同,却是有一点问题的。原因如下。如果把方程(6)与方程(7)代入方程(5),我们得

$$y_{ij} = \gamma_{00}^{(3)} + \gamma_{01}^{(3)}x_j + \gamma_{10}^{(3)}M_{.j} + u_{0j}^{(3)} + \gamma_{10}^{(3)}(M_{ij} - M_{.j}) + r_{ij}^{(3)}$$

从上面的最后一个方程可知,$\gamma_{01}^{(3)}$也就是加上了中介变量后x对y的影响,其实可拆成两个部分:就是$M_{.j}$对y_{ij}的影响和$(M_{ij}-M_{.j})$对y_{ij}的影响。前面一个是M_{ij}的平均值对y_{ij}的影响;后面一个是个别员工的认同(M_{ij})与该员工与自己组内的平均认同($M_{.j}$)的差对y_{ij}的影响。用统计的术语来说,前者可以称为员工认同的"组间的中介作用(between group mediation)",后者是员工认同的"组内的中介作用(within group mediation)"。上面的分析方法是强迫这个"组间"和"组内"的中介作用的值等同,两者都一定要是$\gamma_{01}^{(3)}$了。

为了正确估计在"2-1-1"模型的多层中介作用,并把"组间"和"组内"的中介分别出来,Zhang,Zyphur 和 Preacher(2009)建议我们用以下的模型来进行分析。

第一组方程与上面的相同,即

$$y_{ij} = \beta_{0j}^{(1)} + r_{ij} \tag{1}$$

$$\beta_{0j}^{(1)} = \gamma_{00}^{(1)} + \gamma_{01}^{(1)} x_j + u_{0j}^{(1)} \tag{2}$$

第二组方程也是与上面的相同,即

$$M_{ij} = \beta_{0j}^{(2)} + r_{ij}^{(2)} \tag{3}$$

$$\beta_{0j}^{(2)} = \gamma_{00}^{(2)} + \gamma_{01}^{(2)} x_j + u_{0j}^{(2)} \tag{4}$$

但是在第三组中,作者建议两项改变。第一,中介变量M_{ij}用"小组均值中心化(group mean centering)"。第二,在第二层中加入每个小组的平均认同值($M_{.j}$)作为一个新的小组变量。新的模型为

$$y_{ij} = \beta_{0j}^{(4)} + \beta_{1j}^{(4)} (M_{ij} - M_{.j}) + r_{ij}^{(4)} \tag{8}$$

$$\beta_{0j}^{(4)} = \gamma_{00}^{(4)} + \gamma_{01}^{(4)} x_j + \gamma_{02}^{(4)} M_{.j} + u_{0j}^{(4)} \tag{9}$$

$$\beta_{1j}^{(4)} = \gamma_{10}^{(4)} \tag{10}$$

为什么要这样做? 这样做有什么好处呢? 我们把方程(9)和方程(10)代入方程(8)后,再重新组合变量得到方程为

$$y_{ij} = \gamma_{00}^{(4)} + \gamma_{01}^{(4)} x_j + \gamma_{02}^{(4)} M_{.j} + u_{0j}^{(4)} + \gamma_{10}^{(4)} (M_{ij} - M_{.j}) + r_{ij}^{(4)}$$

比较这个"改善模型"的方程与"原来模型"的方程,我们就明显地看见,现在我们已经可以把"组间"和"组内"的中介作用分别估计出来了。方程(9)的$M_{.j}$的参数$\gamma_{02}^{(4)}$就是"组间中介"作用。方程(10)中的参数$\gamma_{10}^{(4)}$就是"组内中介"作用。

但是,如果细心想想我们的模型,我们的假设是企业层面的"人力资源管理效能"(x_j)影响个人层面的"员工表现"(y_{ij}),而影响的机制是透过个人层面的"员工对企业的认同感"(M_{ij})。如果这个理论是对的话,既然一个企业内的"人力资源管理效能"都是相同的,在同一个企业中,相同的"人力资源管理效能"影响的员工"认同感"应该都是一样的。为什么呢? 因为我们的模型定义了,影响员工"认同感"只有一个因素,就是企业的"人力资源管理效能"。如果 A 企业的"人力资源管理效能"是 3 分,因为员工"认同感"只受"效能"影响,所有 A 企业内的员工都是受同样的"人力资源管理效能"影响,A 企业内的所有员工的"认同感"就一定是一样的。但是,读者可能会说,同样的"人力资源管理效能"可以对不同的员工产生不同的"认同感"啊! 本来这可以是对的。但是,我们的模型却没有一个对员工"认同感"影响的"个人"因素。既然只有企业因素影响"认同感",那同一个企业内的员工的"认同感"就该是一样的了。更麻烦的是,"认同感"是影响"员工表现"的唯一因素。因此,同一个企业内的所有员工的表现都应该是一样的了。虽然事实上这是不可能的。但是根据我们的理论,同一个企业中的员工表现的不同,在模型

中都应该被视为随机"误差"的。同样的,当中的机制变量"员工对企业的认同感",在同一个企业中的方差也应该被视为"误差"。这就好比在方差分析(ANOVA)中,理论上唯一影响因变量 y_{ij} 的就是实验处理 x_j。实验组中的所有被试的因变量分数都应该相同,控制组内所有被试的分数也应该相同。我们做实验时,观察到的组内被试分数的不同,都会被视为"随机误差"一样。

明白了这个概念,我们就会知道,上面这个"2-1-1"的中介模型里,因为因变量 (x_j) 是组间变量,它只能影响组的平均分数,组内的差异是误差。因此"组内的中介 $(M_{ij} - M_{.j})$"作用在我们的模型中是不重要的。我们真正有兴趣的应该是"组间的中介"作用 $(M_{.j})$。因此,我们最后要验证的假设为

$$H_0 : \gamma_{01}^{(2)} \gamma_{02}^{(4)}$$

虚无假设乘积中前面的项 $\gamma_{01}^{(2)}$ 是方程(4)中,企业层面的"人力资源管理效能 (x_j)"对企业层面的平均"员工认同感 $(M_{.j})$"的影响[注:因为 $\gamma_{01}^{(2)}$ 是 x_j 影响 $\beta_{0j}^{(2)}$ 的参数,而 $\beta_{0j}^{(2)}$ 是 M_{ij} 的小组截距,所以是小组的平均 M_{ij}]。后面的项 $\gamma_{02}^{(4)}$ 是方程(9)中,企业层面的"平均员工认同感 $(M_{.j})$"对企业层面的平均"员工工作表现 $(\bar{y}_{ij})$"的影响[注:因为 $\gamma_{02}^{(4)}$ 是 $M_{.j}$ 影响 $\beta_{0j}^{(4)}$ 的参数,理由同上]。两个组间的效应的乘积,也就是我们讲的所谓"组间的中介"作用。

14.4.2 "2-2-1" 模型

上面讨论的当中介变量是在个人层面时的情形。那么,当中介变量是在企业层面时会如何呢? 如图 14.15 所示为另一个类似的问题。这个模型与上面的分别是中介变量是企业的效能文化(performance culture,以下简称"企业文化",或者是"文化"),一个企业的效能文化越高,代表企业中充满着提高效益的气氛。

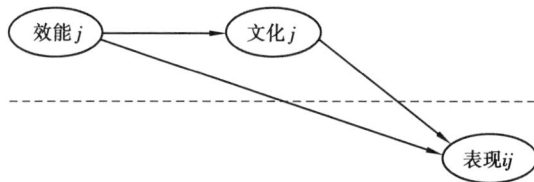

图 14.15

企业文化是一个企业层面的变量。理论上,一个企业一般应该有同一个文化。因此,"文化"的下标是 j,代表每一个企业的文化都一样。不过,当我们测量企业文化的时候,往往要利用个体员工作为一个媒介。例如,我们在每一个企业中访问了 30 位员工,邀请他们填写一份企业文化的问卷,那么代表该企业的文化的变量,就是用这 30 位员工的问卷的平均得分为代表。自然,不同员工的评分是可能有差异的。一般我们有两个对策:第一,我们可以计算每个企业的员工的 R_{wg} 值和 $ICC(1)$, $ICC(2)$ 值,以验证他们的评分是否在统计上是一致的。第二,在企业文化的研究中,也有人同时把不同员工的企业文化评分的"均值"和"方差"同时放进模型中。前者称为"文化水平(culture level)",均值越大,企业中提高效益的气氛就越浓厚。后者称为"文化强度(culture intensity)",员工评分的方差越少,文化的强度就越强。为了简化起见,以下我假设 R_{wg} 和 ICC 值满意,而

且我们只对"文化水平"有兴趣。

现在虽然企业文化是一个企业层面的构念,但是测量时却是采用了几十位员工的评分。因此,每个企业的文化(强度)都是一个平均值。因为文化是中介变量,我们把它称为 M_j。图 14.15 的模型中只有企业层阶的前因变量,所以在第一层阶(员工层面)是没有自变量的。要验证这样一个企业层面的中介变量,我们用以下 3 组方程:

第一组方程是第二层阶的"管理效能"影响第一层阶的"员工表现",即

$$y_{ij} = \beta_{0j}^{(1)} + r_{ij} \tag{11}$$

$$\beta_{0j}^{(1)} = \gamma_{00}^{(1)} + \gamma_{01}^{(1)} x_j + u_{0j}^{(1)} \tag{12}$$

第二组方程是第二层阶的"管理效能"影响第二层阶的"企业文化"。因为两个变量都是同一层阶的,所以简单的回归分析就可以了,即

$$M_{0j} = \gamma_{00}^{(2)} + \gamma_{01}^{(2)} x_j + u_{0j}^{(2)} \tag{13}$$

第三组是第二层阶的"管理效能"与第二层阶的"企业文化"同时影响第一层阶的"员工表现"。因为没有组内与组间中介的问题,故"小组均值中心化(group mean centering)"或是"数据均值中心化(grand mean centering)"都是可以的,即

$$y_{ij} = \beta_{0j}^{(3)} + r_{ij}^{(3)} \tag{14}$$

$$\beta_{0j}^{(3)} = \gamma_{00}^{(3)} + \gamma_{01}^{(3)} x_j + \gamma_{02}^{(3)} M_j + u_{0j}^{(3)} \tag{15}$$

在上面 3 组方程中,我们最后要验证的假设为

$$H_0 : \gamma_{01}^{(2)} \gamma_{02}^{(3)}$$

假设乘积前面的项 $\gamma_{01}^{(2)}$ 是方程(13)中,企业层面的"人力资源管理效能(x_j)"对企业层面的"企业文化(M_{0j})"的影响。后面的项 $\gamma_{02}^{(3)}$ 是方程(13)中,企业层面的"企业文化(M_{0j})"对企业层面的平均"员工工作表现"的影响。

14.5　跨层阶调节变量的分析

14.5.1　高层阶调节低层阶变量

我们在 HLM 那一章里已经解释了,HLM 本来的模型就包括了一个第二层阶调节第一层阶的作用(见图 14.16)。例如:

$$y_{ij} = \beta_{0j} + \beta_{1j} x_{ij} + r_{ij}$$
$$\beta_{0j} = \gamma_{00} + \gamma_{01} Mo_j + u_{0j}$$
$$\beta_{1j} = \gamma_{10} + \gamma_{11} Mo_j + u_{1j}$$

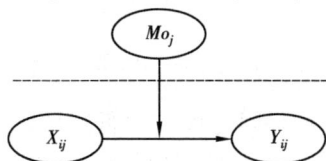

图 14.16

这一组基本的 HLM 公式,就有 γ_{01} 和 γ_{11} 是 Mo(第二层阶变量)调节两个第一层阶变

量(x_{ij}与y_{ij})的关系在里面。因此,跨层阶的调节已经是我们的老朋友了。

14.5.2　低层阶调节高层阶变量

HLM 中只允许"高层阶"变量在第二层阶调节第一层阶的低层阶变量的关系。那有没有可能是"低层阶"的变量去调节"高层阶"的关系呢? 我们的看法是不可能的。第一种情形是 x 是高层阶的,y 是低层阶的,Mo 是低层阶的。让我们来举一个例子。x 是高层阶,如企业的文化;y 是低层阶的,如员工表现。如果企业的文化(x)影响员工表现(y)的话,一个企业只有一个企业文化(假设没有次文化)。在同一个企业中,所有的员工都是面对同一个文化。这个同一的企业文化对不同的员工的影响(主效应)是一样的。如果不一样,那就是交互作用,而不是主效应了。如前所述,这就好像我们做实验时一样,实验组内的被试因为面对同样的实验处理,反应应该是一样的。如果不同,那就是随机的误差(我们暂时不考虑交互作用)。既然在同一个企业内的员工表现是一样的(因为企业文化一样,不考虑交互作用),那么企业文化应该只会影响"平均的员工表现"。个别员工的不同是随机误差。如果你现在试图去提出一个解释的机制,去解释为什么企业文化(x)会影响"平均员工表现",那么这个中介的机制就一定是一个"企业层面"的机制。换句话说,x(企业层面变量)影响 y(个人层面变量),一定只可以发生在企业层面,中介的解释机制也一定只可以发生在企业层面。同样的,调节机制也只可以发生在企业层面。也就是说 x 是高层阶的,y 是低层阶的,Mo 是"不可能"是低层阶的。同样原理,如果 x 是高层阶的,y 是高层阶的,Mo 就更不可能是低层阶的了。

因此,我们有一个结论,一个高阶变量是不可以对一个比它低层阶的变量产生"主效应"的。如果有影响,那这个高阶变量只会影响低层阶的组平均值。如果我们只考虑主效应,不考虑交互作用,那么组内的所有差异都会被看成是随机误差。这个其实就是基本的方差分析的原理。既然"主效应"是在组间发生,这个"主效应"的中介和调节作用自然也是发生在组间(第二层阶),而不可能发生在组内(第一层阶)了。

14.6　跨层阶的"调节中介"与"中介调节"作用

其实,如果我们用的是一些处理跨层阶问题比较强的统计软件(如 Mplus),那么跨层阶的"中介调节"或是"调节中介"与单一层阶的"中介调节"或是"调节中介"是没有很大的区别的。其中,唯一的区别就是在写程序的时候,说明哪些变量是低层阶的,哪些变量是高层阶的。除了这个以外,我们用的逻辑还是上面所讨论的逻辑。因此,下面的讨论主要是概念上的讨论。

14.6.1　跨层阶的"调节中介"$MeMo$ 作用:第一型

如上面所说,当一个高层阶的变量影响一个低层阶的变量,它的中介和调节机制都应该是在高层阶(组间)发生,而不会在低层阶(组内)发生的。这个道理也自然会带到中介调节里。当一个中介变量在"中介"一个调节关系时,如果调节变量是高层阶的,那么中介变量也会是高层阶的。因为当调节作用是影响"组间方差"时,调节中介也自然是在"中介"这个"组间方差"的关系了。同样的,当调节变量在低层阶调节两个低层阶的 x

与 y 时，我们也不会说这个调节作用被一个高层阶的 Me 中介了的。简单来说，"中介调节"不应该有跨过不同层阶的效应。跨层阶的分析软件（如 Mplus）唯一会做的就是把方差拆成"组内方差"与"组间方差"，然后在对应变量的正确层阶进行模拟分析。

举个例子，如 x 是"人力资源管理效能"，y 是"员工表现"，Mo 是"产业"，Me 是"人力资本"，则企业的人力资源管理效能会影响员工的表现。但是，影响的大小要看产业，因为有些产业更看重人力资源。产业之所以调节 $x \to y$ 的作用，是因为人力资本在不同的产业扮演的角色不同。在图 14.17 中，如果我们说 Me 中介了"Mo 对 $x \to y$ 的调节作用"，如果 x 是在第二层阶，我们上面谈过了，x_j 是不能影响 y_{ij} 的，$\bar{x}_{.j}$ 只能影响 y_{ij} 中的 $\bar{y}_{.j}$（组间方差）部分。余下的组内方差 $(\bar{y}_{.j} - y_{ij})$，$\bar{x}_{.j}$ 是不能影响的。所以我们把 y_{ij} 拆成两个部分，分别是 $\bar{y}_{.j}$ 和 $(\bar{y}_{.j} - y_{ij})$。那如果 Mo 是调节了 $x \to y$ 的作用，Mo 也必然是一个第二层阶的变量（因为 x_j 与 $\bar{y}_{.j}$ 都是第二层阶的变量，调节不可能是第一层阶的）。既然第二层阶的 Mo_j 调节了第二层阶的 x_j 对第二层阶的 $\bar{y}_{.j}$ 的影响，而 Me 中介了这个调节作用，那么这个中介变量 Me_j 也一定是第二层阶的。我们在附录 4 中摘录了 Liu，Zhang 和 Mo（2012）的 Mplus 程序，并加以解释。

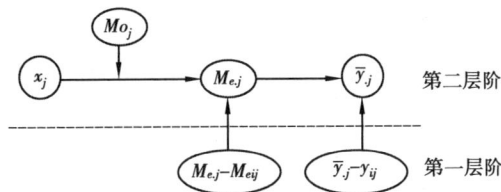

图 14.17

14.6.2　跨层阶的"调节中介"$MeMo$ 作用：第二型

读者可能还记得，Liu，Zhang 和 Mo（2012）提出了两种类型的"调节中介"作用。我们上面只谈了第一型，就是一个调节作用给另外一个变量（Me）中介了。他们还提出了第二类型的"调节中介"作用，就是 Mo 调节了 $x \to y$ 的作用；Me 也调节了 $x \to y$ 的作用，而 $Mo \to Me$。其实在传统的定义里，应该称为间接效应。不过，如果我们采用宽松的中介定义，就是凡是 $x \to m \to y$ 都称为中介，第二类型的"调节中介"就可以看成是"Me 这个对 $x \to y$ 的调节作用"，中介了"Mo 这个对 $x \to y$ 的调节作用"了。如果这个"调节中介"是跨层次的，最合理的情形就是 Mo 和 Me 都是在第二层阶，x 和 y 都是在第一层阶了。因此，我们可用图 14.18 来表示这个"跨层次的第二型调节中介"。

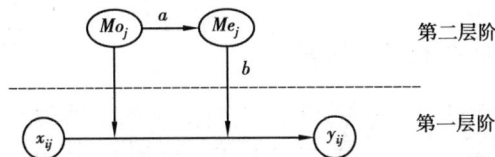

图 14.18

举个例子，如 x_{ij} 是"主管与下属的关系"，y 是"员工表现"，Mo 是"企业文化"，Me 是"主管的权力"，主管与下属的关系会影响员工的表现。但是影响的大小要看企业的文化

(企业的官僚程度,Mo_j),也要看主管的权利有多大(Me_j)。企业越是官僚,主管的影响就越小。主管的权力越大,主管的影响就越大。而"主管的权力"(Me_j)很大程度是受企业的官僚程度(Mo_j)影响的。越是官僚的企业,层层叠叠的规章制度就会限制主管的权利。

在分析这个跨层次的模型的时候,其实与单一层次没有很大的区别。我们只要在编写 Mplus 分析程序时把"组内方差"与"组间方差"分开,而分别根据理论,假设什么变量影响中介作用的"组内方差",什么变量影响中介作用的"组间方差"就可以了。不过读者要注意,Mo_j 是二阶变量,分析它对 $x \rightarrow y$ 的调节时,不可以简单地用 $x_{ij}Mo_j$。因为这两个变量是在不同阶层的。我们一定要用 HLM 的模型来分析,即

$$y_{ij} = \beta_{0j} + \beta_{1j}(x_{ij} - \bar{x}_{.j}) + r_{ij}$$
$$\beta_{0j} = \gamma_{00} + \gamma_{01}Mo_j + u_{0j}$$
$$\beta_{1j} = \gamma_{10} + \gamma_{11}Mo_j + u_{1j}$$

如果大家还记得 HLM 的概念的话,Mo_j 对 $x \rightarrow y$ 的调节作用,其实是体验在 γ_{11} 这个参数上,也就是 Mo_j 对 $x \rightarrow y$ 在每一个小组的斜率的影响上。如果我们有 n 个小组,在每一组中 $x \rightarrow y$ 的斜率都不同,而每一组的 Mo_j 值就影响了该组的 $x \rightarrow y$ 的斜率了。同样的,每一组的 Me_j 值也影响了该组的 $x \rightarrow y$ 的斜率。因此,我们的数据在小组的层面,应该是这样的(表中的数字只是例子而已):

小组	(1) Mo_j 值	(2) Me_j 值	(3) $x \rightarrow y$ 的斜率
第 1 组	3	2	1.28
第 2 组	5	6	2.04
⋮			
第 n 组	4	3	1.12

第一个调节效应,是 Mo_j 对 $x \rightarrow y$ 的调节,也就是第(1)行和第(3)行的相关。第二个调节效应,是 Me_j 对 $x \rightarrow y$ 的调节,也就是第(2)行和第(3)行的相关。中介的作用前半部(参数 a),是由 Mo_j 对 Me_j 的影响,也就是第(2)行和第(3)行的相关。中介的作用后半部(参数 b),是由 Me_j 对 $x \rightarrow y$ 的调节表示,也就是第(2)行和第(3)行的相关。整个"调节中介"的效应,就是($Mo_j \rightarrow Me_j$)(Me_j 调节 $x \rightarrow y$),也就是 ab 了。

14.6.3 跨层阶的"中介调节"作用

"中介调节"与"调节中介"在这个问题上有点不同。因为一个不同层阶的变量,理论上不可能"中介"一个不同层阶的变量或关系。例如,一个第一层阶的关系,是不可能被一个第二层阶的变量中介的,反之亦然。但是,高层阶的变量却随时可以调节比它低的层阶的关系。例如,HLM 的分析就是一个高层阶的变量(组间变量)在调节不同组的组内(低层阶变量)关系了,即

$$y_{ij} = \beta_{0j} + \beta_{1j}(x_{ij} - \bar{x}_{.j}) + r_{ij}$$

$$\beta_{0j} = \gamma_{00} + \gamma_{01}Mo_j + u_{0j}$$
$$\beta_{1j} = \gamma_{10} + \gamma_{11}Mo_j + u_{1j}$$

举个例子,如 x_{ij} 是"下属的能力(ability)",y_{ij} 是"员工的精力耗尽(burnout)",Me_{ij} 是"员工承受的工作量(job demand)",Mo_j 是"领导是否自私(leaders' self orientation)",我们的理论可能是,越是有能力的员工,领导使用该员工去完成领导的目标的机会就越大。因为这些员工所承受的工作量很高,所以就容易精力耗尽。但是,这个情形只会在一个只顾自己利益的主管下发生的。因此,主管的自我倾向(一个小组或是主管层阶的变量)就会是一个调节变量。

在这个基本的 HLM 模型中,Mo(高层阶变量)就是在调节不同组内的 x 与 y 关系,而 x 与 y 都是低层阶变量(见图 14.19)。

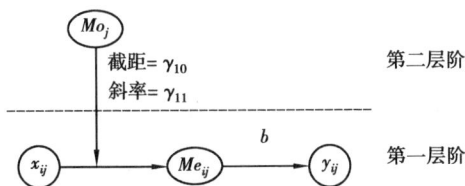

图 14.19

既然 Mo 是第二阶层的变量去调节两个第一层阶的变量(x 与 Me)的关系,这个调节就要用 HLM 来分析了。如果在每一组中 $x_{ij} \rightarrow Me_{ij}$ 的截距是 β_{0j},斜率是 β_{1j} 的话(下标 j 代表第 j 组),则

$$Me_{ij} = \beta_{0j} + \beta_{1j}(x_{ij} - \bar{x}_{.j}) + r_{ij}$$
$$\beta_{0j} = \gamma_{00} + \gamma_{01}Mo_j + u_{0j}$$
$$\beta_{1j} = \gamma_{10} + \gamma_{11}Mo_j + u_{1j}$$

根据上面的 HLM 方程组,Mo 对 $x_{ij} \rightarrow Me_{ij}$ 的影响是 $(\gamma_{10} + \gamma_{11}Mo)$。如果 $Me_{ij} \rightarrow y_{ij}$ 的效用值是 b 的话,"跨层次的调节中介作用"的效用值就是根据一般中介作用效用值的定义,就是($x_{ij} \rightarrow Me_{ij}$ 的效用值)×($Me_{ij} \rightarrow y_{ij}$ 的效用值),也就是 $(\gamma_{10} + \gamma_{11}Mo)b$。但是,这个"跨层次调节中介作用"的效用值,现在不是一个常数,是一个包括了 Mo 的函数。那我们在什么情形下才会说这个效用值显著呢? 在这里,我们就采用 Edwards 和 Lambert (2007)在单一层次的"调节中介"时所使用的标准,就是如果当 Mo 是高于一个标准差时,相对于当 Mo 是低于一个标准差时,如果这个"跨层次的调节中介作用"的效用值 $(\gamma_{10} + \gamma_{11}Mo)b$ 是不同的,我们就说这个"跨层次的调节中介作用"是显著的。

因此,"跨层次的调节中介作用"的效用值(θ)的定义为

$$\theta = [(\gamma_{10} + \gamma_{11}Mo_H)b] - [(\gamma_{10} + \gamma_{11}Mo_L)b]$$

[注:Mo_H 是当 Mo 为 一个标准差高于均值的数值;Mo_L 是当 Mo 为 一个标准差低于均值的数值。例如,如果 Mo 这个变量的均值是 2.5,标准差是 0.21 的话,Mo_H 就是2.71,Mo_H 就是 2.29 了。]

关于跨层阶的调节中介,Liu,Zhang 和 Mo(2012)详细地提出了很多个不同的可能性,也讨论了不同可能性的模型的分析和程序编写,我们在这里就不再重复了。我们只是

把两层阶的"前期中介调节"的 Mplus 程序附在附录 4 中,供读者参考。

如前所说,调节中介或者是中介调节作用的参数估计,一般都是非常复杂的。对于这些复杂的参数,我们根本不知道它们的抽样分布。所以要知道参数估计在总体中是否为零,就要用 bootstrapping 的方法了。但是跨层次的研究的 bootstrapping,又多了一层困难。例如,如果只有一个层面的话,bootstrapping 只需要把样本看作是总体,然后使用重置抽样法,随机抽出 1 000 个重置样本,就可以估计参数的抽样分布了。但是如果是跨层次的研究,重置抽样时,到底应该是"在整个样本中随机重置抽样",还是"按着每一层的样本中随机重置抽样"呢?这已经是一个不简单的问题了。基于种种的复杂性,当我们写这一章书的时候,现存的 Mplus 程序是不允许在跨层次的调节中介,或者是中介调节做 bootstapping 的。那么如果不做样本的重置抽样的话,我们如何知道估计的参数,在总体中是否显著呢? Liu, Zhang 和 Mo(2012)建议了使用"参数 bootstrapping(parametric bootstrapping)"的方法来解决这个问题。

所谓的"参数 bootstrapping",是相对于我们以前所说的"样本 bootstrapping"而言的。以前当我们讲 bootstrapping 时,我们是说把样本看成是总体,然后在"样本中"重置抽样。这是"样本 bootstrapping"。"参数 bootstrapping"却不是在样本中重置抽样,而是用"估计出来的参数和它们的相应抽样分布"来进行随机抽样。例如,我们在谈中介作用时,中介作用的参数估计是"前期效应值($x \rightarrow Me$ 的效应,a)乘后期效应值($Me \rightarrow y$ 的效应,b)"。因为不知道 ab 的抽样分布,所以要使用 bootstrapping 的技巧。"样本 bootstrapping"是在样本中不停地重置抽样,在每一个重置抽样样本中估计 ab 值。在 1 000 个样本重置抽样后,我们就有 1 000 个 ab 值了。然后我们就把这 1 000 个 ab 值的分布看成是 ab 的抽样分布。

"参数 bootstrapping"的逻辑稍微不一样。虽然我们不知道 ab 的抽样分布,但是 a 与 b 都是简单的回归系数。它们各自独立的抽样分布都是 t 分布来的。因此,另外一个可能的 bootstrapping 的方法,就是用参数 a 的 t 分布,随机地按 t 分布的几率产生 1 000 个随机的 a 值。同样的,我们也可以随机地按 b 的 t 分布的几率产生 1 000 个随机的 b 值。把这 1 000 个 a 值对应地乘以随机产生的 b 值,我们就会有 1 000 个 ab 的值。这 1 000 个 ab 值的分布也可以看成是 ab 的抽样分布。这样的方法称为"参数 bootstrapping"。因为 Mplus 等强大的跨层阶软件,目前不允许在跨层阶分析中做"样本 bootstrapping"。因此,目前研究人员用的都是比较简单的"参数 bootstrapping"。例如,http://www.quantpsy.org/medmc/medmc.htm 就提供了一个使用"参数 bootstrapping"来估计跨层次调节中介,或是中介调节的网页。有兴趣的读者可以参考一下。Liu, Zhang 和 Mo(2012)也在他们讨论中介调节和调节中介的一章书里,列出了一个用 R-程序写成的"参数 bootstrapping"程式。如图 14.20、图 14.21 所示为"样本 bootstrapping"与"参数 bootstrapping"的不同概念。

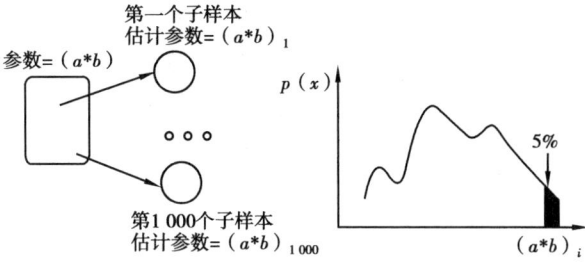

图 14.20

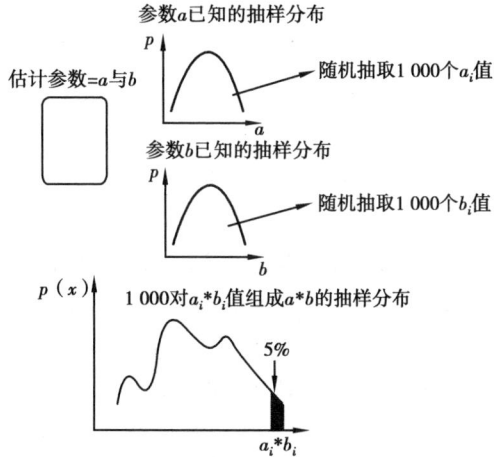

图 14.21

14.7　非线性的中介和调节作用

14.7.1　一般非线性关系

上面讨论的中介和调节作用都是假设自变量与因变量的关系是线性的。但是,如果关系是非线性的话,中介和调节作用应该如何验证呢? 在回答这个问题之前,我们要谈谈什么叫"非线性"关系。所谓线性关系,就是自变量 x 与应变量 y 符合线性方程,也就是 x 与 y 的关系是一次方的方程,即

$$y = a_0 + a_1 x \qquad (a_0 \text{ 与 } a_1 \text{ 是常数})$$

在这个情形下,我们说 x 对 y 的效用值(effect size)是 a_1(a_1 是每一个单位 x 的值改变时 y 的改变)。在几何上,a_0 是这条直线的截距,a_1 是这条直线的斜率。所谓的非线性关系,就是 x 与 y 的关系是任何高于一次方的方程。在数学上,非线性的关系有无数的可能性。但是在管理学上,绝大部分的所谓非线性关系,都是最简单的二次方的方程,即

$$y = a_0 + a_1 x + a_2 x^2 \qquad (a_0, a_1 \text{ 与 } a_2 \text{ 是常数})$$

因此,我们以下的讨论都假设了 x 与 y 是简单的二次方程的关系。大家都知道一次方程的几何表现是直线,而二次方程的几何表现是一条抛物线。一般我们就简单地称为 U 形的关系。例如,工作压力(x)和工作表现(y)的关系就是一个典型的 U 形关系(见图

14.22)。压力很低时,员工会松散,工作表现不会高。但是压力过大时,也明显影响工作表现的。因此,适当(中度)的工作压力,工作表现是最高的。故工作表现(y)与工作压力(x)的关系是一个倒 U 形的关系。

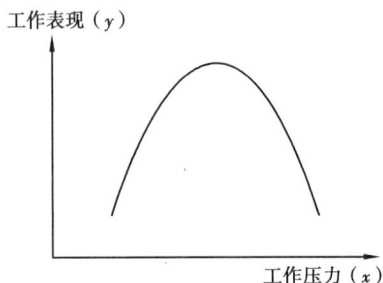

图 14.22

一般的情形下,如果 x 与 y 的关系是二次方程的关系,则

$$y = ax^2 + bx + c \qquad (a,b,c \text{ 是常数})$$

x 的二次方系数 a 是反映了这个 U 形关系的 U 字的"开口"是如何的。首先 a 反映了这个 U 形的"开口"有多宽,a 越大,U 形的"口"越窄。同时,系数 a 的符号决定了这个"开口"是向上的还是向下的。如果 a 是负数的话,x 与 y 就有"倒 U 形"的关系。如果 a 是正数的话,x 与 y 就有"U 形"的关系(U 的开口向上)。如果要求不很严格,我们可以说系数 b 大致表现了 U 形的左右位置。当 a 是正数时,b 越大,U 形就往左移。当 a 是负数时,b 越大,U 形就往右移。最后,系数 c 反映了 U 形高低。系数 c 越大,U 形就越往上移。对这个问题有兴趣的读者,可以到以下网页看看。该网页可以让读者了解当 a,b,c 改变时,抛物线(U 形)是如何改变的:http://www. livephysics. com/simulations/mathematics-sim/quadratic-equation-graph/。

14.7.2　非线性关系的调节作用

当我们说"非线性关系的调节作用"时,我们的意思是 x 与 y 的关系是非线性的。但我们仍假设调节变量 M 对 x 与 y 的关系还是简单的线性调节。也就是说,调节变量 Mo 越大时,x 与 y 的非线性关系会越强(或是越弱),而这个增强(或是减弱)是线性的,也就是一个简单的倍数。可是这里有一个问题。当 x 对 y 的影响是线性时 $y = a_0 + a_1 x$,我们说调节变量有增强的作用,那是很好理解的。就是当 Mo 越大时,a_1 就越大(或越小)。但是如果 x 与 y 的关系是非线性时,$y = a_0 + a_1 x + a_2 x^2$,我们说调节变量有增强的作用的话,那是什么意思呢? 当 Mo 越大时,到底是 a_1 越大,a_2 越大,还是 a_1 和 a_2 都越大呢? Hayes 和 Preacher(2010)在讨论非线性的中介作用(我们将会在下面讨论)时,介绍了其中一个理解的方法。

其实无论是 x 与 y 的关系是一次方或者是二次方,当我们说 x 对 y 的影响时,我们都是在说"每一个单位 x 改变时,y 改变的速率(rate of change of y with respect to x)"。用数学上微积分的语言,就是当 x 改变一个单位时,y 改变了多少? 这个关系在微积分的用语是 $\frac{\partial y}{\partial x}$。当 $y = a_0 + a_1 x$ 时,$\frac{\partial y}{\partial x} = a_1$,是一个常数。当 $y = a_0 + a_1 x + a_2 x^2$ 时,$\frac{\partial y}{\partial x} = a_1 + 2a_2 x$,是

x 的一个函数。因此,我们用同样的逻辑,当我们说 Mo 调节 x 与 y 的关系时,我们的意思其实是当 Mo 改变时,$a_1 + 2a_2x$ 会随着而改变。因此,不是 a_1 改变,或是 a_2 改变,或是 a_1 和 a_2 都改变,而是一个包含了 a_1,a_2 和 x 函数在改变! 读者可能觉得奇怪,当 Mo 调节这个 U 形关系时,a_1 和 a_2 改变是很可以理解的。但是为什么函数中会有 x 在里面呢? 其实很简单,我们可用图 14.23 来表现二次的调节作用。

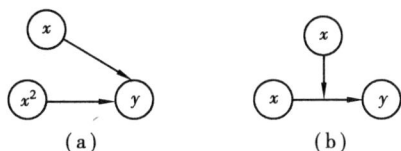

图 14.23

一个二次方的 x 对 y 作用如果写为图 14.23(a) 的形式,那是很好理解的。但是如果我们把 x^2 看成是两个 x 相乘的话 $(x*x)$,x^2 对 y 的影响其实可以看成是一个 x 对 y 的影响,但是被 x 自己调节了。为什么呢? 如果要求读者把图 14.23(b) 的模型用方程写出来,大家会如何写呢? 我想大概会是 $y = a_0 + a_1x + a_2x + a_3x*x$ 吧。但是,这个方程只要稍微整理一下,就是 U 形关系方程 $y = a_0 + (a_1 + a_2)x + a_3x^2$。因此,可把二次方的关系看成是一次方的自我调节的关系。如果是这样,那么二次方的调节关系,自然就可看成是一次方的三阶调节的关系了。其实,只要把调节的方程写出来,这个关系就更显而易见了。二次方的调节关系的方程为

$$y = a_0 + a_1x + a_2x^2 + a_3Mo + a_4xMo + a_5x^2Mo$$

因此,三阶的调节项就是 $x*x*Mo$ 或者是 x^2Mo 了。用模型的方式可得这个三阶的调节表现出来,如图 14.24 所示。

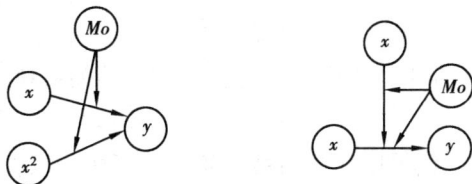

图 14.24

因为 U 形的关系有 x 和 x^2 对 y 的影响的项,所以调节变量 Mo 就同时调节这两个关系了。

根据公式

$$y = a_0 + a_1x + a_2x^2 + a_3Mo + a_4xMo + a_5x^2Mo$$

x 对 y 的影响为

$$\frac{\partial}{\partial x}y = a_1 + 2a_2x + a_4Mo + 2a_5xMo$$

x 对 y 的影响随着 Mo 的改变为

$$\frac{\partial}{\partial Mo}\left(\frac{\partial y}{\partial x}\right) = a_4 + 2a_5x$$

因此,非线性的调节除了要看调节变量 Mo 的大小以外,还要看自变量 x 值的大小。

以下就是一个典型的非线性调节作用的可能结果:

Mo 的值	x 的值	y 的值	置信区间($p = 0.05$)
低 -0.01	高	0.25	$0.17 \sim 0.32$
	中	0.33	$0.25 \sim 0.45$
	低	0.31	$0.23 \sim 0.35$
高 1.01	高	0.15	$0.09 \sim 0.18$
	中	0.39	$0.31 \sim 0.48$
	低	0.18	$0.13 \sim 0.24$

注:Mo 的高、低值,我们用 Mo 这个变量正负一个标准差来代表,$\overline{Mo} \pm \sigma_{Mo}$
　　x 的高、中、低值,我们用 $x_m + \sigma_x$,x_m 和 $x_m - \sigma_x$ 来代表。

　　上面的结果说明当调节变量是低(低于平均数)时,3 个 x 值(高、中、低)对应的 y 值的 0.05 可信区间是重叠的。也就是说它们在统计上来说,在总体中可能是一样的。但是当调节变量是高(高于平均数)时,3 个 x 值(高、中、低)对应的 y 值的可信区间的中间点是高于另外两点的,所以是一个倒 U 形的关系。简单来说,x 与 y 的倒 U 形关系,只有当调节变量 Mo 是高时才出现。这就验证了调节的二次方关系了。我们把对应的 Mplus 程序写在附录 5 中,供读者参考。

14.7.3 非线性关系的中介作用

　　当我们说"非线性关系的中介作用"时,我们的意思可能有 3 种情况:一是 x 与中介变量 Me 的关系是非线性的,而中介变量与因变量的关系仍是线性的,这是"前期的非线性中介作用";二是 x 与中介变量 Me 的关系是线性的,而中介变量与因变量的关系是非线性的,这是"后期的非线性中介作用"。三是 x 与 Me 的关系和 Me 与因变量的关系都是非线性的。这是"两期的非线性中介作用"。为了简化起见,我们只讨论"前期的非线性中介作用"。其他两种非线性的中介其实是一样的,读者可以举一反三。

　　上面已经提过,如果 Me 是 x 与 y 之间的中介变量,而 x 对 Me 的影响是 a;Me 对 y 的影响是 b 的话,那么 $a \times b$ 就是 Me 这个中介变量的效用值(effect size)。但是,如果这个中介关系不是线性的,而是曲线的,那么我们应该如何处理呢?例如,工作压力(x)和工作挑战性(Me)的关系就可能是一个典型的倒 U 形关系。压力很低时,工作简单,工作挑战性不会高。但是压力过大时,员工已经放弃了,工作挑战性也不会高。因此,适当(中度)的工作压力,工作挑战性是最高的。故工作挑战性(Me)与工作压力(x)的关系是一个倒 U 形的关系。

　　我们知道如果 x 与 Me 的关系是线性的,x 对 Me 的影响就可以用这个线性关系的斜率来表现。因此,如果 $Me = a_0 + a_1 x$(a_0 是常数,是直线的截距),我们可以说 x 对 Me 的影响是 a_1。但是如果 x 与 Me 的关系是非线性(U 形的关系)时,它们的数学关系就会为

$$Me = a_0 + a_1 x + a_2 x^2$$

　　自然,工作的挑战性(Me)只是一个中介变量。压力(x)最终影响的是员工的工作表现(y)。而我们假设工作挑战性(Me)与工作表现(y)的关系还是简单的线性的。工作挑

战越高,员工的表现就越好(为了简化这个讨论,我们就不要再假设会不会挑战过高,导致工作表现减少等问题)。因此,$y = b_0 + b_1 Me$(b_0 是常数,是直线的截距;b_1 是直线的斜率)。我们就简单地说 Me 对 y 的影响是 b_1。但是现在中介关系的效用值,已经不再是ab这么简单了。因为现在 x 对 Me 的影响,已经不是一个常数,而是一个二次方的函数 $a_1 x + a_2 x^2$ 了。那么,我们应该如何表现这个中介关系的效用值呢?

如果我们用微积分的概念,把 x 对 Me 的影响表现为"当 x 改变一个单位时,Me 所对应的改变"。同样的 Me 对 y 的影响,是"当 Me 改变一个单位时,y 所对应的改变"。Me 的中介作用的效用值就是这两个改变速率(rate of change)的乘积。当 x 与 Me 的关系是线性时,前段的改变速率就是一个常数 a。当 Me 与 y 的关系是线性时,前段的改变速率就是一个常数 b。因此,两个改变速率的乘积就是 ab。用微积分的符号来表示为

$$中介变量的效用值 = 两个改变速率的乘积 = \frac{\partial Me}{\partial X} \times \frac{\partial Y}{\partial Me}$$

当 Me 与 x 的关系是非线性,而 Me 与 y 的关系还是线性时,则

$$\begin{cases} Me = a_0 + a_1 x + a_2 x^2 \\ y = b_0 + b_1 Me \end{cases}$$

$$\frac{\partial Me}{\partial X} = a_1 + 2a_2 x$$

$$\frac{\partial Y}{\partial Me} = b_1$$

因此,在这个简单的非线性中介关系里,中介作用的效用值就是$(a_1 + 2a_2 x)b_1$。

要证明 Me 与 x 有一个倒 U 形的关系;同时,Me 中介了 x 与 y 的关系,我们需要两个条件:

条件一:$Me = a_0 + a_1 x + a_2 x^2$ 中 a_2 不等于 0,而且是一个负数。

条件二:$(a_1 + 2a_2 x)b_1$ 不等于 0。

第一个条件是证明 Me 与 x 的关系是倒 U 形的;第二个条件是 Me 中介了 x 与 y 的关系。但是我们如何证明这两个条件呢? 同上面的非线性调节一样,我们可用 3 个 x 的值,根据 Me 与 x 的估计非线性关系 $Me = a_0 + a_1 x + a_2 x^2$,求取 Me 的 3 个值。3 个 x 的值,分别采用 x 的平均数 x_m 和 x 的平均数加上 x 的一个标准差$(x_m + \sigma)$以及 x 的平均数减去 x 的一个标准差$(x_m - \sigma)$。把这 3 个 x 值代入 $Me = a_0 + a_1 x + a_2 x^2$ 的公式,求得的 3 个 Me 值中,中间的一个 Me 值应该比另外两个 Me 值大。这样才可以证明 x 与 Me 的关系是倒 U 形的(见图 14.25)。

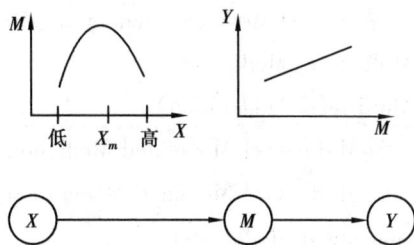

图 14.25

那第二个条件又如何呢？如上面讨论，$(a_1 + 2a_2 x)b_1$ 不等于 0，就代表中介关系得到支持。但是，问题是这个条件不是一个常数，公式中包含了变量 x 在其中。我们要知道 x 的值是什么，才可以知道中介关系是否成立。这就是为什么要求 3 个 x 的值，来看看在不同情形下的 x 值。

同样的，我们用这 3 个 x 值，代入公式 $(a_1 + 2a_2 x)b_1$ 中，求得的 3 个中介作用的大小，应该是当 x 等于 x_m 时，中介作用是最大的（见图 14.26）。

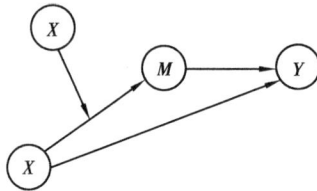

图 14.26

读者大概会问，虽然 x 与 Me 有倒 U 形的关系，但是为什么 Me 的值一定要在 $x = x_m$ 的时候最高呢？答案是并不需要。只是因为我们一般做调研时都是用量表。我们没有办法知道这个倒 U 形的最高点在哪里。故就随便找 3 个点来表现而已。其实，最好的方法是多找几个点（如 5 个点）来把倒 U 形这个关系表示出来。但是我们觉得 x 用同样距离的点会比较有说服力（见图 14.27）。

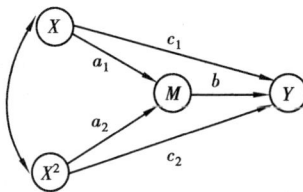

图 14.27

根据上面的讨论，如果用 Mplus 程序写出来，放在附录 6，供读者参考。

14.8 总结

我们在这一章里，讨论了几种比较复杂的中介和调节作用。其中有：

- 被调节的中介（或称中介调节）（Moderated Mediation，*MoMe*）。
- 被中介的调节（或称调节中介）（Mediated Moderation，*MeMo*）。
- 跨层阶的调节作用（Multi-level Mediation）。
- 跨层阶的中介作用（Multi-level Moderation）。
- 跨层阶的中介调节作用（Multi-level Moderated Mediation）。
- 跨层阶的调节中介作用（Multi-level Mediated Moderation）。
- 非线性的中介作用（Non-linear Mediation）。
- 非线性的调节作用（Non-linear Moderation）。

管理学的分析方法日新月异。其中，运用到的数学与统计学也越来越复杂。我们发现中间有两个很大的问题：

第一，管理研究的方法的发展好像比理论的发展来得更快。这一现象是有点危险的。因为如果工具的发现开始领导理论的发展，那研究人员就变成是"为工具而建构模型"了。举个例子，"中介效应"本来是给我们建构理论所用的。模型中的中介变量，就是我们的理论基础。但是有了"中介调节效应"后，研究者就会觉得单有一个中介效应，好像模型不够"优雅"。如果能够多加一个调节变量的话，那就好看很多了。更甚者，有些会希望加进模型的调节变量是一个跨层阶的变量，使得整个模型变成一个"跨层阶的中介调节"模型。本来把模型复杂化，理论上是更能解释观察的现象的。但是如果是"为了多加一个跨层阶的变量而选取变量"，就往往会出现一些古古怪怪的变量，或者是与原来的理论完全没有关系的变量，使得原来的理论应用不伦不类了。我在国内常常听到研究生同学会"为方法而设计研究"。同学学到了一个新的研究方法，就希望设计一个研究，可以运用一下这个新学会的小玩具。这样的研究态度是非常危险的。

第二，在这么快的发展速度下，往往有不同的学者推陈出新。因而形成了不同的观点。这些不同的观点可能要经过一段时间才可以被人消化、归纳和分析，并从中选取比较好的方法，作为日后研究人员所采用。因此，研究人员往往就好像是年轻人追求时尚产品一样，整天在追求"最时髦的"研究分析方法。如果应用不同方法的研究人员，自己对这些方法没有很好地掌握，那就变成一个没有品位的时尚追求者，今年流行穿一件圆领 T 恤外面穿一件不扣钮的衬衫，我跟着试试；明年流行穿小一个码数的衣服时，我也试试；后年流行穿短裤加靴子，我也试试。这样，就完全违反了一个学者的个人分析、理念、创新和为自己的梦想努力不懈的原则了。

最后，我们希望读者不会被这一章书里的数学公式吓跑了。我在文章中提供公式都是非不得已的。读者明白了它们后，它们会是你极好的朋友，而且能够帮助你解决很多问题。就算读者不能完全明白这些数学公式背后的意义，也不要太焦虑。请读者记着我们在第 5 章中提出的原则：

①能看得懂的尽量掌握。

②不能完全掌握的数学部分，也要明白它背后的理论意义。

③切忌"不知道自己在做什么"和"不明所是而为之"。囫囵吞枣式地学习，在研究方法中是第一死穴。

本章附录

1　验证"前期调节中介"作用的 Mplus 程序

```
TITLE: Moderated Mediation-first stage
  DATA: FILE IS testdata.txt;
  VARIABLE: NAMES ARE
   x z m y xz;                              //x 与 z 是标准化的;xz 是我们创造的一个新变
                                              量,是 x 与 z 的乘积。

  USEVARIABLES ARE
   x z m y xz;
```

```
ANALYSIS: BOOTSTRAP IS 1000;          //指定程序 bootstrap 1 000 次
MODEL:
y on m(bm4)
   x z;                               //y 受 x 与 z 影响,m 对 y 的影响称为 b_{m4}
m on x(ax5)
   xz(axz5)
   z;                                 //m 受 x,z 与 xz 影响,x→m 称为 a_{x5},xz→m 称
                                        为 a_{xz5}

MODEL CONSTRAINT:
new (ind1 wmval1);                    //创建两个新的变量 ind1 和 wmval1
wmval1 = -1;                          //wmval1(其实就是 z) = -1 标准差(因为数据
                                        是标准化的)
ind1 = (ax5 + axz5 * wmval1) * bm4;   //计算调节中介效用值的方程(见本章内文)
new (ind2 wmval2);                    //同上,唯一分别是这一次 z = +1 标准差
wmval2 = 1;
ind2 = (ax5 + axz5 * wmval2) * bm4;


new (diff);
diff = ind2-ind1;                     //这个差数就是当 z = -SD 时调节中介效用值,
                                        与 z = +SD 时调节中介效用值的分别,也就是
                                        MOME 的效用值

OUTPUT: CINTERVAL(BCBOOTSTRAP);       //指定程序提供 bootstrap 的置信区间
```

Mplus 的程序的输出如下:

```
Mplus VERSION 6.1
MUTHEN & MUTHEN
05/04/2013  11:32 AM
INPUT INSTRUCTIONS
   TITLE: Moderated Mediation-first stage
   DATA: FILE IS testdata.txt;
   VARIABLE: NAMES ARE
    x z m y xz;
   USEVARIABLES ARE
    x z m y xz;
   ANALYSIS: BOOTSTRAP IS 1000;
   MODEL:
   y on m(bm4)
       x z;
   m on x(ax5)
       xz(axz5)
       z;
MODEL CONSTRAINT:
  new (ind1 wmval1);
  wmval1 = -1;
  ind1 = (ax5 + axz5 * wmval1) * bm4;
```

```
new (ind2 wmval2);
wmval2 = 1;
ind2 = (ax5 + axz5 * wmval2) * bm4;

new (diff);
diff = ind2 - ind1;

OUTPUT: CINTERVAL(BCBOOTSTRAP);      // 到这里为止是重复研究者输入的程序
INPUT READING TERMINATED NORMALLY


Moderated Mediation-first stage
SUMMARY OF ANALYSIS
Number of groups                    1
Number of observations                 322
Number of dependent variables          2
Number of independent variables            3
Number of continuous latent variables          0
Observed dependent variables
  Continuous
  M     Y
Observed independent variables
  X     Z     XZ


Estimator                     ML
Information matrix                  OBSERVED
Maximum number of iterations            1000
Convergence criterion           0.500D-04
Maximum number of steepest descent iterations      20
Number of bootstrap draws
  Requested             1000
  Completed             1000
Input data file(s)
  testdata.txt
Input data format   FREE


THE MODEL ESTIMATION TERMINATED NORMALLY

MODEL FIT INFORMATION
Number of Free Parameters          10
Loglikelihood
  H0 Value            -1363.229
  H1 Value            -1363.164
Information Criteria
  Akaike (AIC)             2746.457
```

```
     Bayesian (BIC)                    2784.203
     Sample-Size Adjusted BIC             2752.484
     (n* = (n+2)/24)
Chi-Square Test of Model Fit                              //模型的卡方
  Value  0.128
  Degrees of Freedom   1
  P-Value   0.7201
RMSEA (Root Mean Square Error Of Approximation)          //模型的 RMSEA
  Estimate                    0.000
  90 Percent C.I.                0.000  0.106
  Probability RMSEA < = .05              0.810
CFI/TLI                                                   //模型的 CFI
  CFI                      1.000
  TLI                      1.022
Chi-Square Test of Model Fit for the Baseline Model
  Value                   279.763
  Degrees of Freedom                 7
  P-Value                  0.0000
SRMR (Standardized Root Mean Square Residual)            //模型的 SRMR
  Value                     0.004


MODEL RESULTS
                     Two-Tailed
         Estimate  S.E.  Est./S.E.  P-Value
Y  ON
  M       0.941    0.364    2.586    0.010          //效用值的估计
  X       2.710    0.420    6.455    0.000
  Z       0.334    0.327    1.020    0.307
M  ON
  X       0.635    0.050   12.614    0.000
  XZ      0.010    0.047    0.214    0.831
  Z      -0.032    0.052   -0.607    0.544
Intercepts
  M       5.030    0.048  104.328    0.000
  Y      79.267    1.903   41.659    0.000
Residual Variances
  M       0.704    0.049   14.330    0.000
  Y      23.173    1.959   11.826    0.000
New/Additional Parameters                        //这些是我们在程序中自己编
                                                   进去的新变量

  IND1     0.588    0.239    2.458    0.014
  WMVAL1  -1.000    0.000    0.000    1.000
  IND2     0.607    0.244    2.482    0.013
  WMVAL2   1.000    0.000    0.000    1.000
```

DIFF	0.019	0.094	0.199	0.843			

CONFIDENCE INTERVALS OF MODEL RESULTS　//bootstrap 1000 次的置信区间

	Lower .5%	Lower 2.5%	Lower 5%	Estimate	Upper 5%	Upper 2.5%	Upper .5%
Y ON							
M	−0.020	0.151	0.337	0.941	1.526	1.670	1.902
X	1.507	1.807	1.950	2.710	3.333	3.414	3.681
Z	−0.555	−0.258	−0.183	0.334	0.886	0.956	1.172
M ON							
X	0.498	0.523	0.538	0.635	0.711	0.725	0.751
XZ	−0.117	−0.085	−0.072	0.010	0.083	0.098	0.124
Z	−0.156	−0.131	−0.113	−0.032	0.059	0.071	0.103
Intercepts							
M	4.905	4.931	4.948	5.030	5.108	5.121	5.150
Y	74.103	75.478	76.317	79.267	82.487	83.545	84.512
Residual Variances							
M	0.585	0.618	0.632	0.704	0.793	0.811	0.831
Y	18.659	19.760	20.376	23.173	26.994	27.966	28.593
New/Additional Parameters							
IND1	0.009	0.125	0.232	0.588	1.021	1.088	1.264
WMVAL1	−1.000	−1.000	−1.000	−1.000	−1.000	−1.000	−1.000
IND2	0.009	0.123	0.232	0.607	1.025	1.127	1.302
WMVAL2	1.000	1.000	1.000	1.000	1.000	1.000	1.000
DIFF	−0.242	−0.166	−0.129	0.019	0.179	0.225	0.312

//上面提过 DIFF 是代表了调节中介的效用值。这里我们看见 bootstrap 1000 次后（ax5 + axz5 * Z）* bm4 这个效用值（effect size）是从 −0.166 到 0.225。因为 $\alpha = 0.05$（±2.5%）的置信区间包含了 0，所以我们的调节中介作用是在统计上"不显著"了。

```
Beginning Time: 11:32:45
Ending Time: 11:32:48
Elapsed Time: 00:00:03
```

```
MUTHEN & MUTHEN
3463 Stoner Ave.
Los Angeles,CA  90066
Tel: (310)391-9971
Fax: (310)391-8971
Web: www.StatModel.com
Support: Support@StatModel.com
Copyright (c)1998-2010 Muthen & Muthen
```

2　验证"前期调节中介"作用的 SPSS 程序

Preacher,Rucker 和 Hayes（2007）提供了一个 SPSS 的程式来为调节中介作用的效用值做 bootstrapping 的重置抽样验证。我们简单作一介绍。

首先,对于前期的调节中介作用(见图 14.28),我们有:

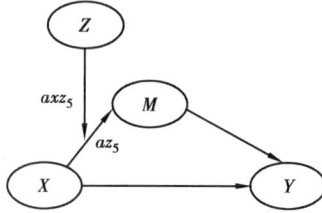

图 14.28

$$M = a_{05} + a_{x5}X + a_{z5}Z + a_{xz5}XZ + e_{m5}$$

```
SET RNG = MT MTINDEX = 54 321.
MODEL PROGRAM a05 = .038 aX5 = .807 aZ5 = − .046 aXZ5 = − .136.
COMPUTE PRED = a05 + aX5 * X + aZ5 * Z + aXZ5 * XZ.
CNLR Y,
/OUTFILE = 'C:\DATA\MODMED\STAGE1.SAV'
/BOOTSTRAP = 1000.
```

上面第一句是定下 SPSS 随机数字产生器的种子 = 54321(其实任何一个数字都可以,只要是这个分析与下面讨论的另一个分析的种子是一样就可以了)。

第二句是给下面的估计方程一些开始的估计值,让程序可以开一点找到运算的结果。那些 a05, aX5,aZ5,aXZ5 的数值,是用我们的整个样本估计出来的。同样的,其实用什么开始值都可以。只是开始值越是接近最后的估计,计算机所需的计算时间就越短。

第三句是估计的模型,就是上面的公式。

第四句是告诉程式,这个估计牵涉二阶变量(因为有 XZ),故 Preacher,Rucker 和 Hayes 觉得用 CNLR 程序比较恰当,而不是我们一向习惯的线性回归程序 REG。

第五句是生成的文档的储藏地点。

第六句是叫程式在我们的样本中,抽取 1 000 个 bootstrap 样本。每个样本都用第三句的估计模型,估计出 a05,aX5,aZ5,aXZ5 的数值。

这就代表我们最后生成的档案 STAGE1.SAV 中,会有 1 000 个数据点,每个数据点将有 4 个变量,即 a05,aX5,aZ5 和 aXZ5。这 1 000 个 bootstrap 样本就利用了我们的原来样本,为我们了做成了 1 000 组的 a05,aX5,aZ5 和 aXZ5 的估计数值。

对于后期的调节中介作用(见图 14.29),我们有公式为

$$Y = b_{020} + b_{x20}X + b_{m20}M + b_{z20}Z + b_{xz20}XZ + b_{mz20}MZ + e_{y20}$$

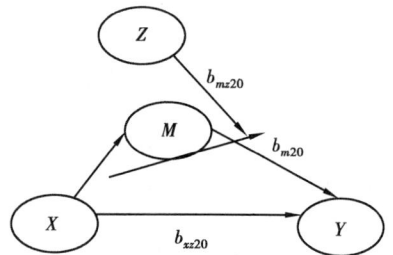

图 14.29

```
SET RNG = MT MTINDEX = 54321.
MODEL PROGRAM b020 = − .029 bX20 = .281 bM20 = .310
bZ20 = .057 bXZ20 = − .131 bMZ20 = − .014.
COMPUTE PRED = b020 + bX20 * X + bM20 * M + bZ20 * Z + bXZ20 * XZ + bMZ20 * MZ.
CNLR Y
/OUTFILE = 'C:\DATA\MODMED\STAGE2.SAV'
/BOOTSTRAP = 1000.
```

上面第一句是定下 SPSS 随机数字产生器的种子 = 54321。其实这也是任何一个数字都可以。但是这里有个很重要的要求,就是这个种子一定要与上面程式用的种子相同。因为上面的程式是帮助我们估计前期的调节中介,这里的程式是帮助我们估计后期的调节中介。打个比方,上面的程式就好像是

为我们估计中介作用的 $X \to M$ 的 a 值。这个程式就好像是为我们估计中介作用的 $M \to Y$ 的 b 值。我们最后要把"每一个"bootstrap 样本的 a 值乘以 b 值。如果估计 a 值的 bootstrap 样本,与估计 b 值的 bootstrap 样本是不同的,这就好像把鸡乘以鸭一样,毫无意义。因此,为了保证前期的调节中介的 bootstrap 样本与后期的调节中介的 bootstrap 样本是一样的,我们就要指定同样的随机数字产生器的种子[注:虽然我们说抽 bootstap 样本是随机的,但是计算机是很笨的。只要开始的种子是一样的,抽出来的样本就会一模一样]。

第二句是给下面的估计方程一些开始的估计值,让程序可以早一点找到运算的结果。那些 b020,bX20,bM20,bZ20,bXZ20,bMZ20 的数值,是用我们的整个样本估计出来的。

第三句是估计的模型。

第四句是同样地用 CNLR 程序作为估计。

第五句是生成的文档的储藏地点。

第六句是叫程式在我们的样本中,抽取 1 000 个 bootstrap 样本。每个样本都用第三句的估计模型,估计出 b020,bX20,bM20,bZ20,bXZ20,bMZ20 的数值。

这就代表我们最后生成的档案 STAGE2. SAV 中,会有 1 000 个数据点,每个数据点将有 4 个变量,就是 b020,bX20,bM20,bZ20,bXZ20 和 bMZ20。这 1 000 个 bootstrap 样本就利用了我们的原来样本,为我们做成了 1 000 组的 b020,bX20,bM20,bZ20,bXZ20 和 bMZ20 的估计数值。

有了这 1 000 个 bootstap 样本估计出来的前期和后期调节中介作用,我们就可以用一个简单的 Excel 档案,把不同的 a 与 b 值按我们的调节中介方程相乘,再按大小排列。这样就形成一个调节中介作用的 bootstrapping 抽样分布。有了这个分布,我们就可以用一般的 bootstrapping 的步骤去验证我们样本中的调节中介的效用值了。我们在附录 3 中列出了一个"前期调节中介"的 SPSS 分析方法,供读者参考。

3　使用 SPSS 程序验证"前期调节中介"作用

首先,按照内文,SPSS 程序会产生 1 000 个 bootstrapping 样本的 ax5,axz5,bm4 估计(下表的(1)、(2)、(3)列)。假设调节变量正负一个标准差为 -0.908(Z 的低值 $= Z_L$)到 $+0.908$(Z 的高值 $= Z_H$)。把这两个 Z 的值代进调节中介的效用值公式里:

$$\text{效用值} = (a_{x5} + a_{xz5}Z)b_{m4}$$

我们就会得到"当 $Z = Z_L$ 的调节中介效用值"(下表的(4)列),和"当 $Z = Z_H$ 的调节中介效用值"(下表的(5)列)。这两个数值的差(下表的(6)列),就是这个 bootstrap 样本的"调节中介效用值"的估计。因为我们有 1 000 个 bootstrap 样本,所以我们就有 1 000 个"调节中介效用值"的估计。

计算了这 1 000 个"调节中介效用值",我们就把这些效用值"从大到小"逆序地排列出来(最大的排在最前)。因此,下标的第一个数据是在 1 000 个 bootstrap 样本中,"调节中介效用值"最大的。第二行是"调节中介效用值"第二大的,以此类推。这样排序下去,第 25 个"调节中介效用值"就是我们验证 H_0:$(a_{x5} + a_{xz5}Z)b_{m4} = 0$ 的 $\alpha = 0.05$ 的临界值(假设是两尾测验)。如果我们原来的样本的 $(a_{x5} + a_{xz5}Z)b_{m4}$ 值是大于这个临界值的,我们就推翻虚无假设,推论调节中介作用得到数据的支持。

	（1）	（2）	（3）	（4）	（5）	（6）
Bootstrap 样本 # （按第 6 列 逆序排列）				$Z_L = \bar{Z} - \sigma_Z$ $= -0.908$	$Z_H = \bar{Z} + \sigma_Z$ $= 0.908$	
	a_{x5}	a_{xz5}	b_{m4}	$(a_{x5} + a_{xz5} Z_L) b_{m4}$	$(a_{x5} + a_{xz5} Z_H) b_{m4}$	$(a_{x5} + a_{xz5} Z_L) b_{m4} -$ $(a_{x5} + a_{xz5} Z_H) b_{m4}$
1	0.685	−0.052	0.100	0.073 3	0.063 8	0.009 4
2	0.609	−0.052	0.080	0.052 5	0.044 9	0.007 6
⋮						
25	0.702	−0.013	0.142	0.101 3	0.098 0	0.003 3
26						
⋮						
1 000						

4　跨层次的"调节中介"与"中介调节"的 Mplus 程序

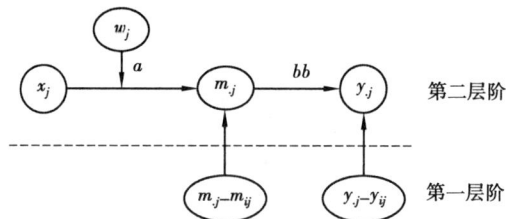

图 14.30

<1>两层次类型 I 被中介的调节作用（见图 14.30）

```
TITLE:A two-level Type I mediated moderation path analytical model,
        x and w are Level 2,m and y are level-1,      //x 与 w 为二阶变量,m 与 y 为一阶
                                                          变量
        Both m and y have between-group variance,     //m 与 y 有组内和组间的方差
DATA; FILE IS example. txt;                            // 数据档案 example.txt
DEFINE: xw = (x-3.0) * (w-4.0);                        //x 与 w 的乘积中心化,减低多重共
                                                          线性
VARIABLE: NAMES ARE x m w y cluster;                  // 变量名字,cluster 为用来分组
                                                          的变量
```

---

　* 摘自刘东、张震、汪默,被调节的中介和被中介的调节:理论构建与模型检验。陈晓萍、徐淑英、樊景立编,组织与管理研究的实证方法(第二版),北京大学出版社,577-584 页。

```
USE VARIABLES ARE x m w y xw;        //除了 cluster 是用来分组以外,
                                       其他都会在模型里

CENTERING IS GRANDMEAN( x w );       //x 与 w 的乘积中心化,减低多重共
                                       线性

CLUSTER = cluster;                   //定义 cluster 是用来分组的变量
BETWEEN = x w xw;                    //x,w,xw 都是第二层阶的变量
ANALYSIS: TYPE = TWOLEVEL;        //这一种模型在 Mplus 称为
                                   TWOLEVEL
MODEL;                               //我们的模型
%  WITHIN %                         //第一层阶的模型
y on m ( bw )                       //第一层阶只有 m 影响 y;m→y 的
                                       效应大小,我们把它称为“ bw ”
                                       (这命名可省略)

%  BETWEEN %                        //第二层阶的模型
m on x w                            //第二层阶有 x,w,xw 影响 m;这一
                                       句首先说 x,w 影响 m

xw ( a );                           //这一句接着说 xw 也影响 m,我们
                                       把它的效用值称为“a”

y on m ( bb )                       //m 影响 y,我们把它的效用值称为
                                       “bb”

x w xw;                             //除了 m 影响 y 外,x,w,xw 对 y 的
                                       影响也要控制住

MODEL CONSTRAINT:                   //定义如何使用上面命名的“a”与
                                       “bb”

NEW ( ind );                        //做一个新的参数出来,称为“ind”
                                       (代表 indirect)

ind = a * bb;                       //“ind”这个间接效应就是 a * bb
OUTPUT:                             //注:因为是跨层次的分析,这个版本
                                       的 Mplus 没有 bootstrapping
                                       的步骤

SAMPSTAT;                           //输出统计项
CINTERVAL;                          //利用正态分布的假设,计算估计
                                       参数的置信区间
```

注:Mplus7.11 不支持跨层次的 bootstrapping。那么我们估计了“跨层次的中介调节”是 ind = a * bb 后,如何知道这个(a * bb)的中介作用在总体是否显著(总体的 a * bb 是否为 0)呢? 既然程序不允许我们做“样本 bootstrapping”,我们就唯有做“参数 bootstrapping”了。我们假设当样本够大时,a 与 bb 的抽样分布都分别是正态分布。因此,我们从 Mplus 程序读出 a 的估计和它相应的标准误 S_a,及 b 的估计,和它相应的标准误 S_{bb},到这个网址(http://www. quantpsy. org/medmc/medmc. htm)输入这 4 项数据进行“蒙第卡罗”“参数 bootstrapping”,就可以知道 a * bb 在总体是否显著了。

　　<2>两层次类型 Ⅱ 被中介的调节作用(见图 14.31)

```
TITLE; A two-level Type II mediated moderation path analytical model,
  w and m are level-2,x and y are level-1;      //x 与 w 为二阶变量,m 与 y 为一阶
```

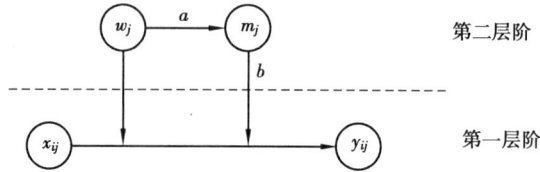

图 14.31

	变量
DATA: FILE IS example,txt;	// 数据档案 example.txt
VARIABLE: NAMES ARE x m w y cluster;	// 变量名字,cluster 为用来分组的变量
USEVARIABLES ARE x m w y;	// 除了 cluster 是用来分组以外,其他都会在模型里
CENTERING IS GRANDMEAN(w m);	// x 与 w 中心化,减低多重共线性
CENTERING IS GROUPMEAN(x);	// 因为类型 Ⅱ 牵涉 HLM 估计,按 HLM 习惯把 x"小组中性化"
CLUSTER = cluster;	// 定义 cluster 是用来分组的变量
WITHIN = x;	// x 是第一层阶的变量
BETWEEN = w m;	// w 与 m 是第二层阶的变量
ANALYSIS: TYPE = TWOLEVEL RANDOM;	// 这种模型称为 random slope model
MODEL;	// 我们的模型
% WITHIN %	// 第一层阶的模型
S ∣ y on x;	// 在第一层阶中每一小组把 y 对应 x 回归,不同小组的不同斜率称为 S
% BETWEEN %	// 第二层阶的模型
m on w(a);	// 第二层阶中,w 对 m 的影响称为 a
S on m(b)	// 第二层阶中,m 对 x→y 的斜率(影响)的调节作用称为 b
w;	// w 也影响 x→y 的斜率
y on m w;	// 第二层阶中,控制住 m 和 w 对 y 的影响(估计调节作用时控制主效应)
y with S;	// 因为第一阶层的 y 和第二阶层的 S 都是模型中独立的因变量,我们让它们相关
MODEL CONSTRAINT:	// 定义新的参数
NEW(ind);	// 做一个新的参数出来,称为"ind"(代表 indirect)
ind = a * b;	// "ind" 这个间接效应就是 a * b
OUTPUT:	// 注:因为是跨层次的分析,这个版本的 Mplus 没有 bootstrapping

的步骤

```
SAMPSTAT;                            //输出统计项
CINTERVAL;                           //利用正态分布的假设,计算估计
                                        参数的置信区间
```

因为 Mplus7 没有提供跨层次的中介模型的"样本 bootstrapping"工具,而 Liu,Zhang 和 Mo(2012)也没有使用上面的 Selig 和 Preacher(2008)的网页程序,所以他们自己提供了以下这个 R-语言的程序来进行"参数 bootstrapping",用以验证上面估计的"跨层次中介调节"参数估计是否显著。我们也把它列出来,在语句后稍作解释。

R code for deriving the empirical distribution of the mediated moderation effect:

以下就是 R-语言参数 bootstrapping 的程序。

```
a = 0.979    #这是 a 的参数估计(这些估计都可以从 Mplus 程序的输出找到)
b = 0.540    #这是 b 的参数估计
astd = 0.058    #这是 a 的标准误(standard error)
bstd = 0.029    #这是 b 的标准误
rep = 20 000    #我们 bootstrap 20 000 次
conf = 95    #Ⅰ型错误 α = 0.05
avec = rnorm(rep) * astd + a    #从一个(平均数 = a,标准差 = astd)的正态分布,随机抽取
                                   20 000 个 a 值
bvec = rnorm(rep) * bstd + b    #从一个(平均数 = b,标准差 = bstd)的正态分布,随机抽取
                                   20 000 个 b 值
ab = avec * bvec    #把这 20 000 个 a 与 b 值各自相乘,产生 20 000 个乘积
low = (1-conf/100)/2    #选取Ⅰ型错误 α = 0.05 时的上下临界点,并打印出来
upp = ((1-conf/100)/2) + (conf/100)
LL = quantile(ab,low)
UL = quantile(ab,upp)
LL4 = format(LL,digits = 5)
UL4 = format(UL,digits = 5)
hist(ab, breaks = 'FD', col = 'skyblue * , xlab = paste(conf,'% Confidence
Interval','LL',LL4,'UL',UL4,,main = 'Distribution of Indirect Effect')
```

<3> 两层次被中介的调节作用(见图 14.32)

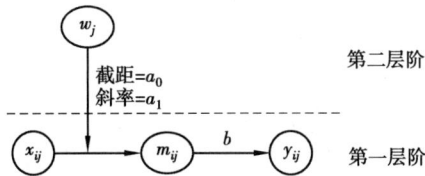

图 14.32

```
TITLE:A two-level first-stage moderated mediation path analytical model,
    w is level-2,x,m,y are level-1 ,        //w 为二阶变量,x,m 与 y 为一阶
                                                变量
    m and y both have between-group variance;
DATA; FILE IS example.txt;                //数据档案 example.txt
```

```
VARIABLE: NAMES ARE x m w y cluster;        // 变量名字,cluster 为用来分组
                                               的变量

USEVARIABLES ARE x m w y;                    // 除了 cluster 是用来分组以外,
                                               其他都会在模型里

CENTERING IS GRANDMEAN(w);                   // 第二层阶的 w 总平均中心化
CENTERING IS GROUPMEAN(x);                   // 因为牵涉 HLM 估计,按 HLM 习惯
                                               把 x "小组中性化"

CENTERING IS GROUPMEAN(m);                   // 按 HLM 习惯把 m "小组中性化"
CLUSTER = cluster;                           // 定义 cluster 是用来分组的变量
WITHIN = x m;                                // x 与 m 是第一层阶的变量
BETWEEN = w;                                 // w 是第二层阶的变量
ANALYSIS: TYPE = TWOLEVEL RANDOM;            // 这种模型称为 random slope model
MODEL:                                       // 我们的模型
% WITHIN %                                   // 第一层阶的模型
S | m on x;                                  // 在第一层阶中每一小组把 m 对应
                                               x 回归,不同小组的不同斜率称
                                               为 S

y on m (b)                                   // 第一层阶中,m 对 y 的影响称为
                                               "b"

x;                                           // 第一层阶中,x 对 y 的要控制
% BETWEEN %                                  // 第二层阶的模型
S on w (a1);                                 // 第二层阶中,w 对 x→y 的斜率
                                               (影响)的调节作用称为"a₁"

[S] (a0);                                    // 第二层阶中,w 对 x→y 的截距的
                                               调节作用称为"a₀"

                                             // 注:这里的 a₁ 就是内文的 γ₁₁;a₀
                                               就是内文的 γ₁₀

m with S;                                    // 让第二阶层的 m 和 S 相关
y with S;                                    // 让第二阶层的 y 和 S 相关
y with m;                                    // 让第二阶层的 m 和 y 相关
y with w;                                    // 让第二阶层的 w 和 y 相关
MODEL CONSTRAINT:                            // 定义新的参数
NEW (ind_h ind_l);                           // 做两个新的参数出来,"ind_h"
                                               是 m + σ 的中介效应,"ind_h"
                                               是 m - σ 的中介效应,σ 是 m 的标
                                               准差

ind_h = (a0 + a1 * (0.85)) * b;              // 如果我们假设 m 的平均是 0,标准
                                               差是 0.85,ind_h 是 m 在正一个
                                               标准差时的数值

ind_l = (a0 - a1 * (0.85)) * b;              // ind_l 是 m 在负一个标准差时的
                                               数值

                                             // 注:这里的 ind_h 就是内文的
                                               Mo_H;ind_l 就是内文的 Mo_L
```

	//注:这里假设 m 的平均是 0,标准差是 0.85。在内文中我们假设 Mo 的均值是 2.5,标准差是 0.21
NEW (diff);	// 做一个新的参数出来,称为 diff
Diff = ind_h-ind_l;	// diff 是 ind_h 和 ind_l 的差。如果这个差额是显著的,跨层次调节中介效应就显著
OUTPUT:	//注:因为是跨层次的分析,这个版本的 Mplus 没有 bootstrapping 的步骤
SAMPSTAT;	//输出统计项
CINTERVAL;	// 利用正态分布的假设,计算估计参数的置信区间

R code for deriving the empirical distribution of the difference between mediation effects at two conditional values (+1/-1 SD values of W): #########

##

a0 is the conditional mean of the random slope effect between X and M #

a0std is the standard error of a0 #

a1 is the predictive effect of W on the random slope effect between X and M #

a1std is the standard error of a1   #

b is the fixed effect of M on Y #

bstd is the standard error of b #

"rep = 20000" defines the number of resampling to be 20000   #

"conf = 95" defines that 95% Cl will be used. #

##

以下是假设 Mplus 程序估计出来的数值(这些估计都可以从 Mplus 程序的输出找到):

a0 = 0.979   # a0 是二阶的 w 调节一阶的 x→m 的方程的截距,也就是内文的 γ_{10}

a1 = 0.050   # a1 是二阶的 w 调节一阶的 x→m 的方程的斜率,也就是内文的 γ_{11}

b = 0.540   # b 是一阶的 m→y 的斜率,也就是内文的 b

a0std = 0.051   # 这是 a0 的标准误(standard error)

a1std = 0.058   # 这是 a1 的标准误

bstd = 0.029   # 这是 b 的标准误

rep = 20000   #我们 bootstrap 20 000 次

conf = 95   # Ⅰ型错误 α = 0.05

a0vec = rnorm(rep) * a0std + a0	#从一个(平均数 = a0,标准差 = a0std)的正态分布,随机抽取 20 000 个 a0 值
a1vec = rnorm (rep) * a1std + a1	#从一个(平均数 = a1,标准差 = a1std)的正态分布,随机抽取 20 000 个 a1 值
bvec = rnorm (rep) * bstd + b	#从一个(平均数 = b,标准差 = bstd)的正态分布,随机抽取 20 000 个 b 值
amhvec = a1vec * 0.85 + a0vec	#当 w 为均值加一个标准差时,x→m 的效应
amlvec = a1vec * (-0.85) + a0vec	#当 w 为均值减一个标准差时,x→m 的效应
abh = amhvec * bvec	#当 w 为均值加一个标准差时,(x→m 的效应) * (m→y

	的效应）
ab1 = amlvec $*$ bvec	#当 w 为均值减一个标准差时,(x→m 的效应) $*$ (m→y 的效应）
d = abh-abl	#当 w 为均值正负一个标准差时,(x→m 的效应) $*$ (m→y 的效应)的总效应之差额
	#注：d 就是"跨层次调节中介"的效应值
low = (1-conf / 100) / 2	#选取 I 型错误 $\alpha = 0.05$ 时的上下临界点,并打印出来
upp = ((1-conf / 100) / 2) + (conf / 100)	
LL = quantile (d,low)	
UL = quantile (d,upp)	
LL4 = format (LL,digits = 5)	
UL4 = format (UL,digits = 5)	

hist (d, breaks = ′FD′, col = ′skyblue′, xlab = paste (conf, $*$ % Confidence Interval ,′LL′,LL4,′UL′,UL4),main = ′Distribution of Indirect Effect $*$)

5　非线性的调节作用的 Mplus 程式

TITLE: Modified from example in Hayes & Preacher 2010 ;
DATA: file is c:\data.dat;
VARIABLE: names are X Xsq M Y;
usevariables are X Xsq M Y;
ANALYSIS:
bootstrap = 1000;
MODEL:

Y on X (a1)	//M 受 X 影响,效用值称为 a1
Xsq (a2)	//M 受 X 平方影响,效用值称为 a2
Mo (a3)	//Y 受 X 影响,效用值称为 c1
XMo (a4)	//Y 受 X 平方影响,效用值称为 c2
XsqMo(a5);	//Y 受 M 影响,效用值称为 b
[Y] (i1);	//括号[ ]是指明我们把 X 对 M 影响的方程的截距估计,并把它称为 i1

MODEL CONSTRAINT:

Mo = 1;	
new (theta1 theta2 theta3);	// 创造 3 个新的变量,称为 theta 1,2,3,它们的定义在下面
new (x1 x2 x3);	// 创造 3 个新的变量,称为 x1,x2,x3 ,它们就是 X 从数据求得的低、中、高值
x1 = 2.45;	//$X_m - \sigma$,X 的均值减去一个标准差
x2 = 5.5;	//X_m,X 的均值
x3 = 8.45;	//$X_m + \sigma$,X 的均值加上一个标准差
theta1 = a1 + 2 $*$ a2 $*$ x1 + a4 $*$ Mo $*$ x1 + 2 $*$ a5 $*$ x1 $*$ Mo;	// x 对 y 的影响,当 X 是低值的时候
theta2 = a1 + 2 $*$ a2 $*$ x2 + a4 $*$ Mo $*$ x2 + 2 $*$ a5 $*$ x2 $*$ Mo;	// x 对 y 的影响,当 X 是均值的

	时候
theta3 = a1 + 2 * a2 * x3 + a4 * Mo * x3 + 2 * a5 * x3 * Mo;	// x 对 y 的影响,当 X 是高值的时候

Mo = 0;

new (theta4,theta5,theta6);

theta4 = a1 + 2 * a2 * x1 + a4 * Mo * x1 + 2 * a5 * x1 * Mo;	// x 对 y 的影响,当 X 是低值的时候
theta5 = a1 + 2 * a2 * x2 + a4 * Mo * x2 + 2 * a5 * x2 * Mo;	// x 对 y 的影响,当 X 是均值的时候
theta6 = a1 + 2 * a2 * x3 + a4 * Mo * x3 + 2 * a5 * x3 * Mo;	// x 对 y 的影响,当 X 是高值的时候

OUTPUT:

cinterval (bcbootstrap);

6　非线性的中介作用的 Mplus 程式

TITLE: Modified from example in Hayes & Preacher 2010;

DATA: file is c:\data.dat;

VARIABLE: names are X Xsq M Y;

usevariables are X Xsq M Y;

ANALYSIS:

bootstrap = 10000;

MODEL:

M on X (a1)	//M 受 X 影响,效用值称为 a1
Xsq (a2);	//M 受 X 平方影响,效用值称为 a2
Y on X (c1)	//Y 受 X 影响,效用值称为 c1
Xsq (c2)	//Y 受 X 平方影响,效用值称为 c2
M(b);	//Y 受 M 影响,效用值称为 b
[M] (i1);	//括号[ ]是指明我们把 X 对 M 的影响的方程的截距估计,并把它称为 i1

MODEL CONSTRAINT:

new (theta1 theta2 theta3);	//创造 3 个新的变量,称为 theta 1,2,3,它们的定义在下面
new (predm1 predm2 predm3);	//创造 3 个新的变量,称为 predm 1,2,3,它们的定义在下面
new (x1 x2 x3);	//创造 3 个新的变量,称为 x1,x2,x3,它们就是 X 从数据求得的低、中、高值
x1 = 3.9460;	//$X_m - \sigma$,X 的均值减去一个标准差
x2 = 5.2275;	//X_m,X 的均值
x3 = 6.5090;	//$X_m + \sigma$,X 的均值加上一个标准差
predm1 = i1 + a1 * x1 + a2 * x1 * x1;	//上面谈到的"条件一",当 X 是低值的时候
predm2 = i1 + a1 * x2 + a2 * x2 * x2;	//上面谈到的"条件一",当 X 是均值的时候
predm3 = i1 + a1 * x3 + a2 * x3 * x3;	//上面谈到的"条件一",当 X 是高值的时候

```
theta1 = (a1 + 2 * a2 * x1) * b;        // 上面谈到的"条件二",当 X 是低值的时候
theta2 = (a1 + 2 * a2 * x2) * b;        // 上面谈到的"条件二",当 X 是均值的时候
theta3 = (a1 + 2 * a2 * x3) * b;        // 上面谈到的"条件二",当 X 是高值的时候
OUTPUT:
cinterval (bcbootstrap);
```

根据上面程序,我们应该得到的结果是:

①premd2 与 premd1 和 prem3 的 95% 置信区间应该是不重叠的,这表明这 3 个 M 值是不相等的〔注:其实 premd1 和 premd3 是可以相等的,只要 premd2 不等就可以了〕。

②premd2 应该大于 premd1 和 prem3,这样 x 对 Me 的影响才是倒 U 形的关系。

③theta2 应该大于 theta1 和 theta3,这样 y→Me→y 的影响才是倒 U 形的关系。

参考文献

Edwards, J.R., & Lambert,L.S. (2007). Methods for integrating moderating and mediation: A general analytical framework using moderated path analysis. Psychological Methods,12,1-22.

Hayes and Preacher (2010). Quantifying and testing indirect effects in simple mediation models when the constituent paths are nonlinear. Multivariate Behavioral Research,45,627-660.

Kenny, D. A., Kashy, D. A., & Bolger, N. (1998). Data analysis in social psychology. *The handbook of social psychology,* 1(4), 233-265.

MacKinnon,D.P.,Lockwood,C.M.,Hoffman, J.M.,West,S.G.,& Sheets,V. (2002). A comparison of methods to test mediation and other intervening variable effects.Psychological Methods,7(1), 83-104.

Muller,D., Judd,C.M.,& Yzerbyt,V.Y. (2005). When moderation is mediated and mediation is moderated. Journal of Personality and Social Psychology,89(6),p. 852-863.

Preacher,K. J.,Rucker,D.D.,& Hayes, A.F. (2007). Addressing moderated mediation Hypotheses: Theory, methods,and prescriptions. Multivariate Behavioral Research,42(1),194.

Selig, J. P.,& Preacher,K. J. (2008,June). Monte Carlo method for assessing mediation: An interactive tool for creating confidence intervals for indirect effects (Computer software). Available from http://quantpsy.org/.

Shrout,P. E.,& Bolger,N. (2002). Mediation in experimental and nonexperimental studies: New procedures and recommendations. Psychological Methods,7,422-445.

Zhang,Z.,Zyphur,M.J.,& Preacher,K. J. (2009). Testing multilevel mediation using hierarchical linear models: Problems and solutions. Organizational Research Methods,12(4),695-719.

Zhao,X.,Lynch, J.G.,& Chen,Q. (2010). Reconsidering Baron and Kenny: Myths and truths about mediation analysis. Journal of Consumer Research,37,197-206.

刘东,张震,汪默.(2012).被调节的中介和被中介的调节:理论构建与模型检验//陈晓萍,徐淑英, 樊景立.组织与管理研究的实证方法. 2 版.北京:北京大学出版社: 577-584.

第15章 元分析

丢丢学会了回归分析、因子分析、中介与调节、结构方程建模及多层线性模型等不同的分析方法,基本上所有的文献都可以看懂了。只是还有一类文章是丢丢常常看到,却又不知道它是什么。这个分析的方法称为"元分析(meta-analysis)"。它看起来好像是很简单的东西,但是却又好像与丢丢所学过的所有分析工具都不同。因此,丢丢这天就来请教李老师。

丢丢:"老师,我常常看见一些文章,提到一个分析的方法,称为元分析。这好像是一个很强的分析工具,但是我看见用元分析的研究人员,在表达分析结果时,往往就是一些简单的相关分析。这个看起来既复杂却又像很简单的东西到底是什么呢?"

老师:"丢丢,在一个样本中研究个体(如员工、企业、产业等)的特征的,称为一般性的研究分析(primary analysis)。把别人的很多个研究结果用量化的方法再整合的,就称为元分析。元分析(meta-analysis)的元字(meta),是从希腊文 μετα 而来的,是'在……以上'的意思。因此,元分析是'在分析以上的分析(secondary analysis)',也是把'原有的分析再分析(analysis of analysis)'的意思。"

丢丢:"老师,我不明白。第一,什么叫把别人的分析再分析?第二,为什么要把别人的分析再分析呢?"

老师:"丢丢,我取一个最简单的例子,来说明何谓'再分析'。例如,我们在文献中发现有两个不同的研究,都是研究智能(x)与员工的工作表现(y)的关系的。两个研究用的测量工具是一样的;样本的大小也是一样的。第一个研究的数据是在浙江一家电子厂收集的,作者找到的 $r_{xy} = 0.39$。第二个研究的数据是在广东一家玩具厂收集的,作者找到的 $r_{xy} = 0.15$。现在我问,到底智能与工作表现(y)的相关是多少?"

丢丢:"两个研究的构念完全相同,作者用的测量是一样的,样本大小也一样。如果要我猜,我会相信观察到的两个不同的相关,是抽样误差引起的。因此,两个观察到的相关系数的平均,也就是 $r_{xy} = 0.27$,可能是一个更合理的估计。"

老师:"丢丢果然聪明。我同意你的看法。可是,你有没有发现,当你估计 $r_{xy} = 0.27$ 时,你只是看了两个研究的结果,自己却一点数据也没有收集啊!你就是利用两个发表了的研究结果,用量化的方法重新分析,再得到一个你认为更可信的结论。因此,你就是在做一个最简单的'元分析'了。"

丢丢:"老师,我明白了!做元分析的目的也正是如此。因为我们是总结了不同的研究结果,经过处理,在重新对参数作估计,所以元分析的结果,可能比原来的分析的结果更有效力、更可信。"

老师:"对了,丢丢。你自己已经回答了你的第二个问题:为什么我们要做元分析了。"

丢丢:"可是老师,我们在文献中很少会看见自变量和因变量都是用同一个测量方法的。而且每个研究的样本数也不一样,应该有一些研究比较严谨,样本比较大,所以结果更可信。更何况,样本本身就有可能是一个调节变量。我们如何知道一个关系在浙江的电子厂和广东的玩具厂中是否一样呢?"

老师:"丢丢,你是越来越聪明、越来越善于思考了。因此,当我们做元分析的时候,就要问到底样本是不是可以混起来分析,哪一个样本比较可信,有没有跨样本的调节变量等问题了。"

丢丢:"哦,明白了。考虑了这些因素,再把不同的研究结果用量化的方法整合起来的工具,就称为'元分析'了。"

老师:"简单来说,你说的是对的。"

丢丢:"老师,这个研究工具看来很有用啊!我想多了解一些。"

老师:"好啊,我们现在就开始吧。"

❋❋❋❋❋❋❋❋❋❋❋❋❋❋❋❋❋

15.1　元分析的基本知识

在研究中,通常会发现不同人做的研究结论有矛盾的现象。例如,研究 A 可能发现智能测验结果(General Mental Ability)与员工的工作表现的相关是 0.39($p < 0.01$)。但是,研究 B 就可能发现同样的两个构念的相关系数是 0.03($p < 0.15$,统计上不显著)。到底为什么在不同的样本中,我们观察到的相关关系会不一样呢?研究 A 与研究 B 同样都是研究员工智能测验结果与工作表现的相关,但是研究 A 观察到的相关与研究 B 的不一样,这可能有很多不同的原因,例如:

①可能是抽样误差的结果。同样的总体,因为随机的抽样误差,在不同的样本中得到的估计是不一样的,见图 15.1a。

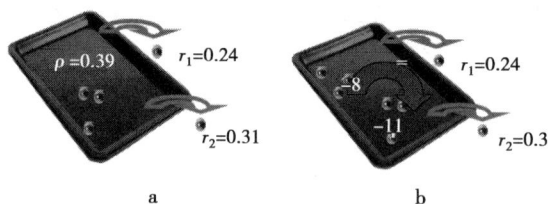

图 15.1

②可能研究 A 与研究 B 有一些基本的不同(如员工种族不同、企业性质不同、工作工种不同等),导致研究 A 的总体与研究 B 的总体本来就不同。因此,它们背后的总体相关系数实际上就是不同的,就算完全没有抽样误差,结果也会不一样,见图 15.1b。

　　元分析就是解决研究与研究之间的差异的一种分析工具。元分析可帮助研究人员解决以下问题：

　　第一，到底不同的研究之间的差异，是由于它们本来是从同一个总体抽出来，差异全是因为抽样的随机误差？还是因为它们是从不同的总体抽出来，不同的总体有着不同的总体相关系数（population correlation）。

　　第二，如果不同的研究样本是从同一个总体抽出来的，那么，这个总体的相关系数是多少？

　　第三，如果不同的研究是从不同的总体抽出来的，那么，不同的总体的"平均"相关系数是多少？不同的总体的相关系数的方差有多大？为什么要知道总体的平均相关和相关的方差呢？因为有了这两个参数，如果假设总体的相关系数是正态分布的，就可以建立一个总体中相关系数的置信区间，因而对总体的效用值有一定的掌握了。

　　第四，是什么原因导致不同的总体的相关系数的差异？换句话说，为什么研究 A 的总体相关系数与研究 B 的总体相关系数不一样？简单来说，有没有调节变量，在调节研究与研究之间的不同观察结果呢？

　　在讨论元分析的理论和步骤以前，要首先澄清几个问题，以厘清这一章书的讨论范围。

- 严格来说，元分析是可以应用于所有的统计量的。例如，如果文献中有 100 个"平均数（mean score）"的估计，我们可以基于这 100 个平均数来回答上面的 4 个问题。100 个不同的平均数背后是否只有一个总体？如果是多于一个总体，那不同的总体各自的平均数是什么？是什么原因导致不同的总体的平均数不一样？等等。但是，在调查研究中，最普遍的统计项就是相关系数。因此，我们以下就用"相关系数"作为统计项来解释元分析这个工具。

- 综合不同的研究结果，可用很多不同的方法。例如，最简单的方法，可用编码（coding）的方法来记录不同研究的特点，包括它的样本数、样本特征、测量方法、用什么分析工具等。然后可用简单的回归分析，用这些研究编码（或研究特征）来估计不同研究的效用值。如果这样做的话，我们的结论就可能是"当样本数每增加 1 个单位时，效用值（相关系数）就会增加多少"，或者是"用经理的样本，比用生产线员工的样本的效用值大多少"等。这一类型的元分析，称为"经典的"或是"贾氏元分析（Glassian meta-analysis）"。教育学中有很多这样的元分析。但是在这章中，我们介绍的却是"施密特-肯特元分析（Schmidt & Hunter meta-analysis）"或者称为"心理测量式元分析（psychometric meta-analysis）"。这里只介绍这一种元分析，因为在管理学的文献中大部分用的都是这一种元分析。它的特点主要是建基于心理测量学的角度来解释研究与研究之间的差异。

　　当研究人员看见不同研究中不同的甚至是矛盾的研究结果时，第一个反应就是归因于研究样本的不同。可能研究 A 是在美国收集的样本、研究 B 是中国的样本；或者是研究 A 是以银行经理作为样本，研究 B 却以生产线上的员工作为样本，等等。换句话说，在发现不同的研究有不同的结果时，人们的第一个反应就是找调节因素或是调节变量。

　　但是，心理测量式元分析的始创者法兰·施密特（Frank Schmidt）和约翰·肯特（John

Hunter)却有不一样的理解。他们观察了美国无数的员工选拔的学术研究,在众多不同的研究结果的背后,总结了 4 个最重要引致不同研究结果的因素。也就是说,就算自变量与因变量完全相同,也会有 4 个主要因素导致观察的相关系数不一样:

①不同研究有不同样本数(sample size)。
②不同研究的自变量有不同信度。
③不同研究的因变量有不同信度。
④不同研究有不同程度的范围限制(range restriction)。

由于大部分文献中的元分析只会考虑第一个因素,为了简化我们的讨论,同时这一章也只是元分析的入门介绍,因此,我们只探讨样本数在元分析中扮演的角色。不过,首先让我们看看信度和范围限制对相关系数的影响。

关于信度与相关系数的关系,在测量学那一章已经讨论过了。如果观察到自变量(x)与因变量(y)的相关系数是r_{xy},而自变量的信度是r_{xx},因变量的信度是r_{yy},那么 x 与 y 的真实相关$(r_{x_t y_t})$,与观察到的相关(r_{xy})的关系为

$$r_{x_t y_t} = \frac{r_{xy}}{\sqrt{r_{xx}} \sqrt{r_{yy}}}$$

假设自变量(x)与因变量(y)的真实相关系数$(r_{x_t y_t})$是 0.56,如果在 4 个不同的研究中,采用了不同的量表来测量这两个构念,就有不同的信度。下表表示了不同研究的不同信度对 x 与 y 观察到的相关系数。

	r_{xx}	r_{yy}	r_{xy}
研究 A	0.8	0.7	0.42
研究 B	0.8	0.6	0.39
研究 C	0.9	0.9	0.50
研究 D	0.6	0.6	0.34

由上表可知,不同研究的结果,起码有部分原因是由于不同研究的构念,是用信度不同的量表来测量的。

另一个影响相关系数观察值的因素就是不同的研究有不同程度的范围限制(range restriction)。不同的研究在取样本时会有不同的自变量和因变量的数值。例如,当研究智商是否影响员工的工作表现时,其样本可能是一群中层管理者。但是一般的中层管理者的智商也许都比平常人稍微高一点。结果我们的样本中的员工智商就略为偏高一点了,这样会带来什么问题呢? 图 15.2 显示自变量的数值偏高(或是偏低)时,对观察的相关系数的影响。

图 15.2 表明当观察样本的方差比原来的变量方差小的时候,所观察的相关系数也相应地减少,原来自变量智商与因变量工作表现的相关是呈椭圆形$(r_{xy} = 0.56)$。但是,在限制了方差的样本中,智商工作表现的相关近似为圆形,也就是两者的关系近似为零。

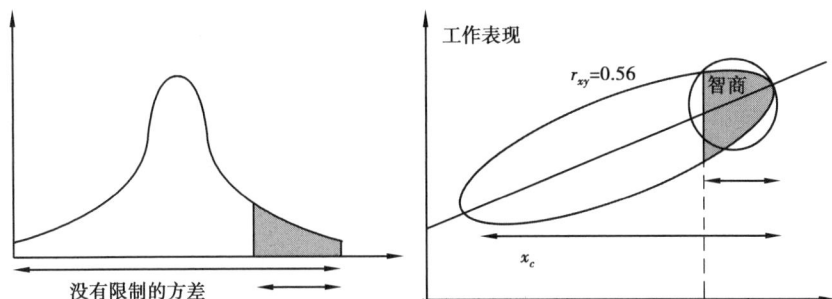

图 15.2

范围限制对相关系数的影响,其公式为

$$R = \frac{ru}{\sqrt{1 + r^2(u^2 - 1)}} \qquad u = \frac{\sigma_x}{s_x}$$

式中　　R——没有范围限制的相关系数;

　　　　r——有范围限制的相关系数;

　　　　σ_x——没有范围限制的变量的方差;

　　　　s_x——有范围限制的变量的方差。

其实,笔者在自己的经验中就发生了类似这样的问题。在一次收集数据的经历中,我们试图证明情商(emotional intelligence)在控制了智商(mental intelligence)的情形下,还是能够预测员工的工作表现(job performance)。但是,收回来的数据却发现智商与工作变量的相关近似为零,这与文献里发现的关系完全不同。一般智商是预测工作表现的极佳预测变量,平均相关应为 0.3~0.6。我们对这个分析结果极为迷茫,经过了详细的分析与跟踪访问,才明白我们的数据是在一家很有名的高科技企业的研究中心收集的。在里面工作的都是顶尖的研究员,因此他们的平均智商都很高。我们有明显的范围限制问题。进一步的分析发现样本中智商的方差确实是明显偏低,也验证了我们的假设。结果整个研究就因为智商有了范围限制问题而变成完全无效了。在元分析中,每一个研究的自变量和因变量的范围限制的程度都不一样。因此,范围限制也就成了导致观察的相关系数不同的一个重要原因。

在心理测量学的元分析中,有着不同的方法去估计研究与研究之间,有多少观察的差异是源于自变量的信度差异,有多少观察的差异是源于因变量的信度差异,有多少观察的差异是源于研究的范围限制。不过如前所述,在实际的元分析中,使用这样的估计毕竟不多,而且估计的方法也不简单,因为我们在这一章只是对元分析的一个简介,所以就不详细介绍了。但因为原理是相似的,大家如果理解了下面的部分,再去阅读相关的资料就比较容易理解了。现在让我们开始介绍样本数如何影响研究的结果。

15.2　样本数对观察相关

从基本统计学中,我们知道总体的相关系数的大小(ρ),与抽样分布的方差的关系为

$$S_e^2 = \frac{(1 - \rho^2)^2}{N - 1}$$

在抽样分布一章中已学过,抽样方差(S_e^2)是当我们从相关系数是 ρ 的总体中抽出样本数为 N 的样本时,不同样本的"样本相关系数(r)"的概率分布的方差(standard deviation of the sampling distribution of the correlation)。上式表明,相关系数越大,样本的相关系数离总体的相关系数的差异(抽样分布的方差)就越小。同样的,样本数越小,样本的相关系数离总体的相关系数的差异也越大。因为不同的研究的样本数都不一样,对样本数比较小的研究来说,样本的相关系数离开总体相关系数越远的机会就越大。正因为这个原因,就算不同的研究的总体相关系数是一样的(就是它们是来自同一个总体),我们看见的样本相关系数都会不一样。

现在让我们用一个例子来说明样本数对相关系数的影响。某研究人员从文献里发现有 10 个组织承诺与员工离职的研究。其数据如下:

研　究	样本数	相关系数	研　究	样本数	相关系数
1	122	0.37	**6**	140	− 0.05
2	160	0.09	**7**	112	− 0.01
3	440	0.43	**8**	250	0.03
4	580	0.45	**9**	360	0.05
5	250	0.39	**10**	602	0.11

就"样本数"对样本相关的影响,Schmidt 和 Hunter(1980)提出了公式如下:

观察的相关系数的方差 = 总体的相关系数的方差 + 抽样误差引起的方差

重整公式后,则

总体的相关系数的方差 = 观察的相关系数的方差 − 抽样误差引起的方差

即

$$S_\rho^2 = S_r^2 - S_e^2$$

所谓"观察的相关系数的方差(S_r^2)",就是我们从不同的样本中观察到的不同的相关系数。因此,这不同的样本相关系数就形成了方差,故称为"观察方差(observed variance)"。

所谓"总体的相关系数的方差(S_ρ^2)",就是假设不同的样本是从不同的总体里抽出来的,不同的总体有不同的相关系数。因此,这些不同的总体相关系数就形成了方差,故称为"真实方差(true variance)",因为它代表了不同总体中相关系数的真实差异。

所谓"抽样误差引起的方差(S_e^2)",就是我们上面提到的,由于相关系数有一个抽样分布,故称为"抽样方差(sampling variance)"。相对于上面的"真实方差",这个抽样分布而形成的方差,是"假"的方差(artifactual variance)。因为当我们从总体抽出样本时,就算是从"同一个"总体也会看见不同样本中有不同的相关系数(见图 15.3)。

观察方差中有部分是真实的,也有部分是因为样本数不一样而形成的假方差。把观察的方差减去抽样所引起的假方差,就是总体的真实方差了,即

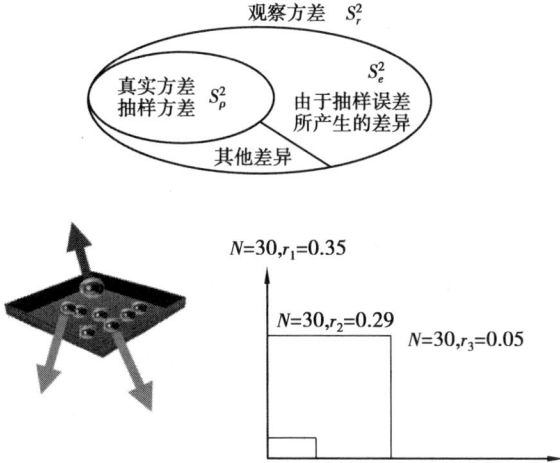

图 15.3

$$S_\rho^2 = S_r^2 - S_e^2$$

如何知道这 3 个方差的数值是多少呢？首先，"观察方差"很简单,就是观察到的相关系数的方差。Schmidt 和 Hunter(1980)建议用样本数作为一个权数。因此,"观察方差"的公式为

$$S_r^2 = \frac{\sum n_i (r_i - \bar{r})^2}{n_i} \qquad \bar{r} = \frac{\sum n_i r_i}{\sum n_i}$$

$\bar{r}$是不同样本的相关系数的加权平均数(上式右边的公式),权数就是样本的大小,也就是样本数。r_i是第 i 个样本的相关系数;n_i 是第 i 个样本的样本数。

至于"抽样方差"就更直接了,就是相关系数的抽样分布的方差(variance of the correlation),也就是标准误(standard deviation of the sampling distribution of the correlation,或者称为 standard error of the correlation)的平方。同样的,Schmidt & Hunter(1980)建议用样本数作为一个权数。因此,"抽样方差"的公式为

$$S_e^2 = \frac{\sum n_i S_{e_i}^2}{n_i} \qquad S_{e_i}^2 = \frac{(1 - \rho^2)^2}{n_i - 1}$$

但是,我们不知道总体的相关系数(ρ)是什么,所以 $S_{e_i}^2$ 的公式中,就用了$\bar{r}$来代替 ρ 了。因而,则有公式为

$$S_{e_i}^2 = \frac{(1 - \bar{r}^2)^2}{n_i - 1} \qquad S_e^2 = \frac{\sum n_i \frac{(1 - \bar{r}^2)^2}{n_i - 1}}{n_i}$$

因为"真实方差"＝"观察方差"－"抽样方差"

因此

$$S_\rho^2 = \frac{\sum n_i (r_i - \bar{r})^2}{n_i} - \frac{\sum n_i \frac{(1 - \bar{r}^2)^2}{n_i - 1}}{n_i}$$

S_ρ^2 是对不同的总体相关系数的方差的一个估计。如果 $S_\rho^2 \leqslant 0$,就代表总体中的相关

系数没有方差。换句话说,就是样本的背后只有一个总体,只有一个总体相关系数。所有样本都是从这个总体抽出来。如果是这样,可看见不同样本的相关系数的差异,完全是抽样误差的结果。

相反,如果 $S_\rho^2 > 0$,就代表单用抽样这个理由不足以解释不同研究样本的观察相关系数的相异。不同的样本的背后,可能有几个不同的总体,不同的总体有不同的相关系数。换句话说,我们看见不同样本的相关系数的差异,有部分原因是因为抽样的误差,但是也有部分原因是这些样本本来就是从不同的总体抽出来,而不同的总体的总体相关系数是不一样的。

因为方差(variance)与统计项的单位不一样,统计学家设计了标准差(standard deviation)这个观念。标准差是方差的平方根。同样的,S_ρ^2 是总体中的相关系数的方差,"真实标准差(SD_ρ)"就是 S_ρ^2 的平方根。SD_ρ 是总体中不同的相关系数的标准差。与方差一样,$SD_\rho \le 0$ 代表总体中只有一个相关系数;$SD_\rho > 0$ 代表不同的样本背后存在着不同的总体,每个总体有着不同的相关系数。不同的样本可能是从不同总体中抽出来的。

用上例中 10 个研究的数据,则

$$\bar{r} = \frac{\sum n_i r_i}{\sum n_i} = 0.229\ 1$$

$$S_r^2 = \frac{\sum n_i (r_i - \bar{r})^2}{n_i} = 0.034\ 9 \qquad S_e^2 = \frac{\sum n_i \frac{(1 - \bar{r}^2)^2}{n_i - 1}}{n_i} = 0.002\ 0$$

$$S_\rho^2 = S_r^2 - S_e^2 = 0.033\ 0 \qquad SD_\rho = \sqrt{0.033} = 0.181\ 7$$

我们应该如何理解 0.033 这个数值呢? 上面的计算表明,在这 10 个研究中,我们观察到的相关系数的方差是 0.034 9。因为 10 个研究有不同的样本数,由抽样而引起的"假"方差有 0.002。这代表剩下了 0.033 是真实的总体方差了。换句话说,这 10 个样本真有可能由不同的总体抽出来的。至于是从几个不同的总体? 每个总体的相关系数是什么? 无从得知。这个 0.033 的数值唯一能告诉我们的是 10 个样本背后有多于一个总体。用元分析的术语就是 10 个研究的背后存在着调节变量。这个调节变量调节了不同样本的总体相关系数。换句话说,这 10 个研究的数据反映了组织承诺与员工离职的相关不是一个常数,而是受着一个调节变量的影响,所以总体的相关才会不一样。我们还可以说观察方差 0.034 中,只有 0.002(5.67%)是源于抽样的,剩下的 94% 都是因为不同的样本,是从不同的总体中抽出来的。

与上面的结果相反,如果抽样方差大于观察方差,则可判定所有的 10 个样本都是从同一个总体抽出来的,所以就没有假设调节变量的必要了。Schmidt 和 Hunter(1980)解释说,因为我们在这里只考虑了抽样引起的方差。其他的问题,如信度引起的方差和范围限制引起的方差,我们都没有考虑。他们研究了管理学中的很多数据,建议:

　　如果抽样方差能够解释观察方差的 75%,就可以判断样本都是从同一个总体抽出来的,没有必要寻找调节变量。如果抽样方差少于解释观察方差的 75%,就要开始寻找调节变量。

　　在上面的分析中,抽样方差只是观察方差的 5.67% 。这就代表 10 个样本背后存在着调节变量,造成了他们的总体相关有差异。

　　发现了调节变量的存在后,元分析的下一步就是找出这些调节变量,并验证它们是不是真正的调节变量。找出调节变量是研究人员的责任。基于理论或者是种种原因,研究人员可能认为"企业拥有权"(国有企业 vs. 民营企业)是一个可能的调节变量。也就是说,在国有企业中,组织承诺与员工离职可能没有很密切的关系,因为国有企业的员工可能是因为很多工作以外的原因(如福利、网络、稳定性等)而加入该企业的。组织承诺可能只是其中一个不太重要的因素。

　　要验证这个假设,我们只要把 10 个相关系数的样本分成两组。从国有企业收集的样本为一组,民营企业收集的样本为另一组。假设 10 个样本中,样本 1,3,4,5 是民营企业中所收集的样本;样本 2,6,7,8,9,10 是从国有企业中收集的。于是我们用 1,3,4,5 这 4 个样本再重复上面的分析。剩下的 6 个样本再做另一个元分析,则可发现,在头 4 个样本中

$$\bar{r} = 0.425\ 9 \qquad S_r^2 = 0.000\ 8 \qquad S_e^2 = 0.000\ 9 \qquad S_\rho^2 = -0.000\ 2 \qquad S_e^2/S_r^2 = 126\%$$

　　在余下的 6 个样本中

$$\bar{r} = 0.060\ 3 \qquad S_r^2 = 0.002\ 6 \qquad S_e^2 = 0.003\ 3 \qquad S_\rho^2 = -0.000\ 7 \qquad S_e^2/S_r^2 = 128\%$$

　　根据定义,方差是不可能有负数的。因此 Schmidt 和 Hunter 建议,凡是真实方差少于零,则可把它看成是零。真实方差少于零是什么意思呢? 就是我们看见的研究中的相关系数的方差,其实是少于因为抽样而造成的方差。换句话说,因为抽样而来的方差(抽样方差),已经可以完全解释观察中研究的不同方差(观察方差)。我们不需要用总体的相关的差异来解释观察到的相关的方差,因此可判断,研究是从相同的总体中抽样出来的。上面两个分组的分析中,S_e^2/S_r^2 都远超于 75% 。这代表企业拥有权确实是一个调节观察相关的变量。除去了这个因素以后,观察方差就可以完全用抽样方差来解释了。于是,我们的结论是,组织承诺与员工离职在民营企业中的相关是 0.425 9;组织承诺与员工离职在国有企业中的相关是 0.060 3(见图 15.4)。

图 15.4

15.3　置信区间与可信区间

15.3.1　置信区间

对于上面的元分析,可以做如下的总结:

就所有的 10 个研究而言,$\bar{r} = 0.229\ 1$,$S_r^2 = 0.034\ 9$,$S_e^2 = 0.002\ 0$,$S_\rho^2 = 0.033\ 0$。

就民营企业的 4 个研究而言,$\bar{r} = 0.425\ 9$,$S_r^2 = 0.000\ 8$,$S_e^2 = 0.000\ 9$,$S_\rho^2 = -0.000\ 2$。

就国有企业的 6 个研究而言,$\bar{r} = 0.060\ 3$,$S_r^2 = 0.002\ 6$,$S_e^2 = 0.003\ 3$,$S_\rho^2 = -0.000\ 7$。

对于所有的 10 个研究而言,我们估计的总体相关(estimated population correlation)是 0.229 1。虽然这一个元分析的结果是集合了 10 个不同的样本得到的结论,但是无可否认,这个总体相关($\hat{\rho} = 0.229\ 1$)仍然是一个基于抽样的结果,而对总体的相关的一个估计。因为就算我们是总合了 10 个研究的结果,那还是 10 个样本而已,我们还是不知道总体的相关是什么。既然是在抽样中的观察,而对总体的估计,自然就存在着因为抽样而产生的置信区间(confidence interval)。这就好比我们从总体抽出一个样本,计算到相关系数是 r_{xy},可以建立一个以 r_{xy} 为中心的置信区间一样。如果是从一个样本抽样,暂时假设相关系数的抽样分布是正态的。那么,这个 95% 的置信区间就是 $r_{xy} \pm 1.96S_e$(S_e 是相关系数的标准误)。可是,我们现在这个 $\hat{\rho} = 0.229\ 1$,不是单一样本的估计结果,而是一个元分析的总体相关估计,那么置信区间应该如何建立呢?一般的做法就是用两个简单假设:

①这个总体相关系数的抽样分布的标准误,就是元分析中的 S_e^2 的平方根(为了简化起见,我们还是用 S_e 代表)。

②这个总体相关系数的抽样分布是正态的。

有了这两个假设,就可用 $\hat{\rho} \pm ZS_e$ 来建立这个元分析估计的置信区间了[注意:Z 是正态分布的,95% 的 Z 值是 1.96,99% 的 Z 值是 2.33]。如一般的置信区间的理解一样,如果这个置信区间包括了 0 在里面,那总体的相关就可以视为 0 。

15.3.2　可信区间

置信区间是根据样本观察到的相关,对总体相关基于抽样的误差的估计的一个不确定范围。如果抽样分布是正态分布,95% 置信区间是样本的统计项,加减 1.96 乘以抽样分布的标准差(也就是标准误)。置信区间是我们做统计抽样时的习惯估计,但是可信区间(credibility interval)却是元分析特有的一个不确定范围的估计。做元分析时, 基于不同的样本的相关系数,可找到一个平均总体相关系数的估计($\hat{\rho}$)[注意:这个"平均总体相关系数的估计"与上面置信区间用的,是一样的估计]。和一个估计的总体的相关系数的标准差(SD_ρ)[注意:这个"标准差"却与上面置信区间用的,不是一样的标准差。上面用的是抽样的标准误,这里用的却是总体中不同的相关系数的标准差]。因此,当估计的平均总体相关系数是 $\hat{\rho}$ 时,这个平均的总体相关系数是有一定的不确定性的。可以为这个估计的平均总体相关系数设定一个可信的区间。这个可信区间代表了:用$\hat{\rho}$来代表总体的相关系数时,其实是有一定的不确定性。但是这个不确定性却不是抽样误差的结果,而是因为不同的样本其实是从不同的总体中抽出来的。应用置信区间的同样原理,如果假设:①在总体中有着不同的总体相关系数,而这个不同的相关系数的分布是正态的;②这个正态的总体分布的平均是$\hat{\rho}$,标准差是SD_ρ。因此,95%的可信区间就是$\hat{\rho} \pm 1.96SD_\rho$了。这里有几点需要澄清一下:

- "可信区间"与"置信区间"所用的$\hat{\rho}$是一样的$\hat{\rho}$,也就是样本的加权平均相关系数。不过在不同的情形下,它的意义可能有点不一样。当$SD_\rho \leq 0$时,在总体中只有一个"总体的相关系数"。在这个情形下,"可信区间"与"置信区间"所用的$\hat{\rho}$就是这个"总体的相关系数"的估计。但是当$SD_\rho > 0$时,在总体中就有多于一个"总体的相关系数"。元分析给我们的加权平均相关系数只是这些不同的相关系数的一个平均值。在这个情形下,"可信区间"与"置信区间"所用的$\hat{\rho}$就是这个"平均的相关系数"的估计。

- 上面说,"可信区间"与"置信区间"所用的$\hat{\rho}$是一样的。但是"可信区间"与"置信区间"所用的标准差却是完全不同的。"置信区间"所用的标准差是抽样的误差,所以是抽样的"标准误(standard error of the correlation)",S_e。但是"可信区间"所用的标准差却是"总体中不同的相关系数的标准差"SD_ρ。第一,这不是误差,是真实的相关系数的不同。第二,这与抽样一点关系都没有。就算我们把整个总体都研究了,这个真实的标准差还是会存在。

- 图 15.5 中,民营企业的相关系数$\rho_1 = 0.43$与国有企业的相关系数$\rho_2 = 0.06$是不同的,这就自然产生了一个方差(标准差)。这是"上面的那个方差"SD_ρ,与抽样的过程一点关系都没有。但是,对于每一个总体中的真实相关系数来说,如国有企业的$\rho_2 = 0.06$,在抽样的过程中,我们会观察到不同的样本的相关系数是不同的。这是因为抽样的过程产生了抽样的误差,也就是"下面的那个方差"S_e。只要样本数越大,这个方差(或标准差)就会越少。

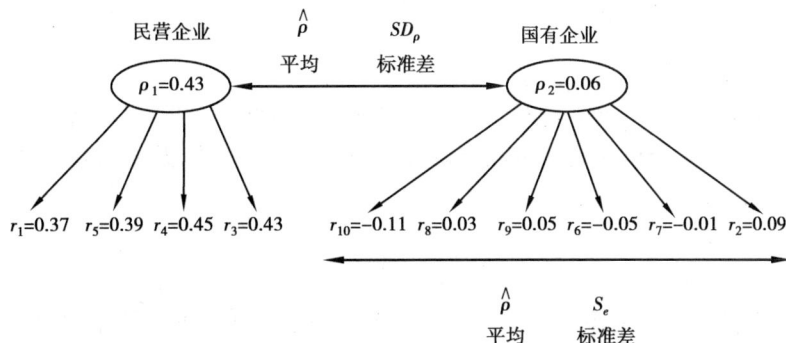

图 15.5

下表是一个典型的元分析结果。研究的构念是员工的公民行为(OCB)。

	#r	$\bar{r}$	$\bar{\rho}$	$\hat{V}_\rho$	95% CI	% var
满足感	22	0.226	0.259	0.002	0.23 ~ 0.29	66
Fairness	20	0.185	0.238	0.006	0.20 ~ 0.28	62
OC	11	0.200	0.247	0.002	0.20 ~ 0.30	73
Conscientiousness	7	0.041	0.043	0.003	−0.02 ~ 0.11	76
Agreeableness	6	0.098	0.127	0.003	0.05 ~ 0.21	80
NA	6	−0.051	−0.064	0.002	−0.13 ~ 0.00	76
PA	5	0.077	0.080	0.007	−0.00 ~ 0.16	55
Tenure	4	0.06	0.06	0.001	−0.02 ~ 0.14	92
Gender	5	0.024	0.026	0.004	−0.04 ~ 0.09	60

- 第 1 列是与公民行为有关的变量,如第一个是员工的满足感与公民行为的关系。
- 第 2 列(#r)是在这个元分析中,牵涉(比如)满足感与公民行为的有多少个相关系数。
- 第 3 列($\bar{r}$)是元分析的初步结果,也就是加权的平均相关系数。
- 有时候,研究人员会把这个初步的分析结果($\bar{r}$),用自变量与因变量的信度进行纠正。纠正公式以前在测量学一章已经谈过了,就是$\bar{\rho}=\bar{r}/\sqrt{r_{xx}r_{yy}}$。这就是第 4 列。
- 第 5 列($\hat{V}_\rho$)是称为 S_ρ^2 的参数(SD_ρ 的平方),也就是观察方差减去抽样方差的剩余方差。
- 第 6 列(95% CI)是 $\hat{\rho}$ 或者在这里称 $\bar{\rho}$ 的置信区间。
- 最后一列(% var)就是"抽样方差"与"观察方差"的百分比。根据 Schmidt 和 Hunter 的建议,如果这个百分比大于75%,就没有寻找调节变量的必要了。

15.4   关于元分析的几个问题

关于元分析的问题如下:

①除了 Schmidt 和 Hunter 的75%原则外,Hedge 和 Olkin(1985:235)曾经提出了另外一个方法来检查在元分析中到底有没有调节变量的存在。他们提出了以下的方程,以检验到底有没有调节变量,即

$$Q = \sum_{i=1}^{k} (n_i - 3)(z_i - z_+)^2$$

式中,z_i 是个别研究的相关系数,用 Fisher-Z 转换成的 Z 值。我们已介绍过相关系数的 Fisher-Z 转换,即

$$FisherZ = \frac{1}{2}\ln\left(\frac{1+r}{1-r}\right) \qquad \ln 是自然对数$$

式中,z_+ 是整个元分析的加权平均相关系数,用 Fisher-Z 转换成的 Z-值。n_i 是每个研究

的样本数。我们应用这个方程时,虚拟假设是总体中只有一个相关系数(H_0:总体的 $SD_\rho = 0$)。这个一般称为"Q-统计量(Q-statistics)"的统计量服从一个 χ^2 分布。如果 Q-统计量不显著,就代表在总体中只有一个相关系数,没有必要再去找调节变量了。

②另一个关于元分析的常见问题,就是什么相关系数可以放在同一个元分析里面分析。如果自变量 x 与因变量 y 都是一样的,而两个研究都是用同样的测量方法,那把它们放在同一个元分析是很自然的。但是,如果构念一样,可是测量不一样,可以做元分析吗? 如果再退一步,当构念的意义相同,但是取名不一样,可以一块做元分析吗? 如果再退一步,若构念的意义非常接近,但是却不完全相同,可以一块做元分析吗? 这样一步一步地问下去,我们终于会要求一个定义,到底两个研究的相关系数,在相近到什么程度时,才可以放在同一个元分析中呢? 用英文的一句常用语,到底在元分析中,是否把苹果与橙子混在一起呢(are we mixing apples and oranges in a meta-analysis)? 从上面的讨论,读者大概可以明白,到底是否"把苹果与橙子混在一起",是研究者的一个主观判断。只有在这个领域的研究者,才能做这个决定。举个例子,管理学有一个领域,称为"未充分就业(underemployment)"。当一个人的能力高于他的工作要求,他是有点"屈就"在这个工作岗位时,就称为"未充分就业"。那学历过高是否未充分就业呢? 学历过高的未充分就业,与工资过低的未充分就业是否一样? 能否放在同一个元分析中呢? 员工主观的未充分就业,与客观的未充分就业,能否放在同一个元分析中呢? 学历过高与能力过高是否一样? 所以说,到底什么可以放在同一个元分析中,只有在这个领域的研究者才有资格回答。

③最后一个常常在元分析中遇到的问题,是到底在文献中找到几个研究(相关系数),才可以做元分析呢? 理论上来说,超过一个研究就可以了。因为两个研究的综合结果,通常都比单一研究的结果来得可信。但是,如果真的只有两个研究,研究人员做了元分析后,要在高水平的学术的期刊发表,可能不是件容易的事。那到底要几个相关系数,元分析才开始有意义呢? 我们的答案与上面的苹果与橙子是一样的。可能要那个领域内的研究人员,才有资格去回答"到底是否足够"的问题。有些领域的研究本来就不多,如果我们硬要规定 20 个以上(举例而已)的相关才可以做元分析,那可能就要等一二十年才可以了。

15.5　结构方程与元分析

早在 1995 年 Viswesvaran 和 Ones(1995)已经提出了元分析与结构方程建模结合的可能性。Cheung 和 Chan(2005)也讨论了一个更有系统的"两部元分析与结构方程建模"的结合。因为这一章是元分析的入门,所以就用比较简单的 Viswesvaran 和 Ones(1995)方法,简单介绍一下元分析与结构方程建模的结合。有兴趣的读者可基于这个介绍,自行深入地研究下去。

我们知道结构方程建模的基础是方差协方差矩阵。虽然有文献讨论,利用相关系数矩阵去做结构方程建模,估计出来的参数可能是有点偏差。不过这个偏差也不一定很严重。如果相关系数矩阵可以作为结构方程建模的输入数据,则可首先做一个元分析,找到一大堆变量的相关系数,然后再用这个从元分析得到的相关系数矩阵来做结构方程建模。

让我们举个例子。例如,我们有兴趣的是下面这个结构方程模型(见图 15.6):一般使用结构方程建模的话,我们会自行收集数据,找出 x,y,m,z 的方差协方差矩阵(或是相关系数矩阵)来进行分析和参数估计。但是,现在我们就不自己去收集原始数据了。相反,我们是希望用元分析这个方法,基于文献中找到的相关系数,去建立一个由"元分析"而得出来的相关系数矩阵。然后就用这个相关系数矩阵来进行结构方程建模的分析。但是这样做的时候,我们会遇到两个困难:

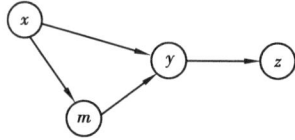

图 15.6

①在文献中可能找到 x 与 y 的相关系数、x 与 m 的相关系数、x 与 z 的相关系数,以及 x 与 z 的相关系数。但是,我们可能找不到有关于 y 与 m 和 m 与 z 的相关系数。如果在相关系数矩阵中缺了两个相关,我们是没有办法进行结构方程建模的分析的。因此,元分析与结构方程建模的结合的第一个条件,就是所有模型中的所有相关系数的配对都要在文献里找到(哪怕是只有一个这样的研究)。

②如果用相关系数矩阵作为结构方程建模的输入,我们要知道样本数是什么。但是,现在不是自己收集的原数据,而是元分析的结果。那么,这些相关系数对应的样本数到底是什么呢? 一个直接的回答可能是,样本数就是元分析中的总样本数了。因为当我们把 3 个样本数分别为 $100,300,500$ 的相关系数进行元分析后,得到的 $\hat{\rho}$ 其实是基于 $N=900$ 而来的。所以这个 $\hat{\rho}$ 对应的样本数就是 900 了。但是,还有一个更大的问题,就是每一对变量的相关系数(如 r_{xy}, r_{xm}, r_{ym} 等)对应的样本数都可能不同。那怎么办呢? Viswesvaran 和 Ones(1995)建议用两个保守的估计来解决这个问题。第一,他们建议不用"总样本数",而是用"平均样本数"。用上面这个例子,样本数就是 $100,300,500$ 的平均。第二,他们建议不使用算术平均数,而使用调和平均数(harmonic mean)。调和平均数的定义为

$$\text{调和平均数} = \frac{n}{\sum_{i=1}^{n} \frac{1}{x_i}}$$

因此在上例中,样本数的算术平均数是 $=(100+300+500)/3=300$。调和平均数却是 $=3/(1/100+1/300+1/500)=195.65$。

参考文献

Cheung, M.W, & Chan, W. (2005). Meta-analytic structural equation modeling: A two-stage approach. Psychological Bulletin, 10, 40-64.

Hedges, L.V., & Olkin, I.(1985). *Statistical methods for meta-analysis.* Orlando, FL: Academic Press.

Viswesvaran, C. & Ones, D.S. (1995). Theory testing: Combining psychometric meta-analysis and structural equations modeling. Personnel Psychology, 48, 865-885.

跋:理论与方法之思考

写到最后,我们觉得这本书需要一个总结。在本书的第 1 部分,我们谈了研究的步骤、意义和一些基本的态度。第 2 部分介绍了一些基本的统计知识,作为第 3 部分的基础。第 3 部分介绍了不同的分析工具和分析方法,用来验证理论和假设。

这是一本关于管理研究方法的书。书的中心自然是管理研究所用的不同方法。但是,基于研究方法范畴之大和作者知识的有限,我们只是讨论了量化的问卷调查研究。因此读到这里,读者应该对量化的问卷调查研究有了一定的理解。我们觉得也应该在这里做一个简单的总结。总结的方法是回应第 1 章、第 2 章中谈到的理论与方法的关系问题。这里希望再谈一谈管理研究中理论的角色、方法的角色,以及理论方法的关系。

1. 理论的角色

本书在开始时,就谈到管理研究是从理论出发的。这对于科学的管理研究尤为重要。那到底一个管理的研究可不可以没有理论呢? 答案自然是"可以"。居里夫人(Marie Sklodowska-Curie,1867—1934)是第一个获得诺贝尔奖的女性,也是首位两次获得诺贝尔奖的人。她在 1898 年的一个划时代的发现是"沥青铀矿石的放射性,比矿石中的所有铀含量要强很多",因而她推断沥青铀矿石中一定包含了一些未为人知的新放射性物质。当时,她根本不知道这个推论出来的物质是什么,有什么特性。这个研究有意义吗? 当然有! 她的这一发现推动了找寻放射性元素的新纪元。它引导居里夫人一直往前走,一直到 1902 年,居里夫人提炼出 1 克镭,并求得它的原子量是 225 时,我们才对这个新元素有了一点认识。重要的研究结果,尤其是与现存理论冲突的研究发现,纵然暂时没有理论依据,也往往是推动新的理论发现的原动力。因此,我们绝对不会说没有理论的研究是没有贡献的。

但是,科学研究的最终目的是认识世界。我们希望没有理论的研究最终指向新的理论。因为没有理论而只有结果,我们只是"知其然而不知其所以然",这对于我们认识世界帮助不是很大。就以居里夫人为例,如果我们到今天还只是知道"沥青铀矿石中除了铀以外,应该还有其他的放射性元素",那对我们有什么好处呢? 科学研究的目的是"认识",应用是它的一个自然结果,不可本末倒置。

我们可以用一个简单的例子来说明这个道理。在组织行为学中,"主管下属交换(Leader-Member Exchange,LMX)"是影响下属工作表现(以下简称"表现")的一个重要变量,这是一个有很强研究结果支持的结论。为了简化讨论,可暂时把 LMX 看成是主管与下属的关系(以下简称"关系"),虽然 LMX 不只是关系这么简单。如果只知道"关系"

影响"表现",上司下属的关系越好,那么员工的表现就越好,那么主管岂不就应该整天思考如何改善与员工的关系吗?事实上,LMX 的理论告诉我们,这个所谓的"关系"只是一个表征。表征的背后有着深入的讨论,去解释为什么"关系"会影响"表现"。例如,Danseresu、Graen 和 Haga(1975)就提出了一个称为纵向双方链接(vertical dyadic linkage)的解释。其实,社会交换理论也常常被研究人员用作解释 LMX 的机制。到底这些解释是否正确,可用中介变量或者是调节变量去验证。理论的建构也帮助我们建立所观察到的现象的边际条件。如 LMX 是否在任何情形下,都可以预测员工的表现? Berrin 和 Jeanne(2007)就基于社会交换理论,提出了"感知组织支持(perceived organizational support,POS)"会调节 LMX 对员工表现的关系。即,员工觉得组织是在支持他们时,LMX 才会产生作用。如此,理论的发展帮助我们深入地了解现象背后的原因。因此,理论在科学研究是不可或缺的一环。

可能有人会挑战我说,管理是一门应用的学科。只要发现有效的"管理之道",我们何必管为什么呢?这是一个我常常在教学时听到的问题。这样的话,如果出自一群经理之口,我可以接受,因为他们不知道管理研究是什么。但是对于一个管理研究者来说,我们的工作是发现真理,而不是单单发现关系。其实,如果单单是发现关系,任何人都可以做研究,根本不需要训练,干嘛要花五年的时间去研读一个博士学位呢?如果要发现关系,我们只要收集一大堆的变量,用相关分析计算它们的相关系数(这个统计软件会做,也不用我们操心),相关系数大的变量就是"有关系"了。如果我们对企业业绩有兴趣,我们就找什么与企业的业绩相关。如果我们对员工的满意度有兴趣,我们就找什么与员工的满意度相关。如果我们对离职有兴趣,我们就找什么与员工的离职相关。如果是这样,最有资格做管理研究的是做企业咨询的人,而不是高校里的老师。因为他们的工作让他们方便收集大量的数据。

我对自己的定位是,大学中管理研究的主要工作是找出管理问题的"原因",因而知道问题的"解决"方法。做企业咨询的人是不需要知道原因的,他们要的只是问题的有效解决方法,而往往这些解决方法都是从经验中总结出来的。从经验总结出来的知识称为"归纳的知识"。归纳的知识很可能是知其然而不知其所以然的。我再举一个例子来解释这个道理。如果我是一个人力资源经理,当一个员工要提出离职时,经验告诉我要考虑的只是一个问题:这个员工对你是否重要。如果员工对你重要,你就在他现在可能得到的工资上加 10% ~20%。如果员工对你不重要,你就让他走吧。这可能是一个很实用的建议方案,但是它完全没有理论价值。而且有人会问,为什么是这样的?加薪(9%可以吗? 8%可以吗?)必要的时候,加薪 21%把员工留住可以吗?这样是鼓励员工不停地在外面另找工作吗?相对来说,一个管理研究者会问的问题是:"为什么员工要离职?"一般员工希望从企业或工作中得到什么?什么影响离职?为什么?等等。简单地总结,咨询人员问的问题是"如何"解决?管理研究者问的问题是"为什么"有这样的现象?我的假设是明白了"为什么"后,我们就可以考虑这个要离职的员工是否是一个特别的例子。如果这位要离职的员工不是一个特例,明白了"为什么",前面的问题就可以解决了。如果这个员工是一个特别的例子,那我就要想一想有没有特别的方法处理。我们明白了这个关系后,就会知道管理研究是一个"先问问题,后解决问题"的工作。因此,好的管理研究者解决问题的能力应该很高。这就是为什么管理研究者可以做企业咨询。讲到这里,顺便提一个相关的问题。很多同学问我彼得·德鲁克(Peter Drucker)先生做的是不是研究？他是不是一个伟大的管理研究者。我个人的看法是,德鲁克是一个很有洞见的企业咨询家。他对企业管理的观察很独到,是我望尘莫及的。但是如果他没有把自己提出的"归纳的知识"演化成为理论,而且提供严谨的数据来支持他的理论的话,他就只是一个伟大的企业咨询家,而不是一个企业管理的研究者。

上面这个讨论,也可以用科学中的基础研究(basic research)和应用研究(applied research)来理解。我的认识是科学的研究是从基础研究出发的。有了基础研究的理论,进行应用研究的人就可以把理论应用到日常生活,解决实际问题。例如,半导体背后有一套理论。研究半导体的科研人员把半导体应用到电子计算机上是应用的科学。光学纤维有它一定的理论背景,把光纤应用到资料输送是一个应用的研究。曾经有人说,科学是用来改善人类生活的,没有应用价值的基础研究是没用的。关于这一点,我希望用史提芬·霍金(Stephen Hawkings)作为一个例子。天文学上的很多研究,到今天我们都没有找到它的应用价值。比如认识了黑洞以后,让我们人类的生活改善了什么呢？答案是没有。但是黑洞的研究在天文学中却极为重要。人类天生有一个求知的倾向。我们希望知道身边事物发生的原因。了解了这些原因后(基础研究),很多时候会带出一些帮助我们改善生活的结果(应用研究)。但是基础研究本身就有着它们存在的价值。管理研究基于它的背景,可能会稍微倾向于应用研究。但是不求理解,只求应用的研究是漫无目的的。

讲了这么多,我回来讲管理研究理论的问题。管理理论是把管理现象抽象化后,用来理解管理现象的"解释"。这就是为什么居里夫人在1898年没有拿到诺贝尔奖,直到1902年她提炼出一克的镭,并求得它的原子量是225时,才拿到诺贝尔奖。管理理论的重心是解释为什么(why)、如何(how)、什么(what)、何时(when)等问题。例如,Lee和Mitchell(1994)的"员工离职的展现模型(unfolding model of turnover)"是他们观察了企业的离职现象后,发现现存的离职理论没有注意到员工离职中的一个很重要的元素。他们称这个元素为"冲击(shock)"。一个员工可能偶尔在一个晚饭聚会中,听到两个亲戚在大学毕业后三年,就在财务公司中被提升为副经理,有着很高的收入。她回顾自己在毕业后就进入了现在的企业,现在已经四年多了,但是她还是一个小小的主任。这个冲击就引起了她离职的冲动。Lee和Mitchell在文章中提出了什么因素让员工会有"冲击"的萌芽。这就产生了一个员工离职的理论。

如果我们明白了这个道理,就会知道所谓研究的"理论"部分,只是一个对为什么(why)、如何(how)、什么(what)、何时(when)等问题的解释而已。研究的理论根基不一定是一个现存的理论,如体制理论、资源基础理论、认同理论、角色理论等。研究的理论根基是研究者观察到一些管理现象后,提出来解释这些现象的解释机制。一般不会让研究者毫无根基地提出一些猜想性的"理论解释"。相反的,评委都希望研究者基于现有的文献,找出研究的理论根基。就算研究者真的有一些划时代的创新观点,他们也应该指出现有文献的不足。因此,不可能在完全没有文献的基础下提出一些新的理论。这就是文章中"文献综述"的重要性。因此,我会把一个研究的理论基础看成是"基于现有文献的结果或突破,用来解释要研究的现象的一个机制"。

这个解释机制的过程,不需要是完整的。中国人往往有一个习惯,就是除非不做,要做就要做出划时代的影响,因此,提出来的"理论"往往想把"所有"的因素都包括进来。如果是做离职的研究,就要把一切影响离职的因素都囊括在自己的"理论"中,结果弄得整个理论复杂无比。一个一个的圈圈(每一个代表一个影响的因素),环环相扣,模型中的箭头(箭头代表因果关系)飞来飞去,整个模型就好像是一个万花筒。我的感觉是,这样的所谓"理论",第一是到头来什么现象都没有解释;第二是根本没可能做任何形式的验证。相反,西方的科学理论,往往只是把最重要的因素点出来,在验证的过程中,发现这样的因素不能解释复杂的观察现象时,才会加入调节的变量。这一点,与对现象背后的原因有着不同的假设有关。西方的理论发展,一般都有着一个假设,就是复杂的事物背后,应该有一些简单的规律在操纵。因此"简约(parsimony)"在理论的建构上,是一个必要的环节。这解释了为什么托勒密(Claudius Ptolemy)的地心说解释星体运行的能力其实不低于哥白尼(Nicolaus Copernicus)的日心说,但是所有的科学家都情愿选择日心说。我的感觉是,中国人一般都会觉得,自然现象是一件死物,我们大概可以用一些很简单的理论去解释它们的关系。但是人类的智慧心灵何其复杂,根本就不可能用简单模型或理论去解释。这样认知下建构的理论框架,一般都是异常复杂的。但是,我希望点出的是,西方的社会科学(比如心理学、社会学)其实也追随自然科学的"简约"原则,建构了很多非常有用的理论,用来解释人类的行为。所以,我觉得这不是一个真理的问题,而是一个信念的问题。既然这本书所讲的是科学的研究方法,我建议读者们试试"假设"管理的现象可以用一些精辟而又简单的理论来抓住它们的重心。用简单的理论,可能没有能力去完全解释这些管理现象,但是就好像我们抓着衬衫的衣领,就可以把整件衬衫提起来一样。在科学的管理研究中,我们要的是现象最精要的解释,而不是一个巨细无遗的完美描述。

从现有的现象去总结出简单抽象的理论是一个要求极高并极其困难的过程。我自己觉得这也是做研究最难的一部分。这样的工作不是一个普通的人可以做得到的。这也是为什么高校挑选博士研究生,要提出苛刻的条件的原因。

2. 方法的角色

管理研究是科学性的。科学的一个重要特点就是证据。研究者在总结了个人的观察与文献的内容后提出了新颖的观点和理论,这只是研究的第一步。新的观点(理论)还只是一个猜想性的理论而已。我们如何知道这个新的理论是否真实呢?科学的研究方法讲求的是客观的证据。单是逻辑辩证在这里是派不上用场的。我们要基于这个理论视角,用逻辑推演出可以客观验证的假设,然后收集数据来验证假设。假设若被推翻,证明理论可能有问题。如果假设没有被推翻,我们就暂时接受这个理论的解释。因此,如何验证一个理论就是研究方法的问题。

"研究方法"很多时候给同学的印象都是里面的数学很高深,常常把人搞得一塌糊涂。其实,我自己觉得在管理研究中,真正用到的统计方法其实不是很复杂。因为来来去去都是用线性模型,所以离不开线性的代数和几何学。关于线性模型,国内的读者在高中的时候就已经学过了,所以不要被一些数学符号吓怕了。我的经验是,大部分同学的难题不是出于对线性代数的陌生,而是因为线性代数和统计学混合起来了。一方面要用线性代数来估计参数,同时也要应用统计学把估计出来的参数做统计假设验证,很多时候让同学摸不着头脑。我的意见是,理解当中的线性代数是必须的,因为它们牵涉参数是如何估计出来的。关于验证参数的统计有效性(statistical significance),我们就交给统计学家,相信他们推导出来的结果吧。数学根基比较弱的同学,如果连完全明白这些线性代数都有问题,我建议也不要马上放弃,而是再退一步,但求明白这些关系的背后意义。

让我举个例子来说明这个问题。当我们学习最基本的"方差分析(Analysis of Variance, ANOVA)"时,我们会从完全随机模型(completely randomized model)开始。我们会把"总平方和(Sum of Square Total, SST)"分拆成"组内平方和(Sum of Square Within, SSW)"和"组间平方和(Sum of Square Between, SSB)",即

$$\sum (y_{ij} - \bar{y})^2 = \sum (y_{ij} - \bar{y}_{.j})^2 + \sum (\bar{y}_{.j} - \bar{y})^2$$

$$\underset{\text{SST}}{\underbrace{\text{总平方和}}} \qquad \underset{\text{SSW}}{\underbrace{\text{组内平方和}}} \qquad \underset{\text{SSB}}{\underbrace{\text{组间平方和}}}$$

关于这个公式,我觉得同学可以有三个不同程度的理解。

第一,数学根基比较差的同学,我觉得起码要知道为什么要把"总平方和"拆成"组内平方和"和"组间平方和"。至于"组内平方和"和"组间平方和"的数学公式是什么却不重要。同时也应该知道"平均平方和比率"MSR 是什么意思,也要知道它的抽样分布是服从一个 F 分布。至于为什么是 F 分布,或者 F 分布是什么形状的,那就完全不重要了。

第二,数学基础强一点的同学,大家可能知道 SST 与 SSW、SSB 的数学意义,它们的关系,如何计算? 同时为什么要计算 MSR? 为什么用 MSR 作为方差分析的统计项? 同时也知道 MSR 的抽样分布是服从一个 F 分布。

第三,数学比较强的同学,可能可以明白 SST 与 SSW、SSB 的整个推导。同时也明白为什么我们要把三个不同的"平方和",除以它们各自的自由度,从而得到对应的三个"平均平方和"。也就是"总平均平方和(Mean Square Total, MST)""平均组间平方和(Mean Square Within, MSW)""平均组内平方和(Mean Square Between, MSB)"。自由度在这里是什么意思? 最后,可以明白为什么要看 MSB/MSW 这个统计项? 为什么它是一个 F 分布? 如何使用这个"平均平方和比率(Mean Square Ratio)"MSR = MSB/MSW 。

简单来说,第一层的理解是它背后蕴藏的是什么意思? 第二层的理解是它是什么? 第三层的理解是为什么是这样的? 我觉得在这三层中同学"一定要"明白第一层。至于是第二层,那是"最好"明白。关于第三层,我觉的已经超出了研究方法的范围了。

我们就用"方差分析"来做例子,第一层的理解就是:实验组(或是控制组)的每一个被试的得分,如果与同一组的其他人的得分不一样,那应该是测量的误差。在同一组内的被试的分数应该是一样的,因为它们受着同样的实验因素的影响。所以"组内平方和 SSW"应该越少越好。虽然实际上是不可能的,但是 SSW = 0 就是最理想的。"组间平方和 SSB"是每一组的被试的平均得分(比如实验组)与另外一组被试的平均得分(比如控制组)的差异。这个差异应该是很大的。因为这样才代表了实验设计是有效的。因此,"组间平方和"与"组内平方和"的比率(SSB/SSW,称为 Sum of Square Ratio, SSR)就是实验设计是否有效的一个很好的指标。因为 SSB 越大、SSW 越小,SSR 就越大,实验的效果就越明显。可是 SSB/SSW 只是抽样样本的"效用值(effect size)",我们真正有兴趣的是总体的"效用值"。因此,SSB/SSW 的抽样分布就很重要。但不幸的是 SSB/SSW 不服从

任何已知的概率分布。不过,只要把 SSB 和 SSW 除以它们各自的自由度,(SSB/df_1) 和 (SSB/df_2),也就是(Mean Square Ratio)MSR = MSB/MSW 的抽样分布就是一个 F 分布了。所以我们就选用了"平均平方和的比率(Mean Square Ratio)"MSR = MSB/MSW 作为实验效用值的统计项。MSR ≠ 0,就代表 SSB 远远大于 SSW,也就是实验组的被试平均得分,远远高于(或低于)控制组的被试的平均得分,实验的效用得以证明。大家可以看见,上面这一段讨论,完全没有数学公式,也没有数学概念,全是逻辑的分析。这就是我希望学习研究方法的同学,应该做到的最基本认知程度。

下面总结本书中谈到的研究方法。

"研究方法"的目标是为理论提供一个严谨的验证。首先,我们在书中谈到了测量学的重要。没有好的测量,根本没有办法客观地验证理论。例如,如果我们根本不知道如何表达员工的离职倾向,那么如何去客观测量研究员工的离职呢?有了好的测量基础,我们就可以用不同的工具来验证理论和假设。在测量学之后,我们谈到了因子分析,主要是用作验证量表的信度和效度。然后从结构方程到高阶的总合分析,以及跨层阶的分析等,分析的方法越来越复杂。自然,当中方法模型考虑的因素就越来越多。不过我个人觉得,这些都是统计的方法而已。我的意见前面已经说过了。

在整个方法部分中,我觉得最为重要的是"调节"与"中介"这两个观念。在管理科学中,调节与中介都扮演着不可或缺的角色。"调节"作用一方面可用来验证理论的本质,也同时可用来验证理论的边际效用。"中介"最主要的就是用来验证过程理论。如果我们说 x 是透过 m 影响 y,那么 m 就是一个中介变量。本来,调节与中介都是很直接的观念。可能是我个人的顽固吧,我总觉得以前我们把"中介作用(mediation effect)"和"间接作用(indirect effect)"分开来理解的时候,中介是一个很直观的观念。如果 x 影响 y 是透过 m,那么 m 就称为中介变量,这个关系就称为中介作用。如果 x 影响 m,而 m 影响 y,而 x 与 y 没有直接的"理论上"的关系,m 就称为间接变量,这个作用就称为间接作用。例如,一般来说人越是聪明(x)读书就会越好(m_1),读书越好一般赚钱的能力就越高(假设是吧),赚钱的能力越高(m_2),买车的机会就越大(y)。这我会称为间接作用,因为我们大概不会说:人越是聪明,买车的机会越大吧。但是,基于一些学者对所谓"中介"的不同理解,现在的主流思想是,无论是"中介作用"或是"间接作用",总之凡是 x 影响 m,而 m 影响 y 的,我们一律把 m 称为中介变量。同时,把这些关系一律称为中介作用。我个人的偏见是,这样对我们建构理论会造成很多不必要的混乱。尽管我个人不太同意,现在一般的看法是就算 m 是 x 与 y 的中介变量,x 与 m 需要相关,m 与 y 也要相关,但是 x 与 y 却没必要有相关。这个理解我们可用下面的图表达:

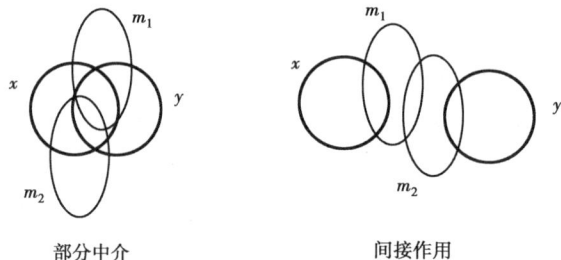

部分中介   间接作用

本来,左边的图中 m_1 和 m_2 都是 x 与 y 的中介(部分中介)变量;右图称为间接作用。

现在在新的中介关系的定义下,这两种关系是完全等价了。

上面这个问题在"调节中介作用"和"中介调节作用"出现后,就更复杂了。一个中介关系如何给另外一个变量调节,或者是一个调节关系如何给另外一个变量中介,本来在概念的层面是很清楚的。"被调节的中介作用"就是一个中介作用的大小在调节变量的不同数值下会有所改变。同样的,"被中介的调节作用"就是,一个调节作用的产生由一个中介变量完全解释了。但是当这个研究方法的问题用统计学表现出来后,却变得异常复杂,甚至模棱两可了。无论如何,我建议读者不要被复杂的统计分析弄得迷茫无助。我们要记着,研究的最终目的是解释观察的现象。有必要的话,把统计分析交还给统计工作者来担心吧。正如我在本书开始的时候说的,我的唯一要求是大家在"概念上"明白自己在做的统计分析是什么意思就好。

3. 理论与方法的关系

无论如何,作为一个研究者,我希望大家不时提醒自己,管理研究的方法只是一堆工具。这些工具只是达到目的的途径和手段(means),它们不是目的本身(ends)。我们真正的目的是发展理论来解释管理现象,研究方法只是验证我们发展出来的理论的正确性的工具。可惜的是,今天的研究人员往往削足适履,明明理论上只是一个中介的模型,但是觉得这样太简单,硬要找一个调节变量,把模型变成一个调节中介或是中介调节的模型。甚至觉得一阶的模型太简单,硬要想一个高阶的调节项,让模型变成一个多阶的调节中介模型。有时候我可以体会年青的研究人员有着很大的发表文章的压力。但是同时也为这样的现象感到悲哀。这是为了"方法"而寻找"理论",而不是为了验证理论而找一个正确的方法了。有几次我甚至听到学生与我分享,他们是刚刚学会了一个方法,所以就按着这个方法的特征,去设计一个研究,为的是练习一下在研究中如何应用这个方法。但是既然花了这么多时间去收集资料,分析资料,把文章写出来,总希望可以把文章发出去。而现在的杂志编辑一般都要求文章有良好的理论基础。因此就出现了一个问题。设计是按统计分析方法想出来的,变量也是拼拼凑凑地放进模型里的,到最后苦无理论去解释变量间的关系。于是就常常有学生来问我可否建议一个理论来解释这些变量间的关系。这完全是一个本末倒置的逻辑,是研究人员的大忌。

我每次到国内讲学时都有一些同学问我,到底有没有一些书籍,会罗列管理学中经常应用的理论。问这样问题的同学,自然就是遇到我上面所说的问题了。他们所想到的解决方法,就是拿着这么一个列表,就可以每个理论地想下去,试试这个理论是否可以解释自己手上的模型。开始时我是绝对不会回答这样的问题的。后来听得厌烦了,就提出了一个最简单的答案。美国管理学会(Academy of Management)不是在研究人员投稿时,要求大家填写这个研究是属于什么范畴,使用的是什么理论吗? 本来那是给编辑用的,好简单地决定把稿件发给什么人去评审用。但是就讽刺地作为同学"找理论"的一个基础好了。

还有一个荒诞的方法与理论倒转的现象,就是大家越来越喜欢用一些"大理论"作为研究的理论基础。我所谓的大理论,是指我们常常把一些理论的框架借过来用,因为它们的理论概念很吸引人,但是用的时候却把内容含糊地跳过了。我常常引用作为例子的就是"交换理论"。我常常在文章中看见研究人员对交换理论的交代,就是人与人的交换有两种:一是有固定契约式的经济交换(economic exchange),另一种是没有固定交换内容和时间的社会交换(social exchange)。应用到管理学上时,就是凡是双方没有明文规定的任何形式的交换行为,都可以称为社会交换。我常常在问,员工到企业工作,目的不是为了赚钱,就是为了在工作上有满足感,可以为别人服务,或者是有好的同事关系,等等。企业与员工的关系,如果用这么抽象的角度来看,除了工资和假期以外,其他一定是社会交换。难怪交换理论在过去十几年大行其道,十篇文章中有八九篇都是应用这个理论。为什么有这个现象呢? 我猜上面提的"方法与理论倒转"的普遍出现,是一个很重要的因素。

讲到这里,我觉得可以为本书作一个真正的总结了。这是一本研究方法的书。研究方法是一套工具。工具用得好,自然得心应手,如鱼得水。如果方法用错了,懂的方法越多就越危险。我曾经听过有位学者在半开玩笑的情形下说,把你的数据给我,只要你告诉我你要什么结果,我都可以找到显著的结果给你看。是的,"方法"是一把双刃的利剑。用得其所,可以帮助我们为理论作严格的考验。但是如果错误运用,尤其是"为了方法而方法",那就会贻害无穷。我常常提醒自己,研究的目的,最重要的是"现象"。没有一个有趣的、重要的管理现象,研究是没意思的。其次是"理论"。一个好的理论基础替我们解释现象的所以然。没有好的理论,我们不知道如何去理解观察到的有趣现象。再次是"方法"。研究方法帮助我们去验证我们的理论。它帮助我们回答这个理论是否适合用来解释观察到的现象这个问题。最后才是"统计分析"。有了好的研究方法和逻辑,统计帮助我们对数据做有系统的分析。很多人把"方法"与"统计、数学"混起来。其实两者有着本质上的分别。"研究方法"是一套逻辑。我举几个例子,到底一个构念是单维度还是多维度的。多维度的构念与维度间有什么可能的关系,这是一个方法的问题,不是一个统计数学的问题。又如,同源方差是一个研究方法的问题,利用因子分析来处理同源方差才是一个数学的问题。再如,利用中介模型是否可以处理因果关系是一个方法的问题,使用结构方程建模来处理中介的问题才是一个统计的问题。

希望读者在看完这本书后,可以对这个"观察→理论→方法→统计数学"的研究因果链有清晰的认识,可以对不同的管理现象有更深入的研究,多建构一些实用的管理理论为经理人所用,那就没有辜负我们写这本书的心血和期望了。

参考文献

Berrin, E, & Jeanne, E. (2007). Support from the top: Supervisors' perceived organizational support as a moderator of leader-member exchange to satisfaction and performance relationships. Journal of Applied Psychology, 92(2), 321-330.

Dansereau, F., Graen, G., Haga, W. J. (1975). A verA vertical dyad linkage approach to leadership within formal organizations: A longitudinal investigation of the role making process. Organizational Behavior and Human Performance, 13(1), 46-78.

Erdogan, B., & Enders, J. (2007). Support from the top: supervisors' perceived organizational support as a moderator of leader-member exchange to satisfaction and performance relationships. Journal of Applied Psychology, 92(2), 321.

Lee, T. W, & Mitchell, T. R. (1994). An alternative approach: the unfolding model of voluntary employee turnover. The Academy of Management Review, 19(1), 51-89.